黄河小浪底水利枢纽规划设计丛书

水库运用方式研究与实践

林秀山 总主编

刘继祥 主 编

中国水利水电出版社
黄 河 水 利 出 版 社

内 容 提 要

本书为黄河小浪底水利枢纽规划设计丛书其中的一卷。主要内容包括水库运用方式研究回顾、黄河下游防洪减淤对水库运用的要求、小浪底水库初期入库水沙条件、水库初期调水调沙减淤运用方式、水库初期运用对下游河道演变影响和对策、物理模型试验、泥沙数学模型研究与应用、综合利用调度方式、水库初期运用实践和认识、相机降水冲刷运用问题等。黄河水少、沙多、水沙关系不协调，小浪底水库处于控制黄河水沙的关键部位，其运用不仅关系着水库本身，还关系着黄河下游河道的治理问题。小浪底水库运用方式研究解决了极其复杂的关键技术问题，研究中提出了许多创新性科研成果，曾获大禹水利科学技术奖二等奖，本书对这些成果进行了总结提炼。

本书可供水利工程规划设计、水库运行与管理及相关学科的科研、设计、生产部门的专业技术人员及高等院校的师生阅读、参考和使用。

图书在版编目(CIP)数据

水库运用方式研究与实践/刘继祥主编. —郑州：黄河水利出版社，2008.1

(黄河小浪底水利枢纽规划设计丛书/林秀山总主编)

ISBN 978-7-80734-329-5

Ⅰ.水… Ⅱ.刘… Ⅲ.水库-运行-研究-三门峡市 Ⅳ.TV632.613

中国版本图书馆 CIP 数据核字(2008)第 008578 号

出 版 社：中国水利水电出版社

地址：北京市西城区三里河路 6 号　　邮政编码：100044

黄河水利出版社

地址：河南省郑州市金水路 11 号　　邮政编码：450003

发行单位：黄河水利出版社

发行部电话：0371-66026940　　传真：0371-66022620

E-mail：hhslcbs@126.com

承印单位：河南省瑞光印务股份有限公司

开本：787 mm×1 092 mm　1/16

印张：25.75

字数：600 千字　　印数：1—2 000

版次：2008 年 1 月第 1 版　　印次：2008 年 1 月第 1 次印刷

书号：ISBN 978-7-80734-329-5/TV·538　　定价：98.00 元

总序一

黄河小浪底水利枢纽是“以防洪（包括防凌）、减淤为主，兼顾供水、灌溉、发电，蓄清排浑，除害兴利，综合利用”为开发目标的大型水利工程，是国家“八五”重点建设项目，也是当时我国利用世界银行贷款最大的工程项目。小浪底主体工程于1994年9月开工，2001年底按期完工。工程采用国际招标方式选择了世界上一流的承包商，从施工管理、工程设计、移民搬迁到环境影响评价全面和国际接轨，为我国水利水电建设积累了宝贵经验。工程建成运行5年来，在黄河下游防洪、防凌、减淤冲沙、城市供水、发电、灌溉方面发挥了不可替代的作用。截至2004年底，累计发电约150亿kWh。在黄河连续枯水的情况下为确保黄河不断流提供了物质基础。显著的社会效益和经济效益使小浪底水利枢纽成为治黄的里程碑工程。

本着建设我国一流工程的目标，我有幸参与了小浪底工程的建设管理。一流的工程首先要以一流的设计为龙头。小浪底工程由于其独特的水文泥沙条件、复杂的工程地质条件和严格的水库运用要求，给工程设计提出了一系列挑战性的课题，被国内外专家公认为是世界上最具挑战性的工程之一。黄河勘测规划设计有限公司[1]的工程技术人员，经过近30年的规划论证和10多年的方案比选，以敢于创新和科学求实的精神，在国内科研院所和高等院校的配合下，较满意地解决了一个个技术难题，诸如深式进水口防泥沙淤堵、施工导流洞改建为孔板消能泄洪洞的重复利用、排沙洞后张预应力混凝土衬砌、洞室群围岩稳定、大坝深覆盖层基础处理、进出口高边坡加固、20万移民的生产性安置等，提出了以集中布置为鲜明特点的枢纽建筑物总体布置方案，同时也创造了许多国内国际领先水平的设计。小浪底工程于1999年10月蓄水运行以来，已安全正常地运行了5年，并经历了2003年高水位的运用考验，实践证明，小浪底工程的设计是成功的。

小浪底工程成功的设计，为小浪底工程的建设提供了可靠的技术保障。

---

[1] **编者注：**黄河勘测规划设计有限公司为原水利部黄河水利委员会勘测规划设计研究院。

黄河勘测规划设计有限公司的同志们认真总结小浪底工程的设计经验，编写出版了这套技术丛书。这套丛书的出版，无疑将丰富和促进我国水利水电建设事业的发展，也希望通过这套丛书使小浪底水利枢纽的成功经验得到更好的推广和应用。

张基尧

二〇〇三年三月一日

总 序 二

小浪底水利枢纽是黄河治理开发的关键工程。如今这座举世瞩目的工程已全面竣工，几代黄河人的小浪底之梦终成现实。宏伟的小浪底工程犹如一座巍峨的丰碑，记载着人民治黄的丰功伟绩，同时又是一座黄河治理开发的里程碑工程。它的建成运用，使治黄工作进入了一个能够对黄河下游水沙进行调控的新阶段。

黄河是世界上最复杂、最难治的河流。大量的泥沙淤积在下游河道内，使下游河道滩面高于大堤背河地面，成为举世闻名的地上悬河。如何把黄河的事情办好，一代又一代黄河人进行着孜孜不倦的探索和实践。

位于黄河中游最后一个峡谷出口处的小浪底，是三门峡水利枢纽以下唯一能够取得较大库容的坝址，处于承上启下控制黄河水沙的关键部位。修建小浪底水库对于黄河下游防洪、防凌、减淤等具有非常重要的作用，其战略地位是其他治黄工程无法替代的。

小浪底工程规模宏大，地质条件复杂，水沙条件特殊，运用要求严格，被公认为世界坝工史上最具挑战性的工程之一。面对这些难题，设计人员总结国内外的工程实践经验，克服重重困难，以勇于开拓创新又实事求是的科学精神，攻克了一个个技术难关，创造了多项国内外领先的设计成果。目前，工程已经开始发挥巨大的综合效益，特别是在调水调沙及塑造黄河下游协调水沙关系方面更是发挥了突出作用。

小浪底工程的勘测、规划和设计实践体现了“团结、务实、开拓、拼搏、奉献”的黄河精神，凝聚了广大治黄人员的智慧，同时也为今后的工作积累了丰富的经验。现在黄河勘测规划设计有限公司的同志总结小浪底工程的设计经验，编撰了这套规划设计丛书，非常必要、及时。丛书注重工程特点，论述设计思路和方法，突出创新成果，体现时代特征，系统全面反映了工程设计情况，对于今后的治黄工作乃至我国水利水电工程建设都将具有很好的借鉴作用。

小浪底工程建成后，黄河治理开发的任务依然非常繁重。小浪底水库本身的运用方式仍然需要深入研究，以保证其最大限度地发挥综合效益。同时，必须抓住小浪底水库投入运用的大好机会，抓紧开展黄河下游治理工作，并加快黄河干流骨干工程和南水北调西线工程建设、中游水土保持以及小北干流放淤等工作，构建完善的黄河水沙调控体系，使治黄工作朝着“维持黄河健康生命”的终极目标迈进。

李国英

2005年9月22日

总前言

小浪底水利枢纽位于黄河中游三门峡以下约130km黄河最后一个峡谷的出口处。从三门峡到小浪底，河床比降0.1%，南岸是秦岭山系邙山，北岸是中条山、王屋山，河谷宽500～1 000m，洪水水面宽200～300m，每遇洪水，黄河波浪滔天、咆哮而下。黄河出小浪底峡谷之后，河道突然展宽，大浪没有了，小浪也到底了，进入了由黄河泥沙堆积而成的黄淮海平原。郑州花园口以下约800km的下游河道高悬于两岸地面，在约1 400km堤防的约束下流入渤海。居住在峡谷出口右岸黄河岸边一个小山村的先人们，观黄河流态的变化，以“小浪底”命名了自己的小山村。年年岁岁，世世代代，先人们并不知道今天小浪底竟成了家喻户晓的一个巨大的水利枢纽的名字。这个名字牵系着国内外许多专家、学者，牵系着曾为之奋斗的上万名中外建设者，牵系着上至中央领导、下至黎民百姓。

小浪底水利枢纽控制黄河流域面积69.4万km^2，占黄河流域总面积（不包括内陆区）的92.3%，控制黄河天然年径流总量的87%及近100%的黄河泥沙。小浪底工程处在承上启下控制黄河水沙的关键部位，与龙羊峡、刘家峡、大柳树、碛口、古贤、三门峡一起成为开发治理黄河的七大骨干工程，在治黄中具有十分重要的战略地位。

小浪底工程建在因含沙量高而闻名于世的黄河上。黄河不仅水少沙多，而且水沙在时间上分布不均，黄河下游为地上悬河，河道上宽下窄，比降上陡下缓，排洪能力上大下小，凌汛也威胁着黄河两岸人民的安全。我国近代治河的先驱者，总结我国的治河经验，引进西方科技，提出了“全面开发，综合利用”的水利规划思想。新中国成立以后，开始了人民治黄的历程。历经50多年，治黄取得了举世瞩目的成就。在黄河流域整体规划的基础上，小浪底工程的开发论证经过了近半个世纪漫长的历程。根据黄河的特点及小浪底工程在黄河流域规划中所处的位置，对小浪底工程的开发目标进行了多次分析论证，一致认为小浪底水库处在控制黄河下游水沙的关键部位，是黄河干流三门峡以下唯一能取得最大库容的重大控制工程，在治黄中具有重要的战略地位。国家计委于1986年5月明确小浪底水利枢纽的开发目标为“以防洪（包括防凌）、减淤为主，兼顾供水、灌溉和发电，蓄清排浑，除害兴利，综合利用”。要求达到的目标是：提高下游防洪标准；基本消除下游凌汛威胁，在一定时段内遏制黄河下游河床淤积的趋势；调节径流提高下游灌溉供水保证率；水电站在系统中担任调峰。

小浪底水利枢纽由于其独特的水文泥沙条件，复杂的工程地质条件，适应多目标开发的严格的运用要求，以及巨大的工程规模和在治理黄河中重要的战略地位，被国内外专家公认为是世界坝工史上最具挑战性的工程之一。多年来，参与工程规划设计和研究的人员如履薄冰，认真总结借鉴前人的经验，以求实创新的精神开展工作，攻克了工程规划设计中的许多技术难关，保证了工程的规划设计达到先进水平。设计人员既尊重科学，又敢于突破常规，开拓创新，先后进行了400余项科学试验和专题论证分析,，融汇了国内外许多专家的心血和智慧，解决了一个又一个难题。在建造深 82m 的混凝土防渗墙、将 3 条直径 14.5m 的导流洞改建为永久的多级孔板消能泄洪洞、在地质条件极为复杂的左岸单薄山体内建造了规模宏大和数量众多的地下洞室群、在高水头大直径排沙洞设计中采用了双圈缠绕的后张无黏结预应力混凝土衬砌结构、在国内大规模采用了双层保护的预应力锚索和钢纤维喷混凝土技术等多方面取得突破，在国内外处于领先地位。如今，小浪底水利枢纽以其独具鲜明特色的总体布置和建筑物设计展现在世人面前。小浪底工程为黄河治理开创了崭新的局面。

小浪底工程的规划设计、研究和论证，以及工程建设一直得到中央领导、水利部和国家有关部委的关注，并得到国内外许多专家的支持和帮助，融汇了他们的心血和智慧。

小浪底工程的成功设计，为小浪底工程的建设做出了巨大的贡献。为总结小浪底工程规划设计方面的经验和教训，我们组织了直接参与小浪底工程规划设计的人员从工程规划、设计的各个方面，认真总结小浪底工程的设计经验，并出版黄河小浪底水利枢纽规划设计丛书，以期和同行进行技术交流，丰富和促进我国水利水电建设事业，使小浪底工程的成功经验得到更好的推广和应用。黄河勘测规划设计有限公司对丛书的出版给予了大力支持，国务院南水北调建设委员会办公室主任张基尧和水利部黄河水利委员会主任李国英亲自为丛书作序，在此表示衷心的感谢。

由于水平所限，谬误之处在所难免，敬请指正。

黄河小浪底水利枢纽设计总工程师

林秀山

2005年9月

黄河小浪底水利枢纽规划设计丛书
编辑委员会

前　言

治理黄河水害，要治水治沙并重。多年来的治黄实践表明，解决黄河下游防洪减淤问题，必须依靠多种措施相互配合。采取“拦、排、放、调、挖，综合治理”等措施，标本兼治，远近结合，可以减缓下游河道淤积；采取“上拦下排，两岸分滞”的治理思路可以有效地控制洪水。将二者有机地结合起来，可以逐步实现黄河长治久安。小浪底水库是控制进入下游水沙的关键工程，是下游防洪工程体系的主体，是供水调节和汛期调水调沙的控制性工程。水库可通过“拦”与“调”两种措施，对下游河道发挥巨大的防洪减淤作用。

小浪底水库运用涉及问题较多，其运用方式的好坏不仅会在下游产生复杂的连锁反应，还将对黄河的治理开发产生深远影响。在小浪底水库工程规划设计阶段及“八五”国家重点科技攻关有关项目中，对水库运用方式就进行了大量的研究工作。但根据多年来的认识，黄河下游河道演变问题十分复杂，短期变化与长期发展，水沙变化与河道调整，部分河段变化与整体演变的关系等方面都需要进一步加强研究。小浪底工程还要与治黄建设的进展统筹协调，并妥善决策近期效益与长期效益的关系。小浪底工程的运用是一个动态的发展的过程，水库运用方式既要有宏观的长远的分析和展望，更要做好近期的具体调度方案，近期调度方案在实施过程中的利弊影响更需要通过实践的检验。因此，小浪底水库的运用方式不可能一成不变，必须结合工程运行实践，结合治黄建设和科技的发展，继续开展研究，逐步深化认识，及时调整调度运用方案。工程开工建设后对小浪底水库运用方式尤其是初期运用方式又进行了大量的研究工作，并列入了“九五”国家重点科技攻关项目。本书重点对1996年以来小浪底水库运用方式的主要研究成果和水库运用实践进行总结。

根据库区水流泥沙运动特点和水库淤积发展过程，小浪底水库运用可分为拦沙初期、拦沙后期和正常运用期。其中，拦沙初期指水库泥沙淤积量达到21亿～22亿m^3以前。小浪底水库拦沙初期以异重流排沙为主，排沙比较小且变化不大，因此这一时期水库运用应尽可能发挥调节水流过程的作用，提高水库的减淤效益。拦沙初期水库运用方式研究采用实测资料统计分析、数学模型模拟计算和动床模型试验三种手段，相互补充，互为验证，同时与工程建设期间的库区及下游河道原型观测工作紧密结合，用原型观测资料验证数学模型计算成果和物理模型试验成果。提出了一系列研究成果，分析提出了小浪底水库运用初期可能出现的水沙条件预测成果。开展了黄河下游河道冲淤基本规律研究，提出了在汛期对小浪底水库出库流量进行调节控制，使出库流量两极分化的同时，必须相机形成持续一定历时的较大流量，利用大水排沙。分析了水库“拦粗排细”减淤运用应具备的条件，提出了水库初期水沙调节应以调节流量为主的指导思想，为优化小浪底水库调节方式提供了依据。考虑不同水沙条件，经过对多种方案的库区干支流淤积、下游河道减淤及综合利用效益的比较，提出了小浪底水库起始运行水位、调控流量、调控库容等初期调水调沙运用关键技术指标，与水文预报紧密结合，制定了小浪底水库初期调水调沙调度运用方案。研究了小浪底水库运用初期黄河下游河道冲淤及河槽形态演变、现状整治工程的适应性等，为黄河流域防洪规划和防洪工程建设提供了重要依据。开展了黄河泥沙动床模型的相似理论及设计方法研究，进行了库区及河道泥沙数学模型开发与完善，为小浪底水库调水调沙运用方式研究提供了强有力的技术支撑。充分利用小浪底水库初期库容大的特点，从有效地发挥小浪底水库的防洪作用出发，研究提出了四库联合防洪运用方式。开展了小浪底水库初期防凌、供水灌溉和发电运用方式研究，利用人工神经网络技术建立了小浪底水库运用方式多目标综合评价模型，并对小浪底水库初期运用方案进行综合评价，提出了可操作的水库调度运用方案。主要研究成果已直接用于黄河小浪底水库调水调沙预案制定、防洪预案制定，并直接指导了小浪底水利枢纽的调度运用，产生了一定的社会经济效益。

在小浪底水库拦沙初期运用方式研究过程中，黄河水利委员会成立了以原副主任陈效国为组长、原总工程师吴致尧为副组长及邓盛明、席家治、林秀山、王咸儒 、赵文林为成员的项目领导小组，成立了以水利水电规划设计总院原副总工何孝俅为组长、龚时旸为副组长及何文垣、董哲仁、曾肇京、谢鉴衡、张启舜、刘善建、张仁、陈清濂、王寿昌、龙毓骞、潘贤娣为成员的咨询专家组。以石春先为项目设总，李世滢、刘继祥、安新代为项目副设总，涂启华、陈枝霖为项目技术顾问以及由水库组、下游组、综合组组成的项目组，在领导小组的领导、协调和专家组的指导和帮助下，具体负责项目的组织、实施和管理。黄河水利委员会对小浪底水库运用方式的研究给予了大力支持。黄河水利委员会黄河水利科学研究院等委属有关单位、中国水利水电科学研究院、清华大学、武汉大学、西安理工大学、郑州大学和中国科学院地理研究所等单位参与了研究工作。在“九五”国家重点科技攻关阶段，各有关单位和个人又进行了大量的研究工作。小浪底水库初期运用方式研究的主要完成人为石春先、刘继祥、安新代、安催花、余欣、李世滢、张俊华、张厚军、张红武、胡一三、苏茂林、姜乃迁、何予川、李福生、李海荣、郜国明、张金良、刘海凌、江恩惠、周景芍、符建铭、李希宁、李文家、王煜、李广好、刘红珍、郭选英、曾芹、杨丽丰、陈书奎、周丽艳、万占伟、侯传河、董年虎、张柏山、李景宗、彭瑜、曲少军、王国栋、洪尚池、张翠萍、孙广生、李文学、李连祥等。钱正英、张光斗、潘家铮、徐乾清、韩其为等国内专家对小浪底水库运用方式提出了许多建设性的指导意见和建议。

借此，对帮助及指导小浪底水库运用方式研究的所有专家，支持和帮助小浪底水库运用方式研究的各有关单位和个人表示衷心的感谢。

刘继祥

2007 年 8 月

《水库运用方式研究与实践》编写人员名单

主　编　刘继祥

副主编　安新代　安催花

章　名	编写人员
第一章　水库运用方式研究回顾	刘继祥　安催花
第二章　黄河下游防洪减淤对水库运用的要求研究	刘继祥　郜国明　张厚军
第三章　小浪底水库初期入库水沙条件研究	安新代　何予川
第四章　小浪底水库初期调水调沙减淤运用方式研究	安催花　李世滢　余　欣
第五章　小浪底水库初期运用对下游河道演变影响和对策研究	刘继祥　张厚军
第六章　实体模型试验研究	陈书奎　赵新建　王艳平　曹永涛
第七章　泥沙数学模型研究与应用	张厚军　余　欣　安催花　郜国明
第八章　综合利用调度方式研究	安新代　李福生　李海荣　何予川
第九章　小浪底水库运用实践及认识	李世滢　张厚军　付　建　万占伟
第十章　水库拦沙后期有关问题研究	李世滢　安催花

目　录

第一章　水库运用方式研究回顾

第一节　多沙河流已建水库运用方式概述

水库运用方式是水库对入库水沙的调节方式，是从最大限度地满足水库的开发目标出发，根据入库水沙过程确定的水库蓄水、泄水及水位控制的时程安排。我国大量多沙河流水库运用的实践经验表明，这类水库不仅要调水，还要调沙，尽可能减少水库淤积，保持长期有效库容，减轻下游河道淤积。总结多沙河流水库的运用方式，概括起来有如下四种类型。

一、蓄洪运用

这种运用方式的特点是水库不仅在非汛期含沙量较低时蓄水，而且在汛期含沙量较高时也拦洪蓄水，一年内有蓄水和供水两个时期，与少沙河流水库运用相似，按径流调节及泥沙处理程度、处理方式的不同，蓄洪运用方式又可分为蓄洪拦沙与蓄洪排沙两种形式。

蓄洪拦沙运用方式是指在运用中完全不考虑排沙，以一定库容拦蓄泥沙，水库的蓄水、放水等调度完全根据各兴利部门的要求确定，水库调水性能有可能达到多年调节，即水库不仅在年内调节汛期、非汛期来水，而且在年际间也进行调节，拦蓄丰水年或特丰水年的来水，供平、枯水年之用。这样的运用方式，径流调节程度高，但由于不考虑排沙，如果来沙量较大，水库淤积速度将会很快，库容损失率也大，水库的近期效益虽高，但远期效益随着库容的淤损显著降低。官厅水库 1956～1959 年、三门峡水库 1960～1962 年曾采用这种运用方式，水库淤积严重。这种运用方式一般适用于相对于库容来说河流来沙量不大，水库有一个世纪或几个世纪设计效益的水库。

蓄洪排沙运用方式是指水库在来水来沙的主要季节，只拦蓄一部分洪水，汛期限制水位主要由泥沙制约的运用方式。一般情况下，库水位超过汛限水位时水库弃水。我国的刘家峡、冯家山、石泉等水库，即为这类运用方式的实例。采用这种运用方式的水库，水量可以达到年调节或不完全的多年调节，水库可以利用异重流或浑水水库排出一部分泥沙，或通过控制库水位，限制泥沙淤积在某一高程下，以尽量保持长期有效库容。

二、蓄清排浑运用

蓄清排浑运用，是指水库在少沙期拦蓄含沙量较低的水流蓄水兴利，当汛期洪水含沙量较高时则不予拦蓄，尽量排出库外，以减轻水库淤积。这种运用方式与上述运用方式不同之处在于水库在年内运用中有明显的排沙期，能做到既调水又调沙，大大减轻水库淤积，使水库达到年内或一定时期内冲淤基本平衡，从而可以长期保持一定的有效库容。目前，我国多沙河流水库采用这种运用方式较多，根据水库运用对泥沙调节形式的不同，蓄清排浑运用又分为如下几种形式。

（一）汛期滞洪运用

汛期滞洪运用即汛期采取空库迎洪、滞洪排沙，水库对洪水按泄流能力自然滞洪，仅起缓滞作用，洪水过后随即泄空，利用泄空过程中所造成的溯源冲刷和沿程冲刷，将前期蓄水期和滞洪期淤积的泥沙排至库外。这种运用方式排沙效果好，能大大减少水库的淤积，如黑松林、红领巾、洗马林等水库。

（二）汛期控制低水位运用

汛期控制低水位运用即汛期不泄空水库形成空库迎洪，而采取限制一定的低水位进行控制运用，这个水位一般为排沙水位。当洪水到来时，库水位限制在这一水位运用，大部分洪水排至库外，因而排走汛期大部分泥沙，依靠年际间来水的丰枯过程，也可基本控制水库的淤积。青铜峡水库和改建后的三门峡水库即属于这种类型。

（三）汛期控制蓄洪运用

汛期控制蓄洪运用即汛期含沙量较高的洪水采取降低水位控制运用，使泥沙排至库外，而含沙量较低的小洪水则适当地加以拦蓄，以提高兴利效益，满足用水的需要。采用这种运用方式的目的是，一方面尽可能减少水库淤积，另一方面又要尽可能多蓄水，以发挥水库的综合利用效益。如山西恒山水库，其水沙特点是汛期水沙很集中，汛后基流甚小，若汛期洪水全部排泄，则汛后无水可蓄，不能保证灌溉用水的需要，为此采取汛期前期泄洪排沙，后期拦洪蓄水，以解决排沙与蓄水的矛盾。

三、缓洪运用

这是一种由上述两种方式派生出来的运用方式，介于两者之间，既不同于蓄洪运用，又不同于蓄清排浑运用。有自由滞洪运用和控制缓洪运用两种形式。前一种形式是水库的泄流设施不设闸门控制，洪水入库后一般是穿堂而过，不进行径流调节，只起到自由缓洪作用。这种运用方式多适合于以防洪为单一目标的水库。如辽宁闹德海水库，1970 年以前即采用这种运用方式，其作用是削减洪峰以保证下游铁路的安全。其运用结果是汛期淤积，非汛期冲刷，涨洪淤积，落洪冲刷，水库有淤有冲，基本上达到冲淤平衡，自 1942 年建成以来闹德海水库库区河床几乎无变化。后一种形式是有控制地缓洪，以提高引洪量和延长引洪时间。采用这种引洪方式的水库，一般是枯水期无基流，只在发洪水时才有水，但洪水含沙量又高，淤积严重，因此既不能蓄洪，也不能蓄清排浑。

四、调水调沙运用

这种运用方式是在总结水库蓄清排浑运用经验的基础上，根据水库及水库下游河道对水库运用的要求而进行调节的一种运用方式，目前仅在黄河中游水库进行了研究，黄河小浪底水库采用了这种运用方式。其指导思想是在充分发挥水库以防洪减淤为中心的综合利用效益的前提下，根据多沙河流水库运用不同阶段库区泥沙运行的特点，以充分发挥下游河道的大中洪水输沙能力为原则，对主汛期入库水沙进行灵活调节，对入库水沙“当拦则拦、当排则排”，实现泥沙多年调节，以尽量延长拦沙库容的使用年限。

第二节 小浪底水库运用方式研究回顾

一、工程设计阶段水库运用方式研究简况

（一）水库运用阶段的划分

经过国家批准的“小浪底水利枢纽工程初步设计报告”，确定工程以防洪（包括防凌）、减淤为主，兼顾供水、灌溉和发电，蓄清排浑，综合利用，除害兴利的开发任务。设计拟定的水库运用原则是在首先满足防洪、防凌和减淤要求的前提下尽可能发挥供水、灌溉和发电的综合效益，同时要保持必需的长期有效库容。为争取较大的减淤作用，水库汛期采用逐步抬高水位的运用方式。根据对库区泥沙淤积发展情况的分析，水库运用分为四个阶段。

（1）蓄水拦沙阶段。相当于起始运行水位以下库容淤满前，运用水位在起始运行水位以上变化，水库下泄相对清水。

（2）逐步抬高主汛期运用水位阶段。主汛期 7～9 月逐步抬高运用水位，水库尽可能拦蓄粗颗粒泥沙，坝前淤积面高程达 245m、库区斜体淤积量达 78.6 亿 m^3 时，这一阶段结束。

（3）形成高滩深槽阶段。这个阶段水库的主要作用是调节出库水、沙过程，同时逐步调整库区泥沙的淤积部位，使滩面逐步淤高，河槽逐渐降低，主汛期库水位有较大变化，直到坝前滩面高程达到 254m，普通洪水敞泄情况下不再漫滩淤积。在此期间，库区有冲有淤。

（4）后期调水调沙运用阶段。根据水库槽库容可以恢复的冲淤规律，在长期保持 40.5 亿 m^3 防洪库容的前提下，主汛期利用 10 亿 m^3 的槽库容长期进行调水调沙运用，使水库多年内冲淤平衡。

（二）水库调水调沙方式的研究

设计阶段曾研究了调水为主和调沙为主两种方式，为便于操作，最后推荐调水为主方式。根据当时对黄河下游规律的认识，从增大下游的减淤效果出发，采用主汛期调水方式为：

（1）来水流量小于 $400m^3/s$ 时，水库补水 $400m^3/s$ 发电；

（2）来水流量 400～$800m^3/s$ 时，水库按来水泄流；

（3）来水流量 800～2 $000m^3/s$ 时，水库蓄水，泄流 $800m^3/s$；

（4）来水流量 2 000～8 $000m^3/s$ 时，水库全部泄放不调节；

（5）来水流量大于 8 $000m^3/s$ 时，水库蓄水，泄流 8 $000m^3/s$；

（6）当可调蓄水量大于 3 亿 m^3 时，按 5 $000m^3/s$ 下泄，直至预留 2 亿 m^3 蓄水量为止。

（三）对黄河下游减淤效益的研究

初步设计阶段采用 2000 年来水来沙水平 1950～1975 年翻番系列对黄河下游河道的

减淤作用进行了研究，招标设计阶段采用六个不同的水沙系列进行了研究，同时也利用多家模型对黄河下游河道的减淤作用进行了研究。根据计算和分析，小浪底水库对下游河道的减淤作用相当于黄河下游河道20年左右不淤积。

二、工程设计完成后水库运用方式研究简况

1988年以来，黄河水利委员会（简称黄委会）设计院、清华大学、中国水科院、武汉水利电力学院、西安理工大学、黄委会水科院等单位就小浪底水库的运用方式进行了进一步的探索研究，尤其是“八五”国家重点科技攻关项目“黄河治理与水资源开发利用”各个专题的研究成果，进一步深化了对黄河水沙条件和河道演变特点的认识，改进了黄河的泥沙冲淤数学模型计算方法，扩展了小浪底水库运用方式研究的思路，为进一步研究小浪底水库运用问题提供了有利条件。

这一阶段小浪底水库运用方式的研究成果，可以大致归纳为四类。

（1）高蓄速冲运用方式。强调泥沙多年调节，水库按最大兴利要求调水且不造峰。主汛期蓄水位一次抬高至254m，按发电及供水要求放水，蓄水拦沙不造峰；当库区淤积量大于60亿~70亿m^3，来水又较大（大于2 300m^3/s，并继续上涨）时，降低水位泄空冲刷，形成高含沙水流输沙过程。“高蓄速冲”方式提出的多年调节泥沙思想有一定的借鉴作用。

（2）控蓄速冲运用方式。主导思想是增大调节库容，增强对水沙的调节能力，把泥沙调到大流量洪水期输送，并强调调水作用，视水库汛期限制水位以下调节库容大小，决定造峰流量。相应调控库容为5亿m^3以上，调控上限流量2 500m^3/s或3 500m^3/s（见表1-2-1）。

表1-2-1　控蓄速冲方式调控指标

调控库容（亿m^3）	调控上限流量（m^3/s）	泄水造峰条件
>10	3 500	$Q_入$>3 500m^3/s或水位高于254m，控制水位不低于230m
5~10	2 500	$Q_入$>2 500m^3/s且$S/Q \leqslant 0.025$或$V_调$>5亿m^3

当水库淤满调沙库容，滩面高程高于248m时，进行泄空冲刷。在8月份，$Q_入 \geqslant$ 3 500m^3/s持续3天时，开始泄空冲刷，迅速降到最低水位。当$V_调$<2亿m^3，$Q_入 \geqslant$ 2 500m^3/s持续3天时，即降水至最低水位冲刷。当冲刷完调节库容或$Q_入$<2 000m^3/s时，转入蓄水拦沙运用。水库运用周而复始，形成大流量较高含沙量或大流量持续时间较长的出库水沙过程。“控蓄速冲”方式突出对艾山以下河道的减淤和冲刷，调控库容有一定的灵活性。

（3）逐步抬高运用方式的补充研究。汛期调水运用，避免下泄800~2 500m^3/s，最大调蓄水量3亿m^3，造峰调水量2亿m^3。在整个运用过程中库水位变化缓慢，对径流调节作用较小。“逐步抬高”方式突出了水库“拦粗排细”作用，但调节库容小，对水量调节作

用有限。

(4)分阶段抬高运用。水库拦沙过程分为三个阶段：第一阶段汛期运用水位逐步抬高到235m，坝前淤积面达到230m时，降低水位冲刷库区淤积，最低冲刷水位205m，控制冲刷时间不超过3年，即转入逐步抬高继续拦沙运用；第二阶段控制汛期运用水位达240m时，又转入降水冲刷(方式同前)；第三阶段汛期运用水位达254m时，转入降水冲刷(方式同前)，形成高滩深槽。调水运用条件与逐步抬高运用相同。

三、小浪底水库初期运用方式研究简况

1996年11月水利部以水规计[1996]520号文"关于小浪底水库运用方式研究项目的批复"批准了小浪底水库运用方式研究工作，并要求尽快组织实施。项目批准立项后，黄委会联合有关科研单位、大专院校以及管理部门全面开展了研究工作，1998年小浪底水库拦沙初期的关键技术问题研究被列为"九五"国家重点科技攻关专题。1999年提出了《小浪底水库初期运用方式研究报告》及其专题报告，2000年提出了《小浪底水库2000年运用方案研究报告》及其专题报告，2002年提出了《小浪底水库初期防洪减淤运用关键技术研究》报告。该时期主要研究成果包括以下方面。

(一)小浪底水库运用初期水沙条件分析

全面系统地分析了黄河水沙特征和近期水沙变化情况与原因；利用黄河中下游主要断面1997年6月以前的水沙资料，采用历史序列滑动、随机模拟等手段，分析了水沙均值分布概率，论证了不同历时序列的重现期；利用门限预报、谐波分析、灰色拓扑预测等多种模型预测了小浪底水库拦沙运用期前15年可能出现的水沙条件；推荐1978～1982+1987～1996、1985～1989+1971～1980年两个十五年系列作为基本设计系列。考虑1991～1995年系列及1977～1981年系列为运用方式适应性论证的不利水沙条件。

(二)黄河下游河道冲淤特点的分析研究

综合断面法、输沙率法和水位法的冲淤量，修正了研究序列的日输沙资料，统计分析了黄河下游1960～1996年各时段及年内冲淤情况；分析研究了1960～1996年各场次低含沙非漫滩洪水、中等含沙洪水、较高含沙水流、漫滩洪水的分河段和分流量级的冲淤规律及平水期的冲淤规律；统计分析了不同洪水黄河下游分组泥沙冲淤特性，研究了河床形态对下游输沙能力的影响。在此基础上明确了各河段冲淤临界及减淤最优的水沙条件(流量、含沙量和洪水历时)，合理地提出了下游河道减淤对小浪底水库初期运用的要求。提出汛期对小浪底出库流量进行调节控制，使出库流量两极分化的同时，必须相机形成持续一定时间的较大流量，利用大水排沙。分析了水库"拦粗排细"运用应具备的条件。

(三)数学模型的研制开发和验证

从泥沙运动基本方程出发，考虑黄河高含沙洪水和河床冲淤变化调整剧烈的特点，建立了水库和河道一维泥沙水动力学模型，并以实测资料进行了验证；通过大量实测资料的整理分析，进一步完善了水库水文－水动力学模型的水库敞泄排沙、壅水排沙和分组沙输沙计算方法；通过对非稳定流的流量演进、河道输沙能力和形态调整等问题的研究和处理，建立完善了下游河道水文－水动力学模型，并以实测资料进行了验证；建立了小浪底水库多目标评价指标体系和评价模型。

（四）小浪底库区和下游河道动床模型设计和验证

根据水流重力和阻力相似、泥沙悬移相似、泥沙起动及扬动相似、泥沙级配相似、水流挟沙力相似、河床变形相似、异重流运动相似等相似准则，设计了小浪底库区和下游河道的动床模型，并分别以三门峡水库拦沙运用过程、溯源冲刷过程和高含沙洪水过程及典型时段过程对模型设计原则进行了验证试验。在郑州建立了小浪底库区和黄河下游河道模型试验基地。

（五）水库调水调沙运用方式研究

考虑不同水沙条件，经过对多种减淤运用方案水库调水效果、库区干支流淤积及综合利用效益的研究比较，深入研究了水库调水调沙运用方式。提出了小浪底水库起始运行水位210m、调控上限流量2 600m^3/s、调控库容8亿m^3等初期调水调沙运用关键指标。与水文预报紧密结合，制定了小浪底水库初期调水调沙运用方案，即从黄河下游尤其是艾山至利津河道的减淤出发，提出流量两极分化，避免800m^3/s至调控上限流量的水流出现，同时要求调控上限流量的持续时间以6天以上为佳的调水调沙方案。

（六）小浪底水库运用后下游河道河型转化及相应对策

运用水动力学、河流动力学、土力学及地貌学的基本理论，以下游河道实测资料为基础，结合物理模型试验和数学模型计算，预测了小浪底水库清水冲刷阶段下游河道的演变趋势、平面形态变化、河床河岸侵蚀变化、河型转化及深泓的演变趋势，研究了黄河下游畸弯的发生、发展和消亡的机理及过程。提出了小浪底水库运用后黄河下游河道整治的对策措施。

（七）水库防洪运用方式研究

研究了水库中常洪水的运用方式及不同来源洪水条件下，合理减轻三门峡水库蓄洪负担的四库（三门峡、小浪底、陆浑、故县）联合运用方式。

（八）水库初期以防洪减淤为中心的综合利用调度方案研究

进行了小浪底水库初期防凌、供水灌溉和发电运用方式研究，利用人工网络技术建立了多目标综合评价模型，并对小浪底水库初期运用方案进行了综合评价，提出了可操作的水库综合利用调度方案。运用方案在满足防洪减淤要求的同时，提高了供水灌溉、发电的综合利用效益。

四、小浪底水库拦沙初期调度规程编制

在上述研究成果的基础上，根据有关法律、规范，结合小浪底水利枢纽有关设计文件以及实际运行经验，黄河勘测规划设计有限公司于2002年开展了《小浪底水利枢纽拦沙初期运用调度规程》（以下简称调度规程）的编制工作，2004年9月水利部以水建管[2004]439号文批准发布该调度规程。

调度规程把小浪底水利枢纽运用分为三个时期，即拦沙初期、拦沙后期和正常运用期。其中，拦沙初期指水库泥沙淤积量达到21亿~22亿m^3以前；拦沙后期指拦沙初期之后至库区形成高滩深槽，坝前滩面高程达254m，相应水库泥沙淤积总量约75.5亿m^3；正常运用期指在长期保持254m高程以上40.5亿m^3防洪库容的前提下，利用254m高程以下10亿m^3的槽库容长期进行调水调沙运用。调度规程明确了小浪底水库拦沙初期水

工建筑物安全运用、金属结构设备安全运行条件以及防洪调度、调水调沙调度、防凌调度、供水灌溉调度、发电调度、枢纽防沙防淤堵调度、水库调度管理、水库调度信息保障等方面的有关问题。

（一）防洪调度

（1）防洪调度任务：根据规划设计确定的枢纽设计洪水、校核洪水标准和下游防洪工程的防洪标准，在确保枢纽建筑物安全的前提下，减轻洪水对下游防洪工程的压力，保证下游防洪安全，兼顾洪水资源利用及水库、下游河道减淤。

（2）防洪调度原则：当下游出现防御标准（花园口站流量22 000m^3/s）内洪水时，合理控制花园口流量，最大限度减轻下游防洪压力；当下游可能出现超标准洪水时，尽量减轻黄河下游的洪水灾害；当水库遇超过设计标准洪水或枢纽出现重大安全问题时，应确保枢纽安全运用。

（3）防洪调度期为7月1日~10月23日，其中7月1日~8月31日为前汛期，9月1日~10月23日为后汛期。

（4）水库调度单位应根据黄河洪水季节性变化规律，考虑拦沙初期水库淤积特点，分别制定前汛期和后汛期的限制水位。考虑黄河洪水和径流的特点，7月1日~10日，在综合分析来水情况并经上级主管部门批准后，可突破汛限水位运用。

（5）黄河洪水调度复杂，水库调度单位应根据每年的具体情况逐年制定防洪调度预案，并及时通知运行管理单位；运行管理单位应根据枢纽的具体情况和防洪调度预案制定防洪调度计划，并及时上报水库调度单位。

（6）防洪调度方式：

①当预报花园口流量小于5 000m^3/s、大于编号洪水时，原则上按入库流量泄洪；当潼关站实测为低含沙、小洪量编号洪水时，可短时超量蓄水。

②预报花园口洪水流量大于5 000m^3/s时，需根据小浪底至花园口区间来水流量与水库蓄洪量多少，确定不同的泄洪方式。

对三门峡以上来水为主的“上大洪水”，若潼关站实测含沙量小于200kg/m^3，先按控制花园口站流量5 000m^3/s运用，待水库蓄洪量达到20亿m^3时，再按控制花园口站流量不大于10 000m^3/s运用；当潼关站发生含沙量大于200kg/m^3的编号洪水时，按入库流量下泄，并控制花园口站流量不大于10 000m^3/s。

对三门峡至花园口区间来水为主的“下大洪水”，在小浪底水库控制花园口站流量5 000m^3/s运用过程中，当水库蓄洪量尚未达到20亿m^3、小浪底至花园口区间来水流量已达到5 000m^3/s且有增大趋势时，水库按不大于1 000m^3/s控泄；当水库蓄洪量达到20亿m^3后，开始按控制花园口站流量10 000m^3/s运用；当小浪底至花园口区间来水流量大于10 000m^3/s时，水库按不大于1 000m^3/s控泄。

当预报花园口洪水流量回落至5 000m^3/s以下时，按控制花园口站流量5 000m^3/s泄洪，直到小浪底库水位回降至汛限水位以下。

（7）黄河来水、来沙多变，预见期有限，在防洪调度期间需要在调度预案的基础上，结合实时水沙情况，进行实时调度。

（8）防洪调度应服从于国家防汛抗旱总指挥部批准的黄河洪水调度方案的原则。

（二）调水调沙调度

（1）调水调沙调度任务：通过水库对出库水沙过程进行调节，尽可能减少下游河道特别是艾山以下河道主河槽的淤积，增加河道主槽的过流能力。

（2）调水调沙调度原则：水库调水调沙要考虑水沙条件、水库淤积和黄河下游河道的过水能力，充分利用下游河道输沙能力，控制花园口站流量或小于 $800m^3/s$ 或大于 $2\ 600m^3/s$，尽量避免出现 $800 \sim 2\ 600m^3/s$ 流量过程。

（3）调水调沙调度期：调水调沙的调度运用贯穿于其他各个调度期之中。

（4）水库调度单位负责制定小浪底水库调水调沙调度预案，下达调水调沙调度指令。运行管理单位负责组织实施。

（5）调水调沙调度方式：

①调水调沙最低运用水位为210m，调控库容不小于8亿 m^3。

②调控下限流量按控制花园口站流量不大于 $800m^3/s$，调控上限流量按控制花园口站流量不小于 $2\ 600m^3/s$，历时不小于6天。

（6）当出库流量大于调控上限流量时，应及时打开排沙洞或孔板洞排沙，充分利用黄河下游河道的输沙特性，排沙入海，减少小浪底水库淤积。当出库流量小于调控下限流量时，以电站泄流为主，避免小水带大沙增加下游河道淤积。

（7）当潼关站含沙量大于 $200kg/m^3$、流量小于编号洪水时，应采用“异重流”、“浑水水库”等排沙运用方式。

（8）在调水调沙调度中，要做好和防洪调度的衔接，并尽量使三门峡水库和小浪底水库调度相协调。

（9）黄河来水、来沙多变，预见期有限，在调水调沙期间需要在调度预案的基础上，结合实际水沙情况，加强实时调度。

（三）防凌调度

（1）防凌调度任务：在防凌期优先承担防凌蓄水任务，合理控制出库流量，避免下游凌汛灾害。

（2）防凌调度方式：预报下游河道封冻前一旬，水库按防凌预案确定的流量均匀泄流，维持下游流量平稳，避免小流量封河；下游河道封冻后，水库平稳减少泄流，逐步减小下游河道槽蓄水量，使下游流量不超过河道的冰下过流能力。开河期为进一步削减下游河道槽蓄水量，适时控泄流量，直至开河。

（3）防凌调度期：每年的11月1日至次年2月底为防凌调度期，特殊情况时，调度期顺延。

（4）水库调度单位根据来水预报、下游河道可能开始封（开）河时段的气象预报，以及该时段内下游沿河地区用水、配水计划，编制水库防凌调度运用预案。运行管理单位负责制定小浪底水利枢纽的防凌调度计划，并按调度指令负责组织实施。

（四）供水灌溉调度

（1）供水灌溉调度任务：在尽可能保证黄河不断流的前提下，按“以供定需”的要求，尽量满足下游供水和灌溉配额，提高供水保证率。

（2）供水灌溉调度原则：供水灌溉服从黄河水量统一调度，在考虑黄河下游减淤要求的前提下，合理分配下游生活、生产和生态环境用水。

(3)水库调度单位根据来水预报和下游需水要求负责制定年度水量分配调度预案和月、旬调度计划；每月28日下达下一月调度计划，每月8日、18日、28日下达下一旬调度计划。运行管理单位负责组织实施，在满足瞬时最小流量要求的前提下，日均下泄流量误差不超过10%，旬均下泄流量误差不超过5%。

(4)为防止7月上旬的“卡脖子”旱，6月底在210m水位以上可预留约10亿m^3水量。

(五)发电调度

(1)发电调度任务：在满足水库调度单位制定的下泄流量指标的前提下，尽量多发电，少弃水，提高小浪底水利枢纽的发电效益。

(2)发电调度原则：按“以水定电”原则进行发电调度。当电网有特殊需求时，电力调度单位应及时通报，水库调度单位应尽可能予以协助。

(3)电力调度单位在水库调度单位要求控泄的日平均流量和日调节流量上、下限范围内进行电负荷的日调节。具体电负荷的日调节由电力调度单位直接下达运行管理单位。

(4)运行管理单位根据水调计划及防洪、防凌、调水调沙调度指令编制小浪底水电厂的季、月、日发电建议计划(包括最大出力、最小出力、发电量等)，并报送电力调度单位和水库调度单位。

(5)当汛期发生高含沙洪水泄水时，宜考虑减少开机台数或短时停机避沙，以减轻机组泥沙磨损。

(6)运行管理单位根据调度规程，与电力调度单位协商，制定(或修订)小浪底水电厂发电运行规程。

(六)枢纽防沙防淤堵调度

(1)运行管理单位应定期对进水塔前泥沙淤积面高程进行监测。坝前和进水塔前泥沙淤积面高程定义：测量断面位置为塔前60m(小浪底库区01断面)，用150kg铅鱼下放失重后，铅鱼落底高程减去50cm，即为泥沙淤积面高程。

(2)汛期下泄的水量，若要求全部通过发电机组下泄，可能导致进水塔前泥沙淤积。当实测塔前泥沙淤积面高程达到183.5m时，运行管理单位应报请水库调度单位批准，小开度短历时开启排沙洞工作闸门，以检查其进口流道是否畅通。以后可按0.5m一级逐步提高塔前允许淤积面高程，但最终许可值不得大于187m。

(3)若要求单个排沙洞运用，应先开启3号排沙洞，然后轮流开启2号、1号排沙洞。多个排沙洞运用时，各排沙洞宜均匀泄水。

(4)若因地震、水流淘刷等特殊原因造成进口冲刷漏斗坍塌，导致塔前淤积高程过高而排沙洞不能泄流，可相机启用明流洞、孔板洞泄流拉沙，必要时辅以高压水枪冲沙，以恢复进口冲刷漏斗。

(5)泄洪排沙时，若某条尾水渠对应的2台机组均停止运行，应关闭该渠末端的防淤闸门，防止黄河泥沙回淤尾水洞(渠)。

五、几点认识

综合以往的研究成果,结合当前黄河的实际情况,有如下几点认识。

(一)对小浪底工程的减淤作用应有一个适当的估计

以往的研究表明,小浪底工程对黄河下游河道减淤有重大作用,是其他工程措施不可能替代的。一是可以迅速扭转下游河道河槽淤积加重、防洪形势恶化的不利局面,为实现人水和谐创造条件,在一定时期内显著延缓河道淤积抬高的速率,为加强水土保持建设和其他减淤措施建设争得了时间,也为加快完善黄河下游防洪体系的建设创造了有利条件。二是在干流水库工程中,小浪底水库是有可能改善黄河艾山以下河段淤积状况的最有效的工程。要尽可能发挥这个优势。

以往的研究还说明,小浪底工程的减淤作用又是有限度的。目前研究提出的各种水库运用方式都不可能长期解决下游河道淤积问题。减淤效果显著的时期主要是水库拦沙运用阶段。其余时期,水库虽然仍有一定减淤作用,但如无其他措施,下游河道仍将继续淤积。解决黄河下游淤积问题,还是要按照治黄规划的总体安排,采取多种措施相互配合,综合治理,不能要求小浪底工程毕其功于一役。小浪底水库长期运用,也需要考虑与其他措施相互配合,要考虑很多情况的可能变化。在设计阶段研究小浪底水库单独存在的运用方式是需要的,但是从今后发展的情况看,仅单独研究小浪底工程的长期运用方式是不够的。

根据目前提出的多种水库运用方式的研究成果,证明小浪底工程设计预计的减淤效果是可靠的。同时也说明,通过继续深入研究,根据不断变化的实际情况,逐步调整和改进运用方式,搞好水库调度运用方案,完全有可能进一步提高水库的减淤效益。

(二)关于小浪底水库运用的阶段性

工程设计中按照库区淤积发展情况划分的几个不同运用阶段及其调度运用办法,需要结合各方面情况的变化,进一步深化研究。水库拦沙运用初期,为充填起始运用水位以下的死库容,不论哪种运用方式都不可避免地要经历一段相对清水下泄的时期,在此期间,关键是适当拟定库区淤积的限量,合理控制清水冲刷历时的长短和下泄流量的大小。不同运用方案的分歧主要也在于此。实际上,这一阶段的时间是比较短的,也是可以根据库区淤积发展情况及时进行调整的。拦沙后期水库的运用方式也需要进一步研究。特别是在逐步抬高水位的过程中,如何充分利用大水,提前降水冲刷或敞泄排沙,都需要深化研究并规范调度运用办法。如果采用分阶段相机降水冲刷运用方式,则逐步抬高运用的历时就可能延长,其减淤效果也可能更好,运用情况也就复杂得多。水库拦沙库容淤满后的运用问题,主要是如何保持长期有效库容,以及如何与其他减淤工程措施统筹安排和联合运用问题,可以从长计议。

根据国民经济和社会发展的要求,在不影响防洪减淤效果的前提下,在水库运用的第一阶段,应该也有可能争取发挥更大的综合效益。

(三)主汛期调水运用问题

根据各方面研究取得的共识,小浪底水库减淤调度运用应是按照来水情况进行调节,即采用调水方式。

调水运用方式,主汛期需要适当蓄水。蓄水少,有利于拦粗排细,但不能满足调水需要;蓄水量较大(超过5亿m^3),能够较好地调节径流,但又不利于拦粗排细。因此,调水运用与拦粗排细不能完全兼顾。权衡利弊影响,特别在水库拦沙运用初期,应主要按调水运用考虑水库的调蓄水量。

(四)小浪底水库运用方式需要不间断地继续进行研究

黄河下游河道演变问题十分复杂,短期变化与长期发展,水沙变化与河道调整,部分河段变化与整体演变的关系等方面都需要进一步加强研究。小浪底工程还要与治黄建设的进展统筹协调,并妥善决策近期效益与长期效益的关系。小浪底工程的运用是一个动态的发展过程,水库运用方式既要有宏观的长远的分析和展望,更要做好近期的具体调度方案,近期调度方案在实施过程中的利弊影响更需要通过实践的检验。因此,小浪底水库的运用方式不可能一成不变,必须结合工程运行实践,结合治黄建设和科技的发展,继续开展研究,逐步深化认识,及时调整调度运用方案。

第三节 小浪底水库拦沙后期运用方式研究简况

根据小浪底水库运用方式需要不间断地继续进行研究的认识,2003年7月黄河勘测规划设计有限公司编制完成了《小浪底水库拦沙期防洪减淤运用方式研究实施方案》,并开展了水库运用的跟踪研究和拦沙后期防洪减淤运用方式研究相关工作。

一、研究目标

工作的主要目标是研究小浪底水库拦沙后期防洪减淤运用的关键技术问题,提出拦沙后期水库运用原则及防洪减淤运用方式;提出拦沙后期不同来水来沙条件和河道边界条件下水库防洪减淤运用的原则和调控指标;提出水库减淤运用跟踪研究报告以及分年度水库减淤运用调控指标;提出拦沙后期小浪底、三门峡、陆浑、故县四库联合防洪运用原则和运用方式。

二、主要研究内容

研究内容由水库运用跟踪研究、拦沙后期减淤运用方式研究、水库防洪运用方式研究以及为支持上述研究所必须开发和完善的技术支持系统四部分所组成,具体研究内容如下。

(一)跟踪研究

主要研究拦沙初期水库的运用情况和库区及下游河道河床演变情况,根据不断变化的新情况和来水来沙,对已经基本拟定的水库减淤运用方式进行跟踪调整。

(二)拦沙后期减淤运用方式研究

进一步分析研究实测资料,进行水沙系列设计,分析研究拦沙后期下游河道防洪减淤对水库运用的要求,论证水库降水冲刷时机和冲刷方式,研究确定拦沙后期调水调沙运用方式。

(三)拦沙后期防洪运用方式研究

进行浑水调洪研究、四库联合防洪运用方式研究。

(四)数学模型改进与应用

进行数学模型验证及改进、不同水沙条件下不同设计方案的模拟计算、方案比选等。

(五)小浪底库区及黄河下游河道原型观测研究

主要包括小浪底进出库水文测验及库区水沙因子、淤积、水位观测,以及黄河下游河道增加断面、加密测次观测。

(六)实体模型试验研究

主要包括实体模型厅建设、模型自动化测控系统建设和试验研究等。

三、预期成果

预期成果包括《黄河小浪底水库拦沙期防洪减淤运用方式研究技术报告》、《黄河小浪底水库拦沙期防洪减淤运用方式研究工作报告》总报告及《小浪底库区运用分析》、《黄河下游河道河床演变分析》、《小浪底水库拦沙期运用库区及下游河道实体模型研究》、《小浪底水库降水冲刷专题研究报告》、《黄河下游河道输沙及河床演变特性研究》、《小浪底水库拦沙后期防洪运用研究报告》、《小浪底水库拦沙后期调水调沙运用研究报告》专题报告。

第二章　黄河下游防洪减淤对水库运用的要求研究

第一节　下游输沙资料的分析与处理

输沙资料是研究黄河下游冲淤规律的基础。因此,资料的合理性决定了研究成果的可信度。黄河下游河道的冲淤变化主要集中在洪水期,研究水库调度也主要是洪水的调度。因此,本次研究除需要取得黄河下游历年汛期、非汛期的实测资料外,还需要取得洪水期的水沙和冲淤资料。

一、输沙资料的分析及处理

(一)输沙资料处理的必要性

长期以来,黄河下游河道冲淤量存在两种不同方法的成果:一是利用各主要控制站的实测输沙资料并考虑引水引沙后沙量平衡而得,称"输沙平衡法";二是根据淤积断面测验直接得出,称"断面法"。

本次研究中根据黄河下游河道特征和冲淤特性将研究河段分为三黑小(三门峡、黑石关、小董,下同)至花园口、花园口至高村、高村至艾山和艾山至利津四个河段(下同),研究资料为1960年7月~1996年6月。断面法冲淤量采用黄委会科技开发基金项目"黄河下游断面法冲淤量计算与分析"中的成果,输沙平衡法冲淤量由实测输沙率进行沙量平衡得出。各河段输沙平衡法成果与断面法存在不同程度的差异,不少时段甚至性质相反,如1960年7月~1996年6月花园口以上河段输沙平衡法冲淤量为30.37亿t,而断面法为-0.81亿t,前者若平铺于铁谢至花园口河段,则河床将平均抬高2~4m,显然与实际不符。据分析,各河段就一个较长时期而言,断面法冲淤量的结果与同流量水位变化相一致,其总量是可信的。但对某一测次而言,由于各种原因,仍可能产生较大误差。由以上分析,实测输沙资料用于分析场次洪水冲淤时,必须加以处理。

(二)输沙资料的处理方法

设某站某测次流量、含沙量真值为Q和S,实测值为$Q+\delta Q$和$S+\delta S$,则输沙率误差$\delta Q_s = Q\delta S + S\delta Q + \delta Q\delta S$。以往的处理中多是对$S$进行修正,实际上,冲淤量的误差是$Q_s$误差的结果,应直接修正$Q_s$。因此,本次研究中先由多种方法综合确定冲淤量,然后,再由沙量平衡推求下站沙量或Q_s,具体处理方法如下。

三门峡站地处峡谷,水沙掺混、紊动强烈,泥沙测验代表性较好,可不予处理。自该站以下,首先根据各河段同流量水位的变化(汛期3 000m^3/s或5 000m^3/s,非汛期1 000m^3/s)算出水位法冲淤量,然后选择断面法、输沙平衡法和水位冲淤量相近的资料,建立水沙条件和河床边界与断面法修正沙量的关系，以此得出一个计算冲淤量，该值实质上是将其他年份的资料与选用年份类比分析的结果，其得出的途径与上述三种方法不同，以此作为第四种方法的冲淤成果。选用冲淤量时，首先由四种方法的成果综合比较，确定出其冲淤性质，然后选用量值比较接近的数值作为冲淤量，当不同方法的结果差别较大时，取其均值作为采用值。处理修正后，1960 年 7 月 ~1996 年 6 月，黄河下游共淤积 38.68 亿 t，其中，三门峡至花园口冲刷 0.76 亿 t，花园口至高村淤积 20.19 亿 t，高村至艾山淤积 12.43 亿 t，艾山至利津淤积 6.82 亿 t。

关于区间引沙量的确定，以往多用河段引水量和上、下站平均含沙量相乘得出，实际上该方法计算的引沙量偏大，引沙量计算采用黄委会设计院"八五"攻关 85－926－06－02－01 的研究成果。各河段汛期、非汛期的冲淤量及引沙量确定后，即可按沙量平衡由三门峡、黑石关、小董三站依次向下游推求花园口、高村、艾山和利津各站输沙量。由于本次研究重点在于分析不同水沙组合的场次洪水黄河下游的冲淤特性，因此输沙率资料需处理到日。设某一垂线上流量误差 $\delta Q = K_Q \cdot Q$，含沙量 S 误差主要在近底部分，近底含沙量 S_b 与垂线平均含沙量 S 成正比，则 $\delta S = K_s \cdot S$，由此可得出垂线平均输沙率误差 $\delta q_s = (K_Q + K_s + K_Q K_s) q_s = K \cdot q_s$。作为一种近似处理，假定 $K = \text{const}$，则逐日输沙率可由以上得出的汛期、非汛期输沙率按实测输沙率加权进行近似修正。处理修正后，1960 年 7 月 ~1996 年 6 月，黄河下游花园口、高村、艾山和利津四站的年均输沙量分别为 10.76 亿、9.87 亿、9.27 亿 t 和 8.76 亿 t，其中，四站的汛期平均输沙量分别为 8.94 亿、7.74 亿、7.54 亿 t 和 7.68 亿 t，四站的非汛期平均输沙量分别为 1.82 亿、2.13 亿、1.73 亿 t 和 1.08 亿 t。

（三）输沙资料的处理结果

从输沙资料的处理结果看，多年平均花园口站输沙率偏小 8.0%，高村站偏小 8.9%，艾山站偏小 5.2%，利津站偏小 7.6%，与以往的分析研究成果基本一致。

二、悬移质泥沙颗粒级配的分析及修正

各站悬移质泥沙颗粒级配的采用中对于 1960 年一些时段比重计法的测验成果，根据以往的研究，与消光法成果相近，不予修正。对于 1980 年以前的粒径计法成果，根据黄委会水文局黄水技[1996]23 号文中函告各用户使用的统一方法修正为消光法成果，修正方法见表 2-1-1。对于 1980 年以后的级配成果，直接采用水文年鉴中刊印的资料。

表 2-1-1　　黄河下游粒径计法颗分成果的修正

粒径级(mm)	回归系数	修正公式
≤0.007	0.963	$P_0 < 60\%$ 时，$P = 1.477P_0 + 1.184$ $P_0 \geqslant 60\%$ 时，$P = 0.255P_0 + 74.5$
≤0.01	0.973	$P_0 < 70\%$ 时，$P = -0.00348P_0^2 + 1.561P_0 + 0.095$ $P \geqslant 70\%$ 时，$P = 0.257P_0 + 74.3$
≤0.025 及≤0.05	0.947	$P = -0.008P_0^2 + 1.799P_0 - 1.689$
≤0.1 及≤0.25 及≤0.5	0.948	$P = -0.00396P_0^2 + 1.435P_0 - 3.889$

注：P_0 为粒径计法沙重百分数，P 为修正后的沙重百分数。

第二节　河道的冲淤特性

据本次研究采用的资料统计分析，1960 年 9 月 15 日～1996 年 6 月，三黑小平均每年来水 400.23 亿 m^3，平均每年来沙 10.71 亿 t，平均含沙量 26.8kg/m^3，三门峡至利津共淤积泥沙 36.32 亿 t，平均每年 1.01 亿 t。1950 年 7 月～1960 年 6 月，三黑小年平均来水量 476.6 亿 m^3，年平均来沙量 17.95 亿 t，平均含沙量 37.4kg/m^3，三门峡至利津平均每年淤积泥沙 3.87 亿 t。1960 年 9 月 15 日～1996 年 6 月与 20 世纪 50 年代相比，由于三门峡水库的影响及来水来沙的变化，年均来水量减少 16%，年均来沙量减少 40%，平均含沙量减少 29%，即来水来沙均减少，尤其是来沙量的大幅度减少，导致淤积量大为减少，年均淤积量约为 20 世纪 50 年代的 26%，若扣除 1960 年 9 月 15 日～1964 年 10 月三门峡水库蓄水运用的影响，则年均淤积量为 2.07 亿 t，约为 20 世纪 50 年代的 53%。

一、黄河下游三门峡水库蓄水运用以来的冲淤概况

（一）年内冲淤概况

从淤积量的年内分布看，1960 年 9 月 15 日～1996 年 6 月，黄河下游汛期共淤积 39.34 亿 t，年均淤积 1.09 亿 t，占总淤积量的 108.3%，非汛期则共冲刷 3.02 亿 t，年均冲刷 0.08 亿 t。见表 2-2-1。

表 2-2-1　　黄河下游各河段平均冲淤量

项目			时段(年-月～年-月)			
			1960-09～1964-10	1964-11～1973-10	1973-11～1996-06	1960-09～1996-06
三黑小水量（亿 m^3）		汛期	327.04	225.90	195.00	217.40
		非汛期	238.57	199.49	166.62	182.83
		全年	565.61	425.39	361.62	400.23
三黑小沙量（亿 t）		汛期	4.29	12.82	8.96	9.41
		非汛期	1.53	3.48	0.41	1.30
		全年	5.82	16.30	9.37	10.71
各河段冲淤量（亿 t）	三—花	汛期	-1.81	0.79	0.76	0.48
		非汛期	-0.56	0.20	-0.78	-0.51
		全年	-2.37	0.99	-0.02	-0.03
	花—高	汛期	-2.02	1.69	0.98	0.82
		非汛期	-0.81	0.26	-0.40	-0.28
		全年	-2.83	1.95	0.58	0.54
	高—艾	汛期	-0.93	0.35	0.15	0.08
		非汛期	-0.20	0.49	0.21	0.23
		全年	-1.13	0.84	0.36	0.31
	艾—利	汛期	-0.98	-0.07	-0.26	-0.29
		非汛期	0.35	0.68	0.42	0.48
		全年	-0.63	0.61	0.16	0.19
	三—利	汛期	-5.73	2.75	1.63	1.09
		非汛期	-1.22	1.63	-0.56	-0.08
		全年	-6.95	4.38	1.07	1.01

注：三指三门峡，花指花园口，高指高村，艾指艾山，利指利津，下同。

表 2-2-2 为各种洪水来水来沙和冲淤情况。若以三黑小日平均流量大于 1 000m³/s 为标准，根据流量涨落过程将汛期分为洪水期和平水期，则 1960 年 9 月 15 日～1996 年 6 月，黄河下游汛期共发生各种洪水 397 次，来水量（以三黑小计，以下如无特别说明，均指三黑小）7 297.6 亿 m³，来沙量 327.00 亿 t，历时 3 295 天，分别占 36 年汛期总量的 93.2%、96.6%和 75.7%，平均含沙量 44.8kg/m³，三门峡至利津淤积 33.67 亿 t，为汛期总淤积量的 85.5%。由此说明，相对于输沙量而言，洪水期的淤积较平水期为少。

表 2-2-2 各种洪水来水来沙和冲淤情况

类别	站名（河段）	水量（亿 m³）	沙量（亿 t）				冲淤量（亿 t）			
			细沙	中沙	粗沙	全沙	细沙	中沙	粗沙	全沙
全部洪水	场次 = 397　　天数 = 3 295									
	三黑小	7 297.6	177.83	84.29	64.88	327.00	-10.51	12.20	13.90	15.59
	花园口	7 570.3	186.97	71.53	50.58	309.08	11.60	2.74	12.14	26.48
	高村	7 263.5	170.29	67.04	37.29	274.62	6.08	-1.03	-3.05	2.00
	艾山	7 337.5	160.66	66.76	39.64	267.06	-7.50	-2.70	-0.20	-10.40
	利津	6 997.5	164.32	67.93	38.96	271.21				
	三—高						1.09	14.94	26.04	42.07
	高—利						-1.42	-3.73	-3.25	-8.40
	三—利						-0.33	11.21	22.79	33.67
非高含沙洪水	场次 = 377　　天数 = 3 152									
	三黑小	6 982.0	145.12	66.83	48.39	260.34	-12.36	6.76	9.16	3.56
	花园口	7 249.5	156.29	59.58	38.89	254.76	1.75	-2.23	5.06	4.58
	高村	6 966.6	150.16	60.31	32.91	243.38	4.99	-1.97	-3.96	-0.94
	艾山	7 042.5	141.90	61.06	36.22	239.18	-8.00	-2.46	-0.30	-10.76
	利津	6 720.9	146.36	62.08	35.70	244.14				
	三—高						-10.61	4.53	14.22	8.14
	高—利						-3.01	-4.43	-4.26	-11.72
	三—利						-13.62	0.10	9.96	-3.58
高含沙洪水	场次 = 20　　天数 = 143									
	三黑小	315.6	32.71	17.46	16.49	66.66	1.85	5.44	4.74	12.03
	花园口	320.8	30.68	11.95	11.69	54.32	9.85	4.97	7.08	21.90
	高村	296.9	20.13	6.73	4.38	31.24	1.09	0.94	0.91	2.94
	艾山	295.0	18.76	5.70	3.42	27.88	0.50	-0.24	0.10	0.36
	利津	276.6	17.96	5.85	3.26	27.07				
	三—高						11.70	10.41	11.82	33.93
	高—利						1.59	0.70	1.01	3.30
	三—利						13.29	11.11	12.83	37.23

注：细沙为粒径小于 0.025mm 的泥沙，中沙为粒径大于等于 0.025mm 小于 0.05mm 的泥沙，粗沙为粒径大于等于 0.05mm 的泥沙，下同。

进一步分析可知，洪水期淤积主要是 20 场流量较大的高含沙洪水造成的，其淤积量为 37.23 亿 t。若扣除其影响，则 377 场一般含沙洪水三门峡至利津冲刷 3.58 亿 t，而平水期淤积了 5.69 亿 t，更说明了一般含沙量洪水的冲刷作用和平水期的淤积作用。

（二）沿程冲淤概况

从1960年9月15日～1996年6月黄河下游淤积量的沿程分布看，三门峡至花园口冲刷1.23亿t，花园口至高村淤积19.54亿t，高村至艾山淤积11.26亿t，艾山至利津淤积6.75亿t，分别占总淤积量的－3.4%、53.8%、31.0%和18.6%，说明淤积主要发生在花园口至高村段和高村至艾山段。

从年内的沿程冲淤看，汛期黄河下游"上淤下冲"，即艾山以上河道发生淤积，艾山至利津河段发生冲刷，沿程四个河段的冲淤量分别为17.26亿、29.67亿、2.84亿t和－10.43亿t，分别占汛期淤积总量的43.9%、75.4%、7.2%和－26.5%。艾山至利津河道的冲刷主要有两方面原因：一是上河段的淤积调整，使得进入该河段的含沙量和悬沙粒径都减小；二是该河段为受人工控制的弯曲段，河槽窄深，洪水时同流量下输沙能力较大。非汛期黄河下游的冲淤与汛期相反，呈现"冲河南，淤山东"的局面，四个河段的冲淤量分别为－18.49亿、－10.13亿、8.42亿t和17.18亿t，造成这种现象的主要原因与三门峡水库非汛期下泄清水有关，河南河段位于上游且比降较大，冲刷恢复的泥沙至山东河道后，由于比降变缓，流量变小，又沿程回淤。

若年内从洪水期和平水期看，1960年9月15日～1996年6月，在全部洪水作用下，花园口以上淤积15.59亿t，花园口至高村段淤积26.48亿t，高村至艾山段淤积2.00亿t，艾山至利津段冲刷10.40亿t，分别占36年相应河段淤积总量的－1 265%、135%、17.6%和－154%，说明对于高村以上河段而言，洪水是河道淤积的主要原因，对于艾山至利津河段而言，洪水对河道输沙有利，这也与河南、山东河道的上、下河段冲淤调整及山东河道的窄深形态有关。进一步的分析表明，艾山以上河段洪水期的淤积主要由高含沙洪水所致，若扣除其影响，则在一般含沙量洪水的作用下，花园口以上淤积3.56亿t，花园口至高村间淤积4.58亿t，高村至艾山间冲刷0.94亿t。

（三）三门峡水库不同运用期的冲淤概况及河势变化

黄河下游各时期河道冲淤特性及河势变化与三门峡水库运用密切相关，见表2-2-3和表2-2-4。

表2-2-3　　黄河下游河道各时期冲淤量

时间（年-月-日）		三黑小水量（亿 m^3）	三黑小沙量（亿t）	各河段冲淤量（亿t）				
				三—花	花—高	高—艾	艾—利	三—利
1960-09-15～1964-10	汛期	1 308.17	17.165	－7.22	－8.06	－3.73	－3.92	－22.93
	非汛期	954.29	6.103	－2.25	－3.23	－0.78	1.38	－4.88
	年	2 262.46	23.268	－9.47	－11.29	－4.51	－2.54	－27.81
1964-11～1973-10	汛期	2 033.14	115.390	7.07	15.17	3.19	－0.64	24.79
	非汛期	1 795.37	31.347	1.78	2.32	4.41	6.13	14.64
	年	3 828.51	146.737	8.85	17.49	7.60	5.49	39.43
1973-11～1996-06	汛期	4 485.05	206.077	17.41	22.57	3.37	－5.87	37.48
	非汛期	3 832.33	9.476	－18.02	－9.22	4.79	9.67	－12.78
	年	8 317.38	215.553	－0.61	13.35	8.16	3.80	24.70
1960-09-15～1996-06	汛期	7 826.36	338.631	17.26	29.67	2.84	－10.43	39.34
	非汛期	6 581.99	46.926	－18.49	－10.13	8.42	17.18	－3.02
	年	14 408.35	385.557	－1.23	19.54	11.26	6.75	36.32

表 2-2-4　　黄河下游河道各时期流量特征

时段	花园口平滩流量(m^3/s)	高村平滩流量(m^3/s)	流量 2 000 ~ 3 000m^3/s		流量 3 000 ~ 4 000m^3/s		流量 >4 000m^3/s		造床流量(m^3/s)
			年均天数	年均水量(亿 m^3)	年均天数	年均水量(亿 m^3)	年均天数	年均水量(亿 m^3)	
1961 ~ 1964 年	5 700 ~ 7 310	5 200 ~ 6 200	35	87	21	70	33	168	5 900
1965 ~ 1968 年	7 310 ~ 6 660	6 200 ~ 5 300	32	70	25	73	29	131	5 300
1969 ~ 1973 年	6 660 ~ 2 700	5 300 ~ 2 700	18	38	9	23	2	5	2 500
1974 ~ 1985 年	2 700 ~ 5 240	2 700 ~ 5 000	29	60	16	47	20	81	4 700
1986 ~ 1996 年	5 240 ~ 3 500	5 000 ~ 2 900	14	27	5	12	3	9	2 300

在表 2-2-4 中，造床流量是指其造床作用与多年流量过程的综合造床作用相当的某一种流量，造床流量的大小与该流量的输沙能力大小和该流量的历时长短有关，而黄河下游河道的水流输沙能力与流量 Q 的平方成正比，流量的历时长短可用其出现的频率 P 来表示。因此，当 Q^2P 的乘积值为最大时，所对应的流量便是造床作用最大的造床流量。

1. 蓄水运用期(1960 年 9 月 15 日 ~ 1964 年 10 月)

1960 年 9 月 15 日 ~ 1964 年 10 月，水库蓄水运用，共拦沙约 44.1 亿 t，受泄流能力限制，6 000m^3/s 以上的洪水，水库削峰率在 50% 以上，加之这一时期水量较丰、沙量较少，三黑小来水 2 262.46 亿 m^3，约占 36 年的 16%，来沙 23.268 亿 t，约占 36 年的 6%，平均含沙量 10.28kg/m^3，约为 36 年平均的 38%。因此，下游河道发生冲刷，共冲刷泥沙 27.81 亿 t，四个河段冲刷量分别占全下游的 34.0%、40.7%、16.2% 和 9.1%，冲刷主要发生在高村以上。从冲刷量的年内分配看，各河段冲刷主要集中在汛期，对于全下游，汛期冲刷 22.93 亿 t，非汛期冲刷 4.88 亿 t，对于艾山至利津河道，汛期冲刷 3.92 亿 t，非汛期淤积 1.38 亿 t。对于这一时期的下游冲刷历程发展，1960 年 9 月 15 日 ~ 1961 年 6 月，三门峡汛期下泄流量较小，流量均小于 2 000m^3/s，流量大于 1 000m^3/s 也仅有 16 天。因此，冲刷仅发展到高村；1961 年 6 月 ~ 1962 年 6 月，是三门峡水库下泄清水的第一年，汛期下泄流量较大，其中有 20 多天流量大于 4 000m^3/s。因此，汛期的冲刷已发展到利津。1962 年 10 月以后，高村至利津河段在汛期继续冲刷，在非汛期回淤，但利津以上各河段的年总量均表现为冲刷。

1960 年 9 月 15 日 ~ 1964 年 10 月，三门峡水库大量拦沙下泄清水，加上该时期的下游河道整治工程极不完善，导致下游河道发生了两次大的河势变化，一次在 1961 年，一次在 1964 年，其中，1961 年是三门峡水库下泄清水的第一年，有 20 多天的清水流量介于 4 000 ~ 6 000m^3/s 之间，进入下游河道的水沙条件变化剧烈，下游河道在调整的过程中大幅度改变河势，1962～1963年的大流量及水量均没有超过1961年，下游的河势也相对较稳定，1964年汛期水量特丰，有两个多月的清水流量介于5 000～7 000m^3/s之间，大水长时间坐弯并由此引起河势普遍下挫，造成严重塌滩，河势改变较大。总之，从1961年至1964年，大量的清水进入下游河道，平均每年汛期有33天、168亿m^3的清水流量在4 000m^3/s以上，高村以上的平滩流量也由5 700～5 200m^3/s发展到7 300～6 200m^3/s，造床流量约为5 900m^3/s，下游河道的河势流路逐步调整为大流量河势流路。

2. 滞洪排沙期(1964年11月～1973年10月)

1964年11月～1973年10月，三门峡水库进行两次改建，泄流能力虽有增加，水库仍然自然滞洪，削峰率仍达30%以上。洪峰期水库滞洪，排沙比小，洪峰后库水位降低，水库排沙，排沙比加大，形成"大水小沙"和"小水大沙"的不利水沙条件，这一时期三黑小来水3 828.51亿m^3，约占36年的27%，来沙146.737亿t，约占36年的38%，平均含沙量38.33kg/m^3，约为36年平均的1.43倍。这种不利水沙导致下游河道大量回淤，至1970年7月冲刷的泥沙全部回淤，到1973年10月共淤积泥沙39.43亿t，四个河段淤积量分别占全下游的22.4%、44.4%、19.3%和13.9%。水库蓄水后至1973年10月，全下游淤积11.62亿t，除花园口以上河段净冲刷0.62亿t外，其余三个河段分别淤积6.20亿、3.09亿t和2.95亿t。

1964年11月～1973年10月，洪峰期水库滞洪，洪峰后库水位降低，形成"大水小沙"和"小水大沙"的不利水沙条件，导致下游河道强烈堆积，并且淤槽不淤滩，造成滩槽高差变小，河道变得宽浅散乱，河道排洪能力降低，主流摆动加剧。总的来说，从1965年至1968年，进入下游河道的流量仍较大，平均每年汛期有29天流量在4 000m^3/s以上，相应水量为131亿m^3，高村以上的平滩流量由7 300～6 200m^3/s降低到6 660～5 300m^3/s，造床流量约为5 300m^3/s，下游河道的河势流路基本保持了大流量河势流路。1969～1973年，进入下游河道的流量较小，平均每年汛期仅有11天、28亿m^3的流量在3 000m^3/s之上，汛期的主体流量为小于3 000m^3/s部分，这一时期，下游河道淤积严重，导致高村以上的平滩流量由6 660～5 300m^3/s发展到2 700m^3/s，造床流量约为2 500m^3/s，下游河道的河势流路也逐步演变成小流量河势流路。

3. 蓄清排浑期(1973年11月～1996年6月)

1973年11月以来，三门峡水库蓄清排浑运用，由于泄流规模的扩大，5 000m^3/s以下的洪水基本不滞洪，总的说来，下游河道淤积速度有所减弱。1973年11月～1996年6月，三黑小来水8 317.38亿m^3，约占36年的58%，来沙215.553亿t，约占36年的56%，平均含沙量25.92kg/m^3，约为36年平均的0.97倍。这种水沙导致下游河道淤积泥沙24.70亿t，其中花园口以上冲刷0.61亿t，其余三个河段分别淤积13.35亿、8.16亿t和3.80亿t，淤积速度较前一时段有所减弱。

1973年11月三门峡水库蓄清排浑运用以来，下游河道的河势流路基本上经历了两次大的变化，从1974年至1985年，进入下游河道的流量较大，平均每年汛期有36天、128亿m^3的流量在3 000m^3/s以上，高村以上的平滩流量由2 700m^3/s增加到5 240～5 000m^3/s，造床流量约为4 700m^3/s，下游河道的河势流路也相应地演变成较大流量河势流路。从1986年至1996年，进入下游河道的流量较小，平均每年汛期仅有8天、21亿m^3

的流量在3 000m³/s之上，汛期的主体流量为小于3 000m³/s部分，同时，下游河道持续淤积，导致高村以上的平滩流量由5 240～5 000m³/s发展到3 500～2 900m³/s，造床流量约为2 300m³/s，下游河道的河势流路变成小流量河势流路，河势普遍上提，畸形河湾不断出现，小水大灾屡屡发生，加上黄河下游宽河段河势还没得到较好控制，致使部分工程在3 000m³/s流量以上时即发生漫顶，并使一些基础较差的护滩控导工程遭到严重破坏。

二、汛期不同水沙组合条件下黄河下游河道的冲淤特性

研究黄河下游汛期不同水沙组合条件下的冲淤规律，目的在于为小浪底水库具体的水沙调节指令的制定提供依据。

（一）低含沙水流下游各河段的冲淤特性

小浪底水库初期运用，水库蓄水拦沙，排沙比较小，下游河道将发生冲刷。因此，分析黄河下游各河段低含沙洪水冲淤特性，对小浪底水库初期运用方式的制定具有重要意义。

统计1960年9月15日～1996年6月三黑小含沙量小于20kg/m³的各级流量的非漫滩洪水来水来沙和河道冲淤情况如表2-2-5所示。为了进一步研究黄河下游低含沙水流的冲淤特性，为小浪底水库初期运用提出减淤要求，选取三黑小含沙量小于20kg/m³的非漫滩洪水，建立高村、艾山、利津三站的输沙率与上站流量的关系如下：

表2-2-5　三黑小含沙量小于20kg/m³的各级流量的水沙和河道冲淤

类别	站名（河段）	水量（亿m³）	沙量（亿t）				冲淤量（亿t）			
			细沙	中沙	粗沙	全沙	细沙	中沙	粗沙	全沙
分流量级	流量=1 000～1 500m³/s　场次=41　天数=273									
	三黑小	306.6	2.00	0.84	0.67	3.51	-0.39	-0.41	-0.30	-1.10
	花园口	301.6	2.29	1.22	0.95	4.46	-0.28	-0.03	0.05	-0.26
	高村	284.0	2.48	1.21	0.87	4.56	0.04	0.13	0.13	0.30
	艾山	273.5	2.29	1.02	0.71	4.02	0.11	0.33	0.15	0.59
	利津	238.9	1.99	0.59	0.49	3.07				
	三—利						-0.52	0.02	0.03	-0.47
	流量=1 500～2 000m³/s　场次=24　天数=220									
	三黑小	327.0	2.48	0.87	0.66	4.01	-0.54	-0.43	-0.24	-1.21
	花园口	335.2	2.96	1.29	0.89	5.14	-0.52	-0.50	-0.18	-1.20
	高村	325.5	3.41	1.76	1.05	6.22	0.07	0.16	-0.04	0.19
	艾山	329.8	3.25	1.55	1.07	5.87	-0.10	0.31	0.17	0.38
	利津	308.1	3.23	1.18	0.85	5.26				
	三—利						-1.09	-0.46	-0.29	-1.84
	流量=2 000～2 500m³/s　场次=10　天数=102									
	三黑小	202.5	1.18	0.34	0.29	1.81	-0.35	-0.26	-0.13	-0.74
	花园口	213.3	1.53	0.59	0.41	2.53	-0.44	-0.53	-0.33	-1.30
	高村	206.8	1.95	1.11	0.74	3.80	-0.83	-0.06	0.18	-0.71
	艾山	223.3	2.75	1.15	0.55	4.45	-0.60	0.22	0.05	-0.33
	利津	217.7	3.33	0.92	0.49	4.74				
	三—利						-2.22	-0.63	-0.23	-3.08

续表 2-2-5

类别	站名（河段）	水量（亿 m^3）	沙量（亿 t）				冲淤量（亿 t）			
			细沙	中沙	粗沙	全沙	细沙	中沙	粗沙	全沙
分流量级	流量＝2 500～3 000m^3/s　场次＝8　天数＝76									
	三黑小	176.6	1.78	0.36	0.24	2.38	-0.58	-0.25	-0.09	-0.92
	花园口	183.3	2.35	0.60	0.33	3.28	-0.43	-0.26	-0.28	-0.97
	高村	185.1	2.77	0.86	0.60	4.23	-0.62	-0.29	0.18	-0.73
	艾山	199.2	3.38	1.14	0.42	4.94	-0.33	0.02	-0.16	-0.47
	利津	198.4	3.71	1.13	0.58	5.42				
	三—利						-1.96	-0.78	-0.35	-3.09
	流量＝3 000～4 000m^3/s　场次＝11　天数＝103									
	三黑小	299.2	1.93	0.45	0.24	2.62	-0.81	-0.75	-0.56	-2.12
	花园口	315.2	2.74	1.20	0.80	4.74	-1.44	-0.16	0.06	-1.54
	高村	312.9	4.16	1.35	0.74	6.25	0.23	-0.32	-0.45	-0.54
	艾山	319.4	3.91	1.66	1.18	6.75	-0.82	0.06	0.39	-0.37
	利津	316.1	4.69	1.58	0.78	7.05				
	三—利						-2.84	-1.17	-0.56	-4.57
	流量＞4 000m^3/s　场次＝16　天数＝163									
	三黑小	692.6	5.57	1.32	0.60	7.49	-2.53	-1.84	-1.19	-5.56
	花园口	729.9	8.09	3.17	1.79	13.05	-2.30	-2.05	-1.45	-5.80
	高村	743.7	10.36	5.20	3.23	18.79	-1.39	0.08	0.41	-0.90
	艾山	808.5	11.75	5.12	2.83	19.70	0.13	-0.53	-1.28	-1.68
	利津	801.2	11.61	5.65	4.11	21.37				
	三—利						-6.09	-4.34	-3.51	-13.94
汇总	场次＝110　天数＝937									
	三黑小	2 004.5	14.94	4.18	2.70	21.82	-5.20	-3.94	-2.51	-11.65
	花园口	2 078.5	19.96	8.07	5.17	33.20	-5.41	-3.53	-2.13	-11.07
	高村	2 058.0	25.13	11.49	7.23	43.83	-2.50	-0.30	0.41	-2.39
	艾山	2 153.7	27.33	11.64	6.76	45.73	-1.61	0.41	-0.68	-1.88
	利津	2 080.4	28.56	11.05	7.30	46.91				
	三—利						-14.72	-7.36	-4.91	-26.99

注：水流为非漫滩洪水。

$$Q_s = K_1 + K_2 Q_{s上站} + K_3 Q_{上站} + K_4 Q_{上站}^2 \qquad (2\text{-}2\text{-}1)$$

以三黑小含沙量小于 20kg/m^3 的全部洪水对式(2-2-1)进行检验，高村、艾山、利津三站相关系数 R 分别为 0.97、0.98 和 0.97，表明式(2-2-1)与各站实测资料是比较符合的，可用来进行黄河下游“清水冲刷”的分析。根据式(2-2-1)对下游各河段的“清水冲刷”进行计算，点绘三门峡至高村、高村至艾山、艾山至利津及全下游的冲淤效率（每亿 m^3 洪水的冲淤量，单位 10^6t/亿 m^3，下同）与流量的关系，见图 2-2-1。根据计算结果，随着流量的增加，全下游及艾山至利津河段的冲刷均有所增强。当三黑小流量达 900m^3/s 左右时，冲刷即可发展到高村；当流量达 1 700m^3/s 左右时，冲刷可发展到艾山；当艾山站流量达 2 300m^3/s左右时，冲刷可发展到利津，艾山站流量大于 3 000m^3/s 后，冲刷效率明显加强。

上述情况下，上河段冲刷的同时，沿程冲刷的泥沙均在下河段发生不同程度的淤积，即出现所谓的“泥沙搬家”。

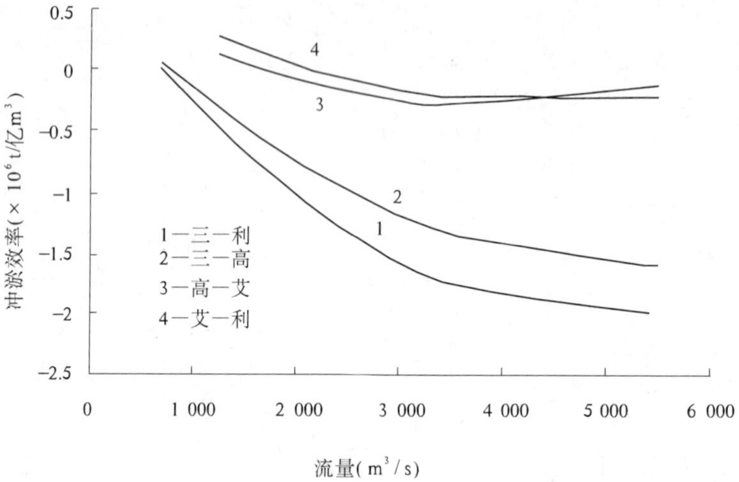

图 2-2-1　三黑小含沙量小于 20kg/m³ 水流的各河段冲淤效率与流量关系

1960 年 9 月 15 日～1996 年 6 月，黄河下游共发生含沙量小于 20kg/m³ 的洪水 110 次，历时 937 天，来水量 2 004.5 亿 m³，来沙量 21.82 亿 t，分别占 36 年总量的 13.9% 和 3.9%，利津以上冲刷 26.98 亿 t，其中花园口以上冲刷 11.63 亿 t，花园口至高村冲刷 11.04 亿 t，高村至艾山冲刷 2.41 亿 t，艾山至利津冲刷 1.89 亿 t。若按流量级区分，流量大于 2 500m³/s 的 35 次低含沙洪水，历时 342 天，三黑小来水、来沙量分别为 1 168.4 亿 m³ 和 12.49 亿 t，占 36 年总量的 8.1% 和 3.2%，全下游冲刷 21.60 亿 t，四个河段的冲刷量分别为 8.60 亿、8.31 亿、2.17 亿、2.52 亿 t，不仅全下游的冲刷效率达到全部低含沙洪水的 1.4 倍，而且艾山至利津河段明显冲刷，就全下游而言，平均每冲刷 1 亿 t 泥沙耗水仅 50 亿～60 亿 m³，由此说明，小浪底水库初期运用时期，从全下游特别是艾山至利津河段的减淤角度出发，这一流量级的低含沙洪水是水库水沙调节的主方向。

（二）中等含沙水流下游各河段的冲淤特性

根据黄河下游的来水来沙和河道冲淤特性，将三黑小平均含沙量 20～80kg/m³ 的非漫滩洪水作为中等含沙量洪水，1960 年 9 月 15 日～1996 年 6 月，这一含沙量级的洪水共发生 190 次，平均每年 5.3 次，占全部洪水次数的 47.9%，说明其发生的频度较高。就其冲淤特性而言，中等含沙量洪水冲淤情况较为复杂，下游河道冲淤与来水来沙关系最为密切，洪水冲淤调整过程中除局部河段河势变化引起主河槽形态发生较大变化外，一般说来，主河槽形态变化不大。

1960 年 9 月 15 日～1996 年 6 月黄河下游 190 次中等含沙量非漫滩洪水，来水量 3 314.2亿 m³，来沙量 124.00 亿 t，分别占 36 年总量的 23.0% 和 32.2%，平均含沙量 36.1kg/m³，黄河下游共淤积泥沙 0.12 亿 t，其中，花园口以上淤积 5.06 亿 t，花园口至高村淤积 2.10 亿 t，高村至艾山及艾山至利津河段分别冲刷 2.17 亿 t 和 4.87 亿 t，山东河段的冲刷主要是由于泥沙在河南河段大量淤积后，至艾山站含沙量特别是粗沙含沙量降低造成的。

黄河下游中等含沙量洪水的来水来沙及河道冲淤情况见表 2-2-6。

表 2-2-6　　三黑小含沙量 20～80kg/m³ 的各级流量的水沙量和河道冲淤量

类别	站名（河段）	水量（亿 m³）	沙量（亿 t）				冲淤量（亿 t）			
			细沙	中沙	粗沙	全沙	细沙	中沙	粗沙	全沙
分流量级	流量 = 1 000～1 500m³/s　场次 = 39　天数 = 230									
	三黑小	260.5	5.40	2.15	1.80	9.35	0.27	0.55	0.72	1.54
	花园口	268.3	5.04	1.58	1.05	7.67	0.24	0.01	0.20	0.45
	高村	243.9	4.49	1.48	0.80	6.77	0.36	-0.17	-0.06	0.13
	艾山	238.6	3.91	1.57	0.83	6.31	-0.18	0.33	0.21	0.36
	利津	223.2	3.90	1.18	0.58	5.66				
	三—利						0.69	0.72	1.07	2.48
	流量 = 1 500～2 000m³/s　场次 = 52　天数 = 440									
	三黑小	655.1	16.07	7.08	5.34	28.49	0.22	1.98	1.77	3.97
	花园口	671.0	15.66	5.03	3.53	24.22	0.83	0.34	0.71	1.88
	高村	623.6	14.02	4.46	2.68	21.16	0.71	-0.37	-0.14	0.20
	艾山	611.7	12.75	4.65	2.70	20.10	-0.94	0.35	0.47	-0.12
	利津	559.8	13.08	4.11	2.11	19.30				
	三—利						0.82	2.30	2.81	5.93
	流量 = 2 000～2 500m³/s　场次 = 32　天数 = 290									
	三黑小	556.8	10.71	5.23	4.38	20.32	-1.05	0.65	1.29	0.89
	花园口	576.8	11.66	4.54	3.06	19.26	0.05	0.12	0.56	0.73
	高村	551.5	11.24	4.29	2.43	17.96	0.10	0.00	-0.08	0.02
	艾山	549.0	10.87	4.18	2.44	17.49	-0.67	-0.30	-0.03	-1.00
	利津	530.2	11.24	4.36	2.40	18.00				
	三—利						-1.57	0.47	1.74	0.64
	流量 = 2 500～3 000m³/s　场次 = 24　天数 = 228									
	三黑小	546.1	11.76	5.92	4.47	22.15	-1.61	0.62	1.47	0.48
	花园口	559.4	13.30	5.26	2.98	21.54	0.16	0.56	0.86	1.58
	高村	531.4	12.68	4.53	2.03	19.24	1.36	-0.71	-1.10	-0.45
	艾山	527.1	10.89	5.08	3.07	19.04	-1.40	-0.30	0.48	-1.22
	利津	494.3	11.80	5.15	2.49	19.44				
	三—利						-1.49	0.17	1.71	0.39
	流量 = 3 000～4 000m³/s　场次 = 29　天数 = 266									
	三黑小	769.8	13.88	7.49	5.79	27.16	-1.49	0.74	1.55	0.80
	花园口	807.8	15.29	6.71	4.21	26.21	-0.99	-0.05	0.25	-0.79
	高村	773.8	16.01	6.64	3.89	26.54	0.20	-0.91	-0.66	-1.37
	艾山	774.4	15.55	7.44	4.49	27.48	-1.12	-0.74	-0.06	-1.92
	利津	737.3	16.38	8.03	4.47	28.88				
	三—利						-3.40	-0.96	1.08	-3.28

续表 2-2-6

类别	站名（河段）	水量（亿 m^3）	沙量（亿 t）				冲淤量（亿 t）			
			细沙	中沙	粗沙	全沙	细沙	中沙	粗沙	全沙
分流量级	流量 >4 000m^3/s　场次 =14　天数 =138									
	三黑小	525.7	8.87	4.40	3.26	16.53	-1.61	-0.58	-0.43	-2.62
	花园口	541.4	10.43	4.96	3.67	19.06	-0.49	-2.01	0.75	-1.75
	高村	539.7	10.82	6.92	2.88	20.62	-0.87	0.81	-0.64	-0.70
	艾山	535.3	11.60	6.05	3.50	21.15	-0.57	-0.69	0.29	-0.97
	利津	529.0	12.06	6.68	3.18	21.92				
	三—利						-3.54	-2.47	-0.03	-6.04
汇总	流量 >1 000m^3/s　场次 =190　天数 =1 592									
	三黑小	3 314.2	66.69	32.27	25.04	124.00	-5.27	3.96	6.37	5.06
	花园口	3 424.7	71.38	28.08	18.50	117.96	-0.20	-1.03	3.33	2.10
	高村	3 263.7	69.26	28.32	14.71	112.29	1.86	-1.35	-2.68	-2.17
	艾山	3 235.9	65.57	28.97	17.03	111.57	-4.88	-1.35	1.36	-4.87
	利津	3 073.8	68.46	29.51	15.23	113.20				
	三—利						-8.49	0.23	8.38	0.12

注：水流为非漫滩洪水。

由表 2-2-6 可以看出，此种类型的洪水总的说来随着流量的增加仍呈现出各河段淤积减弱乃至发生冲刷的趋势，就全下游而言，当流量达 2 800m^3/s 左右时，基本可维持输沙平衡，但就艾山至利津河段而言，由于上河段的淤积，流量在 2 300m^3/s 左右时即可发生冲刷。当流量达 3 300m^3/s 以上时，高村以上河段基本不淤，而高村以下河段则较明显发生冲刷，当流量达 4 000m^3/s 以上时，全下游发生明显的沿程冲刷，冲刷效率上大下小。

为了进一步分析中等含沙量洪水黄河下游各河段的冲淤调整与来水来沙的关系，统计不同水沙组合情况下各河段的冲淤效率如表 2-2-7 所示。由表 2-2-7 可以看出，中等含沙量洪水各河段的冲淤调整关系较为复杂，与来水来沙关系密切，对其冲淤特性可总结如下：

（1）流量为 1 000 ~ 1 500m^3/s 的中等含沙量洪水，高村以上河段随含沙量增大，淤积增加，经高村以上淤积调整后，至高村至利津河段淤积效率随着含沙量的增大反而减小。

（2）流量 1 500 ~ 2 000m^3/s 的中等含沙量洪水，冲淤特性与流量为 1 000 ~ 1 500m^3/s 的洪水相近，只是由于流量的增大，艾山以上河段淤积效率减弱，艾山以上河段随含沙量增加，淤积增大，经艾山以上淤积调整后，至艾山至利津河段淤积效率随着含沙量的增大反而减小，当含沙量超过 40kg/m^3 时，由于上河段的沿程淤积，艾山至利津河段则发生冲刷。

（3）流量为 2 000 ~ 2 500m^3/s 的中等含沙洪水，高村以上河段的淤积效率进一步减弱，高村至艾山河段微冲微淤，至艾山至利津河段发生冲刷。

（4）中等含沙量洪水当流量增至 2 500 ~ 3 000m^3/s 时，艾山以上河段的淤积效率进

表 2-2-7　中等含沙量不同水沙组合下各河段的冲淤效率　（单位：$\times10^6$t/亿 m^3）

流量级(m^3/s)	河段	含沙量级(kg/m^3)			
		20～30	30～40	40～60	60～80
1 000～1 500	三—花	1.85	0.68	0.60	3.72
	花—高	-0.30	0.22	0.70	1.46
	高—艾	0.93	0.04	0.28	-0.09
	艾—利	0.93	0.26	0.15	0.38
1 500～2 000	三—花	0.09	0.98	0.44	2.20
	花—高	0.03	0.11	0.75	0.29
	高—艾	-0.08	0.01	0.09	0.18
	艾—利	0.01	0.24	-0.04	-0.18
2 000～2 500	三—花	0.01	0.92	0.26	0.27
	花—高	-0.04	0.86	0.86	0.73
	高—艾	-0.10	0.30	0.02	-0.18
	艾—利	-0.08	0.05	-0.15	-0.62
2 500～3 000	三—花	-0.33	0.06	1.60	0.54
	花—高	-0.36	-0.26	0.54	1.20
	高—艾	0.26	0.07	-0.09	-0.41
	艾—利	-0.37	-0.11	-0.37	-0.03
3 000～4 000	三—花	-0.26	0.83	-0.07	1.13
	花—高	0.10	0.21	-0.37	0.26
	高—艾	-0.23	-0.26	-0.26	0.01
	艾—利	-0.20	0.10	-0.47	-0.34
>4 000	三—花	-0.57			
	花—高	-0.61			
	高—艾	-0.27			
	艾—利	-0.17			

注：水流为非漫滩洪水。

一步减弱（甚至冲刷），至艾山至利津河段发生明显冲刷。

（5）中等含沙量洪水，当流量增至 3 000m^3/s 以上时，由于流量较大，高村至艾山段及艾山至利津段均发生比较明显的沿程冲刷。高村以上河段，由于河道宽浅，当含沙量超过 60kg/m^3 时则发生淤积。

中等含沙量洪水，一般说来其来水来沙和下游河道的输沙能力相差并不十分悬殊，无论是冲刷还是淤积，就中等流量的非漫滩洪水而言，其冲淤量不大。因此，各河段的冲淤调整比较平稳，横向形态一般不会有大的改变。就其淤积效率来看，最大的是流量小于 1 500m^3/s而含沙量大于 60kg/m^3 的洪水在高村以上造成的淤积，约 20 亿 m^3 造成 1 亿 t 的淤积；冲刷效率最大的是流量大于 4 000m^3/s 而含沙量小于 30kg/m^3 的较大流量的洪水在高村以上河段造成的冲刷，约 85 亿 m^3 水冲刷 1 亿 t。就艾山至利津河段来看，中等含沙量洪水淤积效率一般不超过 0.9×10^6t/亿 m^3，冲刷效率一般不超过 0.6×10^6t/亿 m^3，即河道淤积时 110 亿 m^3 以上的水量淤积 1 亿 t 的泥沙，冲刷时 170 亿 m^3 以上的水量冲刷 1 亿 t 泥沙。

（三）较高含沙量一般洪水下游各河段的冲淤分析

较高含沙量一般洪水，是指三黑小平均含沙量在80kg/m³ 以上，但洪水过程中最大日平均含沙量小于300kg/m³ 的非漫滩洪水。1960 年9 月15 日～1996 年6 月这类洪水共发生51 次，平均约1.5 次/年，来水量715.9 亿 m³，来沙量78.34 亿 t，分别占36 年总水沙量的5.0%和20.3%，平均含沙量109.4kg/m³，为36 年平均含沙量的4.1 倍，洪水历时358 天，占全部天数的2.7%，三门峡至利津共淤积泥沙29.50 亿 t，占总淤积量的81.3%，淤积比为37.7%，平均每1 亿 m³ 洪水淤积泥沙 4.1×10^6t。由此说明，此类洪水在黄河下游造成的淤积是比较严重的，且淤积强度较大。从此类洪水造成的淤积的沿程分布看，淤积主要在高村以上的宽河段，淤积量为28.95 亿 t，占全下游的98.1%，高村至艾山河段淤积0.69 亿 t，占2.3%，艾山至利津河段经上游河道淤积调整后，微冲0.14 亿 t，占-0.4%。较高含沙量一般洪水的来水来沙及黄河下游各河段的冲淤情况见表2-2-8。

据51 次洪水资料和表2-2-8 中的统计结果，此种类型洪水的冲淤特性，可总结如下：

（1）各级流量的洪水，高村以上河段发生淤积，淤积随流量增加而减轻。流量为1 000～1 500m³/s 时，淤积比在55%以上；当流量增至3 000m³/s 以上时，该河段淤积比降至7%～22%。

表2-2-8　三黑小含沙量大于80kg/m³ 各级流量的水沙量和河道冲淤量

类别	站名（河段）	水量（亿 m³）	沙量（亿 t）				冲淤量（亿 t）			
			细沙	中沙	粗沙	全沙	细沙	中沙	粗沙	全沙
分流量级	流量=1 000～1 500m³/s　场次=8　天数=36									
	三黑小	41.7	2.54	1.07	0.97	4.58	0.32	0.53	0.54	1.39
	花园口	43.6	2.19	0.52	0.42	3.13	0.73	0.25	0.15	1.13
	高村	38.6	1.36	0.26	0.25	1.87	0.07	0.00	0.02	0.09
	艾山	44.0	1.26	0.25	0.22	1.73	0.07	-0.02	0.05	0.10
	利津	39.7	1.15	0.26	0.16	1.57				
	三—利						1.19	0.76	0.76	2.71
	流量=1 500～2 000m³/s　场次=20　天数=138									
	三黑小	212.3	13.43	6.39	5.47	25.29	1.87	3.32	3.00	8.19
	花园口	211.4	11.43	3.02	2.42	16.87	2.48	0.86	0.82	4.16
	高村	188.0	8.42	2.02	1.50	11.94	0.24	-0.27	0.22	0.19
	艾山	187.8	7.78	2.20	1.23	11.21	0.30	0.13	-0.05	0.38
	利津	169.6	7.08	1.98	1.22	10.28				
	三—利						4.89	4.04	3.99	12.92
	流量=2 000～2 500m³/s　场次=12　天数=75									
	三黑小	139.6	9.44	4.47	3.05	16.96	1.07	1.63	0.61	3.31
	花园口	144.3	8.30	2.81	2.42	13.53	1.28	0.88	1.34	3.50
	高村	132.5	6.79	1.86	1.03	9.68	0.60	-0.03	0.02	0.59
	艾山	133.8	6.05	1.85	0.99	8.89	0.28	-0.25	-0.04	-0.01
	利津	126.0	5.61	2.05	1.00	8.66				
	三—利						3.23	2.23	1.93	7.39

续表 2-2-8

类别	站名（河段）	水量（亿 m^3）	沙量（亿 t）				冲淤量（亿 t）			
			细沙	中沙	粗沙	全沙	细沙	中沙	粗沙	全沙
分流量级	流量 = 2 500 ~ 3 000m^3/s 场次 = 3 天数 = 29									
	三黑小	68.1	3.70	1.93	1.08	6.71	0.38	0.80	0.47	1.65
	花园口	71.6	3.29	1.12	0.61	5.02	0.70	0.44	0.31	1.45
	高村	60.9	2.43	0.63	0.28	3.34	0.11	-0.15	-0.18	-0.22
	艾山	58.7	2.29	0.76	0.45	3.50	0.22	-0.17	-0.05	0.00
	利津	52.9	2.03	0.92	0.50	3.45				
	三—利						1.41	0.92	0.55	2.88
	流量 = 3 000 ~ 4 000m^3/s 场次 = 6 天数 = 55									
	三黑小	162.4	9.05	4.39	2.65	16.09	-0.26	1.18	0.55	1.47
	花园口	160.8	9.25	3.17	2.08	14.50	1.11	-0.09	1.07	2.09
	高村	157.4	7.94	3.20	0.96	12.10	0.17	0.28	-0.51	-0.06
	艾山	152.0	7.55	2.83	1.45	11.83	-0.71	0.40	0.20	-0.11
	利津	145.7	8.05	2.35	1.21	11.61				
	三—利						0.31	1.77	1.31	3.39
	流量 > 4 000m^3/s 场次 = 2 天数 = 25									
	三黑小	91.8	6.13	1.86	0.72	8.71	-0.29	-0.08	-0.33	-0.70
	花园口	92.9	6.39	1.93	1.04	9.36	0.98	0.20	0.13	1.31
	高村	94.6	5.37	1.72	0.90	7.99	0.15	-0.05	0.00	0.10
	艾山	95.7	5.20	1.76	0.90	7.86	-0.16	-0.03	-0.31	-0.50
	利津	95.9	5.34	1.79	1.20	8.33				
	三—利						0.68	0.04	-0.51	0.21
汇总	场次 = 51 天数 = 358									
	三黑小	715.9	44.29	20.11	13.94	78.34	3.09	7.38	4.84	15.31
	花园口	724.6	40.85	12.57	8.99	62.41	7.28	2.54	3.82	13.64
	高村	671.6	32.31	9.69	4.92	46.92	1.34	-0.22	-0.43	0.69
	艾山	672.0	30.13	9.65	5.24	45.02	0.00	0.06	-0.20	-0.14
	利津	629.4	29.26	9.35	5.29	43.90				
	三—利						11.71	9.76	8.03	29.50

注：水流为非漫滩洪水。

（2）由于上河段淤积，高村以下河段在各级流量中淤积量不大，并且随流量的增加而改变为冲刷，当流量在 1 500 ~ 2 500m^3/s 时，淤积比在 10% 以下；当流量增至 3 000m^3/s 以上时，该河段表现为微冲，250 亿 ~900 亿 m^3 水冲刷 1 亿 t。

（3）由于高村以上河段淤积调整，高村至艾山河段在各级流量中冲淤变化不大，淤积比为 -3% ~2% 。

（4）在艾山以上河段淤积调整作用下，艾山至利津河段在流量在 1 500 ~ 2 000m^3/s 时微淤，淤积比为 3% ~5%；流量在 2 000 ~ 3 000m^3/s 时，由于上河段淤积和流量增加，艾山至利津河段冲淤基本平衡；流量超过 3 000m^3/s 以后，该河段发生微冲刷，冲刷强度有随流量增加而加大的趋势，200 亿 ~1 500 亿 m^3 水冲刷 1 亿 t。

(四)高含沙洪水的冲淤特性

高含沙洪水是指洪水过程中三黑小最大日平均含沙量超过 300kg/m³ 的洪水。黄河下游高含沙洪水的来水来沙及河道冲淤情况见表 2-2-9。

表 2-2-9　　高含沙洪水的来水来沙及河道冲淤统计

站名(河段)	水量(亿 m³)	沙量(亿 t)				冲淤量(亿 t)			
		细沙	中沙	粗沙	全沙	细沙	中沙	粗沙	全沙
	场次 = 20　　天数 = 143								
三黑小	315.6	32.70	17.46	16.49	66.65				
						1.85	5.44	4.74	12.03
花园口	320.8	30.68	11.95	11.69	54.32				
						9.85	4.97	7.08	21.90
高村	296.9	20.13	6.73	4.38	31.24				
						1.08	0.94	0.91	2.93
艾山	295.0	18.76	5.70	3.42	27.88				
						0.50	-0.24	0.10	0.36
利津	276.6	17.96	5.85	3.26	27.07				
三—高						11.70	10.41	11.82	33.93
高—利						1.58	0.70	1.01	3.29
三—利						13.28	11.11	12.83	37.22

据统计,1960 年 9 月 15 日 ~ 1996 年 6 月,黄河下游共发生此类洪水 20 次,来水量 315.6 亿 m³,来沙量 66.65 亿 t,分别占总来水、来沙量的 2.2% 和 17.3%,平均含沙量 211.2kg/m³,洪水历时 143 天,占 1.1%,其造成的淤积量达 37.22 亿 t,约为 36 年总淤积量的 1.03 倍。黄河下游高含沙洪水排沙比仅 44.2%,半数以上来沙淤积在下游河道中,平均每 1 亿 m³ 洪水淤积泥沙 11.8×10^6t。由此可见,高含沙洪水的淤积强度是非常大的,而且淤积十分集中,是黄河下游淤积的主要因素。就河南河道而言,高含沙洪水期间,高村以上河段淤积泥沙 33.93 亿 t,占淤积总量的 91.1%,由此证明,高含沙洪水给河道带来了严重淤积。就山东河道而言,高含沙洪水期间,高村以下河段淤积泥沙 3.29 亿 t,占淤积总量的 8.9%,相对于汛期冲刷的山东河道来说,高含沙洪水也是非常不利的。另外,高含沙洪水过程中造成的洪水位异常抬高、河势突变及整治建筑物冲刷加剧等特殊现象,也给防洪增加困难。因此,小浪底水库调水调沙中,关于高含沙洪水的调节就成为关键问题之一,必须对高含沙洪水的冲淤特性进行充分的研究。

(五)一般含沙量漫滩洪水下游各河段的冲淤特性

一般含沙量漫滩洪水,是指洪水过程中三黑小最大日平均含沙量小于 300kg/m³ 非高含沙漫滩洪水。黄河下游一般含沙量洪水漫滩后,一般说来都具有淤滩刷槽的冲淤特性。一方面,主槽经过冲刷后,增加了行洪能力,加大了滩槽高差,对行洪和河势稳定有利;另一方面,河槽经过剧烈冲刷后,河床边界和后续的来水来沙很不适应,后期回淤较快。黄河下游长时期以来河道的淤积是一个滩槽同步抬升的过程,滩面的升高,从一个较长时期看,则预示着洪水位升高,同时,若漫滩洪水在滩地大量落淤,还会给滩区群众带来沉重的经济损失。因此,小浪底水库对漫滩洪水的调节,就由主槽冲刷量和滩地淤积量的对比关系及洪水漫滩损失等综合研究决定。基于目前黄河下游的淤积及两岸滩区的开发治理现状,小浪底水库初期运用期间应适当控制洪水上滩,减轻两岸滩区的洪灾损失。

据统计,1960 年 9 月 15 日 ~ 1996 年 6 月,黄河下游共发生一般含沙量漫滩洪水 26 次,来水量 947.40 亿 m^3,来沙量 36.23 亿 t,分别占 36 年总来水、来沙量的 6.6% 和 9.4%,历时 265 天,占 2.0%,平均含沙量 38.24kg/m^3,黄河下游冲刷泥沙 6.25 亿 t,其中三门峡至花园口间冲刷 5.17 亿 t,花园口至高村间冲刷 0.14 亿 t,高村至艾山间淤积 2.93 亿 t,艾山至利津间冲刷 3.87 亿 t,见表 2-2-10。由此可见,一般含沙量的洪水漫滩后,对下游河道的冲刷是比较有利的。

表 2-2-10　一般含沙量漫滩洪水的来水来沙及河道冲淤统计

站名(河段)	水量(亿 m^3)	沙量(亿 t)				冲淤量(亿 t)			
		细沙	中沙	粗沙	全沙	细沙	中沙	粗沙	全沙
	场次 = 26　天数 = 265								
三黑小	947.40	19.22	10.29	6.72	36.23				
						-4.98	-0.65	0.46	-5.17
花园口	1 021.83	24.11	10.88	6.22	41.21				
						0.05	-0.23	0.04	-0.14
高村	973.14	23.45	10.85	6.05	40.35				
						4.27	-0.10	-1.24	2.93
艾山	980.96	18.86	10.79	7.21	36.86				
						-1.54	-1.57	-0.76	-3.87
利津	937.13	20.11	12.18	7.87	40.16				
三—利						-2.20	-2.55	-1.50	-6.25

(六)汛期平水期的下游各河段冲淤特性

黄河下游河道汛期平水期是指汛期中三黑小流量小于 1 000m^3/s 的时期。由于小浪底水库初期运用期间在汛期对入库水沙的调节完全不同于三门峡水库的敞泄运用,不会出现小流量排大沙的情况。因此,本次研究重点分析实测资料中汛期平水期三黑小含沙量小于 20kg/m^3 低含沙水流的冲淤特性。

黄河下游汛期平水期的来水来沙及河道冲淤情况见表 2-2-11。

1960 年 9 月 15 日 ~ 1996 年 6 月,汛期黄河下游三黑小流量小于 1 000m^3/s、含沙量小于 20kg/m^3 水流的天数共 403 天,三黑小来水 203.5 亿 m^3,来沙 1.27 亿 t,分别占 36 年总量的 1.4% 和 0.33%,平均含沙量 6.2kg/m^3,下游河道共冲刷泥沙 0.55 亿 t。从冲淤的沿程分布来看,花园口以上冲刷 0.96 亿 t,花园口至高村段淤积 0.10 亿 t,高村至艾山段淤积 0.20 亿 t,艾山至利津段淤积 0.11 亿 t,说明铁谢至花园口之间冲刷恢复的泥沙至花园口以下淤积,由此说明,小浪底水库初期运用期间出库的汛期小流量将对花园口以下河道产生不利影响,水库调度运用中应予以重视。

将汛期平水期按三黑小流量大小进行分析,可得到以下认识。

(1)当流量小于 600m^3/s 时,全下游冲刷,冲刷主要在花园口以上,花园口以下微冲微淤。

(2)流量超过 600m^3/s 后,全下游冲刷,冲刷仍主要在花园口以上,花园口以下则发生淤积。

由以上分析可以看出，汛期平水期下泄流量越大，对山东河道越不利，特别是对艾山至利津河段不利。因此，从山东河段减淤的角度出发，在满足水库发电、灌溉、供水及环境等要求的前提下，应尽量控制下泄流量。

表 2-2-11　　黄河下游汛期平水期低含沙水流的河道冲淤情况

类别	站名（河段）	水量（亿 m^3）	沙量（亿 t）				冲淤量（亿 t）			
			细沙	中沙	粗沙	全沙	细沙	中沙	粗沙	全沙
分流量级	流量 = 0 ~ 400m^3/s　天数 = 92									
	三黑小	19.7	0.06	0.01	0.01	0.08	-0.08	-0.02	-0.02	-0.12
	花园口	18.8	0.07	0.02	0.02	0.11	-0.01	-0.01	-0.01	-0.03
	高村	11.3	0.04	0.01	0.01	0.06	0.01	0.00	0.00	0.01
	艾山	7.0	0.02	0.00	0.00	0.02	-0.02	0.00	0.00	-0.02
	利津	3.7	0.01	0.00	0.00	0.01				
	三—利						-0.10	-0.03	-0.03	-0.16
	流量 = 400 ~ 600m^3/s　天数 = 103									
	三黑小	44.5	0.12	0.03	0.03	0.18	-0.09	-0.06	-0.05	-0.20
	花园口	40.6	0.19	0.08	0.08	0.35	0.00	0.01	0.03	0.04
	高村	33.7	0.16	0.06	0.04	0.26	0.05	0.02	0.00	0.07
	艾山	26.3	0.09	0.04	0.03	0.16	-0.02	-0.02	0.00	-0.04
	利津	18.7	0.08	0.04	0.02	0.14				
	三—利						-0.06	-0.05	-0.02	-0.13
	流量 = 600 ~ 800m^3/s　天数 = 125									
	三黑小	74.5	0.34	0.06	0.05	0.45	-0.13	-0.14	-0.12	-0.39
	花园口	72.9	0.43	0.19	0.17	0.79	-0.01	0.03	0.07	0.09
	高村	59.9	0.39	0.14	0.08	0.61	0.00	0.02	-0.01	0.01
	艾山	51.6	0.33	0.10	0.08	0.51	0.05	0.03	0.03	0.11
	利津	36.5	0.21	0.05	0.03	0.29				
	三—利						-0.09	-0.06	-0.03	-0.18
	流量 = 800 ~ 1 000m^3/s　天数 = 83									
	三黑小	64.8	0.37	0.11	0.08	0.56	-0.08	-0.08	-0.09	-0.25
	花园口	61.6	0.43	0.19	0.16	0.78	-0.03	0.00	0.03	0.00
	高村	54.8	0.43	0.18	0.12	0.73	0.07	0.03	0.01	0.11
	艾山	48.3	0.31	0.13	0.10	0.54	-0.01	0.04	0.03	0.06
	利津	38.9	0.28	0.07	0.05	0.40				
	三—利						-0.05	-0.01	-0.02	-0.08
汇总	天数 = 403									
	三黑小	203.5	0.89	0.21	0.17	1.27	-0.38	-0.30	-0.28	-0.96
	花园口	193.9	1.12	0.48	0.43	2.03	-0.05	0.03	0.12	0.10
	高村	159.7	1.02	0.39	0.25	1.66	0.13	0.07	0.00	0.20
	艾山	133.2	0.75	0.27	0.21	1.23	0.00	0.05	0.06	0.11
	利津	97.8	0.58	0.16	0.10	0.84				
	三—利						-0.30	-0.15	-0.10	-0.55

三、非汛期黄河下游河道的冲淤特性

小浪底水库控制不利水沙进入下游河道时，年内非汛期会有相当长的时间泄放低含沙量的水流出库，此时，除满足发电、供水、灌溉等开发目标外，还应兼顾下游河道特别是山东河道减淤。因此，应分析黄河下游河道非汛期低含沙量水流的冲淤特性。

黄河下游非汛期的来水来沙及河道冲淤情况见表 2-2-12。

表 2-2-12　　黄河下游非汛期低含沙水流的河道冲淤情况

类别	站名（河段）	水量（亿 m³）	沙量（亿 t）				冲淤量（亿 t）			
			细沙	中沙	粗沙	全沙	细沙	中沙	粗沙	全沙
分流量级	流量 = 0 ~ 400m³/s　天数 = 577									
	三黑小	136.6	0.09	0.03	0.05	0.17	-0.12	-0.11	-0.30	-0.53
	花园口	127.4	0.16	0.12	0.33	0.61	0.02	0.02	0.13	0.17
	高村	92.7	0.10	0.08	0.15	0.33	0.01	0.03	0.05	0.09
	艾山	73.6	0.07	0.04	0.06	0.17	0.00	0.00	0.01	0.01
	利津	58.2	0.04	0.01	0.02	0.07				
	三—利						-0.09	-0.06	-0.11	-0.26
	流量 = 400 ~ 600m³/s　天数 = 876									
	三黑小	384.4	0.20	0.11	0.51	0.82	-0.28	-0.30	-0.98	-1.56
	花园口	361.8	0.43	0.39	1.45	2.27	-0.02	-0.01	0.42	0.39
	高村	308.0	0.41	0.37	0.94	1.72	0.03	0.09	0.29	0.41
	艾山	258.8	0.34	0.25	0.57	1.16	0.16	0.14	0.38	0.68
	利津	205.1	0.13	0.06	0.08	0.27				
	三—利						-0.11	-0.08	0.11	-0.08
	流量 = 600 ~ 800m³/s　天数 = 1 267									
	三黑小	762.7	0.33	0.14	0.44	0.91	-0.76	-0.78	-2.54	-4.08
	花园口	725.3	1.00	0.87	2.92	4.79	-0.27	-0.39	-0.03	-0.69
	高村	616.9	1.17	1.20	2.74	5.11	0.21	0.39	0.90	1.50
	艾山	477.4	0.86	0.69	1.59	3.14	0.29	0.25	0.84	1.38
	利津	309.2	0.40	0.29	0.42	1.11				
	三—利						-0.53	-0.53	-0.83	-1.89
	流量 = 800 ~ 1 000m³/s　天数 = 1 209									
	三黑小	935.3	0.25	0.12	0.31	0.68	-0.96	-1.01	-3.33	-5.30
	花园口	878.6	1.05	1.06	3.53	5.64	-0.55	-0.77	-0.74	-2.06
	高村	756.4	1.50	1.73	3.97	7.20	0.22	0.50	1.18	1.90
	艾山	580.3	1.15	1.06	2.38	4.59	0.51	0.52	1.33	2.36
	利津	320.7	0.42	0.29	0.43	1.14				
	三—利						-0.78	-0.76	-1.56	-3.10
	流量 = 1 000 ~ 1 500m³/s　天数 = 1 052									
	三黑小	1 096.1	0.88	0.41	0.88	2.17	-1.24	-1.31	-4.46	-7.01
	花园口	1 057.3	2.02	1.67	5.27	8.96	-0.94	-1.32	-0.90	-3.16
	高村	956.6	2.87	2.91	5.93	11.71	0.07	0.46	0.68	1.21
	艾山	849.1	2.63	2.26	4.84	9.73	0.67	0.64	2.43	3.74
	利津	649.9	1.71	1.35	1.80	4.86				
	三—利						-1.44	-1.53	-2.25	-5.22

续表 2-2-12

类别	站名（河段）	水量（亿 m^3）	沙量（亿 t）				冲淤量（亿 t）			
			细沙	中沙	粗沙	全沙	细沙	中沙	粗沙	全沙
分流量级	流量 >1 500m^3/s　天数 =407									
	三黑小	681.1	1.35	0.71	1.42	3.48	-1.38	-1.01	-2.27	-4.66
	花园口	678.4	2.68	1.70	3.65	8.03	-0.43	-0.56	-0.58	-1.57
	高村	629.6	3.07	2.23	4.16	9.46	-0.65	-0.39	-0.17	-1.21
	艾山	605.1	3.65	2.56	4.22	10.43	-0.06	0.32	1.55	1.81
	利津	547.6	3.61	2.15	2.50	8.26				
	三—利						-2.52	-1.64	-1.47	-5.63
汇总	天数 =5 388									
	三黑小	3 996.2	3.10	1.52	3.61	8.23	-4.74	-4.52	-13.88	-23.14
	花园口	3 828.8	7.34	5.81	17.15	30.30	-2.19	-3.03	-1.70	-6.92
	高村	3 360.2	9.12	8.52	17.89	35.53	-0.11	1.08	2.93	3.90
	艾山	2 844.3	8.70	6.86	13.66	29.22	1.57	1.87	6.54	9.98
	利津	2 090.7	6.31	4.15	5.25	15.71				
	三—利						-5.47	-4.60	-6.11	-16.18

1960 年 9 月 15 日 ~1996 年 6 月，非汛期黄河下游三黑小含沙量小于 20kg/m^3 水流的天数共 5 388 天，三黑小来水 3 996.2 亿 m^3，来沙 8.23 亿 t，分别占 36 年总量的 27.7% 和 2.1%，平均含沙量 2.1kg/m^3，下游河道共冲刷泥沙 16.18 亿 t，从冲淤的沿程分布来看，花园口以上冲刷 23.14 亿 t，花园口至高村段冲刷 6.92 亿 t，高村至艾山段淤积 3.90 亿 t，艾山至利津段淤积 9.98 亿 t，粗泥沙在四个河段分别淤积 -13.88 亿、-1.70 亿、2.93 亿 t 和 6.54 亿 t，说明铁谢至高村之间冲刷恢复的泥沙特别是粗泥沙至高村以下大量淤积，即出现所谓"泥沙搬家"，高村以下河段的淤积比高达 39%，粗泥沙淤积比则高达 53%，由此说明，小浪底水库初期运用期间出库的非汛期低含沙水流将对山东河道的淤积产生重要影响，水库调度运用中应充分予以重视。

将非汛期按三黑小流量大小进行分析，可得到以下认识。

（1）流量小于 400m^3/s 的情况下，花园口以上发生冲刷，以下河段则发生淤积，由于流量较小，冲刷量和淤积量均不大，且淤积主要在花园口至高村和高村至艾山段，对艾山至利津河段而言，淤积效率甚小。流量增加至 400 ~600m^3/s 时，下游河道的各河段冲淤性质与 400m^3/s 流量以下完全相同，所差在于花园口以上的冲刷及以下的淤积均有较大增加，且淤积重心下移至山东河段，高村以下河段平均约 350 亿 m^3 水量淤积泥沙 1 亿 t。

（2）流量超过 600m^3/s 后，下游河道的冲刷发展到高村，淤积重心完全落在山东河段，出现典型的"冲河南，淤山东"的局面。当流量超过 800m^3/s 后，河南河段的冲刷和山东河段的淤积均明显加剧。流量在 800 ~1 500m^3/s 之间时，高村以上平均约 120 亿 m^3 水冲刷 1 亿 t 泥沙，高村以下河段淤积比则达 49%，平均约 220 亿 m^3 水淤积 1 亿 t 泥沙，可见，此时山东河道的淤积已相当严重。

（3）流量超过 1 500m^3/s 后，下游河道的冲刷发展到艾山，淤积重心完全落在艾山至利津河段，平均约 370 亿 m^3 水淤积 1 亿 t 泥沙，在小浪底初期运用的出库水沙中，这种水沙组合往往会出现在丰水年的非汛期或非汛期留水较多的6月份。

由以上分析可以看出，非汛期下泄流量越大，对河南河段冲刷越有利，而对山东河道减淤越不利，特别是对艾山至利津河段更为不利。因此，从山东河段减淤的角度出发，在满足水库发电、灌溉、供水等要求的前提下，应尽量控制下泄流量。

四、黄河下游分组泥沙冲淤特性及水库拦粗排细作用

小浪底水库初步设计和招标设计阶段，推荐的运用方式是“拦粗排细运用”，其指导思想是通过控制水库的排沙比，调节出库含沙量及泥沙组成，以期实现较好的减淤效益。本次研究的重点是调控流量的运用方式，只是当调节库容较小时，水库在对泥沙组成的调节上有“拦粗排细”的作用。因此，应对“拦粗排细”和“调控流量”的两种运用方式从下游减淤的角度加以分析评价，其关键是对各粒径组的泥沙在黄河下游的冲淤特性应有正确的认识。

根据本次研究采用的资料，1960年9月15日～1996年6月，三黑小来沙385.56亿t，其中细、中、粗沙（分别指粒径小于0.025mm、0.025～0.05mm、大于0.05mm三组，下同）来量分别为201.12亿、95.37亿t和89.07亿t，黄河下游河道淤积泥沙36.32亿t，其中细沙冲刷2.34亿t，中沙淤积9.31亿t，粗沙淤积29.35亿t，全沙排沙比90.6%，细、中、粗沙排沙比分别为101.2%、90.2%和67.0%，由此可见，粗沙排沙比明显小于中、细沙，粒径大于0.05mm的粗泥沙是下游河道淤积的主体，这便是逐步抬高水位运用、拦粗排细运用方式的出发点。黄河下游各时期分组沙来沙及淤积情况见表2-2-13。

表2-2-13　　黄河下游各时期分组沙来沙及淤积情况

时间 （年-月-日）		细沙 （亿t）	中沙 （亿t）	粗沙 （亿t）	全沙 （亿t）
三黑小沙量					
1960-09-15～1964-10	汛期	14.87	1.56	0.74	17.17
1964-11～1973-10	汛期	62.36	28.92	24.11	115.39
1973-11～1996-06	汛期	107.89	55.94	42.25	206.08
1960-09-15～1996-06	汛期	185.12	86.42	67.10	338.64
1960-09-15～1964-10	非汛期	3.20	1.21	1.69	6.10
1964-11～1973-10	非汛期	8.95	5.75	16.65	31.35
1973-11～1996-06	非汛期	3.85	1.99	3.63	9.47
1960-09-15～1996-06	非汛期	16.00	8.95	21.97	46.92
1960-09-15～1964-10	年	18.07	2.77	2.43	23.27
1964-11～1973-10	年	71.31	34.67	40.76	146.74
1973-11～1996-06	年	111.74	57.93	45.88	215.55
1960-9-15～1996-06	年	201.12	95.37	89.07	385.56

续表 2-2-13

时间（年-月-日）		细沙（亿 t）	中沙（亿 t）	粗沙（亿 t）	全沙（亿 t）
三—利淤积量					
1960-09-15 ~ 1964-10	汛期	-12.99	-5.60	-4.34	-22.93
1964-11 ~ 1973-10	汛期	3.91	7.01	13.87	24.79
1973-11 ~ 1996-06	汛期	10.67	11.39	15.42	37.48
1960-09-15 ~ 1996-06	汛期	1.59	12.80	24.95	39.34
1960-09-15 ~ 1964-10	非汛期	-2.89	-1.56	-0.42	-4.87
1964-11 ~ 1973-10	非汛期	1.51	1.45	11.68	14.64
1973-11 ~ 1996-06	非汛期	-2.53	-3.39	-6.86	-12.78
1960-09-15 ~ 1996-06	非汛期	-3.91	-3.50	4.40	-3.01
1960-09-15 ~ 1964-10	年	-15.89	-7.16	-4.76	-27.81
1964-11 ~ 1973-10	年	5.41	8.46	25.55	39.42
1973-11 ~ 1996-06	年	8.14	8.01	8.56	24.71
1960-09-15 ~ 1996-06	年	-2.34	9.31	29.35	36.32

进一步的分析表明，黄河下游淤积约 29.35 亿 t 粗泥沙中，汛期洪水期淤积 22.79 亿 t，占 78%，非汛期及流量小于 1 000m^3/s 的汛期平水期淤积 6.56 亿 t。由于水库运用中对汛期平水期和非汛期主要按综合兴利的要求调度，调水调沙主要是针对汛期洪水期进行的，因此应对汛期各种类型的洪水粗泥沙的冲淤特性作出更加深入的研究。统计各种洪水条件下黄河下游及艾山至利津河段粗泥沙冲淤情况如表 2-2-14、表 2-2-15 所示。

表 2-2-14　　各种洪水条件下黄河下游粗泥沙冲淤情况

项目	一般含沙量非漫滩洪水								一般含沙量漫滩洪水	高含沙洪水
	$S<20$		$S=20\sim80$			$S>80$				
	$Q=1\ 000\sim2\ 500$	$Q>2\ 500$	$Q=1\ 000\sim2\ 500$	$Q=2\ 500\sim3\ 000$	$Q>3\ 000$	$Q=1\ 000\sim2\ 500$	$Q=2\ 500\sim3\ 000$	$Q>3\ 000$		
来水量（亿 m^3）	836.1	1 168.4	1 472.4	546.1	1 295.7	393.7	68.1	254.1	947.40	315.6
全沙来沙量（亿 t）	9.34	12.48	58.16	22.15	43.68	46.8	6.71	24.79	36.23	66.66
粗沙来沙量（亿 t）	1.62	1.09	11.52	4.47	9.05	9.49	1.08	3.36	6.72	16.49
全沙淤积量（亿 t）	-5.39	-21.59	9.04	0.38	-9.3	23.03	2.89	3.61	-6.24	37.22
粗沙淤积量（亿 t）	-0.51	-4.42	5.61	1.7	1.05	6.68	0.25	1.1	-1.50	12.84
全沙排沙比（%）	158	273	84	98	121	51	57	85	117	44
粗沙排沙比（%）	131	506	51	62	88	30	77	67	122	22

注：流量、含沙量、来水量和来沙量均为三黑小值，流量和含沙量的单位分别为 m^3/s 和 kg/m^3。

表 2-2-15　　各种洪水条件下黄河艾山至利津河段粗泥沙冲淤情况

项目	一般含沙量非漫滩洪水								一般含沙量漫滩洪水	高含沙洪水
	$S<20$		$S=20\sim80$			$S>80$				
	Q=1 000~2 500	Q>2 500	Q=1 000~2 500	Q=2 500~3 000	Q>3 000	Q=1 000~2 500	Q=2 500~3 000	Q>3 000		
来水量(亿 m^3)	826.6	1 327.1	1 399.2	527.1	1 309.6	365.6	58.7	247.7	980.96	295
全沙来沙量(亿 t)	14.34	31.38	44.9	19.04	47.63	22.82	3.5	18.71	36.87	27.88
粗沙来沙量(亿 t)	2.33	4.42	5.97	3.07	7.99	2.44	0.45	2.35	7.21	3.42
全沙淤积量(亿 t)	0.63	-2.52	-0.76	-1.22	-2.88	0.48	0	-0.61	-3.87	0.36
粗沙淤积量(亿 t)	0.37	-1.07	0.65	0.48	0.23	-0.04	-0.05	-0.11	-0.76	0.1
全沙排沙比(%)	96	108	102	106	106	98	100	103	111	99
粗沙排沙比(%)	84	124	89	84	97	102	111	105	111	97

注:流量和含沙量均为三黑小值,来水量和来沙量均为艾山值,流量和含沙量的单位分别为 m^3/s 和 kg/m^3。

由表 2-2-14 和表 2-2-15 可得出以下认识。

(1)流量大于 2 500m^3/s 含沙量小于 20kg/m^3 的洪水及一般含沙量漫滩洪水,无论就全下游还是艾山至利津河段而言,均是冲刷的,全沙排沙比和粗沙排沙比均大于 1,因此无所谓“拦粗排细”问题。这部分洪水除防洪要求外,水沙调节的主要目的应是进一步求得全下游特别是艾山至利津河段的减淤效益。

(2)流量 1 000~2 500m^3/s 的洪水,当含沙量小于 20kg/m^3 时冲河南淤山东;当含沙量超过 20kg/m^3 时全下游全沙排沙比仅 51%~84%,粗沙排沙比仅 30%~51%,因而是调节的重点之一。从全下游及艾山至利津河段减淤的要求出发,此种流量级的洪水调节的唯一办法是控制其出库,依靠拦粗排细无法达到上述减淤的目的。

(3)流量 2 500m^3/s 以上含沙量在 20~80kg/m^3 之间的洪水,虽然全下游及艾山至利津河段的粗沙排沙比均小于 1,但河道均是冲刷的,此时再对其拦沙则下游河道的输沙能力便得不到充分发挥。若将流量进一步加大,即下游的冲刷将得到明显加强。

(4)流量 2 500~3 000m^3/s 含沙量大于 80kg/m^3 的一般含沙量洪水,全下游淤积较严重,其调节的方法有两种:一是维持流量不变而降低出库含沙量(相应地便做到了“拦粗排细”),使河南段微淤而艾山至利津河段微冲;二是将出库流量增至 3 000m^3/s 以上同时降低出库含沙量,使全下游均发生微冲,但此时流量增加带来的减淤效益主要在河南河段。由于此种水沙组合的洪水发生的机遇不大,36 年仅发生过 3 场洪水,无论何种调节方式,对水库的减淤效益均影响不大。

(5)流量大于 3 000m^3/s 含沙量大于 80kg/m^3 的一般含沙水流,河南段微淤而山东段微冲,对黄河下游河道输沙而言,是水沙组合较好的洪水类型,除防洪要求外,对其流量无须控制。若降低含沙量使其成为小于 80kg/m^3 的一般含沙水流,则全下游均可发生冲刷。

(6)对高含沙洪水而言,全下游的全沙排沙比平均为 44%,粗沙排沙比仅 22%,高村以上河段将产生大量的集中淤积，并由此给防洪带来一些特殊困难，因此应予以调节。调节的方向是减少其粗沙出库沙量并调节为适当的出库流量，使其成为较大流量、较高含沙量的一般挟沙水流，保持河南段微淤而山东段微冲。

根据以上分析，进入下游的悬沙组成对河道冲淤产生显著影响的情况主要出现在河道严重淤积的情况下，如较高含沙量水流、高含沙洪水和小流量一般含沙量水流，并且粒径的调整主要在高村以上河段（尤其是花园口以上）。对于艾山至利津河段而言，对输沙起主要作用的是流量和含沙量大小，进入下游的悬沙级配虽然对艾山至利津河道输沙也产生一定影响，但经过高村以上河段的粒径调整后，其作用已比较弱，远不如流量和含沙量的影响。因此，在一定的水沙条件下（造成河道严重淤积的较高含沙量水流、高含沙洪水和小流量一般含沙量水流），水库通过"拦粗排细"的运用，可以给花园口以上河段带来较大的减淤效益。譬如，进入下游的粗沙和细沙的组成分别由24%和50%调节为10%和65%，对于较高含沙量水流，可使花园口以上河段减淤70%，对于高含沙水流，可减淤35%左右，同时，对花园口以下河段也有一定的减淤影响，但较弱。对于小浪底水库初期运用期间，主要以异重流排沙为主，出库含沙量较低，小流量时为清水，难以符合水库"拦粗排细"减淤运用的水沙条件（造成河道严重淤积的较高含沙量水流、高含沙洪水和小流量一般含沙量水流），并且，此时的水库蓄水体较大，不易做到"拦粗排细"，其水沙调节应以调节流量和含沙量为主，水库调节的指导思想也应是使水库具有适当的调节库容，调节后的出库流量和来沙有合理的搭配，使其能够减轻河南河道的河势变化和增大全下游（尤其是艾山至利津河道）的减淤效益。对于起始运行水位相应库容淤满以后的运用方式，则还应在本次工作的基础上作更为深入的分析论证。

第三节　小浪底水库运用时的河道边界条件

1986年以来，黄河下游出现连续的枯水枯沙系列，据统计，1986～1996年11年间黄河下游年均来水量297亿m^3，来沙量8.3亿t，分别约为多年平均值（1919～1985年）的64.0%和53.2%。汛期水量139.7亿m^3，来沙量7.83亿t，分别为多年平均值的50.3%和58.0%，汛期水量的减少更甚于沙量，水沙矛盾更趋突出，高含沙洪水出现的机遇大大增加。黄河下游河道在上述水沙的作用下，发生了严重淤积，河槽萎缩，过水断面缩小，行洪能力下降，畸形河湾增多，小水长期作用的结果，使得不少河段河势上提，所有这些，给黄河下游的防洪带来了严重的不利局面。

一、下游河道断面形态

1986年以来，高村以上游荡性河段的断面调整以嫩滩淤积为主，淤积厚度可达1～2m，河宽一般缩窄几百米至千余米，嫩滩淤积的结果，主槽越来越不明显，河槽过水面积大幅度减小。高村至陶城铺之间的过渡性河段的断面调整主要是在原深槽淤积的同时，贴边淤积严重，主槽槽底均有不同程度的淤积，深泓点一般淤高1～2m。陶城铺以下的弯曲河段，深槽淤积严重，同时，边滩也有淤积，如泺口断面深泓点淤高约4m。就河相系数而言，河槽淤积调整的结果，高村以上河段河相系数多数断面有不同程度的减小，而高村以下河段则有不同程度的增加。

根据典型断面套绘分析,游荡性及过渡性河段河槽断面的急剧调整主要发生在1988年和1992年汛期的高含沙洪水期间,其后是一个在平水作用下的槽底淤积及贴边淤积的相对较缓慢的过程。弯曲性河段断面形态的调整经历了一个累积性淤积过程,汛期由中等流量以上洪水的冲刷变为连续枯水系列的微冲或微淤,加重了窄河段年内的淤积。

由于上述原因,到1997年汛前,三黑小至花园口、花园口至高村、高村至艾山和艾山至利津四个河段的主槽宽度分别约为850、800、450m和420m,四个河段的主槽深度分别约为2、2、2.8m和3.2m。

二、下游河道行洪能力

1986年以来,由于河槽的持续淤积,下游河段的平滩流量锐减,中常洪水漫滩的机遇增加,滩地滞洪量加大,滞蓄时间延长,加大了下游的防洪负担。表2-3-1为黄河下游各河段平滩流量的变化,表2-3-2为黄河下游典型年洪水各河段传播时间的比较。由表2-3-1、表2-3-2可以看出,至1997年汛后,夹河滩以上河段平滩流量与1985年汛后相比,降低40%~44%,夹河滩至孙口河段降低50%,孙口至艾山河段降低42%,艾山至利津河段降低44%,特别是夹河滩以下河段,平滩流量由原来的5 000~5 400m³/s降低至现在的2 600~3 000m³/s,使得中常洪水时相当一部分水流漫滩。由于滩地横比降较大,漫滩水流不能在短距离内归槽,因此造成了滩地退水与后续洪水合并成峰的现象,使得洪水传播时间表现得异常增加,加重了下游的防洪压力。

表2-3-1　黄河下游各河段平滩流量的变化　(单位:m³/s)

年份	花园口以上	花园口—夹河滩	夹河滩—高村	高村—孙口	孙口—艾山	艾山—利津
1985	5 800	5 500	5 400	5 200	5 200	5 000
1994	4 000	3 700	3 600	3 500	3 400	3 100
1997	3 500	3 100	2 600	2 600	3 000	2 800

表2-3-2　黄河下游典型年洪水各河段传播时间比较　(单位:h)

河段	1965年 Q_{max} = 6 440m³/s	1967年 Q_{max} = 7 280m³/s	1975年 Q_{max} = 7 580m³/s	1992年 Q_{max} = 6 260m³/s	1996年 Q_{max} = 7 680m³/s	正常传播时间
花园口—夹河滩	13	20	23	32	30	14
夹河滩—高村	9	18	10	28	76	13
高村—孙口	16	18	19	22	120	20

三、下游河道整治工程

黄河下游高村以上的游荡性河段,两岸均为粉细沙组成,自然情况下,水流宽浅散乱,河势变化剧烈。20 世纪 60 年代以来，特别是 1973 年以来，在认真总结三门峡水库运用对下游河道的影响的基础上，按河道整治规划，本着控导主流、保滩护堤、因势利导、河道整治与滩区治理相结合的原则，修建了一系列河道整治工程，极大地提高了控制洪水河势的能力，对确保防洪安全发挥了显著作用。至 1997 年底，高村以上的宽河段建有整治工程 95 处，坝垛 3 076 道，工程长度 266.9km。工程的修建，明显地缩小了主流的摆动范围，减少了"横河、斜河"发生的机遇，减轻了临黄大堤冲决的危险。现状黄河下游宽河段河道整治工程基本情况见表 2-3-3。

表 2-3-3 现状黄河下游宽河段河道整治工程基本情况

河段	河道整治工程				险工				护滩控导工程			
	处数	坝垛数	长度(m)	护砌长度(m)	处数	坝垛数	长度(m)	护砌长度(m)	处数	坝垛数	长度(m)	护砌长度(m)
京广铁桥以上	20	687	71 228	59 570	6	271	26 554	16 695	14	416	44 676	42 875
铁桥—东坝头	51	1 818	138 335	122 644	15	1 066	69 056	65 276	36	752	69 279	57 368
东坝头—高村	24	571	57 338	41 540	8	196	18 673	11 288	16	375	38 665	30 252
高村以上	95	3 076	266 901	223 754	29	1 533	114 283	93 259	66	1 543	152 620	130 495

该河段大玉兰工程以上 1992 年以来随着温孟滩小浪底的移民安置工程的建设，河道整治得到加强，河势基本得到控制，神堤至京广铁桥之间整治工程较少，对洪水河势的控制性能力较弱，河道基本处于自然状态，主流摆动的幅度依然较大。京广铁桥至东坝头之间已修建了一些关键工程，近十年来主流摆幅已由原来的 5～7km 减至目前的 3～5km，但由于工程布点不足且现有工程不完善，以致河势变化仍较频繁，特别是九堡以下，工程靠溜几率较小，河势一度南移，太平庄、南仁、辛庄一带主流坐弯，滩地大量坍塌，威胁堤防安全，黑岗口工程前河势也因此上提下挫变化不定，导致下游出现畸形河湾，柳园口险工脱河，不利河势一直发展至古城控导工程。东坝头至高村河段工程布点已基本完成，但平面布局不尽合理，河势仅初步得到控制，近十年来，禅房工程溜势不稳，王夹堤、大留寺工程极少着河，老君堂至高村河段，尤其是榆林工程附近，主流摆幅较大。

四、下游河道的防洪形势

如前所述，1986 年以来，持续的枯水系列使得黄河下游河槽严重萎缩，行洪排沙能力大幅度下降，由此导致中常洪水水位大幅度抬高，洪灾加重。如 1996 年 8 月 5 日，黄河下游出现的流量 7 600m^3/s 的洪水，花园口水位高达 94.73m，较之 1958 年流量 22 300m^3/s 的洪水还高 0.91m，洪水传播速度慢，大堤偎水时间加长，堤防共发生渗水、塌坡等各类险情 170 处，淹没滩地 1.524 万 hm^2，107 万人受灾，其中 60 万人临时撤退迁移避洪，造成了重大洪灾损失。目前，黄河下游宽河段河势还没得到较好控制，由于河道内主槽严重淤积，加之高含沙洪水出现的机遇增加及三门峡水库汛初小水排沙的影响，部分工程在

3 000 ~ 4 000m^3/s流量时即发生漫顶，护滩控导工程基础普遍较差，因此汛期工程险情接连不断，经常出现基础淘塌、坦石下滑甚至溃膛垮坝等重大事故。表 2-3-4 为黄河下游典型年份河道整治工程险情统计。

表 2-3-4　黄河下游典型年份河道整治工程险情统计

年份	1958	1976	1982	1996
花园口洪峰流量(m^3/s)	22 300	9 210	15 300	7 680
工程漫顶坝数				1 346
工程出险次数	1 998	2 223	1 136	5 279

由表 2-3-4 可以看出，河床边界条件的日益恶化，使得下游工程险情越来越重，"96 · 8"洪水下游河道整治工程出险 5 279 坝次，1 346 道坝洪水漫顶，给防洪造成了严重威胁。

第四节　防洪减淤对小浪底水库调水调沙的要求

小浪底水库的主要开发目标是防洪减淤，从黄河下游河道的防洪减淤目的出发，小浪底水库初期运用水库下泄"清水"期间，应尽可能冲刷下游河道特别是山东河道，增加河道的平滩流量，以降低洪水位，减少不利河势出现机遇，同时应避免河南宽河段河势发生剧烈变化，避免洪水上滩，减轻工程险情。

一、水库拦沙运用初期调控流量的论证和比选

小浪底水库调水调沙的基础是黄河下游河道的冲淤规律，据前述分析，各种不同的水沙组合条件下黄河下游河段的冲淤特性有很大不同，但又有各自的规律，从防洪减淤角度而言，对水库调水调沙的要求主要是对流量调节的要求。具体来说，要求出库流量两极分化，避免两极流量之间的水流在山东河道严重淤积，同时考虑防洪保滩。其中，对于调控下限流量，要满足发电、供水、灌溉等兴利要求，但也不能过大而淤积山东河道；对于调控上限流量，要有利于山东河道不淤或冲刷，并且，要避免河南河段的现状河势发生剧烈变化；对于保滩运用，还应考虑限制洪水流量，避免洪水在河南河段上滩。

（一）水库拦沙运用初期调控下限流量的论证和比选

对于下游河道特别是山东河道减淤要求，根据前文分析，汛期平水期和非汛期下泄流量越大，对河南河段越有利，而对山东河段越不利，特别是对艾山至利津河段不利。具体来说，当流量不大于 600m^3/s 时，艾山至利津河段微冲或微淤；当流量介于 600 ~ 800m^3/s 时，艾山至利津河段微淤；当流量大于 800m^3/s 时，艾山至利津河段淤积明显增多。因此，从山东河段减淤的角度出发，在满足水库发电、灌溉、供水等要求的前提下，应尽量控制下泄流量不超过 600 ~ 800m^3/s。

（二）水库拦沙运用初期调控上限流量的论证和比选

统计 1960 年 9 月 ~ 1996 年 6 月不同水沙组合的低含沙量及一般含沙量洪水黄河下游各河段的冲淤效率及临界冲淤流量如表 2-4-1、表 2-4-2 所示。

表 2-4-1　　黄河下游各含沙量级洪水冲淤效率统计　　（单位：$\times 10^6$t/亿 m^3）

流量(m^3/s)	河段	含沙量(kg/m^3)						
		0～20	20～30	30～40	40～60	60～80	>80	高含沙
1 000～1 500	三—花	-0.36	1.85	0.68	0.60	3.72	3.33	19.38
	花—高	-0.08	-0.30	0.22	0.70	1.46	2.72	5.37
	高—艾	0.10	0.93	0.04	0.28	-0.09	0.21	1.20
	艾—利	0.19	0.93	0.26	0.15	0.38	0.25	1.72
1 500～2 000	三—花	-0.37	0.09	0.98	0.44	2.20	3.86	2.81
	花—高	-0.36	0.03	0.11	0.75	0.29	1.96	4.05
	高—艾	0.05	-0.08	0.01	0.09	0.18	0.09	0.66
	艾—利	0.11	0.01	0.24	-0.04	-0.18	0.18	0.24
2 000～2 500	三—花	-0.36	0.01	0.92	0.26	0.27	2.37	5.74
	花—高	-0.64	-0.04	0.86	0.86	0.73	2.51	5.45
	高—艾	-0.35	-0.10	0.30	0.02	-0.18	0.42	0.89
	艾—利	-0.17	-0.08	0.05	-0.15	-0.62	-0.01	0.17
2 500～3 000	三—花	-0.52	-0.33	0.06	1.60	0.54	2.42	8.41
	花—高	-0.54	-0.36	-0.26	0.54	1.20	2.14	10.93
	高—艾	-0.41	0.26	0.07	-0.09	-0.41	-0.31	0.80
	艾—利	-0.27	-0.37	-0.11	-0.37	-0.03	0.00	0.00
3 000～4 000	三—花	-0.71	-0.26	0.83	-0.07	1.13	0.90	0.68
	花—高	-0.52	0.10	0.21	-0.37	0.26	1.29	11.34
	高—艾	-0.18	-0.23	-0.26	-0.26	0.01	-0.03	1.30
	艾—利	-0.12	-0.20	0.10	-0.47	-0.34	-0.07	0.49
>4 000	三—花	-0.80	-0.57				-0.76	1.08
	花—高	-0.84	-0.61				1.44	1.38
	高—艾	-0.13	-0.27				0.11	0.80
	艾—利	-0.24	-0.17				-0.54	-1.00

表 2-4-2　　黄河下游各含沙量级洪水各河段临界冲淤流量　　（单位：m^3/s）

河段	含沙量(kg/m^3)						
	0～20	20～30	30～40	40～60	60～80	>80	高含沙
花园口以上	<1 000	2 300	4 000	4 000	全淤	全淤	全淤
花园口—高村	<1 000	2 000	2 800	3 500	全淤	全淤	全淤
高村—艾山	2 000	2 000	3 000	2 500	2 000	2 500	全淤
艾山—利津	2 300	2 000	2 500	2 000	2 000	2 800	4 000

根据表 2-4-1、表 2-4-2 的统计结果，当流量小于 2 000m^3/s 时，艾山至利津河道明显淤积，流量介于 1 000～1 500m^3/s 之间时，艾山至利津河道淤积效率最大，当流量大于 2 500m^3/s 时，河道发生冲刷。本次研究中，考虑到小浪底水库初期运用时的出库含沙量较低（三黑小含沙量小于 20kg/m^3），因此采用相应的低含沙水流作用下艾山至利津河段冲淤临界流量 2 300m^3/s，再根据下游的汛期引水条件及洪水演进特性，确定小浪底出库凑泄黑石关、小董为 2 600m^3/s。

为了深入分析不同洪水流量、不同洪水历时及不同洪水水量对艾山至利津河道冲刷效率的影响，统计1960年9月～1996年6月三黑小流量大于1 000m^3/s、含沙量小于20kg/m^3的清水冲刷资料，对每场洪水流量由1 000m^3/s开始，逐日计算累计平均流量及冲淤量，然后对全部洪水进行平均概化，得出艾山至利津河段冲刷效率与流量及冲刷水量的关系如表2-4-3。

表2-4-3　　艾山—利津河段冲刷效率与流量及冲刷水量的关系

水量（亿m^3）	流量（m^3/s）						
	2 500	3 000	3 500	4 000	4 500	5 000	6 000
3～18	-0.002	-0.003	-0.003 6	-0.003 2	-0.002 7	-0.002	-0.001 2
18～30	-0.002 5	-0.003 2	-0.004 1	-0.004 3	-0.004 0	-0.003 3	-0.002 8
30～100	0	-0.001 2	-0.002	-0.003	-0.003 2	-0.003 6	-0.003

注：负号表示冲刷，冲刷效率单位为亿t/亿m^3。

分析表2-4-3可知，当艾山站水量小于18亿m^3时，流量3 500m^3/s左右冲刷效率最高，为-0.003 6亿t/亿m^3，相应洪水过程一般为2～5天。当艾山水量为18亿～30亿m^3时，流量达3 500～4 000m^3/s时冲刷效率最高，为-0.004 2亿t/亿m^3左右，相应洪水过程一般为6～9天。当艾山站水量进一步增大时，随着上游和本河段冲刷的发展，冲刷效率最大时相应的流量提高到4 500～5 000m^3/s，而冲刷效率降低至-0.003 5亿t/亿m^3左右，相应洪水过程一般为10天以上。

另外，对于洪水冲刷历时，不宜太短，若较大流量的历时太短，则会因下游河道的槽蓄作用而衰减太快，至艾山时无法满足艾山至利津河段冲刷的流量要求，见表2-4-4。

表2-4-4　　首天大流量的沿程衰减

时间(年-月-日)	$Q_{大}/Q_{小}$	$Q_{小}$	$Q_{大}$	$Q_{大}-Q_{小}$	$Q_{艾}-Q_{大}$
1965-07-21	1.8	3 129	5 600	2 471	-350
1967-07-01	2.7	1 091	2 892	1 801	-519
1971-07-10	1.5	1 594	2 451	857	-302
1971-09-03	1.9	1 211	2 351	1 140	-383
1973-08-31	1.6	2 652	4 233	1 581	-534
1974-07-31	2.0	938	1 911	973	-267
1975-09-01	1.5	2 512	3 808	1 296	-425
1980-09-06	1.7	1 376	2 358	982	-499
1983-09-18	1.7	1 318	2 237	919	-114
1984-08-29	1.8	2 357	4 218	1 861	-389
1984-10-31	1.6	1 407	2 213	806	-343
1988-07-20	2.4	1 037	2 482	1 445	-398
1994-07-03	1.7	1 200	2 058	858	-479
范围	1.5～3			800～2 500	-120～-550
计算	3.1	830	2 600	1 770	-500

注：$Q_{大}$和$Q_{小}$分别为首天较大流量和前天小流量。

由表 2-4-4 中可知，若小浪底调节水沙过程，首天较大流量为 2 600m^3/s，前天小流量为 830m^3/s，考虑槽蓄作用，至艾山流量衰减了 500m^3/s，加上艾山以上的 200m^3/s 左右的引水，则艾山站流量只有 1 900m^3/s，小于艾山至利津河段的冲刷临界流量 2 300m^3/s，达不到预期的减淤效果。根据黄河下游实测中常洪水资料分析，小浪底至艾山洪水正常传播时间一般 3 ~ 4 天，考虑到天然洪水大多有 1 天左右的涨落过程，而小浪底出库洪水接近矩形波，因此洪水冲刷历时太短不利于艾山至利津河段的减淤。

为了避免河南河段的现状河势发生剧烈变化，小浪底出库流量大小应避免与现状的下游河道整治工程的设计流量过于悬殊，根据前文分析，1986 年以来，进入下游的流量主体是小于 3 000m^3/s 部分，并且下游河道持续淤积，导致高村以上的平滩流量由 5 000 ~ 5 240m^3/s 减小到 3 000m^3/s 左右，造床流量由 4 700m^3/s 减小到 2 300m^3/s 左右，下游河道的河势流路变成小流量河势流路，近一时期的整治工程也多是为了适应小水上提河势而续建的，同时，目前黄河下游宽河段河势仍没得到较好控制，加上河道内主槽淤积严重、高含沙洪水出现的机遇增加及三门峡汛初小水排沙的影响，致使部分工程在 3 000 ~ 4 000m^3/s 流量时即发生漫顶，护滩控导工程基础普遍较差，进而出现基础淘塌、坦石下滑甚至溃膛垮坝等重大事故。因此，为了避免河南河段的现状河势发生剧烈变化，减轻工程险情，水库拦沙运用初期的 1 ~ 3 年采用 2 600m^3/s 较为合适，而不宜采用流量稍大的 3 700m^3/s（相应艾山流量 3 500m^3/s 左右），稍后几年，随着河道的清水冲刷，下游河势较为稳定并且相应的河道整治工程得到完善和加强后，视下游出现的新情况，可选用 3 700m^3/s来适应新的河势变化，并提高艾山至利津河段的减淤效果。

综上所述，对于调控上限流量，考虑河道引水后，根据艾山至利津河段不淤或冲刷较大分别为 2 600m^3/s 或 3 700m^3/s（小黑小三站之和，小黑小指小浪底、黑石关、小董，下同），为了避免河南河段的现状河势发生较大变化，为稳妥起见，水库拦沙运用初期的 1 ~ 3 年以采用 2 600m^3/s 为宜，稍后的适当时间可采用 3 700m^3/s 来适应新的河势变化，加大艾山至利津河段的减淤效果。对于不小于调控上限流量的洪水历时，6 ~ 9 天较宜。

二、水库拦沙运用初期拦粗排细作用的论证和分析

据前文分析，进入下游的悬沙组成对河道冲淤产生显著影响的情况主要出现在河道严重淤积的情况下，如较高含沙量水流、高含沙洪水和小流量一般含沙量水流，并且粒径的调整主要在高村以上河段，而对于艾山至利津河段，对输沙起主要作用的是流量和含沙量大小，进入下游的悬沙级配虽然对艾山至利津河道输沙也产生一定影响，但经过高村以上河段的粒径调整后，其作用已比较弱，远不如流量和含沙量的影响。

因此，在一定的水沙条件下（造成河道严重淤积的较高含沙量水流、高含沙洪水和小流量一般含沙量水流），水库通过“拦粗排细”的运用，可以给花园口以上河段带来较大的减淤效益，同时对花园口以下河段也有一定的减淤作用，但作用较弱。

小浪底水库初期运用期间，主要以异重流排沙为主，出库含沙量较低，小流量时为清水，难以符合水库“拦粗排细”减淤运用的水沙条件（较高含沙量水流、高含沙洪水和小流量一般含沙量水流），并且，此时的水库蓄水体较大，不易做到“拦粗排细”。因此，其水沙调节应以调节流量和含沙量为主，使得调节出库的流量过程能够减轻河南河道的不利河

势并增大全下游(尤其是艾山至利津河道)的减淤效益。

起始运行水位相应库容淤满以后水库的运用,还应在本次工作基础上作更深入的分析论证,针对一定的水沙条件,水库通过合理的调水调沙运用,实现河南河道的减淤目的。

三、水库拦沙运用初期对小浪底水库防洪减淤运用要求

小浪底水库调度运用的主要目的是黄河下游的防洪减淤,根据前述对黄河下游冲淤特性的认识,结合现状黄河下游的防洪形势和水库初期运用的特点,提出水库拦沙运用初期对小浪底水库防洪减淤运用的具体要求如下。

(1)调控流量的要求:从下游河道特别是艾山至利津河段的减淤出发,要求出库流量必须两极分化。其中,对于调控下限流量,要满足发电、供水、灌溉等兴利要求,控制其不大于600~800m^3/s;对于调控上限流量,考虑河道引水后,根据艾山至利津河段不淤或冲刷最大分别为2 600m^3/s或3 700m^3/s(小黑小三站之和),为了避免河南河段的现状河势发生剧烈变化,水库拦沙运用初期的1~3年建议采用2 600m^3/s,稍后的适当时间根据下游河道的河势变化情况、河道整治工程的建设情况可采用3 700m^3/s来适应下游河道出现的新情况,适当提高艾山至利津河段的减淤效果。对于不小于调控上限流量的洪水历时,6~9天较宜。

(2)拦粗排细的要求:在一定的水沙条件下(造成河道严重淤积的较高含沙量水流、高含沙洪水和小流量一般含沙量水流),水库通过“拦粗排细”的运用,可以给花园口以上河段带来较大的减淤效益,同时对花园口以下河段也有一定的减淤作用,但效果不大。小浪底水库初期运用期间,水库主要以异重流排沙为主,出库含沙量较低,小流量时为清水,难以符合水库“拦粗排细”减淤运用的水沙条件,并且水库蓄水体较大,不易做到“拦粗排细”,其水沙调节应以调节流量和含沙量为主。起始运行水位相应库容淤满以后的水库运用期间,针对一定的水沙条件,水库通过“拦粗排细”控制出库流量及蓄水量大小,达到为下游河道减淤的目的。

(3)加强下游观测,优化水库运用:黄河下游河道是强烈的堆积性河道,随着上中游来水来沙条件的变化,特别是小浪底水库运用后,各河段将发生不同程度的冲淤变化和平面变形,与之相应,河道排洪能力(安全泄量)也将随之改变。因此,水库运用必须留有余地,随时加强下游河道的变化监测研究和分析,及时调整优化水库的洪水调度。

第三章 小浪底水库初期入库水沙条件研究

第一节 近期黄河水沙变化及原因分析

一、近期黄河水沙变化情况

黄河水沙的基本特征主要有三点，一是水少沙多，水沙异源；二是水沙年际变化大，年内分配集中；三是中下游水沙关系复杂。近年来，黄河水沙又有了显著变化，其变化特点如下。

（一）进入中下游水量及沙量减少幅度较大

1. 实测水量减少幅度较大

从龙、华、河、洑（龙指龙门、华指华县、河指河津、洑指洑头，下同）四站和花园口站1919～1998年实测水量看，进入20世纪70年代后有较大幅度的减少。龙、华、河、洑四站自20年代至60年代，除包含11年枯水段的20年代实测径流量为354.8亿m^3（见表3-1-1），其他各年代为428.6亿～478.6亿m^3，而70、80年代四站（指龙门、华县、河津、洑头四站，下同）水量分别为358.6亿、366.8亿m^3，较30～60年代的平均值分别偏少93.7亿、85.5亿m^3。90年代以来（1990～1998年）四站水量仅为256.1亿m^3，又较70、80年代均值减少了106.6亿m^3。从历年实测水量过程看（见图3-1-1），1986～1998年的13年间，龙、华、河、洑四站的总水量除1989年为408亿m^3外，其他各年均不超过340亿m^3。1986～1998年实测径流量相当于60年代至80年代中期（1960～1985年）实测径流量的66.0%，相当于80年代初期1981～1985年5年丰水段实测径流量的61.3%。其中，1987、1991、1995、1997、1998年5年，四站总水量不超过250亿m^3，1987年径流量仅有202亿m^3，1997年实测水量不足160.0亿m^3，而在此之前的60多年实测系列中，仅有1928年实测径流量小于250亿m^3。

表3-1-1　黄河中游干支流主要断面20世纪各年代实测径流量统计　（单位：亿m^3）

断面	20年代	30年代	40年代	50年代	60年代	70年代	80年代	1990～1998年	1981～1985年	1986～1998年
龙门	279.6	339.6	360.2	319.3	334.5	283.3	274.5	199.1	325.9	207.9
华县	56.4	83.0	93.7	85.1	95.6	59.1	78.7	44.1	99.8	49.2
河津	13.7	15.6	16.1	17.5	17.8	10.3	6.6	5.4	7.5	5.6
洑头	5.1	7.3	8.6	6.7	8.7	5.9	7.0	7.5	8.7	7.0
四站	354.8	445.5	478.6	428.6	456.6	358.6	366.8	256.1	441.9	269.7
黑石关	30.8	34.0	35.7	40.0	35.3	25.1	30.0	15.0	39.0	17.0
小董	11.9	14.8	14.5	15.7	13.9	5.8	5.4	4.0	7.1	4.0
花园口	397.7	496.8	542.4	481.0	502.3	394.6	410.8	261.6	504.7	281.4

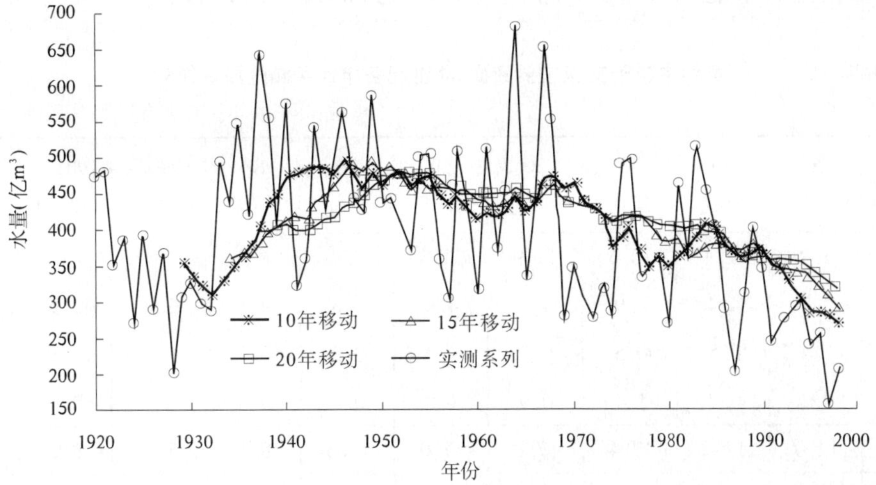

图 3-1-1　龙、华、河、洑四站实测水量移动平均图

花园口断面实测水量的丰枯变化与四站一致。20 年代实测径流量 397.7 亿 m^3,30 ~ 60 年代实测径流量的平均值为 481.0 亿 ~ 542.4 亿 m^3,而 70、80 年代平均径流量分别为 394.6 亿、410.8 亿 m^3,较 30 ~ 60 年代径流量的平均值分别减少 111.0 亿、94.8 亿 m^3。90 年代以来,花园口实测径流量平均仅为 261.6 亿 m^3,相当于 1960 ~ 1985 年实测径流量的 58.1%。

1986 ~ 1998 年,花园口实测径流量平均为 281.4 亿 m^3,13 年中,1988 年径流量为 358.5 亿 m^3,1989 年径流量为 425.3 亿 m^3,1990 年径流量为 364.8 亿 m^3,除上述 3 年径流量超过 350 亿 m^3 外,其余年份均小于 305 亿 m^3,其中 5 年小于 250 亿 m^3,1987、1995、1997、1998 年的径流量均小于 11 年枯水段中最枯的 1928 年。

黄河中游的主要支流渭河、伊洛河、汾河、沁河的入黄水量也有自 20 世纪 80 年代中后期开始减少的趋势,90 年代是各支流入黄水量最少的年份,与 1960 ~ 1985 年相比,渭河、汾河、伊洛河、沁河实测水量合计减少 63.1 亿 m^3,减幅近 50%。

综上所述,进入 70 年代尤其是 80 年代中后期(1986 年)以来,进入黄河中下游的径流量有较大幅度的减少,与 1960 ~ 1985 年相比,四站及花园口断面 1986 ~ 1998 年实测水量减少 140 亿 ~ 170 亿 m^3,减幅为 1/3 左右。

2. 实测沙量减少幅度较大

与减水的幅度相比,70 年代以来黄河实测沙量的减幅则更大。20 世纪 20 年代龙、华、河、洑四站实测沙量为 12.0 亿 t(见表 3-1-2),30 ~ 60 年代为 17.0 亿 ~ 17.7 亿 t,进入 70 年代平均输沙量减至 13.51 亿 t,80 年代平均输沙量为 7.98 亿 t,1990 ~ 1998 年平均为 9.0 亿 t,相当于 30 ~ 60 年代平均输沙量的 51.5%。各年代输沙量级的分布对比也明显反映了 70 年代,尤其是 80 年代以来入黄沙量的减少,20 ~ 70 年代,四站各年代中输沙量最大年份的沙量均大于 20 亿 t,其中,30、50、60 年代的最大输沙量均大于 28 亿 t,年输沙量大于 10 亿 t 的年数为 7 ~ 9 年,而 1980 ~ 1998 年的 19 年间,平均输沙量 8.5 亿 t,最大输沙量仅为 16. 1 亿 t,19 年来输沙量大于 10 亿 t 的共有 5 年,仅占 26. 3%。

表 3-1-2　　黄河中游干支流主要断面 20 世纪各年代实测输沙量统计

（单位:黑石关、小董站为万 t,其他站为亿 t）

断面	20 年代	30 年代	40 年代	50 年代	60 年代	70 年代	80 年代	1990 ~ 1998 年	1981 ~ 1985 年	1986 ~ 1998 年
龙门	7. 9	12. 1	10. 6	11. 9	11. 3	8. 7	4. 7	5. 4	4. 7	5. 3
华县	3. 3	4. 4	4. 9	4. 3	4. 4	3. 8	2. 8	2. 8	2. 9	2. 7
河津	0. 4	0. 5	0. 5	0. 7	0. 3	0. 2	0. 1	0. 0	0. 1	0. 0
洑头	0. 4	0. 7	1. 4	0. 9	1. 0	0. 8	0. 5	0. 7	0. 5	0. 7
四站	12. 0	17. 7	17. 4	17. 8	17. 0	13. 5	8. 1	8. 9	8. 2	8. 7
黑石关	1 464. 4	2 777. 7	2 360. 1	3 601. 3	1 808. 2	687. 7	831. 7	100. 8	1 328. 5	156. 2
小董	861. 1	1 318. 6	1 139. 7	1 280. 5	727. 3	407. 6	250. 6	114. 6	359. 5	120. 8
花园口	11. 4	17. 6	16. 2	15. 1	11. 1	12. 3	7. 8	7. 1	9. 0	7. 0

由于伊洛河、沁河入黄泥沙极少,因此除三门峡水库 1960 ~ 1964 年因拦沙运用而使三门峡以下输沙量减少外,花园口断面输沙量与龙、华、河、洑四站不同年代输沙量相近。花园口断面 20 年代平均输沙量为 11. 4 亿 t,30 ~ 60 年代平均输沙量为 15. 0 亿 t,而 70 年代平均沙量减少至 12. 3 亿 t,80、90 年代平均输沙量则仅为 7. 4 亿 t。

70 年代以来,不仅黄河泥沙的主要来源区河龙间及泾河、渭河上游减沙幅度明显,少沙区的黄河上游及中游伊洛河、沁河等支流,入黄沙量也在同步减少。如河口镇以上输沙量从 30 ~ 60 年代的平均 1. 61 亿 t 减少至 70 年代的 1. 14 亿 t、80 年代的 0. 97 亿 t,90 年代初期的 0. 45 亿 t,伊洛河、沁河的输沙量从 30 ~ 60 年代的平均输沙量 0. 375 亿 t 减少至 70、80 年代的 0. 11 亿 t,90 年代的 200 万 t 左右。

从四站及花园口实测输沙量变化看,自 20 世纪 70 年代开始尤其进入 80 年代以来,入黄沙量有较大幅度的减少,龙、华、河、洑四站 80 年代以来平均输沙量已减至 8. 68 亿 t,与 30 ~ 60 年代相比,减幅为一半左右。

3. 实测水沙的趋势检验

从龙、华、河、洑四站实测水沙移动均值变化(见图 3-1-1、图 3-1-2)看,进入 20 世纪 70 年代后,龙、华、河、洑四站 10、15、20 年沙量移动的均值下降明显。50 年代至 60 年代中期,输沙量的移动平均值为 15 亿 ~ 18 亿 t,60 年代中期为 16 亿 ~ 20 亿 t,70 年代以来移动均值下降明显,80 年代中期以来,实测沙量的移动均值仅为 8 亿 ~ 10 亿 t。

从实测水量的移动均值图看,10、15、20 年移动均值自 50 年代起即有显著的下降趋势,15 年的移动均值从 40 年代中期至 50 年代中期为 460 亿 ~ 500 亿 m^3,50 年代中期至 70 年代中期为 410 亿 ~ 460 亿 m^3,70 年代中期以来,15 年移动均值从 420 亿 m^3 减小至 340 亿 m^3。

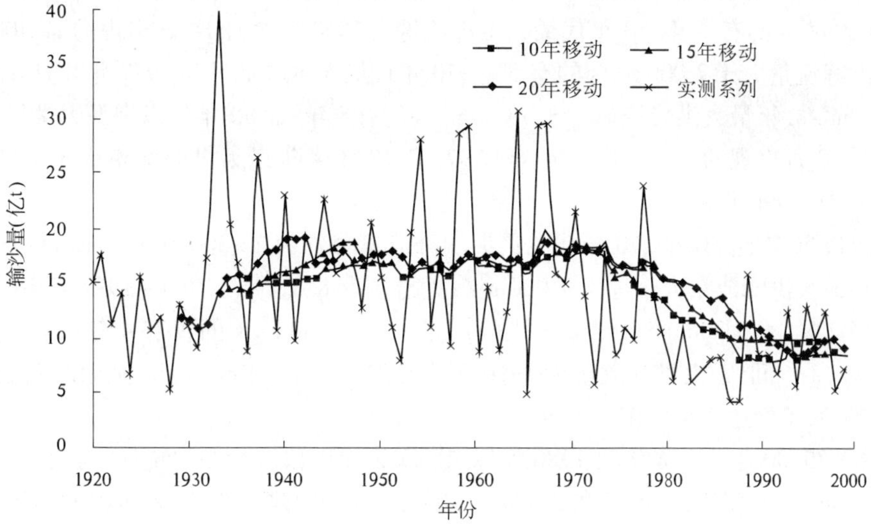

图 3-1-2　龙、华、河、洑四站实测沙量移动平均图

为了定量评价实测水沙的变化趋势，采用了坎德尔、斯波曼秩次相关及线性回归进行了趋势检验。坎德尔秩次相关检验是根据序列中对偶值增大(或减小)的累积次数 P，基于无序系列 P 的数学期望 $E(P)=n(n-1)/4$，设定标准化正态分布检验统计量 U，当给定信度 α 后，若序列 $|u|>u_{\alpha/2}$，说明在信度 α 下，序列趋势显著。

斯波曼秩次相关检验是根据序列变量与对应时间的关系，计算秩次相关系数 r，当相关系数 r 异于零时，说明序列呈现趋势变化。可采用 t 检验判别 r 是否异于零，相应的统计量 T 在信度 α 下大于 $t_{\alpha/2}$ 时，说明序列与时间有相依关系。

线性趋势回归检验是按照方差最小的原则，对序列进行与时间项线性相关的回归拟合，当时间项系数 b 为零时，说明序列无趋势性变化。判别 b 是否异于零，采用统计量 T，该统计量服从自由度为 $n-2$ 的 t 分布，在给定信度 α 条件下，当 $|T|>t_{\alpha/2}$ 时，则认为在信度 α 下，序列线性变化趋势显著。

统计检验表明，四站实测水量和沙量序列在 5% 信度条件下检验，即使包括系列首段的 11 年枯水段在内，两个系列均具有(下降的)趋势。系列的分段检验表明，水沙的趋势性变化始于 20 世纪 70 年代。但 70 年代以来沙量、水量无趋势的临界信度又有所差异，实测沙量系列可以在 5% 信度条件下检验而无趋势；实测水量在 5% 的信度下无趋势，而在 10% 的信度下又呈现出趋势。这主要是由于 80 年代前后天然径流的变幅较大。因此，以 5% 的信度检验可以认为 70 年代以来的平均输沙量、平均径流量可以代表现状黄河的实际水沙条件。

(二)洪峰流量不大，枯水历时延长，平枯水输沙比例提高

根据对潼关、花园口 1960～1995 年历年最大洪峰、日流量级、含沙量的统计分析，自 20 世纪 70 年代起，尤其 1986 年以来，黄河中下游汛期洪峰流量不大、枯水历时延长、平枯水的输沙比例提高。

潼关50年代最大洪峰流量为1954年9月3日出现的13 400m^3/s，年最大洪峰流量大于7 000m^3/s的有4年；60年代最大洪峰流量为1964年8月14日出现的12 400m^3/s，年最大洪峰流量大于7 000m^3/s的有5年；70年代最大洪峰流量为1977年8月6日出现的15 400m^3/s，年最大洪峰流量大于7 000m^3/s的有8年；而80年代以来最大洪峰流量仅为1988年8月出现的8 260m^3/s，截至1997年，18年来年最大洪峰流量大于7 000m^3/s的仅有1988、1996年两年。

花园口20世纪50、60、70年代的最大洪峰流量分别为22 300、9 430、10 800m^3/s，各年代中年最大洪峰流量大于等于7 000m^3/s的分别有8、3、3年，1980～1997年18年间的最大洪峰流量为15 300m^3/s，年最大洪峰流量大于7 000m^3/s的仅有4年，其中1986～1997年的12年间，最大洪峰流量为1996年8月发生的7 860m^3/s，年最大洪峰流量小于5 000m^3/s的年份达7年之多。

从60、70、80年代前6年及1986年以来潼关四个时段流量级的统计（见表3-1-3）看，70年代与60年代相比，日流量在2 000～4 000m^3/s的出现几率由60年代的43.82%减少至70年代的29.51%，1980～1985年，该级流量出现几率为42.0%，而1986～1996年，其出现几率又减至13.82%。该流量级占汛期水量的比例，由60年代的50.98%减少至70年代的43.81%，1980～1985年为51.71%，1986～1996年该流量级水量仅占汛期水量的29.48%。但该级流量相应的输沙量占汛期的比例基本接近。60年代为47.37%，70年代为44.39%，1980～1985年为54.77%，1986～1996年为42.33%。

日流量大于4 000m^3/s的流量级出现几率自70年代后亦有明显减小，其水量、沙量占汛期的比例也随之降低。60年代潼关日平均流量大于4 000m^3/s的出现几率为14.3%，相应水量占汛期的28.23%，沙量占汛期的34.76%；而70年代出现几率减少至6.11%，水量和沙量占汛期的比例分别为16.8%、26.89%；1980～1985年，流量大于4 000m^3/s的出现几率为10.97%，水量和沙量占汛期的比例分别为21.83%、24.26%；1986～1996年，该流量级出现的几率仅为1.11%，水量和沙量占汛期的比例分别减少为4.3%、12.27%。

与2 000～4 000m^3/s及4 000m^3/s以上流量级出现几率减小相反，潼关日流量小于2 000m^3/s的出现几率、相应水量和输沙量所占比例则有提高。如500～1 000m^3/s流量级，60年代的出现几率为10.73%，水量、沙量占汛期的比例分别为3.38%、2.23%；而70年代的出现几率为20.81%，水量、沙量占汛期的比例分别为8.39%、5.15%；1980～1985年的出现几率为10.03%，水量、沙量占汛期的比例分别为3.35%、2.51%；1986～1996年出现几率增至32.67%，水量、沙量占汛期的比例分别提高为18.92%、7.49%。

连续较大流量级的出现几率，总持续时间及其水量、沙量占汛期比例自1986年以来也降低很多。如60年代、70年代、1980～1985年、1986～1996年日流量连续3天以上大于3 000m^3/s的出现几率分别为1.9、1.5、2.3、0.45次/年，四个时段平均每场洪水延续分别为20、11、32、6天；相应占汛期水量和沙量的比例，60年代为50.4%和49.3%，70年代为30.0%和32.0%，1980～1985年为44.9%和42.7%，1986～1996年仅为6.7%和11.5%。

表 3-1-3　　　　　　　潼关站不同年代汛期各流量级水沙特征

项目	时间	流量级(m^3/s)									汛期
		<500	500 ~ 1 000	1 000 ~ 2 000	2 000 ~ 3 000	3 000 ~ 4 000	4 000 ~ 5 000	5 000 ~ 6 000	6 000 ~ 7 000	>7 000	
天数	60 年代	37	132	346	305	234	110	49	16	1	1 230
	70 年代	77	256	459	244	119	50	13	4	8	1 230
	80 年代	66	223	438	253	158	68	21	3		1 230
	1980 ~ 1985 年	6	74	267	182	128	60	19	2		738
	1986 ~ 1996 年	189	442	520	143	44	10	4	1		1 353
几率(%)	60 年代	3.01	10.73	28.13	24.80	19.02	8.94	3.98	1.30	0.08	100
	70 年代	6.26	20.81	37.32	19.84	9.67	4.07	1.06	0.33	0.65	100
	80 年代	5.37	18.13	35.61	20.57	12.85	5.53	1.71	0.24		100
	1980 ~ 1985 年	0.81	10.03	36.18	24.66	17.34	8.13	2.57	0.27		100
	1986 ~ 1996 年	13.9	32.67	38.43	10.57	3.25	0.74	0.30	0.07		100
水量(亿 m^3)	60 年代	1.08	8.91	44.92	65.57	69.05	41.90	23.11	8.71	0.82	264.07
	70 年代	2.51	16.44	58.21	50.99	34.83	19.14	6.09	2.17	5.51	195.88
	80 年代	2.20	14.40	54.15	53.50	47.48	25.65	9.71	1.60		208.69
	1980 ~ 1985 年	0.36	8.29	56.85	63.06	64.93	37.61	14.62	1.81		247.51
	1986 ~ 1996 年	4.82	24.88	57.40	27.34	11.43	3.44	1.73	0.47		131.51
沙量(亿 t)	60 年代	0.04	0.27	1.84	2.77	2.93	2.23	1.21	0.60	0.14	12.03
	70 年代	0.06	0.58	2.58	2.71	2.25	1.29	0.52	0.64	0.55	11.18
	80 年代	0.02	0.24	1.27	1.94	1.26	1.01	0.36	0.16		6.25
	1980 ~ 1985 年	0.01	0.17	1.21	2.00	1.59	1.06	0.44	0.09		6.55
	1986 ~ 1996 年	0.06	0.48	2.35	1.76	0.93	0.44	0.25	0.10		6.35
含沙量(kg/m^3)	60 年代	37.0	30.3	41.0	42.2	42.4	53.2	52.4	68.9	170.7	45.6
	70 年代	23.9	35.3	44.3	53.1	64.6	67.4	85.4	294.9	99.8	57.1
	80 年代	9.1	16.7	23.5	36.3	26.5	39.4	37.1	100.0		29.9
	1980 ~ 1985 年	27.8	20.5	21.3	31.7	24.5	28.2	30.1	49.7		26.5
	1986 ~ 1996 年	12.4	19.3	40.9	64.4	81.4	127.9	144.5	212.8		48.3
水比例(%)	60 年代	0.41	3.38	17.01	24.83	26.15	15.87	8.75	3.30	0.31	100
	70 年代	1.28	8.39	29.72	26.03	17.78	9.77	3.11	1.11	2.81	100
	80 年代	1.06	6.90	25.95	25.64	22.75	12.29	4.65	0.77		100
	1980 ~ 1985 年	0.14	3.35	22.97	25.48	26.23	15.19	5.91	0.73		100
	1986 ~ 1996 年	3.66	18.92	43.65	20.79	8.69	2.62	1.32	0.36		100
沙比例(%)	60 年代	0.31	2.23	15.33	23.03	24.34	18.54	10.08	5.02	1.12	100
	70 年代	0.53	5.15	23.05	24.24	20.15	11.57	4.67	5.70	4.95	100
	80 年代	0.33	3.83	20.29	30.94	20.09	16.21	5.78	2.53		100
	1980 ~ 1985 年	0.05	2.51	18.40	30.46	24.31	16.14	6.78	1.34		100
	1986 ~ 1996 年	0.89	7.49	37.03	27.76	14.57	6.87	3.89	1.51		100

(三)水量年内分配发生变化,汛期水量比重减小

根据 1920 ~ 1995 年天然径流资料,河口镇断面 7 ~ 10 月天然径流量占全年的 60.7%,其中汛期所占比例最大的年份达到 71.2%,最小达到 44.0%,1920 ~ 1986 年河口

镇汛期实测流量占年径流量的比例为35.5%~71.3%，平均为58.6%。1987~1995年汛期实测径流量占全年的比例为22.4%~52.7%，平均为38.4%，9年中有8年较同期天然径流量所占比例减少12%~29%，其中1987、1988、1990、1991、1992年5年汛期实测径流量所占全年比例不足40%。1991、1987年河口镇实测径流量仅分别为32.9亿m^3和38.5亿m^3，占年径流量的22.4%和32.9%。

潼关1960~1986年汛期水量占年水量的42.6%~72.6%，平均为56.9%；由于龙羊峡水库蓄水影响，1987~1996年汛期实测水量占全年水量的25.6%~59.6%，平均为46%左右。其中1987、1991年潼关汛期水量分别为61.1亿、74.6亿m^3，仅占年径流量的25.6%和37.3%，1990、1993~1995年4年汛期水量所占比例不足50%。

花园口断面1919~1986年汛期水量比例为42.6%~74.8%，平均为59.5%左右，而1987~1996年汛期水量比例为25.0%~62.1%，平均为47.6%。1987、1991年花园口水量分别为60.4亿m^3和90.6亿m^3，仅占年水量的25.0%和39.9%，1990、1993~1995年4年汛期水量为118.5亿~145.6亿m^3，汛期水量所占比例均不超过50.0%。

（四）20世纪80年代初期同流量含沙量降低，1986年以来枯水流量含沙量降低，但中常洪水高含沙机遇增加

潼关断面60年代属丰水、丰沙，尽管1964、1966、1967年均为丰沙年，但水沙基本同步。该时段断面日平均流量小于1 000m^3/s的平均含沙量为30.5kg/m^3；1 000~2 000、2 000~3 000m^3/s及3 000~4 000m^3/s流量级的平均含沙量均为41.0~42.4kg/m^3；4 000~6 000m^3/s流量级的平均含沙量为52.9kg/m^3；6 000~7 000m^3/s流量级的平均含沙量为69.3kg/m^3；7 000m^3/s以上的含沙量为164.8kg/m^3。

70年代属平水、平沙，但由于1977、1970年分别属于丰沙遭遇枯水、丰沙遭遇平水，而1971、1973、1978年均属于偏丰沙年遭遇平水年，因此70年代同流量含沙量较高。如1 000m^3/s流量级的平均含沙量为33.4kg/m^3；2 000~3 000m^3/s流量级的平均含沙量为53.1kg/m^3，较60年代增加26%；4 000~6 000m^3/s流量级的平均含沙量为71.9kg/m^3，较60年代增加35.6%；主要出现在1977年的日平均流量6 000~7 000m^3/s洪水，其水量仅占70年代汛期平均的1.1%，由于平均含沙量高达293.3kg/m^3，输沙量占汛期总沙量的5.7%。

80年代前6年属于丰水枯沙段，6年中，1981、1985年属平沙丰水、平沙偏丰水组合，1983年属于偏枯沙丰水组合，1982、1984年属于偏枯沙偏丰水组合，因此80年代各级流量相应的含沙量普遍降低。如1 000m^3/s以下平均含沙量为19.4kg/m^3；6 000m^3/s以下的各级流量的平均含沙量为21.2~30.4kg/m^3；6 000~7 000m^3/s流量级的平均含沙量为48.7kg/m^3。各流量级含沙量均低于60年代和70年代。

1986年以来属于枯水枯沙段，其中1992年属于偏丰沙与平水组合，而1994、1996年属于偏丰沙与偏枯水组合。从各流量级的平均含沙量看，1 000m^3/s以下流量级含沙量为17.9kg/m^3，较60、70年代低，1 000~2 000m^3/s流量级的平均含沙量为40.9kg/m^3，与60、70年代相近，2 000m^3/s以上流量级的平均含沙量均高于60、70年代。如2 000~3 000m^3/s流量级的平均含沙量为64.4kg/m^3，较60、70年代增加37.0%；3 000~4 000m^3/s流量级的平均含沙量为80.9kg/m^3，较60、70年代增加62.4%；5 000m^3/s以上流量级的相应水量和沙量虽占汛期比例较小，但其含沙量也较60、70年代高。

从不同年代各流量级含沙量级的统计分析（见表3-1-4）也可得出上述结论。如潼关日平均流量2 000m^3/s以下流量级其含沙量小于30kg/m^3出现的几率，在60年代为66.0%，70年代为65.7%，1980～1985年为83.8%，1986～1996年为75.7%；而50kg/m^3以上含沙量的出现几率，在60年代为19.6%，70年代为17.6%，1980～1985年为5.8%，1986～1996年为11.7%。说明80年代以来2 000m^3/s以下流量级低含沙量级出现的几率较高。而对于日平均流量大于2 000m^3/s的流量级，如日平均流量为2 000～4 000m^3/s流量级，60年代出现100kg/m^3以上较高含沙量的几率为7.2%，70年代为14.0%，1980～1985年为1.9%，1986～1996年则提高至24.1%。说明80年代前6年2 000m^3/s以上流量级高含沙几率为最低，而1986年以来2 000m^3/s以上高含沙几率增加较多。

表3-1-4　　潼关站不同年代各级流量、含沙量统计

时间	流量级（m^3/s）	含沙量级（kg/m^3）出现几率（%）						
		0～15	15～30	30～50	50～100	100～150	150～200	200以上
60年代	<500	43.24	21.62	21.62	5.41	2.70	5.41	0.00
	500～1 000	41.66	31.82	9.85	12.12	2.27	1.52	0.76
	1 000～2 000	25.43	37.87	15.32	13.29	3.47	2.60	2.02
	2 000～3 000	9.18	37.71	33.11	13.44	3.61	1.31	1.64
	3 000～4 000	15.38	39.75	24.36	12.39	4.70	1.28	2.14
	4 000～5 000	10.00	36.35	24.55	13.64	8.18	2.73	4.55
	5 000～6 000	0.00	48.98	18.37	18.37	8.16	4.08	2.04
	6 000～7 000	0.00	50.00	25.00	6.25	0.00	6.25	12.50
	7 000以上	0.00	0.00	0.00	0.00	0.00	100.00	0.00
	0以上	19.02	37.48	22.11	12.93	4.15	2.20	2.11
70年代	<500	46.76	27.27	19.48	5.19	1.30	0.00	0.00
	500～1 000	35.16	36.33	12.89	10.16	2.73	1.17	1.56
	1 000～2 000	26.80	34.42	18.30	11.11	3.27	2.61	3.49
	2 000～3 000	8.61	43.84	24.18	10.25	5.33	1.64	6.15
	3 000～4 000	6.72	42.02	21.85	13.45	5.04	2.52	8.40
	4 000～5 000	0.00	60.00	10.00	10.00	4.00	10.00	6.00
	5 000～6 000	0.00	23.08	53.85	0.00	7.69	7.69	7.69
	6 000～7 000	0.00	0.00	0.00	50.00	0.00	0.00	50.00
	7 000以上	0.00	0.00	62.50	25.00	0.00	0.00	12.50
	0以上	22.60	37.56	19.02	10.65	3.66	2.28	4.23
80年代	<500	93.93	1.52	0.00	4.55	0.00	0.00	0.00
	500～1 000	69.95	20.63	5.38	2.24	0.45	1.35	0.00
	1 000～2 000	51.82	29.45	10.73	5.71	1.83	0.23	0.23
	2 000～3 000	20.95	44.65	16.21	11.86	1.98	3.56	0.79
	3 000～4 000	22.78	54.43	12.03	9.49	1.27	0.00	0.00
	4 000～5 000	8.82	52.94	17.65	14.71	1.47	1.47	2.94
	5 000～6 000	19.05	42.86	19.05	9.52	9.52	0.00	0.00
	6 000～7 000	0.00	0.00	33.34	33.33	0.00	0.00	33.33
	7 000以上							
	0以上	44.22	34.15	11.06	7.40	1.54	1.14	0.49

续表 3-1-4

时间	流量级 (m³/s)	含沙量级(kg/m³)出现几率(%)						
		0~15	15~30	30~50	50~100	100~150	150~200	200以上
1980~1985年	<500	83.33	16.67	0.00	0.00	0.00	0.00	0.00
	500~1 000	59.46	28.38	8.11	1.35	1.35	1.35	0.00
	1 000~2 000	53.19	29.21	11.24	5.24	1.12	0.00	0.00
	2 000~3 000	28.02	39.01	17.58	12.09	0.55	2.75	0.00
	3 000~4 000	28.13	50.77	10.94	10.16	0.00	0.00	0.00
	4 000~5 000	10.00	60.00	18.33	10.00	1.67	0.00	0.00
	5 000~6 000	21.05	47.36	21.05	5.26	5.26	0.00	0.00
	6 000~7 000	0.00	0.00	50.00	50.00	0.00	0.00	0.00
	7 000以上							
	0以上	39.02	38.08	13.28	7.86	0.95	0.81	0.00
1986~1996年	<500	86.24	7.41	3.70	2.12	0.53	0.00	0.00
	500~1 000	61.31	25.34	7.69	4.75	0.00	0.68	0.23
	1 000~2 000	23.08	36.91	19.81	13.27	4.04	1.54	1.35
	2 000~3 000	1.40	39.16	18.88	18.88	9.79	6.99	4.90
	3 000~4 000	0.00	47.73	11.36	9.09	13.64	6.82	11.36
	4 000~5 000	0.00	0.00	10.00	50.00	0.00	10.00	30.00
	5 000~6 000	0.00	0.00	0.00	25.00	25.00	50.00	0.00
	6 000~7 000	0.00	0.00	0.00	0.00	0.00	0.00	100.00
	7 000以上							
	0以上	41.08	29.19	13.08	9.68	3.18	2.00	1.77

(五)主要产沙区粗泥沙比重降低

由于河口镇至龙门区间的多沙粗沙区是近30年来水土流失的重点治理区,加之受近年降雨的影响,龙门断面粗泥沙比重进入80年代后有所减少,该断面60年代粗泥沙输沙量占全沙的29.0%,70年代占全沙的36.0%,80年代以来则减小为22.8%。

潼关断面泥沙组成除与龙门、华县、河津、洑头的来沙组成有关外,还受龙门至潼关河段冲淤调整的影响,但该断面粗泥沙比例也有减少的趋势,断面60、70、80年代以来的粗泥沙比例分别为33.1%、32.7%、15.4%。

(六)黄河水量统一调度前,黄河下游断流现象日趋严重

黄河下游经常性断流的出现始于20世纪70年代。1972~1998年的27年中,黄河下游共有21年发生断流,平均5年中有4年断流。进入90年代,几乎年年断流。根据利津站的实测资料,21年中累计断流979天,平均每年断流47天(断流年份平均),其中断流天数最多的年份是1997年,共断流226天,占全年时间的62%,当年断流长度704km,占整个下游河道长度的90%。为解决河道断流带来的生态危机,1999年后实施了黄河水量统一调度,通过人工指令对全河干流水量调度,进而缓解了下游河道断流现象。

从断流的年际变化看,70、80年代利津站共有13年191天断流,年均断流15天。进入90年代(截至1998年)的9年中,利津站有8年断流,共计断流788天,年均断流88天,是70、80年代的6倍。下游断流一般是从河口开始向上延伸,70年代平均断流河段

长度是242km,80年代是256km,90年代增加到420km,断流河段越来越长。黄河下游不同年代断流情况见表3-1-5。

表3-1-5 黄河下游不同时段断流情况

项目	时段			
	1970~1979年	1980~1989年	1990~1998年	1970~1998年
初始断流时间(月-日)	04-23	04-04	02-07	02-07
断流年数	6	7	8	21
断流天数	86	105	788	979
断流年份平均断流天数	14	15	88	47
年最长断流天数(年份)	21(1979)	36(1981)	226(1997)	226(1997)
年平均断流长度(km)	242	256	420	315
最大断流长度(km)(年份)	316(1974)	662(1981)	704(1997)	704(1997)

从断流的年内分布看,90年代以前,断流最早发生在4月上旬,一年之内的断流月份一般不超过3个月,断流天数主要集中在5、6、7月三个月,约占断流总天数的86%。90年代,断流最早发生时间提前到2月份,1998年1月份就有断流现象发生。断流的密集月份扩展到3~7月,连续多年汛期断流,3~7月断流天数占一年中总断流天数的92%,而且有4年整个6月份处于断流状态,因此有断流发生时间提前、断流天数延长的趋势。利津站历年断流情况统计见表3-1-6。

表3-1-6 利津站历年断流情况统计

年份	断流最早日期(月-日)	7~9月断流天数	断流次数	全年断流天数			断流长度(km)
				全日	间歇性	总计	
1972	04-23	0	3	15	4	19	310
1974	05-14	11	2	18	2	20	316
1975	05-31	0	2	11	2	13	278
1976	05-18	0	1	6	2	8	166
1978	06-03	0	4		5	5	104
1979	05-27	9	2	19	2	21	278
1980	05-14	1	3	4	4	8	104
1981	05-17	0	5	26	10	36	662
1982	06-08	0	1	8	2	10	278
1983	06-26	0	1	3	2	5	104
1987	10-01	0	2	14	3	17	216
1988	06-27	1	2	3	2	5	150
1989	04-04	14	3	19	5	24	277
1991	05-15	0	2	13	3	16	131
1992	03-16	27	5	73	10	83	303
1993	02-13	0	5	49	11	60	278
1994	04-03	1	4	66	8	74	308
1995	03-04	23	3	117	5	122	683
1996	02-14	15	6	123	13	136	579
1997	02-07	76	13	202	24	226	704
1998	01-01	19	16	114	28	142	515
1999	02-06		1	32	2	34	278

黄河断流成因及对策研究课题组分析认为,70、80 年代在花园口月平均流量小于 750m^3/s 时下游才可能发生断流,进入 90 年代后,在花园口站月平均流量为 1 100m^3/s 时,也可能发生断流。本次根据花园口、利津断面 1970 ~ 1996 年日流量资料,考虑 5 天传播时间,对花园口不同月份、不同日流量级条件下利津断面的断流情况进行了统计。统计表明:3 月份 70 年代在花园口各级流量条件下利津均不断流,80 年代在花园口流量大于 800m^3/s 时下游基本无断流,90 年代在花园口流量大于 1 200m^3/s 时利津才不发生断流;4、6 月份 70 年代在花园口流量大于 600m^3/s 时利津即不发生断流,80 年代在花园口大于 1 000m^3/s 时利津一般不断流,90 年代在花园口流量大于 1 200m^3/s 时利津一般不断流;5 月份 70、80 年代在花园口流量为 600 ~ 800m^3/s 时,利津断流几率相近,当花园口流量大于 800m^3/s 时基本无断流,90 年代在花园口流量为 1 000m^3/s 以上时,利津断面基本不断流。

(七)水质污染严重

黄河水质污染日趋加剧,80 年代初期进入黄河的污水排放量为 21 亿 t,到 90 年代猛增至 42 亿 t。据 2004 年水质监测资料分析,在黄河干支流及主要支流 83 个重点河段 7 497km 的评价河长中,Ⅱ、Ⅲ类水质河长 1 986km,占评价总河长的 26.5%;Ⅳ类水质河长 2 115km,占评价总河长的 28.2%;Ⅴ类水质河长 690km,占评价总河长的 9.2%;劣Ⅴ类水质河长 2 706km,占评价总河长的 36.1%。国家环保局 1997 年发布的《中国环境状况公报》表明,黄河严重污染(Ⅳ类以上水质)河长占评价河长的比例已居全国七大江河的第 2 位。尽管 2004 年度黄河水质好于海河、辽河、淮河而排名第 4 位,但水质并没有好转。

鉴于黄河下游河段水质污染严重,且水体自净能力差,而下游河道又有多处城市生活、农村人畜及工农业取水工程,在小浪底配套工程西霞院水利枢纽尚未建成前,小浪底电站应安排一定的基荷流量。

二、黄河水沙变化的原因分析

(一)径流减少及下游断流加剧的原因

1. 近期降水量偏少

根据对 20 世纪 50 年代以来黄河流域不同河段降水量的统计(见表 3-1-7),黄河上游兰州以上、中游龙门至三门峡区间、三门峡至花园口区间三个主要径流来源区除兰州以上 1986 ~ 1989 年降水属平水时段外,三大区间 1986 ~ 1995 年降水均偏枯。兰州以上 1990 ~ 1995 年降水较 50 年代均值偏少 14%,天然径流相应减少 54.9 亿 m^3,减幅为 16%,是形成 90 年代以后黄河枯水的重要原因。但兰州以上 80 年代仍属于偏丰水段,该时段降水属平水段,1980 ~ 1985 年天然径流量较 50 年代以来均值多 42 亿 m^3,偏大幅度为 12%,1986 ~ 1989 年的天然径流量接近多年平均。

河口镇至龙门区间(简称河龙间)80 年代以来降水属于平水略枯,其中 80 年代前 6 年、90 年代前 6 年平均降水量均为 440mm 左右,较 50 年代以来均值偏少 3.5% 左右。天然径流量偏少 10 亿 ~ 20 亿 m^3,偏少幅度为 20% ~ 33%;80 年代后期 4 年平均降水量 420.6mm,较多年平均偏少 8%,天然径流量偏少 14 亿 m^3,偏少幅度为 23%。

表 3-1-7 主要区间不同年代降水、天然径流量统计 （单位：降水量，mm；径流量，亿 m^3）

区间	项目	1950 ~ 1959 年	1960 ~ 1969 年	1970 ~ 1979 年	1980 ~ 1989 年	1980 ~ 1985 年	1986 ~ 1989 年	1990 ~ 1995 年	1986 ~ 1995 年	1950 ~ 1995 年
兰州以上	降水	415.9	420.1	432.5	429.5	421.1	442.1	357.8	391.5	415.9
	径流	325.2	371.6	329.6	368.8	383.0	347.4	285.7	310.4	340.6
兰州—河口镇	降水	311.0	304.1	292.9	264.1	268.0	258.3	248.8	252.6	281.5
	径流	-4.6	-2.6	-1.5	13.6	12.9	14.7	5.5	9.2	1.8
河口镇—龙门	降水	453.1	494.1	449.3	431.5	438.8	420.6	439.6	432.0	454.8
	径流	78.4	71.1	58.6	43.5	41.1	47.1	49.6	48.6	61.1
龙门—三门峡	降水	567.0	561.0	519.0	530.3	556.0	491.7	474.7	481.5	535.2
	径流	129.3	142.5	115.9	127.3	141.1	106.6	94.6	99.4	124.3
三门峡—花园口	降水	698.5	686.3	627.8	677.2	733.8	592.3	567.5	577.4	645.2
	径流	66.4	79.7	42.4	68.8	82.1	48.9	31.6	38.5	60.1
花园口以上	降水	449.8	457.5	437.5	433.3	443.0	418.8	388.0	400.3	435.6
	径流	594.7	662.2	545.0	621.9	660.1	564.7	467.0	506.0	587.8

龙门至三门峡区间（简称龙三间）1980 ~ 1985 年降水偏丰 4%，天然径流量较多年平均大 21 亿 m^3，偏大幅度为 14%，1986 ~ 1989、1990 ~ 1995 年降水均偏枯，其中 1980 ~ 1985 年降水偏枯 8%，1990 ~ 1995 年偏枯 11%，两个时段天然径流量较多年均值分别偏少 18 亿、30 亿 m^3，偏少幅度为 14%、24%。

从三门峡以上看，1980 ~ 1985 年，兰州以上天然径流量较多年平均大 42 亿 m^3，河口镇至三门峡区间天然径流量接近多年平均值（其中河龙间偏少 20 亿 m^3，龙三间偏大 17 亿 m^3）；1986 ~ 1989 年兰州以上天然径流量接近多年均值，但河口镇至三门峡区间降水偏枯，天然径流量较多年均值减少 32 亿 m^3；1990 ~ 1995 年，三门峡以上各河段均偏枯，其中兰州以上天然径流量偏少 55 亿 m^3，河龙间偏少 12 亿 m^3，龙三间偏少 25 亿 m^3。再考虑兰州至河口镇区间的天然径流量变化，三门峡以上 1980 ~ 1985 年天然径流量较 50 年代以来多年平均值大 50 亿 m^3，1986 ~ 1989 年偏少 12 亿 m^3，1990 ~ 1995 年偏少 93 亿 m^3，1986 ~ 1995 年较 50 年代以来平均值少 60.3 亿 m^3，与丰水的 1980 ~ 1985 年相比减少幅度在 110 亿 m^3 左右。因此，1986 年以来主要径流来源区的降水偏枯而形成的天然径流偏枯，是形成黄河近期水量偏枯的主导原因。

1986 年以来三门峡至花园口区间的降水量也属偏枯，其中 1986 ~ 1989 年降水量较 50 年代以来偏枯 8.2%，1990 ~ 1995 年偏枯 12%。两个时段天然径流量分别较 50 年代以来均值偏少 11 亿、28 亿 m^3，偏少幅度为 19% 和 47%。

花园口以上统计，1980 ~ 1985 年天然径流量较 1950 年以来的均值大 72 亿 m^3，1986 ~ 1989 年偏少 23 亿 m^3，1990 ~ 1995 年偏少 121 亿 m^3，1986 ~ 1995 年平均偏少 82 亿 m^3，与 1980 ~ 1985 年相比，天然径流量减少 154 亿 m^3。

2. 工农业耗水量不断增加

新中国成立前黄河流域耗用河川径流量不超过 50 亿 m^3，而且主要集中在宁蒙河段。

黄河下游基本上没有引黄灌溉。新中国成立后在流域内进行了大规模的水利建设,在干支流已建成大、中、小型水库3 000余座,总库容近600亿m^3,引水工程9 800处,提水工程2.36万处。三门峡以上地表水灌溉面积从50年代的103.8万hm^2增加到90年代初期的251.2万hm^2(见表3-1-8),耗水量从50年代的97.9亿m^3增加到90年代初期的165.9亿m^3;全河灌溉面积从50年代平均140.3万hm^2增加到90年代初期平均487.1万hm^2,耗水量从50年代平均125.7亿m^3增加到90年代初期的280.6亿m^3。

表3-1-8　黄河流域实灌面积和工农业耗水量统计　(单位:面积,万hm^2;耗水量,亿m^3)

年代	项目		兰州以上	兰州—河口镇	河口镇—三门峡	三门峡以上	三门峡—花园口	花园口—利津	利津以上
50	灌溉面积		10.1	57.9	35.8	103.8	6.5	30.0	140.3
	耗水量	最大	10.9	81.6	30.0	119.5	81.3	87.5	287.0
		最小	5.6	58.9	14.2	78.7	1.7	0.0	80.0
		平均	8.2	68.4	21.3	97.9	16.4	11.4	125.7
60	灌溉面积		13.5	75.0	68.7	157.1	11.5	33.3	201.9
	耗水量	最大	13.0	94.8	40.2	147.7	71.1	102.0	298.4
		最小	10.7	69.5	28.8	112.0	4.4	0.8	117.8
		平均	11.8	82.7	34.3	128.8	21.0	25.8	175.5
70	灌溉面积		17.9	94.8	108.5	221.3	14.4	100.0	335.7
	耗水量	最大	18.2	92.8	52.9	161.3	22.5	95.8	274.4
		最小	13.2	78.0	42.2	138.2	15.5	44.8	198.4
		平均	15.7	86.8	47.7	150.2	19.0	74.8	248.3
80	灌溉面积		19.0	111.3	115.9	246.2	14.2	146.8	407.2
	耗水量	最大	21.7	121.7	48.8	183.9	31.4	146.0	346.9
		最小	18.5	95.1	32.7	153.9	20.0	75.2	250.3
		平均	20.1	108.6	39.6	168.3	25.3	100.9	294.5
90	灌溉面积		19.1	112.4	119.7	251.2	13.6	222.3	487.1
	耗水量	最大	27.0	115.1	41.2	177.8	20.3	106.5	301.2
		最小	17.8	99.7	33.4	153.6	9.88	88.3	259.3
		平均	22.4	105.9	37.6	165.9	15.7	99.0	280.6

黄河流域用水90%以上耗于农业灌溉,而灌溉用水又集中在兰州至河口镇之间的宁蒙引黄灌区,龙门至三门峡之间的渭、汾地区和花园口以下的河南、山东引黄灌区。

从三大片灌区实灌面积发展看,宁蒙河段50~80年代每10年增16.7万hm^2左右,而80年代以来则基本稳定。从灌溉耗水量过程看,该河段耗水量有两个较快的增长时段,一是从50年代初期的60亿m^3左右增加到60年代末期的80亿m^3左右;二是从70年代初期的90亿m^3左右增加到80年代初期的110亿m^3左右,80年代以后耗水量波动在100亿~120亿m^3,变化不大。

河口镇至三门峡区间,50年代的灌溉面积为35.8万hm^2,60年代平均为68.7万hm^2,增加32.9万hm^2,70年代以来各年代的灌溉面积稳定在108万~120万hm^2。从耗水量过程看,50年代至70年代中期,耗水量从20亿m^3增加到50亿m^3左右,此后耗水量基本稳定,且80年代以来的耗水量还略小于70年代后期。

花园口以下的引黄灌区 70 年代初期发展最快,50 年代及 60 年代,实灌面积仅为 33.3 万 hm^2 左右,而 70 年代平均为 100 万 hm^2,灌溉耗水量从 70 年代初期的 20 亿 ~ 40 亿 m^3增加到70 年代中期的 80 亿 ~ 100 亿 m^3。70 年代中期至 80 年代中期,下游的灌溉耗水量在 80 亿 ~ 100 亿 m^3。80 年代后期以来下游灌区又有所发展,目前灌溉耗水量在 80 亿 ~ 120 亿 m^3。1990 年以来下游的平均年耗水量已达 99.0 亿 m^3,较 60、70 年代分别增加 73 亿、24 亿 m^3,该河段耗水量的较大幅度增长是造成黄河下游断流的主要原因之一。

兰州以上河段和三门峡至花园口河段,70 年代中期以来两河段耗水量均稳定在 20 亿 m^3 左右。

随着上中游灌区灌溉耗水量的增加,三门峡以上河段 80 年代以来的平均耗水量已达 170 亿 m^3 左右;花园口以上平均耗水量达 190 亿 m^3 左右,较 60 年代增加 40 亿 m^3,较 70 年代增加 20 亿 m^3 左右;全河 80 年代以来的平均耗水量为 295 亿 m^3,较 60、70 年代分别增加 120 亿、50 亿 m^3 左右,目前河川径流耗用率已超过 50%。

3. 水利水保工程拦减一定的水量

多沙区的水利水保工程,一方面在拦减泥沙的同时也拦减部分水量,另一方面水利水保措施也改变了流域的下垫面,从而改变了产汇流关系。目前在用水统计中尚未考虑该部分用水量,还原天然径流量时也没有考虑这一因素。本次点绘了河龙间、龙三间不同年代的降水与天然径流量的关系(见图 3-1-3、图 3-1-4),初步分析,河龙间 80 年代以来水利水保工程的拦减水量较 70 年代增加 10 亿 m^3 左右,龙三间水利水保工程拦减水量不明显。

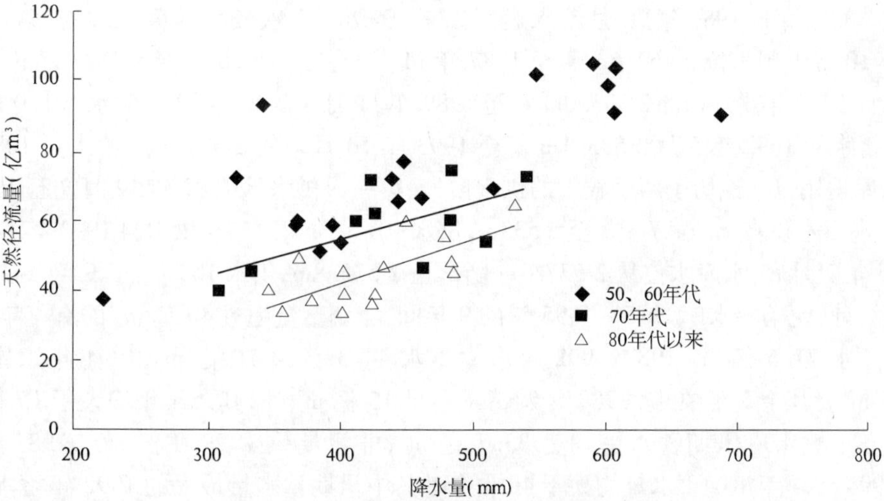

图 3-1-3　河龙间年降水量与天然径流量关系

4. 龙羊峡、刘家峡两水库的调节影响

龙羊峡水库总库容 247 亿 m^3,长期调节库容 180.4 亿 m^3;刘家峡水库总库容 57 亿 m^3,长期调节库容 34.6 亿 m^3。两库可对径流进行年内和多年调节。尤其是龙羊峡水库自 1986 年 10 月蓄水运用以来,年际调蓄量较大,两库调节也改变了径流的年内分配,使坝下河段汛期水量减少、平枯水流量历时延长。

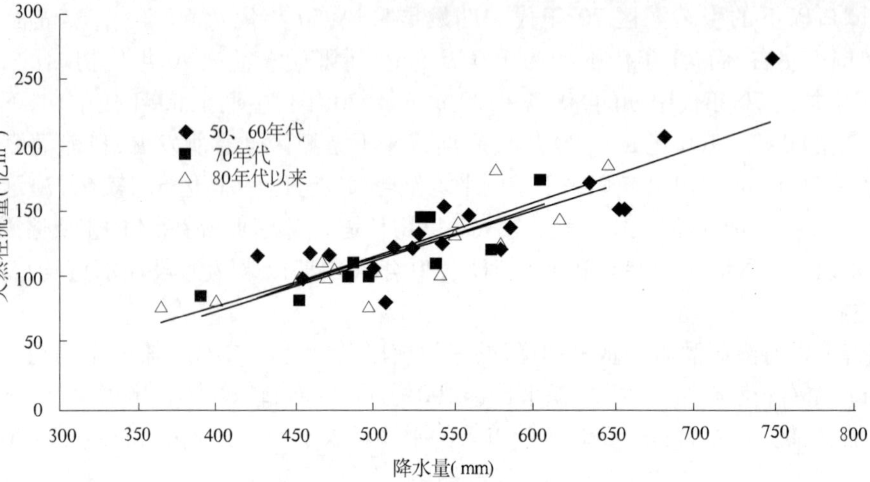

图 3-1-4 龙三间年降水量与天然径流量关系

刘家峡水库自 1968 年运用以来,在龙羊峡水库蓄水运用前,汛期 7 ~ 10 月平均蓄水 26.7 亿 m^3,其中 1969、1978、1979、1981 年 4 年汛期蓄水量在 35 亿 ~40 亿 m^3,占该运用期总年数的 20%,汛期蓄水量在 25 亿 ~35 亿 m^3 的年份占 40% 左右,蓄水量小于 25 亿 m^3 的年数亦占 40% 左右。但刘家峡水库基本不跨年调节,除 1986 年为配合龙羊峡水库蓄水而由水库供水 16.6 亿 m^3 外,其余 18 年间仅有 1969 年蓄水 25.6 亿 m^3,1978 年蓄水 20.3 亿 m^3,1977 年供水 15.1 亿 m^3,其余多数年份调蓄量小于 5.0 亿 m^3。

龙羊峡水库自 1986 年 10 月蓄水运用以来,经历了 3 次较大的蓄水过程:第一次从 1986 年 10 月下闸水位 2 462.6m 蓄至 1987 年 11 月末的 2 540.6m,蓄水 73.3 亿 m^3;第二次蓄水自 1989 年 6 月初的 2 533.0m 蓄至 1989 年 11 月末的 2 574.7m,蓄水 101.0 亿 m^3;第三次蓄水从 1992 年 5 月 2 533.1m 蓄至 1993 年 10 月末的 2 577.3m,蓄水量 108.1 亿 m^3。水库运用以来经历了两个较大的供水阶段:第一次供水从 1989 年 12 月初至 1992 年 4 月末,水库水位自 2 574.7m 降至 2 533m,供水 101 亿 m^3;第二次供水自 1993 年 11 月初至 1995 年 7 月底,水库水位从 2 577.3m 削落至 2 535.8m,供水 103 亿 m^3。

据统计,龙羊峡水库 1987 ~1995 年的 9 年间,年调蓄量超过 40 亿 m^3 的有 4 年,1989 年水库蓄水 77.6 亿 m^3,1987、1992 年水库蓄水 44.3 亿、44.0 亿 m^3,1994 年水库供水 45.0 亿 m^3。其余 5 年中,除 1988 年调蓄量不足 15 亿 m^3 外,其余 4 年均大于 15 亿 m^3。该时段龙羊峡水库汛期蓄水平均为 35.7 亿 m^3,非汛期供水 29.0 亿 m^3。1987、1989、1992、1994 年 4 年汛期蓄水量均大于 40 亿 m^3,其中汛期蓄水量最大的 1992 年蓄水 79.6 亿 m^3。

龙羊峡水库运用以来,刘家峡水库汛期调蓄量减少较多,但两库对 7 ~10 月径流的总调蓄规模较刘家峡水库单独运用增加 63% 左右。1987 ~1995 年,两库汛期平均蓄水量 43.6 亿 m^3,其中 1987、1989、1992、1993、1995 年汛期调蓄量均大于 40 亿 m^3,1992 年达到 97.0 亿 m^3,1989 年达到 69.9 亿 m^3。两库 11 月 ~翌年 6 月平均供水 35.5 亿 m^3,其中 1990 ~1992、1994、1995 年非汛期供水量均超过 40 亿 m^3,1990、1991、1995 年 3 年非汛期的供水量均在60亿 m^3 左右。对1987年以来河口镇、三门峡、花园口各断面实测径流量进行两库调蓄还原后，汛期径流量所占比例将提高6%～39%。

由于两库汛期蓄水较多，从而中下游汛期平枯水流量历时延长，将龙、刘(指龙羊峡、刘家峡，下同)两库日调蓄过程还原后，潼关不同流量级对比见表3-1-9。从表3-1-9分析可知，无论采用平移还原还是演进还原，水库运用后使潼关2 000 m^3/s 以下流量级尤其是1 000 m^3/s 以下出现几率增加，径流量所占比例提高。如1 000 m^3/s 以下流量级出现几率实测为47.3%，径流量占汛期径流量的22.8%，而采用两种方法进行调蓄量还原后，出现几率为30.7%～34.4%，径流量所占比例为10.6%～11.7%；而2 000～3 000 m^3/s 流量级出现的几率，实测为10.6%，还原后为21.3%～18.3%，径流量所占比例为34.8%～30.2%；3 000～4 000 m^3/s 流量级，实测出现几率为3.4%，径流量所占比例为9.2%，还原后出现几率为8.0%～5.4%，径流量占汛期的比例为16.5%～15.1%。因此，龙、刘两库联合运用以来，使汛期2 000～4 000 m^3/s 流量级出现几率和径流量占汛期比例均减少一半左右。

表3-1-9　潼关站1987～1995年龙羊峡、刘家峡两水库调节前后汛期分级流量对比

(水量单位：亿 m^3)

流量级	实测		平移还原		演进还原	
(m^3/s)	天数	水量	天数	水量	天数	水量
<500	165	5.11	119	2.01	146	2.76
500～1 000	359	24.90	221	16.30	235	16.95
1 000～2 000	414	55.83	417	60.33	440	63.41
2 000～3 000	117	27.48	236	53.89	203	51.07
3 000～4 000	38	12.07	89	28.53	60	25.58
4 000～5 000	10	4.21	18	7.56	20	8.40
5 000～6 000	3	1.58	3	1.49	1	0.49
6 000～7 000	1	0.58	2	1.19	2	1.23
7 000～8 000			1	0.69		
8 000～9 000						
9 000～10 000						
10 000～11 000			1	0.96		
合计	1 107	131.76	1 107	172.95	1 107	169.89

(二)入黄沙量减少原因分析

除枯沙的20年代外，龙门、华县、河津、洑头四站20世纪30～60年代平均沙量为17.50亿t，而70年代平均为13.51亿t，80年代为8.0亿t，1990～1996年为9.7亿t。从各区间不同年代平均输沙量看，从60年代起，河口镇以上、河口镇至龙门区间及龙门至三门峡区间的渭河、北洛河、汾河输沙量均有下降趋势，其中尤以主要产沙区河口镇至龙门间的下降趋势为最甚，80年代与60年代相比，河口镇至龙门间平均输沙量从9.53亿t下降至3.93亿t，减沙5.6亿t，减沙幅度为58.8%。河口镇以上从1.79亿t减少至0.97亿t，减沙0.82亿t，减幅为45.8%。占四站沙量比例较小的北洛河洑头站，60年代平均输沙量为1.0亿t，80年代减至0.48亿t。汾河河津站60年代平均为0.34亿t，80年代下降至50万t。从四站总沙量看,从30~60年代平均17.5亿t减至80年代的7.98亿t,减沙9.52亿t,减幅为54.4%。

1990~1996年,四站平均输沙量9.7亿t,较80年代增加1.74亿t,其中河龙间增沙1.67亿t,渭河、北洛河增沙0.59亿t,河口镇以上减沙0.52亿t。尽管90年代前7年较80年代沙量有所增加,但与30~60年代相比,沙量减少7.8亿t,减幅仍达45%。

黄河上中游地区水土流失区的治理始于50年代。其中50~60年代发展林草、开展梯田建设,70年代进行大规模的水坠筑坝淤地,80年代广泛开展小流域和重点支流综合治理。截至1995年底,黄河上中游黄土高原地区治理面积15.4万km^2,占水土流失区面积的1/3。

70年代以来黄河泥沙的显著减少,一是由于水利水保工程的拦蓄作用,二是受气候的影响。70年代后期以来,水利部黄河水沙变化研究基金会、黄委会黄河流域水保基金、国家自然科学研究基金及国家"八五"重点科技攻关项目85-926-03课题等,对黄河上中游水利水保工程减沙和气候因素的减沙,做了长期、大量的分析工作,分别提出了研究成果。

结合黄河流域水利水保工程进程,这些研究均认为1969年以前人类活动轻微,黄河流域的产沙可视为自然状态,70、80年代的水保措施和气候因素的减沙量主要通过水文法、水保法计算分析。

水文法是根据流域治理前的降水—产沙关系,建立流域的产沙模型,根据治理后某时段的降水量,由模型计算相当于未治理条件下的产沙量,以计算产沙量和实测沙量的差作为水保工程的减沙量。

水保法是根据不同年代各项水利水保工程措施的减沙量和人类活动的人为增沙量、河道的冲淤变化量,累加得出该时期水利水保工程的减沙量。

1. 水利水保工程减沙量分析

由于黄河泥沙主要集中于暴雨期,加之主要水土流失区水沙关系复杂,因此目前水文法和水保法分析计算的精度均不很高,不仅不同研究成果差异较大,而且同一成果不同方法所分析的不同年代水保工程减沙量也有差别。本次根据历次研究分析结论,结合河龙间、龙三间50年代以来汛期降雨情况和产沙情况,初估各大区间水利水保工程减沙量如下。

据历次研究分析,河龙间70年代的水保措施减沙量为1.58亿~2.59亿t/a;80年代的减沙量为1.45亿~3.84亿t/a,其中黄委会黄河流域水保基金采用的水文法、水保法、国家自然科学研究基金和国家"八五"重点科技攻关项目85-926-03课题采用水保法所计算的减沙量为1.34亿~1.63亿t/a,而国家自然科学研究基金、国家"八五"重点科技攻关项目85-926-03课题采用类比法及水利部黄河水沙变化研究基金估算的80年代水保年减沙量为2.6亿~3.8亿t。不同研究单位、研究途径和成果有一定差异,根据《黄河的重大问题及对策》研究采用成果,本次河龙间70年代、80年代水保年减沙均采用1.5亿t。

龙三间的泾、渭、汾等支流的减沙量,各家计算的70年代为0.8亿~1.58亿t/a,其中9个分析成果中7个为1.09亿~1.58亿t/a,平均为1.40亿t/a,2个计算成果为

0.70 亿～0.73 亿 t/a。本次取 1.0 亿 t/a。80 年代该区间的减沙量，各家推荐成果为 0.33 亿～2.13 亿 t/a，其中 9 个推荐成果中，最大的为 2.38 亿 t/a，最小的为 0.33 亿 t/a，5 个成果为 1.03 亿～2.38 亿 t/a，4 个成果为 0.33 亿～0.89 亿 t/a。经综合分析，80 年代龙三间的水保工程减沙量仍可取 1.0 亿 t/a。

河口镇以上河段的减沙量，国家自然科学研究基金和国家"八五"重点科技攻关项目 85－926－03 课题估算 70、80 年代的减沙量均为 0.46 亿～0.61 亿 t/a，分析采用0.5 亿 t/a。

90 年代与 80 年代相比，坝地拦沙作用可能会较 80 年代有所降低，但中游水土流失区治沟骨干工程建设规模有所增加。同时鉴于 90 年代以来中游多沙区汛期各级降雨量的分布接近，分析认为 90 年代以来中游水保工程拦沙量与 80 年代差别不大。

按照上述分析，龙、华、河、洑四站水土保持的减沙量，70～80 年代为 3.0 亿 t/a。

2. 气候影响的减沙作用

20 世纪 70 年代以来，各时期入黄沙量加上水保减沙量后，与 70 年代前某一时期产沙量的差，即为相对于对比时期的气候因素的减沙量。表 3-1-10 分析了主要产沙区相对于 50、60 年代的水保减沙量和气候减沙量。按照对水保减沙量的上述估计，河龙间 70、80、90 年代初期降雨因素占总减沙量的 13.8%、77.7%、70.3%；泾、洛渭、汾流域相应时期的降雨因素减沙比例分别为 27.5%、65.8%、57.6%。

表 3-1-10　　**河龙间及泾、洛渭、汾流域不同年代减沙因素分析**　　（沙量单位：亿 t/a）

流域	年代	天然沙量	实测沙量	总减沙量	水保措施减沙		降雨因素减沙	
					减沙量	占总减沙比	减沙量	占总减沙比
河口镇—龙门区间	50～60	10.45	9.95	0.50	0.40			
	70		7.55	2.90	2.50	86.2%	0.40	13.8%
	80		3.73	6.72	1.50	22.3%	5.22	77.7%
	1990～1996 年		5.40	5.05	1.50	29.7%	3.55	70.3%
泾、洛渭、汾流域	50～60	6.21	5.81	0.40	0.40			
	70		4.83	1.38	1.00	72.5%	0.38	27.5%
	80		3.29	2.92	1.00	34.2%	1.92	65.8%
	1990～1996 年		3.85	2.36	1.00	42.4%	1.36	57.6%

3. 水保措施、降雨因素减沙量的合理性分析

多沙区水保措施、降雨因素在各年代总减沙量的比例可以根据 20 世纪 50 年代以来的降雨变化旁证。河龙间从各年代年平均降雨量看，以 60 年代为最大，50、70 年代次之，80 年代以来降雨偏少。主汛期（7～9 月）降雨量的年代变化与年降雨相似，从其分布看，1955～1969 年 15 年中 6 年大于 250mm，平均每 5 年出现 2 次，70 年代出现 4 次，而 80 年代仅出现 2 次。90 年代前 6 年中出现 3 次。尽管河龙间的侵蚀强度也差别较大，目前对近几年的水保减沙量也尚未有详细的调查研究，但可以估计到，90 年代以来降雨因素在总减沙量中应和 80 年代接近或略小。

龙三间的泾、洛渭、汾流域，从各年代平均降雨情况看，以 50、60 年代及 1980～1985 年为降雨较丰，70 年代降雨接近多年均值，1986～1995 年降雨偏枯。从汛期 7～9 月降雨

量看,50~70年代,各年代中均有5~6年降雨量大于350mm,1980~1985年6年间有4年7~10月降雨超过350mm,而1986~1995年10年间仅出现3年。以80年代、90年代初期为时段统计时,后一时段主汛期降雨较丰的几率也较小。因此,1990~1996年泾、洛渭、汾流域降雨因素的减沙量似应大于80年代,但根据目前对水土保持减沙的研究精度,认为上述估算基本合适。

第二节 水沙趋势性和特殊水沙时段重现期研究

小浪底水库运用方式研究的重点时段为水库初期运用阶段,结合工程规模及黄河水沙的特点,本专题重点分析小浪底水库运用初期15年可能出现的水沙条件。

由于黄河水沙年际间变化中具有连续丰枯的特点,年内分配较为集中,而且某一序列汛期洪水的流量级、含沙量级分布及水沙搭配又和系列的水量、沙量情况有一定的联系,因此初期入库水量、沙量是影响水库运用方式选择的主导因素。为此,本次研究采用了水沙的滑动分析及随机模拟,并结合对特殊水沙时段重现期的分析,提出了中游控制站小浪底水库运用初期不同水沙量级的出现几率。

一、黄河水沙的滑动分析

三门峡至小浪底干流河道长129.1km,区间面积5 734km^2,天然径流量仅为5.6亿m^3,因此对小浪底天然径流量分析采用实测系列较长的三门峡断面资料。

小浪底水库的沙量,除受降雨、水保影响之外,还受龙门至潼关河段的冲淤变化、三门峡水库拦沙、滞洪排沙运用时期对泥沙的调节等因素影响,小浪底水库输沙量分析以黄河主要产沙区的出口龙门、华县、河津、洑头四站总量为代表站。

(一)三门峡天然径流滑动分析

1. 天然径流资料采用

1)天然径流丰枯划分

为分析天然径流的丰枯变化情况,对天然径流丰枯按5级划分,其划分标准为:

$P \leqslant 12.5\%$ 特丰

$12.5\% < P \leqslant 37.5\%$ 偏丰

$37.5\% < P \leqslant 62.5\%$ 平

$62.5\% < P \leqslant 87.5\%$ 偏枯

$P > 87.5\%$ 特枯

2)天然径流资料

天然径流成果直接采用黄委会设计院及黄委会水文局的还原计算成果,其中1919年~1951年12月是黄委会设计院1982年成果,1952年1月~1998年6月是黄委会水文局的最新还原成果。这些成果经过多层次审查、使用,可靠性较强,具有使用价值。该系列的多年均值为501.9亿m^3。

2. 年径流丰枯变化的持续特征

从三门峡1919~1997年天然径流过程(见图3-2-1)看,曾出现了1922~1932年连续

11 年枯水段及 1969～1974、1986～1997 年的两个偏枯水时段。三个时段径流量分别相当于长时期天然径流量的 70.3%、89.6% 和 88.7%。系列出现的两个丰水时段为 1961～1968 年及 1981～1985 年,时段天然径流量分别较长系列均值偏大 24.7% 和 22.0%。1977～1980、1933～1960 年是两个相对平水时段,时段天然径流量分别相当于长序列均值的 94.2% 和 106.4%。

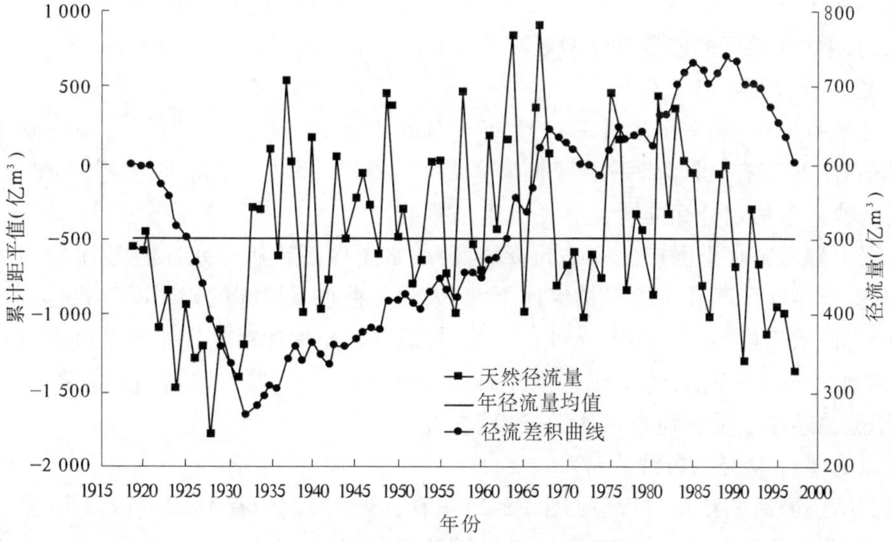

图 3-2-1　三门峡站天然径流量过程线

按照严格的丰平枯划分标准,径流量的连续偏枯或枯水 3 年及 3 年以上的仅发生 2 次,即 1922～1932 年连续 11 年枯水段和 1994～1997 年连续 4 年枯水段;而平水年连续持续 3 年以上的有 1 次,发生在 1919～1921 年,平水年连续 2 年的 3 次,分别发生在 1947～1948、1959～1960、1970～1971 年;丰水年连续持续 2 年以上的有 8 次,其中有 3 次持续 3 年,分别发生在 1933～1935、1966～1968 年和 1983～1985 年,还有 6 次持续 2 年。

3. 天然径流滑动分析

表 3-2-1 对三门峡 1919～1997 年的 79 年天然径流系列进行了 5 年、10 年、15 年滑动分析,分别形成了长度为 75、70 及 65 的滑动系列。从表 3-2-1 中可以看出,随着滑动时段的延长,滑动系列的最丰、最枯序列径流均值的倍比减小,且在 10%～75% 的频率段内,5 年、10 年、15 年滑动序列同一频率的天然径流量相差一般均不超过 10%。

表 3-2-1　三门峡天然径流量滑动系列各频率特征值　(单位:亿 m^3)

统计量	各频率的时段平均径流量						
	最大	最小	10%	25%	50%	75%	90%
5 年滑动	650.2	327.9	587.0	557.3	522.8	473.7	382.5
10 年滑动	604.3	350.0	566.2	544.3	529.5	500.5	366.2
15 年滑动	580.9	394.0	559.5	544.2	531.7	513.7	439.4

由于在 1919～1997 年序列中包含了 11 年连续枯水段,根据本次研究分析,其重现期

在 1 000 年以上，若不考虑该枯水段，则 15 年天然径流滑动系列的丰枯变化幅度为 480.6 亿 ~580.9 亿 m^3，最大变幅为 20.9%；10 年滑动系列为 450.2 亿 ~604.3 亿 m^3，最大变幅为 34.2%；5 年滑动系列为 395.5 亿 ~650.2 亿 m^3，最大变幅为 64.4%。因此，从滑动分析成果看，三门峡断面天然径流的连续 15 年平均径流量变幅并不大，平均天然径流量在 480 亿 ~580 亿 m^3 范围内的出现几率为 80% 以上，若不考虑 11 年枯水段，则天然径流量 100% 在 480 亿 ~580 亿 m^3 范围内。5 年序列均值大于 470 亿 m^3 的出现几率为 75%。

（二）四站还原后的沙量滑动分析

1. 输沙量资料及还原分析

沙量系列采用 1919 年 7 月 ~1997 年 6 月的 78 年系列。本次对沙量的还原考虑自 1970 年开始，为留有余地，仍采用目前普遍认可的指标，即水土保持平均减沙量 3.0 亿 t。

天然沙量丰枯划分标准同天然径流丰枯标准。

根据中游地区水土保持试验站的资料，各种水土保持措施丰水年拦沙比例均小于枯水年，但由于多沙区产沙量的丰枯倍比更大，因此各种水保措施的绝对减沙指标则以丰水年为最大，枯水年最小。如梯田、林地、草地、坝地等水土保持措施平水年的绝对减沙指标相当于枯水年的 2 ~3 倍，而又较丰水年减少 10% ~20%。鉴此，本次沙量年还原中丰、平、枯年份的还原沙量分别为 4.0 亿、3.0 亿、2.0 亿 t。

2. 年沙量丰枯变化的持续特征

从四站还原后的沙量过程（见图 3-2-2）来看，78 年序列中有 1922 ~1932 年及 1979 ~1993 年以后首尾两个枯沙段，时段的平均输沙量分别为 10.8 亿、11.2 亿 t；一个 1971 ~1976 年持续较短的平沙段，该时段平均输沙量为 14.3 亿 t；系列中的丰沙段则从 1933 年持续至 1970 年，其中 1934 ~1952 年平均输沙量 16.2 亿 t，1953 ~1970 年平均输沙量 18.9 亿 t，较系列均值大 20% 以上。系列中 1933 年（水文年）输沙量为 39.2 亿 t，若将其并入 1934 ~1952 年的丰沙段，时段平均输沙量为 17.4 亿 t；1977 年输沙量为 29.5 亿 t，若将其并入 1971 ~1976 年的平沙段，则时段平均输沙量为 16.2 亿 t，说明特丰沙年份对时段平均输沙量影响较大。

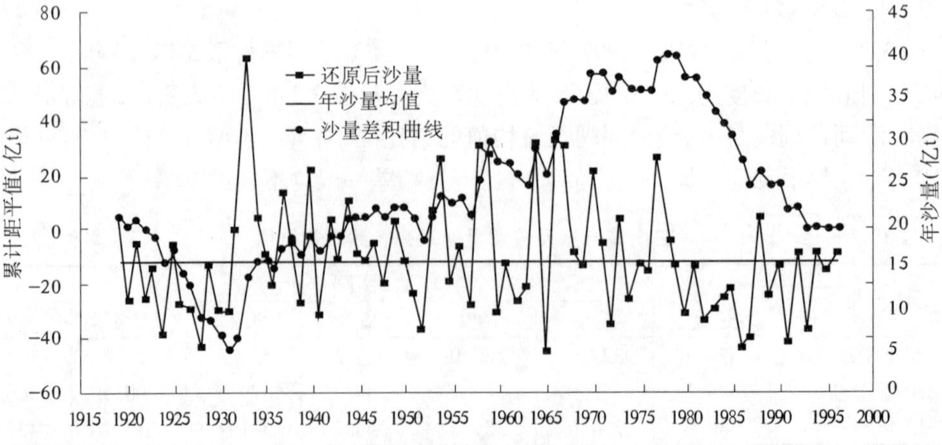

图 3-2-2 四站天然沙量及差积过程线

按照丰平枯标准划分，四站丰沙延续两年的有8次，其中有3次与连续丰水年同步，分别发生在1933～1934、1937～1938、1966～1967年；连续平沙延续两年以上的有4次，其中1945～1948年连续4年为平沙年份。连续平沙年份中，分别与连续丰水、连续枯水遭遇一次。四站连续枯沙有6次，分别为1926～1928、1930～1931、1951～1952、1962～1963、1983～1984、1982～1987年，其中1926～1928、1930～1931年与连续枯水同步。

3. 还原后的输沙量滑动分析

表3-2-2对1919～1995年还原后的输沙量系列进行了5、10、15年滑动分析，分别形成了长度为74、69年及64年的滑动系列。从表3-2-2中可以看出，随着滑动时段的延长，滑动系列的最丰、最枯序列径流均值的倍比减小，同天然径流变化规律一致。但在10%～75%的频率段内，5、10、15年滑动序列同一频率的天然沙量均相差较大，但一般也不超过20%。

表3-2-2　　四站沙量滑动序列各频率特征值　　（单位：亿t）

统计量	各频率的时段平均沙量						
	最大	最小	10%	25%	50%	75%	90%
5年滑动	23.0	9.0	19.9	17.8	16.0	12.1	10.9
10年滑动	19.7	10.6	18.7	17.4	16.5	13.7	11.2
15年滑动	18.9	11.2	18.6	17.3	16.7	14.5	12.2

可能由于目前对黄河中游多沙区水土保持减沙量估计偏小，从1978年以来四站天然输沙量有减少的趋势。统计检验也表明，若不考虑11年枯水枯沙段，则1933～1995年天然沙量系列在5%的显著水平下呈现趋势性变化，因此天然沙量滑动分析不宜剔除该枯水枯沙段。

四站1920～1995年天然沙量序列15年滑动分析均值的丰枯变化在11.2亿～18.9亿t，滑动序列的丰枯极值比为1.69，但最丰沙序列的平均输沙量也仅较25%保证率相应的平均输沙量大1.6亿t，15年序列中平均沙量在11.0亿～18.0亿t的出现几率为80%。天然沙量5年滑动序列的平均沙量丰枯极值为9.0亿～23.0亿t，最丰沙系列的平均输沙量较25%保证率相应的平均输沙量大5.2亿t，5年序列输沙量均值在9亿～20亿t的出现几率为80%。

（三）天然水沙滑动相关

天然水沙移动序列的相关程度不高，5、10年滑动系列中，天然径流量与天然沙量的相关系数为0.45（河口镇至三门峡区间5、10年天然水沙滑动系列的相关系数为0.73），15年滑动序列天然径流量与天然沙量的相关系数为0.34（河口镇至三门峡区间为0.76）。滑动序列天然水沙的丰枯组合很多，在5年滑动序列中，平均输沙量几乎相等的序列，其天然径流量最大相差150亿m^3以上；而天然径流量相近的系列中，平均输沙量却相差1～2倍（见图3-2-3～图3-2-5）。

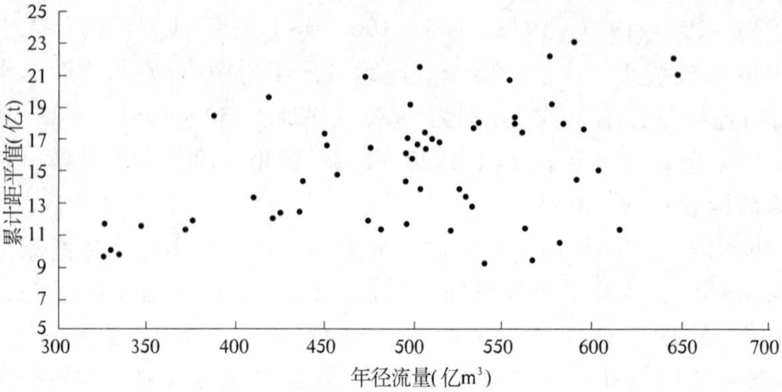

图 3-2-3　三门峡天然水沙 5 年移动序列水沙关系

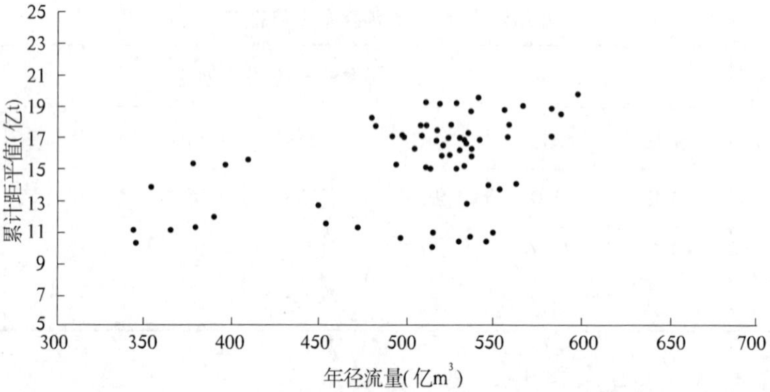

图 3-2-4　三门峡天然水沙 10 年移动序列水沙关系

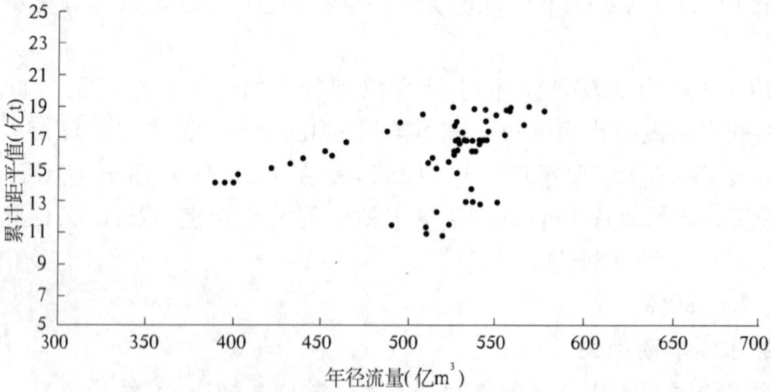

图 3-2-5　三门峡天然水沙 15 年移动序列水沙关系

二、黄河水沙的随机模拟分析

水文现象在客观上存在一定的时空相依特性，可以依据其历史系列分布的统计特征，藉随机模拟技术，获得大量的模拟系列，以反映系列在服从样本总体分布条件下多样的随机组合，其时序的复杂组合情况，远超出实际系列，特别是可能出现极端和恶劣组合情况，有助于提高预测质量。

（一）控制性水文站的天然水沙随机模拟

采用季节性多变量自回归模型，模拟了河口镇、河龙间、华县、河津、洑头的50个长度为50年的水沙系列，考虑到20世纪70年代以来四站天然沙量减少趋势明显，因此分别采用了1919～1994年水文年样本和1970～1994年样本。模型采用随机径流生成软件包SPIGOT中的多站年径流生成模型MA和多站时间解集模型MAM。

表3-2-3、表3-2-4列出了模型计算的上述五站水沙的时空相关关系，根据AIC准则和时空相关的显著性检验，四站总水量、天然沙量随机模拟中，天然径流的滞时为1年，年沙量的滞时为零。历史系列与生成系列相比，年水量、沙量的均值、方差、水沙相关系数均很接近。上述五站水沙系列随机模拟时，当以1919～1994年为样本时，除河口镇以上、华县、河津以上采用的天然径流采用滞时1年回归外，其他各站的天然径流量、所有站的年沙量滞时为零；当以1970～1994年为样本时，所有站的天然径流量、天然沙量的滞时均为零。由表3-2-3、表3-2-4看出，由1919～1994年系列生成50个50年系列时，五站水量、沙量的均值、方差、单站水沙相关系数、站群空间相关系数与历史系列也是很接近的。

表3-2-3　　历史系列和生成系列空间相关系数对照（1919～1994年历史系列）

项目	区间及站名	年水量					年沙量				
历史系列	河口镇	1	0.17	0.68	0.37	0.49	0.87	0.15	0.18	0.08	0.31
	河龙间	0.17	1	0.37	0.45	0.21	0.33	0.73	0.47	0.57	0.42
	华县	0.68	0.37	1	0.47	0.62	0.65	0.19	0.52	0.21	0.40
	河津	0.37	0.45	0.47	1	0.39	0.38	0.52	0.39	0.63	0.43
	洑头	0.49	0.21	0.62	0.39	1	0.41	0.11	0.42	0.09	0.56
	河口镇	0.87	0.33	0.65	0.38	0.41	1	0.31	0.34	0.26	0.34
	河龙间	0.15	0.73	0.19	0.52	0.11	0.31	1	0.48	0.71	0.51
	华县	0.18	0.47	0.52	0.39	0.42	0.34	0.48	1	0.48	0.68
	河津	0.08	0.57	0.21	0.63	0.09	0.26	0.71	0.48	1	0.42
	洑头	0.31	0.42	0.40	0.43	0.56	0.34	0.51	0.68	0.42	1
生成系列	河口镇	1	0.17	0.67	0.35	0.47	0.82	0.17	0.22	0.12	0.32
	河龙间	0.17	1	0.36	0.49	0.20	0.32	0.67	0.51	0.56	0.36
	华县	0.67	0.36	1	0.45	0.54	0.61	0.17	0.56	0.15	0.39
	河津	0.35	0.49	0.45	1	0.38	0.33	0.46	0.36	0.57	0.39
	洑头	0.47	0.20	0.54	0.38	1	0.44	0.11	0.36	0.02	0.60
	河口镇	0.82	0.32	0.61	0.33	0.44	1	0.28	0.34	0.27	0.32
	河龙间	0.17	0.67	0.17	0.46	0.11	0.28	1	0.44	0.73	0.47
	华县	0.22	0.51	0.56	0.36	0.36	0.34	0.44	1	0.42	0.57
	河津	0.12	0.56	0.15	0.57	0.02	0.27	0.73	0.42	1	0.29
	洑头	0.32	0.36	0.39	0.39	0.60	0.32	0.47	0.57	0.29	1

表 3-2-4　　历史系列和生成系列特征参数对照(1919 ~ 1994 年原始系列)

(单位:水量均值,亿 m^3;沙量均值,亿 t)

项目	区间及站名	历史系列			生成系列		
		均值	均方差	一阶自相关系数	均值	均方差	一阶自相关系数
年水量	河口镇	322.8	74.6	0.267	322.7	75.1	0.275
	河龙间	67.9	23.1	0.103	67.8	22.8	0.009
	华县	87.6	33.2	0.17	87.0	33.9	0.236
	河津	19.7	7.8	0.341	19.6	7.7	0.361
	洑头	8.3	3.4	0.152	8.3	3.6	-0.018
年沙量	河口镇	1.44	0.65	0.175	1.43	0.65	0.014
	河龙间	8.53	4.68	0.199	8.69	5.33	0.011
	华县	4.26	2.40	-0.156	4.22	2.49	-0.012
	河津	0.40	0.34	0.156	0.42	0.40	0
	洑头	0.85	0.59	0.033	0.85	0.66	-0.004

(二)50 个 50 年系列随机模拟成果分析

根据对由 1919 ~ 1994 年及 1970 ~ 1994 年为样本模拟生成的 50 个 50 年系列统计,当以 1919 ~ 1994 年为样本时,50 个系列的平均天然径流量为 457.0 亿 ~ 559.0 亿 m^3,其中前 15 年的平均天然径流量为 420.0 亿 ~ 593.0 亿 m^3,径流量在 480.0 亿 ~ 580.0 亿 m^3 的出现几率为 80% 左右;而采用 1970 ~ 1994 年为样本时,50 个系列的平均天然径流量为 484.0 亿 ~ 532.0 亿 m^3,其中前 15 年的平均天然径流量为 450.0 亿 ~ 570.0 亿 m^3,径流量在 480 亿 ~ 580.0 亿 m^3 的出现几率为 85% 左右。

由 1919 ~ 1994 年为样本时,50 个系列的平均输沙量为 13.1 亿 ~ 18.7 亿 t,其中各系列前 15 年的平均天然输沙量为 11.2 亿 ~ 19.8 亿 t,均值为 11.0 亿 ~ 18.0 亿 t 的出现几率为 90% 左右。

由 1970 ~ 1994 年为样本生成的 50 个天然沙量系列中,平均天然输沙量为 12.1 亿 ~ 16.8 亿 t,其中各系列前 15 年的平均输沙量为 10.5 亿 ~ 18.0 亿 t。输沙量均值在 11.0 亿 ~ 18.0 亿 t 的出现几率为 95% 以上。

上述统计表明,由两个不同长度样本生成的多个随机系列中,系列的丰枯的极值可能有一定的差别,但在常遇频率段内,不同样本生成的随机系列的均值变化范围差别并不大。随机模拟结果表明,若小浪底水库初期 15 年的平均输沙量变化范围在 11.0 亿 ~ 18.0 亿 t 组合,其可能的发生几率在 90% 以上;天然径流量的变化范围取 480 亿 ~ 580.0 亿 m^3 时,其发生几率也在 80% 以上。而初期 5 年水量均值在 450 亿 ~ 600 亿 m^3 之间的发生几率为 70%,沙量在 8 亿 ~ 20 亿 t 的发生几率在 90% 以上。与历史系列的移动分析结果相比,沙量均值在确定范围内的出现几率更大,水量均值在确定范围内的出现几率接近。

根据对以 1970 ~ 1994 年为样本系列时,50 个 50 年系列首 15 年天然输沙量的年际分配看,15 年中年沙量在 5 亿 t 以下、5 亿 ~ 10 亿、10 亿 ~ 15 亿、15 亿 ~ 20 亿、20 亿 ~

25 亿、25 亿～30 亿、30 亿～40 亿、40 亿 t 以上的平均年数分别为 0.16、3.74、5.74、2.96、1.72、0.4、0.24、0.04 年，在 50 个系列的前 15 年中，不出现沙量大于 25 亿 t 年份的系列占 50% 左右。

三、特殊水沙时段重现期分析

虽然随机模拟系列的基本统计参数，如均值、变差系数、偏态系数等，和实际系列一致，但模拟系列的时序上的复杂组合，使得反映实际系列中特殊时段重现期成为可能。

本次研究了 1922～1932、1969～1974 年和 1986～1995 年的枯水段，以及 1981～1985 年的丰水段的出现几率。

分析采用三门峡天然水量、四站总输沙量的 1919～1994 年为估计样本，模拟系列长度为 1 000 年。模型仍采用随机径流生成软件包 SPIGOT。

（一）以往对 1922～1932 年连续枯水段的研究情况

以往曾采用三种途径对 1922～1932 年的连续 11 年枯水段的重现期进行了研究。首先根据清代黄河上游青铜峡志桩的涨水尺寸辅以中游万锦滩志桩涨水尺寸资料，同时参考了清代的水情奏折、《行水金鉴》、《续行水金鉴》、《南河成案》、《豫河志》等历史文献的水情描述，认为 1780～1980 年的 200 年内只出现一次连续 11 年以上的枯水段，因此该枯水段的重现期在 200 年以上。其次，采用了随机模拟生成 1 000 年系列，分析表明连续 11 年枯水段的枯水几率为 250 年一遇，但枯水程度不及 1922～1932 年系列，相当于 1922～1932 年枯水系列量级的枯水段出现几率在 1 000 年一遇以上。最后还从国内外湖泊、河流旱涝周期以及太阳黑子演变周期对比等方法，1922～1932 年的连续枯水段重现期为 140～200 年。最终的综合确定成果是：1922～1932 年连续 11 年枯水段的重现期为 200 年。

（二）本次研究成果分析

表 3-2-5、表 3-2-6 为三门峡总水量、四站总沙量 1 000 年随机模拟系列的不同阶数的滑动分析，从天然径流看，模拟系列连续 11 年最小天然径流量为 385.2 亿 m^3，较 1922～1932 年枯水段还偏大 9.4% 左右，因此认为其重现期在 1 000 年以上。

表 3-2-5　1 000 年人工生成径流系列滑动平均频率分析结果　（单位：亿 m^3）

长度（年）	频率阶数									最小值
	1%	2%	5%	25%	50%	75%	95%	98%	99%	
2	734.8	706.8	647.4	558.4	498.5	439.7	359.7	342.6	328.4	271.2
3	692.8	676.6	637.1	549.5	498.4	448.7	384.4	354.1	340.8	316.0
4	674.1	655.7	625.3	543.3	497.8	454.9	398.3	371.8	360.7	332.4
5	653.4	644.2	608.8	542.1	498.3	457.9	407.0	386.7	375.1	351.7
6	647.2	631.7	599.9	538.1	499.5	461.4	418.0	394.7	383.2	356.4
7	637.1	620.1	594.2	535.5	500.6	463.8	423.4	408.8	394.6	364.2
8	623.8	612.1	588.9	533.4	500.8	466.7	426.6	415.2	405.9	379.4
9	616.9	605.4	581.2	532.8	499.5	468.8	428.3	417.8	408.7	367.3
10	608.7	599.9	581.5	531.0	499.0	471.1	433.5	419.3	414.6	379.2
11	609.1	594.1	580.7	528.3	499.4	473.2	434.5	425.1	413.2	385.2

表 3-2-6　　1 000 年人工生成泥沙系列滑动平均频率分析结果　　（单位：亿 t）

长度（年）	频率阶数									最小值
	1%	2%	5%	25%	50%	75%	95%	98%	99%	
2	29.2	27.0	23.7	17.6	13.7	10.8	7.9	6.7	6.2	3.4
3	26.9	24.5	22.1	17.2	14.2	11.4	8.8	7.7	7.3	4.1
4	24.0	23.1	21.3	16.9	14.2	11.8	9.3	8.3	7.9	5.7
5	23.1	21.9	20.4	16.6	14.3	12.0	9.7	8.9	8.4	7.6
6	22.2	21.0	19.7	16.6	14.3	12.4	10.0	9.1	8.7	7.7
7	21.0	20.2	19.2	16.5	14.5	12.5	10.3	9.4	8.9	7.8
8	20.8	20.0	18.8	16.3	14.5	12.6	10.7	9.8	9.1	8.1
9	20.7	19.8	18.6	16.2	14.5	12.7	10.9	10.0	9.2	8.7
10	20.2	19.5	18.4	16.2	14.5	12.8	11.0	10.4	9.5	8.8
11	19.9	19.4	18.3	16.1	14.5	12.9	11.2	10.6	9.9	9.1

历史系列中三门峡 1969 ~ 1974 年平均天然径流量为 446 亿 m^3，1986 ~ 1995 年连续 10 年天然径流量为 467 亿 m^3，这两个枯水段的重现期均为 5 个相应长度的年组出现一次。1981 ~ 1985 年，三门峡天然径流量为 607.2 亿 m^3，其重现期为 20 个年组一遇。

从表 3-2-6 可以看出，连续 10 年系列中，平均天然沙量大于 19.5 亿 t 的出现几率为 50 年组一遇；大于 18 亿 t 的出现几率为 20 年组一遇；系列平均输沙量在 9.5 亿 ~ 16.0 亿 t 的出现几率为 75%，在 9.5 亿 ~ 18.4 亿 t 的出现几率在 95% 以上。连续 5 年系列平均中，大于 20.4 亿 t 的几率约为 20 年组一遇，在 8 亿 ~ 20 亿 t 的出现几率为 95% 左右。而连续 5 年组天然径流量在 450 亿 ~ 600 亿 m^3 的出现几率为 70% 左右。

本次还对 1 000 年生成系列进行了不同历时的连续枯水统计（见表 3-2-7），三门峡断面连续 3 年均枯于 60%、75%、90% 频率年径流量的系列，在 1 000 年滑动系列中分别出现 19、10、2 次，出现频率分别为 1.9%、1.0% 和 0.2%；连续 5 年均枯于 60%、75% 频率年径流量的系列，在 1 000 年滑动系列中分别出现 7、3 次，出现频率分别为 0.7%、0.3%；1 000 年系列中未出现连续 5 年均枯于 90% 频率的系列。

表 3-2-7　　1 000 年生成系列不同枯水程度的连续系列出现次数统计

频率	水量阈值（亿 m^3）	长度（年）									
		2	3	4	5	6	7	8	9	10	11
60%	469.7	57	19	10	7	5	3	0	0	0	0
75%	422.8	33	10	7	3	0	0	0	0	0	0
90%	362.2	8	2	0	0	0	0	0	0	0	0

虽然不同时期不同方法对连续 11 年枯水段重现期的认识有所差异，但通过本次研究，总体上可以认为 1922 ~ 1932 年的连续 11 年枯水段在小浪底水库运用初期不会出现，可以不予考虑。

第三节　小浪底水库运用初期黄河用水、减沙研究

一、用水现状与展望

据《黄河用水公报》统计，1989～2004 年年平均耗用地表水量 286.0 亿 m^3。其中河口镇以上地表水耗水量 118.4 亿～138.6 亿 m^3，平均为 127.6 亿 m^3；河口镇至三门峡河段为 33.4 亿～43.0 亿 m^3，平均为 37.9 亿 m^3；三门峡以上河段耗水量为 153.6 亿～179.4 亿 m^3，平均为 165.5 亿 m^3。农田灌溉用水是黄河流域片的主要耗水部门，多年来耗水量约占总耗水量的 75% 以上。

根据《黄河流域水资源利用现状及展望》调查统计，黄河流域 1997 年农田有效灌溉面积 479.5 万 hm^2，其中三门峡以上为 374.5 万 hm^2。流域的总体耕地灌溉率只有 38%，发展灌溉的潜力较大。当前河谷川盆地的耕地已基本达到水利化，约占耕地面积的 90%。沿黄地区可发展的灌溉面积主要有海东、陇中、宁南、内蒙古平原引黄灌区、关中及汾河和涑水河地区。此外，流域的上中游地区还有宜农缺水荒地 200 万 hm^2，开发潜力较大。根据中央的“十六字”方针，结合流域水土资源条件及干支流重点工程布局、省区的规划意见，经综合分析研究，确定了近期农业灌溉发展，以挖潜配套为主，在水土资源较好的地区，可结合水源工程建设，适当发展部分新灌区，远期有步骤逐步发展宜农荒地，扩大耕地面积。预测 2010、2020 年灌溉面积分别达到 547.9 万、579.1 万 hm^2，其中三门峡以上较现状分别增加 58.5 万 hm^2 和 82.9 万 hm^2，达到 433 万 hm^2 和 457.3 万 hm^2。同时考虑工业、城乡生活、牲畜等其他用水，预估 2010、2020 年耗用地表水量 400 亿～440 亿 m^3，部分河段已超出国务院分水指标。按国务院 370 亿 m^3 分水指标控制，实际耗水 367 亿～369 亿 m^3（见表 3-3-1），其中三门峡以上耗水 220 亿～221 亿 m^3。与现状耗水量相比，相当于三门峡以上每年增加耗水 2 亿～3 亿 m^3。

因此，小浪底运用初期，以 370 亿 m^3 用水量控制，三门峡以上多年平均耗水 220 亿 m^3。应该说明的是，若遇中等枯水年（$P=75\%$），黄河天然径流量减少，可供水量相应减少到 310 亿 m^3，三门峡以上耗水应在 185 亿 m^3 左右。

表 3-3-1　　**黄河流域不同水平年分区地表耗水量预测**（多年平均）　　（单位：亿 m^3）

河段	2000 年	2010 年水平	2020 年水平
河源—龙羊峡	27.04	2.72	2.89
龙羊峡—兰州		24.76	24.76
兰州—头道拐	102.66	98.36	98.36
头道拐—龙门	6.27	17.57	18.74
龙门—三门峡	33.73	76.48	76.48
三门峡以上	169.70	219.89	221.23
三门峡以下	102.39	146.79	147.68
合计	272.09	366.68	368.91

二、水利水保措施用水减沙展望

水利及水土保持措施在利用水资源、增加生物产量的同时，也减少了入黄泥沙，在保持下游河道相同淤积水平的情况下，黄河汛期的输沙水量也相应减少。从目前黄河多年平均总输沙量和需输沙水量的比较值来看，水土保持措施减少泥沙所节省的输沙用水量远大于水土保持措施耗用的河川径流量。

（一）现状水利水保用水减沙

1. 水土保持治理现状

人民治黄以来，黄土高原作为我国水土保持工作的重点地区，得到党和国家的高度重视，在全国率先开展了大规模的水土保持治理工作。从典型示范到全面发展；从单项措施、分散治理到以小流域为单元，不同类型区分类指导的综合治理；从防护性治理到治理开发相结合，生态、经济、社会效益协调发展，并在实践中丰富了认识。多年来，在各级政府的组织下，经过广大人民群众、干部和技术人员坚持不懈的努力，黄土高原的水土流失治理取得了显著的成效。

截至2000年底，黄土高原地区共建设水土保持治沟骨干工程1 390座，淤地坝11.2万座；在荒山荒坡和退耕地上营造水土保持林880多万 hm^2，人工种草260多万 hm^2；建设基本农田646.67万 hm^2；修建各类小型水利水土保持拦蓄工程400万处（座）。全区初步治理措施面积累计达到18.03万 km^2（见表3-3-2），接近流域水土流失面积的40%，取得了显著的社会、经济和生态效益。

表3-3-2　　黄土高原地区2000年底水土保持初步治理措施面积

省（区）	初步治理面积（万 km^2）	基本农田（万 hm^2）	造林（万 hm^2）	人工种草（万 hm^2）	治沟骨干工程（座）	淤地坝（座）	小型蓄水保土工程（万处）
青海	0.54	19.47	28.19	6.27	46	3 877	12.00
甘肃	4.07	173.58	143.00	90.81	198	6 603	89.18
宁夏	0.80	27.37	31.55	21.48	63	4 936	17.64
内蒙古	2.00	18.37	143.00	38.42	308	17 819	45.07
陕西	6.32	243.26	298.06	90.79	387	36 816	139.99
山西	3.44	126.88	196.98	19.93	354	37 802	76.92
河南	0.86	37.74	46.86	1.29	34	4 147	19.20
合计	18.03	646.67	887.64	268.99	1 390	112 000	400

2. 水利、水保减沙现状

1）水利工程拦沙量

根据《黄河流域水库泥沙淤积调查报告》和《黄河流域基本资料审查评价及天然径流量计算》等资料，黄河中上游已建小（一）型以上支流水库483座，总库容75.54亿 m^3，20

世纪 80 年代年平均拦沙量 1.374 亿 t,20 世纪 90 年代年平均拦沙量 1.030 亿 t,见表 3-3-3。

表 3-3-3　　黄河上中游 20 世纪 80 年代和 90 年代水利水土保持年平均减沙量　（单位:亿 t）

年代	河段	支流水库	大型引黄灌区	水土保持					人为增沙	河道淤积	总减沙量
				梯田	坝地	造林	种草	小计			
80	河口镇以上	0.342	0.332	0.006	0.091	0.002		0.099	-0.003	0.004	0.774
	河龙区间	0.487		0.046	0.970	0.047	0.008	1.071	-0.107		1.451
	泾洛渭汾	0.545	0.149	0.068	0.199	0.025	0.004	0.296	-0.015		0.975
	合计	1.374	0.481	0.120	1.260	0.074	0.012	1.466	-0.125	0.004	3.200
90	河口镇以上	0.256	0.346	0.004	0.070	0.002	0.001	0.077	-0.002	0.403	1.080
	河龙区间	0.366		0.094	0.695	0.171	0.020	0.980	-0.100		1.246
	泾洛渭汾	0.408	0.107	0.117	0.165	0.072	0.014	0.368	-0.020		0.863
	合计	1.030	0.453	0.215	0.930	0.245	0.035	1.425	-0.122	0.403	3.189

2)现状水土保持措施减沙作用估算

a. 坡面措施减沙估算

修梯田、造林和种草是治理坡面水土流失的三项主要措施,其减水减沙指标是水土保持减水减沙作用分析中的一个重要方面。黄委会绥德水保站通过对各地坡面径流试验资料的系统整理分析,结合梯田、造林和种草的减水减沙机理,引入径流、泥沙水平和质量概念,分析各径流小区不同质量的梯田、林地和草地在不同径流、泥沙水平的减水和减沙指标,利用下式计算坡面措施的减沙量:

$$\Delta W_{sb} = \sum_{i=1}^{n} M_{sb} s_{si} f_i \tag{3-3-1}$$

式中　ΔW_{sb}——坡面措施减沙量;

M_{sb}——坡面产沙模数;

s_{si}——某坡面措施减沙指标;

f_i——某坡面措施保存面积。

利用式(3-3-1)计算分析出 20 世纪 80 年代和 90 年代坡面年平均总减沙量分别为 0.21 亿 t 和 0.50 亿 t。

b. 淤地坝减沙计算

淤地坝的作用,主要表现在拦泥、减蚀两个方面,拦泥量和减蚀量计算如下式:

$$\Delta W_s = M_s f(1-\alpha_1)(1-\alpha_2) - \Delta W_{sf} + 0.02\Delta W_{sg} \tag{3-3-2}$$

式中　ΔW_s——淤地坝总拦泥量;

M_s——单位坝地面积拦泥量;

f——坝地面积;

α_1——人工填地面积占坝地总面积的比例系数;

α_2——推移质泥沙在坝地拦泥量中所占比例系数;

ΔW_{sf}——水毁坝地增沙量；

ΔW_{sg}——淤地坝拦泥量。

淤地坝计算中参数的确定：

(1)坝地面积的确定。坝地面积的确定有两种情况，一种是新增坝地面积，另一种是前期已经淤成的坝地面积。后一种坝地的拦沙量目前还没有办法计算，因此本次计算暂不考虑，仅计算新增坝地面积的拦沙量。

(2) α_1 和 α_2 的确定，目前尚缺乏准确的观测资料。根据对无定河、孤山川等流域的调查和一些水保试验站的观测资料，确定 α_1 和 α_2 分别为10%和5%。

(3)淤地坝的减蚀量。根据现有的研究成果，淤地坝的减蚀量为淤地坝拦泥量的1%～3%，本次取2%。

(4)淤地坝水毁增沙量。黄河中游星罗棋布的水土保持淤地坝，多为20世纪60、70年代当地群众修建的，普遍存在设计标准偏低、施工质量差、工程不配套等问题，随着时间的推移，工程老化失修，病害较多，遭遇超标准暴雨洪水，常常造成局部水毁，即使在防御标准内的暴雨洪水，也常因工程质量差、疏于管理等原因出现一定的水毁现象。经流域调查分析，垮坝增沙为10%～30%。考虑到20世纪80、90年代暴雨垮坝较少，本次计算淤地坝增沙河口镇以上取3%、河龙区间为10%、泾洛渭汾为5%。

经式(3-3-2)计算，淤地坝20世纪80年代和90年代的减沙量分别为1.26亿t和0.93亿t。

c. 大型自流引黄灌区灌溉引沙量

目前，对黄河减水减沙影响较大的大型自流灌区有宁夏青铜峡灌区、内蒙古河套灌区、陕西宝鸡峡灌区及泾惠渠、洛惠渠等，有效灌溉面积达(1985年) 106余万 hm^2，占龙、华、河、洑以上引黄灌溉面积的88%。因此，本次计算仅统计计算大型引黄灌区。根据各灌区的实测资料，统计分析20世纪80年代和90年代的引沙量分别为0.48亿t和0.45亿t。

d. 人为新增水土流失

人为增沙是指陡坡开荒、毁林开荒、开矿、村庄道路和修路引起的水土流失量，这是一个非常复杂的问题。据有关单位调查分析，某些流域或省(区)人为新增水土流失量占总输沙量的10%以上，在人类活动强度较大的地区，新增水土流失面积可达20%。在分析计算新增水土流失量时，考虑到近期国家水土保持投资力度加大，增沙量应适当减少。因此，人为增沙占水土保持减沙的百分比河口镇以上采用3%，河龙区间采用10%，泾洛渭汾河采用5%。统计分析20世纪80年代和90年代的人为新增水土流失量分别为0.13亿t和0.12亿t。

综上所述，黄河上中游水利水保措施20世纪80年代和90年代年均总减沙量分别为3.20亿t和3.19亿t。综合考虑各种因素，现状水利水土保持减沙作用采用每年3亿t比较合适。

3. 水保用水现状

实施水土保持措施，必然要利用水资源，包括对部分降水及土壤水、地下水和河川径流量的利用。水土保持措施利用水资源的机理，一是变原来裸露地面的无效蒸发为植物的有效蒸腾，增大了蒸(腾)发量，同时增加了总生物量和经济产量；二是拦截了水土保持措施实施前流失的部分地面径流，将其转变为土壤水或地下水，使天然降水和径流的利用率提高。水土保持减水量主要由坡面减水和淤地坝减水两部分组成。

1)坡面措施减水量

坡面减水量由修梯田、造林和种草三种措施产生，计算公式如下：

$$\Delta W = (1 - K)\sum_{i=1}^{n} M_w f_i \eta_{水} \tag{3-3-3}$$

式中　ΔW——梯田、造林、种草等坡面措施减水量；

M_w——不同河段相应时段径流模数；

$\eta_{水}$——坡面措施减水系数；

f_i——坡面措施有效面积；

K——地下径流补给系数，取0.15。

根据式(3-3-3)分析计算，20世纪80年代和90年代坡面措施年平均减水量分别为4.41亿m^3和6.40亿m^3(见表3-3-4)。

表3-3-4　黄河中上游水土保持减水量　(单位：亿m^3)

河段	年代	坡面减水量				坝地	合计
		梯田	造林	种草	小计		
河口镇以上	80	0.87	0.26	0.03	1.16	0.28	1.44
	90	0.89	0.46	0.11	1.46	0.17	1.63
河龙区间	80	0.53	0.47	0.07	1.07	0.75	1.82
	90	0.92	1.44	0.15	2.51	0.43	2.94
泾洛渭汾	80	1.60	0.51	0.07	2.18	0.24	2.42
	90	1.49	0.80	0.14	2.43	0.16	2.59
合计	80	3.00	1.24	0.17	4.41	1.27	5.68
	90	3.30	2.70	0.41	6.40	0.76	7.16

2)淤地坝坝地减水量

治沟骨干工程和中小型淤地坝将泥沙拦截在库内，逐步形成坝地。但坝地形成后，将暴雨产生的洪水、径流部分下渗，成为旱涝保丰收的高产田。每公顷坝地产量相当于5～8hm^2坡地产量。

淤地坝减水量按下式估算：

$$\Delta W = Mf \tag{3-3-4}$$

式中　ΔW——淤地坝减水量；

M——单位坝地面积年均减水量；

f——计算时段不同河段新增坝地面积。

根据式(3-3-4)分析计算，20世纪80年代和90年代淤地坝年平均减水量分别为

1.27 亿 m^3 和 0.76 亿 m^3。

综上所述,黄河上中游水利水保措施 20 世纪 80 年代和 90 年代年均总减水量分别为 5.68 亿 m^3 和 7.16 亿 m^3。

(二)水土保持减水减沙作用预估

多年来黄河水沙变化研究成果表明,水土保持减水减沙作用受多种因素影响,除自然因素外,还受社会经济条件的制约,不仅与水土保持的实施进度,措施种类、数量以及各项措施蓄水拦沙能力有关,而且与自然和人类活动破坏以及水土保持措施蓄水拦沙效益观测研究有关。加之黄河中游不利的自然条件短期内难以改变,人为新增水土流失尚难以根本控制等原因,准确预测水土保持减水减沙作用很困难。因此,本次水土保持减水减沙作用的预估采用综合分析的方法进行。

1. 水土保持规划治理进度指标

据《黄河近期重点治理规划》附件《黄河流域黄土高原地区近期水土保持生态建设规划》、《黄河的重大问题及对策》附件四《黄河流域黄土高原地区水土保持建设规划意见》,坚持以小流域为单元,以治沟工程为主,林、草、田综合治理,提出了 2050 年前的治理进度,其中规划近期(2010 年水平)、中期(2030 年水平)治理进度指标见表 3-3-5、表 3-3-6。

表 3-3-5　近期水土保持新增治理措施规划安排

省(区)	治理面积(km^2)	人工造林(万 hm^2)	人工种草(万 hm^2)	封禁治理(万 hm^2)	基本农田(万 hm^2)	中小型淤地坝(座)	骨干工程(座)
青海	8 547	25.3	9.9	38.0	12.2	1 720	156
甘肃	26 673	84.2	81.7	47.0	53.8	8 231	2 064
宁夏	12 387	27.8	36.8	43.0	16.3	2 702	330
内蒙古	25 040	65.2	98.4	55.0	31.8	7 502	916
陕西	22 853	98.6	44.2	51.0	34.7	12 173	3 672
山西	19 580	89.9	26.5	39.0	40.4	7 713	1 839
河南	5 920	26.1	5.1	16.0	12.0	1 459	223
合计	121 000	417.1	302.6	289.0	201.2	41 500	9 200

表 3-3-6　中期水土保持新增治理措施规划安排

省(区)	治理面积(km^2)	水土保持林(万 hm^2)	人工种草(万 hm^2)	淤地坝(座)	骨干工程(座)
青海	12 126	72.8	48.5	3 305	170
甘肃	38 109	304.9	76.2	14 663	2 248
宁夏	20 489	122.9	82.0	5 115	360
内蒙古	77 353	464.1	309.4	14 207	997
陕西	45 887	367.1	91.8	21 145	4 000
山西	38 689	309.5	77.4	13 842	1 982
河南	9 347	74.8	18.7	2 723	243
合计	242 000	1 716.1	704.0	75 000	10 000

（1）近期（2001～2010年），黄土高原地区每年新增治理措施面积1.21万km^2，10年新增水土流失治理面积12.1万km^2。共新建治沟骨干工程9 200座，平均每年920座；新建中小型淤地坝41 500座，平均每年4 150座；营造水土保持林417.1万hm^2；人工种草302.6万hm^2；封禁治理289.0万hm^2；建设基本农田201.2万hm^2。

（2）中期（2011～2030年）。除对已有治理成果搞好管护、提高、完善外，黄土高原地区共新增治理措施面积24.2万km^2，每年新增治理措施仍为1.21万km^2，到2030年累计新增治理措施面积36.3万km^2；安排建设淤地坝7.5万座，平均每年修建3 750座；在重点治理的黄河多沙粗沙区安排建设治沟骨干工程1万座，平均每年500座，见表3-3-6。

（3）远期（2031～2050年）。继续开展治理，使整个黄土高原地区适宜治理的水土流失区全部初步治理一遍，同时对已有的治理成果进行巩固、完善、配套、提高。安排建设淤地坝5 200座，在重点治理的黄河多沙粗沙区安排建设治沟骨干工程1 723座。

2. 水土保持减水减沙预测

按照上述水土保持治理进度安排，规划的各项水土保持措施实施后，可有效减少入黄泥沙。经计算，在现有减沙效益的基础上，按照规划的治理进度安排，到2010年，水土保持措施每年将减少入黄泥沙约5亿t（见表3-3-7）；到2030年，水土保持措施每年将减少入黄泥沙约7亿t。入黄泥沙的减少，将有效地减缓下游河道的淤积。

表3-3-7　水土保持措施减沙量预测

水平年	减沙量（亿t）						
	基准年	基本农田	水保林	人工种草	淤地坝	骨干工程	总计
2010	3	0.37	0.26	0.06	0.56	0.74	5
2030	5	0.29	0.43	0.11	0.44	0.73	7

经测算，到2010年水土保持措施每年利用径流量为20.0亿m^3（见表3-3-8），2030年利用径流30.0亿m^3，到21世纪中叶，每年利用径流将维持在40.0亿m^3左右。

表3-3-8　水土保持措施减水量预测

水平年	减水量（亿m^3）						
	基准年	基本农田	水保林	人工种草	淤地坝	骨干工程	总计
2010	10.0	6.9	2.0	0.5	0.3	0.3	20.0
2030	20.0	5.6	3.1	0.7	0.2	0.4	30.0

3. 成果的分析论证及采用

将本次计算的现状水土保持减水减沙结果与有可比性的水利部黄河水沙变化研究基金、国家自然科学研究基金和国家“八五”重点科技攻关项目85－926－03课题的计算成果进行对比分析表明，本次计算成果与上述三家研究成果相差不大，是可信的。各水平年水土保持减水减沙作用分析结果，一般都是在现状水土保持减水减沙作用计算成果合理性论证的基础上，根据黄河中上游水沙条件的变化趋势、各规划水平年的水土保持措施与各项减沙指标综合分析确定的，各家预测结果对比表明，结果基本一致。

综上分析，按照规划的水土保持治理进度安排，2010、2020、2030 年水土保持年均减沙量分别采用 5 亿、6 亿、7 亿 t。2010、2020、2030 年水土保持年均减水量分别采用 20 亿、25 亿、30 亿 m^3。推荐小浪底运用初期采用 20 亿～25 亿 m^3 的水保用水指标。

第四节　小浪底水库初期水沙条件研究

本次预测的基础资料采用 1950～2000 年径流系列，选取了干流唐乃亥、小川、兰州、安宁渡、龙门、三门峡和小浪底共 7 个站点。采用均值生成函数模型预报 2001～2015 年天然径流量。预报时采用了上推法和下推法两种预测途径，并对两种预测途径的预报成果进行了对比验证，分析了预报成果的合理性。

一、均值生成函数的定义及模型建立原理

随机方法应用于系列长期预测的研究开始于 20 世纪 60 年代中期，这些年来取得了一些具有创新意义的成果。本次研究开始也采用了门限回归、谐波分析等模型，但模型预报验证结果不理想。主要原因是这类模型以实际系列数值间相关系数作为主要因子，受数值间自相关性影响较大。均值生成函数是基于系列均值派生出来的函数，从某种意义上讲，消除了系列中个别极值的影响，使建立的模型更具稳健性，它是时间系列分析中的新途径，技术相对成熟，本次研究选择采用均值生成函数模型预测径流变化。

由于黄河沙量的随机性更大，加上目前的预报方法、精度很有限，基于小浪底水库运用方式研究中采用实测系列的前提条件，本期不预报沙量，而是采用推荐径流系列的实际沙量过程。

（一）均值生成函数的定义及模型建立原理

设现有一时间系列 $X_{(t)} = \{X_1, X_2, \cdots, X_n\}$，其均值为：

$$X = (1/n) \sum_{i=1}^{n} X_{(t)}$$

式中　n——样本容量。

定义均值生成函数为：

$$X_{1(i)} = \frac{1}{n_l} \sum_{j=0}^{n_l - 1} X_{(i+jl)} \quad (i = 1,2,\cdots,l; l \leqslant L \leqslant m) \tag{3-4-1}$$

式中　n_l——满足 $n_l \leqslant [n/L]$ 的最大整数；

$m = [n/2]$ 为不超过 $n/2$ 的最大整数，n 为偶数时，$[n/2] = n/2$；n 为奇数时，$[n/2] = (n-1)/2$。

取 $L = 1, 2, \cdots, m$，则可得到 $X_{1(1)}, X_{2(1)}, X_{2(2)}, X_{3(1)}, \cdots, X_{m(i)}$。称 $X_{1(1)}$ 为系列均值，$X_{2(i)}$ 为间隔为 2 的均值生成函数，其余类推。将均值生成函数作为一“基函数”进行周期性延拓，则有矩阵：

$$F = (f_T)_{n \times m} \tag{3-4-2}$$

$$f_{ij} = f_{L(t)} = X_{L(i)}$$

$$t = i[\mathrm{mod}(L)] \quad (t = 1, 2, \cdots, n)$$

这里，mod 表示同余。

利用均值生成函数可以建立逐步回归筛选方案、正交筛选方案、经验正交函数方案等。这里介绍的是正交筛选方案，通过 Gram-Schmidt 正交化处理使均值生成函数正交化，以此排除均值生成函数之间的相互影响。它的优点在于有利于系列中优势周期的提取和避免线性模型的计算量随均值生成函数的增加，尤其对于多元随机过程更适合。

（二）均值生成函数模型建立步骤

设现有一维时间系列：

$$X_{(t)} = \{X_1, X_2, \cdots, X_n\}$$

第一步，对原始系列进行规格化：

$$X'_{(t)} = (X_{(t)} - X)/\sigma$$

式中：X 和 σ 分别指的是均值和标准差。

第二步，计算 $X'_{(t)}$ 的均值生成函数 $f_i, i = 1, 2, \cdots, m$，并构造周期外延矩阵 F。看得出，f_1 已变为零。

第三步，令 f_2 作为 Gram-Schmidt 正交化的初始向量，对 $f_3, f_4, \cdots, f_m$ 进行正交化求得 $m-1$ 个正交系列，记为 $f_2, f_3, \cdots, f_m$。

第四步，以 $f_2, f_3, \cdots, f_m$ 作为自变量与 $X_{(t)}$ 建立线性模型：

$$X^{\Lambda}_{(t)} = \sum_{i=2}^{m} \varphi_i f_{i(t)} + e_{(t)} \tag{3-4-3}$$

向量—矩阵表达式为：

$$\underset{n\times 1}{X} = \underset{n\times(m-1)}{F} \underset{(m-1)\times 1}{\varphi}$$

第五步，求最小二乘解：

$$\varphi = (F^{\mathrm{T}} F)^{-1} F^{\mathrm{T}} X$$

由于 f_i 与 f_j 之间是正交的，所以协方差阵为对角阵，$f_{ii} = |f_i|^2$，逆矩阵 $G = (F^{\mathrm{T}} F)^{-1}$ 亦为对角阵，其元素为 $g_{ii} = 1/f_{ii}$。

第六步，筛选正交函数。线性模型系数为：

$$\varphi_i = g_{ii} \sum_{t=1}^{n} f_{i(t)} X_{(t)} \quad (i = 2, 3, \cdots, m) \tag{3-4-4}$$

用系数绝对值大小表示均值生成函数重要程度。将 φ_i 按绝对值大小排序，均值生成函数 f_i 依 φ_i 绝对值由大到小进入。进入方程的均值生成函数的个数用双评分准则，即数量预报的评分和趋势预报的评分的双评分准则（记为 CSC），这与常用的 F 检验、残差平方和准则、预测平方和准则、AIC 和 BIC 等不同。显然，当 CSC 出现极小值，N_k（指趋势评分）出现极大值时模型为最优。

第七步，制作预报。设筛选出均值生成函数个数为 k，那么 $X_{(t)}$ 与 $f_{i(t)}$ 之间的关系可由线性回归模型表示：

$$X^{\Lambda}_{(t)} = \varphi_0 + \sum_{i=1}^{k} \varphi_i f_{i(t)} \tag{3-4-5}$$

其中，φ_i 为原系数。将均值生成函数 f_i 作 q 步外延，由

$$X^{\Lambda}_{(n+q)} = \varphi_0 + \sum_{i=1}^{k} \varphi_i f_{i(n+q)} \tag{3-4-6}$$

即可得 q 步预报。

二、上推法预报

上推法预报是自下游站点推演至上游站点的自下而上预报的方法。首先预测小浪底降水量，依据小浪底站的降水与天然径流关系推算天然径流量，然后根据站点间天然径流量之间关系自下而上逐站推演至唐乃亥。

（一）模型建立及验证

1. 小浪底以上 1950～2000 年降水量变化特点

黄河流域小浪底以上降水量分析共选用了 981 个雨量站点。其中，兰州以上选用 123 个站点，兰州至头道拐区间选用 118 个站点，头道拐至龙门区间选用 200 个站点，龙门至三门峡区间选用 520 个站点，三门峡至小浪底区间选用 20 个站点。

首先，收集了 1950～2000 年大部分省（区）雨量站资料，并对资料进行了整理和合理性分析，确保资料的准确性、可靠性和完整性，对存在有缺测年份的数据进行插补延长，使资料系列保持一致。

各分区面平均降水量的计算：由于黄河上游地区雨量站分布极不均匀，采用算术平均法计算降水量误差较大，因此将黄河上游地区根据雨量站分布情况进行分段，分别计算各段面平均降水量。如兰州以上共划分为唐乃亥以上、唐乃亥至循化、洮河、大夏河、湟水、庄浪河及循化至兰州干流区间，采用算术平均法计算；兰州以上面平均降水量采用各段面积加权法计算。黄河头道拐以下各分区降水量采用算术平均法计算。最后采用面积加权法推求小浪底以上面平均降水量。表 3-4-1 给出了小浪底以上降水量不同年代对比结果。

表 3-4-1　　小浪底以上降水量年代变化情况

区间	项目	时段					
		1950～1959 年	1960～1969 年	1970～1979 年	1980～1989 年	1990～2000 年	1950～2000 年
兰州以上 222 551km²	数值（mm）	426.7	437.5	432.5	428.2	420.9	429.0
	距平（%）	-0.54	1.98	0.83	-0.18	-1.89	
	最大值（mm）	502.5	577.1	487.5	492.7	514.3	577.1
	最小值（mm）	319.9	336.2	369.2	368.5	361.0	319.9
兰州—头道拐 145 347km²	数值（mm）	280.6	306.6	301.1	274.3	266.4	285.4
	距平（%）	-1.67	7.42	5.49	-3.90	-6.66	
	最大值（mm）	392.5	442.3	367.0	377.4	348.2	442.3
	最小值（mm）	196.5	205.9	217.9	197.9	182.9	182.9
头道拐—龙门 129 659km²	数值（mm）	470.0	464.4	433.3	412.1	396.1	434.4
	距平（%）	8.20	6.90	-0.25	-5.14	-8.83	
	最大值（mm）	617.2	682.0	539.3	527.1	470.0	682.0
	最小值（mm）	352.2	229.8	301.8	347.3	290.9	229.8

续表 3-4-1

区间	项目	时段					
		1950～1959 年	1960～1969 年	1970～1979 年	1980～1989 年	1990～2000 年	1950～2000 年
龙门—三门峡 190 864km²	数值(mm)	597.5	595.8	547.5	556.1	480.7	554.1
	距平(%)	7.85	7.53	-1.18	0.36	-13.25	
	最大值(mm)	787.8	797.3	656.8	707.8	595.9	797.3
	最小值(mm)	497.8	462.9	433.4	395.1	335.9	335.9
三门峡—小浪底 5 734km²	数值(mm)	786.4	789.2	739.0	799.5	688.6	759.1
	距平(%)	3.97	4.37	-2.93	5.86	-10.25	
	最大值(mm)	1 066.8	1 177.2	865.4	975.7	873.8	1 177.2
	最小值(mm)	612.0	630.2	611.6	545.5	420.2	420.2
小浪底以上 694 155km²	数值(mm)	454.1	461.5	439.3	431.2	402.5	437.1
	距平(%)	4.25	6.08	0.56	-1.46	-8.57	
	最大值(mm)	578.9	610.9	497.6	492.8	450.4	610.9
	最小值(mm)	378.4	332.6	348.0	352.9	333.0	332.6

计算结果表明，小浪底以上 1950～2000 年平均降水量 437.1mm。最大降水量 610.9mm(发生在 1964 年)，最小降水量 332.6mm(发生在 1965 年)，最大最小值比 1.84。1950～2000 年间，偏枯年份达 26 年，偏丰年份占 25 年。

与 1950～2000 年均值相比，年代变化来看，50、60、70 年代偏丰，80、90 年代偏枯(90 年代偏枯幅度更大)。

2. *模型建立及对 1950～2000 年系列的模拟验证*

用 CSC 值出现最小判别均值生成函数入选个数，共计 11 个。按照均值生成函数模型建立步骤，建立的模拟方程式为：

$$
\begin{aligned}
X_{(t)}^{\Lambda} = & 0.044\,17f_{10(t)} - 0.040\,27f_{17(t)} + 0.105\,18f_{19(t)} - 0.252\,87f_{18(t)} \\
& + 0.261\,50f_{24(t)} + 0.115\,66f_{25(t)} + 0.341\,93f_{23(t)} + 0.345\,67f_{20(t)} \\
& + 0.340\,83f_{22(t)} + 0.163\,16f_{21(t)} + 0.206\,37f_{16(t)}
\end{aligned}
$$

模拟结果与实际系列比较结果表明，误差介于 1.3%～12.8%，平均 4.8%。由此看出，均值生成函数模型用于拟合降水量系列是成功的，可以应用于降水量预测。

(二)上推法预测结果

1. *2001～2015 年小浪底降水量预测*

利用 1950～2000 年降水量系列建立的模拟方程式，预测结果表明，小浪底以上 2001～2015 年平均降水量 430.2mm，与 1950～2000 年均值相比偏少 1.6% 左右，相当于 1974～2000 年均值水平。最大值 537.4mm，最小值 338.9mm，最大最小值比 1.6，变化幅度略小于 1950～2 000 年时段。

与 1950～2000 年均值相比，2001～2015 年间，偏枯年份 10 年，偏丰年份只有 5 年。表 3-4-2 给出了小浪底以上 1950～2015 年逐年降水量。图 3-4-1 给出了小浪底以上降水量 1950～2015 年逐年过程。

表 3-4-2　　小浪底以上 1950 ~ 2015 年逐年降水量系列

年份	降水量(mm)	年份	降水量(mm)	年份	降水量(mm)
1950	431. 5	1972	348. 0	1994	415. 8
1951	432. 9	1973	489. 3	1995	384. 3
1952	433. 2	1974	392. 9	1996	411. 1
1953	445. 1	1975	478. 5	1997	333. 0
1954	492. 0	1976	463. 7	1998	450. 4
1955	412. 6	1977	424. 1	1999	399. 8
1956	454. 0	1978	497. 6	2000	371. 8
1957	378. 4	1979	441. 3	2001	417. 5
1958	578. 9	1980	381. 3	2002	432. 9
1959	482. 8	1981	457. 4	2003	433. 4
1960	403. 4	1982	383. 7	2004	434. 9
1961	564. 0	1983	483. 2	2005	390. 9
1962	382. 5	1984	478. 9	2006	414. 2
1963	439. 7	1985	492. 8	2007	370. 8
1964	610. 9	1986	352. 9	2008	491. 9
1965	332. 6	1987	381. 8	2009	451. 1
1966	442. 3	1988	471. 8	2010	356. 9
1967	565. 8	1989	428. 1	2011	513. 4
1968	465. 6	1990	449. 6	2012	414. 0
1969	408. 5	1991	359. 7	2013	454. 8
1970	439. 6	1992	443. 7	2014	537. 4
1971	418. 2	1993	408. 6	2015	338. 9

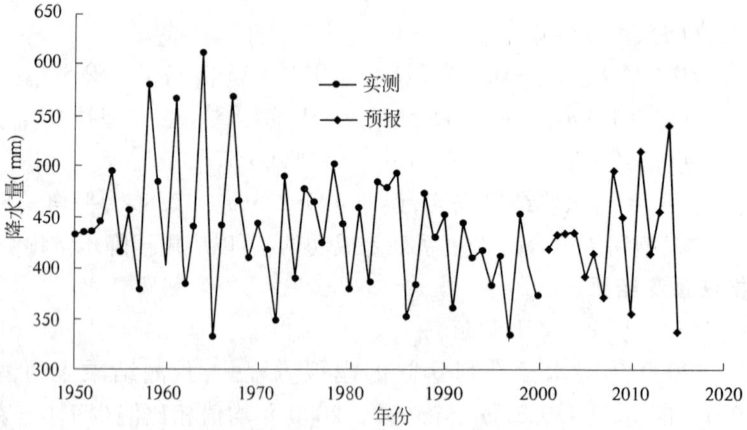

图 3-4-1　小浪底以上降水量预报过程线

2. 小浪底站天然径流量预测

1) 1950 ~ 2000 年变化特点

1950 ~ 2000 年唐乃亥、小川、兰州、安宁渡、龙门、三门峡、小浪底等七站年平均天然径流量分别为 204. 1 亿、281. 5 亿、334. 5 亿、336. 9 亿、392. 5 亿、511. 7 亿、524. 9 亿 m^3，较

1919 ~ 1975 年均值稍偏大。例如，兰州、龙门、三门峡 1950 ~ 2000 年均值较 1919 ~ 1975 年均值（分别为 322.6 亿、385.1 亿、498.4 亿 m^3）分别偏大 3.7%、1.9%、2.7%。其中小浪底，最大值 859.1 亿 m^3（发生在 1964 年），最小值 323.6 亿 m^3（发生在 2 000 年），最大最小值比 2.65。与 1950 ~ 2000 年均值相比，从年代变化来看，50 年代和 70 年代基本持平，60 年代和 80 年代偏多，90 年代偏少（距平值 -21%）。表 3-4-3 给出了黄河干流七站天然径流量 1950 ~ 2000 年不同年代的对比结果。

表 3-4-3　黄河干流七站天然径流量 1950 ~ 2000 年不同年代变化特点

站名	项目	1950 ~ 1959 年	1960 ~ 1969 年	1970 ~ 1979 年	1980 ~ 1989 年	1990 ~ 2000 年	1950 ~ 2000 年
唐乃亥	数值（亿 m^3）	188.1	216.5	203.9	241.1	174.0	204.1
	距平（%）	-7.85	6.06	-0.10	18.10	-14.74	
	最大值（亿 m^3）	257.7	310.9	309.9	327.9	241.9	327.9
	最小值（亿 m^3）	133.4	154.3	143.1	164.5	140.0	133.4
小川	数值（亿 m^3）	267.8	318.0	284.6	310.8	231.3	281.5
	距平（%）	-4.86	12.98	1.11	10.40	-17.84	
	最大值（亿 m^3）	362.1	463.3	400.1	400.1	292.6	463.3
	最小值（亿 m^3）	198.5	211.5	218.7	223.1	194.4	194.4
兰州	数值（亿 m^3）	323.8	369.9	334.9	368.1	281.3	334.5
	距平（%）	-3.21	10.59	0.10	10.03	-15.92	
	最大值（亿 m^3）	424.5	529.7	442.5	485.1	346.5	529.7
	最小值（亿 m^3）	240.4	254.1	278.3	283.5	234.6	234.6
安宁渡	数值（亿 m^3）	325.5	371.8	336.4	369.4	286.8	336.9
	距平（%）	-3.40	10.34	-0.17	9.62	-14.90	
	最大值（亿 m^3）	426.3	532.5	443.0	486.3	352.9	532.5
	最小值（亿 m^3）	242.3	254.9	280.9	284.6	239.4	239.4
龙门	数值（亿 m^3）	395.0	440.5	393.6	415.9	324.5	392.5
	距平（%）	0.62	12.22	0.27	5.96	-17.34	
	最大值（亿 m^3）	481.0	635.2	501.0	536.5	379.3	635.2
	最小值（亿 m^3）	312.0	322.7	334.9	324.2	260.1	260.1
三门峡	数值（亿 m^3）	525.3	584.2	509.0	547.6	403.2	511.7
	距平（%）	2.66	14.16	-0.52	7.01	-21.20	
	最大值（亿 m^3）	647.2	811.4	652.1	682.9	491.6	811.4
	最小值（亿 m^3）	424.4	419.5	424.6	422.1	301.1	301.1
小浪底	数值（亿 m^3）	538.0	602.1	520.1	561.1	414.5	524.9
	距平（%）	2.49	14.69	-0.92	6.88	-21.04	
	最大值（亿 m^3）	678.0	859.1	663.9	704.1	498.5	859.1
	最小值（亿 m^3）	437.3	428.5	432.4	429.5	323.6	323.6

2）小浪底站天然径流量预测

小浪底站天然径流量采用了降水径流关系途径进行预测。首先对 1950 ~ 2000 年小浪底以上降水量与小浪底天然径流量系列进行相关关系分析。图 3-4-2 给出了小浪底以上降水量与小浪底站天然径流量 1950 ~ 2000 年相关关系。

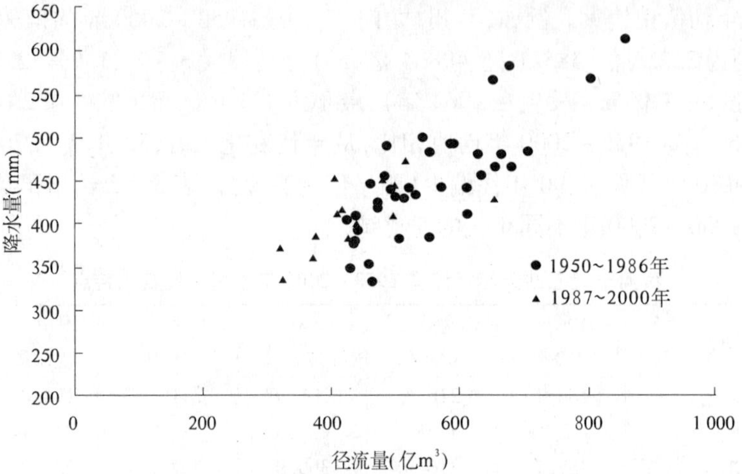

图 3-4-2　小浪底以上降水量与小浪底站天然径流量相关关系

从图 3-4-2 可以看出,1987～2000 年与 1950～1986 年降水径流关系相比,点子偏左,表明龙羊峡水库的蓄水运用对降水、径流关系有影响,因此本次采用 1987 年以后的降水径流关系,并根据预测的 2001～2015 年小浪底以上降水量来预测小浪底天然径流量。

整体上小浪底降水与径流量相关,建立降水径流优化相关关系式预测 2001～2015 年小浪底天然径流量结果表明,小浪底天然径流量 2001～2015 年平均 446.9 亿 m^3,与 1950～2000 年均值相比偏少 14.9%,相当于 1985～2000 年均值。最大值 617.7 亿 m^3,最小值 289.9 亿 m^3,最大值最小值比 2.1,变化幅度小于 1950～2000 年时段。与 1950～2000 年均值相比,2001～2015 年间,偏少年份 12 年,偏多年份只有 3 年。

表 3-4-4 给出了小浪底站天然径流量 1950～2015 年逐年数值。图 3-4-3 给出了小浪底站天然径流量 1950～2015 年逐年过程线。

表 3-4-4　　小浪底站天然径流量 1950～2015 年逐年系列

年份	径流量(亿 m^3)	年份	径流量(亿 m^3)	年份	径流量(亿 m^3)
1950	516.4	1972	432.4	1994	419.8
1951	534.8	1973	490.1	1995	380.0
1952	504.6	1974	443.9	1996	413.2
1953	462.6	1975	663.9	1997	326.8
1954	592.3	1976	655.3	1998	407.7
1955	614.9	1977	474.6	1999	440.2
1956	484.6	1978	544.8	2000	323.6
1957	437.3	1979	524.2	2001	289.9
1958	678.0	1980	438.9	2002	458.8
1959	554.8	1981	635.4	2003	459.6
1960	428.5	1982	554.1	2004	461.8
1961	651.1	1983	704.1	2005	398.8
1962	508.2	1984	630.9	2006	431.8

续表 3-4-4

年份	径流量(亿 m^3)	年份	径流量(亿 m^3)	年份	径流量(亿 m^3)
1963	612. 2	1985	585. 8	2007	370. 8
1964	859. 1	1986	461. 3	2008	547. 0
1965	466. 9	1987	429. 5	2009	485. 6
1966	571. 1	1988	517. 8	2010	351. 9
1967	801. 5	1989	652. 8	2011	580. 1
1968	681. 4	1990	478. 5	2012	431. 5
1969	440. 4	1991	374. 6	2013	491. 1
1970	495. 1	1992	498. 5	2014	617. 7
1971	477. 0	1993	496. 4	2015	327. 7

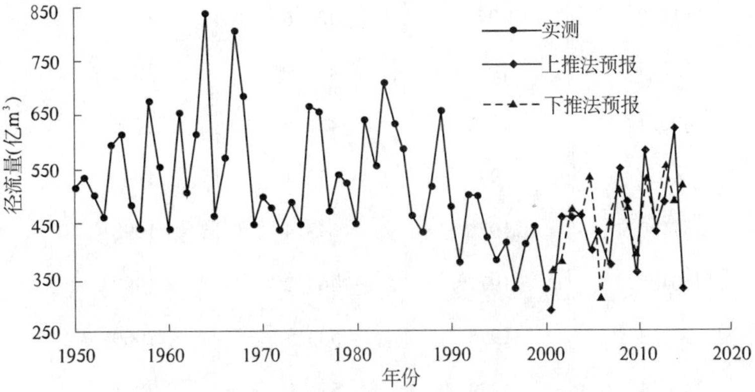

图 3-4-3　小浪底站天然径流量预报过程线

3. 黄河干流其他六站天然径流量预测

得到小浪底站天然径流量预测结果后，根据小浪底与上区间相关关系，可得到三门峡站天然径流量预测结果。依次类推，可得到龙门、安宁渡、兰州、小川站以及唐乃亥站的天然径流量预测结果。

1）三门峡站

点绘三门峡与小浪底天然径流量相关关系（见图 3-4-4），可见两站相关程度很高。

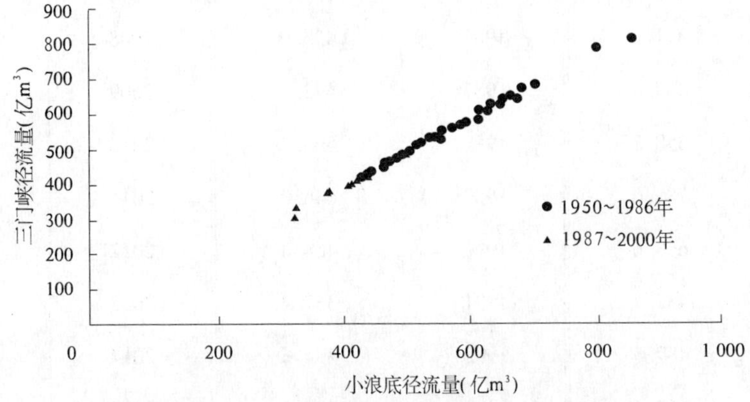

图 3-4-4　三门峡与小浪底天然径流量相关关系

考虑刘家峡、龙羊峡两水库联合运用影响，本次仍利用三门峡与小浪底 1987 ~ 2000 年天然径流量相关关系预测 2001 ~ 2015 年三门峡站天然径流量。预测结果表明，三门峡站天然径流量 2001 ~ 2015 年平均 436.4 亿 m^3，与 1950 ~ 2000 年均值相比偏少 14.7%，略大于 1986 ~ 2000 年均值。最大值 609.2 亿 m^3，最小值 275.9 亿 m^3，最大最小值比 2.2，变化幅度略小于 1950 ~ 2000 年时段。与 1950 ~ 2000 年均值相比，预测的 15 年中，偏少年份 12 年，偏多年份只有 3 年。表 3-4-5 给出了三门峡站天然径流量 1950 ~ 2015 年逐年数值。图 3-4-5 给出了三门峡站天然径流量 1950 ~ 2015 年逐年过程线。

表 3-4-5　　三门峡站天然径流量 1950 ~ 2015 年逐年系列

年份	径流量(亿 m^3)	年份	径流量(亿 m^3)	年份	径流量(亿 m^3)
1950	514.2	1972	424.6	1994	411.7
1951	532.7	1973	472.9	1995	372.4
1952	492.1	1974	433.5	1996	396.5
1953	446.7	1975	652.1	1997	326.4
1954	571.7	1976	643.4	1998	392.6
1955	604.7	1977	463.2	1999	417.9
1956	471.4	1978	533.9	2000	301.1
1957	424.4	1979	514.9	2001	275.9
1958	647.2	1980	430.8	2002	448.5
1959	548.1	1981	627.8	2003	449.3
1960	419.5	1982	527.6	2004	451.5
1961	633.2	1983	682.9	2005	387.8
1962	488.7	1984	611.1	2006	421.2
1963	579.8	1985	568.3	2007	359.5
1964	811.4	1986	455.9	2008	537.7
1965	459.6	1987	422.1	2009	475.6
1966	558.8	1988	503.3	2010	340.3
1967	789.6	1989	646.0	2011	571.2
1968	668.6	1990	468.8	2012	420.9
1969	432.4	1991	367.4	2013	481.1
1970	487.5	1992	491.6	2014	609.2
1971	464.4	1993	489.1	2015	315.9

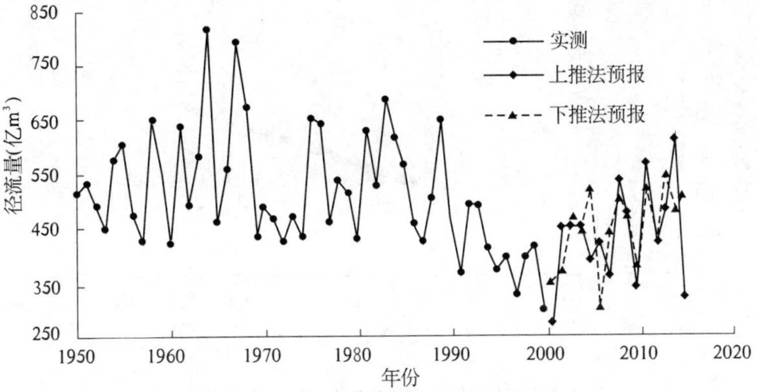

图 3-4-5 三门峡站天然径流量预报过程线

2)龙门、安宁渡、兰州、小川、唐乃亥站

依次类推,可得到龙门、安宁渡、兰州、小川、唐乃亥等站点天然径流量 2001 ~2015 年系列。图 3-4-6 ~图 3-4-10 分别给出了龙门与三门峡、安宁渡与龙门、兰州与安宁渡、小川与兰州以及唐乃亥与小川 1950 ~2000 年天然径流量相关关系。

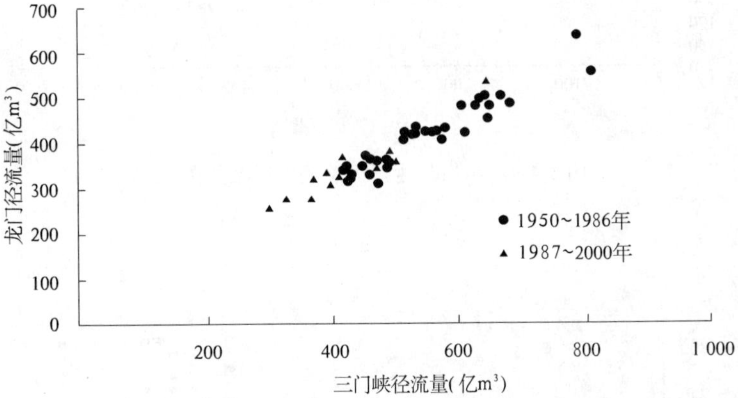

图 3-4-6 龙门与三门峡天然径流量相关关系

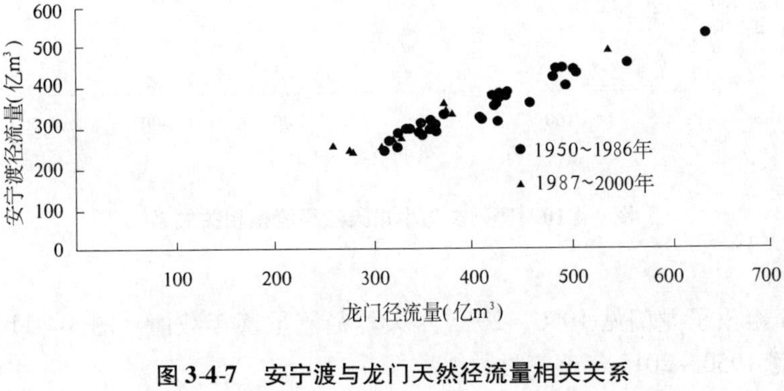

图 3-4-7 安宁渡与龙门天然径流量相关关系

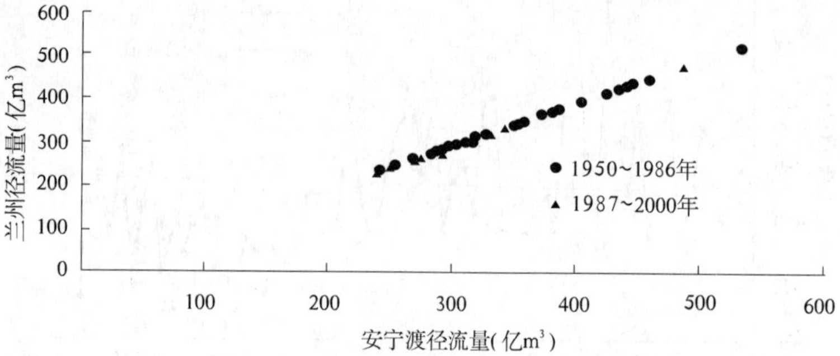

图 3-4-8　兰州与安宁渡天然径流量相关关系

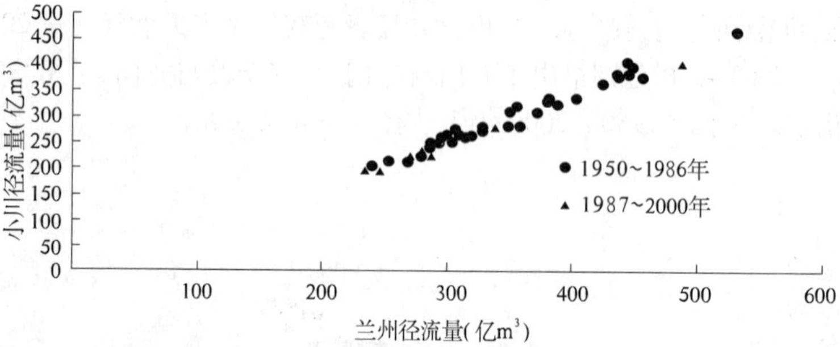

图 3-4-9　小川与兰州天然径流量相关关系

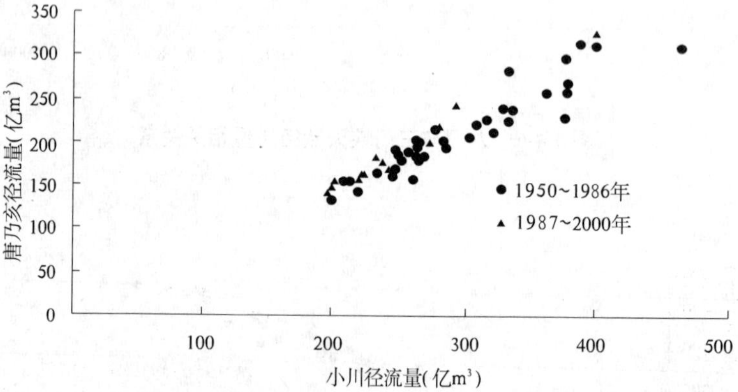

图 3-4-10　唐乃亥与小川天然径流量相关关系

表 3-4-6 给出了龙门站 1950 ~ 2015 年天然径流量逐年数值。图 3-4-11 给出了龙门站天然径流量 1950 ~ 2015 年逐年过程线。

表 3-4-6　　龙门站天然径流量 1950～2015 年逐年系列

年份	径流量(亿 m^3)	年份	径流量(亿 m^3)	年份	径流量(亿 m^3)
1950	407.0	1972	347.1	1994	326.5
1951	435.6	1973	357.3	1995	318.0
1952	356.3	1974	334.9	1996	307.1
1953	353.0	1975	482.6	1997	275.6
1954	408.4	1976	501.0	1998	333.8
1955	481.0	1977	361.0	1999	370.7
1956	312.0	1978	419.8	2000	260.1
1957	314.2	1979	421.8	2001	262.5
1958	457.5	1980	326.7	2002	350.8
1959	424.7	1981	483.6	2003	351.3
1960	342.7	1982	420.7	2004	352.9
1961	493.8	1983	488.9	2005	312.3
1962	362.5	1984	424.9	2006	332.5
1963	434.2	1985	427.2	2007	297.1
1964	556.4	1986	369.8	2008	422.1
1965	331.3	1987	324.2	2009	370.6
1966	422.7	1988	356.9	2010	287.8
1967	635.2	1989	536.5	2011	453.4
1968	503.5	1990	345.6	2012	332.3
1969	322.7	1991	280.5	2013	374.8
1970	348.2	1992	379.3	2014	491.9
1971	362.4	1993	371.9	2015	277.1

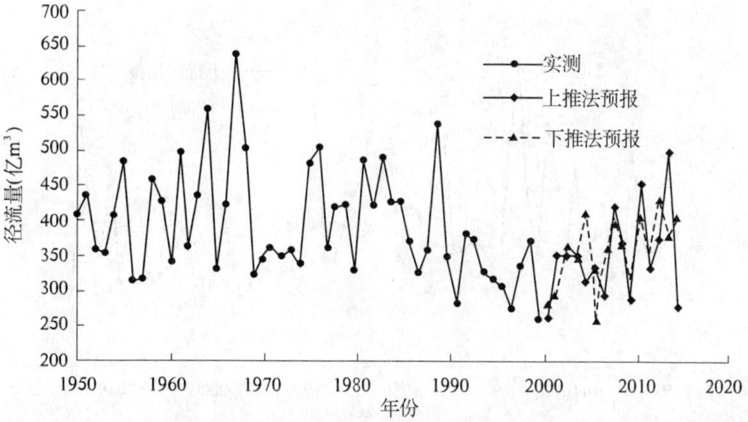

图 3-4-11　龙门站年天然径流量预报过程线

表 3-4-7 给出了安宁渡站 1950 ~ 2015 年天然径流量逐年数值。图 3-4-12 给出了安宁渡站天然径流量 1950 ~ 2015 年逐年过程线。

表 3-4-7　　安宁渡站天然径流量 1950 ~ 2015 年逐年系列

年份	径流量(亿 m^3)	年份	径流量(亿 m^3)	年份	径流量(亿 m^3)
1950	326.8	1972	309.6	1994	274.0
1951	387.9	1973	301.2	1995	271.7
1952	314.9	1974	294.8	1996	251.6
1953	291.8	1975	443.0	1997	242.0
1954	319.3	1976	442.7	1998	292.7
1955	426.3	1977	287.4	1999	352.9
1956	242.3	1978	349.0	2000	255.9
1957	268.7	1979	352.5	2001	235.9
1958	358.8	1980	284.6	2002	311.0
1959	318.2	1981	437.7	2003	311.5
1960	287.6	1982	378.4	2004	312.9
1961	404.6	1983	447.7	2005	277.1
1962	308.7	1984	382.6	2006	294.6
1963	380.1	1985	372.6	2007	264.2
1964	460.0	1986	328.9	2008	378.4
1965	296.7	1987	286.7	2009	329.1
1966	357.1	1988	288.1	2010	256.5
1967	532.5	1989	486.3	2011	409.9
1968	435.6	1990	299.6	2012	294.5
1969	254.9	1991	239.4	2013	333.0
1970	280.9	1992	331.6	2014	450.3
1971	302.7	1993	343.0	2015	247.7

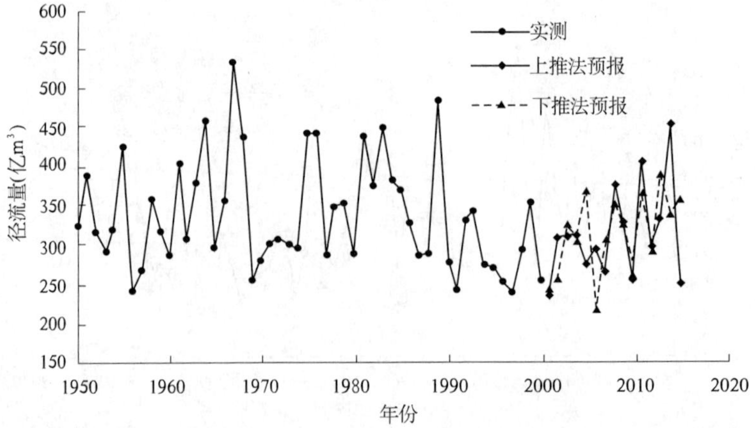

图 3-4-12　安宁渡站天然径流量预报过程线

表 3-4-8 给出了兰州站 1950～2015 年天然径流量逐年数值。图 3-4-13 给出了兰州站天然径流量 1950～2015 年逐年过程线。

表 3-4-8　　兰州站天然径流量 1950～2015 年逐年系列

年份	径流量(亿 m^3)	年份	径流量(亿 m^3)	年份	径流量(亿 m^3)
1950	326.0	1972	309.2	1994	268.5
1951	386.6	1973	298.3	1995	265.7
1952	314.0	1974	294.2	1996	245.7
1953	290.8	1975	442.5	1997	236.3
1954	318.4	1976	441.9	1998	278.6
1955	424.5	1977	285.6	1999	346.5
1956	240.4	1978	346.5	2000	254.1
1957	267.7	1979	350.0	2001	230.8
1958	355.9	1980	283.5	2002	306.7
1959	313.5	1981	436.5	2003	307.2
1960	286.7	1982	377.9	2004	308.7
1961	402.4	1983	446.3	2005	272.4
1962	307.0	1984	380.6	2006	290.2
1963	378.8	1985	371.0	2007	259.4
1964	455.9	1986	327.1	2008	375.0
1965	295.7	1987	286.2	2009	325.1
1966	355.6	1988	286.7	2010	251.6
1967	529.7	1989	485.1	2011	406.9
1968	433.5	1990	298.6	2012	290.0
1969	254.1	1991	234.6	2013	329.1
1970	278.3	1992	326.8	2014	447.8
1971	302.1	1993	338.5	2015	242.7

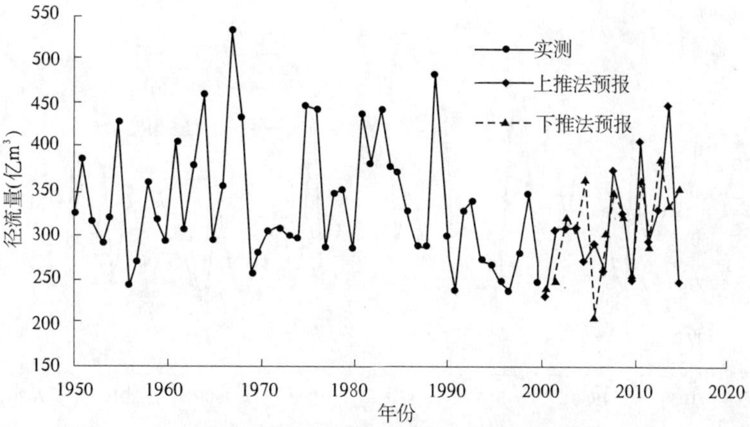

图 3-4-13　兰州站天然径流量预报过程线

表 3-4-9 给出了小川站 1950 ~ 2015 年天然径流量逐年数值。图 3-4-14 给出了小川站天然径流量 1950 ~ 2015 年逐年过程线。

表 3-4-9　　小川站天然径流量 1950 ~ 2015 年逐年系列

年份	径流量(亿 m^3)	年份	径流量(亿 m^3)	年份	径流量(亿 m^3)
1950	276.6	1972	261.4	1994	221.0
1951	321.0	1973	263.9	1995	217.6
1952	260.7	1974	256.5	1996	194.4
1953	246.4	1975	400.1	1997	194.4
1954	262.4	1976	377.0	1998	231.5
1955	362.1	1977	233.1	1999	292.6
1956	198.5	1978	283.9	2000	201.1
1957	208.6	1979	302.9	2001	187.4
1958	282.2	1980	246.2	2002	251.7
1959	259.7	1981	376.0	2003	252.1
1960	245.6	1982	332.5	2004	253.3
1961	333.7	1983	387.5	2005	222.6
1962	269.8	1984	329.4	2006	237.7
1963	335.8	1985	308.4	2007	211.6
1964	376.6	1986	267.2	2008	309.4
1965	250.8	1987	237.5	2009	267.1
1966	316.3	1988	223.1	2010	205.0
1967	463.3	1989	400.1	2011	336.4
1968	377.1	1990	242.0	2012	237.5
1969	211.5	1991	196.7	2013	270.5
1970	218.7	1992	272.7	2014	371.0
1971	248.6	1993	280.1	2015	197.5

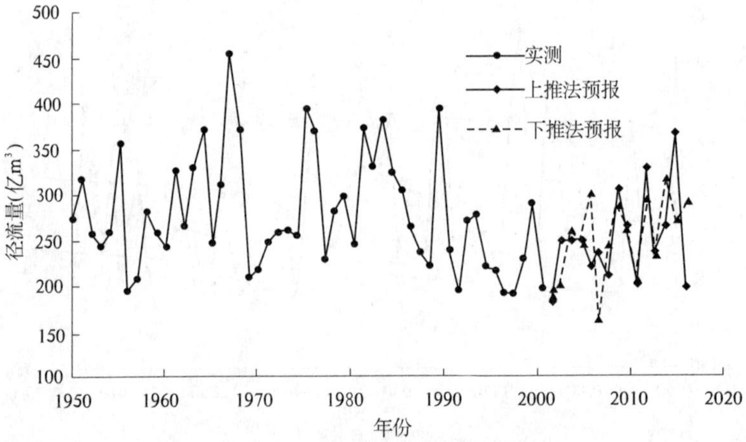

图 3-4-14　小川站天然径流量预报过程线

表 3-4-10 给出了唐乃亥站 1950～2015 年天然径流量逐年数值。图 3-4-15 给出了唐乃亥站天然径流量 1950～2015 年逐年过程线。

表 3-4-10　　唐乃亥站天然径流量 1950～2015 年逐年系列

年份	径流量(亿 m^3)	年份	径流量(亿 m^3)	年份	径流量(亿 m^3)
1950	215.3	1972	201.9	1994	162.9
1951	211.0	1973	179.0	1995	156.1
1952	185.4	1974	187.7	1996	140.0
1953	168.6	1975	309.9	1997	141.5
1954	196.3	1976	268.2	1998	183.1
1955	257.7	1977	163.8	1999	241.9
1956	133.4	1978	194.1	2000	154.5
1957	155.0	1979	205.5	2001	138.2
1958	201.2	1980	189.4	2002	190.8
1959	157.0	1981	296.5	2003	191.1
1960	163.0	1982	281.5	2004	192.2
1961	225.0	1983	314.6	2005	165.9
1962	185.0	1984	239.8	2006	178.7
1963	237.5	1985	220.8	2007	156.6
1964	228.0	1986	198.6	2008	242.8
1965	178.7	1987	176.9	2009	204.4
1966	226.3	1988	164.5	2010	151.1
1967	310.9	1989	327.9	2011	268.3
1968	256.1	1990	168.6	2012	178.5
1969	154.3	1991	147.1	2013	207.4
1970	143.1	1992	200.3	2014	302.1
1971	185.8	1993	218.3	2015	145.0

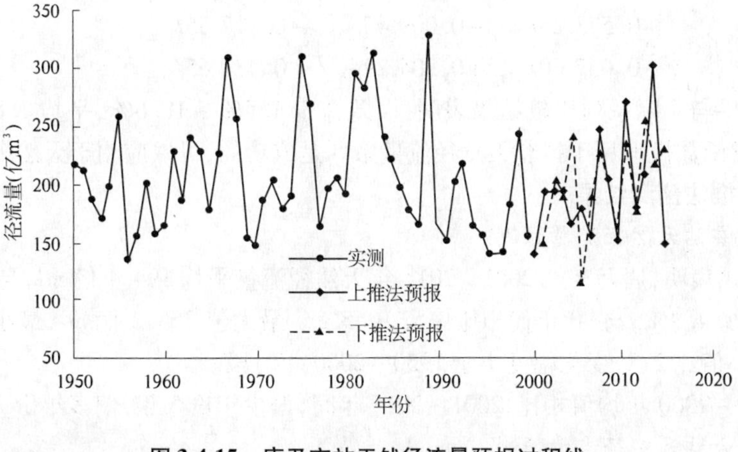

图 3-4-15　唐乃亥站天然径流量预报过程线

表3-4-11给出了黄河干流七站天然径流量2001～2015年不同年代对比分析结果。可以发现，与1950～2000年均值相比，2001～2015年干流七站基本都处于偏少阶段。

表3-4-11　黄河干流七站天然径流量2001～2015年不同年代对比结果　（单位：亿 m^3）

站名	1950～2000年	2001～2015年	2001～2015年最大值	2001～2015年最小值
小浪底	524.9	446.9	617.7	289.9
三门峡	511.7	436.4	609.2	275.9
龙门	392.5	351.3	491.9	262.5
安宁渡	336.9	313.8	450.3	235.9
兰州	334.5	309.6	447.8	230.8
小川	281.5	254.1	371.0	187.4
唐乃亥	204.1	194.2	302.1	138.2

三、下推法预测

首先，利用均值生成函数模型预测唐乃亥站2001～2015年天然径流量，然后利用站点间1987～2000年相互关系，下推小川、兰州、安宁渡、龙门、三门峡、小浪底等站点2001～2015年天然径流量系列。

（一）模型建立与验证

根据前面介绍的均值生成函数模型建立原理，这里建立了唐乃亥站天然径流量1950～2000年模拟的均值生成函数模型。

用CSC值出现最小判别均值生成函数入选个数，共计14个。

建立的模拟方程式为：

$$\begin{aligned}X^{\Lambda}_{(t)} = &0.03347f_{4(t)} + 0.28955f_{14(t)} - 0.04777f_{17(t)} + 0.39496f_{20(t)} \\ &+ 0.10443f_{18(t)} + 0.24674f_{23(t)} + 0.16732f_{19(t)} + 0.04155f_{24(t)} \\ &+ 0.57325f_{25(t)} - 0.00945f_{22(t)} - 0.11755f_{15(t)} \\ &+ 0.03760f_{21(t)} + 0.20429f_{16(t)} + 0.43165f_{9(t)}\end{aligned}$$

模拟结果与实际系列比较结果表明，误差介于1.5%～18.6%，平均7.8%。由此看出，均值生成函数模型用于拟合天然径流量系列是成功的，可以应用于天然来水量预测。

（二）下推法预测结果

1. *唐乃亥站天然径流量预测*

预测结果表明，唐乃亥站2001～2015年天然径流量平均194.4亿 m^3，与1950～2000均值相比偏少4.8%，与90年代相比偏大10.5%。最大值255.2亿 m^3，最小值113.5亿 m^3，最大最小值比2.2，变化幅度小于1950～2000年时段。

与1950～2000年均值相比，2001～2015年间，偏少年份5年，偏多年份7年。

2. *其余六站天然径流量预测*

利用图3-4-10给出的唐乃亥与小川1987～2000年天然径流量相关关系，根据唐乃亥站 2001 ~2015 年预测结果,可得到小川站 2001 ~2015 年天然径流量系列;利用图 3-4-9 给出的小川与兰州 1987 ~2000 年天然径流量相关关系,根据小川站 2001 ~2015 年预测结果,可得到兰州站 2001 ~2015 年天然径流量系列。依次类推,可以下推至小浪底站 2001 ~2015 年天然径流量系列。

表 3-4-12 给出了黄河干流七站 2001 ~2015 年天然径流量逐年数值。

表 3-4-12　下推法得到的黄河干流七站 2001 ~2015 年天然径流量逐年数值　(单位:亿 m^3)

年份	站名						
	唐乃亥	小川	兰州	安宁渡	龙门	三门峡	小浪底
2001	138.2	193.2	238.2	243.4	283.4	348.0	359.9
2002	147.9	203.7	250.4	255.5	295.6	367.7	379.2
2003	203.5	263.6	320.7	324.7	365.9	466.5	476.5
2004	187.8	246.7	300.9	305.2	346.0	440.7	451.0
2005	240.4	303.5	367.3	370.7	412.5	522.1	531.1
2006	113.5	166.5	206.9	212.7	252.1	293.9	306.7
2007	189.1	248.1	302.5	306.8	347.7	442.9	453.2
2008	225.8	287.7	348.9	352.5	394.1	500.9	510.3
2009	204.6	264.8	322.1	326.1	367.3	468.3	478.2
2010	154.3	210.6	258.5	263.5	303.7	380.2	391.5
2011	235.6	298.3	361.3	364.7	406.4	515.3	524.4
2012	176.0	234.0	285.9	290.5	331.1	420.3	431.0
2013	255.2	319.4	386.1	389.1	431.2	542.7	551.4
2014	214.0	275.0	334.0	337.8	379.1	483.0	492.7
2015	230.1	292.3	354.3	357.9	399.5	507.3	516.5
年平均	194.4	253.8	309.2	313.4	354.4	446.7	456.9

四、推荐预测成果

(一)合理性分析

从两种途径预测结果比较来看,除个别年份出现丰枯截然不同外,大多数年份丰枯比较对应且数值比较接近。

从年代对比来看,基本一致。2001 ~2015 年天然径流量平均值,唐乃亥、小川、兰州、安宁渡站两种途径结果几乎完全相同。龙门站、三门峡站、小浪底站相差大一些。

表 3-4-13 给出了黄河干流七站天然径流量两种途径预测结果比较。图 3-4-16 给出了黄河干流七站 2001 ~2015 年天然径流量两种途径预测结果逐年对比情况。

表 3-4-13　　黄河干流七站天然径流量上推法与下推法预测结果比较　　（单位：亿 m^3）

途径	站名	2001～2015年	前5年	中5年	后5年	2001～2015年最大值	2001～2015年最小值
上推法	唐乃亥	194.2	175.6	186.7	220.3	302.1	138.2
	小川	254.1	233.4	246.2	282.6	371.0	187.4
	兰州	309.6	285.2	300.3	343.3	447.8	230.8
	安宁渡	313.8	289.7	304.6	347.1	450.3	235.9
	龙门	351.3	326.0	342.0	385.9	491.9	262.5
	三门峡	436.4	402.6	426.9	479.7	609.2	275.9
	小浪底	446.9	413.8	437.4	489.6	617.7	289.9
下推法	唐乃亥	194.4	183.6	177.5	222.2	255.2	113.5
	小川	253.8	242.1	235.5	283.8	319.4	166.5
	兰州	309.2	295.5	287.8	344.3	386.1	206.9
	安宁渡	313.4	299.9	292.3	348.0	389.1	212.7
	龙门	354.4	340.7	333.0	389.5	431.2	252.1
	三门峡	446.7	429.0	417.2	493.7	542.7	293.9
	小浪底	456.9	439.5	428.0	503.2	551.4	306.7

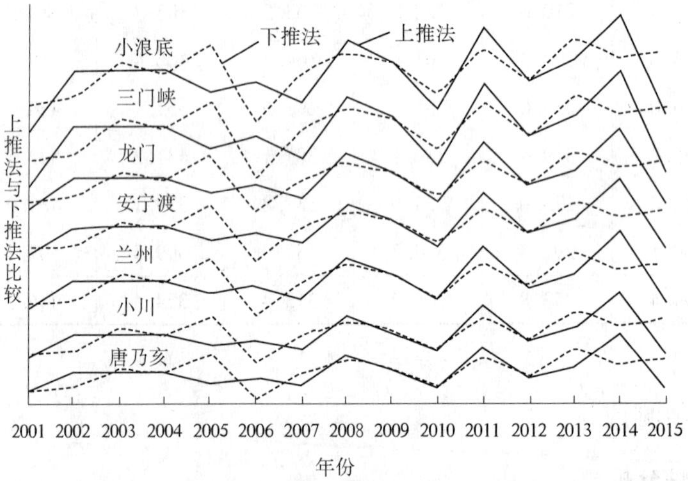

图 3-4-16　黄河干流七站天然径流量上推法与下推法预测结果比较

（二）推荐预测成果

由于总体上两种途径预测的结果较为接近，因此推荐采用两种预测结果的平均值作为黄河干流七站 2001～2015 年天然径流量逐年数值。表 3-4-14 给出了黄河干流七站 2001～2015 年天然径流量预测建议逐年数值。表 3-4-15 给出了黄河干流七站 2001～2015 年建议数值年代统计结果。

表 3-4-14　　黄河干流七站 2001 ~ 2015 年天然径流量预测建议逐年数值　（单位:亿 m^3）

年份	站名						
	唐乃亥	小川	兰州	安宁渡	龙门	三门峡	小浪底
2001	138.2	190.3	234.5	239.7	272.9	312.0	324.9
2002	169.3	227.7	278.6	283.2	323.2	408.1	419.0
2003	197.3	257.9	314.0	318.1	358.6	457.9	468.0
2004	190.0	250.0	304.8	309.0	349.5	446.1	456.4
2005	203.1	263.0	319.9	323.9	362.4	455.0	465.0
2006	146.1	202.1	248.6	253.6	292.3	357.6	369.3
2007	172.9	229.9	281.0	285.5	322.4	401.2	412.0
2008	234.3	298.5	361.9	365.4	408.1	519.3	528.6
2009	204.5	266.0	323.6	327.6	368.9	471.9	481.9
2010	152.7	207.8	255.0	260.0	295.7	360.3	371.7
2011	252.0	317.3	384.1	387.3	429.9	543.2	552.2
2012	177.3	235.7	288.0	292.5	331.7	420.6	431.2
2013	231.3	295.0	357.6	361.1	403.0	511.9	521.2
2014	258.0	323.0	390.9	394.1	435.5	546.1	555.2
2015	187.5	244.9	298.5	302.8	338.3	411.6	422.1
年平均	194.3	253.9	309.4	313.6	352.8	441.5	451.9

表 3-4-15　　黄河干流七站 2001 ~ 2015 年建议数值年代统计结果　（单位:亿 m^3）

站名	1950 ~ 2000 年	1987 ~ 2000 年	2001 ~ 2015 年	前 5 年	中 5 年	后 5 年	2001 ~ 2015 年最大值	2001 ~ 2015 年最小值
唐乃亥	204.1	181.5	194.3	179.6	182.1	221.2	258.0	138.2
小川	281.5	243.2	253.9	237.8	240.9	283.2	323.0	190.3
兰州	334.5	296.6	309.4	290.4	294.0	343.8	390.9	234.5
安宁渡	336.9	301.1	313.6	294.8	298.4	347.6	394.1	239.7
龙门	392.5	341.9	352.8	333.3	337.5	387.7	435.5	272.9
三门峡	511.7	429.1	441.5	415.8	422.1	486.7	546.1	312.0
小浪底	524.9	439.9	451.9	426.7	432.7	496.4	555.2	324.9

也就是说,2001 ~ 2015 年平均值与 1950 ~ 2000 年平均值相比,唐乃亥、小川、兰州、安宁渡、龙门、三门峡、小浪底站将分别偏少 4.8%、9.8%、7.5%、6.9%、10.1%、13.7%、13.9%,比 1987 ~ 2000 年均值稍大一点。

第五节　小浪底水库初期水沙代表系列研究

一、对小浪底水库初期运用期间水沙条件的认识

本专题研究中，通过水沙系列的移动分析和随机模拟，分析了三门峡连续时段天然水沙的频率分布；通过均值生成函数模型对小浪底水库运用前15年的水沙条件进行了展望性预报，结合目前对2010年水平黄河流域用水、水土保持的分析预测，有下述认识：

（1）从天然径流的随机模拟成果看，连续11年枯水段重现期在1 000年以上，在小浪底水库初期运用期间可以不予考虑；1981～1985年5年丰水段，1969～1974、1986～1997年连续枯水段的出现几率为5～20个年组一遇，初期系列中可以考虑。

（2）采用目前对黄河中游水利水保拦减沙量的估计值，进行沙量还原后，70年代以来的天然沙量仍有减小的趋势，而从80年代以来黄河中游多沙区的降雨看，部分枯沙年份汛期降雨的强度并不小，因此认为降雨强度变化对70年代以来减沙幅度的影响有限，所以从输沙量看，选取70年代以来的系列有较好的代表性。

（3）坝址年天然径流的丰枯变化过程及径流量能作一定精度的预报。预报结果表明，小浪底运用初期15年，来水条件偏枯，小浪底年均天然径流量约450亿 m^3，位于水量稀遇频率段。

（4）上中游的引黄水量仍将继续增长，预估在2010年水平，全河耗水接近国务院分水的370亿 m^3 控制指标。三门峡以上耗用黄河水量将达220亿 m^3（$P=75\%$ 的枯水年约耗水185亿 m^3）。

（5）随着水土保持治理进度的加快，小浪底运用初期，水利水保措施在一般年份的拦减沙量将达5亿t。

（6）根据径流预报结果和对小浪底水库初期运用期间用水减沙展望，小浪底运用初期15年平均入库水量为230亿～270亿 m^3。

二、小浪底水库运用初期水沙系列的特征及选择

（一）代表系列选择原则

根据对黄河水沙特点、近年来水沙变化的认识，兼顾运用方式论证中方案计算对资料的要求，确定的代表系列选择的原则如下。

1. 尽可能选择实测系列

由实测系列进行干流水库调节计算时，可以避免由天然径流扣除设计用水途径进行径流调节计算时，先以月为时段（主要站天然径流量均是以月为时段），而后再处理为日，出现水沙过程的不合理现象；同时由于黄河天然径流量的变化幅度大，只要选择近期的水文系列，来水的变化幅度远大于用水的增长。

2. 尽可能选择60年代以后的系列

由于60年代以后泥沙颗粒级配测验较系统，适合于泥沙模型的分组沙计算；同时由于泥沙70年代以来有明显的减少趋势，因此不宜取更早的系列；另外，由于采用实测系列

计算,采用系列的耗水量不能与现状差距过大。

3. 小浪底运用初期尤其前几年水沙组合要有一定的变化幅度

黄河水沙变化复杂,长期预测仅能作为定性的参考。水库运用初期特别是前几年的水沙组合,由于短时段水沙条件的随机性更大,因此要选择一些特殊的水沙条件,以论证运用方式的适应性。

(二)代表系列选择结果

1. 基本水沙系列

根据对黄河历史系列中特殊水沙时段重现期的分析,结合水库运用初期水沙条件的展望预测结果,同时考虑特殊的水沙组合,在 1950 ~ 1999 年水沙系列中,初选了 2 个系列,分别为 1991 ~ 1995 + 1986 ~ 1990 + 1970 ~ 1974 年系列、1978 ~ 1982 + 1987 ~ 1996 年系列。

1991 ~ 1995 + 1986 ~ 1990 + 1970 ~ 1974 年系列是平水平沙系列,与预测方案较为接近。该系列具有前期水量偏枯、后期沙量略丰的特点,15 年系列三门峡站实测水、沙量分别为 285. 3 亿 m^3、9. 7 亿 t。系列前 5 年属偏枯水平沙,水、沙量分别为 247. 3 亿 m^3、8. 1 亿 t;中间 5 年属平水平沙,水、沙量分别为 305. 8 亿 m^3、7. 9 亿 t;后 5 年属平水偏丰沙,水、沙量分别为 302. 8 亿 m^3、13. 2 亿 t。

1978 ~ 1982 + 1987 ~ 1996 年也是平水平沙系列,15 年平均水、沙量分别为 303. 6 亿 m^3、9. 3 亿 t。该系列同样具有前 5 年水量偏丰,中间 5 年平水,后 5 年偏枯水的特点,水量分别为 364. 2 亿、290. 5 亿、256. 1 亿 m^3,15 年中各时段沙量相对平稳,前 5 年沙量 10. 5 亿 t,中间 5 年沙量 7. 7 亿 t,后 5 年沙量 9. 7 亿 t。

代表系列水沙统计特征见表 3-5-1。

2. 特殊水沙系列

为论证水库运用方式的适应性,同时预测特殊水沙条件时水库运用情况和下游河道冲刷情况,前 5 年运用方式研究中,又考虑了两种水沙条件。其一为 1991 ~ 1995 年系列,该系列为枯水枯沙系列,三门峡站实测水、沙量分别为 247. 3 亿 m^3、8. 1 亿 t。其二为 1985 ~ 1989 年系列,该系列为平水平沙系列,三门峡站实测水、沙量分别为 324. 6 亿 m^3、7. 7 亿 t。其中 1985 ~ 1987 年偏枯水枯沙,实测水、沙量分别为 284. 0 亿 m^3、5. 1 亿 t;1988 年属平水丰沙,实测水、沙量分别为 355. 1 亿 m^3、15. 8 亿 t;1989 年实测水、沙量分别为 406. 3 亿 m^3、8. 1 亿 t,属丰水平沙。

表 3-5-1　　代表系列水沙统计特征

项　目		系列 1	系列 2
三门峡站实测水量(亿 m^3)	前 5 年	247. 3	364. 2
	中间 5 年	305. 8	290. 5
	后 5 年	302. 8	256. 1
	15 年均值	285. 3	303. 6

续表 3-5-1

项　　目		系列 1	系列 2
三门峡站实测沙量(亿 t)	前 5 年	8.1	10.5
	中间 5 年	7.9	7.7
	后 5 年	13.2	9.7
	15 年均值	9.7	9.3
小浪底站实测水量(亿 m^3)	前 5 年	243.5	367.4
	中间 5 年	310.0	294.7
	后 5 年	302.3	252.0
	15 年均值	285.3	304.7
小浪底站实测沙量(亿 t)	前 5 年	7.9	10.1
	中间 5 年	7.7	7.6
	后 5 年	12.9	9.5
	15 年均值	9.5	9.1

注:系列 1 为 1991 ~ 1995 + 1986 ~ 1990 + 1970 ~ 1974 年系列;系列 2 为 1978 ~ 1982 + 1987 ~ 1996 年系列。

3. 代表系列的小浪底入库水沙条件分析

4 个代表系列的水量、沙量的情况见表 3-5-2。两个基本系列前 5 年的年均水量分别为 243.5 亿 m^3 和 367.4 亿 m^3,其中汛期水量分别为 111.9 亿 m^3 和 216.5 亿 m^3,年输沙量分别为 7.9 亿 t 和 10.1 亿 t。两个特殊系列中,1991 ~ 1995 年系列小浪底水库年平均入库水量 243.5 亿 m^3,其中汛期为 111.9 亿 m^3,年平均入库沙量为 7.9 亿 t;1985 ~ 1989 年系列小浪底水库平均入库水量 324.6 亿 m^3,其中汛期为 165.1 亿 m^3,年平均入库沙量为 7.7 亿 t。

两个基本系列及两个特殊系列前 5 年汛期各流量级水沙特征见表 3-5-3。从表 3-5-3 可以看出,1991 ~ 1995 年系列 1 000m^3/s 流量级以下的出现几率高达 55.8%,水量占汛期的比例为 29.5%,1 000 ~ 2 000m^3/s 流量级出现几率为 33.8%,水量占汛期的比例为 45.6%,表现出 1991 ~ 1995 年系列小流量持续时间长、水量比例较大的特点。从沙量占汛期的比例来看,1 000 ~ 2 000m^3/s 流量级沙量所占比例是各流量级中最大的,为 38.3%。

1978 ~ 1982 年系列 1 000 ~ 2 000m^3/s 流量级出现几率较大,为 39.5%,远高于 1 000 m^3/s 流量级以下的 17.1%;而 1985 ~ 1989 年系列则与 1991 ~ 1995 年系列类似,1 000 m^3/s 流量级以下的出现几率最大,但小于 50%,为 38.9%,与 1 000 ~ 2 000m^3/s 流量级的出现几率 34.5% 接近。从水量占汛期比例来看,两系列 1 000 ~ 2 000m^3/s 流量级水量占汛期的比例分别为 28.4%、31.3%,也是各流量级中较大的。1 000m^3/s 流量级以下的相应比例则依次为 6.2% 和 16.4%。

各系列的1000 ~ 3000m^3/s流量级沙量占汛期的比例均超出50%,达到53.0% ~ 64.7%。

表 3-5-2　　4 个代表系列的小浪底入库水沙情况统计

(单位:水量,亿 m^3;沙量,亿 t)

系列		水量		沙量	
		年	汛期	年	汛期
前 5 年	1991 ~ 1995 + 1986 ~ 1990 + 1970 ~ 1974	243.5	111.9	7.9	7.1
	1978 ~ 1982 + 1987 ~ 1996	367.4	216.5	10.1	10.1
	1991 ~ 1995	243.5	111.9	7.9	7.1
	1985 ~ 1989	324.6	165.1	7.7	7.4
前 10 年	1991 ~ 1995 + 1986 ~ 1990 + 1970 ~ 1974	276.7	129.4	7.8	7.4
	1978 ~ 1982 + 1987 ~ 1996	331.1	174.7	8.9	8.5
15 年	1991 ~ 1995 + 1986 ~ 1990 + 1970 ~ 1974	285.3	135.2	9.5	8.7
	1978 ~ 1982 + 1987 ~ 1996	304.7	157.8	9.1	8.8

表 3-5-3　　小浪底入库 4 个基本水沙系列前 5 年各流量级水沙特征统计

(单位:水量,亿 m^3;沙量,亿 t)

流量级(m^3/s)	1991 ~ 1995 年					1978 ~ 1982 年					1985 ~ 1989 年				
	天数	该级水量	水占汛期	相应沙量	沙占汛期	天数	该级水量	水占汛期	相应沙量	沙占汛期	天数	该级水量	水占汛期	相应沙量	沙占汛期
0 ~ 500	135	7.5	6.70%	0.1	1.00%	14	0.8	0.40%		0.10%	63	4.2	2.60%		0.40%
500 ~ 1 000	208	25.4	22.80%	0.6	7.70%	91	12.5	5.80%	0.4	3.50%	176	22.9	13.80%	0.3	4.00%
1 000 ~ 1 500	129	27.4	24.60%	1.2	16.20%	137	29.4	13.60%	1	9.70%	132	27.9	16.90%	0.9	12.20%
1 500 ~ 2 000	79	23.5	21.00%	1.7	22.10%	106	32.1	14.80%	1.4	14.10%	80	23.8	14.40%	1.1	14.30%
2 000 ~ 2 500	40	15	13.40%	1.3	17.50%	103	39.7	18.30%	2.1	21.40%	44	17.3	10.50%	0.8	11.00%
2 500 ~ 3 000	10	4.6	4.10%	0.7	8.80%	61	28.9	13.30%	1.7	17.00%	46	21.8	13.20%	1.1	15.50%
3 000 ~ 3 500	10	5.5	4.90%	1.1	14.50%	27	14.8	6.80%	0.8	8.00%	31	17.1	10.40%	0.7	9.70%
3 500 ~ 4 000	2	1.2	1.10%	0.4	5.20%	28	18.1	8.40%	0.9	9.20%	27	17.2	10.40%	1.2	16.30%
4 000 ~ 5 000	1	0.7	0.60%	0.3	4.20%	31	23.9	11.00%	0.9	9.30%	13	10.2	6.20%	1	13.00%
5 000 ~ 7 000	1	0.9	0.80%	0.2	2.80%	16	15.1	7.00%	0.7	7.00%	3	2.7	1.60%	0.3	3.60%
7 000 以上						1	1.3	0.60%	0.1	0.70%					
0 以上	615	111.7	100.00%	7.6	100.00%	615	216.6	100.00%	10	100.00%	615	165.1	100.00%	7.4	100.00%

对小浪底入库连续 3 天 2 000m^3/s 流量级以上的场次洪水分析(见表 3-5-4)表明,按表中的顺序,4 个基本系列的洪水场次分别发生 32、36、10、10 场,每场洪水的平均持续天数分别为 7.8、10.5、4.3、14.3 天。1991 ~ 1995 年 5 年系列平均持续天数最少,仅为 4.3 天,而 1985 ~ 1989 年系列最多,达 14.3 天。洪水期间平均含沙量依次为 94、65、148、57kg/m^3,1991 ~ 1995 年系列的 148kg/m^3 高居 4 个系列之首,反映了近年中常洪水高含

沙机遇增多的问题。从各系列场次洪水水、沙量占汛期的比例看,前 2 个基本系列较为接近,而 2 个特殊系列在 4 个系列中仍分别处于最小和最大位置。场次洪水中水量及占汛期的比例差别较大,两个基本系列连续 3 天 2 000m^3/s 流量以上的水量差 26.1 亿 m^3,占汛期的比例也差 12.2%。两个特殊水沙系列则变化更剧。

表 3-5-4　　小浪底汛期连续 3 天 2 000m^3/s 流量以上场次洪水统计

系列	次数（场）	持续天数	水量（亿 m^3）	水占汛期（%）	沙量（亿 t）	沙占汛期（%）
1991～1995＋1986～1995＋1970～1974	32	250	40.4	29.9	3.8	43.8
1978～1982＋1987～1996	36	378	66.5	42.1	4.3	49.3
1991～1995	10	43	18.9	16.9	2.8	37.0
1985～1989	10	143	77.6	47.0	4.4	59.0

第四章　小浪底水库初期调水调沙减淤运用方式研究

第一节　水库初期运用的特点及运用原则

一、初期库区水流泥沙运动特性

为了认识水库运用初期泥沙淤积的规律，研究合理的水库调水调沙运用方式，首先应了解水库运用初期水流泥沙的运动特性。

（一）水库运用初期库区水流泥沙运动特性概述

在河流上修建水库，初期由于挡水建筑物壅高了水位，库区水面形成壅水曲线，水深沿程加大，水流流速和挟带泥沙的能力沿程降低，水库发生淤积，这一时期的水流流态称为壅水流态。随着水库淤积的增加，当水库最低运用水位以下库容接近淤满时，根据水库的运用方式，水库的运用水位有升有降，库区水流除壅水状态外，可以有均匀流态，挡水建筑物不起壅水作用，库区上段水面线接近天然状态，库区有冲有淤。我们这里所说的水库初期即为最低运用水位以下库容（对小浪底水库而言，为起始运行水位）淤满前这一时期，水库的水流流态为壅水流态。

在壅水流态情况下，可以有三种不同的输沙特征。如果浑水进入壅水段以后，泥沙扩散到水流的全断面，过水断面各处都有一定的流速，有一定的含沙量，这种输沙就是明流的输沙流态。但因为壅水流态中，流速是沿程递减的，所以水流可以挟带的沙量也是沿程递减的。因此，壅水明流输沙时所产生的淤积与均匀流态下的明流输沙的淤积具有不同的特征，称之为壅水明流输沙流态。

如果入库来水含沙量较高，细颗粒又多，当浑水进入壅水段以后，浑水可能不与壅水段中的清水混掺扩散，而潜入到清水的下面，沿库底向下游继续运动。有的一直运行到坝前。如有下泄条件，可排出库外。在清水库面以下的这种浑水运动称为水库异重流。这种输沙流态就是异重流输沙流态。图 4-1-1 为实测水库异重流的流速和含沙量分布图。

当异重流运行到坝前不能排出库外，或不能完全排出库外时，异重流浑水将滞蓄在坝前清水库面以下，形成一个浑水水库。由于异重流的泥沙颗粒较细，若含沙浓度较高，则浑水水库中泥沙沉降过程将不同于明流输沙中分散颗粒的沉降过程，具有独特的沉降特性。在壅水明流输沙流态中，如水库下泄流量很小，则库区壅水程度较大，库区水流流速极小，接近于静水状况。若来水含沙较多，颗粒又细，则整个库区处于异重流浑水所形成的浑水水库的同样状态。泥沙的沉降过程也和异重流的浑水水库一样。这种现象在多沙河流上的中小型水库中较易遇到。

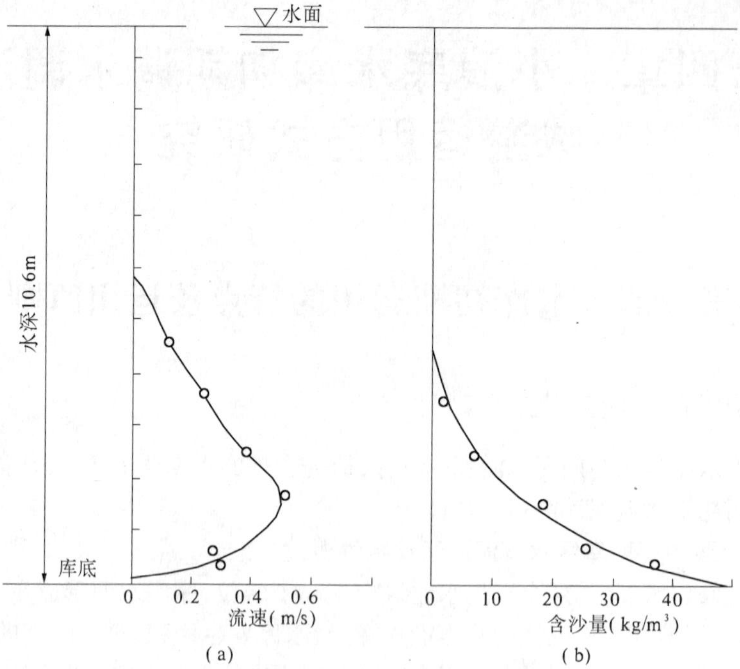

图 4-1-1 异重流的流速和含沙量分布

(a)垂线上的流速分布;(b)垂线上的含沙量分布

综上所述,在水库运用初期,库区的水流流态为壅水流态,水库输沙流态有壅水明流输沙流态、异重流输沙流态及浑水水库输沙流态三种。

(二)小浪底水库概况

1. 库区河道特性

黄河小浪底水利枢纽位于河南省洛阳市以北 40km 的黄河干流上,上距三门峡水利枢纽 128.42km,下距郑州黄河京广铁路桥 115km。坝址以上控制流域面积 694 155km²,占花园口以上流域面积的 95.1%。坝址实测平均径流量 405.5 亿 m³(1919 年 7 月~1995 年 6 月),实测多年平均输沙量 13.47 亿 t(1919 年 7 月~1995 年 6 月)。水库最高蓄水位 275m 时,回水到三门峡水库坝下。区间流域面积 5 730km²。库区基本为石山区,有少数黄土丘陵,河道平均比降 11‰,坝址处平均河底高程 130.7m,库区河谷上窄下宽,库区上段(67km 以上)河谷窄无滩地,河谷底宽 200~400m,下段河谷底宽 800~1 400m。距坝约 30km 以上有河长 4km 的八里胡同,河谷仅宽 200~300m。库区有畛水等十多条大支流汇入,集中分布在库区中下段。总之,小浪底水库是一个支流多、比降大且较三门峡水库狭窄的峡谷型水库。小浪底、三门峡两水库库区平滩水位河谷宽度比较见图 4-1-2,库区支流特征值见表 4-1-1。小浪底水库库区平面图见图 4-1-3。

2. 工程开发任务与规模

小浪底水利枢纽工程是防治黄河下游水害、开发黄河水利的重大战略措施,其开发任

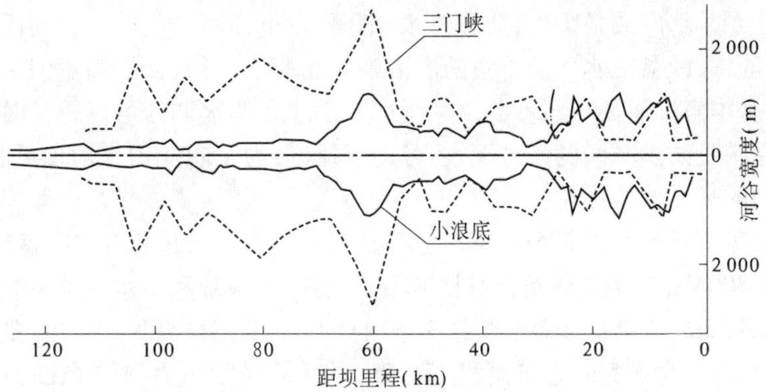

图 4-1-2　小浪底、三门峡两水库库区平滩水位河谷宽度比较

表 4-1-1　库区支流特征值

河名	距坝里程(km)	河道长度(km)	流域面积(km^2)	河道比降(‱)	水位275m原始容积(亿 m^3)	历史调查最大洪水(m^3/s)	年平均		
							流量(m^3/s)	沙量(万 t)	含沙量(kg/m^3)
大峪河	4.4	55	258	100	6.64	3 000	2.04	28.0	4.3
白马河	10.7			190	1.23				
畛水	18.0	53.7	431	63	17.81	4 280	2.32	89.7	12.2
石井河	22.0	22	140	120	5.24	2 200	2.04	33.6	5.2
东洋河	30.2	60	571	92	3.41	2 530	2.89	27.5	3.0
西阳河	40.8	53	404	106	2.33	2 360	2.04	29.4	4.6
沇西河	56.3	72	576	128	3.43	3 000～5 000	2.04	35.0	5.4
亳清河	57.1	52	647	90	2.42	4 420	2.04	51.3	8.0

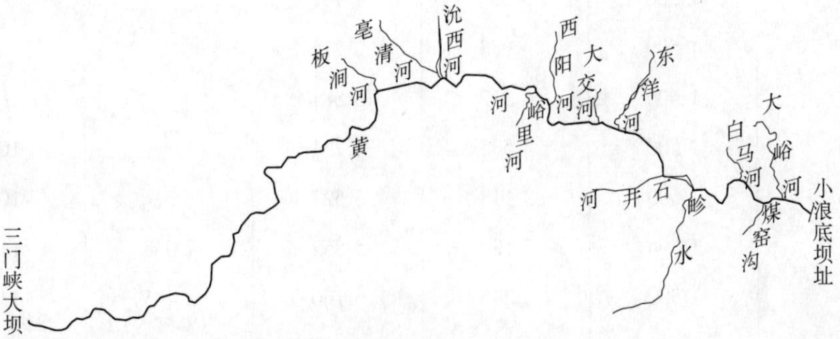

图 4-1-3　小浪底水库库区平面图

务是:"以防洪(防凌)、减淤为主,兼顾供水、灌溉、发电,除害兴利,综合利用。"工程建成后与三门峡、陆浑、故县三水库及下游防洪措施相互配合,可大大提高黄河下游防洪工程的设防标准,基本解除下游凌汛威胁。利用水库拦沙和调水调沙可以较长时期减少下游河道淤积。在满足防洪减淤的条件下,还可调节径流,为工农业用水增加可利用的水源,承担河南电网的骨干调峰作用。

小浪底水库正常蓄水位 275m,原始总库容 128.84 亿 m^3,长期有效库容 51 亿 m^3。电站装机容量 1 800MW。主要建筑物有拦河坝、泄洪排沙系统和引水发电系统。其中拦河坝坝顶高程 281.0m;泄洪排沙系统包括 3 条内径 14.5m、进口高程 175.0m 的三级孔板消能泄洪洞,3 条内径为 6.5m、进口高程 175.0m 的排沙排污压力洞,3 条断面尺寸分别为 10.5m×13.0m、10.0m×12.0m、10.0m×11.5m,进口高程分别为 195.0、209.0、225.0m 的明流泄洪洞,1 条直径为 3.5m、进口高程 223.0m 的灌溉压力洞,1 座底宽为 28.0m、进口高程 258.0m 的正常溢洪道和 1 座槽底宽 100.0m 的非常溢洪道;引水发电系统包括 6 条内径 7.8m,进口高程 1# ~4# 为 195.0m,5#、6# 为 190.0m 的发电引水洞。泄水建筑物形成了一个低位排沙、高位排污、中间引水发电的布局。

3 条排沙洞的运用水位,一般情况下要不低于 185m,特殊情况下可以不低于 180m,当水位为 220m 及其以上时,3 条排沙洞泄量控制为 1 500m^3/s。3 条孔板洞的运用水位要大于等于 200m;当水位大于 250m 时,1# 孔板洞不能使用。水电站在额定水头 112m 的单机发电流量为 300m^3/s。

根据泄水建筑物的运用条件,小浪底水库泄流情况见表 4-1-2。

表 4-1-2　　小浪底水库泄流情况　　(单位:m^3/s)

水位(m)	排沙洞	孔板洞	明流洞	溢洪道	累计
185	795				795
190	1 005				1 005
195	1 170				1 170
200	1 257	3 298	139		4 694
210	1 383	3 573	742		5 698
220	1 500	3 836	1 732		7 068
230	1 500	4 083	2 715		8 298
240	1 500	4 312	3 881		9 693
250	1 500	4 535	4 791		10 826
260	1 500	3 118	5 527	152	10 297
265	1 500	3 182	5 852	1 038	11 572
270	1 500	3 246	6 160	2 405	13 311
275	1 500	3 308	6 449	4 050	15 307

3. 水库原始库容及分布

1）小浪底库区原始库容

采用1995年5月航测、10月调绘的小浪底库区1∶10 000地形图，利用CAD技术对水库原始库容、面积量算结果见表4-1-3。

表4-1-3　　小浪底水库各级高程原始库容、面积　　（单位：库容，亿 m^3；面积，km^2）

高程（m）	干流		支流		合计		原设计采用库容
	面积	库容	面积	库容	面积	库容	
130	0.02	0.01	0	0	0.02	0.01	0
205	50.17	14.52	18.46	3.14	68.63	17.66	17.1
210	57.35	17.25	22.49	4.16	79.84	21.41	20.5
220	69.27	23.65	32.03	6.86	101.30	30.51	29.6
230	82.43	31.29	43.58	10.65	126.01	41.94	40.8
245	102.33	45.20	64.59	18.71	166.92	63.91	62.0
275	148.27	82.89	119.76	45.95	268.03	128.84	126.5

小浪底水库最高蓄水位275m时，原始干、支流库容及总库容分别为82.89亿、45.95亿 m^3 和128.84亿 m^3；干、支流面积及总面积分别为148.27、119.76km^2 和268.03km^2。设计阶段使用的库容，高程275m时为126.50亿 m^3（不包括最低一级等高线以下库容），与本次不包括最低一级等高线以下部分的库容127.68亿 m^3 非常接近。

2）小浪底水库原始库容分布特点

小浪底库容分布特点是：干流库容占总库容的64.3%；高程230m以上的库容占总库容的67.4%；距坝约30km库段的库容占总库容的60.3%；八里胡同以下的4条大支流（畛水、大峪河、石井河、东洋河）的库容占支流总库容的70%；距坝67km以上（库段长占总库长的48%）的库容占总库容的6.8%。

（三）小浪底水库运用初期库区水流泥沙运动特性

小浪底水利枢纽工程设计，要求小浪底水库的最低运用水位205m，低于205m不能发电，因此小浪底水库的起始运行水位（最低运用水位）在205m以上比较论证。小浪底水库起始运行水位采用205、210、220m时，相应水平回水距离分别为76、78.5、87.5km，相应坝前水深分别为75、80、90m，相应水平库容分别为17.66亿、21.41亿、30.51亿 m^3。考虑起始运行水位以上的调节蓄水，使库水位抬升和相应蓄水体进一步增大，挟沙浑水进入这样的蓄水体，并含有足够的细沙浓度，将会形成异重流，所以小浪底水库拦沙初期库区以异重流输沙流态为主。尚不能实现“拦粗排细”运用方式（“拦粗排细”运用方式的核心就是水库维持较小的蓄水体，水流进入蓄水体，基本呈明流输沙流态，提高排沙比，达到多拦粗沙少拦细沙的目的）。因此，拦沙初期应利用此特点，汛期在不影响防洪、减淤的前提下，适当抬高库水位、增加蓄水量，发挥水库的综合效益。当库区淤积量达到21亿～22亿 m^3 时，起始运行水位以下蓄水体变小，摆脱了拦沙初期蓄水体较大的制约，汛期在不影响防洪、减淤的前提下，抬高库水位将受到一定制约或不可能，所以拦沙初期是汛期发挥水库综合效益的最佳时期。

小浪底水库的原型观测资料也表明，小浪底水库拦沙初期库区以异重流输沙流态为主。2 000 年 9 月 5 日小浪底库水位 219. 14m，水平回水距离约 87km，浑水在距坝 65. 21km 河堤因子断面以上潜入，形成异重流。河堤因子断面的流速、含沙量垂线分布符合异重流输沙流态规律。见图 4-1-4。

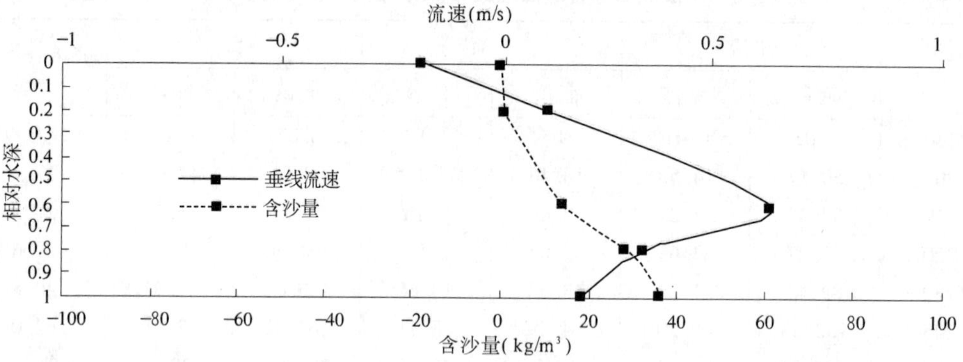

图 4-1-4　2000 年 9 月 5 日河堤站流速、含沙量垂线分布(水深:6. 6m;水位:219. 11m)

库区物理模型试验也表明，水库拦沙初期库区主汛期排沙形式基本上为异重流排沙。异重流潜入点一般位于三角洲前坡段，随着三角洲顶点向坝前推进，潜入位置不断下移。在异重流潜入点附近，因水面的倒流而使下游漂浮物聚集在潜入处，且在潜入处由于清浑水的剧烈掺混而出现浑水泥团不断冒升到水面，即所谓的“翻花”现象。在异重流潜入点以下库段，测到异重流的典型流速、含沙量沿垂线分布情况，见图 4-1-5 和图 4-1-6。

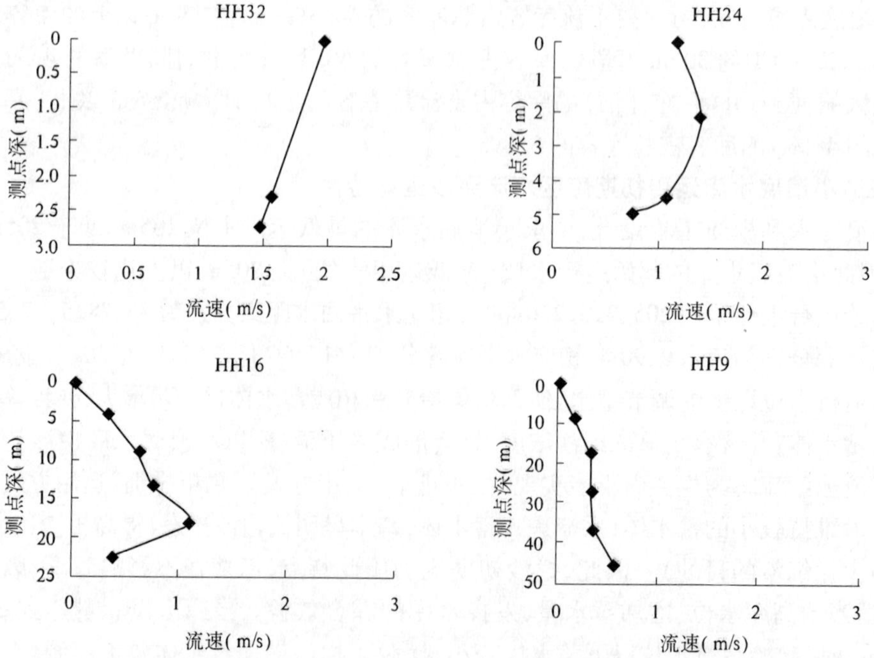

图 4-1-5　小浪底库区模型试验流速沿垂线分布(方案 1　2001 年 9 月 5 日)

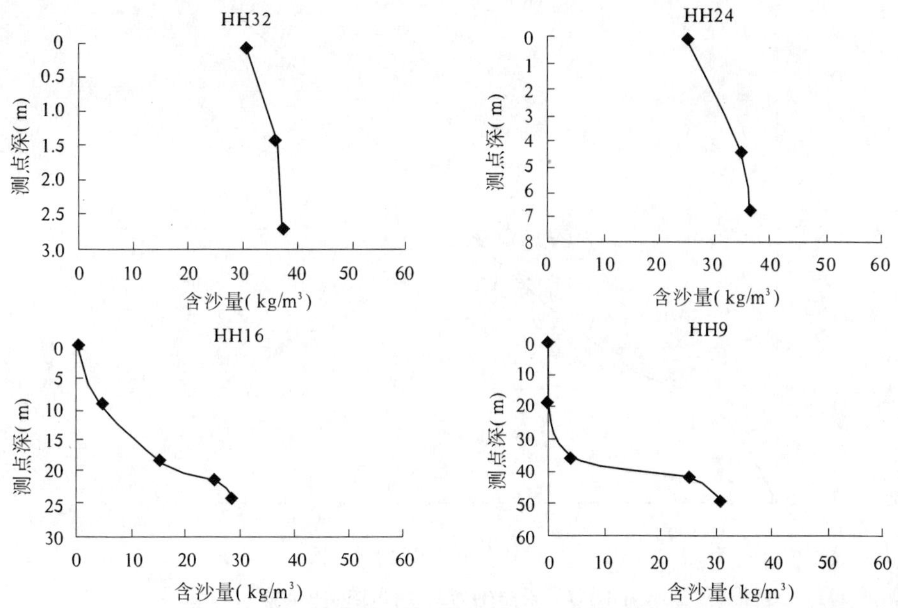

图 4-1-6　小浪底库区模型试验含沙量沿垂线分布(方案1　2001 年 9 月 5 日)

水库泥沙数学模型计算结果也是如此,小浪底水库运用的拦沙初期主汛期基本可以形成异重流。相同水沙条件下,异重流潜入点位置随起始运行水位的升高,距坝前越远。同一起始运行水位,随水库淤积的发展(年序增加),潜入点推向坝前。相同水位和淤积情况下,流量越大,潜入点位置越往前。

综上分析表明,小浪底拦沙初期库区输沙流态以异重流输沙流态为主。

(四)水库拦沙初期库区泥沙淤积特性

小浪底水库起始运行水位以下库容淤满前的拦沙初期,最低的可能运用水位为205m,205m 以下库容已经超过 20 亿 m^3,水库以异重流排沙为主,排沙比已经较小,因此不同运用方案库区淤积比例都比较大,而不同运用方案的相对差别较小。也就是说,在小浪底水库的拦沙初期,水库不可避免地要经历一段时间的清水下泄时期。把泥沙分为细沙、中沙、粗沙三组,分析各个分组沙和全沙输沙特性(见图 4-1-7 ~ 图 4-1-9),结果表明,分组沙排沙比随着全沙排沙比的增大而增大,全沙排沙比小于 1 时,水库处于淤积状态,当全沙排沙比达到 80% 时,细沙排沙比达到 96%,粗沙、中沙排沙比分别为 52%、66%,库区淤积的泥沙为粗沙、中沙;当全沙排沙比达到 50% 时,细沙排沙比达到 74%,粗沙、中沙排沙比分别为 18%、23%,库区淤积物主要为粗沙、中沙;当全沙排沙比在 10% ~20% 时,细沙排沙比达到 19% ~36%,粗沙、中沙排沙比分别为 0.4% ~2.3%、0.8% ~3.5%,说明粗沙、中沙全部淤积,细沙也大部分淤积在库区。

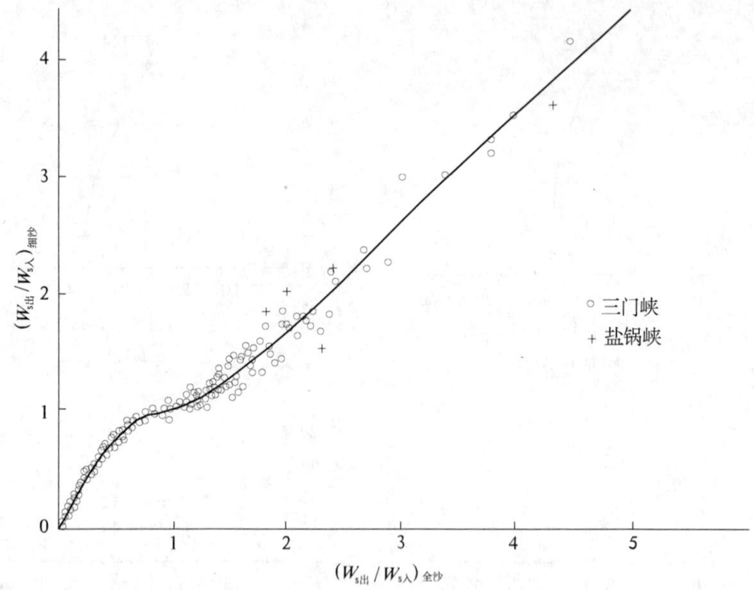

图 4-1-7　水库细沙与全沙排沙比关系

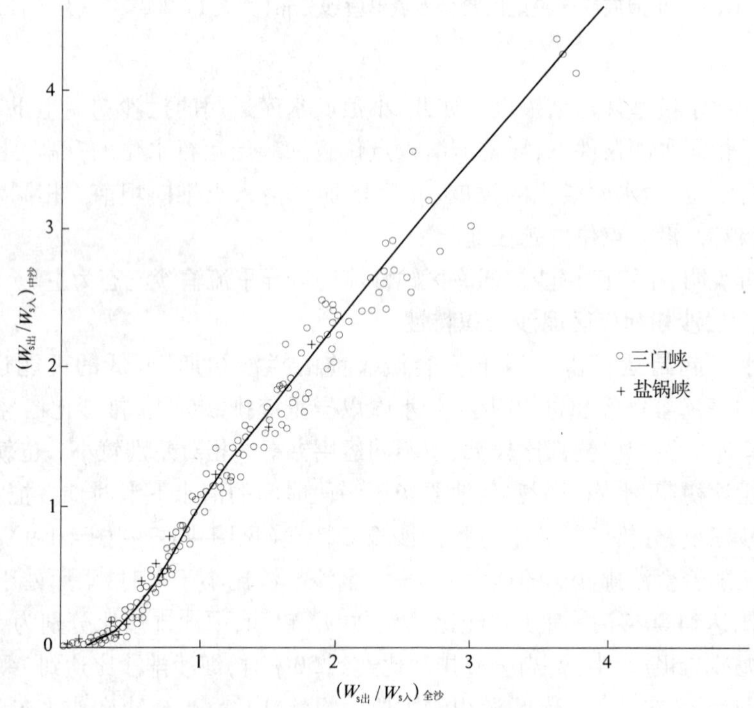

图 4-1-8　水库中沙与全沙排沙比关系

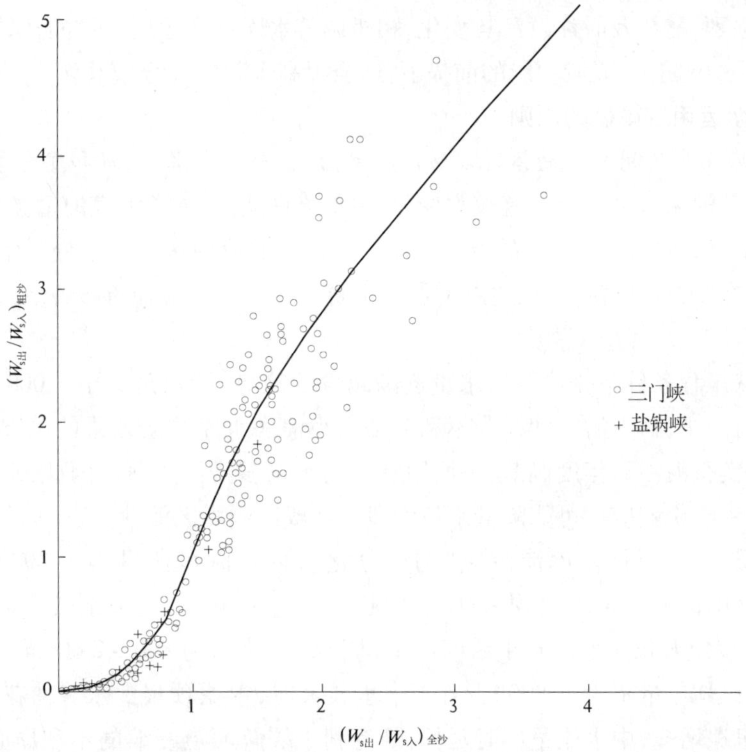

图 4-1-9 水库粗沙与全沙排沙比关系

小浪底水库起始运行水位以下库容淤满前的拦沙初期,水库处于淤积状态,由于水库的蓄水体较大,以异重流排沙为主,不同水沙条件水库初期 3 年的平均排沙比在 10% ~ 20%,粗沙基本上全拦在库区,60% 以上的细沙也淤积在库区,水库不可能较多地排出细沙。小浪底水库的原型观测资料也证明了这一点。

二、拦沙初期为试运行期

(一)初期运用需要考虑的突出问题

(1)根据黄河防洪迫切需要,以及初期水库库容较大的情况,水库初期运用阶段,应发挥更大的防洪减灾效益。要适当控制中常洪水,减少下游漫滩行洪机遇和洪灾损失。

(2)根据当前下游河道萎缩、河槽淤积严重的不利状况,水库下泄清水期间,应适当调控下泄流量,争取对下游河道有较好的冲刷效果(河势变化不大,冲刷影响范围延长)。同时,为加速河道整治工程的建设创造条件。

(3)初期运行期间,存在"冲河南、淤山东"的不利因素,特别是汛期来水偏枯年份,山东河道淤积形势仍很严峻。水库调度运用要充分考虑这个情况,实行汛期泄流"两极分化"(两极分化的小流量为调控下限流量,两极分化的大流量为调控上限流量),以提高对山东河段的减淤效果。

(4)拦沙运用初期是下游河势可能发生突变的时期。如汛期来水偏丰,流量较大,下游河道冲刷强烈，需要及时注意河势变化，相机调整水库调度运用，减轻防汛抢险威胁。

(5)在不影响防洪、减淤功能的前提下，适当提高工程的综合效益。

(二)初期运用应遵循的原则

1. 小浪底水库运用应全面体现以防洪减淤为主，兼顾供水、灌溉和发电等综合利用

近年来，黄河来水来沙情况有较大变化，中水流量减少，下游河道河槽淤积严重，河槽平滩流量降低，形成“小水大灾”的严重局面；同时，工农业用水需求十分紧张。小浪底工程运用初期，在坚持以防洪减淤为主的同时，应进一步研究调节径流缓解下游断流损失的可行性。

考虑现状工程条件下排沙可用水量逐渐减少的趋势，特别是大于 3 000m^3/s 流量出现机遇及历时减少，对下游输沙极为不利。提高小浪底水库减淤效果的关键是尽可能利用大水排沙，实行泥沙跨年度调节，争取用有限的水量多排沙入海。因此，水库在拦沙运用阶段，遇大水年份就应尽可能降低水位敞泄排沙或冲刷库区泥沙。

一般情况下，主汛期水库泄流应“两极分化”，使花园口流量小于 800m^3/s 或大于 2 600m^3/s(避免花园口来水出现 800 ~ 2 600m^3/s 的情况)。当来水较小时，水库补水 800m^3/s 满足发电及供水要求且下游河道淤积不多；当来水为 800 ~ 2 600m^3/s 时，水库拦蓄，控制花园口站流量不大于 800m^3/s；当来水较大时，根据预报泄水。使花园口站的中水流量出现机遇增多，中水流量历时延长，既有利于缓解河道萎缩的不利局面，又有利于减轻艾山以下河段的淤积。特别是在水库运用初期，对解决下游防洪面临的迫切问题效果最为显著。

减少山东河道淤积，水库调控出库流量是关键。所以，本次水库的调节原则，就是在对河南河道平面变化影响不大的前提下力争调节出对山东河道有利的水沙，具体由以下几方面体现。

1)连续泄放较大流量，减少山东河道淤积

三门峡水库 1960 ~ 1964 年清水下泄资料表明，流量与历时是决定冲刷距离与冲刷量的重要因素。连续泄放 6 天以上调控上限流量，山东河道冲刷效果较好。所以，连续泄放较大流量有两个含义：一是利用天然的大流量，考虑伊洛沁河来水，适当补水凑泄花园口连续 6 天以上大于(包括等于，下同)调控上限流量，减少山东河道淤积；二是当水库蓄水量较大(大于等于调控库容)时，连续泄放 6 天调控上限流量，减少山东河道淤积。

小浪底水库初期相对清水下泄期间，从尽量减少山东河道淤积角度，调控上限流量考虑两种情况：一是按清水冲刷期山东河道临界冲淤条件考虑，花园口流量为 2 600m^3/s；二是按山东河道冲刷效果较好流量考虑，花园口流量为 3 700m^3/s。

2)小水期水库补水，满足黄河下游的工农业用水

据分析，黄河下游花园口站来水流量 800m^3/s，可满足下游的工农业用水。因此，当黄河下游来水流量不满足花园口站 800m^3/s 时，考虑伊洛沁河来水，水库补水凑泄花园口站流量不小于 800m^3/s。同时小浪底水库出库流量大于 600m^3/s，满足供水发电要求。

3）避免花园口出现 800m^3/s 至调控上限流量的水流，减少黄河下游河道淤积

根据黄河下游冲淤规律分析，汛期进入黄河下游的流量为 800m^3/s 至调控上限流量时，山东河道淤积严重。因此，水库调节应避免花园口出现 800m^3/s 至调控上限流量，当花园口以下来水流量可能在 800m^3/s 至调控上限流量之间时，水库凑泄花园口流量 800m^3/s，另外，要满足出库流量不小于 600m^3/s 的发电要求。

4）汛期控制中常洪水

黄河下游滩区现居住 179 万人，耕地面积 25 万 hm^2，漫滩行洪淹没损失较大。为了减少洪灾损失，同时发挥初期水库库容较大的优势，适当控制普通洪水，减少下游漫滩行洪机遇和洪灾损失。

2. 应充分考虑黄河水沙特点及水沙变化的新情况

1986 年以来，黄河来水偏枯，来水量显著减少，汛期中水流量出现机遇减少。如今后水沙情况保持类似情况，小浪底水库库区淤积年限将延长，但有利的排沙机遇将减少。水库运用方式要针对这个特点，尽可能抓住机遇，利用大水排沙。同时，为避免出现不应有的失误，初期运用要考虑各种可能发生的水沙情况，尽量采用水沙量较丰的系列（1978～1980 年）、水量较枯的系列（1991～1993 年）、沙量较枯的系列（1985～1987 年）进行综合分析。另外，当初期运用发生大洪水尤其是上大洪水时，水库淤积速度会加快，可能对水库带来一定的影响。为此，选择 1977 年典型洪水（相当于 6～7 年一遇）和 1977～1979 年系列进行了计算分析。

充分利用 7～9 月水沙分布特点，合理划分调水调沙期和蓄水调节期。三门峡水库蓄清排浑运用以来（1974 年 7 月～1997 年 6 月），小浪底站汛期各时期水沙量占汛期水沙量的百分数为：7 月上旬水量占 5%，沙量占 7%；7 月中旬～9 月上旬水量占 52%，沙量占 75%；9 月中、下旬水量占 19%，沙量占 10%；10 月水量占 24%，沙量占 9%。资料表明，7 月 1～10 日水沙量不大，为了满足灌溉供水，水库需要保留一定的蓄水量，不能按减淤要求调节水沙；7 月 11 日～9 月 10 日，水沙量都较多，水库水位不宜过高，要充分利用大水输沙；9 月 11 日～10 月有一定水量但沙量少，洪水减少。所以，当预报来大水时，仍要利用大水输沙，非大水时期水库蓄水量仅受防洪水位的限制，不再人为造峰。这样，在保证防洪的前提下，水库多蓄点水，不仅对库区淤积影响不大，还可多发挥水库综合利用效益。所以，每年 7 月 11 日～9 月 30 日为防洪、减淤调度运用的主要时段，称为主汛期，7 月 1～10 日纳入蓄水调节期统筹安排。

除以上两条原则外，汛期蓄水安排应与非汛期水量利用调度研究紧密结合，统筹考虑，权衡利弊影响。

第二节　水库初期减淤运用方案研究

小浪底水库调水调沙的主要任务是满足黄河下游的防洪减淤要求，尤其要有利于山东河道的减淤。根据库区水流泥沙运动特性和黄河下游河道冲淤特性，在小浪底水库起始运行水位以下库容淤满前的拦沙初期，水库处于淤积状态，由于水库的蓄水体较大，以

异重流排沙为主，出库含沙量较低，无论采用何种调水调沙方式，水库都难以做到更多地排细沙，其水沙调节应以调节流量和含沙量为主，汛期对小浪底水库出库流量进行调节控制，使出库流量两极分化，并相机形成持续一定时间的较大流量，利用大水排沙，减少黄河下游河道尤其是山东河道的淤积。因此，小浪底水库拦沙初期调水调沙的基本特点是对主汛期来水流量进行调控，研究的关键是调控流量、调控库容和起始运行水位。

一、调控流量研究

主汛期调水方式使出库流量两极分化，出库大流量要满足下游尤其是山东河道的减淤要求，不小于调控上限流量；出库小流量要满足下游河道供水和电站运行要求，达到调控下限流量和两台机组的发电流量，水库调节应避免调控上限流量和调控下限流量之间的对山东河道淤积严重的流量级，以减少黄河下游河道的淤积。但主汛期运用调控流量大小不同，对水库淤积、综合利用效益以及黄河下游河道带来的不利影响有差异。

（一）研究方案

1. 调控上限流量

根据上述研究，小浪底水库初期下泄相对清水期间，从减少山东河道淤积角度，调控上限流量研究两个方案：一是按清水冲刷期山东河道临界冲淤条件考虑，花园口流量为 2 600m^3/s；二是按山东河道冲刷效果较好流量考虑，花园口流量为 3 700m^3/s。相应于调控流量 2 600m^3/s，调控库容采用 8 亿 m^3；相应于调控流量 3 700m^3/s，调控库容采用 13 亿 m^3。两个方案的起始运行水位均为 210m。

2. 调控下限流量

汛期花园口站流量在 800m^3/s 左右时，利津断面一般不断流，汛期平水期和非汛期下泄流量越大，对山东河道减淤越不利，特别是对艾山至利津河段不利。因此，从供水和减淤角度出发，当黄河下游来水流量不满足花园口站 800m^3/s 时，考虑伊洛、沁河来水，水库补水凑泄花园口站流量 800m^3/s，考虑花园口以上引水后，相应水库出库加黑石关、小董流量约为 830m^3/s。

（二）不同调控流量调节效果比较

采用 1991 ~ 1993 年（简称 91 系列，下同）和 1978 ~ 1980 年（简称 78 系列，下同）两个系列进行方案比较。

1. 调水效果

调控上限流量 2 600m^3/s 方案与 3 700m^3/s 方案相比，花园口断面大于等于调控上限流量的天数增加，相应水量也稍多，但大于调控上限流量的平均流量小，91 系列分别为 2 991、3 784m^3/s，78 系列分别为 3 095、3 758m^3/s。演进至艾山断面，大于等于 2 000m^3/s 的天数较多，水量也较大，但平均流量小，91 系列分别为 2 947、3 674m^3/s，78 系列分别为 3 006、3 550m^3/s。花园口断面大于等于调控上限流量和艾山断面大于等于 2 000m^3/s 的总天数和相应水量的情况与连续 6 天以上的情况定性一致。各个模型计算结果定性一致。见表 4-2-1。

表 4-2-1(1)　　**不同调控流量水库调节情况**　（单位：水量，亿 m^3；沙量，亿 t）

项目			水动力学模型				水文学模型			
			78 系列		91 系列		78 系列		91 系列	
			3 700/13	2 600/8	3 700/13	2 600/8	3 700/13	2 600/8	3 700/13	2 600/8
出库流量小于 600m^3/s 天数			0	0	14	14	0	0	19	19
花园口流量小于 800m^3/s 天数			0	0	8	8	0	1	10	10
花园口流量大于等于 2 600m^3/s	天数		75	103	36	51	75	95	35	50
	占主汛期天数(%)		30.49	41.9	14.63	20.7	30.5	38.6	14.2	20.3
	出库沙量		1.88	2.810	2.87	2.98	1.89	2.63	1.9	2.09
	占主汛期沙量(%)		76.86	86.8	88.38	89.8	73.9	83.9	76.2	79.2
花园口流量为 800～2 600m^3/s	天数		20	20	13	12	17	17	11	11
	占主汛期天数(%)		8.13	8.1	5.28	4.9	6.9	6.9	4.5	4.5
	出库沙量		0.04	0.030	0.04	0.03	0.06	0.05	0.02	0.02
	占主汛期沙量(%)		1.78	0.8	1.36	0.9	2.2	1.5	0.8	0.8
花园口流量大于等于 2 600m^3/s	1 天以上	天数	75	103	36	51	75	95	35	50
		水量	243.5	275.4	117.7	131.8	243.8	258.2	114.8	129.0
		次数	7	10	5	7	8	11	5	7
	4 天以上	天数	75	103	36	51	72	95	35	50
		水量	243.5	275.4	117.7	131.8	234.0	258.2	114.8	129.0
		次数	7	10	5	7	7	11	5	7
	6 天以上	天数	66	89	31	46	67	73	31	45
		水量	215.2	245.6	102.1	120.8	218.6	209.1	102.3	118.0
		次数	5	7	4	6	6	6	4	6

注：主汛期是指 7 月 11 日～9 月 30 日，下同。

表 4-2-1(2)　　**不同调控流量艾山站流量大于 2 000m^3/s 统计**

项目		78 系列		91 系列	
		2 600/8	3 700/13	2 600/8	3 700/13
1 天以上	天数	97	74	48	36
	水量	251.9	227.0	122.2	114.3
	次数	10	7	7	5
4 天以上	天数	94	74	48	36
	水量	245.7	227.0	122.2	114.3
	次数	9	7	7	5
6 天以上	天数	84	66	43	31
	水量	224.5	203.3	111.7	98.9
	次数	7	5	6	4

注：水量单位为亿 m^3。

从满足花园口最小流量和电站最小流量的要求看，91 系列两个方案不满足花园口要求最小流量的天数均为 8 天，不满足电站要求最小流量的天数均为 14 天；对于 78 系列，两个方案基本均能满足。

2. 水库淤积及发电效益比较

1）水库淤积

调控上限流量 2 600m^3/s 的方案，由于相应的调水库容小，相同来水条件下运用水位略低，与调控上限流量 3 700m^3/s 的方案相比，库区淤积量略少。91 系列，两个调控上限流量方案的 3 年累计淤积量分别为 14.25 亿、14.31 亿 m^3。对于 78 系列，两个调控上限流量方案的 3 年累计淤积量分别为 18.36 亿、18.93 亿 m^3。见表 4-2-2。

表 4-2-2　　不同调控上限流量水库淤积及发电情况

项目		水动力学模型				水文学模型			
		78 系列		91 系列		78 系列		91 系列	
		3 700/13	2 600/8	3 700/13	2 600/8	3 700/13	2 600/8	3 700/13	2 600/8
平均出库水量（亿 m^3）	主汛期	117	122	84	85	117.2	117.6	82.7	84.2
	年	325	325	264	264	324.1	324.1	262.4	262.5
平均出库沙量（亿 t）	汛期	0.82	1.08	1.08	1.11	0.85	1.04	0.83	0.88
	年	1.02	1.27	1.15	1.17	0.96	1.15	0.86	0.91
年淤积量（亿 m^3）	全沙	6.31	6.12	4.77	4.75	6.06	5.92	4.77	4.74
	细沙	2.82	2.65	2.53	2.51	2.57	2.45	2.34	2.30
	中沙	1.83	1.81	1.32	1.32	1.79	1.78	1.44	1.45
	粗沙	1.66	1.66	0.92	0.92	1.70	1.69	0.99	0.99
淤积物级配（%）	细沙	44.66	43.25	52.91	52.71	42.4	41.2	49.0	48.6
	中沙	28.96	29.59	27.72	27.86	29.6	30.2	30.4	30.5
	粗沙	26.38	27.16	19.37	19.44	28.0	28.6	20.7	20.8
汛期排沙比（%）	全沙	10.74	14.21	16.65	17.00	11.6	14.3	13.0	13.7
	细沙	20.05	26.42	25.49	26.13	22.5	27.4	22.2	23.5
	中沙	3.24	4.39	6.68	6.58	2.2	2.8	2.2	2.4
	粗沙	0.35	0.64	1.54	1.62	1.6	2.2	1.5	1.5
发电量（亿 kW·h）		156.6	151.5	135.6	134.1	148.7	147.9	131.1	130.1
主汛期平均水头（m）		82.61	79.54	78.28	77.41				

干流淤积形态见图 4-2-1、图 4-2-2，从图中可以看出，3 700m^3/s 调控上限流量方案水库淤积部位略靠上，坝前淤积高程略低，三角洲顶坡高程略高，三角洲顶坡第 3 年高程，91 系列高 2m 左右，78 系列高 4m 左右。

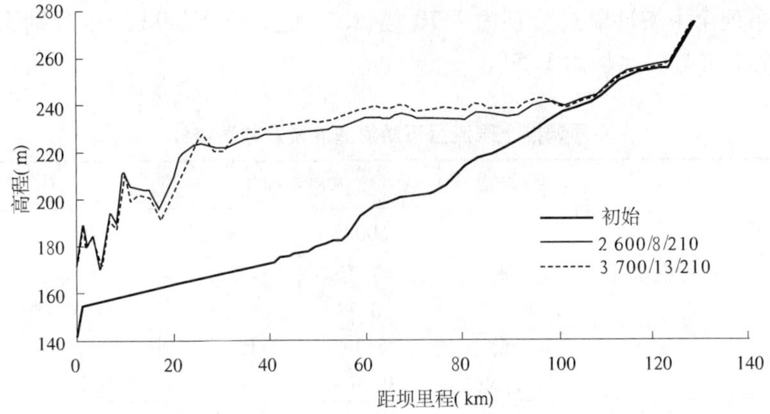

图 4-2-1 库区淤积纵剖面(78 系列,第 3 年底)

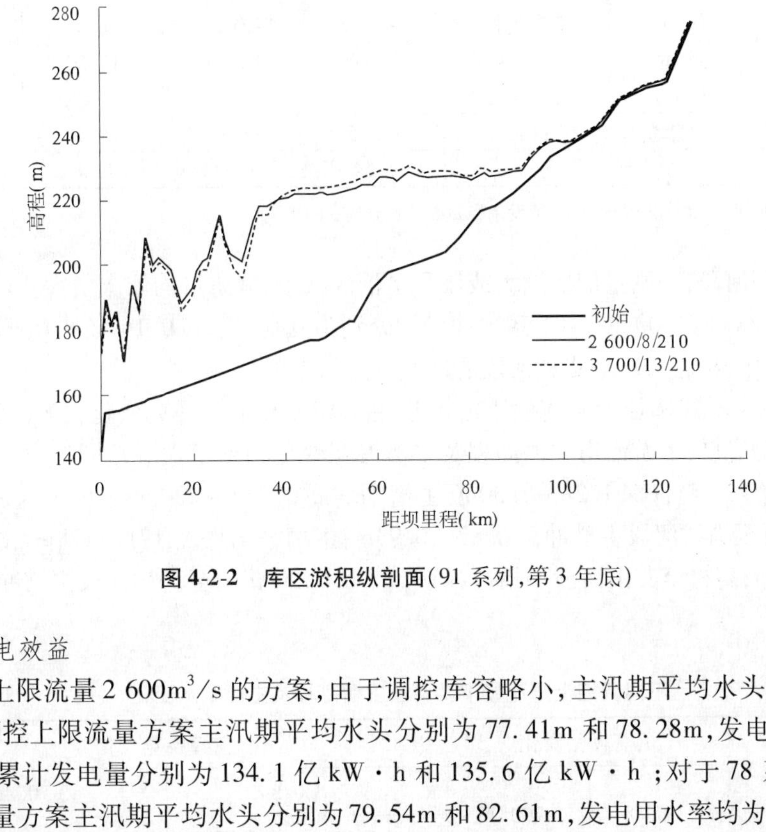

图 4-2-2 库区淤积纵剖面(91 系列,第 3 年底)

2)发电效益

调控上限流量 2 600m^3/s 的方案,由于调控库容略小,主汛期平均水头略低。91 系列,两个调控上限流量方案主汛期平均水头分别为 77.41m 和 78.28m,发电用水率均为 83%,3 年累计发电量分别为 134.1 亿 kW·h 和 135.6 亿 kW·h;对于 78 系列,两个调整上限流量方案主汛期平均水头分别为 79.54m 和 82.61m,发电用水率均为 71%,3 年累计发电量分别为 151.5 亿 kW·h 和 156.6 亿 kW·h。

3. 下游河道冲淤及减淤情况分析

不同调控上限流量下游河道冲淤及减淤情况见表 4-2-3。黄委会设计院的水文-水动力学模型与水动力学模型计算结果相近。调控上限流量从 2 600m^3/s 到 3 700m^3/s,全下游冲刷量及减淤量均依次增大,全下游减淤比变化不大。91 系列全下游冲刷量分别为 4.75 亿、4.83 亿 t,全下游减淤量分别为 12.50 亿、12.59 亿 t,全下游减淤比均为1.48;78系列全下游冲刷量分别为7.70亿、8.21亿t,全下游减淤量分别为15.45亿、15.96亿t,全下游减淤比均为1.54。

表4-2-3　不同调控上限流量下游河道冲淤及减淤统计

模型	项目		78系列		91系列	
			2 600/8	3 700/13	2 600/8	3 700/13
黄设院水动力学模型	有小冲淤量(亿t)	全下游	-7.39	-7.77	-4.99	-5.10
		艾利河段	-0.27	-0.32	0.16	0.12
	减淤量(亿t)	全下游	15.33	15.71	13.07	13.18
		艾利河段	0.74	0.78	0.20	0.25
	水库淤积量(亿m^3)		18.35	18.92	14.26	14.32
	全下游减淤比		1.56	1.57	1.42	1.41
黄设院水文-水动力学模型	有小冲淤量(亿t)	全下游	-7.70	-8.21	-4.75	-4.83
		艾利河段	-0.22	-0.38	0.08	-0.16
	减淤量(亿t)	全下游	15.45	15.96	12.50	12.59
		艾利河段	0.97	1.12	0.49	0.73
	水库淤积量(亿m^3)		18.35	18.92	14.26	14.32
	全下游减淤比		1.54	1.54	1.48	1.48

注:"-"表示冲刷;艾利指艾山至利津,黄设院指黄委会设计院,下同。

对于艾利河段,冲刷量依次增大或淤积量依次减小,减淤量均依次增大。调控上限流量从2 600m^3/s到3 700m^3/s,91系列冲淤量分别为0.08亿、-0.16亿t,78系列分别为-0.22亿、-0.38亿t,这是艾利河段的冲淤特点的表现。

表4-2-4为不同调控上限流量下游河道主槽高程及主槽展宽变化情况。结果表明,不同调控上限流量,下游河道主槽高程及主槽展宽变化相差不大。花园口以上河段主槽3年(以下均为3年)冲深1.28~1.30m,主槽平均展宽214~220m,主槽最大展宽540~580m;花园口至高村河段主槽冲深0.87~0.93m,主槽平均展宽171~178m,主槽最大展宽450~480m;高村至艾山河段主槽冲深0.60~0.62m;艾山至利津河段主槽冲深0.28~0.33m。

表4-2-4　不同调控上限流量下游河道主槽高程及主槽展宽变化　(单位:m)

河段	主槽高程变化		主槽展宽变化			
	2 600/8	3 700/13	2 600/8		3 700/13	
			平均展宽	最大展宽	平均展宽	最大展宽
花园口以上	-1.30	-1.28	214	540	220	580
花园口—高村	-0.93	-0.87	171	450	178	480
高村—艾山	-0.62	-0.60				
艾山—利津	-0.28	-0.33				

(三)各家数学模型水库冲淤计算成果的对比分析

小浪底水库运用方式研究过程中,中国水科院、清华大学、黄委会水科院、西安理工大学进行了调控上限流量 2 600m^3/s、调控库容 8 亿 m^3、起始运行水位 210m 方案和调控上限流量 3 700m^3/s、调控库容 13 亿 m^3、起始运行水位 210m 方案计算(2001 年水库正式进行调水运用),计算结果见表 4-2-5。各家数学模型计算第 5 年库区干流淤积形态见图 4-2-3和图 4-2-4。主要支流第 5 年淤积形态见图 4-2-5 ~ 图 4-2-8。

表 4-2-5　　不同调控上限流量各家库区年淤积量　　(单位:亿 t)

方案	单位	水库淤积量				37 断面以下淤积量	支流淤积量
		全沙	细沙	中沙	粗沙		
1	中国水科院	6.36	2.19	2.22	1.95	5.86	0.58
	黄委会水科院	7.34	2.99	2.27	2.08	6.60	1.44
	清华大学	7.07	2.97	2.01	2.09	6.29	0.94
	西安理工大学	7.33	2.95	2.35	2.03	6.47	0.78
	黄设院水动力学模型	7.25	2.96	2.27	2.02	6.57	0.92
	黄设院水文学模型	7.57	3.20	2.09	2.28		
2	中国水科院	6.66	2.43	2.28	1.95	5.75	0.65
	黄委会水科院	7.69	3.30	2.30	2.09	6.79	1.42
	清华大学	7.47	3.22	2.12	2.13	6.51	0.98
	西安理工大学	7.50	3.09	2.38	2.03	6.52	0.78
	黄设院水动力学模型	7.58	3.28	2.29	2.01	6.81	0.95
	黄设院水文学模型	7.89	3.50	2.11	2.29		

注:方案 1 为调控上限流量 2 600m^3/s,方案 2 为调控上限流量 3 700m^3/s,37 断面距坝 64.8km。

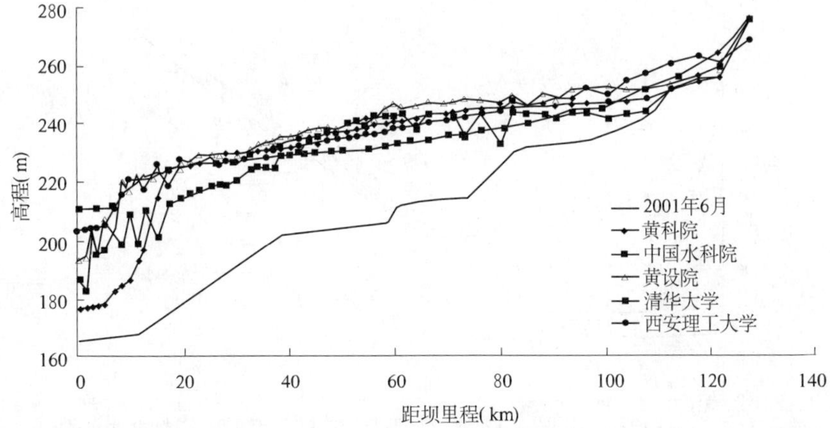

图 4-2-3　库区干流淤积纵剖面(2 600/8/210,第 5 年底)

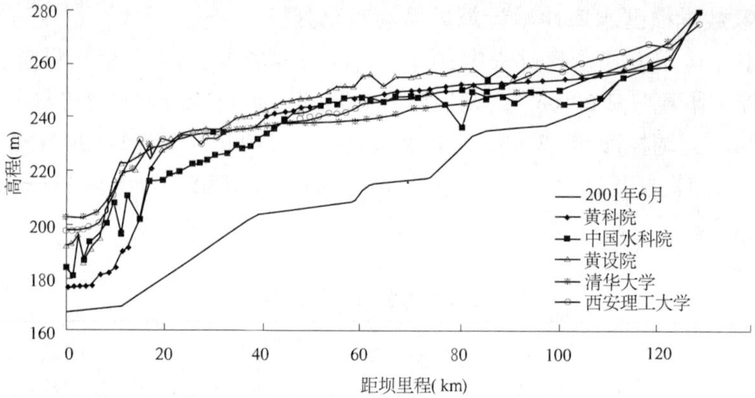

图 4-2-4　库区干流淤积纵剖面(3 700/13/210,第 5 年底)

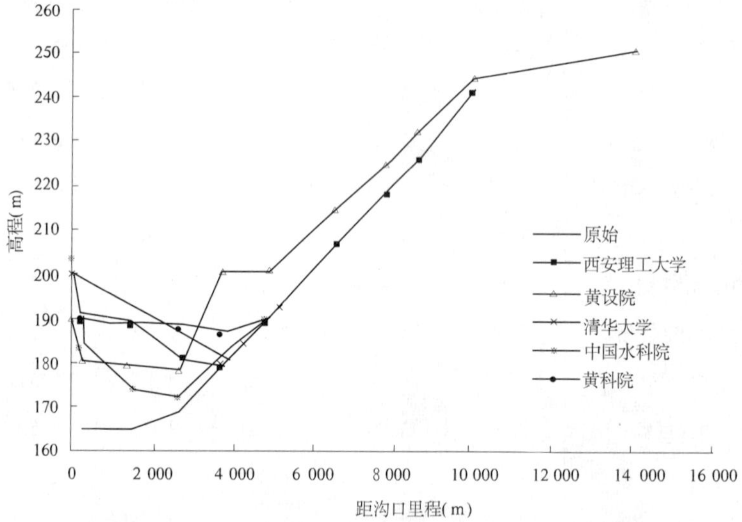

图 4-2-5　库区支流淤积纵剖面(大峪河,第 5 年底)

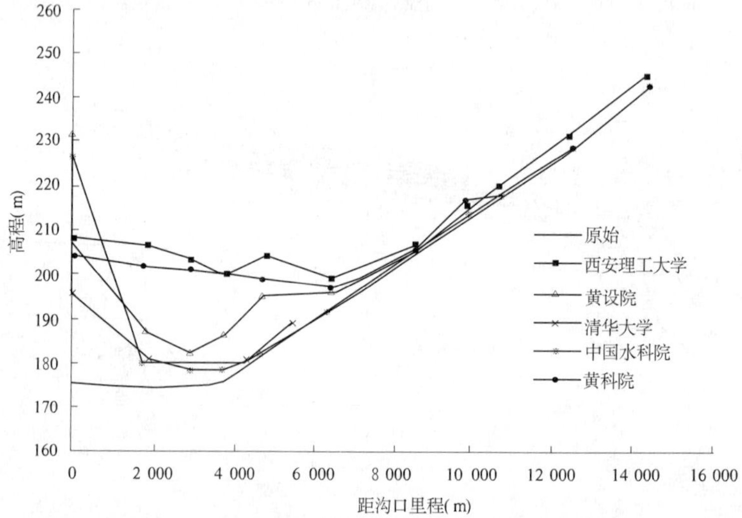

图 4-2-6　库区支流淤积纵剖面(畛水,第 5 年底)

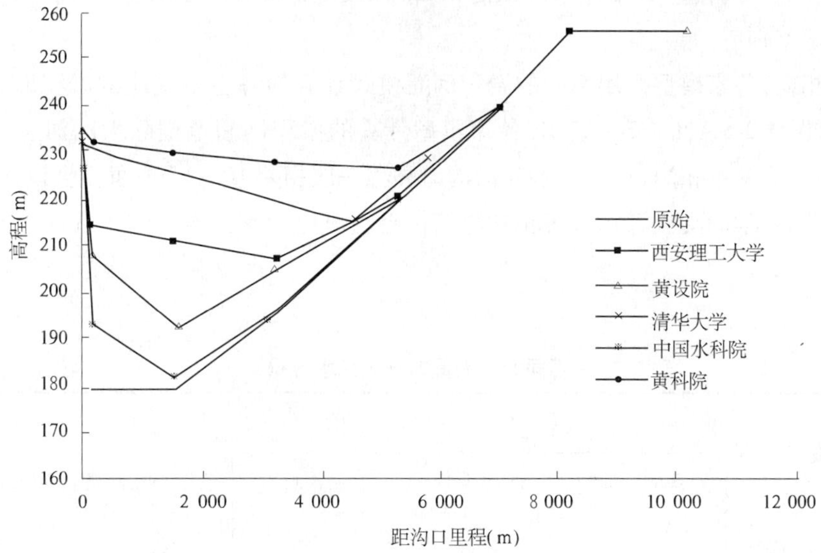

图 4-2-7　库区支流淤积纵剖面(石井河,第 5 年底)

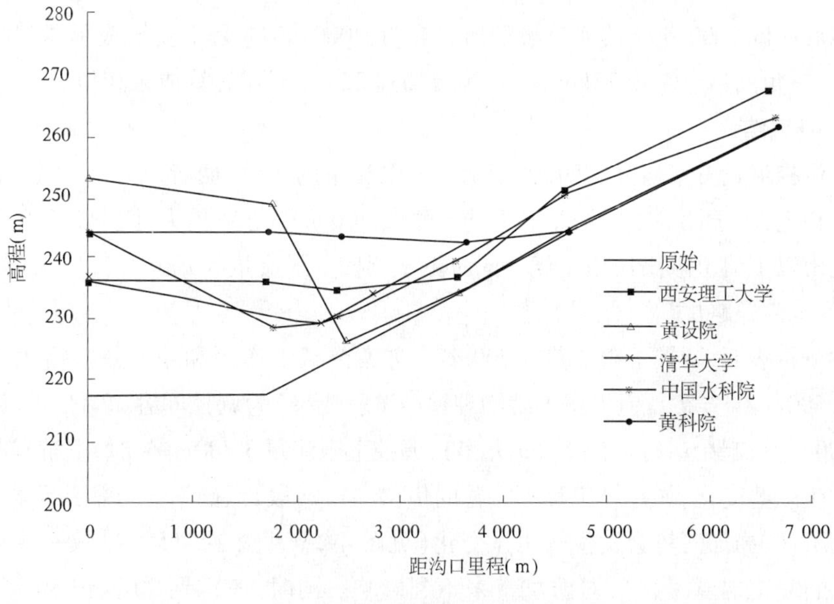

图 4-2-8　库区支流淤积纵剖面(亳清河,第 5 年底)

1. 各家模型库区淤积量的对比

从表 4-2-5 中可以看出,除中国水科院计算的库区淤积量略小外,其余各家无论是全沙淤积量、分组沙淤积量、支流淤积量及 37 断面以下淤积量基本相同。

2. 各家模型淤积形态的对比

各家计算结果表明,库区干流淤积纵剖面均为典型的三角洲淤积形态。各家模型河底高程计算值平均相差10m左右。坝前20km河段差别较大。表明各家计算的干流淤积部位有一定差别。

与此相应,各家模型采用不同的淤积倒灌模式计算的各主要支流的淤积形态也有一定的差别,图4-2-5~图4-2-8表明,各家模型计算的淤积倒灌范围除大峪河有一定差别外,其余各支流基本相当;计算的各支沟沟口高程一般相差10~15m;黄委会设计院、中国水科院、清华大学的支流淤积形态相互比较接近。对应的支沟沟口以下死库容有一定的差别,见表4-2-6。

表4-2-6　　不同调控流量的支流死水容积　　(单位:亿 m^3)

方案	单位				
	黄委会设计院	清华大学	中国水科院	黄委会水科院	西安理工大学
2 600 m^3/s 方案	6.88	4.49		0.7	1.3
3 700 m^3/s 方案	7.06	4.81	6.43	0.69	1.73

小浪底库区2000年干流实测淤积形态表明,2000年11月干流形成了典型的三角洲淤积形态,三角洲顶点距坝75km左右,顶点高程225.2m,与计算成果相似。

(四)研究结论

两个调控流量方案研究表明,大于调控上限流量的水量,两者差别不大,全下游的拦沙减淤比相近,大于调控上限流量的平均流量,3 700 m^3/s 方案稍大,因此3 700 m^3/s 方案对山东艾山以下河道减淤作用略优。同时由于调控上限流量3 700 m^3/s 方案运用水位相对稍高,发电效益略优。

上述分析表明,调控上限流量3 700 m^3/s 方案的减淤作用和综合效益略优于调控上限流量2 600 m^3/s 方案。但根据下游物理模型试验成果(为调控库容13亿 m^3、调控上限流量3 700 m^3/s、起始运行水位210m方案),调控上限流量3 700 m^3/s 时,下游有些河段的河势会发生一些变化,如控导工程不完善的伊洛河口河段,黑岗口至苏泗庄河段,随着主流的上提下挫,局部河势会发生较明显变化(见图4-2-9~图4-2-15),导致一些控导工程脱溜(如古城、老君堂工程),对防洪带来不利影响。同时,考虑到20世纪80年代以来,下游河道修建了大量的河道整治工程,这些工程未经长时期中等以上洪水考验,根石较浅,3 000~5 000 m^3/s 流量时,大溜集中处流速往往达到2.5~3.0m/s以上,工程根石常常冲失,造成险情。综合分析各方面的利弊,为稳妥起见,建议调控上限流量采用2 600 m^3/s,随着对下游河道监测资料的分析和河道整治工程的逐步加固,适时作出调整,在可能的情况下,逐步调整至3 700 m^3/s。

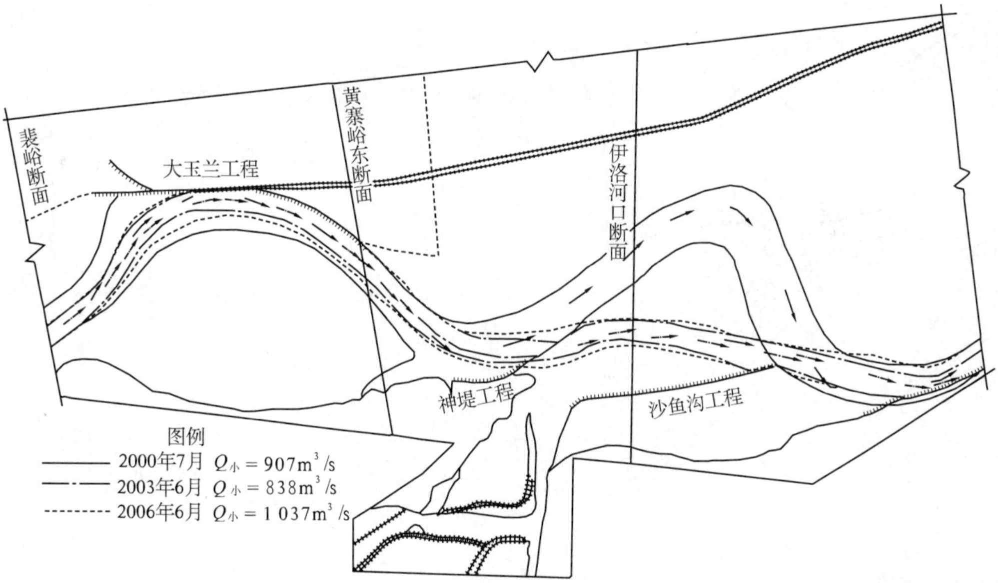

图 4-2-9　伊洛河口附近不同时期河势变化

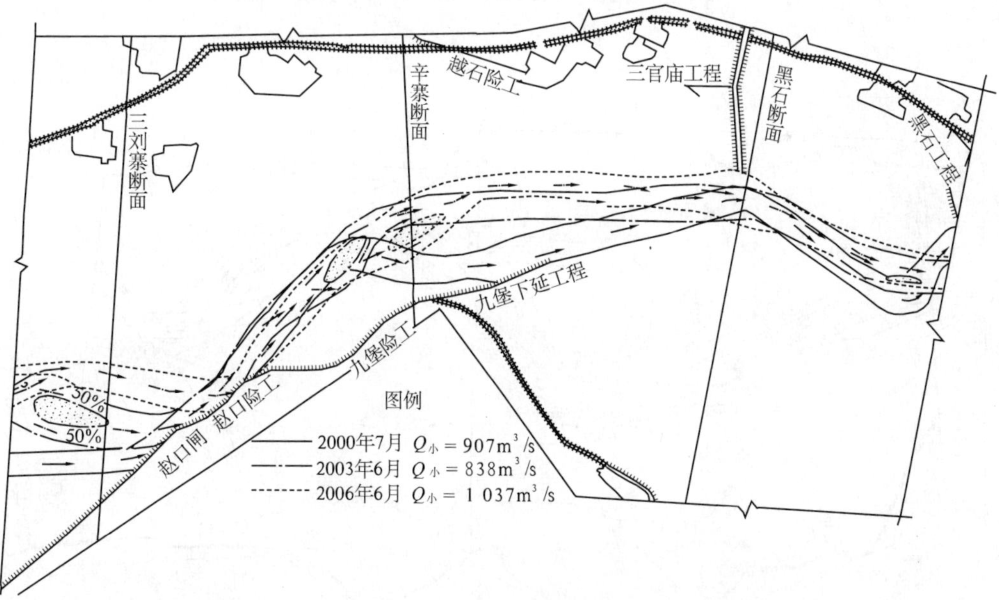

图 4-2-10　赵口—黑石工程河段不同时期河势变化

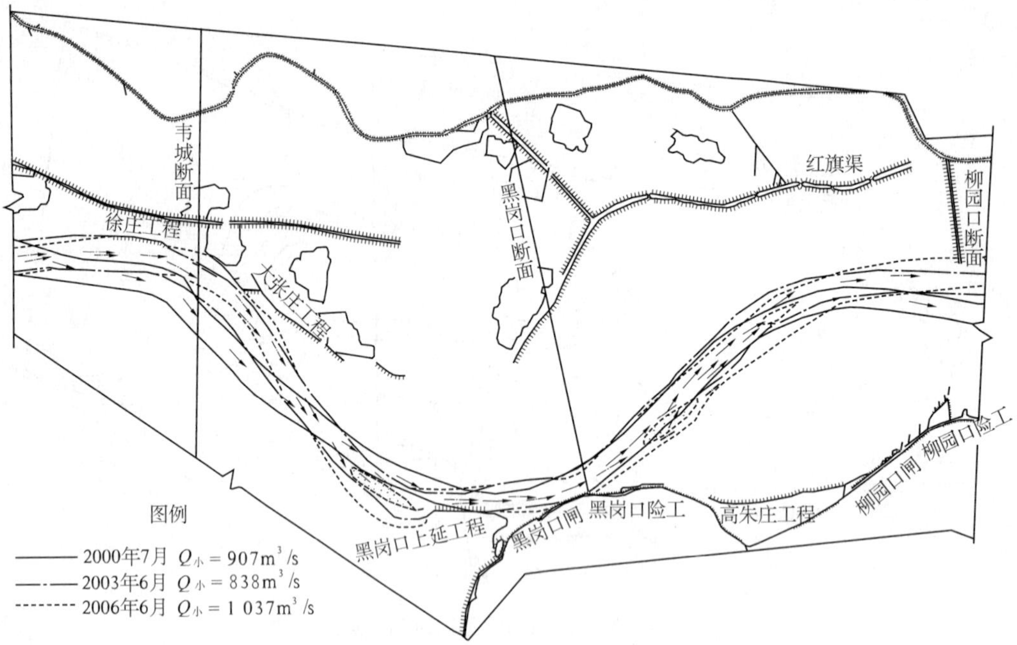

图 4-2-11 徐庄工程—柳园口险工河段不同时期河势变化

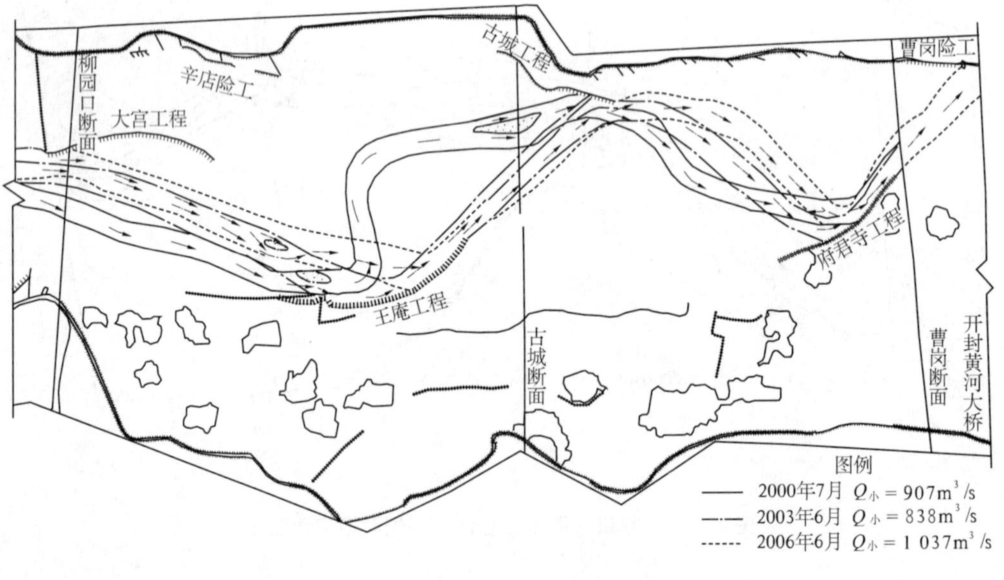

图 4-2-12 大宫—曹岗工程河段不同时期河势变化

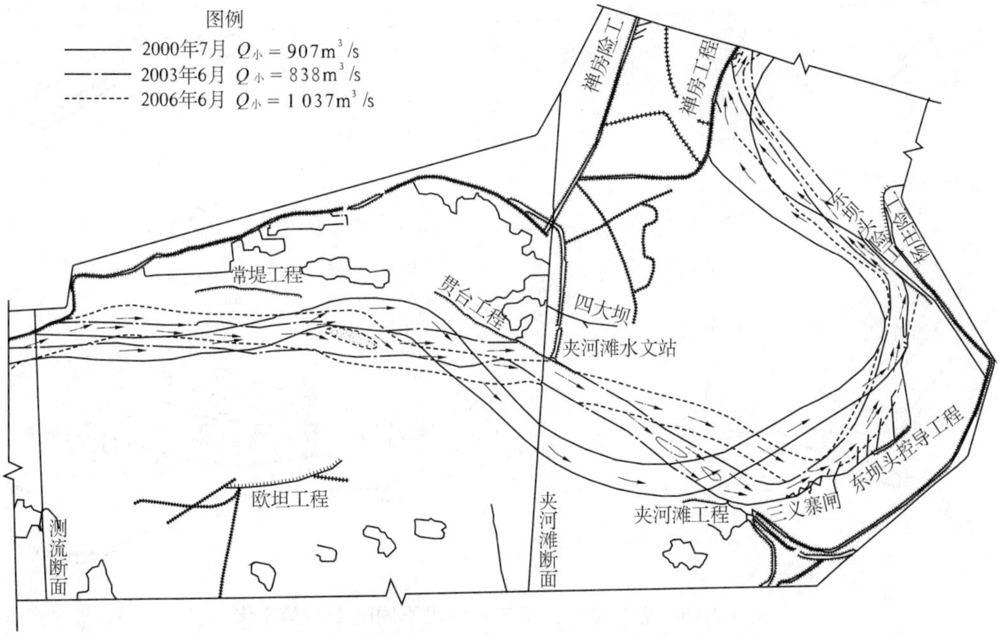

图 4-2-13　曹岗险工—禅房工程河段不同时期河势变化

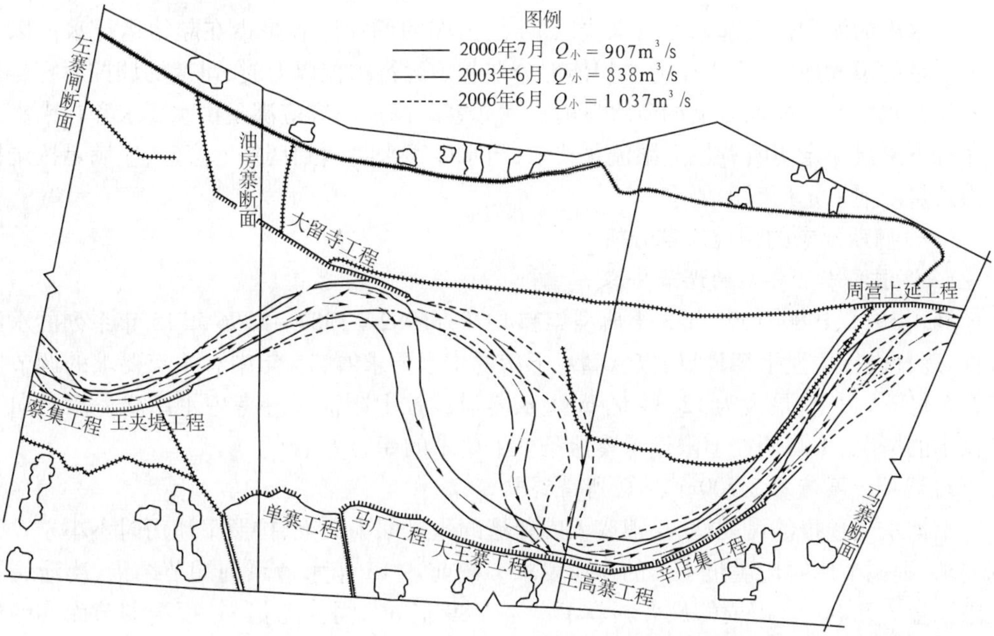

图 4-2-14　王夹堤—周营工程河段不同时期河势变化

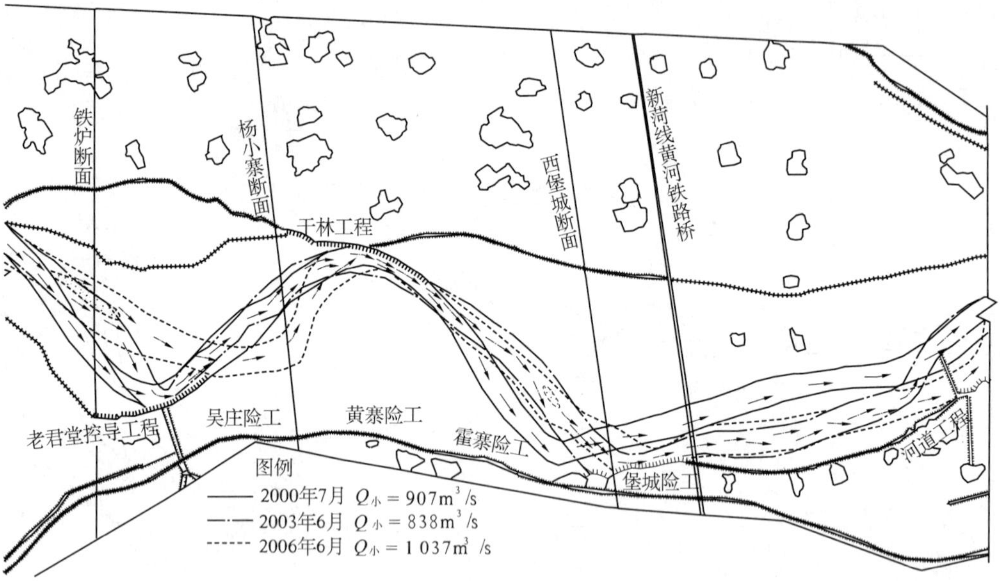

图 4-2-15 老君堂—河道工程河段不同时期河势变化

二、调控库容比选

当水库的淤积体在起始运行水位以下时，汛期的调控库容是指在起始运行水位以上调节水量的最大库容；当水库的淤积体部分在起始运行水位以上时，汛期的调控库容是指起始运行水位和淤积面以上调节水量的最大库容。调控库容应满足供水要求和在来水较大条件下凑泄一定历时调控上限流量要求；当水库蓄水量达到调控库容时，应满足按调控上限流量凑泄一定历时的要求。

（一）初期要求的调控库容分析

1. 供水和凑泄要求的调节库容

利用1981、1989、1992 年3 个典型年和1978 ~ 1982 + 1987 ~ 1996 年15 年系列的水沙条件，逐日进行蓄泄平衡计算，仅从满足下游的供水要求看，15 年中有 4 年要求的调节库容在 5 亿 m^3 以上，最大为 12.34 亿 m^3。从凑泄调控上限流量并考虑水库凑泄后又向下游供水的情况，不同调控上限流量凑泄条件下要求的库容如下。

1）调控上限流量 3 700m^3/s 时所需调节库容

根据水文预报的可能性，小浪底入库径流的预见期为 2 天，按照下泄历时不小于 6 天的要求，则调节库容应满足 4 天的凑泄要求。按前述 15 年水沙系列调节结果，凑泄调控上限流量 3 700m^3/s 需要的最大调节库容为 7.89 亿 m^3，需要 5 亿 m^3 以上调节库容的出现了 6 次，占 15 年中凑泄调控上限流量总次数 24 次的 25%。其中 1980 年凑泄上限流量和供水连续出现，需要最大调节库容 6.55 亿 m^3；1981 年 7 月凑泄上限流量和供水连续出现，需要最大调节库容 7.21 亿 m^3。见表 4-2-7。

2）调控上限流量 2 600m^3/s 时所需调节库容

15 年系列中，凑泄调控上限流量 2 600m^3/s 需要的最大调节库容为 5.18 亿 m^3，4 亿 m^3 以上的出现了 2 次，占 43 次的 4.7%。其中 1980 年凑泄调控上限流量和供水连续出现，需要最大调节库容 3.54 亿 m^3；1981 年 7 月末，凑泄调控上限流量和供水连续出现，需要最大调节库容 7.27 亿 m^3；1991 年凑泄调控上限流量和供水连续出现，需要最大调节库容 10.75 亿 m^3。见表 4-2-7。

表 4-2-7　7～9 月供水和凑泄调控上限流量要求的年最大调节库容　（单位：亿 m^3）

年份	供水		调控上限流量 2 600m^3/s		调控上限流量 3 700m^3/s	
	需水量	日期（月-日）	凑泄上限	凑供连续	凑泄上限	凑供连续
1978	0.74		3.16		6.65	
1979	0.36		0.3		0.94	
1980	1.82		2.93	3.54	5.95	6.55
1981	2.42		5.18	7.27	7.1	7.21
1982	6.06	07-01～29	0		0	
1987	3.69		2.23		0	
1988	0.1		2.01		0.78	
1989	0.24		2.88		2.55	
1990	2.58		1.65		4.52	
1991	12.34	07-01～09-30	3.04	10.75	0	
1992	7.78	07-01～23	0.81		0.89	
1993	1.28		1.47		0	
1994	0.8		2.86		5.7	
1995	7.43	07-01～17	4.09		7.89	
1996	1.43		0.89		3.04	

注：供水需水量按调控上限流量 3 700m^3/s 考虑。

2. 按调控上限流量造峰 6 天需要的调节库容

当水库调控库容蓄满时，应满足连续泄放 6 天调控上限流量的要求。利用 1981、1989、1992 年三个典型年的逐日过程，进行 6 天滑动平均计算，扣除大于调控上限流量的组数进行平均计算。调控上限流量 2 600、3 700m^3/s 所需调节库容分别为 4.90 亿～8.55 亿、9.2 亿～12.5 亿 m^3。见表 4-2-8。

综上分析，调控上限流量为 2 600、3 700m^3/s 时，水库调控库容可分别采用 8 亿 m^3 和 13 亿 m^3。

表 4-2-8　　按调控上限流量造峰 6 天需要的调节库容

典型年	调控上限流量 2 600m^3/s		调控上限流量 3 700m^3/s	
	滑动平均流量（m^3/s）	需要库容（亿 m^3）	滑动平均流量（m^3/s）	需要库容（亿 m^3）
1981	951.4	8.55	1 385.6	12.0
1989	1 655.6	4.90	1 931.1	9.2
1992	1 217.3	7.17	1 291.0	12.5

（二）不同调控库容调节效果比较

采用相同的起始运行水位和调控上限流量，但采用不同的调控库容，则水库在相同的来水来沙条件下调节结果和对下游的减淤效益会有差异。在调控库容研究过程中，曾对调控库容 2 亿 m^3 和 3 亿 m^3 的方案进行了计算分析，因调控库容偏小，不能满足使艾山以下河道有持续大流量的天数和水量，同时在起始运行水位相应库容淤满前也不能提高水库排沙比，故本项目仅以 91 系列和 78 系列为基础，比较了调控上限流量 2 600m^3/s，起始运行水位为 210m 时，5 亿、8 亿 m^3 调控库容方案，以及设计阶段原逐步抬高调节库容 3 亿 m^3 方案。

1. 调控上限流量 2 600m^3/s 调控库容 8 亿 m^3 与 5 亿 m^3 调节效果比较

1）调水效果

a. 补水效果

从满足花园口和电站要求的最小流量看，对 91 系列，8 亿、5 亿 m^3 调控库容方案不满足花园口最小流量要求的天数分别为 8、21 天，不满足电站要求最小流量的天数分别为 14、21 天。78 系列均能满足。见表 4-2-9。

b. 大流量的调节效果

91 系列，水库调节后花园口流量大于等于 2 600m^3/s 的天数，两方案接近；连续在 6 天以上的天数分别为 46 天及 42 天，分别占大于该流量级总天数的 90.2%、73.7%；连续在 4 天以上的天数分别为 51 天及 46 天，分别占大于该流量级总天数的 100%、80.7%。3 年中该流量级持续时间小于 4 天的次数分别为 0 次和 4 次。艾山断面 3 年主汛期大于 2 000m^3/s的水量接近。见表 4-2-9。

78 系列，水库调节后花园口流量大于等于 2 600m^3/s 的天数，两方案接近，连续在 6 天以上的天数，8 亿 m^3 调控库容方案稍优，各个模型计算成果结论一致。连续在 6 天以上的天数 8 亿、5 亿 m^3 调控库容方案分别为 89 天及 73 天，分别占大于该流量级总天数的 86.4%、73.0%；连续在 4 天以上的天数分别为 103 天及 85 天，分别占大于该流量级总天数的 100%、85%。3 年中该流量级持续时间小于 4 天的次数分别为 0 次和 7 次。演进至艾山断面，两个调控库容方案 3 年主汛期流量大于 2 000m^3/s 水量接近，分别为 251.94 亿 m^3 和 262.65 亿 m^3，其中连续 6 天以上的水量分别为 224.45 亿 m^3 和 211.91 亿 m^3。见表 4-2-9。

表 4-2-9(1)　　不同调控库容水库调节情况　（单位:水量,亿 m^3;沙量,亿 t）

项目			水动力学模型							
			78 系列				91 系列			
			现状	5	8	原设计	现状	5	8	原设计
出库流量小于 600m^3/s 天数			15	0	0	13	50	21	14	50
花园口流量小于 800m^3/s 天数			21	0	0	28	46	21	8	57
花园口流量大于等于 2 600m^3/s	天数		51	100	103	81	18	57	51	44
	占主汛期天数(%)		20.73	40.7	41.9	32.9	7.32	23.2	20.7	17.9
	出库沙量		9.75	3.04	2.81	3.23	7.79	3.05	2.98	3.75
	占主汛期沙量(%)		42.78	87.4	86.8	67.8	39.92	90.8	89.8	79.4
花园口流量在 800～2 600m^3/s	天数		159	14	20	124	132	12	12	95
	占主汛期天数(%)		64.63	5.7	8.1	50.4	53.66	4.9	4.9	38.6
	出库沙量		12.4	0.02	0.03	1.40	9.91	0.03	0.03	0.89
	占主汛期沙量(%)		54.42	0.7	0.8	29.4	50.77	0.8	0.9	18.9
花园口流量大于等于 2 600m^3/s	1 天以上	天数	51	100	103	81	18	57	51	44
		水量	154.8	262.1	275.4	238.6	52.09	140.0	131.8	123.8
		次数	10	17	10	31	8	11	7	30
	2 天以上	天数	47	99	103	58	15	57	51	20
		水量	143.1	259.9	275.4	174.1	44	140.0	131.8	56.4
		次数	6	16	10	8	5	11	7	6
	3 天以上	天数	41	91	103	54	11	55	51	16
		水量	127.8	242.8	275.4	164.7	32.78	135.7	131.8	45.8
		次数	3	12	10	6	3	10	7	4
	4 天以上	天数	38	85	103	45	5	46	51	10
		水量	120	229.9	275.4	140.7	17.69	116.3	131.8	30.2
		次数	2	10	10	3	1	7	77	2
	5 天以上	天数	38	73	99	41	5	42	51	10
		水量	120	204.2	266.9	130.7	17.69	107.4	131.8	30.2
		次数	2	7	9	2	1	6	7	2
	6 天以上	天数	38	73	89	41	0	42	46	0
		水量	120	204.2	245.6	130.7	0	107.4	120.8	0.0
		次数	2	7	7	2	0	6	6	0

表 4-2-9(2)　　不同调控库容水库调节情况　（单位:水量,亿 m^3;沙量,亿 t）

项目		水文学模型							
		78 系列				91 系列			
		现状	5	8	原设计	现状	5	8	原设计
出库流量小于 600m^3/s 天数		15	0	0	12	50	24	19	48
花园口流量小于 800m^3/s 天数		21	0	1	28	46	22	10	58
花园口流量大于等于 2 600m^3/s	天数	51	98	95	83	18	56	50	45
	占主汛期天数(%)	20.73	39.8	38.6	33.7	7.32	22.8	20.3	18.3
	出库沙量	9.75	2.60	2.63	2.49	7.79	1.87	2.09	2.25
	占主汛期沙量(%)	42.78	83.5	83.9	66.4	39.92	77.0	79.2	71.0

续表 4-2-9(2)

项目			水文学模型							
			78 系列				91 系列			
			现状	5	8	原设计	现状	5	8	原设计
花园口流量在 800 ~ 2 600m³/s	天数		159	13	17	123	132	11	11	95
	占主汛期天数(%)		64.63	5.3	6.9	50.0	53.66	4.5	4.5	38.6
	出库沙量		12.4	0.03	0.05	1.16	9.91	0.02	0.02	0.62
	占主汛期沙量(%)		54.42	0.9	1.5	30.9	50.77	0.8	0.8	19.7
花园口流量大于等于 2 600m³/s	1 天以上	天数	51	98	95	83	18	56	50	45
		水量	154.8	257.6	258.2	250.0	52.09	135.5	129.0	130.7
		次数	10	15	11	32	8	10	7	32
	2 天以上	天数	47	97	95	62	15	56	50	20
		水量	143.1	255.5	258.2	194.3	44	135.5	129.0	61.3
		次数	6	14	11	11	5	10	7	7
	3 天以上	天数	41	89	95	50	11	54	50	12
		水量	127.8	238.3	258.2	154.8	32.78	131.0	129.0	36.1
		次数	3	10	11	5	3	9	7	3
	4 天以上	天数	38	86	95	44	5	51	50	9
		水量	120	232.8	258.2	138.7	17.69	124.4	129.0	28.8
		次数	2	9	11	3	1	8	7	2
	5 天以上	天数	38	74	83	40	5	47	50	5
		水量	120	206.9	230.7	128.8	17.69	115.9	129.0	17.7
		次数	2	6	8	2	1	7	7	1
	6 天以上	天数	38	69	73	40	0	37	45	0
		水量	120	195.8	209.1	128.8	0	92.5	118.0	0.0
		次数	2	5	6	2	0	5	6	0

表 4-2-9(3) 不同调控库容艾山站流量大于 2 000m³/s 统计

项目		78 系列			91 系列		
		原逐步抬高	2 600/5	2 600/8	原逐步抬高	2 600/5	2 600/8
1 天以上	天数	108	104	97	59	53	48
	水量	284.53	262.65	251.94	148.31	126.21	122.2
	次数	37	16	10	36	11	7
4 天以上	天数	69	92	94	24	42	48
	水量	189.4	237.44	245.7	57.58	103.08	122.2
	次数	5	11	9	5	7	7
6 天以上	天数	65	80	84	6	33	43
	水量	181	211.91	224.45	10.62	83.15	111.66
	次数	4	8	7	1	5	6

注:方案为起始运行水位 210m,主汛期 7 月 11 日 ~9 月 30 日,时间 3 年。水量单位:亿 m³。

2) 库区淤积比较

采用同一水沙条件，8 亿 m^3 和 5 亿 m^3 调控库容方案 3 年库区累积淤积量和淤积物级配相近，各个模型计算结果一致。对 91 系列，8 亿 m^3 和 5 亿 m^3 调控库容方案的库区淤积量分别为 14.25 亿 m^3 和 14.22 亿 m^3，其中细沙淤积量分别为 7.53 亿 m^3 和 7.50 亿 m^3，粗沙淤积量均为 2.76 亿 m^3。对 78 系列，两种调控库容方案库区淤积量分别为 18.36 亿 m^3 和 18.15 亿 m^3，其中细沙淤积量分别为 7.95 亿 m^3 和 7.77 亿 m^3，粗沙淤积量均为 4.98 亿 m^3（见表 4-2-10）。

表 4-2-10　　不同调控库容水库淤积和发电情况

项目		水动力学模型						水文学模型					
		78 系列			91 系列			78 系列			91 系列		
		5	8	原设计	5	8	原设计	5	8	原设计	5	8	原设计
平均出库水量(亿 m^3)	主汛期	118	122	125	85	85	91	117.0	117.6	132.1	84.0	84.2	91.5
	年	325	325	325	264	264	263	324.1	324.1	324.3	262.5	262.5	261.5
平均出库沙量(亿 t)	汛期	1.16	1.08	1.59	1.12	1.11	1.58	1.04	1.04	1.25	0.81	0.88	1.06
	年	1.35	1.27	1.75	1.18	1.17	1.64	1.15	1.15	1.35	0.83	0.91	1.08
年淤积量(亿 m^3)	全沙	6.05	6.12	5.75	4.74	4.75	4.39	5.91	5.91	5.76	4.79	4.74	4.60
	细沙	2.58	2.65	2.36	2.50	2.51	2.23	2.44	2.44	2.31	2.35	2.30	2.19
	中沙	1.81	1.81	1.75	1.32	1.32	1.26	1.78	1.78	1.77	1.45	1.45	1.43
	粗沙	1.66	1.66	1.64	0.92	0.92	0.90	1.69	1.69	1.68	0.99	0.99	0.98
淤积物级配(%)	细沙	42.8	43.3	41.0	52.7	52.7	50.7	41.3	41.2	40.1	49.1	38.9	47.6
	中沙	29.9	29.6	30.5	27.8	27.9	28.7	30.1	30.2	30.7	30.3	30.5	31.1
	粗沙	27.4	27.2	28.5	19.4	19.4	20.5	28.6	28.6	29.2	20.6	20.8	21.2
汛期排沙比(%)	全沙	15.3	14.2	20.9	17.2	17.0	24.3	14.1	14.3	17.0	12.5	13.7	16.4
	细沙	28.4	26.4	37.3	26.3	26.1	35.8	27.2	27.4	32.4	21.5	23.5	27.6
	中沙	4.5	4.4	8.2	6.9	6.6	11.4	2.8	2.8	3.7	2.0	2.4	3.4
	粗沙	0.9	0.6	2.2	1.8	1.6	4.4	2.0	2.2	2.7	1.5	1.5	2.4
发电量(亿 kW·h)		154.2	151.5		133.8	134.1		148.5	147.9		130.1	130.1	

注：5 亿 m^3 与 8 亿 m^3 方案调控上限流量 2 600m^3/s，起始运行水位 210m；原设计方案调节库容为 3 亿 m^3，起始运行水位 205m。

不同调控库容库区干流淤积形态相近，水库运用 3 年结束后，8 亿 m^3 和 5 亿 m^3 调控库容方案淤积部位差别不大，两个比较系列坝前淤积高程差 0.34 ~ 0.87m，三角洲顶坡高程差 2m 左右。见图 4-2-16、图 4-2-17。

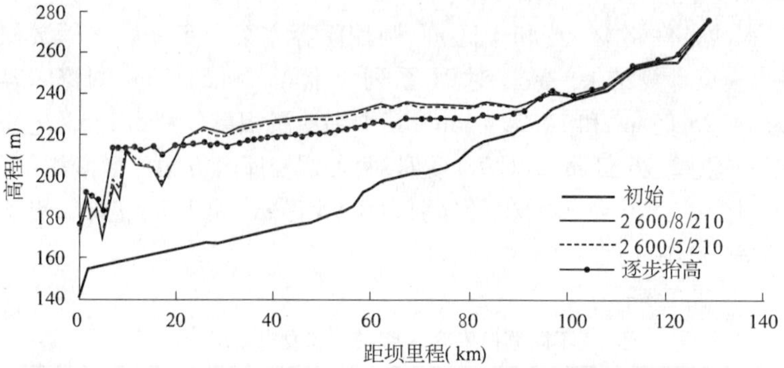

图 4-2-16　库区淤积纵剖面图(78 系列,第 3 年底)

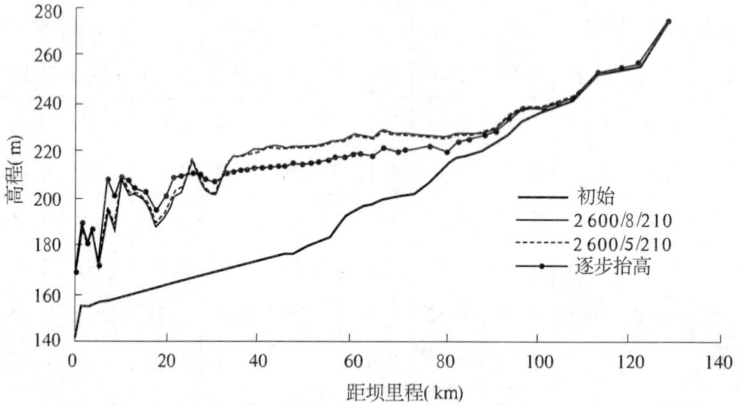

图 4-2-17　库区淤积纵剖面图(91 系列,第 3 年底)

3)水库的减淤作用及河南宽河道断面形态调整

不同调控库容下游河道冲淤及减淤情况见表 4-2-11。调控库容 5 亿 m^3 和 8 亿 m^3,全下游冲刷量及减淤量、全下游减淤比、艾利河段冲淤量及减淤量基本接近,调控库容 8 亿 m^3的方案略好于调控库容 5 亿 m^3 的方案。91 系列全下游冲淤量分别为 -4.52 亿、-4.75 亿 t,全下游减淤量分别为 12.27 亿、12.50 亿 t,全下游减淤比分别为 1.51、1.48;艾利河段减淤量均为 0.49 亿 t。78 系列全下游冲淤量分别为 -7.43 亿、-7.70 亿 t,全下游减淤量分别为 15.18 亿、15.45 亿 t,全下游减淤比分别为 1.56、1.54;艾利河段减淤量分别为 0.86 亿、0.97 亿 t。

不同调控库容对下游河道断面形态影响相近。5 亿 m^3 和 8 亿 m^3 调控库容方案,花园口以上河段 3 年主槽分别冲深 1.11、1.30m,主槽平均展宽 202、214m;花园口至高村河段主槽分别冲深 0.85、0.93m,主槽平均展宽 170、171m;高村至艾山河段主槽分别冲深 0.56、0.62m;艾山至利津河段主槽分别冲深 0.12、0.28m。见表 4-2-12。

表 4-2-11　　不同调控库容下游河道冲淤及减淤统计

模型	项　目		78 系列			91 系列		
			原设计	2 600/5	2 600/8	原设计	2 600/5	2 600/8
黄设院水动力学模型	有小冲淤量（亿 t）	全下游	−8.22	−7.31	−7.39	−5.92	−4.98	−4.99
		艾利河段	0.10	−0.27	−0.27	0.29	0.15	0.16
	减淤量（亿 t）	全下游	16.16	15.24	15.33	14.00	13.06	13.07
		艾利河段	0.36	0.74	0.74	0.07	0.22	0.20
	水库淤积量（亿 m^3）		17.24	18.16	18.35	13.17	14.23	14.26
	全下游减淤比		1.39	1.55	1.56	1.22	1.42	1.42
黄设院水文学模型	有小冲淤量（亿 t）	全下游	−7.55	−7.43	−7.70	−4.50	−4.52	−4.75
		艾利河段	0.40	−0.11	−0.22	0.50	0.08	0.08
	减淤量（亿 t）	全下游	15.30	15.18	15.45	12.26	12.27	12.50
		艾利河段	0.35	0.86	0.97	0.07	0.49	0.49
	水库淤积量（亿 m^3）		17.24	18.16	18.35	13.17	14.23	14.26
	全下游减淤比		1.46	1.56	1.54	1.40	1.51	1.48

表 4-2-12　　不同调控库容下游河道主槽高程及主槽展宽变化　　（单位：m）

河段	主槽高程变化			主槽展宽变化					
	原逐步抬高	2 600/5	2 600/8	原逐步抬高		2 600/5		2 600/8	
				平均展宽	最大展宽	平均展宽	最大展宽	平均展宽	最大展宽
花园口以上	−1.25	−1.11	−1.30	210	520	202	510	214	540
花园口—高村	−0.92	−0.85	−0.93	170	440	170	430	171	450
高村—艾山	−0.63	−0.56	−0.62						
艾山—利津	0.30	−0.12	−0.28						

4）不同调控库容方案的发电效益

由于 8 亿 m^3 和 5 亿 m^3 调节库容主汛期库水位差别不大，因此电站发电量接近，见表 4-2-10。91 系列，8 亿 m^3 和 5 亿 m^3 调控库容的汛期平均水头分别为 77.41m 和 76.69m，发电用水率均为 83%，3 年累计发电量分别为 134.1 亿 kW · h 和 133.8 亿 kW · h。对 78 系列，两个调节库容的汛期平均水头分别为 79.54m 和 79.06m，发电用水率均为 71%，发电量分别为 151.5 亿 kW · h 和 154.2 亿 kW · h。

2. 原设计逐步抬高方案

1）调水效果

原设计逐步抬高方案，调节库容为 3 亿 m^3，一般情况下，调水容积 1 亿 m^3，两极分化的上限出库流量为 2 000m^3/s，下限出库流量为 400m^3/s，起始运行水位 205m。

a. 补水效果

原逐步抬高方案因只考虑来水小于 400m³/s 时按 400m³/s 下泄，来水为 400 ~ 800m³/s 之间不进行调节，同时调节库容较小，对于 91 系列，花园口流量不满足 800m³/s、出库流量不满足 600m³/s 的天数分别为 57 天和 50 天。对 78 系列，花园口流量不满足 800m³/s、出库流量不满足 600m³/s 的天数分别为 28 天和 13 天。

水库调节后，不能满足供水和发电要求的天数与无小浪底水库调节差别不大。花园口流量小于 800m³/s 的天数，91 系列由无小浪底调节的 46 天变为 57 天；78 系列由无小浪底调节的 21 天变为 28 天。出库流量小于 600m³/s 的天数，91 系列有无小浪底调节均为 50 天；78 系列由无小浪底调节的 15 天减为 13 天。

b. 大流量调节效果

原设计逐步抬高方案基于当时黄河下游用水条件的考虑，两极分化的上限流量为 2 000m³/s，水库调节后花园口断面大于等于 2 600m³/s 的天数及水量明显少于调控库容 5 亿 m³ 或 8 亿 m³ 方案。对 91 系列，花园口流量大于 2 600m³/s 的天数及水量分别为 44 天和 123.8 亿 m³，连续 4 天大流量出现天数和水量分别为 10 天和 30.2 亿 m³，占大于该流量级总天数和总水量的 22.7% 和 24.4%。艾山断面大于 2 000m³/s 流量总水量为 148.31 亿 m³，有 71.66 亿 m³ 大流量的水量是单日出现，约占总水量的 1/2。78 系列艾山断面大于 2 000m³/s 流量虽然有 108 天，但连续 6 天以上的仅 65 天，单天出现的有 28 天。流量大于 2 000m³/s 总水量为 284.53 亿 m³，其中单日出现的水量达 68.8 亿 m³，占总水量约 1/4。见表 4-2-9。

按照初步设计的调水方式，艾山断面连续 2 天以上到连续 6 天以上大流量水量均明显小于调控库容 5 亿 m³ 和 8 亿 m³ 方案的水量，这使得原设计逐步抬高方案对艾利河道的减淤效果明显小于后两者。

2) 水库淤积

原设计逐步抬高方案水库 3 年淤积量，91 系列和 78 系列分别为 13.17 亿 m³ 和 17.25 亿 m³，细沙淤积量分别为 6.69 亿 m³ 和 7.08 亿 m³，略小于 8 亿、5 亿 m³ 调控库容方案。见表 4-2-10。原逐步抬高方案淤积部位稍靠下，主要是由于起始运行水位较其他两个方案低 5m，且调控库容较小。

3) 水库的减淤作用及对河南宽河道的影响

原设计逐步抬高方案全下游减淤比较调控库容 5 亿 m³ 和 8 亿 m³ 方案小，艾利河段减淤量明显小于调控库容 5 亿 m³ 和 8 亿 m³ 方案，见表 4-2-11。91 系列全下游减淤比、艾利河段减淤量分别为 1.40 亿、0.07 亿 t；78 系列全下游减淤比、艾利河段减淤量分别为 1.46 亿、0.35 亿 t。

从下游河道主槽河底高程及宽度变化看，原设计逐步抬高方案花园口以上河段主槽冲深 1.25m，展宽 210m；花园口至高村河段主槽冲深 0.92m，展宽 170m；高村至艾山河段主槽冲深 0.63m；艾山至利津河段主槽淤高 0.30m。见表 4-2-12。

（三）不同水沙条件调控库容论证

采用 1986 ~ 1999 年历年的实测水沙过程，对起始运行水位 210m、调控上限流量 2 600m³/s、调控库容 8 亿 m³ 方案进行水库调节计算，大流量的调节成果见表 4-2-13。

表 4-2-13　　不同水沙条件出库流量调节情况

年份	相机调水调沙						利用前期蓄水调水调沙						合计					
	次数	天数	小于6天		小于5天		次数	天数	小于6天		小于5天		次数	天数	小于6天		小于5天	
			次数	天数	次数	天数			次数	天数	次数	天数			次数	天数	次数	天数
1986	1	10	0	0	0	0	2	12	0	0	0	0	3	22	0	0	0	0
1987	0	0	0	0	0	0	1	5	1	5	0	0	1	5	1	5	0	0
1988	2	39	0	0	0	0	1	6	0	0	0	0	3	45	0	0	0	0
1989	3	53	0	0	0	0	0	0	0	0	0	0	3	53	0	0	0	0
1990	0	0	0	0	0	0	3	20	0	0	0	0	3	20	0	0	0	0
1991	0	0	0	0	0	0	0	0	0	0	0	0	0	0	0	0	0	0
1992	2	15	0	0	0	0	1	5	1	5	0	0	3	20	1	5	0	0
1993	1	11	0	0	0	0	2	17	0	0	0	0	3	28	0	0	0	0
1994	2	15	0	0	0	0	2	11	1	4	1	4	4	26	1	4	1	4
1995	0	0	0	0	0	0	3	20	0	0	0	0	3	20	0	0	0	0
1996	1	15	0	0	0	0	2	11	1	5	0	0	3	26	1	5	0	0
1997	0	0	0	0	0	0	0	0	0	0	0	0	0	0	0	0	0	0
1998	1	7	0	0	0	0	1	6	0	0	0	0	2	13	0	0	0	0
1999	0	0	0	0	0	0	1	7	0	0	0	0	1	7	0	0	0	0
合计	13	165	0	0	0	0	19	120	4	19	1	4	32	285	4	19	1	4

注：相机调水调沙是指河道流量较大，前期蓄水量达到4 亿 m^3 进行的调水调沙试验；利用前期蓄水调水调沙是指河道流量较小，前期蓄水量达到8 亿 m^3 进行的调水调沙试验。

出库流量调节计算结果表明，在1986～1999 年实测系列的14 个典型年中，出库流量大于2 600m^3/s 的洪水出现了32 次共285 天，其中历时大于6 天的有27 次计262 天，大于6 天的洪水天数占总天数的92%，大于6 天的洪水次数占出现总次数的84%；历时为5 天的出现了4 次计19 天，天数占总天数的7%，次数占出现总次数的13%；历时为4 天的出现了1 次计4 天，天数占总天数的1%，次数占出现总次数的3%。

32 次洪水中，前期蓄水量满足4 亿 m^3 相机调水调沙情况形成的洪水次数13 次共165 天，这些洪水历时全部大于6 天。32 次洪水中前期蓄水量满足8 亿 m^3 进行调水调沙形成的洪水次数19 次计120 天，其中天数大于6 天的有14 次97 天，天数占总天数的81%。

以上研究结果表明，在不同水沙条件下，调控上限流量采用2 600m^3/s 时，调控库容采用8 亿 m^3 基本可以满足调水调沙运用要求。

（四）研究结论

原设计逐步抬高方案限于当时考虑的条件，不满足目前艾利河段要求的减淤调控上限流量要求，持续大流量的天数和水量少，山东河道的减淤效果差，发电工况和效益也较差。

调控库容8 亿 m^3 与5 亿 m^3 方案比较，从水库淤积量和部位考虑，两个方案差别不大，调控库容8 亿 m^3 方案的淤积高程略高；从满足下游河道减淤和电站要求的最小流量看,8 亿、5 亿 m^3 调控库容方案对 78 系列基本都能满足,对 91 系列,8 亿 m^3 调控库容方案优于 5 亿 m^3 调控库容方案;从调水调沙的要求看,8 亿 m^3 调控库容方案可以满足调控上限流量的持续时间要求,不同系列大流量的持续时间均可达到 4 天以上,而 5 亿 m^3 方案有一定的次数不满足持续历时的要求,78 系列满足要求的天数为 85%,91 系列满足要求的天数为 80.7%;从对全下游及艾利河段的减淤效果看,8 亿 m^3 调控库容方案稍优;从下游河道断面形态变化看,两个调控库容方案差别很小;从电站发电量看,两个方案差别不大。

1986~1999 年实测水沙的调节计算表明,调控上限流量采用 2 600m^3/s 时,调控库容采用 8 亿 m^3 基本可以满足调水调沙运用要求。

综上分析,调控上限流量采用 2 600m^3/s 时,调控库容采用 8 亿 m^3 较合理。

三、起始运行水位研究

水库起始运行水位是小浪底水库拦沙初期汛期的最低运用水位。水库投入运用后,由于调水要求保持一定的库容,同时水库的淤积也在不断发展,因此实际运用水位很快就高于起始运行水位。

(一)研究回顾及取得的认识

小浪底水库设计拦沙容积为 72.5 亿 m^3(考虑支流倒锥体库容约 3 亿 m^3),按照小浪底水库初步设计确定的运用方式计算,水库运用前 3 年、水库累计淤积量达 72.5 亿 m^3,不同起始运行水位库区及下游河道淤积量、减淤量计算结果见表 4-2-14。通过研究取得如下认识:

表 4-2-14　不同起始运行水位库区及下游河道淤积量(初步设计成果)

时间	起始水位(m)	年序(年)	水库淤积量		水库排沙比(%)	下游淤积量(亿 t)		下游减淤量(亿 t)	拦沙减淤比
			亿 m^3	亿 t		无小	有小		
1~3 年	200	3	18.42	23.95	13.0	10.21	-6.89	17.1	1.4
	205	3	19.89	25.86	10.7	10.21	-6.95	17.16	1.51
	220	3	19.91	25.88	5.9	10.21	-7.5	17.71	1.46
	230	3	19.91	25.88	5.9	10.21	-7.5	17.71	1.46
	245	3	19.91	25.88	5.9	10.21	-7.5	17.71	1.46
水库累计淤积量达 72.5 亿 m^3 的时间	200	13	72	93.6	42.7	47.15	-15.93	63.08	1.48
	205	12	74.41	96.73	38.8	44.96	-16.05	61.01	1.59
	220	12	75.19	97.75	37.1	44.96	-17.65	62.61	1.56
	230	10	72.63	94.42	30.5	39.58	-17.06	56.64	1.67
	245	10	71.37	92.78	31.7	39.58	-14.59	54.17	1.71

注:采用设计水平 1950~1975 年水沙系列翻番计算。

(1)水库设计拦沙库容淤满前,不同起始运行水位库区淤积及对下游减淤作用差别不大。

水库运用 3 年,起始运行水位由 200m 升至 245m,水库淤积量由 18.42 亿 m^3 增为 19.91 亿 m^3,仅多淤 1.49 亿 m^3;下游河道冲刷量由 6.89 亿 t 增为 7.5 亿 t,仅多冲 0.61 亿 t;下游河道减淤量为 17.1 亿 ~ 17.71 亿 t。起始运行水位 205m 与 220m 方案比较相差更小。说明水库运用前 3 年不同起始运行水位库区淤积量、下游河道减淤量相差无几。

当水库累计淤积量基本达到水库设计拦沙量 72.5 亿 m^3 时,起始运行水位为 200、205、220、230、245m 的使用年限分别为 13、12、12、10、10 年;起始运行水位为 205、220m 的使用年限均为 12 年,水库淤积量分别为 74.41 亿 m^3 和 75.19 亿 m^3,下游河道冲刷量分别为 16.05 亿 t 和 17.65 亿 t。说明起始运行水位 205 ~ 220m 下游河道和水库的冲淤量相差有限。

(2)不同起始运行水位对下游河道减淤作用后效影响有限。

不同起始运行水位对水库长期运用将带来多大影响,可从水库运用 20 年和 50 年库区的淤积和下游河道的减淤情况进行分析,见表 4-2-15。

表 4-2-15　　水库运用 50 年不同起始水位库区及下游河道淤积量

时间	起始水位(m)	年序(年)	水库淤积量		下游淤积量(亿 t)		下游减淤量(亿 t)	减淤年限
			亿 m^3	亿 t	无小	有小		
1 ~ 50 年	200	50	77.24	100.4	189.57	98.44	91.13	24.04
	205	50	76.85	99.91		105.02	84.55	22.31
	220	50	76.54	99.5		105.68	83.89	22.13
	230	50	76.71	99.72		108.89	80.68	21.29
	245	50	77.0	100.1		113.58	75.99	20.05
下游最大冲刷量	200	14				-18.98		
	205	14				-17.68		
	220	13				-19.50		
	230	9				-20.34		
	245	9				-24.87		

水库运用 50 年,起始运行水位 205、220m 水库淤积量分别为 76.85 亿 m^3 和 76.54 亿 m^3,下游河道淤积量分别为 105.02 亿 t 和 105.68 亿 t,下游河道减淤量相当下游河道不淤年数基本均为 22 年。下游河道最大冲刷量分别为 17.68 亿 t 和 19.5 亿 t,分别发生在第 14 年和第 13 年。

水库运用到第 20 年,起始运行水位 200 ~ 220m 下游河道冲淤量为 -6.76 亿 ~ 2.11 亿 t,以全下游河道达到建库前河床水平而言,使用年限为 19.4 ~ 21.8 年,即起始运行水位 200 ~ 220m,全下游河道基本都可维持 20 年左右不淤积。

以上资料表明,不同起始运行水位对下游河道减淤作用后效影响有限。

（二）起始运行水位的研究方案及条件

拟定水库初期起始运行水位考虑的主要因素包括：使水库合理拦沙和调水调沙，提高水库对下游河道的减淤效益；减少下游河道滩地坍塌和工程险情，避免下游河道大冲大淤；满足并尽可能改善初始发电条件。即在保证下游防洪减淤的前提下，尽可能发挥水库的综合效益。比选的最低运用水位，要求满足电站的运行要求。

1. 小浪底电站水轮机组特性参数

小浪底水电站水轮机额定水头 112m，额定出力 306MW；当水头大于等于 117m 时，最大出力 330MW；水轮机转轮直径 6.356m，转速 107.1r/min；运行水头范围 68～141m；额定水头单机过流能力 300m^3/s。

2. 起始发电水位 205m 与 210m 发电工况对比

水库水位 205m 时，电站最小水头为 68m，单机最大过流能力 217m^3/s，预想出力 130MW，水轮机效率约 89.5%，该水头能够满足机组最低运行条件（见表 4-2-16）。水库水位 210m 时，电站最小水头约 73m，单机最大过流能力 230m^3/s，预想出力 150MW，水轮机效率约 92%。

表 4-2-16　　水轮机不同水头最小过机流量、出力效率等参数

水头（m）	单位流量（m^3/s）	单机流量（m^3/s）	效率（%）	水轮机出力（万 kW）	导叶开度（°）
141	0.370	177	88.5	22	12～14
137.5	0.371	176	88.5	21	12～14
117	0.367	160	90.3	17	12～14
112	0.367	157	90.2	16	12～14
107	0.369	154	90.0	15	12～14
91	0.374	144	87.7	11	14
73	0.378	130	82.0	8	14～16
68	0.378	126	79.0	7	14～16
141	0.530	254	94.5	33	16～18
137.5	0.547	259	95.0	33	18
117	0.700	306	94.5	33	24～26
112	0.702	300	94.5	30.6	24～26
107	0.702	293	94.5	29	24～26
91	0.697	268	94.5	23	26
73	0.667	230	92.0	15	26
68	0.651	217	89.5	13	26

从 205m 到 210m，电站最小发电水头从 68m 提高到 73m，预想出力提高约 20MW，水

轮机效率提高约2.5%，并且机组气蚀性能有所改善，趋向最优工况区。

当电站偏离设计水头较远时，若水轮机开度过小，流道将出现旋涡，若开度过大，导叶边缘将出现旋涡，均属于不稳定运行工况区。根据机组运行特性曲线分析，当电站在68m水头运行时，水轮机开度在18°~20°、相应出力为85~105MW时运行，工况稳定；当电站在73m水头运行时，水轮机开度在16°~24°、相应出力为95~135MW时运行，工况稳定。因此，电站在73m水头时机组运行工况优于68m。

3. 起始水位为220m时的发电工况

若起始发电水位抬高至220m，则发电水头在83m左右，水轮机运行工况有很大改善，大开度时已完全脱离不稳定运行工况区，小开度(16°以下)运行工况也趋于稳定。该水头下水轮机稳定出力为120~200MW。

4. 研究方案及采用的水沙条件

综上所述，水库自205m起始运用时，其水头也能够满足机组最低运行条件，但其运行工况稍劣于210m起始运用。因此，从机组运行条件出发，在对水库减淤作用影响较小的前提下，抬高起始运行水位，有利于改善机组的运行工况。不同水头水轮机特性参数见表4-2-16。因此，考虑水库减淤运用要求和电站运行，本次起始运行水位研究方案为205、210、220m三个。起始运行水位研究时，调控上限流量采用2 600m^3/s，调控库容采用8亿m^3。采用91系列及78系列进行研究。

(三)不同起始运行水位的调节效果比较

1. 不同起始运行水位的坝前水位变化

起始运行水位205、210、220m时，第一年7月11日的坝前水位，91系列分别为206.9、211.6、221.2m，78系列分别为207.5、212.2、221.6m，以后水位过程随流量大小和水库淤积量的变化而变化，见表4-2-17、图4-2-18。由于91系列水量比78系列小，库水位91系列比78系列偏低。

表4-2-17　主汛期坝前水位统计　(单位：m)

起始水位	年份	78系列主汛期			91年系列主汛期		
		平均	最大	最小	平均	最大	最小
205	第1年	212.98	216.96	207.51	207.99	216.68	205.00
	第2年	213.93	219.73	206.52	212.12	226.00	205.01
	第3年	215.62	223.83	208.19	213.28	219.62	208.68
210	第1年	217.09	220.64	212.19	212.71	220.63	210.00
	第2年	217.53	222.82	211.42	216.22	228.69	210.03
	第3年	218.60	224.93	213.07	217.00	222.63	213.16
220	第1年	225.01	228.50	221.62	222.14	228.50	220.00
	第2年	225.56	229.56	220.89	224.39	234.97	220.05
	第3年	226.24	231.15	222.20	224.92	229.48	222.09

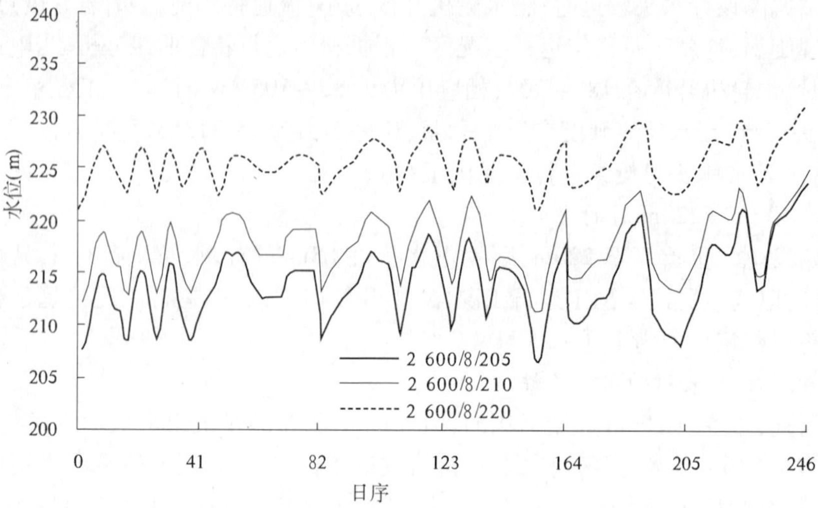

图 4-2-18　小浪底水库坝前水位过程(78 系列,7 月 11 日~9 月 30 日)

2. 不同起始运行水位库区淤积比较

1)不同起始运行水位水库淤积

黄委会设计院计算成果见表4-2-18。采用91系列,起始运行水位205、210、220m时,汛期排沙比分别为18.0%、17.0%、16.8%;3年全沙淤积量分别为14.1亿、14.25亿、14.31亿m^3;淤积物级配粒径小于0.025mm的泥沙分别占全沙的52.5%、52.7%、53.0%。

对于78系列,起始运行水位205、210、220m时,主汛期排沙比分别为14.6%、14.2%、13.1%;3年全沙淤积量分别为18.3亿、18.36亿、18.54亿m^3;淤积物级配粒径小于0.025mm的泥沙分别占全沙的43.2%、43.3%、43.7%。清华大学计算成果与之相近,见表4-2-19。

水库淤积情况,定性上看,起始运行水位从205m升至220m,水库全沙与细沙淤积量略多,定量上看,淤积数量非常接近。因此,起始运行水位比205m适当抬高一些不仅水库运用前3年不会造成库区大量淤积,也不会因前3年的淤积情况给以后带来不利影响。

对于来沙偏枯的91系列(年平均来沙7.06亿t),3年水库淤积约14亿m^3,与205m水位淤积的斜容积还相差较远;对于来沙为平沙的78系列(年平均来沙8.84亿t),3年水库淤积18亿m^3左右,比水位205m的淤积斜容积还略小。说明205m水位以下库容淤满前的使用年限,在平沙、枯沙条件下要大于3年。

2)不同起始运行水位水库淤积形态分析

起始运行水位205、210、220m库水位相差较大,所以库区沿程不同位置其水流流态和输沙流态不同,干、支流淤积部位和淤积形态也有一定的差异。

表 4-2-18　　**不同起始运行水位(m)水库淤积及发电情况**(黄委会设计院计算成果)

项目		水文学模型						水动力学模型					
		78 系列			91 系列			78 系列			91 系列		
		205	210	220	205	210	220	205	210	220	205	210	220
年淤积量(亿 m³)	全沙	5.88	5.91	5.98	4.70	4.74	4.78	6.10	6.12	6.18	4.70	4.75	4.77
	细沙	2.41	2.44	2.49	2.28	2.30	2.34	2.63	2.65	2.70	2.47	2.51	2.53
	中沙	1.78	1.78	1.79	1.44	1.45	1.45	1.81	1.81	1.82	1.31	1.32	1.32
	粗沙	1.69	1.69	1.70	0.98	0.99	0.99	1.66	1.66	1.66	0.92	0.92	0.92
淤积物级配(%)	细沙	41.0	41.2	41.7	48.4	38.9	49.0	43.2	43.3	43.7	52.5	52.7	53.0
	中沙	30.3	30.2	29.9	30.7	30.5	30.3	29.6	29.6	29.4	27.9	27.9	27.7
	粗沙	28.7	28.6	28.4	20.9	20.8	20.7	27.2	27.2	26.9	19.6	19.4	19.3
汛期排沙比(%)	全沙	14.8	14.3	13.2	14.3	13.7	12.8	14.6	14.2	13.1	18.0	17.0	16.8
	细沙	28.3	27.4	25.6	24.3	23.5	21.9	27.1	26.4	24.4	27.5	26.1	25.6
	中沙	3.0	2.8	2.5	2.6	2.4	2.2	4.7	4.4	3.8	7.5	6.6	6.8
	粗沙	2.3	2.2	1.8	1.8	1.5	1.5	0.7	0.6	0.5	1.9	1.6	1.9
发电量(亿 kW·h)		143.0	147.9	158.7	124.6	130.1		147.9	151.5	160.2	128.4	134.1	144.3

表 4-2-19　　**不同起始运行水位库区淤积统计**(清华大学计算成果)

项　目		1978~1980 年		
		2 600/8/205	2 600/8/210	2 600/8/220
年淤积量(亿 m³)	全沙	5.96	6.05	6.13
	细沙	2.56	2.60	2.68
	中沙	1.70	1.73	1.73
	粗沙	1.70	1.72	1.72
淤积物级配(%)	细沙	42.92	42.95	43.73
	中沙	28.57	28.57	28.28
	粗沙	28.53	28.45	28.03

采用 91 系列,起始运行水位 205、210、220m 库区干流淤积形态见图 4-2-19。计算结果表明,运用第 3 年三角洲顶点在距坝 40km 附近。距坝约 40km 以上,随起始运行水位的升高库区淤积面相应升高;40km 以下则反之。第 3 年距坝 100km 处,不同起始运行水位的淤积高程均约为 238m,距坝 100km 以上,不同起始运行水位淤积高程基本一样。起始运行水位对库区淤积形态的影响主要发生在 100km 以下。

采用 78 系列,起始运行水位 205、210、220m 库区干流淤积形态见图 4-2-20 和图 4-2-21。黄委会设计院和清华大学的计算均表明,水库干流淤积形态为三角洲,运用第 3 年三角洲顶点均在距坝 25~35km 附近。距坝约 35km 以上,随起始运行水位的升高库区淤积面相应升高;35km 以下则反之。第 3 年距坝 100km 处,不同起始运行水位的淤积高程均约为 240m,距坝 100km 以上,不同起始运行水位淤积高程基本一样。不过,黄委会设计院计算成果比清华大学计算成果库区淤积面普遍偏高 5 ~ 10m。但不同起始运行水位之间淤积面的高程差值较接近，说明泥沙数学模型的计算误差不影响方案之间的比较。

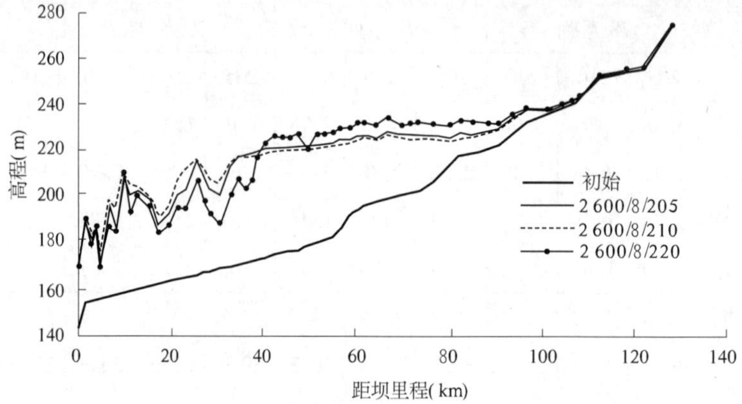

图 4-2-19　库区干流淤积纵剖面(91 系列，第 3 年底)

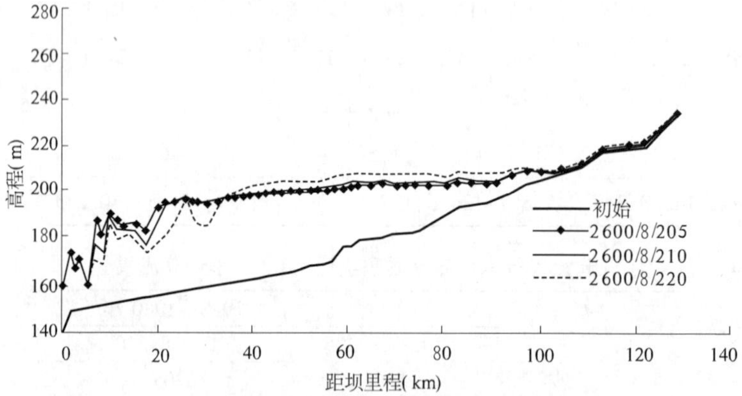

图 4-2-20　黄委会设计院库区淤积纵剖面(78 系列，第 3 年底)

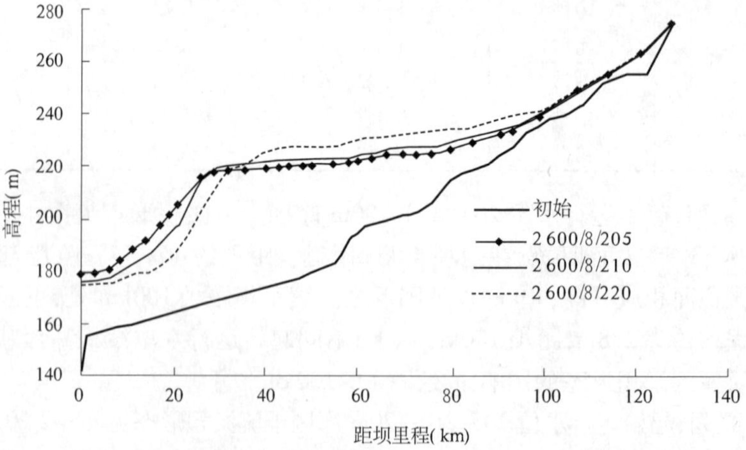

图 4-2-21　清华大学库区淤积纵剖面(78 系列，第 3 年底)

资料表明，起始运行水位 205 ~ 220m 对库区淤积形态的影响主要发生在距坝 100km 以下。当小浪底水库库区淤积面达一定高程时，将有降低水位冲刷的机遇。根据三门峡水库运用经验，在这种情况下，当小浪底入库出现一定持续历时的较大流量时，可相机降低水位运用,产生一定的沿程和溯源冲刷。小浪底水库比降大,距坝 67km 以上河谷又较窄,仅 200 ~ 400m,对冲刷恢复库容是有利的。可减少或消除因起始运行水位的抬升而带来的不利影响。

小浪底库区支流来沙量很少,支流淤积主要是干流倒灌形成的。由于支流入汇位置的不同,不同起始运行水位干流倒灌支流的水沙条件及支流水沙运动、淤积调整将随之变化,所以,不同起始运行水位对支流淤积形态的影响不一。选取库容较大的距坝 4. 42、18、22、57km 的大峪河、畛水、石井河、亳清河进行分析(高程 275m 时原始库容分别为 6. 64 亿、17. 81 亿、5. 24 亿、2. 42 亿 m^3,4 条支流合计库容占支流总库容的 70%)。前已阐述,距坝 35km 以上,起始运行水位越高,干流淤积面越高。所以,亳清河沟口高程起始运行水位 220m 比 210m 高约 5m。按清华大学的计算结果看,水库运用第二年,亳清河已基本处于三角洲顶坡段,壅水明流倒灌支流淤积机遇较多,所以支流倒锥体比降和损失库容不会太大。距坝 35km 以下,起始运行水位越高,干流淤积面越低。所以,石井河、畛水、大峪河沟口高程起始运行水位 205m 最高,220m 最低。由于三角洲逐步向坝前推进,因此越靠近坝前的支流,因起始运行水位造成的沟口高程差越小,见图 4-2-22 ~ 图 4-2-25。所以,起始运行水位适当升高不会加大支流库容的损失。

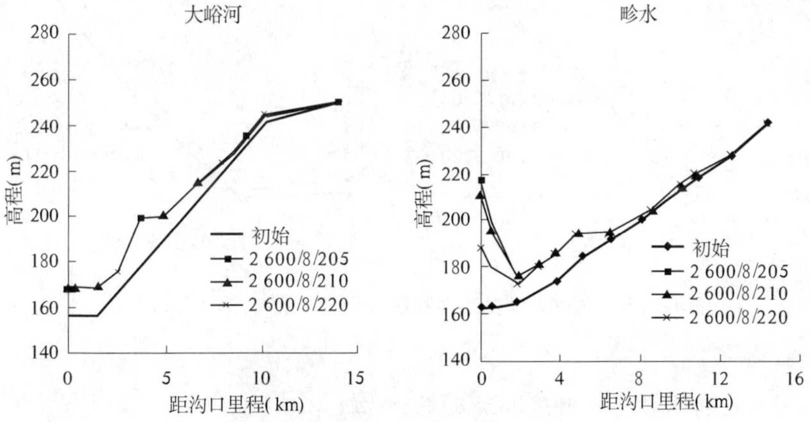

图 4-2-22　黄委会设计院支流淤积纵剖面(78 系列,第 3 年底)

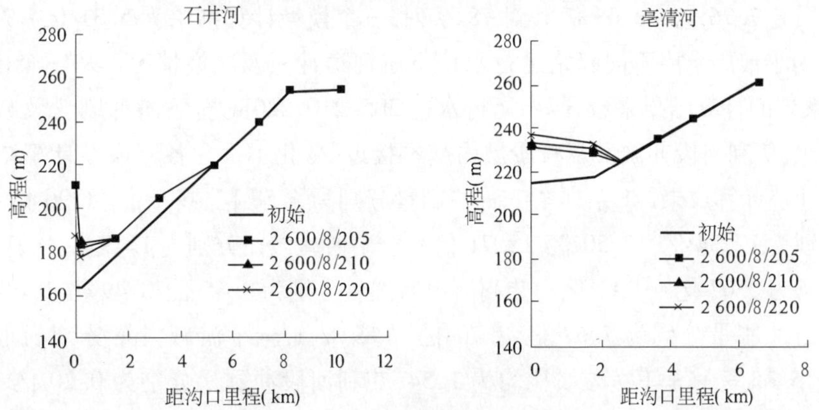

图 4-2-23　黄委会设计院支流淤积纵剖面(78 系列,第 3 年底)

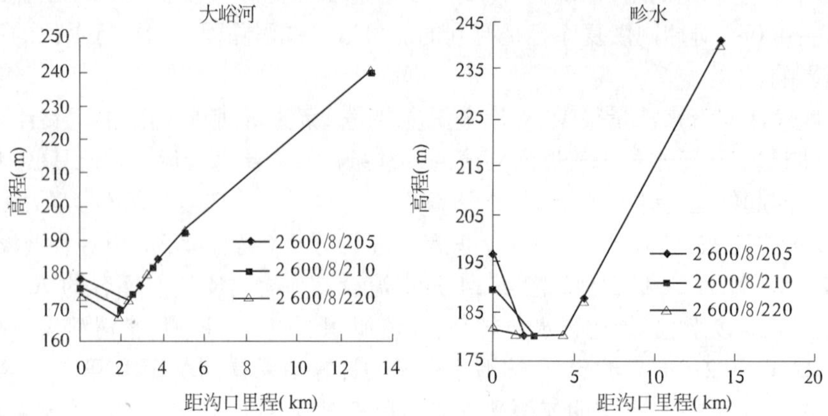

图 4-2-24　清华大学支流淤积纵剖面(78 系列,第 3 年底)

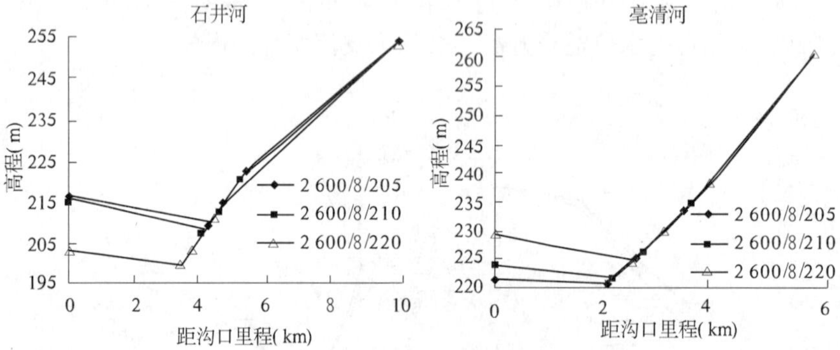

图 4-2-25　清华大学支流淤积纵剖面(78 系列,第 3 年底)

3. 不同起始运行水位下游河道冲淤及减淤比较

无小浪底水库时,下游河道的淤积量见表 4-2-20。对 91 系列,全下游淤积量两个模型计算结果为 7.76 亿～8.08 亿 t,对 78 系列,三个模型计算结果为 5.31 亿～7.94 亿 t。表 4-2-21 为小浪底水库不同起始运行水位下游河道冲淤及减淤情况。从三个模型对 91 系列、78 系列的计算结果来看,起始运行水位 205、210、220m,全下游冲刷量及减淤量、全下游减淤比、艾利河段冲淤量及减淤量均基本接近,变化不大。各家模型计算结论一致。黄委会设计院计算成果,91 系列全下游冲刷量分别为 4.58 亿、4.75 亿、4.96 亿 t,全下游减淤量分别为 12.34 亿、12.50 亿、12.71 亿 t,全下游减淤比分别为 1.49、1.48、1.46,艾利河段淤积量为 0.07 亿～0.12 亿 t,艾利河段减淤量分别为 0.45 亿、0.49 亿、0.50 亿 t。78 系列全下游冲刷量分别为 7.67 亿、7.70 亿、7.89 亿 t,全下游减淤量分别为 15.42 亿、15.45 亿、15.65 亿 t,全下游减淤比均为 1.54,艾利河段冲刷量分别为 0.20 亿、0.22 亿、0.23 亿 t,艾利河段减淤量分别为 0.95 亿、0.97 亿、0.97 亿 t。

表 4-2-20　　无小浪底水库时下游河道淤积量

项目		黄设院 水动力学模型		黄设院 水文学模型		清华大学 水动力学模型
		78 系列	91 系列	78 系列	91 系列	78 系列
淤积量（亿 t）	全下游	7.94	8.08	7.75	7.76	5.31
	艾利河段	0.47	0.37	0.75	0.57	0.73

表 4-2-21　　小浪底水库不同起始运行水位下游河道冲淤及减淤情况

起始运行水位	项目		黄设院 水动力学模型		黄设院 水文学模型		清华大学 水动力学模型
			78 系列	91 系列	78 系列	91 系列	78 系列
205m	有小冲淤量（亿 t）	全下游	-7.33	-4.89	-7.67	-4.58	-7.70
		艾利河段	-0.25	0.21	-0.20	0.12	-0.10
	减淤量（亿 t）	全下游	15.27	12.97	15.42	12.34	13.01
		艾利河段	0.72	0.16	0.95	0.45	0.83
	水库淤积量（亿 m^3）		18.29	14.10	18.29	14.10	17.88
	全下游减淤比		1.56	1.41	1.54	1.49	1.60
210m	有小冲淤量（亿 t）	全下游	-7.39	-4.99	-7.70	-4.75	-7.61
		艾利河段	-0.27	0.16	-0.22	0.08	-0.10
	减淤量（亿 t）	全下游	15.33	13.07	15.45	12.50	12.92
		艾利河段	0.74	0.20	0.97	0.49	0.83
	水库淤积量（亿 m^3）		18.35	14.26	18.35	14.26	17.82
	全下游减淤比		1.56	1.42	1.54	1.48	1.60
220m	有小冲淤量（亿 t）	全下游	-7.51	-5.12	-7.89	-4.96	-7.70
		艾利河段	-0.30	0.12	-0.23	0.07	-0.21
	减淤量（亿 t）	全下游	15.44	13.20	15.65	12.71	13.01
		艾利河段	0.77	0.24	0.97	0.50	0.94
	水库淤积量（亿 m^3）		18.54	14.31	18.54	14.31	18.41
	全下游减淤比		1.56	1.41	1.54	1.46	1.61

起始运行水位相同时，由于 91 系列小黑小的水量比 78 系列少了 190 亿 m^3（3 年），且艾山站较大流量水量、连续天数及次数均少于 78 系列，所以全下游及艾利河段的减淤量，前者均明显小于后者。从全下游减淤比看，91 系列入库水少沙多，主汛期入库来沙系数为 0.059，较主汛期入库来沙系数为 0.033 的 78 系列更为不利，水库对不利水沙条件的调节作用更大，因此 91 系列全下游减淤比较 78 系列小。

表 4-2-22、表 4-2-23 为小浪底水库不同起始运行水位下游河道主槽高程及主槽宽度变化情况比较。可以看出，不同起始运行水位，下游河道主槽高程及主槽展宽变化相差不大。各家模型计算结论一致。根据清华大学计算成果，花园口以上河段主槽 3 年冲深 1.21～1.35m、平均展宽 202～220m、最大展宽 480～505m；花园口至高村河段主槽冲深 1.06～1.13m、平均展宽 186～190m；高村至艾山河段主槽冲深 0.50～0.64m；艾山至利津河段主槽冲深 0.10～0.25m。

表 4-2-22　小浪底水库不同起始运行水位(m)下游河道主槽高程变化　(单位:m)

河段	清华大学水动力学模型			黄设院水文学模型		
	205	210	220	205	210	220
花园口以上	-1.27	-1.21	-1.35	-1.28	-1.30	-1.33
花园口—高村	-1.06	-1.13	-1.11	-0.94	-0.93	-0.95
高村—艾山	-0.50	-0.61	-0.64	-0.61	-0.62	-0.58
艾山—利津	-0.10	-0.11	-0.25	-0.27	-0.28	-0.29

表 4-2-23　小浪底水库不同起始运行水位(m)下游河道主槽展宽变化　(单位:m)

河段	清华大学水动力学模型						黄设院水文学模型					
	205		210		220		205		210		220	
	平均	最大	平均	最大	平均	最大	平均	最大	平均	最大	平均	最大
花园口以上	220	485	219	505	202	480	214	530	214	540	215	540
花园口—高村	190		186		186		171	450	171	450	171	450

以上分析表明,不同的起始运行水位全下游及艾利河段的减淤效果在定量上差别不大,河道形态的变化情况亦基本相同。定性上看,起始运行水位从 205m 至 220m,全下游及艾利河段的减淤效果依次稍优。

4. 不同起始运行水位动能指标比较

小浪底水库不同起始运行水位动能指标比较见表 4-2-24。由表 4-2-24 可知,不同起始运行水位水量利用率相差不大,但是发电量不同,1991 ~ 1993 年 3 年,起始运行水位 210m 比 205m 多发电 5.7 亿 kW · h;220m 比 210m 多发电 10.2 亿 kW · h。1978 ~ 1980 年 3 年,起始运行水位 210m 比 205m 多发电 3.6 亿 kW · h;220m 比 210m 多发电 8.7 亿 kW · h。

表 4-2-24　小浪底水库不同起始运行水位动能指标

系列	起始运行水位(m)	3 年平均水头(m)			3 年电量(亿 kW · h)			水量利用率(3 年平均)
		汛期	非汛期	年	汛期	非汛期	年	
78	205	76.15	100.36	94.31	26.96	120.94	147.90	0.70
	210	79.54	101.74	96.19	29.09	122.41	151.50	0.71
	220	87.08	105.32	100.8	33.27	126.93	160.20	0.71
91	205	73.42	89.35	85.37	25.37	103.03	128.40	0.82
	210	77.41	91.67	88.10	27.91	106.19	134.10	0.83
	220	85.55	95.94	93.34	31.94	112.36	144.30	0.84

（四）成果合理性分析

1. 水库淤积量合理性分析

水库初期前3年运用是以异重流排沙为主，异重流淤积取决于异重流的挟沙力。钱宁教授根据三门峡、官厅两水库和红山水库的资料，得到了异重流含沙量小于100kg/m³的挟沙力公式：

$$S_* = 13\left[\frac{V^3}{gh\omega}\right]^{0.285} \tag{4-2-1}$$

$$V = \sqrt[3]{\frac{8\Delta\gamma}{\lambda\gamma'} \cdot gq'J} \tag{4-2-2}$$

式中　S_*——异重流挟沙力，kg/m³；

h——异重流水深，m；

ω——异重流中泥沙的平均沉速，cm/s；

q'——异重流单宽流量，m³/(s·m)；

γ'——浑水容重，t/m³；

$\Delta\gamma$——异重流的有效容重，即浑水和清水的容重差，t/m³；

λ——综合阻力系数，水库和模型的实测资料 $\lambda = 0.02 \sim 0.03$；

J——床面比降。

公式表明，异重流的挟沙力与异重流运动速度和含沙量有关。含沙量越大，泥沙沉速 ω 越小，异重流运动速度越大，挟沙力越大。

在相同来水来沙条件下，影响异重流运动速度的是综合阻力系数 λ，影响综合阻力系数大小的因素包括沿程库区河谷平面形态和河床形态、河岸与河床组成及清浑水界面阻力。小浪底水库因河床比降大（约11‱），起始运行水位由205m升至220m，水平回水距离仅增加约15km，且回水都进入了峡谷区。因此，起始运行水位由205m升至220m对综合阻力系数 λ 影响不太大，也就是说，对水库异重流的运动速度和挟沙力影响不大。由于起始运行水位的高低相应其回水长度不同，将影响异重流的传播时间和回水段以上河道的淤积，不过库区河道比降大，回水末端位于峡谷区，这两项影响也不大。因此，相同条件下，起始运行水位由205m升至210m或由210m升至220m，水库淤积量、排沙比变化不大是合理的。

2. 水库淤积形态合理性分析

1）库区物理模型试验成果

小浪底库区物理模型试验表明，库区为三角洲淤积形态，随运用时间延长，三角洲顶点不断向下游推进，三角洲顶坡段亦不断抬升。图4-2-26、图4-2-27分别为历年汛后平均河槽及滩面纵剖面图，可以看出三角洲推进过程。在三角洲顶坡，形成位置较为稳定的河槽，河槽随流量大小有所展宽和缩窄，滩槽整体呈同步抬升趋势，而在三角洲顶点以下，则是全断面平行抬高，在河谷较宽处，往往滩唇高于两岸滩地，滩面出现横比降，在滩地出现"死水区"，当干流涨水时，水流漫滩，浑水倒灌入"死水区"，当干流水位下降时，"死水区"清水回归至干流，这样反复进行的清浑水交换，可将滩面逐渐淤平。干流横断面形态见图4-2-28。

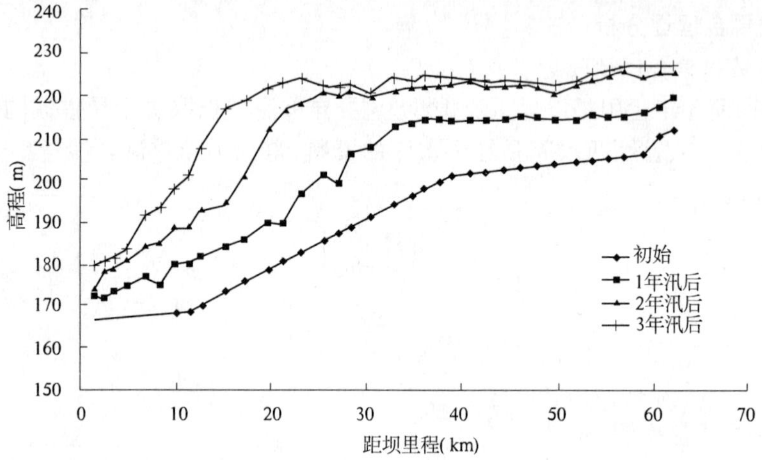

图 4-2-26　小浪底库区模型试验主槽纵剖面(3 700/13/210 方案)

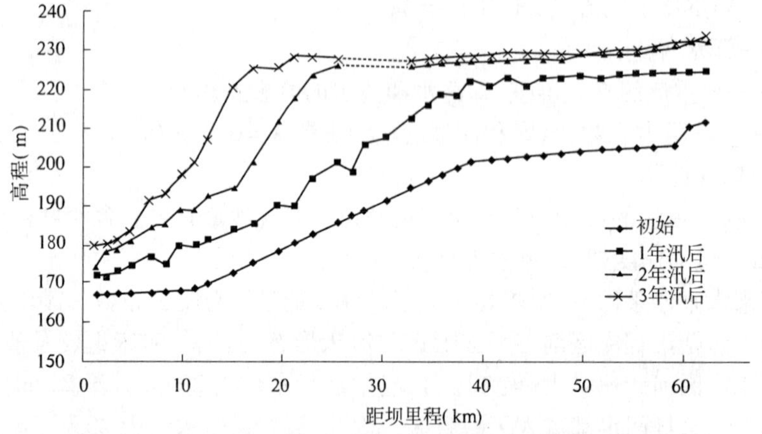

图 4-2-27　小浪底库区模型试验滩地纵剖面(3 700/13/210 方案)

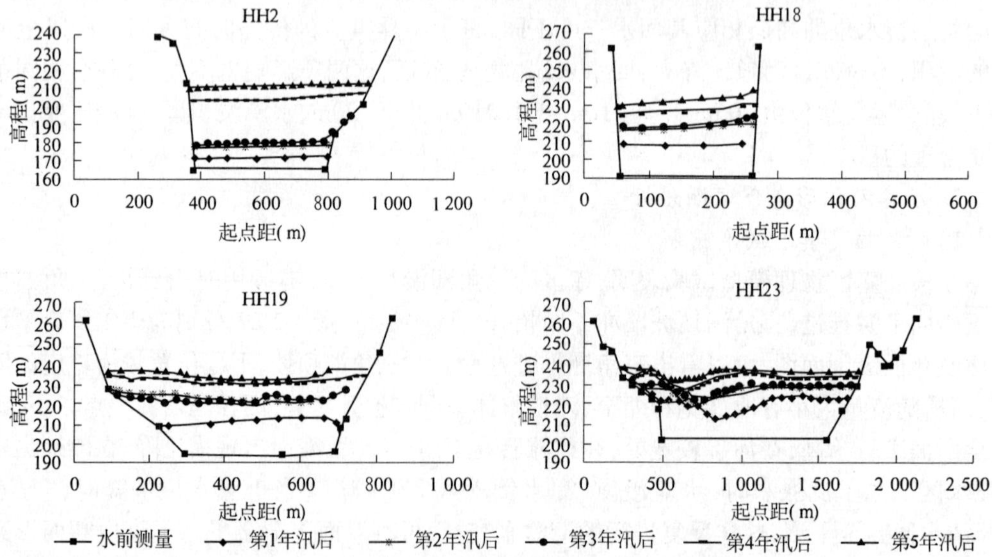

图 4-2-28　干流历年汛后横断面套绘图(3 700/13/210 方案)

支流淤积主要为异重流倒灌淤积或干流浑水倒灌支流,使支流淤积面不断抬升。支流口门均形成拦门沙坎,沙坎顶部高程与干流滩面衔接,向支流内形成倒坡,高程逐步抬升,当干流水位下降时,由于干、支流的水位差,支流蓄水回归干流,可在支流口拦门沙坎上拉出小槽,小槽大小与支流内蓄水量有关,若蓄水量大(如沇西河、畛水等),可在口门形成较宽的河槽。而某些蓄水量小的支流,其沟口则形成众多细小小沟。当干流水位抬升时,浑水会沿支流沟口的河槽倒灌支流,并以异重流潜入淤积。主要支流淤积形态见图 4-2-29。

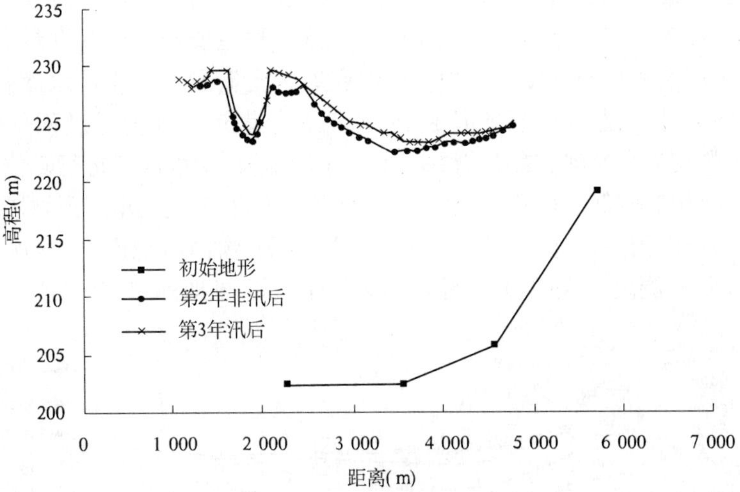

(a) 西阳河纵剖面

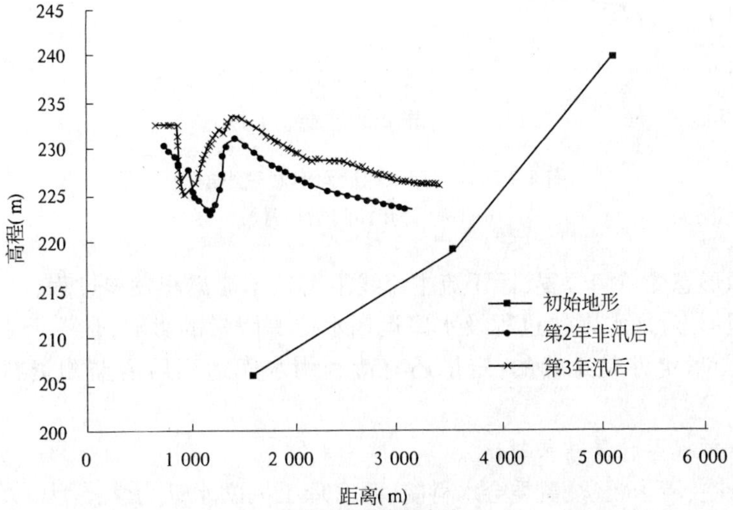

(b) 沇西河纵剖面

图 4-2-29　主要支流纵剖面

应说明的是,由于研究时间的差异,物理模型试验和泥沙数学模型计算采用的初始地形稍有不同,研究成果定量上有所差异,但不影响研究结论。

2) 实测资料分析

小浪底库区支流自身来沙量很少,所以支流的淤积主要是干流倒灌形成的。干流倒灌支流淤积由两部分组成:一部分是干流淤积三角洲未推至支流口,干流的异重流倒灌支流,在支流内形成倒坡淤积;另一部分是干流三角洲推至支流口后,干流倒灌支流也形成倒坡淤积,此倒坡比降比异重流形成的倒坡比降小。据官厅水库妫水河的淤积实例,说明当三角洲顶点推至沟口,或支流位于三角洲顶坡段时,此时三角洲洲面已有滩槽,在大水时漫滩浑水倒灌支流,沟口淤高,倒坡比降由陡变缓,沟底淤积比降较小。妫水河拦门沙坎是在永定河异重流分流淤积和永定河三角洲淤积作用下形成的。妫水河河口拦门沙的发展,主要集中在多水多沙年份。异重流倒灌支流淤积主要与口门含沙量的高低及浑水厚度有关,妫水河淤积形态见图 4-2-30。小浪底库区支流淤积与官厅水库妫水河淤积类似,在相同水沙条件下,起始运行水位越高,初期 3 年靠近坝前河段淤积量越小、高程越低。库容较大的支流大峪河、畛水、石井河都位于坝前段,所以起始运行水位越高,这些支流口的沙坎高程相对较低。位置靠上的亳清河,沟口位于干流三角洲顶坡段,所以起始运行水位越高,沟口淤积高程越高,并浑水容易倒灌淤积,沟内淤积面高,沙坎高度低,淤积比降小。2000 年实测资料表明,除大峪河略显"倒锥体"雏形外,其余支流尚未形成倒坡。

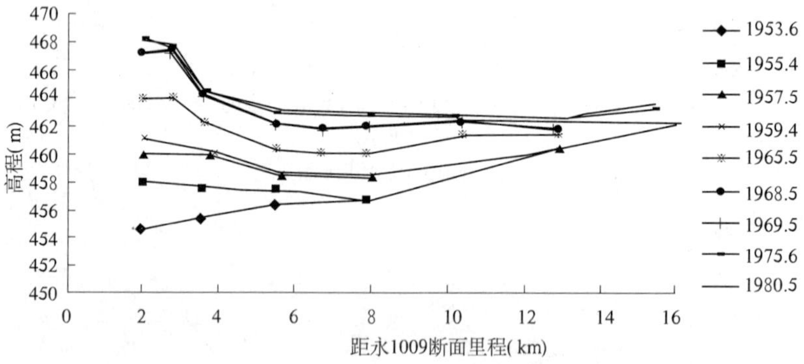

图 4-2-30　官厅水库妫水河淤积纵剖面

(图例后为时间,指年月)

支流淤积形态受口门位置(距干流主流线距离)、干流淤积发展过程、干流淤积形态、支流前期淤积形态、来水来沙过程及水库运用水位等因素的影响,是一个十分复杂的问题,本次计算图形定性是正确的,定量还有待利用水库运用后的监测资料进一步分析研究。

3) 各家数学模型计算结果对比

中国水科院、清华大学、黄委会水科院、西安理工大学水动力学模型以及黄委会设计院的水动力学模型和水文学模型计算结果表明,库区淤积量比较接近,干、支流淤积形态定性是一致的(详见调控流量研究部分),但定量有一定差异。

(五) 研究结论

通过计算分析可知,拦沙初期在相同的运用方案和水沙条件下,起始运行水位 205 ~ 220m 库区淤积量及淤积物组成、全下游河道和艾利河段减淤效果均差别不大,但水电站动能指标和供水量随起始运行水位的升高而表现优越。所以，在不影响防洪减淤效果的前提下，应尽可能争取发挥工程的综合效益，起始运行水位推荐选用210m。

四、水库初期减淤运用方案

根据对水库初期拦沙和汛期调水调沙运用方案的研究，推荐采用调控流量2 600m^3/s，调控库容8亿m^3，起始运行水位210m。考虑提前两天预报入库水沙，即根据潼关、三门峡的实时水沙条件，拟定小浪底水库主汛期水沙日调节方案，具体的调节操作方法如下：

(1)当潼关和三门峡平均流量小于2 500m^3/s时，小浪底出库仅满足供水需要，即出库凑泄花园口流量为800m^3/s，同时小浪底出库流量不小于600m^3/s，满足机组调峰发电要求。

(2)当潼关、三门峡平均流量大于2 500m^3/s且水库可调节水量等于或大于4亿m^3时(水库蓄水4亿m^3，可基本满足凑泄调控上限流量2 600m^3/s、历时不小于6天的要求)，水库凑泄花园口流量等于或大于2 600m^3/s。即当入库流量加黑石关、小董流量大于或等于2 600m^3/s时，出库流量按入库流量下泄，花园口流量不超过下游平滩流量；当入库流量加黑石关、小董流量小于2 600m^3/s时，水库凑泄花园口流量为2 600m^3/s。水库凑泄过程中，若前一天凑不够2 600m^3/s，则不再凑泄；若凑泄6天后，水库可调水量大于2亿m^3，水库按下游平滩流量凑泄花园口断面流量，直至水库可调水量不小于2亿m^3。

(3)当潼关、三门峡平均流量大于2 500m^3/s但水库可调节水量小于4亿m^3时，小浪底水库按供水发电需要进行调节，即出库凑泄花园口流量为800m^3/s，同时小浪底出库流量不小于600m^3/s，满足机组调峰发电要求。

(4)7月中旬至9月上旬，当水库可调节水量达到8亿m^3(按调控上限流量2 600m^3/s造峰6天需要的调控库容为8亿m^3)时，水库凑泄花园口流量大于或等于2 600m^3/s。即当入库流量加黑石关、小董流量大于或等于2 600m^3/s时，出库流量按入库流量下泄，并控制花园口流量不超过下游平滩流量；当入库流量加黑石关、小董流量小于2 600m^3/s时，水库凑泄花园口流量为2 600m^3/s。水库凑泄过程中，可调水量不小于2亿m^3，若凑泄6天后，水库可调水量大于2亿m^3，水库按下游平滩流量凑泄，直至水库可调水量为2亿m^3。

(5)9月中下旬，当入库流量加黑石关、小董流量大于或等于2 600m^3/s时，出库流量按入库流量下泄，并控制花园口流量不超过下游平滩流量；当入库流量加黑石关、小董流量小于2 600m^3/s时，不再造峰，水库可提前蓄水。

(6)当花园口断面流量可能超过下游平滩流量时，小浪底水库开始蓄洪调节，尽量控制下游河道不漫滩。

五、初期减淤运用方案的可操作性

小浪底水库有较先进的水文预报；枢纽泄流量大，有启闭灵活的不同高程的各种泄水建筑物，调度方便；有较大的库容，调节能力强；有水库和下游全套水文泥沙测验，能及时反馈方案的效果。因此，枢纽能够适应初期减淤运用方案的操作要求，减淤运用方式的调度具有可操作性。

(一)有较先进的水文预报

短期天气预报。黄委会水文局7~9月每日可提供黄河中下游未来3天降水预报,预报结果在水文局网站发布。

中期降水预报。可提供7~9月黄河中游中期(未来10天)降水过程和趋势预报;如有较大天气系统,增加预报。

短期洪水和径流预报。可进行潼关站和小浪底至花园口区间未来7天径流情势分析和预估,调水调沙期潼关站和小浪底至花园口区间未来1~2天日平均流量预报,调水调沙期花园口、夹河滩、高村、孙口、艾山、泺口和利津七站流量预报。

(二)不同高程的各种泄水建筑物启闭灵活、泄流量大

前已述及,小浪底枢纽泄水建筑物有进口高程为175m的3条排沙洞和3条孔板洞,进口高程分别为195、209、225m的3条明流洞,进口高程为195m的6条发电洞,进口高程为258m的正常溢洪道。设置闸门控制楼,各泄水建筑物闸门启闭设施均为一门一机,可远方操作。排沙洞在10min内可全开,孔板洞在20min内可全开,明流洞在20min内可全开,溢洪道闸门在30min内可全开,并有计算机监控,可随时开、关。

(三)有较大的库容

小浪底水库有较大的库容,调节能力强。

(四)有水库和下游全套水文泥沙测验

小浪底水库库区水文泥沙测验包括进出库站水沙测验、库区断面测验、坝前漏斗测验、水沙因子断面测验、水位测验、异重流测验、塌岸测验及淤积物泥沙级配等。下游河道测验包括常规水文站测验、下游引水引沙测验、河势观测及工程抢护测验、塌滩测验等。这些测验指导着调水调沙合理调度的进行。

(五)有库区和下游的数学模型计算和物理模型试验

库区和下游的数学模型计算和物理模型试验,可进行水库调水调沙运用验证和预测,为每年可行的调度方案提出建议。

根据以上分析,按水库减淤运用方式调度,具有可操作性。小浪底水库调度运用实践也充分证明了这一点。

第五章　小浪底水库初期运用对下游河道演变影响和对策研究

第一节　小浪底水库运用初期下游河道演变趋势研究

一、三门峡水库蓄水运用期下游河道的发展变化

（一）下游河道冲淤变化情况分析

1960 年 9 月 15 日 ~ 1964 年 10 月，水库蓄水运用，共拦沙约 44.1 亿 t，受泄流能力限制，6 000m^3/s 以上的洪水，水库削峰率在 50% 以上，加之这一时期水量较丰、沙量较少，三黑小来水 2 262.46 亿 m^3，约占 1960 ~ 1996 年 36 年的 16%，来沙 23.268 亿 t，约占 36 年的 6%，平均含沙量 10.28kg/m^3，约为 36 年平均的 38%。因此，下游河道发生冲刷，共冲刷泥沙 27.81 亿 t，三—花、花—高、高—艾、艾—利四个河段冲刷量分别占全下游的 34.0%、40.7%、16.2% 和 9.1%，冲刷主要发生在高村以上。从冲刷量的年内分配看，各河段冲刷主要集中在汛期，对于全下游，汛期冲刷 22.93 亿 t，非汛期冲刷 4.88 亿 t，对于艾山至利津河段，汛期冲刷 3.92 亿 t，非汛期淤积 1.38 亿 t。对于这一时期的下游冲刷沿程发展，1960 年 9 月 15 日 ~ 1961 年 6 月，三门峡汛期下泄流量较小，流量均小于 2 000m^3/s，流量大于 1 000m^3/s 也仅有 16 天，因此冲刷仅发展到高村；1961 年 6 月 ~ 1962 年 6 月，为三门峡水库下泄清水的第一年，汛期下泄流量较大，其中有 20 多天流量大于4 000m^3/s，汛期的冲刷已发展到利津，1962 年 10 月以后，高村至利津河段在汛期继续冲刷、在非汛期回淤，但利津以上各河段的年总量均表现为冲刷，见表 5-1-1。

表 5-1-1　三门峡水库蓄水运用期下游河道冲淤情况（1960 年 9 月 15 日 ~ 1964 年 10 月）

时间	三黑小水量（亿 m^3）	三黑小沙量（亿 t）	各河段冲淤量（亿 t）				
			三—花	花—高	高—艾	艾—利	三—利
汛期	1 308.17	17.165	-7.22	-8.06	-3.73	-3.92	-22.93
非汛期	954.29	6.103	-2.25	-3.23	-0.78	1.38	-4.88
年	2 262.46	23.268	-9.47	-11.29	-4.51	-2.54	-27.81

（二）河道纵剖面变化

三门峡水库蓄水拦沙运用期，黄河下游河道的冲刷强度沿程逐渐减弱。从 1960 ~ 1964 年高村以上 28 个汛后大断面最低高程变化可以大致看出，从 1960 年到 1964 年河道

最低点高程是降低的，若分别统计铁谢至花园口、花园口至夹河滩和夹河滩至高村三段平均河床最低点高程，则三段平均下切分别为 5. 2、3. 8m 和 2. 9m，冲刷下切十分明显，而且冲刷量有上大下小的特点。图 5-1-1 给出的水位变化也说明了这一点，从 1960 年 10 月到 1964 年 10 月，铁谢、花园口、夹河滩和高村水文站同流量水位分别下降了 2. 81、1. 30、1. 32m 和 1. 33m，见表 5-1-2。

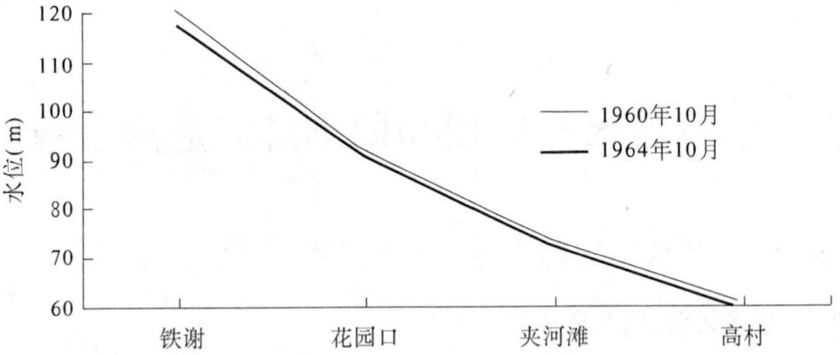

图 5-1-1　1960 ~ 1964 年高村以上河段 3 000m^3/s 水位变化

表 5-1-2　　1960 ~ 1964 年汛末 3 000m^3/s 水位变化值　　（单位：m）

站名	铁谢	花园口	夹河滩	石头庄	高村	孙口	艾山	利津
年均水位变化值	-0. 70	-0. 33	-0. 33	-0. 36	-0. 33	-0. 39	-0. 19	0. 00
总水位变化值	-2. 81	-1. 30	-1. 32	-1. 44	-1. 33	-1. 56	-0. 75	0. 00

下游河道发生冲刷与流量大小、冲刷历时、河床边界条件密切相关。河道比降大，河床组成细，流量大，历时长，则冲刷能力强，冲刷距离远；反之，则冲刷能力弱，冲刷距离近。三门峡水库下泄清水期，铁谢以上卵石夹沙河段细沙含量较少，细沙很快被冲走，纵剖面没有发生变化，铁谢至花园口河段冲刷强度大，河床以下切为主，同流量水位下降的幅度自上而下递减（见表 5-1-2），纵比降有调平的趋势；花园口以下至孙口河段河床纵比降维持不变；孙口到艾山河段河床明显刷深，艾山以下受河口条件的影响，冲刷量不大，纵比降也基本没变化（见表 5-1-3）。

表 5-1-3　　黄河下游清水冲刷期河段比降变化（‱）

河段	1953 年	1960 年	1964 年
孟津—花园口	2. 691	2. 728	2. 581
花园口—夹河滩	1. 823	1. 856	1. 78
夹河滩—高村	1. 572	1. 453	1. 499
高村—孙口	1. 143	1. 154	1. 138
孙口—艾山	1. 122	1. 358	1. 244
艾山—泺口	1. 022	1. 059	1. 03
泺口—利津	0. 879	0. 895	0. 838

(三)河槽形态的变化

三门峡水库下泄流量小于平滩流量时,铁谢至花园口河段冲刷较强烈。因南岸有邙山崖坝控制,河床冲刷以下切为主,滩槽高差加大,河势逐渐规顺;花园口至高村河段边界控制性较差,河床既有下切又有展宽,河槽形态变化不大,仍维持宽浅、散乱的形状;高村以下河段,工程控制较好,河床以下切为主。

河床在冲刷的过程中,横断面形态的变化取决于冲刷是以下切为主还是以展宽为主,即取决于断面的冲刷形态。冲刷形态又与水库下泄流量的大小、历时及过程、冲刷强度及河床边界条件等有关。对于比降大、河岸与河床均由细沙组成的可动性大的游荡型河道,一般在清水下泄初期,冲刷强度大的河段深蚀作用往往大于侧蚀作用,河道以下切为主,断面形态变得窄深;后期河床粗化则侧蚀作用有可能转居主导地位,断面形态又变得宽浅。

由河槽形态来分析,花园口以上河段$\sqrt{B}/H$显著变小,花园口至高村河段,$\sqrt{B}/H$基本保持不变。高村至艾山河段,冲刷以下切为主,河槽宽度增加不多,$\sqrt{B}/H$变小。艾山以下河段在冲刷过程中河宽变化不大,水深有所增加,$\sqrt{B}/H$相应减小,见表 5-1-4。

表 5-1-4　　三门峡水库运用初期黄河下游河床形态的变化

河段	平均河宽 B(m)			平均水深 H(m)			$\sqrt{B}/H$		
	1960.11	1962.5	1964.8	1960.11	1962.5	1964.8	1960.11	1962.5	1964.8
(1)中水河槽									
铁谢—官庄峪	3 850	3 820	3 460	0.99	1.73	2.27	62.7	35.7	25.9
秦厂—高村	2 450	3 050	3 590	1.53	1.76	1.92	32.4	31.4	31.2
苏泗庄—王波	1 230	1 090	1 000	1.05	2.83	3.45	33.4	11.7	9.2
艾山—利津	492	481	485	4.70	4.90	6.74	4.7	4.5	3.3
(2)主槽									
铁谢—官庄峪	964	1 140	—	0.92	1.55	—	33.7	21.8	—
秦厂—高村	805	960	—	1.15	1.35	—	24.7	23.0	—

(四)滩岸坍塌情况

1960 年 9 月 ~1964 年 10 月下游河道清水冲刷期间,高村以上河段发生严重塌滩,滩地塌坍面积 279km^2,占全下游总塌坍面积的 85%,平均塌坍宽 1 000m,最大塌坍发生在柳园口至古城河段,塌宽 2 300m,由于清水冲刷塌掉二滩、高滩,新淤出低滩,原来主槽所在的位置由于冲刷塌坍而变浅,某个过水的小槽由于冲刷展宽下切而成为新的主槽,从而实现主槽的摆动。不仅年际间,而且一场洪水期间也常常如此。表 5-1-5 分别给出了 1960 年 9 月 ~1964 年 10 月塌滩分布情况和河道摆动统计的结果,该时期的河道摆动剧烈和塌滩情况大于新中国成立以来的任何时期,虽然与河道整治工程较少有关,但主要是长期大量的清水冲刷引起的。

表 5-1-5 黄河下游 1960 年 9 月 ~ 1964 年 10 月塌滩分布情况

河段	河长（km）	塌滩面积（km^2）	平均塌宽（m）	最大塌滩河段情况			
				河段	塌滩面积（km^2）	平均塌宽（m）	原因
铁谢—花园口	98	75.6	771	伊洛河口—孤柏嘴	29.8	1 974	河势摆动
花园口—夹河滩	107	126.4	1 181	柳园口—古城	23	2 300	河势摆动
夹河滩—高村	74	77	1 040	禅房—油房寨	18.4	1 840	河势摆动
高村—陶城铺	174	49	281	徐马头—于庄	6.29	786	河势变化

（五）高村以上游荡性河段的河势变化

1960 年 9 月 15 日 ~ 1964 年 10 月，三门峡水库大量拦沙下泄清水，加上该时期的下游河道整治工程极不完善，随着来水来沙条件的变化，下游河道发生了两次大的河势变化，一次在 1961 年，一次在 1964 年，其中，1961 年是三门峡水库下泄清水的第一年，有 20 多天的清水流量介于 4 000 ~ 6 000m^3/s，进入下游河道的水沙条件变化剧烈，下游河道在调整的过程中大幅度改变河势，1962 ~ 1963 年的大流量及水量均没有超过 1961 年，下游的河势也相对较稳定，1964 年汛期水量特丰，有两个多月的清水流量介于 5 000 ~ 7 000m^3/s，大水长时间坐弯并由此引起河势普遍下挫，造成严重塌滩，河势改变较大。总之，从 1961 年至 1964 年，大量的清水进入下游河道，平均每年汛期有 33 天、168 亿 m^3 的清水流量在 4 000m^3/s 以上，高村以上的平滩流量也由 5 700 ~ 5 200m^3/s 发展到 7 000m^3/s 以上，造床流量约为 5 900m^3/s，河势流路逐步调整为大流量河势流路。

表 5-1-6 为主流摆动情况，从分析主流线摆动情况看，游荡性河段经清水冲刷，平面形态仍然很散乱，高村至陶城铺河段受整治工程和滩岸控制，主流摆幅较建库前有所减小，与滩槽高差加大有关。

表 5-1-6 黄河下游主流线摆动情况 （单位：m）

时段	铁谢—高村河段		高村—陶城铺河段	
	平均	最大	平均	最大
1950 ~ 1959 年	2 972	6 200	1 178	2 050
1960 ~ 1964 年	2 914	5 950	747	1 450

（六）高村以上游荡性河段河床形态的调整过程

三门峡水库蓄水运用期，下游河道冲刷直至河口，但河床形态的调整却主要发生在高村以上游荡段，陶城铺以下基本无变化。由于河道边界物质组成和所在的地貌单元的不同，游荡段的上段（铁谢至桃花峪）和下段（桃花峪至高村）的河床调整过程表现出明显的差异。上段以下切为主，水深增大，河槽变窄，宽深比持续减小。在河床粗化与河床深度变化的制约下，河床糙率表现出复杂响应现象，流速先减小而后增大。下段下切展宽都很明显。即在第一阶段，以下切为主，河槽向窄深发展，游荡性减弱，但当边滩高度达到一定程度时，稳定性显著下降。在较长期中水作用下，边滩坍塌将变得较为显著，使河道调整趋势变为以展宽为主。此后进入复杂响应的第二阶段，宽深比再度增大，游荡性加强，弯曲系数减小，此阶段中所发生的现象将使河道状况再度恶化，必须通过适当的措施来加以避免和减弱。

点绘 1958～1966 年间黄河下游一些固定断面的宽深比（$\sqrt{B}/H$）随时间的变化（见图 5-1-2（a））。图 5-1-2（b）中用了相对宽深比，即以建库后各年的$\sqrt{B}/H$ 与建库前的$\sqrt{B}/H$ 之比值作为指标。图 5-1-2 表明，宽深比的变化在距铁谢 252km 的杨小寨断面以上比较明显，除杨小寨断面宽深比的变化幅度很小，略呈增大趋势外，其余各断面均表现出先减小而后增大的趋势。宽深比的增大都发生在 1964 年以后，显然与 1964 年以后水库开始排沙，致使下游河道发生回淤有关。

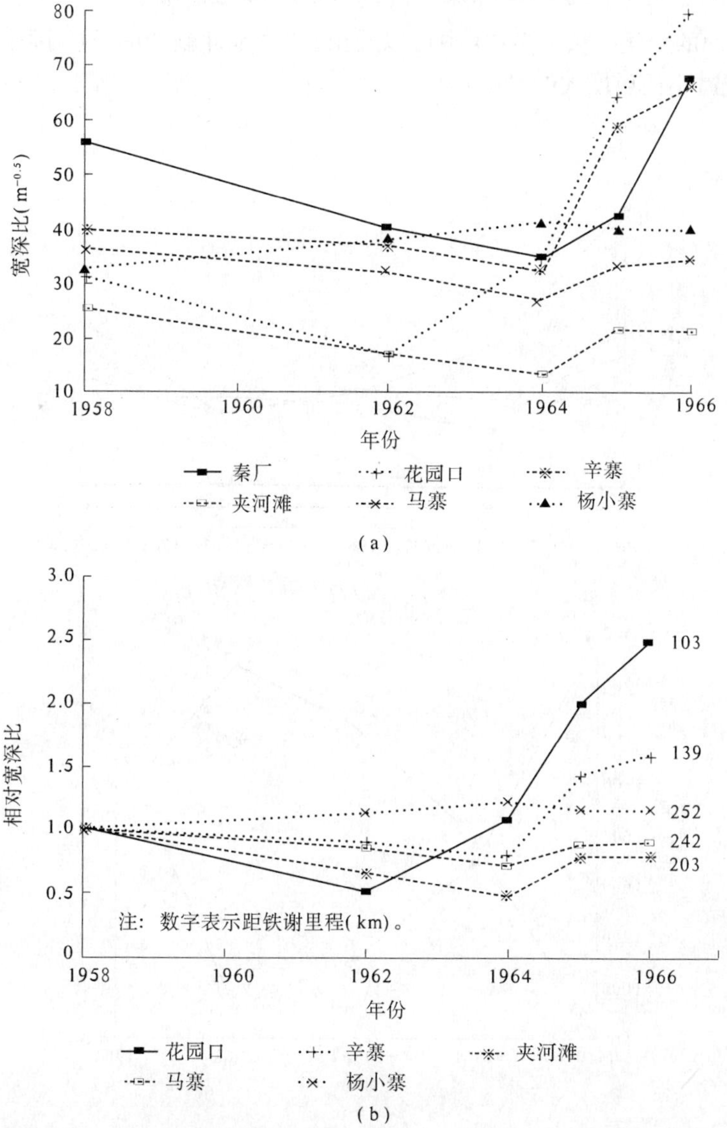

图 5-1-2　黄河下游一些固定断面的宽深比（$\sqrt{B}/H$）随时间的变化（1958～1966 年）

图 5-1-3(a)给出了 1960 ~ 1964 年间黄河下游各水文站的宽深比($\sqrt{B}/H$)随时间的变化关系。可以看出,高村以上的游荡河段各站宽深比的变化是很显著的,艾山、泺口所在的限制性弯曲段则基本上无变化,河床形态调整主要发生在游荡段,尚未波及到限制性弯曲段。从图 5-1-3(b)中曲线可以看出,花园口站从 1963 年开始,发生相反的变化,即河宽增大、水深减小,因而宽深比开始增大。

三门峡水库下泄清水期间,黄河下游河床形态调整中第一阶段的变化是以下切为主,河床向窄深发展,而第二阶段中发生的现象却是宽深比达到最小变化值后又开始增大。事实上水库下泄清水冲刷所发生的这种变化,对于黄河下游而言决不是偶然的,类似的情况在永定河官厅水库下游、汉江丹江口水库下游也曾经发生过。图 5-1-4 中分别点绘了永定河官厅水库修建后三家店站和汉江丹江口水库修建后襄樊—碾盘山河段的宽深比($\sqrt{B}/H$)随时间的变化。从图 5-1-4 中可以看出,在清水冲刷期间,这两条河流的宽深比都曾经历了先减小而后增大的过程。

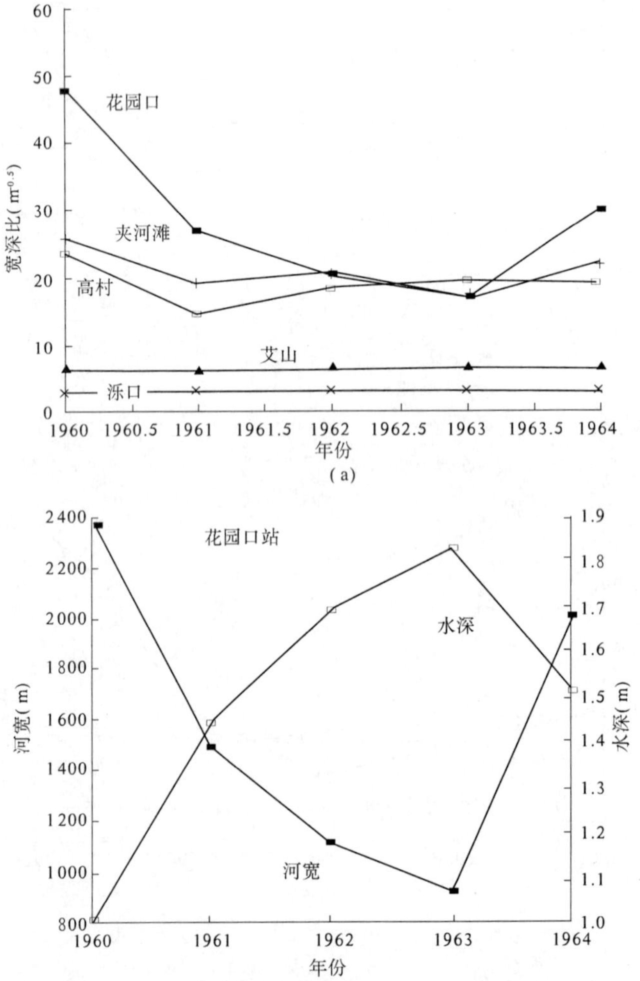

图 5-1-3　1960 ~ 1964 年黄河下游水文站宽深比($\sqrt{B}/H$)、河宽及水深随时间的变化

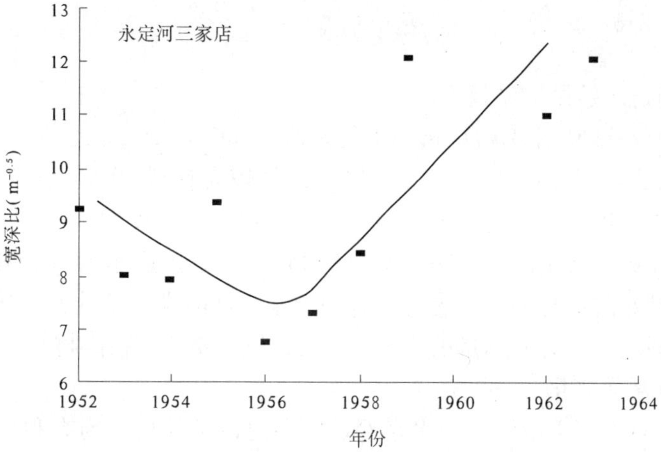

(a)

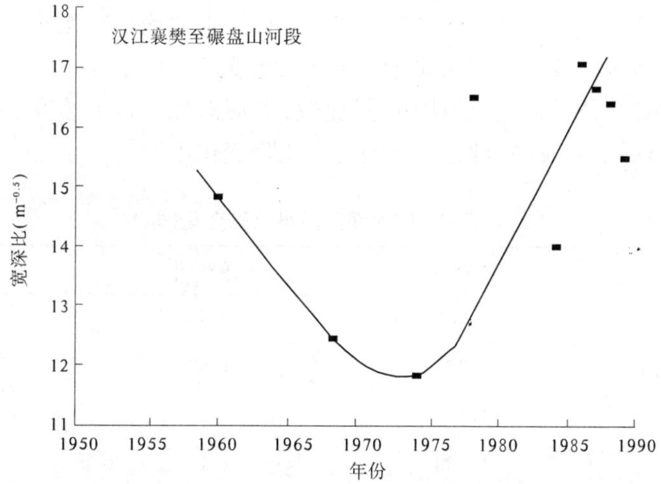

(b)

图 5-1-4　永定河三家店站和汉江襄樊至碾盘山河段的宽深比$\sqrt{B}/H$随时间的变化

在三门峡水库下泄清水阶段,由于河床边界条件的不同,出现了两种不同的调整方式和复杂响应类型,河岸抗冲性强、河床组成物质较粗的河段(如铁谢河段),河床调整及其中的复杂响应主要与水力参数有关;河岸抗冲性弱、河床物质组成较细的河段(如花园口河段),河床调整中复杂响应主要与河床形态有关。在清水冲刷、河床下切的过程中,水流归槽,河道变窄,原来散乱的心滩逐渐归并,有的最终并入河岸,河道有由游荡分汊变为单一非游荡的趋势,弯曲系数显著增大。但随之而来的滩地大量坍塌,使河宽又复增大,这使得向非游荡转化的趋势受到限制。

游荡段的上段在河床粗化与河床深度变化的制约下,河床糙率的调整表现较为复杂,流速先减小而后增大。游荡段的下段下切和展宽都很明显。即在第一阶段,以下切为主,河床向窄深发展,心滩归并、靠岸,游荡性减弱,弯曲系数增大,稳定性显著下降。在较长期中水作用下,边滩坍塌较为显著,使河道调整趋势变为以展宽为主。此后的第二阶段宽深比再度增大,游荡性加强,弯曲系数减小。

二、1981 ~ 1985 年下游河道演变分析

(一)下游河道水沙及冲淤情况

1980 年 11 月 ~ 1985 年 10 月,黄河下游来水量 482 亿 m^3,来沙量 9.7 亿 t,年均含沙量 20.1 kg/m^3,是含沙量较低的时期,来水来沙条件较为有利。由于水丰、沙少,下游河道连续 5 年发生冲刷,累计冲刷量 4.85 亿 t,年平均冲刷量 0.97 亿 t,高村以上河段年平均冲刷 1.19 亿 t,高村至艾山河段年平均淤积 0.45 亿 t,艾山至利津河段冲刷 0.23 亿 t。除三门峡水库拦沙期外,该时期为历史上少有的丰水少沙时期。从冲淤分布看,主槽沿程冲刷,高村以上冲刷量占下游冲刷量的 75%,滩地淤积主要集中在高村至孙口河段。

(二)河道纵剖面变化

1981 ~ 1985 年黄河下游河道来水来沙条件和河口条件均较为有利,河道发生沿程冲刷。1980 ~ 1985 年汛末,同流量水位高村以上河段降低 0.3 ~ 0.6m,高村至艾山河段降低 0.2 ~ 0.5m,艾山以下河段降低 0.4 ~ 0.8m。其中高村以上河段受频繁的低含沙量中常洪水的影响,河床基本处于冲刷状态,汛期及非汛期水位均有所降低。艾山以下河段受有利的水沙条件和河口条件的双重影响,冲刷幅度及过程自上而下发展。从表 5-1-7 中 1986 年下游各河段的纵比降看,与 1976 年比较,夹河滩以上没有变化,夹河滩至孙口河段略有减少,孙口以下河段略有增加,总的看来比降变化不大。

表 5-1-7　　黄河下游不同时期河段纵比降变化(‱)

河段	1973 年	1976 年	1986 年
孟津—花园口	2.491	2.480	2.493
花园口—夹河滩	1.874	1.836	1.835
夹河滩—高村	1.498	1.482	1.453
高村—孙口	1.138	1.137	1.161
孙口—艾山	1.179	1.156	1.166
艾山—泺口	0.975	0.994	0.995
泺口—利津	0.915	0.887	0.930

(三)河槽形态的变化

分析黄河下游河床形态看出,经过 1980 年汛期的淤积,河道断面变得宽、浅、散、乱,无明显主槽,断面河相系数 $\sqrt{B}/H$ 的平均值分别为:铁谢至花园口 21,花园口至东坝头 38,东坝头至高村 27,高村至孙口 15,孙口至陶城铺 12.5,陶城铺以下小于 10。经过 1981 ~ 1985 年以主槽冲刷为主的调整,滩地虽有坍塌,但主槽刷深较多,形成了较明显的主槽,使断面形态趋于窄深,河相系数普遍减小,其中花园口至东坝头减小至 17.2,东坝头至高村减小至 26.2,高村至孙口减小至 9.8。

(四)高村以上游荡性河段的河势变化

1982 年的洪水流路基本代表了本时段的河势流路。1982 年 8 月洪水花园口站最大

洪峰流量为15 300m^3/s,径流主要来自三门峡以下区间,涨势很猛而洪量集中,花园口7天洪量达50亿m^3,而洪峰期间平均含沙量为32.5kg/m^3,故此次洪水属峰高量大而含沙量偏小的洪水类型。因下游游荡性河道中主要转向河湾的多数已得到控制,所以洪水期间河势依然不大。铁谢以一主流向右摆动,在裴峪河段附近水流由汛前的3股并为1股,其他各段河势并无显著变化。花园口枢纽以上主流继续北靠,北围堤工程自幸福闸以下靠河;申庄险工下段重新靠河,马渡险工来童寨大坝全部脱河,三坝险工河势上提至1号坝;中牟万滩险工前河势继续北移,险工完全脱溜,河势下挫到赵口险工以下;原阳任村堤河势顺高滩下挫,先后在徐庄、大张庄1坝上坐弯,之后折向右岸形成"横河",使黑岗口工程上部盖坝出现了险情;柳园口险工河势由逐步下挫而全部脱河,在险工以下柳园口前坐弯;封丘曹岗险工河势由下挫而基本脱河,常堤工程上段重新靠溜,南岸欧坦工程前已出大滩;东坝头以下禅房工程在汛期及汛后对主流的控导作用较强,其下除东明马厂河势下挫到辛店集,马厂、王寨先后脱溜,杨小寨断面附近主流向左摆动了1 400m外,其余均变化不大。

三、近期河势变化分析

(一)1990~1999年河势变化

随着河道整治工程的不断修建,主流受到一定的控制,摆动受到约束,主流游荡范围有所减小;由于来水偏少,河槽淤积严重,易淤形成"横河"、"斜河"、"S"形等畸形河湾。

1. 铁谢至神堤河段

河段长约46km,是由峡谷进入冲积平原的过渡性河段,河床质组成亦由卵石渐变成沙质河床。河段两岸工程布点已经完成,但各工程还不完善,控制主流能力较弱,大的主流摆动还不断发生,出现了一些较大的险情,如1986年大玉兰工程出险,抢险用石达4 200m^3。1992年起为安排小浪底库区移民,逐步完善了本河段的河道整治工程,河势已开始发生有利变化。但局部仍有一些不利河势出现,如1998年大玉兰33号坝前河心出现胶泥嘴心滩,阻挡主流造成洪水转向冲击工程,引发工程抢险,用石达800m^3。据大断面统测资料和河势查勘主流线套绘资料统计结果,1992年至今主流最大摆幅亦由1985~1992年的3 250m减至2 000m以下;河势流路为铁谢—逯村—花园镇—开仪—赵沟—化工—裴峪—大玉兰—神堤。

2. 神堤至京广铁路桥河段

本河段长约48km,除左岸驾部及新布点(1999年修建)的张王庄、枣树沟、桃花峪工程外,河道仍处于天然游荡状态,主流摆幅很大,不仅左岸滩地不断塌失,右岸山崖也不断后退。河段河势的变化主要受邙山的制约作用,孤柏嘴、枣树沟、桃花峪至三大山湾对河势的影响尤甚。此外,当伊洛河来水流量较大时,入黄后对黄河主流产生一定的顶托作用,使溜势北移。因河势上提下挫,孤柏嘴出流不定,1985~1990年河段最大主流摆动幅度驾部工程前达3 500m;1990年以来,因来流减少,驾部工程处主流摆幅有所减小,但伊洛河河口断面以下2km处主流摆幅仍达约3 000m;枣树沟湾前摆幅约4 000m。枣树沟以下至京广铁路桥,主流在左岸滩地与右岸山崖间游荡不定,1990年以来最大摆幅为2 500m左右。

3. 京广铁路桥至东坝头河段

本河段长 128km,已有一些关健性的河道整治工程,主流摆动范围有所减小,最大值由过去的 5 000 ~ 7 000m 减小到现在的 500 ~ 1 500m。但是由于有些河段还缺乏工程,已有的工程也很不完善,河势变化仍然很大,"横河"、"斜河"时有发生。京广铁路桥至马渡段工程布点已经完成,工程布局较为合理,随着老田庵工程的不断续建,河段进口入流条件得以改善。1998 年防洪工程建设进行以来,保合寨、马庄、双井、马渡等工程分别上延下续,京广铁路桥至马渡河段将会进一步稳定。

马渡至九堡南岸大堤已全部修有险工,北岸是高滩,仅有 1995 年布点的武庄和毛庵工程,而 60 年代修建的护滩工程业已老化,毁坏不起作用。由于武庄工程布点较晚且控导主流的能力较弱,毛庵离大河较远,因此河势仍不稳定,常在左岸塌滩坐弯,形成"横河"、"斜河"顶冲险工,使坝垛发生大险。如 1988 年汛期,花园口最大洪峰流量为 7 000m^3/s,"横河"顶冲三坝险工,自下而上 13 道坝相继出险,其中尤以 14、15 坝险情最重,坝前水深达 9m,虽经奋力抢护,坝头仍被冲掉 15m。近年随着马渡工程的下延,其下河势逐渐北移,但武庄工程位置前 1990 ~ 1998 年主流摆幅仍达 3 000m,使赵口险工入流位置不定。

九堡至黑石 25km 长河段内仅在北岸现存大张庄一处控导工程(三官庙控导 1998 年以来才修建),三官庙护滩工程和黑石工程因近 30 年不靠河,工程老化、毁坏严重,已废弃。因此,河势极不稳定,20 世纪 80 年代末 90 年代初,九堡以下河势一度南移在太平庄、南仁村、辛庄一带坐弯,造成滩地大量坍塌,威胁堤防安全。1992 年以来,河出九堡,河势逐渐北移,出现在北岸坐微弯,过仁村堤南滩入大张庄,再送至黑岗口上首的流路。1989 ~ 1998 年 10 年间,黑石断面主流摆幅近 7km。黑岗口险工靠河不稳,上提下挫变幅很大。由于黑岗口险工处着溜变化较大,其下河势相应变化,主流频繁摆动,时常发生"横河"、"斜河"。1982 ~ 1988 年 17 年间分别在大张庄、黑岗口、辛庄、柳园口、高朱庄发生"横河"12 次,其中仅黑岗口至柳园口河段就分别于 1982、1987、1989、1993、1994、1995、1997 年 7 个年份在险工上段、盖坝、闸前险工 63 坝下游至高朱庄等部位受到"横河"、"斜河"顶冲。在黑岗口至柳园口与大张庄至顺河街之间南北两岸各有一个河槽,多数年份南北两股,1988 年洪水期黑岗口与柳园口之间河势南移,落水后北河淤死,柳园口首次溜至大宫;1989 年上段三教堂着溜,北河未冲开形成"横河"直冲黑岗口,下段转成南河;1992 年洪水趋直,盖坝着溜,出溜折冲高朱庄前滩,在北滩沿河坐弯顶冲柳园口险工;1994 年起河入黑岗口险工盖坝至黑岗口闸段,入溜陡,出溜越过南河主槽经顺河街直接进入大宫或趋大宫以下南岸王庵工程一带。柳园口脱河,使大宫工程河势不稳,新修王庵工程不能靠河,王庵至古城间出现"S"形畸形河湾,左城断面主流最大摆幅达 4 200m。府君寺至东坝头河势有一定的变化,本流路一直相对稳定,即府君寺—曹岗—常堤—贯台—夹河滩—东坝头,但 1998 年以来,河入常堤和贯台之间的张庄村前滩地,贯台时常脱河。

4. 东坝头至高村河段

东坝头至高村河段长 70km,河段内整治工程布点已经完成,河势得到初步控制,但工程较短,仍需完善,东坝头险工河势一直比较稳定,但靠溜部位偏上,影响禅房工程溜势入湾。1992 年续建东坝头控导工程后,溜势虽有下挫,但仍不能使禅房工程中段靠河。随着禅房工程下延,蔡集、王夹堤工程于 1995 年汛期靠河着溜,但是王夹堤工程送溜不力,其下河势多变,因大留寺工程开敞式的迎送溜布置方式,工程上首着溜,则大王寨、王高寨、辛店集靠溜;大留寺工程下部着溜,则多在王高寨、辛寨、辛店集工程处靠溜。20 世纪 80 年代老君堂至堡城河势变化较大,但近年自辛店集至堡城河势都趋于稳定。堡城至高村河势一般稳定,但 1987 年青庄险工溜势大幅度下滑,致使高村险工脱河,后经 1988、1989 年汛期水流调整,高村险工又重新靠河。20 世纪 90 年代以来,东坝头至高村基本保持着东坝头—禅房—蔡集、王夹堤—大留寺—辛店集—周营—老君堂—于林—堡城—三合村、青庄至高村的基本流路。

5. 高村至陶城铺河段

该河段与游荡性河段相比,具有单一弯曲的外形,河势演变的强度较弱;与弯曲性河段相比,又具有游荡性河段河势的演变特性。由于河道已进行了系统的整治,除部分工程平面布局不合理影响河势稳定外,两岸工程配套比较完善。目前河势基本稳定,除了部分工程河势上提下挫外,多数工程靠河部位变化不大,基本达到了整治的目的。

6. 陶城铺以下河段

近期河势虽有变化,但由于堤距小,整治工程多,限制了主流摆动范围。历年主槽变动不大,但也有一些工程附近的河势呈渐变趋势,或上提或下挫,有的已威胁堤防安全,需引起高度重视。

综上所述,1990～1999 年游荡型河段在小水的长期作用下,在河道整治工程比较完善的河段,支汊、心滩逐步减少,水流集中,水面缩窄,流路单一,主流平均摆动幅度有所减小;在河道整治工程不配套、不完善的河段,主流摆幅增大,工程靠溜部位上提严重,畸形河湾增加,"横河"、"斜河"时有发生,小水险情加重。

(二)小浪底水库建成以来河势变化

2000 年和 2001 年的来水来沙明显偏小,属枯水枯沙年份,特别是汛期,黄河干支流来水来沙普遍偏少,黄河流域未发生明显的大范围降雨,黄河干支流未出现较大的洪水过程。由于小浪底水库的蓄水调节,2000 年黄河下游花园口站汛期最大流量仅 783m^3/s,为历年同期最小值,2001 年汛期最大流量为 1 090m^3/s。

由于 2000 年和 2001 年上游来水量偏小,远未达到造床流量,总体来说,河势没有多大变化,只是局部河段的河势有所变化。但存在的一个突出特点是畸形河势恶化,如神堤至英峪沟之间的河湾、三官庙至黑石工程前的坐弯、王庵至府君寺河段的双"S"形河湾、常堤与贯台间的畸形河湾,主要表现在湾顶因继续冲塌而加深。形成畸形河湾进一步恶化的主要原因:一是大河流量持续偏小,从而使水流的动能减小,水流更易坐弯(小水坐弯,大水走中,这是水流运动的基本规律);二是工程不完善,凡是发生坐弯的河段,要么是河道整治工程不完善、要么是工程修建较晚,因为河势的调整有一个过程,不可能一蹴而就;三是小浪底水库运用后的清水冲刷也为畸形河湾的发生创造了条件,因为清水的冲刷必然造成河床的下切,从而造成滩地相应地增高,增大了对水流的阻力;四是个别滩地为胶泥层,如王庵 1 号坝至 15 号坝前的滩地,近几年基本上是常年靠主流冲刷,但冲刷坍塌非常慢,其主要原因就是此滩地有很厚的胶泥层,耐冲刷。

四、黄河下游纵向变形与河道整治工程建设的关系

(一)整治前后河道输沙能力的变化

表 5-1-8 为高村、孙口断面各级流量相应水深 h、流速 v 及反映水流挟沙力的水动力学参数 v^3/h 的变化情况。由表 5-1-8 可见,各级流量相应的水深都以河道整治后 1974 ~ 1983 年为最大,说明河道整治后断面变得窄深。当高村断面在 5 000m³/s 流量以下,孙口断面在 3 000m³/s 流量以下时,随着流量增大,流速增加,与河道整治前两个时期相比,河道整治后 1974 ~ 1983 年流速最大。三个时期相比,当流量为 1 000m³/s 时 v^3/h 值相差不大;流量大于 4 000m³/s 时,v^3/h 值随流量增大而减小,而且河道整治后 1974 ~ 1983 年较前两个时期小;只有当流量为 2 000 ~ 3 000m³/s 时,河道整治后的水流挟沙力参数 v^3/h 值较前两个时期都大。这表明,河道整治后,河道的平滩流量为 3 000 ~ 4 000m³/s,较前两个时期小;河道整治后水流挟沙力只有在平滩以下的中等流量时增大较明显。

表 5-1-8　　高村、孙口断面 h、v、v^3/h 变化情况

流量级 (m³/s)	时段	高村			孙口		
		水深 h (m)	流速 v (m/s)	v^3/h	水深 h (m)	流速 v (m/s)	v^3/h
1 000	1950 ~ 1959 年	1. 2	1. 4	2. 29	1. 1	1. 4	2. 49
	1960 ~ 1973 年	1. 1	1. 4	2. 49	1. 2	1. 4	2. 29
	1974 ~ 1983 年	1. 3	1. 6	3. 15	1. 5	1. 5	2. 25
2 000	1950 ~ 1959 年	1. 3	1. 7	3. 78	1. 7	1. 8	3. 43
	1960 ~ 1973 年	1. 3	1. 7	3. 78	1. 6	1. 7	3. 07
	1974 ~ 1983 年	1. 7	2. 0	4. 71	2. 0	2. 0	4. 00
3 000	1950 ~ 1959 年	1. 9	2. 0	4. 21	2. 2	2. 0	3. 64
	1960 ~ 1973 年	1. 5	1. 8	3. 89	2. 2	1. 8	2. 65
	1974 ~ 1983 年	2. 4	2. 2	4. 44	2. 4	2. 2	4. 44
4 000	1950 ~ 1959 年	2. 1	2. 2	5. 07	2. 4	2. 2	4. 44
	1960 ~ 1973 年	1. 6	2. 1	5. 79	2. 2	2. 1	4. 21
	1974 ~ 1983 年	2. 4	2. 4	5. 76	3. 0	2. 0	2. 67
5 000	1950 ~ 1959 年	2. 1	2. 4	6. 58	2. 6	2. 1	3. 56
	1960 ~ 1973 年	1. 6	2. 2	6. 65	2. 4	2. 3	5. 07
	1974 ~ 1983 年	2. 8	2. 5	5. 58	3. 3	1. 5	1. 02
6 000	1950 ~ 1959 年	2. 2	2. 5	7. 10	2. 8	1. 8	2. 08
	1960 ~ 1973 年	1. 7	2. 3	7. 16	2. 7	2. 3	4. 51
	1974 ~ 1983 年	2. 7	2. 5	5. 79	4. 0	1. 1	0. 33

表 5-1-9 为 1965 ~ 1973 年和 1974 ~ 1980 年由实测断面资料计算的各河段水流挟沙力参数 v^3/h ,可见后期较前期各河段均有所提高,其中高村至孙口增加最多为 20. 4%。根据河道整治进展情况,艾山以下河段在 20 世纪 50 年代已完成河道整治,可以认为艾山以下河道挟沙力的提高主要是由来水来沙条件所引起的河床调整的结果,特别是艾山至泺口河段,基本不受河口变化的影响,其挟沙能力提高 16. 1%。根据上下河段情况,若取

来水来沙条件对河道形态及其他边界条件影响使河段挟沙力参数提高 15%，那么 1974～1980 年高村至孙口河段河道整治的影响使 v^3/h 提高了 5%。

表 5-1-9　　东坝头至利津各河段的 v^3/h 平均值变化

时段		河段				
		东坝头—高村	高村—孙口	孙口—艾山	艾山—泺口	泺口—利津
1965～1973 年	①	2.15	2.55	2.96	1.93	1.65
1974～1980 年	②	2.42	3.07	3.19	2.24	2.05
(②－①)/①(%)		12.6	20.4	7.8	16.1	24.2

(二)河道整治对河道冲淤量的影响

1. 河道整治后河槽的淤积量减少

由表 5-1-10 可见，河道整治后 1975～1990 年 3 000m^3/s 流量以下的河槽淤积量减少，主要是 2 000～3 000m^3/s 流量级相应的河槽淤积量明显偏少，2 000m^3/s 以下变化不大。这与河道整治束窄中水河槽有关系。由于河道整治后中水河槽断面束窄，嫩滩缓流落淤作用减低，中等流量河槽淤积减少。

表 5-1-10　　各级流量高村水沙量及高村至孙口冲淤量

项目	时段	流量级(m^3/s)						总量
		<1 000	1 000～2 000	2 000～3 000	<3 000	3 000～4 000	4 000～5 000	>5 000	
高村水量(亿 m^3)	1952～1963 年	1 043	1 336	1 143	3 522	848	477	615	5 462
	1964～1974 年	944	1 416	864	3 224	575	384	687	4 870
	1975～1990 年	1 939	1 596	959	4 494	599	615	458	6 166
高村沙量(亿 t)	1952～1963 年	9.5	22.81	28.65	60.96	27.48	20.72	37.75	146.91
	1964～1974 年	11.25	29.64	27.3	68.19	24.88	16.88	23.57	133.52
	1975～1990 年	14.96	29.34	29.0	73.3	20.81	22.46	17.75	134.32
高村至孙口冲淤量(亿 t)	1952～1963 年	1.61	0.03	0.43	2.07	－0.28	0.11	4.14	6.04
	1964～1974 年	1.78	0.41	1.77	3.96	1.6	－0.12	0.32	5.76
	1975～1990 年	1.83	0.13	－0.37	1.59	1.46	－0.02	4.18	7.21

2. 河道整治后二滩的淤积量并未减少

1964～1974 年，高村至陶城铺河段由于三门峡水库下泄清水，河道冲刷展宽，平滩流量达到 9 000～10 000m^3/s，该时期水库滞洪滞沙，水流未漫二滩，河槽淤积很严重，但总淤积量偏少。河道整治后 1975～1990 年及整治前 1952～1963 年分别以 8% 和 68% 的淤积量集中在流量大于 5 000m^3/s 的漫滩洪水，考虑到河道整治后有些年份平滩流量降为

3 000m^3/s,河道整治后漫二滩洪水淤积量占总淤积量的78%,所以就本河段而言,宽阔的二滩是集中滞沙区,河道整治后河槽漫二滩洪水所形成的滞沙量及其所占比例略有增加。这与水沙系列有关系,也与河道整治后河槽断面变化有关系。

五、黄河下游横向变形与整治工程建设的关系研究

(一)整治前后断面河相关系的变化

游荡型河道经过整治以后,主流摆动的范围明显减小。对比东坝头至高村河段1949~1960年和1979~1990年主流线变化,主流平均摆动范围由2 435m减小到2 175m,减小了约10%,摆动强度由736m/a减小到602m/a,减小了约18%。

对比高村至陶城铺过渡性河段整治前(1949~1960年)后(1975~1990年)的主流摆动范围和摆动强度,主流最大摆动范围由5 400m减小到1 850m,减少了约66%,平均摆动强度由425m/a减小到160m/a,减小了约62%。

高村至陶城铺河段经过河道整治,平槽流量下的断面形态发生了有利的变化,整治后水面宽减小,断面平均水深增大,河相系数$\sqrt{B}/H$减小,断面向窄深方向转化。据实测资料统计,1966~1974年断面平均水深为1.47~2.77m,河相系数$\sqrt{B}/H$为12~45。整治后的1975~1984年河段断面平均水深为2.13~4.26m,$\sqrt{B}/H$为6~19,当流量为1 000~4 000m^3/s时,同流量水面宽缩窄了200~300m。

(二)有整治工程时弯道发展的限制

"水行性曲"是河道水流运动的基本特点之一,河道水流总是以弯段、直段交替的形式演进,决定弯道发展变化的主要因素是来水来沙及河床边界条件。

高村以上游荡性河段,在没有整治以前,河道主要特点是宽浅乱,水面宽阔,溜势散乱,洲滩支汊发育,一般为二、三股河,河无定湾,控制工程稀少,仅靠滩岸对水流的约束,主流自由摆动,不断冲蚀滩岸,河床抗冲能力差,河湾难以充分发展,弯道半径较大,流势极不稳定,主河槽在两堤之间来回摆动,左右摆幅大,滩地坍塌严重,"横河"、"斜河"不断出现,河湾发展多以左右摆动、湾顶下移为主。20世纪60年代后期以来,修建了一些控制性工程,对主流有了一定的控制,河势变化幅度减小,修工程的弯道平面横向变形受到限制,河湾要素逐步趋于合理。如辛店集河湾,工程修建前、中、后弯道要素变化见表5-1-11。由表5-1-11看出,整治工程建成后,河相关系趋于合理。河势演变见图5-1-5。

表5-1-11　辛店集河湾整治前、后弯道要素统计

整治情况	平槽河宽 B(m)	平槽时平均水深 H(m)	河湾半径(m)	河湾跨度(km)	直段长度(km)	弯曲幅度(km)	河湾间距(km)	河湾夹角(°)	$\sqrt{B}/H$
整治前	6 000	0.7	6 500	11	4	4.5	5	90	110.7
整治中	4 000	0.9	5 500	12	5.5	4	3	90	70.3
整治后	1 200	1.5	3 500	11	4.5	6.5	8	80	23.1

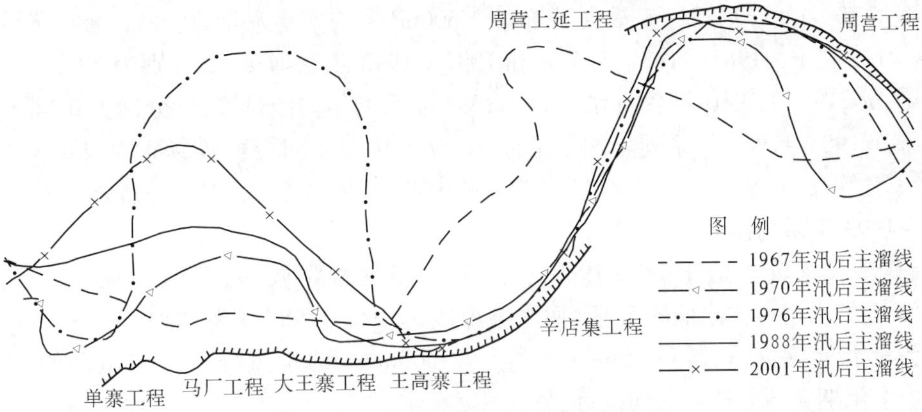

图 5-1-5　辛店集河湾河势演变示意图

六、小浪底水库运用初期下游河道演变趋势预估

(一)进入下游河道的水沙条件

根据小浪底水库初期调水调沙运用方式,采用三个水沙系列,经水库拦沙调节后,进入下游的水沙条件见表 5-1-12。

表 5-1-12　　三个系列花园口来水来沙情况

系列	平均水量(亿 m^3)			平均沙量(亿 t)			主汛期含沙量(kg/m^3)	主汛期来沙系数 S/Q
	主汛期	非汛期	全年	主汛期	非汛期	全年		
1978～1980 年	149.6	192.8	342.4	1.27	0.06	1.33	8.5	0.004 5
1985～1987 年	112.1	199.8	311.9	0.72	0.14	0.86	6.4	0.004 5
1991～1993 年	101.4	177.8	279.2	1.13	0.05	1.18	11.1	0.008 7

根据表 5-1-12,花园口主汛期水量差别较大,1978～1980 年系列最大为 149.6 亿 m^3,较 1985～1987 年系列多 37.5 亿 m^3,较 1991～1993 年系列多 48.2 亿 m^3。经水库调节后,进入下游的含沙量则比较接近。水库的少量排沙集中在主汛期,综合利用的调节期水库下泄清水。三个系列主汛期花园口流量大于等于 2 600m^3/s 情况见表 5-1-13。

表 5-1-13　　三个系列主汛期花园口流量大于等于 2 600m^3/s 的水量和沙量

系列	花园口流量大于等于 2 600m^3/s		连续 4 天花园口流量大于等于 2 600m^3/s		连续 6 天花园口流量大于等于 2 600m^3/s	
	年均水量(亿 m^3)	年均沙量(亿 t)	年均水量(亿 m^3)	年均沙量(亿 t)	年均水量(亿 m^3)	年均沙量(亿 t)
1978～1980 年	81.7	0.86	62.0	0.74	45.0	0.61
1985～1987 年	40.2	0.36	26.1	0.18	21.5	0.09
1991～1993 年	38.8	0.97	28.8	0.89	20.8	0.76

根据表5-1-13，花园口流量大于等于2 600m^3/s的平均水量，1978～1980年系列最大，为81.7亿m^3，1985～1987年系列和1991～1993年系列接近，分别为40.2亿m^3和38.8亿m^3；1978～1980年系列和1991～1993年系列年均沙量接近，分别为0.86亿t和0.97亿t，1985～1987年系列年均沙量最小，为0.36亿t。同样，连续4天或6天花园口流量大于等于2 600m^3/s的水量，1978～1980年系列最大，1985～1987年系列和1991～1993年系列接近。

总之，水量较丰的1978～1980年系列大流量水量较多，花园口流量大于等于2 600m^3/s的水量占主汛期的55%，而水量较枯的1985～1987年系列和1991～1993年系列大流量水量较少，花园口流量大于等于2 600m^3/s的水量分别占主汛期的36%和38%。主汛期含沙量三个系列接近。

（二）下游河道演变趋势预估

1. 冲淤量及冲淤分布

根据表5-1-12所示的三个系列的水沙资料，利用泥沙数学模型进行各河段的冲淤计算，结果如表5-1-14所示。

表5-1-14　三个系列下游各河段年均冲淤量情况　（单位：亿t）

系列	水文－水动力学模型（黄委会设计院）					水动力学模型（黄委会设计院）					清华大学水动力学模型				
	小—花	花—高	高—艾	艾—利	小—利	小—花	花—高	高—艾	艾—利	小—利	小—花	花—高	高—艾	艾—利	小—利
1978～1980年	-1.10	-1.13	-0.26	-0.07	-2.57	-0.79	-1.19	-0.39	-0.09	-2.46	-0.88	-1.38	-0.25	-0.03	-2.54
1985～1987年	-0.97	-0.95	-0.23	0.03	-2.12	-0.74	-1.04	-0.32	0.05	-2.05					
1991～1993年	-0.87	-0.72	-0.01	0.03	-1.58	-0.61	-0.90	-0.21	0.05	-1.66					

计算结果表明，经小浪底水库调节后，三个系列艾山以上各个河段均为冲刷，艾山至利津河段微冲或微淤，其中高村以上河段冲刷较多，各个模型计算结果基本一致。根据水文－水动力学模型计算成果，三个系列全下游年均冲刷量分别为2.57亿、2.12亿、1.58亿t；根据水动力学模型计算成果，三个系列全下游年均冲刷量分别为2.46亿、2.05亿、1.66亿t。清华大学水动力学模型计算1978～1980年系列全下游年均冲刷量为2.54亿t。

各个模型计算结果表明，汛期遇水量较丰、流量较大的年份，艾山至利津河段发生微冲，汛期遇水量枯、流量较小年份，则微淤。艾山至利津河段的冲淤变化则主要取决于汛期大流量的出现情况。

2. 下游河道的形态调整及行洪能力变化

2000～2002年小浪底水库下泄相对清水，下游河道的形态将作出较大调整，主要表现在主槽展宽和主槽河底高程下降两个方面，主槽展宽主要发生在高村以上，其中花园口以上主槽平均展宽180～210m，花园口至高村河段主槽平均展宽150～170m。三个系列下游河道主槽宽度变化见表 5-1-15。

表 5-1-15　　三个系列下游河道主槽宽度变化　　（单位：m）

河段	1978 ~ 1980 年系列		1985 ~ 1987 年系列		1991 ~ 1993 年系列	
	平均展宽	最大展宽	平均展宽	最大展宽	平均展宽	最大展宽
花园口以上	210	540	190	470	180	420
花园口—高村	170	450	160	380	150	330

表 5-1-16 为三个系列下游各站主槽平均河底高程的变化。从 1978 ~ 1980 年系列至 1991 ~ 1993 年系列，下游各个河段主槽的冲刷深度均依次减小，冲刷深度较大的 1978 ~ 1980 年系列，铁谢至花园口河段主槽平均河底高程下降 1. 30m，花园口至高村河段下降 0. 93m，高村至艾山河段下降 0. 62m，艾山至利津河段下降 0. 28m；而冲刷深度较小的 1991 ~ 1993 年系列，铁谢至花园口河段主槽平均河底高程下降 1. 04m，花园口至高村河段下降 0. 60m，高村至艾山河段下降 0. 04m，艾山至利津河段升高 0. 07m。

表 5-1-16　　三个系列下游各站主槽平均河底高程变化　　（单位：m）

系列	河段			
	铁谢—花园口	花园口—高村	高村—艾山	艾山—利津
1978 ~ 1980 年	-1. 30	-0. 93	-0. 62	-0. 28
1985 ~ 1987 年	-1. 15	-0. 79	-0. 56	0. 09
1991 ~ 1993 年	-1. 04	-0. 60	-0. 04	0. 07

2000 ~ 2002 年下游河道发生冲刷，使得河道行洪能力得到增强，具体表现为平滩流量的增加和各级流量水位的降低。三个水沙系列，铁谢至花园口平滩流量增加 650 ~ 1 500m^3/s，花园口至高村平滩流量增加 550 ~ 1 200m^3/s，高村至艾山平滩流量增加 300 ~ 700m^3/s，艾山至利津平滩流量增加 300 ~ 600m^3/s。1978 ~ 1980 年系列各河段平滩流量增加得最多，1991 ~ 1993 年系列各河段平滩流量增加得最少。各河段平滩流量的变化见表 5-1-17。

表 5-1-17　　三个系列下游各河段平滩流量变化　　（单位：m^3/s）

河段	1978 ~ 1980 年系列	1985 ~ 1987 年系列	1991 ~ 1993 年系列
铁谢—花园口	1 500	1 100	650
花园口—高村	1 200	900	550
高村—艾山	690	500	300
艾山—利津	600	450	300

3. 纵比降变化

冲积河流的比降变化是缓慢的。从三门峡水库投入运用后的实测变化可知，冲刷量沿程逐渐变小，同流量的水位降幅也逐渐变小（见图 5-1-6）。从比降的变化看，铁谢至花园口的比降变化较明显，花园口以下河道变化很小（见表 5-1-18）。小浪底水库运用初期，冲刷量比三门峡蓄水运用期的小，可以预估，黄河下游河道的纵比降也将变化很小。

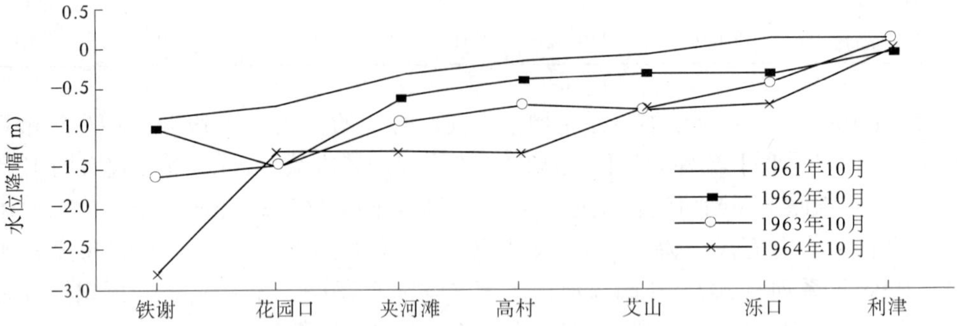

图 5-1-6　1961 ~ 1964 年 3 000m^3/s 水位降幅（与 1960 年比）

表 5-1-18　　下游各河段冲刷前后纵比降（‰）

时间（年-月）	河段			
	铁谢—花园口	花园口—高村	高村—艾山	艾山—利津
1960-10	2.55	1.65	1.27	1.045（1959 年）
1964-10	2.4	1.65	1.25	1.001

4. 各河段河势变化趋势预估

1）新的水沙条件下河湾要素分析研究

a. 主流线曲率半径公式的建立

纵向水流各断面最大垂线平均流速处的连线，称为水流动力轴线，亦称主流线。当河湾内主流线弯曲贴岸，沿凹岸近岸流速加大，冲击力增强；凸岸流速减缓，泥沙易于落淤，且加强了横向环流和泥沙的横向转移，以致加速了凹岸的崩坍和凸岸的淤积。反之，当河湾内主流线取直居中，则导致凹岸崩坍和凸岸淤积的减缓，甚至出现切滩、撇滩等河床演变现象。所以，河湾内主流线的变化，对河床演变起决定性作用。河湾中主流线的变化，表现为弯曲半径 R 的变化。它一方面受到河湾形态（包括河湾弯曲半径 R_0 与河湾断面的平均宽深比$\sqrt{B}/H$）的制约，另一方面与水流动量的大小有关。动量大则惯性作用强，克服河湾制约能力较强，易于取直，因而常有“大水走滩、小水走湾”之说。如上所述，用 R_0 和$\sqrt{B}/H$ 分别表示河湾平面与断面形态，水流动量为流量 Q、水流平均流速 v、水流动力轴线与河湾半径夹角 α 的函数，即用 $Qv\cos\alpha$ 表示。而以上这些因素又均为主流线弯曲半径 R 的函数，于是可以表达如下：

$$R = f(R_0, \frac{\sqrt{B}}{H}, Qv\cos\alpha) \tag{5-1-1}$$

分析上面函数中各因子之间的关系，当其他条件一定时，由于水流沿河湾运行，主流线的形态受河湾平面形态的约束，因而主流线弯曲半径 R 应与河湾弯曲半径 R_0 存在 $R \propto R_0^a$ 的关系。同样，若其他条件不变，河湾的平均宽深比较大，则河槽较宽浅，其制约水流作用较弱，主流易于取直，主流线弯曲半径较大。反之，若河湾平均宽深比较小，则河槽较窄深，其制约水流作用较强，主流易于弯曲，主流线弯曲半径较小。因而主流线的 R 应与河湾的平均宽深比$\frac{\sqrt{B}}{H}$存在 $R \propto \left(\frac{\sqrt{B}}{H}\right)^b$ 的关系。当河湾形态一定时，如前所述，若水流动量大则主流取直，主流线弯曲半径大；水流动量小则主流走弯，主流线弯曲半径小，因而存在$R \propto (Qv\cos\alpha)^c$的关系。基于以上分析，主流线弯曲半径 R 可以下式表达：

$$R = KR_0^a\left(\frac{\sqrt{B}}{H}\right)^b (Qv\cos\alpha)^c \tag{5-1-2}$$

式中 K 为待定系数，a、b、c 为待定指数。应用 1960 年以来高村以上河段有、无整治工程河湾实测资料，经过相关分析，得到高村以上河段河湾主流线弯曲半径的经验关系式如下。

有整治工程部分经验公式：

$$R = 0.8R_0^{0.74}\left(\frac{\sqrt{B}}{H}\right)^{0.24} (Qv\cos\alpha)^{0.2} \tag{5-1-3}$$

无整治工程部分经验公式：

$$R = 0.17R_0^{0.83}\left(\frac{\sqrt{B}}{H}\right)^{0.42} (Qv\cos\alpha)^{0.23} \tag{5-1-4}$$

汛期，若洪峰流量 $Q_{峰} > 1\ 500 m^3/s$，Q 取洪水平均流量，反之，取汛期平均流量；汛前，Q 取非汛期平均流量；汛后，Q 取汛期平均流量。

分别用以上两式验算高村以上河段有、无整治工程各河湾不同时期主流线的弯曲半径，并与其实测值比较，如图 5-1-7、图 5-1-8 所示，均集中分布在 45°线附近，说明两式对高村以上河段河湾主流线变化规律具有较好的代表性。

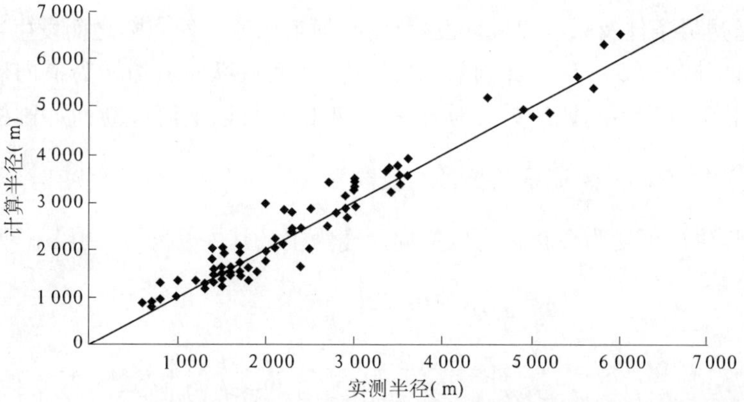

图 5-1-7　高村以上河段有整治工程河湾主流线弯曲半径计算值与实测值比较

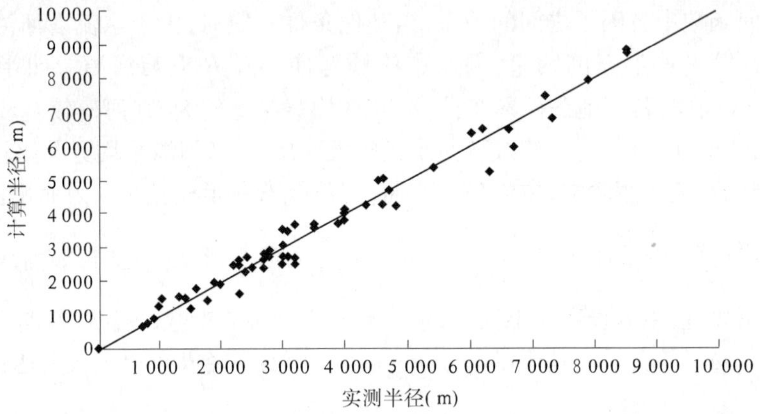

图 5-1-8　高村以上河段无整治工程河湾主流线弯曲半径计算值与实测值比较

b. 下游河道冲刷模式分析

1960～1964 年三门峡水库蓄水运用，水库下泄清水或较低含沙量水流，高村以上河段沿程冲刷，冲刷首先是以纵向下切为主，断面趋于窄深，由于这一时期中小流量持续时间长，水流顶冲位置较稳定，滩地长时间被淘刷，当冲刷发生到一定程度后，河道逐渐转为以横向展宽为主。断面在冲刷开始时的过水面积 A_0 为冲刷前期面积，当断面由以纵向下切为主转为以横向展宽为主时的临界面积 A_1 为冲刷后期面积。分析 60～70 年代高村以上河段断面冲刷横向调整的资料，当断面过水面积衰减比 $\lambda_A = \dfrac{A_1 - A_0}{A_0} \geqslant 0.35$ 时（见表 5-1-19），断面的冲刷形式由以纵向下切为主转化为以横向展宽为主。

黄河下游的冲淤情况可以由水流挟沙力和含沙量的对比关系来论述，水流挟沙力是指在一定的水流和泥沙综合条件下，水流能够挟带的悬移质中的床沙质的临界含沙量。因此，当水流挟沙力小于水流中所挟带的床沙质的数量时，水流处于超饱和状态，河床将发生淤积。反之，当水流挟沙力大于水流中所挟带的床沙质的数量时，水流处于非饱和状态，河床将发生冲刷。水流挟沙力与河段的水流水力条件和床沙组成有关。当河道发生冲刷时，河道边界条件及床沙组成均发生变化，河道水流挟沙力随之而发生变化。断面在冲刷开始时的挟沙力 $S_{*前}$ 称为冲刷前期挟沙力，断面从纵向下切转为横向展宽时的临界挟沙力 $S_{*后}$ 称为冲刷后期挟沙力。对 60～70 年代高村以上河段断面冲刷横向调整资料的分析表明，当 3 000m³/s 流量的挟沙力衰减比 $\lambda = \dfrac{S_{*前} - S_{*后}}{S_{*前}} > 0.34$ 时（见表 5-1-19），断面则会从以纵向下切为主转化为以横向展宽为主。其中 S_* 分别用以下两式计算：

$$S_*^1 = 0.22\left(\frac{v^3}{gh\,\overline{\omega}}\right)^{0.76} \tag{5-1-5}$$

$$S_*^2 = 2.5\left[\frac{(0.002\,2 + S_V)v^3}{\kappa\dfrac{\gamma_s - \gamma_m}{\gamma_m}gh\,\overline{\omega}}\ln\left(\frac{h}{6D_{50}}\right)\right]^{0.62} \tag{5-1-6}$$

式中　v——3 000m³/s 流量下的断面平均流速；

h——3 000m^3/s 流量下的断面平均水深；

$\overline{\omega}$——泥沙沉速；

κ——卡门常数，清水时为 0.4，浑水时为变数，其范围为 0.15～0.4，随含沙量的增大而减小；

S_V——以体积百分数表示的时均含沙量；

γ_s——泥沙的容重，取 2 650kg/m^3；

γ_m——浑水的容重，γ_m = 1 000 + 0.622S，S 为浑水的含沙量；

D_{50}——推移质中数粒径。

表 5-1-19　黄河下游河道由以下切为主转向以展宽为主时面积及挟沙力衰减比对照

断面	时间（年-月-日～年-月-日）	前期面积	后期面积	面积衰减比 λ_A	$S^1_{*前}$	$S^1_{*后}$	λ_1	$S^2_{*前}$	$S^2_{*后}$	λ_2
下古街	1961-05-22～1962-05-22	2 400	4 400	0.83	39.53	26.41	0.33	20.85	15.46	0.26
花园镇	1964-05-24～1961-11-30	2 340	4 500	0.92	24.74	16.06	0.35	14.80	8.11	0.45
扣马	1961-05-25～1964-08-04	3 040	5 460	0.80	28.19	22.04	0.22	26.09	17.63	0.32
裴峪	1961-05-20～1963-07-11	1 920	3 500	0.82	35.08	26.28	0.25	28.77	22.95	0.20
英峪	1961-05-07～1964-07-26	2 800	5 250	0.88	33.01	23.54	0.29	27.07	21.36	0.21
官庄峪	1961-05-20～1964-05-10	2 100	3 335	0.59	25.87	12.43	0.52	18.93	9.98	0.47
秦厂	1961-06-25～1964-07-29	1 920	3 600	0.88	16.60	11.55	0.30	15.49	12.05	0.22
花园口	1961-05-21～1963-07-14	2 550	3 960	0.55	20.42	11.79	0.42	22.29	11.72	0.47
八堡	1961-06-01～1962-12-12	3 000	5 580	0.86	16.60	10.97	0.34	16.04	8.83	0.45
杨桥东	1961-06-01～1962-09-17	2 550	4 400	0.73	12.62	8.20	0.35	14.21	7.23	0.49
辛寨	1961-06-01～1963-07-25	2 000	3 250	0.63	14.29	9.28	0.35	16.36	9.76	0.40
黑石	1961-06-09～1962-08-24	3 200	5 760	0.80	12.85	8.20	0.36	15.40	9.75	0.37
韦城	1961-06-16～1964-05-24	2 450	4 510	0.84	15.81	8.94	0.43	18.55	9.98	0.46
黑岗口	1961-06-22～1964-08-04	1 760	3 220	0.83	12.85	9.71	0.24	15.93	11.12	0.30
柳园口	1961-06-11～1961-11-04	2 640	4 950	0.88	12.85	9.07	0.29	16.19	7.79	0.52
曹岗	1961-06-02～1964-08-03	1 960	3 600	0.84	21.52	17.07	0.21	24.28	18.32	0.25
夹河滩	1961-06-08～1962-05-24	2 200	3 600	0.64	24.70	18.14	0.27	28.99	15.54	0.46
东坝头	1961-05-16～1962-10-26	1 800	3 105	0.73	21.52	14.11	0.34	25.03	13.98	0.44
马寨	1961-05-24～1962-05-23	2 400	4 335	0.81	23.52	17.38	0.26	27.59	18.70	0.32
高村	1961-05-15～1963-06-28	2 100	3 380	0.61	23.52	18.76	0.20	30.70	22.56	0.27
下古街	1975-06-14～1976-06-05	2 520	4 750	0.88	14.46	8.27	0.43	18.56	9.39	0.49
花园镇	1973-06-19～1975-10-19	2 000	3 900	0.95	27.18	13.34	0.51	39.02	23.82	0.39
裴峪	1973-06-20～1976-06-09	1 920	3 570	0.86	28.76	8.27	0.71	40.00	18.48	0.54
孤柏嘴	1973-06-19～1974-10-10	2 090	3 300	0.58	30.38	23.12	0.24	44.48	35.30	0.21

注：面积单位为 m^2；挟沙力单位为 kg/m^3。

c. 冲淤调整过程中断面河相关系的变化

20 世纪 80 年代之后，黄河下游河道整治工程相对比较完善，即使当河道发生冲刷，也不会像三门峡运用初期那样发生大范围的滩岸塌坍，断面平均宽度变化不大，断面河相系数$\frac{\sqrt{B}}{H}$变小；河道发生淤积时，断面平均深度 H 减小，断面平均宽度变化不大，断面河相系数$\frac{\sqrt{B}}{H}$变大。

分析表明，断面形态的调整与初始边界条件有关，有整治工程部分，断面趋向于窄深；无整治工程部分，断面趋向于宽浅。同时，断面形态的调整还与河道单位长度的冲淤量即冲刷强度有关，当单位长度的冲淤量大时，断面形态调整大；反之，当单位长度的冲淤量小时，断面形态调整小。总之，当河道发生冲刷时，断面河相系数变小，但由于不同时期河道整治情况不同，断面河相系数变化幅度也不同；当河道发生淤积时，断面河相系数变大。

1960 年以来河道断面形态调整实测资料(见图 5-1-9)，经过相关分析，得到各个时期高村以上河段有、无整治工程河道发生冲刷和淤积时断面河相系数计算式如下。

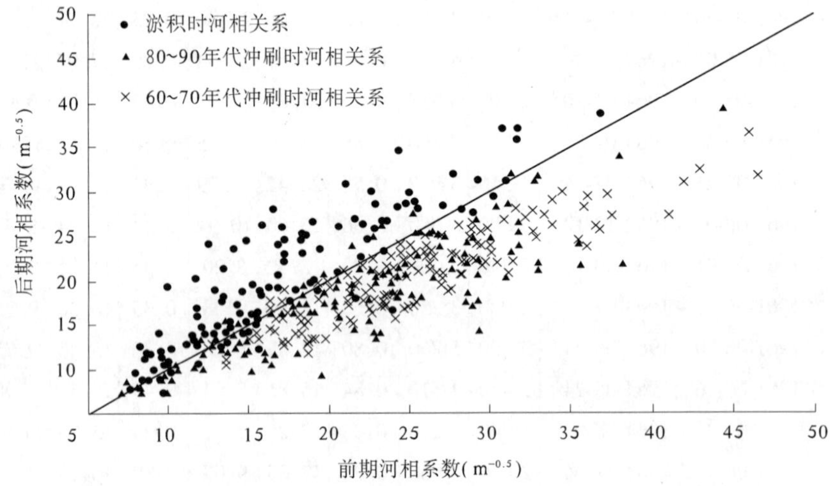

图 5-1-9 高村以上河段河道冲刷与淤积前后期断面河相系数变化

60 ~ 70 年代(整治工程不完善)河道冲刷时：

$$\frac{\sqrt{B}}{H} = 1.85e^{112.9}\Delta W_s \left(\frac{\sqrt{B_0}}{H_0}\right)^{0.78} \tag{5-1-7}$$

80 ~ 90 年代(整治工程相对较完善)河道冲刷时：

$$\frac{\sqrt{B}}{H} = e^{215.5}\Delta W_s \left(\frac{\sqrt{B_0}}{H_0}\right)^{0.97} \tag{5-1-8}$$

60 ~ 90 年代河道淤积时：

$$\frac{\sqrt{B}}{H}=1.1\mathrm{e}^{219.1\Delta W_s}\left(\frac{\sqrt{B_0}}{H_0}\right)^{0.98} \tag{5-1-9}$$

式中　$\frac{\sqrt{B}}{H}$——后期断面河相系数；

ΔW_s——单位长度冲淤量，亿 t/km；

$\frac{\sqrt{B_0}}{H_0}$——前期断面河相系数。

断面河相系数计算值与实测资料的对比结果见图 5-1-10、图 5-1-11。

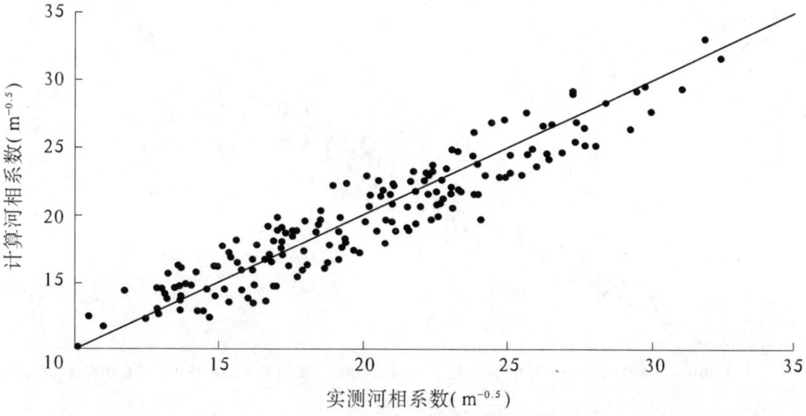

图 5-1-10　60～70 年代河道发生冲刷时断面河相系数计算值与实测值的比较

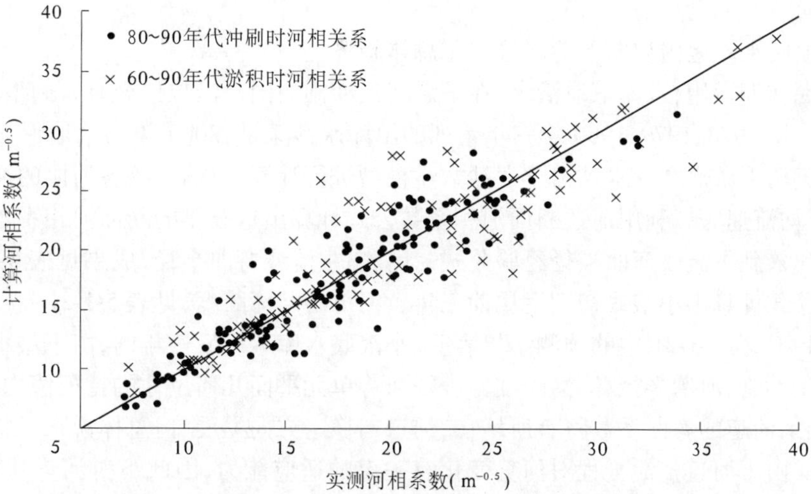

图 5-1-11　河道发生冲刷与淤积时断面河相系数计算值与实测值的比较

从图 5-1-10 和图 5-1-11 可以看出，断面河相系数的实测值和计算值较一致。

d. 河湾跨度

河湾跨度是河湾平面形态的一个重要特征。分析近 40 年黄河下游河道完整河湾的资料，发现河湾跨度跟上河湾和下河湾的主流线弯曲半径有关。当主流线弯曲半径大时，河湾跨度就大；反之，当主流线弯曲半径小时，河湾跨度就小。经过相关分析，建立河湾跨度经验公式如下：

$$L_m = 6.3R_{前}^{0.25} \cdot R_{中}^{0.44} \cdot R_{后}^{0.23} \tag{5-1-10}$$

式中 L_m——河湾跨度，km；

$R_{前}$、$R_{中}$、$R_{后}$——河湾的前湾、中湾及后湾的主流线弯曲半径，km。

用式(5-1-10)对河湾跨度进行验证，见图 5-1-12，计算值与实测值比较接近。

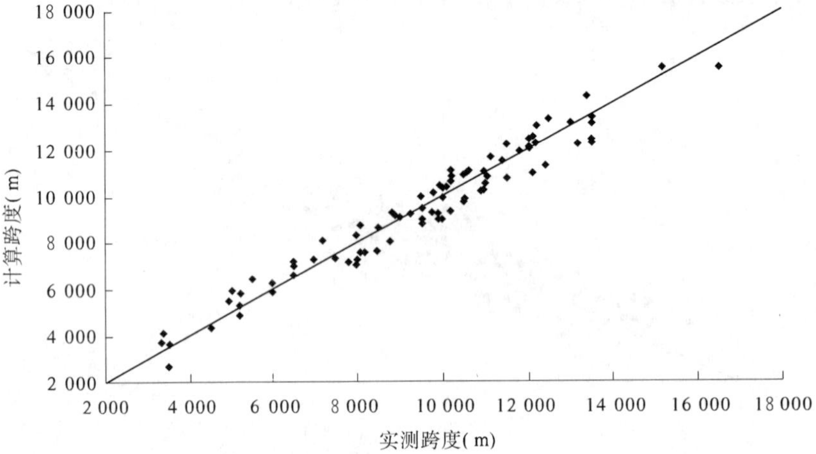

图 5-1-12 河湾跨度的计算值与实测值对比

2）河势变化预估

a. 小浪底水库运用初期下游河势变化总体趋势

小浪底初期运用，水库下泄清水，在下游河道冲刷的同时河势也会有所调整。根据小浪底初期运用 1978、1979、1980 年三年系列的出库水沙条件，2000 年初始地形，通过黄委会设计院黄河下游水文－水动力学泥沙数学模型进行计算，以输出的各河段的冲淤量、平均流量、平均流速等。利用前述断面河相系数公式计算出这三年的断面河相系数，把断面河相系数代入到主流线弯曲半径经验公式，计算出主流线弯曲半径，成果见表 5-1-20。用河湾跨度公式计算出小浪底初期运用前三年黄河下游河湾跨度，见表 5-1-21。

表 5-1-20、表 5-1-21 中的预测结果表明，小浪底水库运用后三年内，由于洪水调平，下游河道发生冲刷，河湾半径、河湾跨度等表征河势单元平面几何尺寸的特征值均有变小的趋势，其结果河道的弯曲系数将有所增加，河道向稳定方向发展，但总体说来，河湾调整的幅度不大。由于河道整治工程对河势变化有一定的适应能力，因此下游河势从宏观上讲不会发生大的变化。

为了进一步阐述计算方法的合理性，比较了 2000 年汛后实测主流线弯曲半径与计算主流线弯曲半径，比较情况见图 5-1-13。图 5-1-13 表明计算结果与实测资料总的看来符合较好，但模型计算半径比实测半径略有偏大，这是因为 2000 年实际出库的水沙量要比设计水沙量小。以上结果基本上是合理的。

表 5-1-20 小浪底水库运用前三年主流线计算半径对照 （单位：m）

河段	2000 年汛后	2001 年汛前	2000 年汛后	2001 年汛前	2001 年汛后	2002 年汛前	2002 年汛后
	实测半径	实测半径	计算半径	计算半径	计算半径	计算半径	计算半径
铁谢	2 950	2 200	3 011	2 173	2 900	2 142	2 464
逯村	3 500	3 000	3 734	2 701	3 598	2 662	3 054
花园镇	4 350	3 700	4 407	3 195	4 248	3 149	3 604
开仪工程	3 400	2 400	3 524	2 560	3 244	2 523	2 880
赵沟工程	2 500	2 100	2 426	1 766	2 340	1 741	1 982
化工工程	3 400	2 600	3 311	2 416	3 195	2 381	2 704
裴峪工程	3 100	2 050	2 809	2 054	2 712	2 025	2 293
大玉兰工程	4 000	3 050	3 883	2 846	3 602	2 805	3 169
神堤工程	1 950	1 700	2 226	1 635	2 150	1 612	1 816
驾部工程	4 200	4 000	4 318	3 285	4 318	3 340	4 318
官庄峪	3 000	2 200	3 124	2 301	3 019	2 267	2 548
寨子峪	3 950	3 600	4 157	3 068	4 019	3 024	3 390
秦厂	4 500	4 500	4 652	3 648	4 499	3 695	3 791
老田庵	4 000	4 000	4 501	3 338	4 354	3 289	3 667
西牛庄	3 000	3 400	2 895	2 548	3 115	2 804	2 940
马庄	2 900	2 300	2 889	2 152	2 796	2 121	2 352
花园口	3 500	3 400	3 820	2 853	3 699	2 812	3 109
双井工程	4 200	4 000	4 391	3 788	4 252	3 241	3 975
来童寨	4 050	3 750	4 203	3 156	4 069	3 110	3 423
黑岗口	4 150	3 800	4 335	3 264	4 196	3 217	3 531
柳园口	6 000	6 000	6 016	5 138	5 823	4 945	5 105
王庵工程	4 150	3 750	4 208	3 185	4 072	3 140	3 429
古城工程	4 300	4 050	4 408	3 346	4 265	3 298	3 593
府君寺	2 000	1 500	2 201	1 676	2 130	1 652	1 795
曹岗险工	2 900	2 000	2 827	2 157	2 734	2 127	2 305
堤湾闸	1 770	900	1 686	1 290	1 630	1 272	1 375
东坝头	2 400	1 800	2 400	1 842	2 321	1 816	1 958
禅房工程	3 400	2 500	3 348	2 577	3 237	2 541	2 732
蔡集工程	3 750	3 250	3 851	2 973	3 723	2 931	3 143
大留寺工程	3 050	2 300	3 025	2 342	2 924	2 310	2 470
辛店集工程	4 100	4 000	4 180	3 246	4 040	3 201	3 414
周营上延	3 700	3 400	3 891	3 030	3 760	2 988	3 178
老君堂	2 700	1 600	2 767	2 161	2 441	2 132	2 261
于林险工	3 100	2 500	3 144	2 463	3 037	2 430	2 570
霍寨险工	3 100	2 700	3 060	2 404	2 956	2 372	2 502

表 5-1-21　小浪底水库运用前三年河湾跨度计算值　（单位:m）

河段	2000 年汛后实测跨度	2001 年汛后实测跨度	2000 年汛后计算跨度	2001 年汛前计算跨度	2001 年汛后计算跨度	2002 年汛前计算跨度	2002 年汛后计算跨度
开仪工程	1 0500	10 300	12 035	9 038	11 529	8 923	10 061
赵沟工程	10 000	9 800	10 437	7 853	9 900	7 753	8 722
化工工程	8 700	8 500	9 008	6 791	8 631	6 704	7 525
裴峪工程	8 100	8 000	9 142	6 906	8 857	6 818	7 635
大玉兰工程	10 000	10 000	9 810	7 425	9 423	7 330	8 190
神堤工程	12 000	11 500	9 637	7 309	9 179	7 215	8 043
寨子峪	15 000	15 200	11 092	8 515	10 846	8 466	9 695
秦厂	13 000	13 100	11 968	9 251	11 613	9 187	9 979
老田庵	12 000	12 200	13 331	10 459	12 940	10 450	11 113
西牛庄	13 100	13 200	12 235	9 863	12 160	10 038	10 703
马庄	9 600	9 400	9 995	8 269	10 171	8 568	9 175
花园口	8 200	8 300	9 594	7 676	9 550	7 772	8 406
双井工程	10 300	10 500	11 181	8 624	10 864	8 513	9 311
来童寨	12 000	12 000	12 556	9 706	12 200	9 582	10 457
王庵工程	14 500	15 000	14 851	12 208	14 426	11 927	12 598
古城工程	12 800	13 000	13 824	11 100	13 426	10 899	11 629
府君寺	11 500	11 000	11 155	8 727	10 832	8 616	9 298
曹岗险工	9 500	9 500	8 776	6 883	8 522	6 796	7 317
堤湾闸	8 600	8 500	7 453	5 860	7 236	5 786	6 342
蔡集工程	10 000	10 000	9 822	7 781	9 533	7 685	8 560
大留寺工程	13 000	13 000	10 695	8 494	10 378	8 389	8 926
辛店集工程	11 200	11 000	10 665	8 492	10 348	8 388	9 528
周营上延	12 000	11 900	11 449	9 140	11 107	9 029	9 560
老君堂	12 600	12 600	11 086	8 874	10 541	8 766	9 747
于林险工	12 000	12 000	9 654	7 748	8 996	7 655	8 065
霍寨险工	9 000	9 000	9 386	7 553	8 914	7 463	8 198

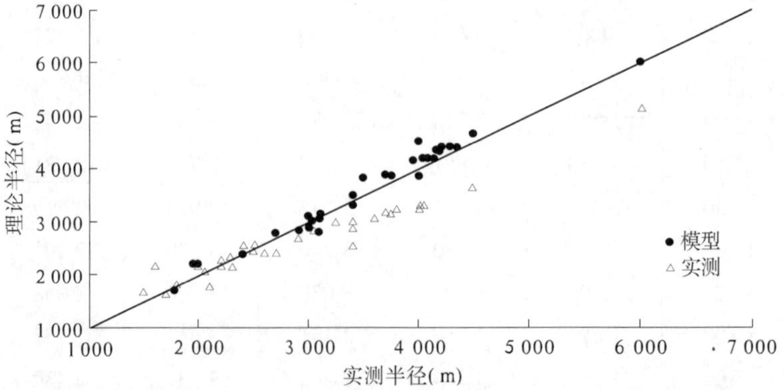

图 5-1-13　2000 年汛后主流线弯曲半径实测值与模型计算值比较

b. 各河段河势演变趋势预估

河势演变是指河道在平面上所发生的变化及其发展趋势。河势演变的程度取决于河道上游的来水来沙条件与河段内河床边界的相互作用的对比关系。根据已建水库下游河势演变情况及黄科院河工模型试验结果分析,小浪底水库运用初期,河势的演变仍遵循河床演变普遍规律。一般地,在现状工程条件下,无工程控制河段及虽有工程但不配套、不完善的河段,河道向宽浅方向发展,河势不易控制;在工程比较配套的河段,工程能适应多种来溜的变化,河道将向窄深方向发展,河势演变将稳定在一定的范围之内。

i. 铁谢至京广铁路桥河段

铁谢至神堤河段整治工程比较配套,根据三门峡拦沙时期该河段的河势变化的特点,预测该河段在小浪底水库初期运用阶段,河道仍主要以冲刷下切为主,工程前刷深较多,嫩滩刷深较小并伴有塌滩,河势平面变化主要表现为上提下挫,幅度在 300 ~ 500m,横向摆幅 200 ~ 300m,同时受河道内抗冲能力较强的滩嘴影响,个别地方还可能发生水流顶冲工程的情况。另外,由于中小水历时较长,水流顶冲位置较稳定,工程前受到局部淘刷,会引发大量坝垛工程根石下蛰而出险。预估本河段河势可能在铁谢至逯村、花园镇至开仪之间发生一些调整,由于铁谢下延了 300m 潜坝,送溜能力增强,逯村工程靠溜状况有可能好转。

神堤至京广铁路桥河段的南岸虽有邙山约束,但河道整治工程布点较少,山根控导水流能力低且不稳定,加之河段受伊洛河、沁河来水的影响,河段内水流以中、小水为主,并伴有较大洪水的威胁,河势变化以河槽冲刷下切为主要趋势,量值较铁谢至神堤河段值小,同时伴有主流平面摆动和上提下挫并塌滩,预计主流摆幅在 600 ~ 800m,最大也可达 2 000m 左右,“横河”、“斜河”依然存在,工程发生险情的几率很大。

ii. 郑州铁路桥至东坝头河段

该河段水流已完全撇开山岭约束,进入由堤防和河道整治工程控制水流运动的河段,该河段内河道整治工程布点已基本完成,但很不完善,尤其是存在因护滩抢险而被动修建的、平面布置形式各异的河道整治工程,这些工程的靠河几率、工程迎送溜长度、控导水流的能力差异很大,不同程度地存在着工程上下间距大、河道宽浅、河心滩抗冲能力参差不齐的情况。但由于工程约束水流作用弱,预测在小浪底水库运用初期,该河段平面河势变化较为剧烈,同时又有新的滩地演生,主流摆幅在 0 ~ 1 100m 范围,尤其是赵口至柳园口及古城至夹河滩两河段,主流摆动幅度可达 2 500m 或更大。主流的上提下挫极有可能造成现有河道整治工程脱河,主流在上下游工程间钻裆,而引发河势发生大的变化。

iii. 东坝头至高村河段

东坝头至高村河段,工程布局相对配套,主流基本在工程控导范围之内。东坝头湾处在该河段进口处的上游,湾内原有南、北、中三条流路。因为贯台大坝的修建,北河流路已不复存在,南河流路为基本流路。小浪底水库运用初期,该河段的河势变化范围将在南、中两个流路之间出现,主流横向摆幅在 0 ~ 1 200m,上提下挫范围在 0 ~ 600m。东坝头至辛店集河段,河势变化受东坝头湾出流方向影响很大。根据河势变化“一弯变,弯弯变”的关系,河势变化总的趋势是两股河,但无论走哪股河其最终出流都能滑入辛店集。辛店集至高村河段,受益于辛店集出流相对比较稳定,河势变化远不如以上河段剧烈,洪水主流摆幅有限,在0~200m,受来水流量变幅的影响,洪水上提下挫范围在0~300m。

iv. 高村至陶城铺过渡性河段

高村至陶城铺河段两岸土质较游荡性河段好,特别是有较多工程控制,在三门峡水库运用初期,河槽以冲刷下切为主,河槽宽度增加不多,经过4年清水冲刷,河槽形态基本仍维持原有的单一规顺的窄深河槽。小浪底水库运用初期,由于该河段的工程又经过20多年的不断完善,控制河势的能力又进一步增强,因此河道的平面变化将受到较强的控制,主流摆动也将受到限制。

v. 陶城铺以下弯曲性河段

陶城铺以下河段,两岸工程控制性好,主流摆动受到了严格的限制。根据三门峡水库运用初期河势演变特点,预计在小浪底水库运用初期,河段主流摆动幅度很小,一般平面变化不大,主要表现为主流顶冲点在湾内上提下挫。

第二节 现状整治工程的适应性研究

一、河道整治工程现状及存在的主要问题

(一)河道整治工程现状

河道整治工程主要包括险工和控导工程两类。

险工是指紧邻大堤修建的丁坝、垛、护岸,并和控导工程共同控制河势变化,保护堤防安全。

黄河下游现有险工135处,坝垛5 279道,工程总长度310.540km,裹护长度268.992km。坝型结构主要为乱石坝、扣石坝及砌石坝。黄河下游险工现状情况见表5-2-1。

表5-2-1 黄河下游险工现状情况

项目	京广铁路桥以上	京广铁路桥—东坝头	东坝头—高村	高村—陶城铺	陶城铺—泺口	泺口以下	全下游
工程处数	6	15	8	23	35	48	135
坝垛数(道)	271	1 013	195	495	1 451	1 854	5 279
工程长度(m)	26 554	66 114	18 792	52 772	71 271	75 037	310 540
裹护长度(m)	19 423	57 559	13 676	42 561	62 007	73 766	268 992

控导工程是在滩区适当部位修建的坝垛护岸工程,具有控导河势和保护滩地的作用。

1. 高村以上河段

该河段属于游荡性河段,是整治难度较大的河段。20世纪60年代后期至70年代初,在认真总结三门峡水库运用后黄河下游河势演变规律和河道整治经验教训的基础上,

修建了一些河道整治工程。80 年代京广铁路桥至高村河段明确为整治重点。本着控导主流、护滩保堤，因势利导，河道整治与滩区整治相结合的原则，修筑了一些关键性的控导工程，对河床演变产生了一定影响，且减小了河道游荡范围，局部河段主流受到了初步控制。如京广铁路桥至东坝头河段主流最大摆动范围已由过去的 5～7km 减小到现在的 3～5km，东坝头至高村河段已由过去的 5.5km 减小到现在的 4.2km。高村以上河段至 2000 年汛前，已修建有控导工程 83 处，坝垛 1 816 道，工程长度 174.94km。但是高村以上河道整治难度大，河势摆动的幅度仍较大，加上本河段槽高滩低、堤根低洼，洪水时易出现“横河”、“斜河”危及堤防安全。因此，该段是今后整治的重点河段。

2. 高村至陶城铺河段

在总结陶城铺以下河道整治经验的基础上，20 世纪 60 年代后期开始有计划地在该河段进行整治。按照控导主流、护滩保堤的方针，采用因势利导，以坝护湾、以湾导流的办法，整治中水河槽。经过多年治理，该河段主流线的最大摆动范围已由整治前的 5 400m 减小到 1 600m，平均摆动范围由 1 802m 减小到 738m，同时河床断面变得较为窄深。至 2000 年汛前，共修建控导工程 32 处，坝垛 701 道，工程长度 62.76km。该河段为宽河段向窄河段的过渡段，现河势已得到基本控制。

3. 陶城铺以下河段

从 20 世纪 50 年代开始进行有计划的整治，该河段是最早进行有计划整治的河段，从 50 年代起陆续修建了一批控导工程，并经历了 1954、1958 年和 1982 年等多次洪水的考验，起到了控制河势的作用，并大大减小了冲决堤防的危险。至 2000 年汛前，共修建控导工程 97 处，坝、垛 1 583 道，工程长度 131.68km。经过半个世纪坚持不懈的努力，陶城铺以下河段已成为河势得到控制的弯曲性河段。

综上所述，至 2000 年汛前，黄河下游共修建控导工程 212 处，坝垛 4 100 道，工程长度 369.38km。这些工程发挥了控制河势的作用，缩小了主流游荡范围，减少了“横河”、“斜河”发生机遇，减轻了冲决大堤的危险。黄河下游控导工程现状情况见表 5-2-2。

表 5-2-2　　黄河下游控导工程现状情况

项目	京广铁路桥以上	京广铁路桥—东坝头	东坝头—高村	高村—陶城铺	陶城铺—泺口	泺口以下	全下游
工程处数	21	46	16	32	46	51	212
坝垛数(道)	606	807	403	701	748	835	4 100
工程长度(m)	58 191	74 634	42 116	62 758	59 936	71 741	369 376
裹护长度(m)	56 031	61 329	35 921	52 129	55 887	60 941	322 238

早期修建的河道整治工程，受当时社会经济和科学技术条件限制，修建时没有统一规划，险工多是在汛期大堤偎水，堤脚受到洪水冲刷出现坍塌后，为保护堤防工程安全，防止大堤决口，被动进行临堤下埽逐年抢险形成的，坝岸基本沿堤线布设，随塌随抢随修，因而工程的平面布局型式极不规则，主要有凹入型、凸出型、平顺型三种型式。新中国成立以

后,随着河道整治实践经验的不断积累和科学技术的不断发展,逐步认识到凹入型工程布局的优越性,在整治工程规划设计中,按照上下游、左右岸兼顾,因势利导,相机修筑的整治原则,及达到稳定河势、控导主流、护滩保堤的目的,后期修建的凹入型布局工程较多。控导工程的平面布局型式与险工一样,主要有凹入型、凸出型、平顺型三种型式。

(二)存在的主要问题

经过多年治理,河道整治已取得了显著成绩,但目前仍然存在一些问题。一是一些规划工程没有修建,已建工程长度不足,尚需续建完善。二是一些控导工程是在抢险的基础上修建的,影响导溜效果,需要调整改建。三是现有工程强度不足,坝顶高度低,根石坡度陡、深度浅,稳定性差。由于这些问题的存在,“横河”、“斜河”时有发生,险情年年出现。

表 5-2-3 为三门峡水库“蓄清排浑”运用以后,白鹤至高村河段“横河”、“斜河”发生次数统计,京广铁路桥至东坝头河段出现“横河”、“斜河”的次数最多;其次为京广铁路桥以上河段。1985 年以后黄河下游白鹤至东坝头发生“横河”、“斜河”的几率明显增多,由 1985 年以前 54 次增加到 81 次,年平均发生 9 次“横河”、“斜河”。其原因主要是近年来流量较小,直河段工程上下衔接不好、迎送溜长度不够、间距过大,小流量在大流量塑造的河床内演变则易坐弯导溜发生“横河”、“斜河”。

表 5-2-3　　黄河下游汛后主流线“横河”、“斜河”发生次数统计

河段	1975 ~ 1984 年		1985 ~ 1994 年	
	总次数	年平均	总次数	年平均
铁谢—京广铁路桥	16	1. 6	22	2. 4
京广铁路桥—东坝头	27	2. 7	43	4. 8
东坝头—高村	11	1. 1	16	1. 8
合计	54	5. 4	81	9

(三)整治工程的作用

黄河下游河道整治虽未完成,问题依然很多,但仍在以下两方面都发挥了显著作用:一是直接作用,即对河势演变的控制作用;二是间接作用,即对社会产生的作用。

河势演变主要取决于水流与河床边界相互作用的对比关系,河道整治工程一个基本功能就是强化了河床的边界条件,提高了河岸的抗冲能力,限制了河岸坍滩后退,凡是有河道整治工程的地方,无论是险工还是控导工程、护滩工程,都是主流横向摆动的终点。从这一意义上说,任何河道整治工程都可以限制主流的摆动,都可以起到缩小河道的游荡范围的作用。黄河下游游荡性河道长 299km,各类河道整治工程总长 267. 35km,工程长度占河道总长的 89%。这些工程使河道的游荡范围受到了限制,控导工程及具有控导主流作用的险工,因对主流有控制作用,因此其对河道游荡范围的限制长度远大于工程本身的长度。工程密度越大,控导工程越多,游荡范围被限制程度越高。花园口以上的保合寨历来是游荡型河道主流摆动最大的地方,20 世纪 60 年代初,最大能达到 7. 5km,至 80 年代初,均在 5 ~ 6km 范围内摆动,近几年降为 3. 0km 左右。夹河滩断面主流摆动常年处于

1.0km 左右，最大仅 2.1km。通过周营工程的马寨断面，1984 年以前主流摆动在 2～3km，近十多年在 0.3～0.4km，已相当稳定。所有这些都充分显示了河道整治工程在限制主流游荡摆动方面的良好作用。

河道整治工程除具有强化河岸边界条件，限制河道游荡摆动范围的基本功能外，还具有控导主流的功能。但只有沿规划治导线的控导工程和险工才具有这一功能。主流变化是河势演变的核心，控导了主流，就控制了河势，就能规顺中水河势，就能防止"横河"、"斜河"的产生。因此，控导主流是河道整治的根本任务，也是河道整治的起点和河道整治的归宿。

游荡性河道依照整治规划，修建了一些控导工程，如双井、大宫、府君寺、禅房、辛店集、周营等，利用并改造了一些老险工，如花园口、马渡、黑岗口、柳园口、东坝头、青庄等，也通过改造将护滩工程升级为控导工程，如大张庄、榆林等，所有这些工程在控导主流、控制河势方面都起到了良好的作用。

在一些局部河段上，由于工程配套比较完善，主流已初步受到了控制，如花园口至马渡、辛店集至堡城等河段。

陶城铺以下窄河段，经过 20 世纪 50 年代的集中整治，以及近几十年来的不断完善，经过历次洪水的考验，实践表明，工程一直发挥着重要的控导作用，河势一般规顺，主流基本稳定。高村至陶城铺过渡性河段，经过 1966～1974 年的集中整治，河势基本得到控制，主流线的摆动范围和摆动强度已明显缩小。高村以上游荡性河段，至 1978 年完成工程布点，以及随后不断修建工程，虽未完全控制河势，也起了一定作用，减小了主流线的摆动幅度。

在间接作用方面，河道整治工程在防洪、引水、护滩保村等方面作用显著，取得了良好的社会效益和经济效益。

二、河道整治工程的适应性

（一）小浪底水库运用初期河道整治工程的适应性分析

在黄河下游河道整治的过程中曾研究、实践过不同的整治方案，主要有微弯型整治方案、麻花型整治方案、卡口型整治方案三种。经过长期研究和实践，现阶段采用的是与黄河下游河床演变规律基本相适应的微弯型整治方案，亦即选择一条与洪水、枯水流路相近似的、能充分利用已有工程并较好发挥防洪、引水、护滩综合作用的中水流路进行整治。众所周知，河道是水流与河床相互作用的结果，在一定的水沙条件下，河道的横向变形主要取决于水流与河岸的相互作用，当水流强度大于河岸的抗冲刷能力时，河岸会后退，发生横向变形；当水流强度小于河岸的抗冲刷能力时，河岸就会控制水流的方向。黄河下游水流运动具有弯曲特性，即使是河道外形顺直的游荡性河段，其主流线在平面上也是呈弯曲的。微弯型整治方案正是运用这些特性采取工程措施保护已形成的、较有利的自然弯道或制造适合水流条件的人工弯道，强化河床边界条件，控制水流方向，达到控制河势的目的。

小浪底水库运用初期，黄河下游水沙条件将发生较大变化，水沙量分配与建库前相比呈两极分化，400～800m^3/s 的小水含沙量降低，历时增加，2 600～4 000m^3/s 的中水历时和含沙量都将增大,造床作用加强,将使河湾水力参数发生一些变化。

从 2000 年相邻几次大断面套绘资料来看,河槽下切展宽的幅度与工程的控制情况密切相关。在工程能有效控制河势的河段,河床断面形态主要表现为下切,展宽幅度很小,如铁炉断面(见图 5-2-1);在工程不能有效控制河势的河段,河床以展宽为主,下切幅度较小,如西牛庄断面(见图 5-2-2)。各河段断面形态调整情况,铁谢至神堤河段,因工程控制条件好,河槽以下切为主,基本不展宽,下切深度 0.6 ~ 1.0m;官庄峪至夹河滩河段,河床稳定性相对较差,下切的同时伴有展宽,其中官庄峪至花园口河段河槽展宽幅度为 500 ~ 600m,花园口至来童寨河段主槽基本不展宽,辛寨至夹河滩河段展宽幅度为 100 ~ 500m。夹河滩以下河段,一方面因工程比较完善,河势得到了较好控制,另一方面清水冲刷的影响还达不到这里,所以河槽基本未展宽。从 2000、2001 年河势变化来看,由于流量小,水流造床能力较弱,使得下游河道演变没有预期的大。但由于常年下泄清水,在河道整治工程控制较差的河段,局部河段的河势发生了较大突变,在工程比较配套、完善的河段,河势变化较小,基本在工程的控制范围之内。

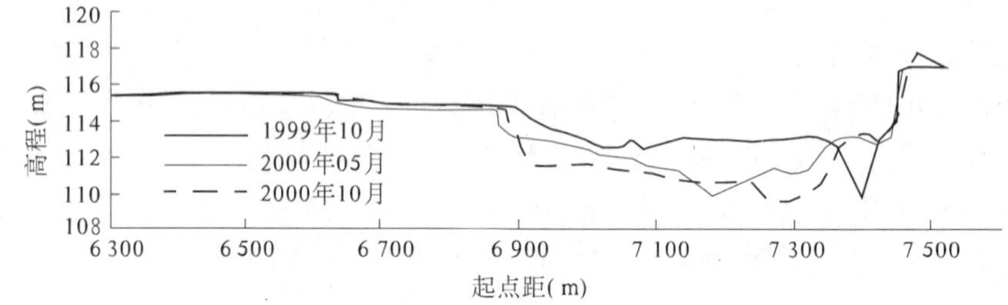

图 5-2-1　黄河下游典型断面(铁炉断面)

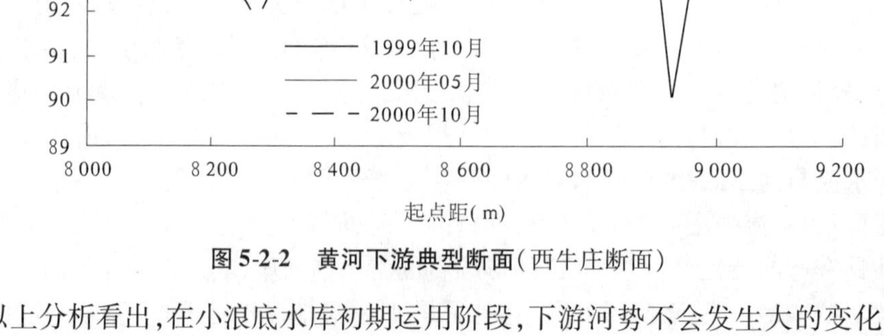

图 5-2-2　黄河下游典型断面(西牛庄断面)

由以上分析看出,在小浪底水库初期运用阶段,下游河势不会发生大的变化,现状河道整治工程对水沙变化有一定的适应性,基本能与运用初期的河湾要素相适应。

下面分河段对整治工程的适应性进行分析。

1. 白鹤镇至京广铁路桥河段

根据目前工程情况,该河段以伊洛河河口为界,上下两段截然不同。伊洛河河口以上工程基本完善,控制河势能力强,尤其铁谢以上为沙卵石河床,小浪底下泄清水期河床冲深变化不大,河势一般稳定,为铁谢以下工程提供了良好的入溜条件,所以伊洛河河口以上河段河床主要为下切,展宽甚微,河床形态规顺单一,河槽窄深,工程靠溜情况变化不大。但该段花园镇工程上首迎溜段不完善,若对流势控制不力,可能影响以下河势。伊洛河河口以下河段工程还没有完全布点(金沟、孤柏嘴),张旺庄、东安、桃花峪三处工程长度太短,驾部、枣树沟工程长度也没有达到规划长度,整个河段控导河势的能力差,因此该段河槽将会展宽,主流摆动幅度及强度仍然很大。

2. 京广铁路桥至东坝头河段

该河段是当前下游河势变化最大的河段,尤其是京广铁路桥至花园口、赵口至古城河段,但花园口至赵口两岸工程靠溜较好,府君寺至东坝头河段流路也较稳定,河槽单一。小浪底水库运用后该河段工程靠溜情况是否稳定主要取决于上段来溜情况,一旦来溜情况不利,其下游有利河势将可能遭到破坏,工程靠溜情况也会发生很大变化。

花园口至赵口河段河势的稳定,主要取决于花园口工程的来溜情况。在京广铁路桥至花园口河段共布设了老田庵、保合寨、马庄三处工程。受上段河势影响,目前这三处工程对主流的控导能力差,保合寨工程仅下首几道坝靠溜,老田庵、马庄两工程靠溜段短且不稳定。小浪底水库建成下泄清水后,若老田庵工程靠溜较好,并持续较长时间,保合寨、马庄工程定会靠溜,花园口至赵口河势不会发生大的变化,其两岸工程可能与新的水沙条件适应。若老田庵工程脱河,保合寨、马庄工程也可能脱河。目前花园口工程靠溜部位不稳定,提挫范围比较大,可能使双井至赵口两岸工程靠溜部位发生变化。因此,京广铁路桥至赵口河段两岸工程在小浪底水库下泄清水期存在既有完全适应,也有完全不适应的两种可能性,关键在于老田庵工程靠溜与否及靠溜后的稳定程度。

赵口至黑岗口河段是京广铁路桥至东坝头河段中河势变化最大的河段,两岸工程最不完善。主要原因是赵口、九堡下延工程导溜段偏短,1998 年和 1999 年新布点的毛庵、三官庙工程短期内还不会发生控溜作用,黑岗口下延工程还需继续修建。由于两岸工程不配套和不完善,小浪底水库下泄清水后这段河势仍然会极不稳定,河道整治工程对河势变化的适应性较差。

黑岗口至古城河段 1993 年以来河势趋于恶化状态,主要是黑岗口以上河段来溜方向不稳定,黑岗口靠溜部位提挫范围比较大。随着近几年黑岗口工程平面布置的不断调整和完善、顺河街工程逐步修建,其下大宫、王庵、古城靠溜状况可能有所改观。但该河段两岸工程靠溜改善的前题条件是黑岗口工程靠溜必须较好,由于赵口至黑岗口现状河势不稳定,小浪底水库运用后仍会发生大的变化,有可能使黑岗口脱河或提挫范围较大,引起下游一系列的变化。

古城至东坝头河段近期河势虽有变化,但变化不大。该段河势的稳定程度主要取决于古城工程或工程前滩岸送溜到府君寺工程的靠溜部位。由于黑岗口至古城河段的河势不稳定,送溜至府君寺工程的靠溜部位也就不稳定,可能导致其下曹岗工程靠溜部位发生大变化,引起下游河势发生新的变化,一些工程将失去控制溜势的作用,严重时影响到东坝头河势的稳定,甚至由现在的南河改走中河。

3. 东坝头至高村河段

东坝头至高村河段，在 1960～1964 年三门峡下泄清水冲刷期间，仅布置有个别工程，如林口、油房寨等工程，工程控导河势的能力很差，滩岸坍塌极为严重，河道展宽，河势变化很大。经过逐步整治，工程控制河势的能力大大增加，并且东坝头、辛店集两处大湾还能适应多种来溜变化。小浪底水库建成下泄清水后，因中水持续时间长，会使各工程溜势长期稳定在一定部位内，将有利于河势的调整。但由于大留寺、老君堂等工程下首偏短，若来水偏丰、持续时间长，仍有脱河的可能。因此，只有尽快完善两岸工程才能提高小浪底水库运用后的适应性。

4. 高村至陶城铺过渡性河段

此段河道在 1960～1964 年三门峡下泄清水冲刷期间，主流有一定的摆动，而且滩地淘刷主流坐弯较多。随着规划工程的实施、控导工程的配套和完善，在洪水冲刷期和中小水流量期间，河势基本规顺稳定，主流摆幅较小，工程的适应性较好。因此，小浪底水库运用之后，主流仍会出现上提下挫现象，但因工程配套完善，对河势发生变化仍有较强的适应性。小浪底水库运用之后，在中水较长时间的顶冲下，还会对现状近十年来一些河段的不利河势进行调整、改善，如李桥、杨集等河段，使河势逐步向有利方向发展。

5. 陶城铺以下弯曲性河段

该河段已成为人工控制的弯曲性河段，主流的摆动已受到很强的限制，对水沙变化适应性大。因此，小浪底水库运用后，主流位置变化很小，主要表现为主流顶冲点上提下挫。

（二）整治工程适应性模型试验结果分析

近几年，本专题针对黄河下游防洪及河道整治工程适应性及局部工程布局问题进行了大量的模型试验，对目前黄河下游河道整治工程适应性问题进行了深入分析。

1. 铁谢至大玉兰河段

该河段是黄河由山区性河道向冲积性平原河道过渡的过渡河段。河出孟津以后，河谷骤然放宽，其中北岸有 140km^2 的高滩现已由小浪底移民局放淤改土，淤填低滩，成为 4.7 万小浪底库区移民的安居场所。自 20 世纪 70 年代以来，本河段陆续修建了一些控导工程，缩小了主流游荡范围。由于整治工程趋于完善，控导作用加强，加上 80 年代后期至今，上游来水来沙明显减少，相对而言，近一二十年本河段河势基本无较大变化，已成为河南河道整治的模范河段之一。然而，综观本河段河势演变情况，河道的游荡性并未改变，温孟滩河段畸形河势、重大险情还时有发生，控导工程的控导作用不能充分发挥，个别工程还出现脱河现象。

花园镇工程靠溜位置相对稳定，河势在小水期上提幅度不大，一般在 10# 坝上下开始靠河，15#～28# 坝为迎溜变化段，以 22#～28# 坝段迎溜几率最高，27# 坝挑流作用相对较强，但由于 15# 坝以下坝段坝头连线不平顺，从而造成出流分散，河面较宽。在开仪工程前易形成河脖，当流量为 3 000m^3/s 左右时，河面最窄时不足 300m；开仪工程下延长度不足，在各级清水流量下均有不同程度坝下回流淘刷现象，当流量为 3 000m^3/s 时，紧靠下首坝后回流冲深达 6m 多。

由于赵沟工程在布设上受河道边界所限，赵沟工程前的主流上提下挫幅度较大，下首送溜角显得过陡，出流后常常造成化工工程河势上提及化工工程送溜段水流分散、河面展宽

(见图5-2-3)。在洪水期,化工工程整个上延段可全部靠溜,起到了较好的收纳水流的作用。

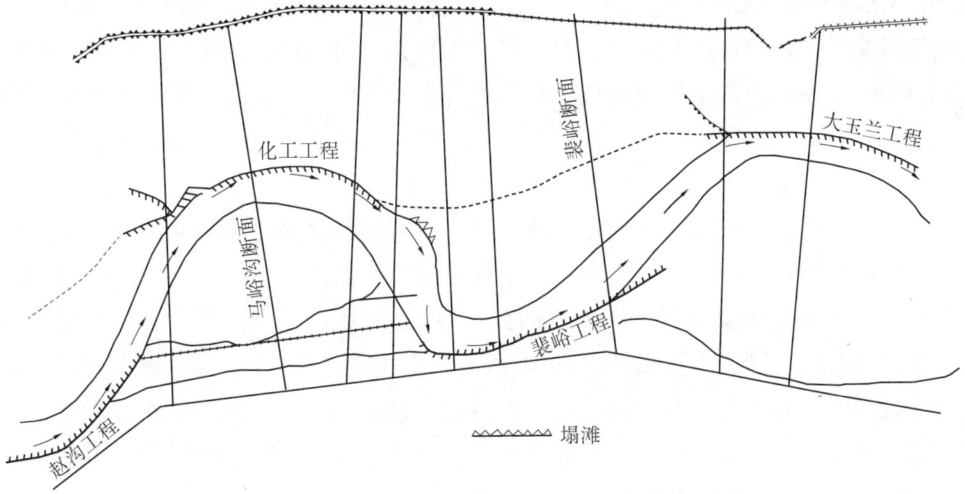

图5-2-3　小水情况下裴峪坐弯塌滩

化工至裴峪之间的河势较为复杂。在小水长期造床作用下,主流出化工后,往往是顺坝贴北岸后挫下行,坐弯淘滩,水流作用历时越长,其发展越充分。尤其在流量为2 000m^3/s左右时,这种现象最为严重。由于水流坐弯淘刷,滩坎导流,较强的环流作用下,主流出湾后,几乎成"横河"进入裴峪,造成裴峪河势不断上提,主流在裴峪沟口反溯上游坍滩坐弯(见图5-2-3),且在1 000~4 000m^3/s中小流量持续作用下,大河顶冲裴峪上延12#坝以上山体,使山体遭受冲蚀。

大玉兰工程下延略嫌不够。采用1961~1964年水沙系列进行的清水冲刷条件下的试验结果表明,在中小流量持续冲刷作用下,随着裴峪着溜点的下挫,出流方向后挫,造成大玉兰工程靠溜位置不断下挫,而且下挫幅度较大,送溜段送溜效果减弱,大河出大玉兰呈下滑之势傍神堤工程下首,从沙鱼沟工程前穿过(见图5-2-4)。因此,大玉兰下延段应有适当的长度,以免因送溜段过短而对下游移民区围堤起不到应有的掩护作用,同时也可避免神堤工程常出现脱溜现象。

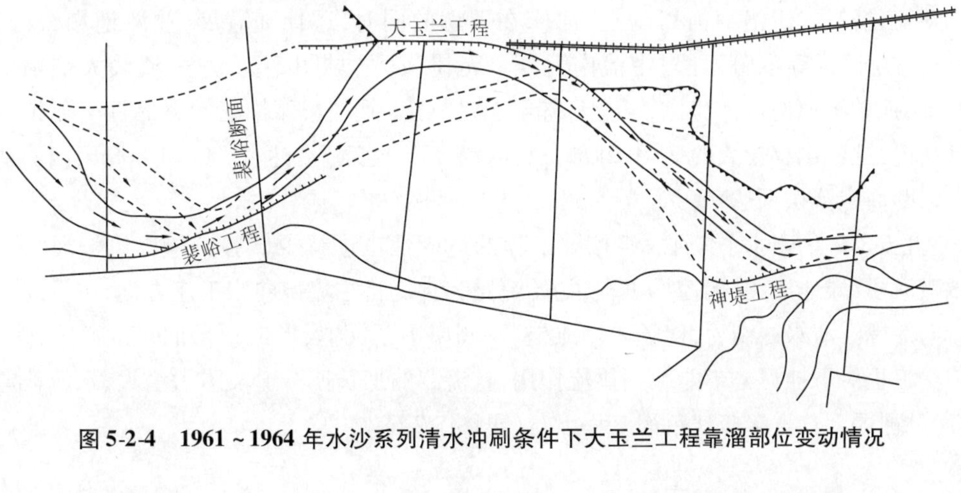

图5-2-4　1961~1964年水沙系列清水冲刷条件下大玉兰工程靠溜部位变动情况

黄委会水科院利用“小浪底至苏泗庄河段河工模型”开展了本河段河道整治工程适应性分析试验研究，结果表明，温孟滩河段位于沙质河床的最上端，水流作用之时首当其冲，由于近两三年内移民区又完善了河道整治工程，工程相对配套，在整个试验过程中，河床以下切为主，没有出现工程脱河现象。不过各工程前仍有一定幅度的上提下挫，特别是铁谢至逯村河段，受初始流路的影响，铁谢呈下滑河势，使逯村靠溜部位偏下，河床下切以后，水流的流向摆动受到约束，再加上小浪底拦沙期下泄流量偏小，水流的动力作用较弱，因此逯村着溜部位上提不甚明显，花园镇工程着溜部位变化幅度较大，铁炉工程曾一度靠河，从而引起花园镇工程下首脱溜和开仪工程前河势的变化，不过随着主汛期大河流量的增加，河势又下滑至花园镇工程中部，没有造成以下河势出现大的变化。试验还看到赵口、化工水流持续冲刷使主流归槽，每一个河湾均靠工程约束，主流顶冲部位相对稳定的同时，无疑将给实际工程根石冲失带来隐患，甚至会酿成较大险情。因此，小浪底水库拦沙期，进一步完善本河段河道整治工程的同时，还要加强各控导工程根石防护措施。

2. *伊洛河河口至花园口河段*

黄委会水科院“南水北调中线穿黄工程河道模型试验”曾经为本河段河势演变情况开展了 12 个组次的试验研究，其中包括 2000 年地形条件下设计洪水过程、2014 年地形条件下“82 修正型”洪水过程、2000 年地形条件下小浪底拦沙期系列年洪水、2023 年地形条件下 20 年系列洪水过程等其他组次试验。研究结果均表明，伊洛河河口以下河道河势变化较大，特别是伊洛河河口至英峪之间（沙鱼沟工程附近河段）河势变化最大；英峪至孤柏嘴以及孤柏嘴以下河段河势变化相对伊洛河河口至英峪之间较小，但孤柏嘴附近河势仍有一定的变化。

为预测小浪底水库拦沙期本河段河床变化，以 1961 ~ 1964 年三门峡下泄清水期水沙过程模拟小浪底水库拦沙期下泄水流条件。试验所选用的流量级在 1 000 ~ 5 000m^3/s 的范围，原型累计历时约 800 天。初始地形采用 2000 年地形。

从整个试验过程来看，小浪底至大玉兰河段，由于该河段内控导工程比较配套，河床冲刷以下切为主，河势基本没大的变化，工程靠溜也比较好。但大玉兰工程以下河段，河势相对变化较大，伊洛河河口附近，河床在下切的同时，还伴随着展宽、滩地塌失，出现“横河”、“斜河”等危险河势，主流南北摆动范围较大（见图 5-2-5），主流最大摆幅可达 1 500m，孤柏嘴河湾内河势比较稳定，基本上是靠山弯下泄，孤柏嘴始终靠溜。孤柏嘴至驾部河段，主流也有较大的变幅，驾部工程靠溜点上下变幅可达 1 600 ~ 1 800m，因而造成牛口峪断面主流摆幅达 900m。

“九五”攻关期间对本河段各控导工程的适应性也进行了试验分析。伊洛河河口至孤柏嘴河段，滩地广阔，无控导工程，初始流路为神堤将主流挑向张王庄方向，主流北摆坐弯折向南岸。清水冲刷后，伴随着塌滩坐弯，凹岸不断蚀退，形成顶部向东的鹅头弯。由于神堤工程对下挫河势不能起到挑流作用，且流路的加长使弯道段阻力增大，水流裁弯取直，滑过神堤下首直接傍沙鱼沟工程下行（见图 5-2-6）。

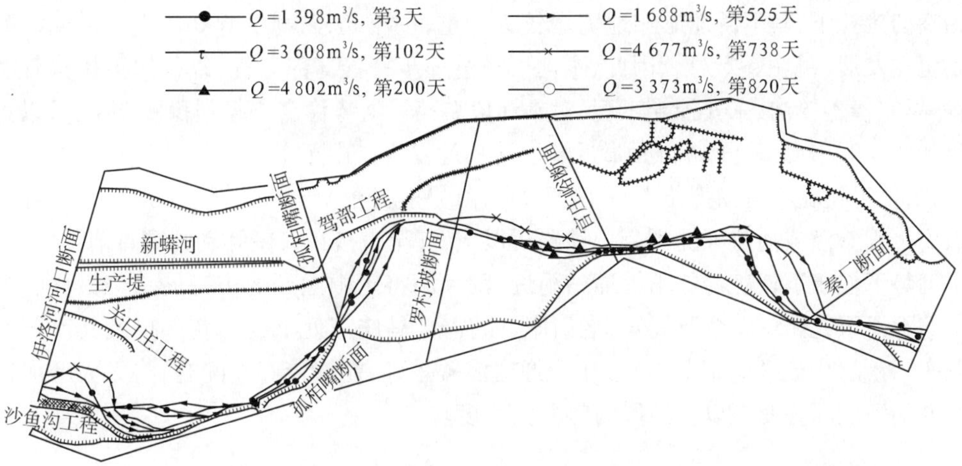

图 5-2-5　2000 年地形现状工程条件下 1960 ~ 1964 年清水冲刷试验主流线变化

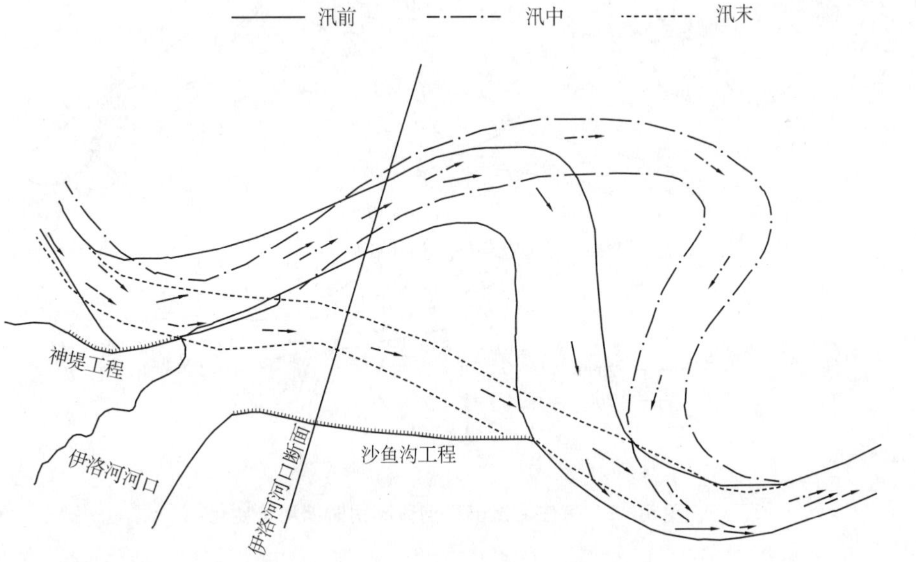

图 5-2-6　试验过程中沙鱼沟附近的河势变化

随着冲刷的持续，滩槽高差和河床稳定性增大，即使在 2005 年（1982 型）伊洛河来流较大的情况下，也没能使沙鱼沟工程前河槽向北岸有较大摆动。沙鱼沟工程平面上呈直线，不起挑流作用，主流滑向下游山弯，由于凹岸靠山体，冲刷难以使河道在平面上得以摆动，河床纵向下切，试验时段内大河都进入了英峪至孤柏嘴之间的大河湾，凹岸流速较大，直接影响山根稳定，所以该河段应采取工程措施以防止山弯坍塌后退。

大河出孤柏嘴后，对岸有驾部工程的控导，水流均能被送至枣树沟一带，但受驾部工程着溜部位、送溜状况的影响，枣树沟靠溜状况也不稳定，时常上提下挫，上提则坍失上游滩地,下挫则冲刷官庄峪山嘴下首河滩;从本次试验情况看,枣树沟上提河势较多,在官庄峪山嘴的挑托下,其下游北岸滩地坍塌较为严重,主流北移 400 ~ 600m,直至试验结束时坍塌仍在发展(见图 5-2-7)。因此,本河段应进一步完善驾部工程,以稳定枣树沟着溜部位;尽早完善枣树沟、东安控导工程,对本河段游荡性河势稳定将起到积极作用,可以大大避免如图 5-2-7 所示寨子峪断面附近畸形河势的发生。由于上述游荡性河势和畸形河湾的存在,使得桃花峪着溜部位上提下挫,如果河势上提至鸿沟以上河湾,则河势有可能使老田庵工程着溜或河势上提到京广铁路桥以上,甚至直接在人民胜利渠渠首前滩面坐弯;如果河势下挫至下任店与邙山提灌站附近,则大河将走中撇开老田庵、保合寨、马庄等工程一路下滑至花园口。众所周知,老田庵、保合寨、马庄三处工程是花园口及其以下河段的龙头(控制性)工程,如果这三处工程迎送溜关系好,能够较好地配合,将大大增加花园口至九堡河段河势乃至以下河段河势稳定程度。

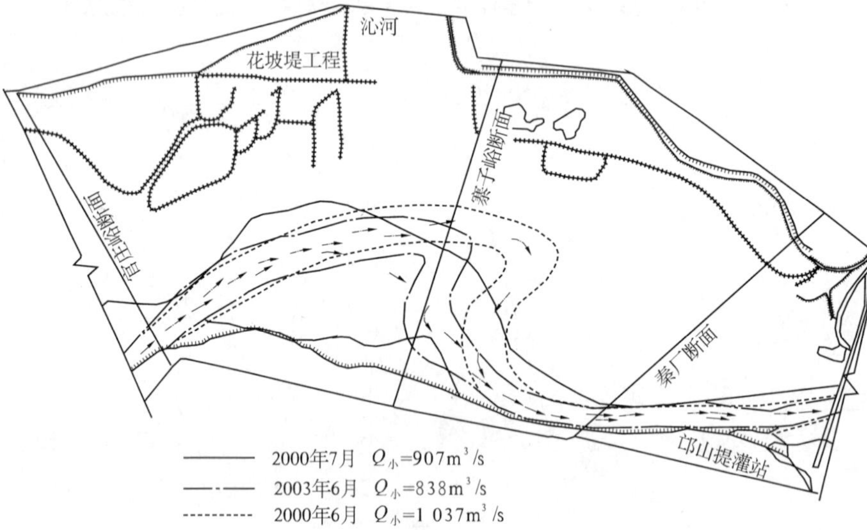

图 5-2-7 官庄峪至秦厂河段不同时期河势变化

3. *花园口至夹河滩河段*

花园口至夹河滩河段作为黄河下游防洪及河道整治的重点河段,先后对该河段工程适应性及布局问题开展了大量的试验研究。从现状工程条件下不同试验组次试验过程中主流线套绘情况可以看出,马庄至来童寨河段,河道整治工程相对配套,主流摆动范围较小,来童寨至辛寨河段,历史上具有"南硬北软"的河道边界条件,虽然经过河南河务局的充分论证和黄委会水科院的模型试验,近几年上延了双井上延工程、上马了武庄控导工程,但武庄工程长度较短,再加上来童寨工程一直送溜武庄偏下,导流作用较弱,造成赵口靠溜部位经常下挫(见图 5-2-8),因此本河段适当下延来童寨下延工程是非常必要的。

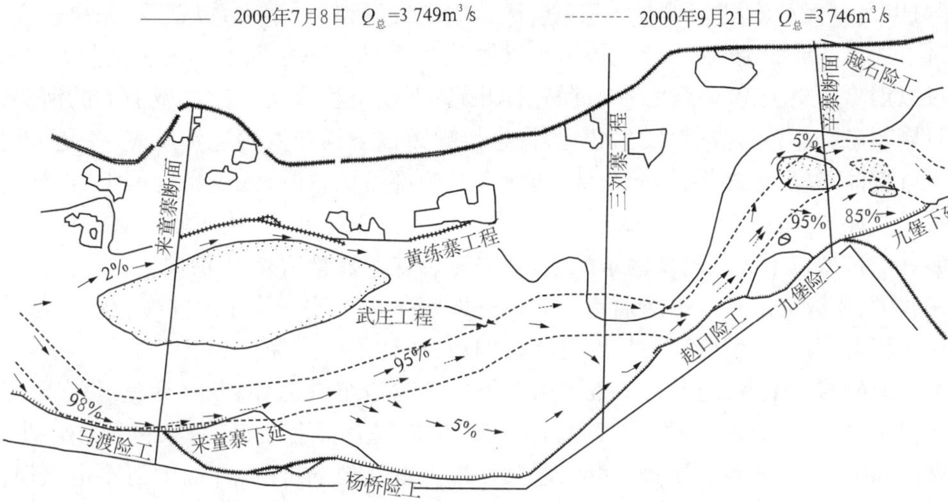

图 5-2-8　小浪底运用方案研究第一年试验马渡至赵口河段河势

赵口至九堡河段，似一道巨型导流坝，决定了河流的东北走向，其中赵口险工靠溜几率很大，承接着武庄、万滩及中河的来溜，但由于这一带险工平面形式凹凸不平，因此经该段险工送溜至对岸毛庵一带时，其部位有很大变化，伴随着流量的涨落（大、小），大水下挫，小水上提，河势出现更为复杂的变化。1998 年汛前修建了赵口下延 6 道坝，掩护了九堡一带的老险工，但从目前工程导送溜情况看，北岸河势仍然难以稳定，如果赵口靠溜在 8#坝附近，导流作用将充分发挥，直接将大河送到张毛庵方向。如果赵口靠溜偏下，则导流作用较弱，仅在中河坐弯，北岸张毛庵工程上首近两年新修的 10 道坝离大河 3km 多，根本无法起到迎接赵口来溜、控导张毛庵出溜之目的。另外，值得说明的是，受赵口险工挑流的影响，主流在越石一带老滩沿坐弯的几率是不小的，有可能对此处大堤的安危构成危险（历史上这种河势也经常发生），从而导致九堡下延工程靠溜部位不确定，甚至脱河，失去对河势的控导。

九堡至黑岗口河段河势更是游荡不羁，每次试验都呈现出宽浅、散乱的游荡特性。九堡下延工程靠溜情况不稳定，导致中牟滩区时坍时淤变化无常。如果主流在中牟滩靠上游坐弯将危及陡门一带高滩；如果靠下游坐弯，滩坎导流将造成徐庄至大张庄一带高滩的坍失。从工程靠溜情况看，近两年新修的三官庙工程靠溜情况极不理想，或不靠溜或靠边溜或汊河，因此徐庄、大张庄靠溜情况也不稳定，从而造成黑岗口入溜部位的上提下挫。

黑岗口至柳园口河段由于历史原因，河道整治工程的布点工作也经过了多次反复，由于上游河势没有得到较好控制，大张庄工程靠溜情况不同，引起黑岗口着溜点的上提下挫。黑岗口险工上首为典型卡口，主流摆动频繁，南岸工程不规则，北岸无工程，“横河”、“斜河”时常发生。随着整治工程不断完善，主流摆动幅度有所减小。进入 20 世纪 90 年代主流线北移，在北岸无工程制约的情况下，导致柳园口险工脱河，失去控导作用，影响本河段及以下几十公里河段河势的稳定。

柳园口至古城河段，虽然柳园口险工 39#坝及其支坝送溜能力还嫌不足，但柳园口与大宫的迎送溜关系已有所改善，如果水流条件适宜，柳园口着溜部位能够稳定在 25#坝附近，还可以送溜大宫（见图 5-2-9）。不过，试验中也发现，其对小水系列还不完全适应，常常出现下挫河势或脱溜状态；导流作用难以发挥，使得大宫入流状况不太理想。大宫工程虽然可以消除历史上曾经多次发生过的由柳园口下段工程直接导流古城上下的河势，但是一旦柳园口、大宫河段河势发生变化，将直接导致以下河势发生连锁反应，一是大河在大宫下首着溜，呈后挫之势，滑向古城；即使大宫中部着溜，如果入流角度偏小，再加上大宫工程长度偏短、王庵工程位置靠后，大河仍难以入流王庵河湾，从而使古城工程着溜点提挫频繁。古城以下大河出现两条流路，其中经府君寺脱溜，沿常堤滑向贯台这一流路出现几率较大，而大河走古城—府君寺—曹岗—欧坦—贯台这一流路的几率较小。这是由于古城工程着溜部位变化较大，长度也略嫌偏短，往往只能送溜至府君寺工程的下首，即使主流入流府君寺上首，府君寺工程是由上下两个弯道组成，导流方向不一，曹岗险工入流河势很不稳定，因而难以发挥对河势的控制作用，曹岗工程比较平顺，挑流作用小；另外，试验中时常出现府君寺河势下滑而危及常堤上首滩地的不利情况，大河不走欧坦，欧坦工程难以发挥应有的控导作用。

图 5-2-9　黄委会规划治导线方案中水多沙组合试验主流线套绘

4. 东坝头以下河段

东坝头以下河段，工程布局相对配套，主流基本在工程控导范围之内，但王夹堤工程送溜至大留寺后，河势逐年下挫，试验结束时，大留寺工程只靠边溜，主流在大留寺下首坐弯，遂转向形成顶冲王高寨工程的“横河”；辛店集工程因走向横拦大河，导流能力强，河势较为稳定。但试验初始，周营河势上提使辛店集与周营工程间顺河而建的生产堤全部冲毁，周营着溜位置自上延坝段下挫到周营工程南段后，由于天然河道“一弯变、弯弯变”的特点，老君堂工程河势也随之下挫，最终出现脱河现象。随着堡城险工河势下挫，河道工程全线靠河，使青庄险工河势上提至上首而塌滩不止；高村靠溜位置相对变化较小，其下游直至苏泗庄,河势仍基本在险工及护滩控导工程控制范围之内。

总的来看,小浪底水库运用初期,下游冲刷使平滩流量有所增加后,工程控导条件较好的河段,平面变形受到有效限制,河势变化不大,但在工程控导能力差的河段,如古城、大留寺、老君堂等河段,在大于2 000m^3/s的流量长时间持续作用下,往往会造成大面积塌滩和控导工程脱溜,河势朝不利方向发展。

综合上述分析,黄河下游河道整治工程对水沙条件改变后河势变化总的适应情况如下:

(1)游荡性河段中两岸河道整治工程配套较好的白鹤镇至伊洛河河口、东坝头至高村现有工程一般情况下有较好的适应性。

(2)小浪底水库建成后整治工程适应性较好的河段,其适应程度取决于河段上游的来溜情况。就目前河势条件、工程条件看,各河段上游来溜都有不稳定的因素,甚至存在发生大的变化的可能性。因此,这种适应性是相对的,且与各河段的整治工程完善程度有关。

(3)游荡性河段中的伊洛河河口至京广铁路桥、赵口至府君寺等河段两岸工程不配套,河势变化快,小浪底水库下泄清水后,工程不能控制河势,如不在水库建成前修建工程,河势游荡加剧,不但将对其本河段河道整治工程靠溜情况产生影响,也将对过渡性河段的河道整治工程产生影响。

(4)高村以下河段,现有工程一般情况下有较好的适应性。但其适应性主要取决于高村的入流条件,若入流条件不好,其下游一定范围内河势仍将发生变化。

三、小浪底水库初期运用河道冲淤演变造成的河势变化及其对整治工程的影响

小浪底水库初期运用为蓄水拦沙阶段,水库主要下泄清水,进入下游河道的流量将出现两极分化,2 600m^3/s流量以上的中常洪水增多。这类洪水含沙量小,持续时间长,造床作用特别强烈,河床形态随之发生调整,河势亦将发生相应的变化,无工程控制的河段河道展宽,主流摆动频繁,河势较大;一些已有整治工程但不完善的河段,河势将上提下挫,使主流顶冲点发生变化,引起滩岸坍塌,给工程安全带来问题;在工程配套完善,主流控制较好,工程迎溜能适应多种来溜变化的河段,河床将向窄深方向发展,河势演变将稳定在一定的范围之内。由于各河段的河道形态不同,可能出现的河势变化及其对整治工程的影响也不一样。

(1)游荡性河段中在两岸河道整治工程布置较完善的白鹤镇至伊洛河河口、东坝头至青庄现有工程一般情况下不会有大的影响。河势基本控制在工程的范围之内,随着工程的进一步配套,河势将更加稳定。

(2)小浪底水库建成后整治工程修建较好的河段,其影响程度取决于河段上游的来溜情况。就目前河势条件和工程条件看,各河段上游来溜都有不稳定的因素,甚至存在发生大的变化的可能性。因此,这种影响是相对的,且与各河段的整治工程的平面布置形式及工程的完善程度有关。

(3)游荡性河段中的伊洛河河口至京广铁路桥、赵口至府君寺等河段两岸工程尚不

配套，河势变化频繁，小浪底水库下泄清水后，工程不能控制河势，如不加快河道整治步伐，河势游荡加剧，不但将对本河段河道整治工程靠溜情况产生影响，也将对过渡性河段的河道整治工程产生影响。

(4)东坝头至高村河段。此河段经过多年的整治，河势得到初步控制，滩岸冲淤变化(长度尺度)、主流游荡摆幅和强度有所减小，但工程控导河势的能力还较差，在小浪底水库初期运用阶段，河道冲刷下切，河槽展宽，可能发生“横河”、“斜河”、主流摆动及河势上提下挫的变化。如堡城至青庄险工之间无控制工程，主流将在左右岸滩地摆动；蔡集工程河势将下滑，王夹堤工程将靠河着溜，由于该工程长期脱河，工程将出现较大险情；辛店集、王高寨工程弯道的迎送溜能力较强，在运用期间不会发生太大变化。老君堂工程在小水时将使工程上首坝岸靠河着溜，而来水较大时将使工程下首吃紧，甚至形成单坝挑溜，危及工程安全，也应给予足够关注。

(5)高村至陶城铺河段。由于河道已进行了比较系统的整治，目前该河段除个别河湾变化较大外，河势已基本得到改善，主槽相对稳定。但两岸工程配套还不完善，有的河湾缺少节点工程，部分工程平面布局不合理。小浪底水库运用初期，河槽可能逐渐刷深，个别河段河势或部分工程可能引起变化，如高村以下因南小堤工程脱河，失去控导河势能力，工程以下滩地坍塌坐弯，引起刘庄河势逐渐下滑，如果继续发展，刘庄险工有脱河之势；龙长治、马章庄工程兜溜过死，致使营房险工一直是上首靠河着溜，滩地坍塌坐弯，引起以下河段河势向不利方向发展；老宅庄河势如继续上提，工程上首的凸岸将溜直接挑出桑庄险工，使之脱河。随着芦井工程的改造，郭集河势上提的不利局面将大大改善，河势将呈下滑趋势；梁路口、蔡楼、路那里、丁庄、陶城铺、荫柳科、范坡、姜沟工程河势可能上提。黄庄河湾处缺少整治工程，近几年坍塌坐弯加重，已形成一陡弯，由黄庄山直接送溜出弯，引起位山险工河势明显上提，有可能形成上首滩岸坍塌。随着河势的上提下挫，多数工程可能出现主流顶冲点变化、河槽刷深将引起坝岸根石走失、坍塌等险情。

(6)陶城铺至利津河段。为人工控制的弯曲性河段，两岸工程密度相对较大，河道河势基本稳定，主流仅限于在工程范围内坝岸之间变动，但也有一些河湾缺少控制工程。此河段在小浪底水库初期运用时呈微淤状态，河势变化可能以主流上提下挫或滩岸坍塌为主。如南桥险工受姜沟工程和鱼山浮桥的影响溜势大幅上提，使该工程上首滩地坍塌剧烈，小水坐弯严重；平阴山区河段，河势向不利方向发展，已给对岸堤防工程造成严重威胁；邹平张桥 8# ~9#、-12# ~12#坝裆和梯子坝险工到官道控导工程之间，由于河势变化，工程滩岸坍塌，如继续发展，将危及工程的安全；张桥控导、簸箕李险工、五甲杨险工、大道王险工、齐口控导、小街控导、大高控导、王旺庄险工等都出现不同程度的上提，致使工程上首滩岸坍塌。在中常洪水期间(平槽流量)，溜势还可能表现为下延。随着河势上提下挫，部分工程可能出现主流顶冲点变化，河槽刷深引起坝岸根石走失、坍塌等险情，原来不靠主流的坝段吃流加重。如南坝头险工溜势上提，2#坝以上低标准乱石坝由不靠水演变为靠大溜；麻湾险工溜势相应上提，原次坝变为主坝。

(7)河口河段。目前河口段整治工程不配套，工程长度较短，河势一直处于变化之中。小浪底水库运用初期，河道可能出现冲淤平衡或略淤积抬高，河势将发生变化，主流上提下挫，滩岸坍塌，工程出险。如王庄至义和险工是窄河道的出口段，河道宽浅，今后将会变得弯曲，左岸东坝、右岸宁海控导护滩及义和险工上首滩岸坍塌，需要适时修建工程保护；义和险工至十四公里，左岸中古店工程上首河岸，溜势上提坍塌；崔家工程下首丁坝偏少且短，需接长；西河口、八连工程下首将发生坍塌，需接长工程；右岸的十八户控导工程上游、生产村护岸下首及十四公里下首滩岸将发生坍塌，需适时修做工程保护。

第三节　对策与措施研究

一、整治参数研究

（一）整治流量

1. 河南河段

整治流量是确定治导线的依据。黄河下游采用平槽流量作为整治流量以控制中水河槽，来满足整治的目的和要求。

1）整治中水河槽分析

根据河道整治的目的和原则，结合黄河下游河道整治经验，游荡型河道应该整治中水河槽。

整治洪水河槽达不到河道整治的预期目的。洪水期间，主流趋直，水流漫滩，滩地水浅流缓，河面宽阔。洪水河槽的整治，主要是为了解决过洪问题，一方面要求河道有足够的断面以利于宣泄洪水；另一方面要求有一条较为稳定的洪水流路，使防守有重点，避免堤防坍塌和严重抢险。据此设计河道整治工程，会使河湾轮廓过大。大水过后，河道整治工程就不能对中常洪水和小水河势进行有效控制。

整治枯水河槽违背了河道整治的原则。枯水河槽整治主要是为了解决引水和航运问题，而黄河下游游荡性河段的整治是以防洪为主要目的的。从引水的角度出发要求在枯水期溜势稳定，且引水口靠河，以保证涵闸引水。从航运的角度出发，要求在两个弯道之间的过渡段有一定的水深，通过浅滩整治来满足航运对水深的要求。按此布设河道整治工程，会使河湾轮廓过小，过流断面很窄，遇到中常供水，水流就要漫滩，两岸工程之间的过流比逐渐减小，到一定程度，主流就有可能脱离河道整治工程，溜势失去控制，河势将发生大的变化，很难保护大堤安全。

整治中水河槽能够达到河道整治的预期目的。中水河槽水深大、糙率小、过流能力强，可塑造良好的河床形态。通过整治中水河槽可以在多种水流条件下取得效益。主要体现在以下几方面：

（1）中水河槽是洪水的主要通道。在洪水期间中水河槽的过流能力占全断面的70%～90%；滩地主要起增加槽蓄、调节径流、削减洪峰、滞洪落淤的作用，一般只能通过20%左右的流量。因此，稳定中水河槽既可宣泄洪水，又可控制河槽，达到防洪保安全的目的。这一点在1982年洪水中得到了充分的验证。当年，花园口最大洪峰流量15 300m^3/s，洪水漫滩，主流趋中，一部分河道整治工程漫顶，坝体冲垮，但由于工程基础尚在，对主流仍起着控制作用，河势没有发生大的变化，取得了显著的防洪效益。

（2）中水河槽对枯水河槽有大的制约作用。由于中水塑造河床的能力强，枯水塑造河床的能力弱，枯水河床往往在中水河床内变化，每年汛期洪水过后，非汛期河势变化较小正是这种原因。因此，通过中水整治，枯水期一般就不会因脱溜造成引水困难，也有利于维持航道浅滩段的水深。

(3)根据水流特点，洪水期水流动量大，主流线趋直；落水期，河水归槽，塌滩坐弯，威胁滩区群众安全；中水期河床形态变化剧烈，往往形成"横河"、"斜河"，直冲大堤，危及堤防安全。因此，整治中水河槽就可以控导主流摆动，稳定河势流向，防止平工堤段出险，减少塌滩掉村。

整治中水河槽能够较好地满足防洪、引水、航运及滩区群众的要求，因此在现阶段下游游荡性河段应进行中水河槽整治。

2)造床流量与中水流量、平槽流量的关系

造床流量是与多年流量过程的综合造床作用相当的某一流量。在实际应用中常以平槽流量(平滩流量)作为造床流量。因为当水流出槽漫滩后，水流分散造床作用降低。最大洪水流量的造床作用强烈，但是洪水历时短，不能起到塑造河床的控制作用。枯水流量虽历时长，但是流量过小，造床作用亦不明显。在平槽流量(平滩流量)下，水流限制在河槽内运动，造床作用最大。

造床流量多接近于中水或相当小洪水的流量。据 Wolman 和 Miller 研究成果，造床流量对很多河流来说，都相当于每年发生好多次的中等流量，最大也很少超过每年发生1～2次的一般洪水。D. J. Hughes 发现河岸的坍塌多发生在相当于每出现 10～12 次的中水流量，中水流量是整治河道的控制流量。

3)造床流量的分析与确定

a. 平滩流量法

利用实测断面结合水位流量关系确定造床流量的方法称平滩流量法。利用现状条件下的实测资料并借用小浪底运用初期的模型试验成果分析确定的典型断面的平滩流量见表 5-3-1。

表 5-3-1　　主要测站平滩流量统计　　(单位：m^3/s)

时段	典型断面		
	花园口	夹河滩	高村
1960～1964 年(三门峡拦沙期)	6 840	7 600	6 500
1975～1986 年(蓄清排浑期)	5 400	5 400	5 200
1988～1998 年(龙、刘、三联合运用)	4 100	4 100	3 600
2000～2006 年(无小浪底)	3 600	2 800	3 200
2000～2006 年(有小浪底)	—	—	—

注：龙、刘、三指龙羊峡、刘家峡、三门峡三水库；2000～2006 年为模型试验资料，有小浪底时因河槽下切，最大流量7 350m^3/s 也未漫滩。

1997 年以前各河段的平滩流量是逐渐减小的，主要原因一是进入下游的水量呈逐步减小趋势，二是主槽的淤积抬高值大于滩地的抬高值。根据模型试验成果，当无小浪底调控时，在花园口以上河段，2005 年 10 月 3 000m^3/s 流量下水位比 2000 年 7 月抬高了 0.2～0.44m，夹河滩至高村河段抬高了 0.2～0.7m。有小浪底后主槽下切，5 000m^3/s 流量不漫滩，主槽排洪能力增强，铁谢至苏泗庄河段经小浪底控制运用 6 年后，3 700m^3/s 流量下水位下降了 1 ~ 1.8m。考虑水库进入排沙运用后，主槽将逐渐回淤，平滩流量相应减小，减小程度将随水库运用方式而定，为了保证下游河道具有较好的输沙能力，平滩流量应维持在 3 000 ~ 4 000m^3/s。

b. 马卡维也夫法

马卡维也夫认为，某个流量造床作用的大小是和其输沙能力的大小有关的，同时也决定于该流量所经历的时间长短。水流的输沙能力可认为与流量 Q 的某次方 m 及比降 J 的乘积成正比，所经历的时间可用其出现的频率 P 来表示。因此，当 Q^mJP 值为最大时，其所对应的流量造床作用也最大，即为造床流量。

采用小浪底水库运用后前 10 年的设计出库水沙系列，并适当考虑区间来水和沿程引水，建立花园口、高村站的 $Q \sim Q^mJP$ 关系见图 5-3-1。

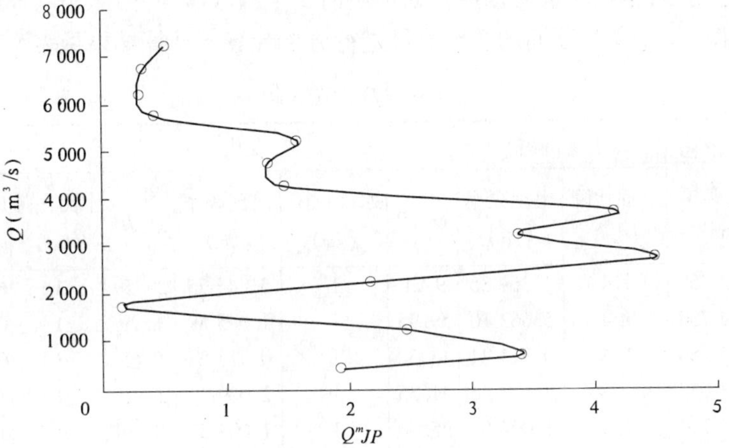

(a) 花园口站

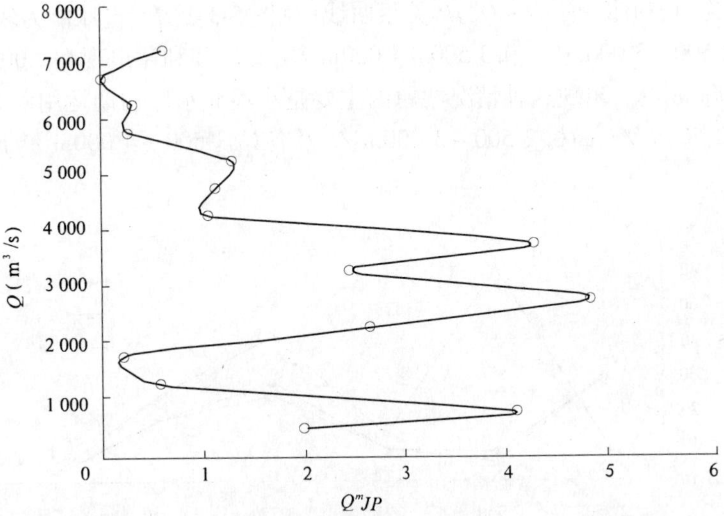

(b) 高村站

图 5-3-1　$Q \sim Q^mJP$ 关系曲线

从图5-3-1中可以看出造床作用较大的流量有三级，分别是500 ~ 1 000m³/s、2 500 ~ 3 000m³/s及3 500 ~ 4 000m³/s。3 500 ~ 4 000m³/s流量级发生的几率、含沙量适中，水流动能较大，造床作用也比较大。

通过上述分析计算，考虑黄河水沙变化及小浪底水库运用情况，经综合分析，整治流量确定为Q = 4 000m³/s。

2. 山东河段

1）造床流量分析

小浪底水库运用前黄河下游所采用整治流量为5 000m³/s，是以平滩流量作为造床流量确定的，主要依据20世纪70 ~ 80年代的来水来沙情况。1986年黄河下游来水来沙明显减少，河槽淤积严重，黄河下游平滩流量由1985年以前的5 000 ~ 6 000m³/s减小至20世纪90年代末的2 500 ~ 3 500m³/s。显然原定的整治流量需要调整。

小浪底运用后，根据小浪底水库初期运用前3年的水沙条件，运用马卡维也夫法对高村、艾山、利津三个水文站断面的造床流量进行分析计算。计算结果见表5-3-2。

表5-3-2　造床流量计算结果

流量级 (m³/s)	平均流量 (m³/s)	高村			艾山			利津		
		水面比降 (‰)	出现频率 (%)	$Q^m JP$	水面比降 (‰)	出现频率 (%)	$Q^m JP$	水面比降 (‰)	出现频率 (%)	$Q^m JP$
2 000 ~ 2 500	2 250	1.4	1.369 86	9.71	1	5.844 75	29.59	1	6.210 05	31.44
2 501 ~ 3 000	2 750	1.4	5.662 10	59.95	1	1.095 89	8.29	1	0.730 59	5.53
3 001 ~ 3 500	3 250	1.4	0.913 24	13.50	1	0.913 24	9.65	1	0.913 24	9.65
3 501 ~ 4 000	3 750	1.4	2.100 46	41.35	1	2.009 13	28.25	1	1.735 16	24.40
4 001 ~ 4 500	4 250	1.4	1.004 57	25.40	1	1.004 57	18.14	1	1.004 57	18.14
4 501 ~ 5 000	4 750	1.4	0.091 32	2.88	1	0.091 32	2.06	1	0.091 32	2.06

从高村、艾山、利津三站$Q \sim Q^m JP$关系曲线（见图5-3-2）看，造床能力较强的流量段，高村出现在2 500 ~ 3 000m³/s和3 500 ~ 4 000m³/s，艾山和利津出现在2 000 ~ 2 500m³/s和3 500 ~ 4 000m³/s。出现这种情况的原因主要是小浪底水库初期运用前3年艾山和利津站2 000 ~ 2 500m³/s、高村2 500 ~ 3 000m³/s及各站3 500 ~ 4 000m³/s出现的天数最多，频率较高。

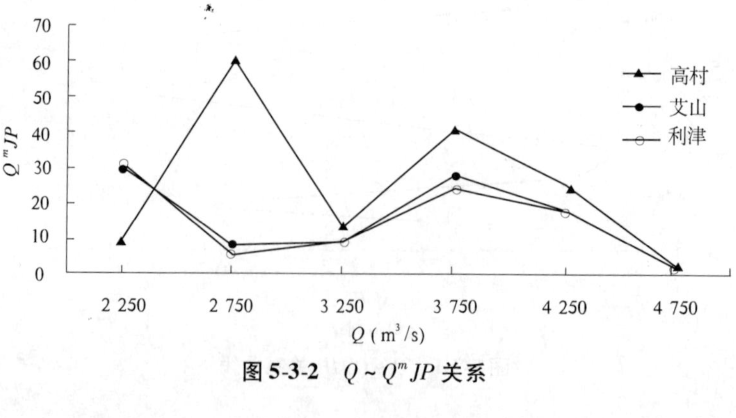

图5-3-2　$Q \sim Q^m JP$关系

1985 年以来,由于持续的少水少沙过程,黄河下游主槽淤积严重,平槽流量已经从 80 年代初期的 5 000 ~ 6 000m^3/s 减小到目前的 3 000m^3/s 左右。随着小浪底水库初期的调水调沙运用,将使下游河道主槽得到一定的冲刷,平槽流量也必将有所增加。

2)整治流量的分析与确定

根据上述计算的结果,考虑到小浪底水库运用初期,将增大 3 000m^3/s 流量及以上流量出现的几率,兼顾各河段,综合分析,整治流量采用 4 000m^3/s。

(二)整治河宽

整治河宽是指与整治流量相应的直河段的水面宽度。对黄河下游河段而言,整治河宽是个虚拟值。由于洪水可以自由漫滩,平滩流量变化较大,其相应河宽变化也比较大。鉴于整治河宽是确定治导线的需要,因此应通过分析和计算而定。

1. 河南河段

1)实测资料分析法

表 5-3-3 所示为花园口站、夹河滩站、高村站不同时段主槽宽度的变化范围,可以看出,随着时间的推移,主槽宽度呈减小趋势。主要原因是:① 1960 ~ 1964 年三门峡水库下泄清水,主槽展宽较大;②河道整治工程的大量增加,对主流的控制能力增强,主槽横向摆动减少,主槽相对比较稳定。

表 5-3-3　　主要测站主槽宽度的变化范围　　(单位:m)

时段	花园口站		夹河滩站		高村站	
	范围	平均	范围	平均	范围	平均
1976 ~ 1986 年	400 ~ 1 300	930	500 ~ 1 400	990	400 ~ 800	640
1988 ~ 1996 年	400 ~ 1 000	890	500 ~ 1 200	760	400 ~ 700	600
平均		910		885		620

根据黄委会设计院及水科院的研究分析,小浪底运用初期,由于清水下泄,主槽将向两岸展宽,河段不同展宽程度也不同,工程控制较好的河段,主槽宽度一般小于工程控制较弱的河段。综合考虑以上因素,高村以上河段整治河宽取 800 ~ 1 000m。

2)计算法

联解以下方程:

河相关系式

$$K = \sqrt{B}/H \tag{5-3-1}$$

曼宁流速公式

$$v = \frac{1}{n}H^{2/3}J^{1/2} \tag{5-3-2}$$

水流连续公式

$$Q = BHv \tag{5-3-3}$$

得

$$B = K^2\left(\frac{Qn}{K^2 J^{0.5}}\right)^{6/11} \tag{5-3-4}$$

式中 B——河宽，m；

K——河相系数；

Q——设计整治流量，m^3/s；

n——主槽糙率，取 0.01；

J——设计流量下水面比降，‱；

H——水深，m。

K 值应为经整治后的模范（典型）河段的实测值，由于目前游荡性河段整治效果比较好的仅有花园镇至大玉兰及辛店集至堡城河段，仅占游荡性河段长度的 20%，其他河段工程还不配套，河势有一定的变化，因此选用了 1975～1997 年间位于靠溜条件相对较好的整治工程下游直河段的断面实测资料进行分析计算，得出的 K 值及整治河宽的计算结果见表 5-3-4。

表 5-3-4　　　　整治河宽计算结果

河段	河相系数 K		糙率 n	水面比降 J	河宽 B(m)			
					$Q=3\ 000m^3/s$		$Q=4\ 000m^3/s$	
铁谢—花园口	实测	15.7	0.01	0.000 25	750	780	800	910
	小浪底运用	16	0.01	0.000 21	800		940	
花园口—夹河滩	实测	17	0.01	0.000 20	860	940	1 000	1 100
	小浪底运用	20	0.01	0.000 18	1 020		1 100	
夹河滩—高村	实测	14.7	0.01	0.000 17	790	780	920	900
	小浪底运用	14	0.01	0.000 16	760		880	

注：实测为 1975～1997 年资料；小浪底运用为模型试验成果。

花园口至夹河滩河段在模型试验时按 1 200m 现行整治宽度增加了部分工程，河床边界条件虽比现状情况有所强化，但因是初期下泄清水，河势的调整需要有一个过程，在调整期间 K 值偏大，计算出的整治河宽略偏大，待整治工程基本完善及调整期结束后这种偏差会逐步得到修正。

以上计算结果表明，铁谢至花园口、夹河滩至高村河段整治河宽变化于 800～900m，花园口至夹河滩河段整治河宽变化于 900～1 100m。这与实测资料分析法得出的整治河宽基本一致。

根据以上计算分析，铁谢至花园口河段整治河宽取 800m，花园口至夹河滩河段整治河宽取 800～1 000m，夹河滩至高村河段整治河宽取 800m。考虑到桃花峪是中、下游的分界点，且沁河在此汇入，京广铁路桥又是标志性建筑物，因此将上、中段的分界点定在京广铁路桥，即铁谢至京广铁路桥整治河宽 800m，京广铁路桥至东坝头整治河宽 800～1 000m。

3）排洪河槽宽度

以防洪为主的河道整治，确定新建工程位置时，左右岸非连续性布置的河湾工程之间的最小距离必须满足排洪和淤滩要求。排洪河槽宽度的确定主要是依据各控制站主槽平均单宽流量的大小计算得出的。排洪河槽宽度应满足两个基本条件，一是大洪水时具有宣泄洪水的能力，二时洪水过后河势流路不发生大的变化，同时还适当考虑超标准洪水和主流游荡摆动范围对排洪宽度要求的安全储备。目前，黄河下游游荡性河段的排洪河槽宽度取值为不小于2.5km。河道的排洪河槽宽度在2～2.5倍的整治河宽之间是比较合适的，太小不利于排泄洪水，太大对河势的控制能力较弱。

2. 山东河段

1）实测资料分析法

利用本河段历年河道观测资料统计分析整治流量下的主槽宽度。图5-3-3～图5-3-6是孙口、泺口、利津以及丁字路口水文站主槽宽与流量的关系图，可以看出孙口主槽宽度变化于550～750m，泺口主槽宽度变化于250～350m，利津主槽宽度变化于300～520m，丁字路口4 000m³/s以上的流量很少，3 000m³/s流量主槽宽度变化于510～580m之间。

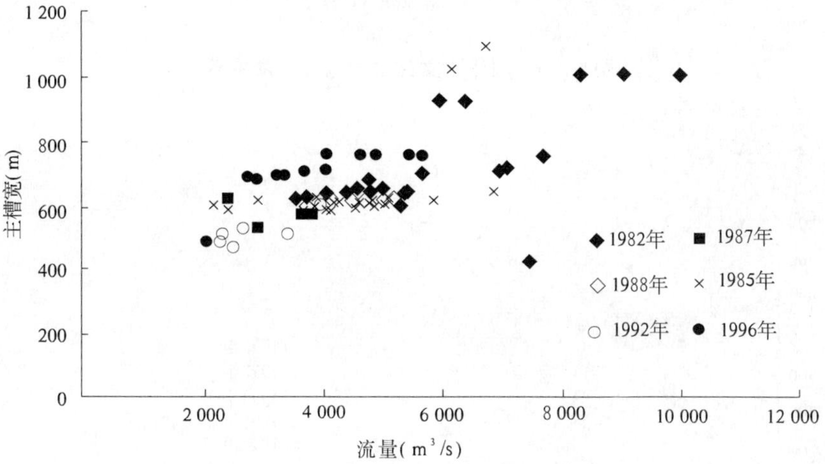

图5-3-3　孙口水文站主槽宽与流量关系

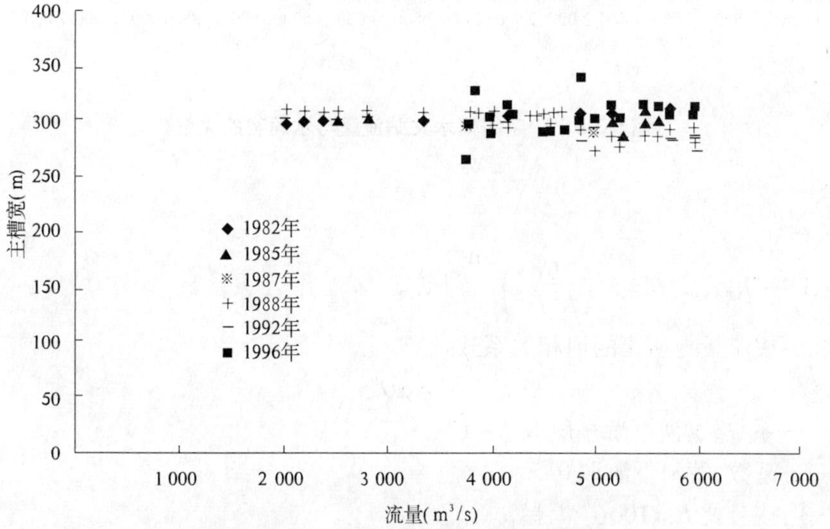

图5-3-4　泺口水文站主槽宽与流量关系

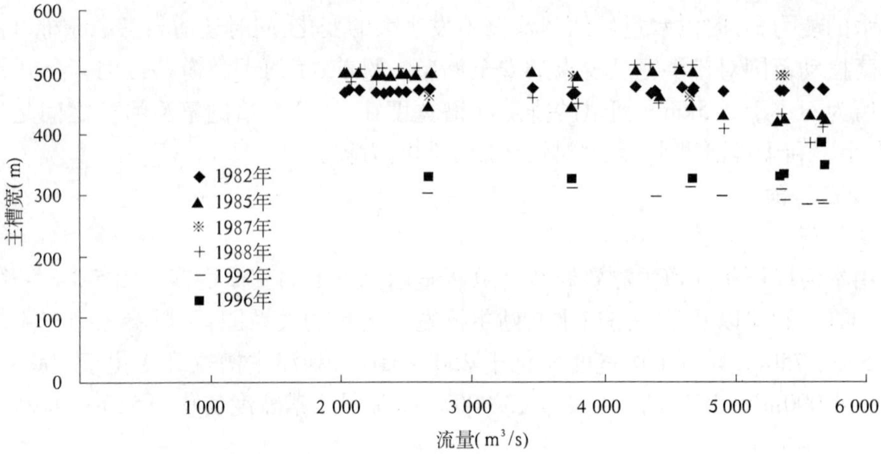

图 5-3-5　利津水文站主槽宽与流量关系

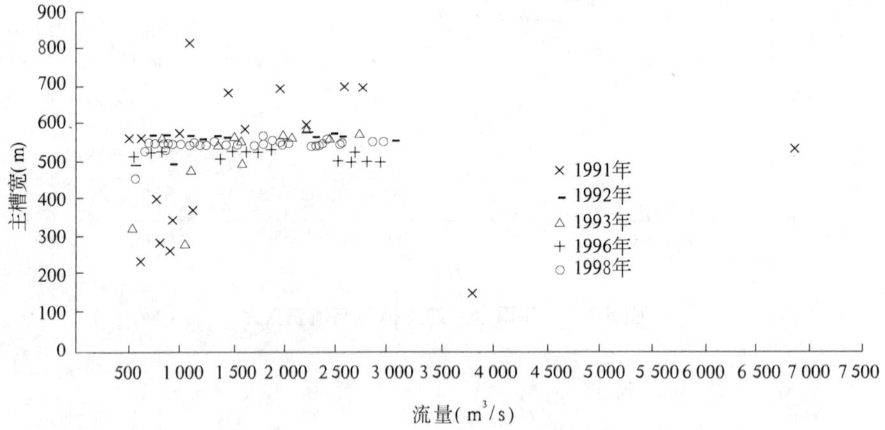

图 5-3-6　丁字路口水文站流量与水面宽的关系

2)计算法

方法①:采用公式 $B = K^2\left(\frac{Qn}{K^2 J^{0.5}}\right)^{6/11}$ 计算。

方法②:按流量与河床的河相关系式计算。

$$B = \alpha Q^{\beta} \tag{5-3-5}$$

式中　α——系数,黄河下游一般取 7 ~ 17;

β——系数,黄河下游取 0.5。

方法③:按公式 $B = 100Q^{0.23}$ 计算。

计算结果见表 5-3-5。

表 5-3-5　**整治河宽计算结果**

断面	方法①			方法②		方法③
	J(‰)	K	B(m)	α	B(m)	B(m)
高村	1.4	12	910	11	780	
孙口	1.25	9	639	10	632	
泺口	1.0	6	470	8	474	674
利津	1.0	7	541	9	534	
丁字路口	1.0	7	541	9	534	

由以上三种方法计算，结合山东黄河的实际情况，综合考虑高村以上取 1 000m，高村至孙口取 800m，孙口至陶城铺 600m，陶城铺以下取 500m。

根据防洪要求，除拟定整治河宽外，还必须确定排洪河槽宽度，即在左右岸整治工程之间最小垂直距离必须满足排洪要求，现阶段高村以上宽河段的排洪河槽宽度应为 2.5 ~ 3km。

（三）河湾要素分析

1. *河南河段*

一般来说冲积河流在自然状态下，稳定河湾要素中的曲率半径(R)、直河段长度(l)、河湾间距(L)、弯曲幅度(P)及河湾跨度(T)除与整治河宽(B)有关外(各要素的物理含义见图 5-3-7)，还与河岸组成有关，当河岸组成为粉细沙及壤土时，所形成的河湾的曲率半径和顺直河段长度较小，而黏粒含量较高的滩岸形成的河湾曲率半径和顺直段长度均较大。

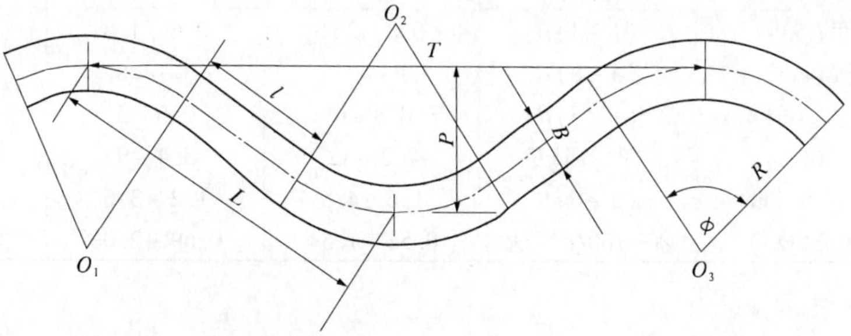

图 5-3-7　河湾要素示意图

花园镇至神堤河段是目前整治效果较好的河段，其治导线相关参数见表 5-3-6。

表 5-3-6　　花园镇—神堤河段工程参数统计

工程名称	曲率半径 R(m)		中心角 (°)		工程长度 (m)	直线段长度 (m)	排洪宽度 (m)
花园镇	5 450	2 900	44	17	3 900		2 300
开仪	3 750		73		5 190	1 640	2 000
赵沟	1 800		94		3 864	1 750	2 000
化工	5 000	2 650	30	57	5 350	2 100	2 100
裴峪	2 600	5 450	60	11	3 840	2 040	2 000
大玉兰	5 110	3 130	39	41	6 120	1 800	2 250
神堤	2 300		73		2 652	2 350	
最大值	5 450		94		6 120	2 350	2 300
最小值	1 800		70		2 652	1 640	2 000
平均值	3 470		80		4 417	1 947	2 100

表 5-3-6 显示，弯道曲率半径一般在 2 000 ~ 5 500m，中心角（概化）在 70° ~ 94°，直线段长度在 1 600 ~ 2 400m，平均 2 000m。排洪宽度平均 2 100m。整治工程布置长度一般在 3 000 ~ 6 000m。

根据以上统计分析，并结合多年的治黄实践，黄河下游高村以上游荡性河段的河湾要素按下列公式取值：$l=(1\sim3)B$；$L=(3\sim5)B$；$P=(2\sim4)B$；$T=(9\sim15)B$；$R=(3\sim5)B$。

2. 山东河段

根据河湾要素与河宽的关系式计算得河湾要素参数，见表 5-3-7。

表 5-3-7　　河湾要素计算结果

要素名称	公式	高村—孙口	孙口—陶城铺	陶城铺以下
直河段长度 l(km)	$(1\sim3)B$	0.8 ~ 2.4	0.6 ~ 1.8	0.5 ~ 1.5
河湾间距 L(km)	$(5\sim8)B$	4 ~ 6.4	3 ~ 4.8	2.5 ~ 4
弯曲幅度 P(km)	$(1\sim5)B$	0.8 ~ 4	0.6 ~ 3	0.5 ~ 2.5
河湾跨度 T(km)	$(9\sim15)B$	7.2 ~ 12	5.4 ~ 9	4.5 ~ 7.5
河湾曲率半径 R(km)	$(2\sim6)B$	1.6 ~ 4.8	1.2 ~ 3.6	1 ~ 3
河湾中心角 ϕ(rad)	$\phi=160Q^{0.33}/R$	0.52 ~ 1.54	0.69 ~ 2.06	0.82 ~ 2.47

二、治导线研究

（一）治导线的拟定

治导线是指经过整治后，在设计流量下的平面轮廓，主要确定治导线的位置、曲线特性。有了设计河宽及各河湾要素变化范围等，即可拟定治导线。

治导线拟定的一般步骤和方法是:由整治河段进口开始逐弯拟定,直至整治河段末端。第一个弯道作图前首先分析来溜方向,然后再分析凹岸边界条件,根据来溜方向、现有河岸形状及导溜方向规划第一个弯道。若凹岸已有工程,则根据来溜及导溜方向选取能充分利用工程段落规划第一个弯道。具体作图时,先选取弯道半径适线,给出弯道处凹岸治导线,并使圆弧线尽量多地切于现有工程各坝头或滩岸线;按照设计河宽缩短弯曲半径,绘与其平行的另一条线;接着确定下一弯的弯顶位置,并给出第二个弯道的治导线;再用公切线把上弯凹(凸)岸治导线与下弯的凸(凹)岸治导线连接起来,此切线长度即为直河段长度。按此作三个弯道的治导线,检查三个弯道间的河湾要素关系。直至最后一个河湾。继而进行检查修改。分析各弯道形态、上下弯关系、控导溜势的能力、弯道位置对当地利益兼顾程度等。发现问题及时调整。一个切实可行的治导线需经过若干次调整后才能确定。

(二)治导线检验与修订物理模型试验结果

在小浪底至苏泗庄河段1999汛前河床边界的基础上,采用小浪底调控上限流量2 600m³/s方案的2000～2005年水沙系列,对规划治导线进行了整体检验,试验结果表明:

(1)小浪底水库投入运用后,花园镇至高村河段将发生普遍冲刷,冲刷强度自上而下有所减弱,平滩流量增大,花园口以上可达6 500m³/s;总体河势向好的方向发展,其中温孟滩河段流路比较规顺,平面摆动范围不大。

(2)神堤至孤柏嘴河段,张王庄工程应尽快上马,以防主流向北继续塌滩坐弯;金沟、陆庄、孤柏嘴工程基本可以适应小浪底水库下泄清水期河势变化,但是金沟工程位置与现行流路出入较大;枣树沟工程必须下延,以保护南岸滩地,确保送溜至东安工程;东安弯道也应及早修建,并根据河势变化及时完善鸿沟工程与其配套。

(3)老田庵、保合寨、马庄是花园口及其以下河段河势稳定的控制性工程,受郑州铁路桥的影响,老田庵前经常出现两股河,造成河势下滑,导流能力减弱。因此,除将鸿沟工程下延改为弯道外,应进一步加大老田庵工程下延的长度,以保证保合寨工程靠河部位的稳定,同时保合寨工程也应适当下延。

(4)来童寨下延与武庄工程项颈太长,为稳定流路,应进一步下延来童寨工程;由于赵口下延工程已经实施,导流能力增强,毛庵也应尽快完善,但毛庵与九堡下延之间的关系尚需深入研究。九堡送溜至三官庙工程力度不足,再适当下延是必要的;经花园口至东坝头河段模型试验调整后的三官庙尾部,对水流的控导能力增强,使三官庙、韦滩、大张庄三处工程对应关系较好,但是大张庄原规划的下延工程必须修建,否则难以稳定送溜至黑岗口工程。

(5)黑岗口、顺河街对应关系尚可,但顺河街下延部分对水流约束能力不太理想,使得流量大于4 000m³/s后与水流的适应性较差,且柳园口工程靠流部位偏下,送溜至大宫较困难,经模型试验调整为弯道以后,送溜作用才有所改善。鉴于规划的曹岗—欧坦—贯台流路在试验条件下很不稳定,建议曹岗下延工程缓建,应作深入细致的研究。

(6)东坝头至苏泗庄河段,周营工程偏离治导线,经改造后基本适应小浪底运用初期河势变化,大留寺工程应尽早下延,对其他平面上不规顺、下延长度不足的工程应适当进行改造。

（三）治导线修订成果分析

河道整治治导线是整治河道、布设工程的依据。由于黄河下游河段较长，河型不一，情况复杂，下游河道整治治导线经过多次论证，本次研究中根据河势变化新的形势、小浪底水库运用后的情况以及物理模型试验成果，对下游河道整治治导线进行了进一步的研究和修订。

1. 铁谢至神堤河段

铁谢至神堤河段，整治工程比较完善，对河势的控制能力强，整治河宽减小以后，整治工程的河湾半径及湾顶附近的中心角基本没有调整，为了保证整治工程上下游治导线的平顺连接，仅调整了工程藏头段的入流方向和未布设工程的直线段长度。因此，现有工程布局与修订后的治导线基本吻合。黄委会水科院采用小浪底运用条件下的设计水沙系列对该河段的河道整治工程适应性进行了验证，表明尽管河道主槽冲刷剧烈，但各级流量均能确保主流在两岸整治工程之间运行，对河势的控制能力较好。

2. 神堤至驾部河段

神堤至驾部河段长约 34km，南岸为邙山，北岸为逐步抬高的阶地。该河段虽然进行过多次规划，但由于防洪问题没有花园口以下突出，加上前些年投资较少，一直没有布设工程。近几年随着两岸经济的发展，以及邙山岭的坍塌后退，河势逐步恶化，已严重影响到驾部以下的河势稳定，急需整治。因此，该河段治导线修订作为本次研究的重点。

根据大小水的不同，该河段主要有两条河势流路，一条是经张王庄、金沟沿邙山岭、孤柏嘴电灌站，经孤柏嘴山弯挑流到驾部工程上首入驾部工程，该流路为小水流路；另一条是经神堤以后，沿蟒河与邙山岭之间穿过，孤柏嘴靠溜不紧，仅在驾部工程下首靠边溜。历次规划在该河段均考虑两种方案，即大弯（两弯）方案和小弯（四弯）方案。经分析研究采用大弯方案，即在英峪至孤柏嘴弯布设两个同向弯道，中间用直线段连接，英峪工程迎张王庄来流，送溜到孤柏嘴山弯，由于目前山弯曲率半径较小，中、小水挑流严重，已无法利用，为确保送溜至驾部工程中部，需在李村电灌站以上沿治导线布设一处整治工程，挑流外移。

3. 驾部至京广铁路桥河段

该河段修订后的治导线主要是在沁河河口附近作了较大的调整，主要原因是枣树沟工程下段曲率半径较大，送溜到东安比较困难，物理模型试验也反映了这一点，修订后直线段减小至 3.5km，弯顶向南移 500m、向西移近 1 000m，有利于东安工程靠河，同时治导线南移以后，与多年河势情况基本吻合。

4. 京广铁路桥至赵口河段

该河段修订后的治导线在弯道附近与以往的设计治导线基本一致，整治河宽缩小以后，上、下游弯道之间的衔接有了明显的改善，如双井工程上首过于凸向河中的现象基本得到修正。

5. 赵口至大张庄河段

由于赵口至九堡距离短，毛庵工程布设困难，特别是下段与九堡工程的衔接问题一直没有得到很好的解决。将赵口弯道中心角增大，改善毛庵的入流条件；毛庵弯道半径改为

2 250m,增加下段弯道长度,解决与九堡工程的衔接问题。模型试验也表明修订的治导线较原设计治导线更为合理。三官庙弯道也依据九堡情况作了相应调整。

6. 大张庄至东坝头河段

顺河街弯道半径由上段3 100m、下段2 300m调整为2 300m,弯顶以上南移,下段及出流方向不变;柳园口弯道半径由2 400m减为2 300m,弯顶北移200m,39#坝以下及出流方向不变;曹岗工程利用23# ~31#坝作为弯顶,31#坝以下增设1 000m的弯道段。其他弯道曲率半径、中心角、直线段长度虽作了必要的调整,但不影响现有工程布局。

7. 东坝头以下河段

由于东坝头以下河段整治河宽未作调整,同时该河段的整治工程布点已经完成,治导线也经过了多次论证,因此治导线调整不大。

三、河道整治工程的建设及整改意见

(一)新建续建工程

结合目前黄河下游控导工程建设情况,根据规划治导线,本次研究安排新建续建工程91处,其中新建3处,续建88处;工程长度70.5km,其中新建8.9km,续建61.6km。

1. 高村以上河段

高村以上河段整治难度大,工程数量少,现有工程还不能有效地控制河势,主流游荡多变,时常形成"横河"、"斜河",主流直冲大堤,严重威胁堤防的安全,该段是本期安排的重点。本期安排新建续建工程43处,其中新建2处,续建41处;工程长度46.1km,其中新建8.0km,续建38.1km。

2. 高村至陶城铺河段

高村至陶城铺河段为游荡性河段向弯曲性河段的过渡段,现河势已得到基本控制,需要进一步完善。针对该河段近几年出现的新情况、新问题,本期安排续建工程21处,工程长度14.6km。

3. 陶城铺以下河段

陶城铺以下河段主要是完善已有工程,进一步稳定现行流路。近十余年在长时间中小流量作用下,局部河段河势上提下挫,变化较大,塌滩形成新弯、工程脱溜等出现了新的情况。针对该河段近几年出现的新情况、新问题,本期安排新建续建工程27处,其中新建1处,续建26处;工程长度9.8km,其中新建0.9km,续建8.9km。

整治工程的平面布置型式分析。黄河下游现有河道整治工程的平面布置型式大体上可分为凸出型、平顺型和凹入型三类。凸出型和平顺型工程由于不能控制流向,因而不是好的平面布置型式;凹入型工程能适应不同的来溜方向,且导溜送溜能力强,对河势有很强的控制能力,因而是比较理想的平面布置型式。

黄河下游凹入型工程的平面布置型式有两种,一种为单一弯道,另一种为复合弯道。整治实践表明,后者优于前者。复合弯道有不同的组合型式,其导溜送溜能力也不一致。从多年靠河靠溜情况分析,"上平下缓中间陡"的工程平面型式,对不同的来溜方向,不同的靠溜部位,都能很好地控制溜势,优于其他类型的复合弯道。

综上所述,新建的控导工程选择为凹入型,遵循"上平下缓中间陡"的原则布置坝垛。

在续建工程中,有计划地改善一些凸出型和平顺型的型式。

结构型式分析。黄河下游现有整治工程多数为柳石结构,通常采用土坝体外围裹护防冲材料的型式。一般分为坝体、护坡和护根三部分。土坝体一般用壤土填筑,用黏土护表;护坡用块石抛筑;基础护根用块石、铅丝笼、柳石枕、混凝土四脚体抛筑,经多次抢险加固后逐步达到稳定。同时试修了一部分铅丝笼沉排坝、透水桩坝、长管袋沉排坝等新坝型。

混凝土透水桩坝是以混凝土为主要材料的一种新结构型式,其作用是通过缓流落淤控制河势,避免柳石结构被动抢险的局面。1987 年在花园口险工东大坝修筑了一道钢筋混凝土透水桩坝。工程建成后,未受破坏,缓流效果较好。

沉排坝结构是在坝垛外侧枯水位以下受水流冲刷部位,按最大冲刷深度预先铺放一定宽度的护底材料,让这些材料随冲刷坑的发展逐步下沉,自行调整坡度,达到护底、护脚,防止淘刷的目的。

柳石坝具有就地取材便于群众性施工,利用少量的投资修建较多的坝等优点,今后仍是主要采用的坝型结构;铅丝笼沉排结构、塑料编织袋护根结构及网护坝结构比较适合黄河现状条件,长管袋沉排结构及铰链模袋混凝土沉排结构经过改进提高也可作为游荡性河段今后试验的结构型式。

根据目前的整治实践,新坝型选用铅丝笼沉排坝、长管袋沉排结构、混凝土桩坝为代表坝型。为了减少抢险次数,本次加大新坝型的比例,柳石结构占 50%(其中旱地施工占 20%、水中进占占 30%),铅丝笼沉排坝占 25%,长管袋沉排结构占 10%,混凝土桩坝占 15%。

(二)加高加固及改建工程

1. 控导工程加高加固

针对现有控导工程一半坝垛高度不足,绝大多数根石深度浅、坡度陡的实际情况,本期仅安排低于设计坝顶高程 1m 以上,且根石严重不足的坝垛进行加高和加固。共安排控导工程加高加固 45 处,坝垛 806 道,其中京广铁路桥以上 2 处,坝垛 35 道;京广铁路桥至东坝头 6 处,坝垛 158 道;东坝头至高村 1 处,坝垛 17 道;高村至陶城铺 15 处,坝垛 295 道;陶城铺至泺口 10 处,坝垛 162 道;泺口以下 11 处,坝垛 139 道。

考虑小浪底水库运用初期下泄相对清水,河槽下切,一般情况下平均冲刷深度可比建库前增加 1 ~ 3m,使工程稳定性降低,为加固控导工程的根石基础,达到稳定河势、控导主流的目的,需要及时对一些根石严重不足的工程进行根石加固,以确保防洪度汛的安全。

2. 险工改建加固

根据黄河下游险工存在的诸多问题,拟定险工改建加固的原则为:挑选高度不足、坦石外坡陡、根石薄弱、坝型不合理、老化严重、稳定性差的靠溜坝垛进行改建加固。

本期安排改建加固 62 处险工 2 827 道坝垛中的 1 203 道。各河段险工改建加固安排为:京广铁路桥以上 1 处,坝垛 27 道;京广铁路桥至东坝头 12 处,坝垛 424 道;东坝头至高村 3 处,坝垛 48 道;高村至陶城铺 14 处,坝垛 158 道;陶城铺至泺口 13 处,坝垛 212 道;泺口以下 19 处,坝垛 334 道。考虑小浪底水库运用初期下泄相对清水,冲刷作用强,河道将冲刷下切,险工出险的可能性增加,出险部位也较难预料,为保证其稳定性,需进行根石加固。

险工平面布置型式分析。险工丁坝坝长一般100m左右,有托溜外移,保护堤岸的作用。垛的轴线长度较丁坝短,一般仅10～30m,起迎托水流,削减水势的作用。垛的轴线长度为零时即为护岸,护岸是顺堤修建的防冲建筑物,起防止正流、回流及风浪对堤防的冲刷作用。

险工结构型式分析。黄河下游险工坝垛现有三种结构型式:重力式的砌石坝和护坡式的扣石坝及乱石坝。乱石坝、扣石坝均属缓坡坝,外坡1:1.0～1:1.5,主要区别在于护面石砌垒方式不同。乱石坝护面石一般用乱石粗排或散抛石捡平而成,扣石坝护面石则用经过一定程度加工的料石或大块石砌垒而成。砌石坝属陡坡坝,外坡1:0.35～1:0.4,护面石亦用经过一定程度加工的料石或大块石砌垒而成,与扣石坝的主要区别在于护面石的砌筑方式为平砌而不是斜砌。

乱石坝的主要优点是坡度缓,稳定性好,结构简单,施工方便,能适应根石下蛰变形而随时加固,险情易于发现和抢护,因此是险工坝垛的主要结构型式。其缺点是护坡透水性大,坝胎土易于流失,维修量大,管理不便。

扣石坝护面石长轴垂直于坝面,坡面平滑,主要优点是坝坦坡度平缓,稳定性好,水泥砂浆勾缝后外形美观,坝胎土不易被河水淘刷,管理方便。其缺点是对基础变形的适应性差,拆坦改建投资较大。

砌石坝护面石为水平方向砌筑,坝面呈阶梯状。因受石料长度的限制坡度较陡,属重力式。分浆砌、干砌两种。浆砌石坝护面石一般用石灰砂浆砌垒,水泥砂浆勾缝,腹石不灌浆。砌石坝的主要优点是坝身封闭较严,外形美观,坝胎土不易被河水淘刷,管理方便,加高后对坝顶面缩窄较少。其缺点是坝坡陡,稳定性差,易出现突然滑塌险情,不易抢护。

经综合分析,改建时,坝型采用乱石坝或扣石坝。

第六章　实体模型试验研究

研究目的,以期通过库区和下游河道模型试验,研究水沙运动规律、河床纵横剖面形态变化、河型河性转化,以及下游河道的减淤效果等,并与其他研究途径相结合,为选择小浪底水库最优运用方式提供科学依据。

第一节　模型设计

一、相似条件

水流重力相似条件:

$$\lambda_v = \lambda_H^{0.5} \tag{6-1-1}$$

水流阻力相似条件:

$$\lambda_n = \frac{\lambda_R^{2/3}}{\lambda_v}\lambda_J^{0.5} \tag{6-1-2}$$

泥沙悬移相似条件:

$$\lambda_\omega = \lambda_v \frac{\lambda_H}{\lambda_{\alpha_*}\lambda_L} \tag{6-1-3}$$

水流挟沙相似条件:

$$\lambda_S = \lambda_{S_*} \tag{6-1-4}$$

河床冲淤变形相似条件:

$$\lambda_{t_2} = \frac{\lambda_{\gamma_0}\lambda_L}{\lambda_S\lambda_v} \tag{6-1-5}$$

泥沙起动及扬动相似条件:

$$\lambda_{v_c} = \lambda_v = \lambda_{v_f} \tag{6-1-6}$$

式中　λ_L——水平比尺;

λ_H——垂直比尺;

λ_v——流速比尺;

λ_n——糙率比尺;

λ_J——比降比尺;

λ_ω——泥沙沉速比尺;

λ_R——水力半径比尺;

λ_{v_c}、λ_{v_f}——泥沙起动流速、扬动流速比尺;

λ_{α_*}——平衡含沙量分布系数比尺;

λ_S、λ_{S_*}——含沙量及水流挟沙力比尺;

λ_{t_2}——河床变形时间比尺;

λ_{γ_0}——淤积物干容重比尺。

对于河道模型应考虑河型相似条件：

$$\left[\frac{\left(\frac{\gamma_s-\gamma}{\gamma}D_{50}H\right)^{1/3}}{JB^{2/3}}\right]_m=\left[\frac{\left(\frac{\gamma_s-\gamma}{\gamma}D_{50}H\right)^{1/3}}{JB^{2/3}}\right]_p \tag{6-1-7}$$

式中　B——造床流量下河宽；

H——造床流量下平均水深；

J——河床比降；

γ_s、γ——泥沙、水的容重；

D_{50}——床沙中值粒径。

对于水库而言，在蓄水条件下，泥沙输移过程会发生性质上的变化，亦即处于异重流输移状态。因此，除必须保证泥沙悬移相似外，还应考虑异重流运动相似。根据我们的研究认为，为保证异重流运动相似，尚需满足以下相似条件。

异重流发生（或潜入）相似条件：

$$\lambda_{se}=\left[\frac{\gamma(\lambda_{k_1}-1)}{\frac{\gamma_{sm}-\gamma}{\gamma_{sm}}S_p}+\lambda_{k_1}\frac{\lambda_{\gamma_s-\gamma}}{\lambda_{\gamma_s}}\right]^{-1} \tag{6-1-8}$$

式中足标"m"、"p"、"e"分别代表模型、原型及异重流有关值，λ_{k_1}为考虑浑水容重沿垂线分布不均匀性而引入的修正系数的比尺，修正系数 k_1 的定义式为：

$$k_1=\frac{\int_0^{h_e}\left(\int_z^{h_e}\gamma_m\mathrm{d}z\right)\mathrm{d}z}{\gamma_m\frac{h_e^2}{2}} \tag{6-1-9}$$

若取 $\lambda_{k_1}=1$，则式(6-1-8)为 $\lambda_{se}=\lambda_{\gamma_s}/\lambda_{\gamma_s-\gamma}$，即为常见的异重流发生相似条件。水库动床模型多采用轻质沙作为模型沙，则由 $\lambda_{se}=\lambda_{\gamma_s}/\lambda_{\gamma_s-\gamma}$求得的含沙量比尺即会小于1，而大量的研究结果表明，多沙河流模型的 λ_S 往往大于1。从另一方面讲，由河床变形相似条件看出，如果$\lambda_S<1$，将导致时间变态，使得一定的入库水沙过程所对应的库水位及相应库容相差甚多，更谈不上异重流运动的相似性。因此，式(6-1-8)对多沙河流水库模型设计具有十分重要的意义。

异重流挟沙相似条件：

$$\lambda_{se}=\lambda_{se*} \tag{6-1-10}$$

水流连续相似条件：

$$\lambda_{te}=\lambda_L/\lambda_v \tag{6-1-11}$$

在运用上式时，尚需引入异重流含沙量分布公式。由于紊动扩散作用及重力作用仍是决定异重流挟沙运动的一对主要矛盾，其浓度沿水深的分布及挟沙能力规律与一般挟沙水流应当类似。因此，作为模型设计可引用张红武的含沙量沿垂线分布公式计算异重流含沙量沿垂线分布。

二、几何比尺的确定

从满足试验精度的要求出发，根据原型河床条件、模型水深 $h_m > 1.5\text{cm}$ 的要求及对模型几何变率问题的前期研究结果，确定水库模型水平比尺 $\lambda_L = 300$，垂直比尺 $\lambda_H = 45$，几何变率 $D_t = \lambda_L/\lambda_H = 6.67$；下游河道模型水平比尺 $\lambda_L = 600$，垂直比尺 $\lambda_H = 60$，几何变率 $D_t = \lambda_L/\lambda_H = 10$。对变率的合理性进行了以下论证。

张红武根据原型河宽及水深的关系及模型变率等因素，提出了变态模型相对保证率 P_* 的概念，即：

$$P_* = \frac{B - 4.7HD_t}{B - 4.7H} \tag{6-1-12}$$

窦国仁从控制变态模型边壁阻力与河底阻力的比值以保证模型水流与原型相似的概念出发，提出了限制模型变率的关系式：

$$D_t \leqslant 1 + \frac{B}{20H} \tag{6-1-13}$$

张瑞瑾等学者认为过水断面水力半径 R 对模型变态十分敏感，建议采用如下形式的方程式表达河道水流二度性的模型变态指标 D_R：

$$D_R = R_x/R_1 \tag{6-1-14}$$

式中 R_1——正态模型的水力半径；

R_x——竖向长度比尺与正态模型长度比尺相等、变率为 D_t 的模型中的水力半径。

由式(6-1-14)可导出如下变率限制式：

$$D_R = \frac{2 + \dfrac{B}{H}}{2D_t + \dfrac{B}{H}} \tag{6-1-15}$$

分别将三门峡、小浪底及黄河下游的相关指标带入进行计算检验，结果表明水库及下游河道模型分别采用 $D_t = 6.67$ 及 $D_t = 10$ 在各家公式所限制的变率范围之内，几何变态的影响有限，可以满足工程实际需要。

三、模型沙选择

动床河工模型试验中，模型沙特性对于正确模拟原型泥沙运动规律具有重要作用。特别是对于本次验证试验需要模拟库区冲淤调整幅度较大的原型情况来说，既要保证淤积相似，又要保证冲刷相似，因此对模型沙的物理、化学等基本特性有更高的要求。模型沙固结严重，将使起动流速增加，致使模型河床冲淤相似性明显偏差（特别是影响冲刷过程的相似性）。

从郑州热电厂粉煤灰（$\gamma_s = 20.58\text{kN/m}^3$，$D_{50} = 0.035\text{mm}$）及山西煤屑（$\gamma_s = 14.7\text{kN/m}^3$，$D_{50} = 0.05\text{mm}$）两种模型沙的起动流速试验结果看出，在相近水深条件下，山西煤屑的起动流速随着沉积时间增加有大幅度的增加。

大量研究表明，郑州热电厂粉煤灰的物理化学性能较为稳定，同时还具备造价低、宜选配加工等优点。因此，选用郑州热电厂粉煤灰作为本动床模型的模型沙。该模型沙土力学特性试验成果见表 6-1-1。

表 6-1-1 郑州热电厂粉煤灰(作为悬沙用)土力学特性试验成果

容重(kN/m^3)	干容重 γ_0(kN/m^3)	内摩擦角(°)	水下休止角(°)	凝聚力(kPa)
20.58	6.5	31.2	29.5 ~ 30.5	6

四、模型比尺汇总

基于相似条件,将原型水库及河道有关特征值带入进行模型设计,分别得到水库及下游河道模型主要比尺见表 6-1-2 及表 6-1-3。

表 6-1-2 水库模型主要比尺

比尺名称	比尺数值	依 据	备 注
水平比尺 λ_L	300	试验要求及场地条件	
垂直比尺 λ_H	45	满足变率限制条件	
流速比尺 λ_v	6.71	水流重力相似条件	
流量比尺 λ_Q	90 585	$\lambda_Q = \lambda_L \lambda_H \lambda_v$	
糙率比尺 λ_n	0.73	水流阻力相似条件	
沉速比尺 λ_ω	1.34	泥沙悬移相似条件	
容重差比尺 $\lambda_{\gamma_s-\gamma}$	1.5	郑州热电厂粉煤灰	$\gamma_{sm} = 20.58kN/m^3$
起动流速比尺 λ_{v_c}	6.71	泥沙起动相似条件	
含沙量比尺 λ_S	1.70	挟沙相似及异重流运动相似条件	尚待验证试验确定
干容重比尺 λ_{γ_0}	1.74	$\lambda_{\gamma_0} = \gamma_{0p}/\gamma_{0m}$	
水流运动时间比尺 λ_{t_1}	44.7	$\lambda_{t_1} = \lambda_L/\lambda_v$	
河床变形时间比尺 λ_{t_2}	45.8	河床冲淤变形相似条件	尚待验证试验确定

表 6-1-3 下游河道模型主要比尺

比尺名称	比尺数值	依 据	备 注
水平比尺 λ_L	600	根据试验要求及场地条件	
垂直比尺 λ_H	60	满足表面张力及变率限制	
流速比尺 λ_v	7.75	重力相似条件	
流量比尺 λ_Q	279 000	$\lambda_Q = \lambda_L \lambda_H \lambda_v$	
糙率比尺 λ_n	0.626	阻力相似条件	
沉速比尺 λ_ω	1.38	悬移相似条件	
水下容重比尺 $\lambda_{\gamma_s-\gamma}$	1.555	模型沙为郑州热电厂煤灰	$\gamma_{sm} = 20.58kN/m^3$
悬移质泥沙粒径比尺 λ_d	0.812	$\lambda_d = \left(\frac{\lambda_v \lambda_\omega}{\lambda_{\gamma_s-\gamma}}\right)^{1/2}$	取 $\lambda_v = 0.743$
床沙粒径比尺 λ_D	3.6	满足河型相似条件	
起动流速比尺 λ_{v_c}	7.63 ~ 8.44	基本满足泥沙起动相似	
扬动流速比尺 λ_{v_f}	7.50 ~ 8.26	基本满足泥沙扬动相似	
含沙量比尺 λ_S	1.67 ~ 2.25	$\lambda_S = \lambda_{S_*} = S_{*p}/S_{*m}$	尚待验证试验确定
干容重比尺 λ_{γ_0}	1.93	$\lambda_{\gamma_0} = \gamma_{0p}/\gamma_{0m}$	
水流运动时间比尺 λ_{t_1}	77.5	$\lambda_{t_1} = \lambda_L/\lambda_v$	
河床变形时间比尺 λ_{t_2}	66.5 ~ 89.51	河床变形相似条件	尚待验证试验确定

第二节 模型验证

一、小浪底水库模型验证试验

在模型试验过程中小浪底水库正处于施工期，由于小浪底水库不具备验证试验的条件，为此专门修建了位于小浪底上游、水沙条件和河床边界条件均与其相似的三门峡水库模型进行验证试验。

(一)淤积及冲刷验证试验

1. 验证试验条件

选择 1962 年 9 月 17 日～10 月 20 日验证水库壅水淤积过程及 1964 年 10 月 13 日～1965 年 4 月 15 日验证水库泄水冲刷过程，见表 6-2-1。HY18—大坝之间为本次验证范围。

表 6-2-1 三门峡库区验证时段

时段(年-月-日)	初始地形	水库运用及河床变化
1962-09-17～10-20	1962 年 9 月中旬地形	水库滞洪排沙库区壅水淤积
1964-10-13～1965-04-15	1964 年 10 月中旬地形	水库敞泄排沙库区沿程及溯源冲刷

2. 水沙条件

进口断面水沙条件设计是采用实测资料分析与泥沙数学模型计算相结合的方法。其途径是首先根据三门峡水文站的实测沙量资料，结合北村以下库区淤积量，对北村断面沙量资料进行修正，再通过黄科院-R1 泥沙数学模型计算确定，见表 6-2-2。

表 6-2-2 模型进口断面水沙量统计结果

时段(年-月-日)	水量(亿 m^3)	沙量(亿 t)及百分数(%)						
		全沙	$d>0.05$mm		$d=0.025\sim0.05$mm		$d<0.025$mm	
1962-09-17～10-20	54.28	1.074	0.077	7	0.235	22	0.762	71
1964-10-13～1965-03-18	198.62	5.510	1.850	33	1.920	35	1.740	32
1965-03-19～04-16	28.81	0.700	0.250	36	0.290	41	0.160	23
1964-10-13～1965-04-16	227.43	6.210	2.100	34	2.210	36	1.900	30

(二)验证试验成果

1. 淤积时段验证试验成果

1)水位

原型资料中，茅津站(HY12)及史家滩站(HY1)均有较完整的水位观测资料。将原型资料及模型观测资料进行对比，绘制图 6-2-1 及图 6-2-2。从图中可以看出，模型与原型水位过程符合较好，说明模型满足阻力相似。

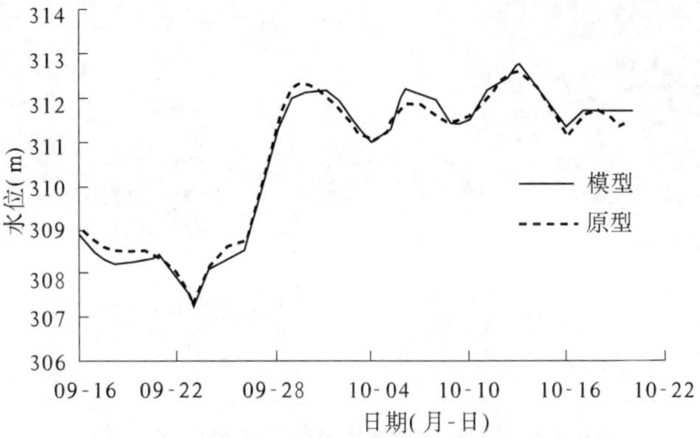

图 6-2-1 茅津站水位过程验证结果(1962 年)

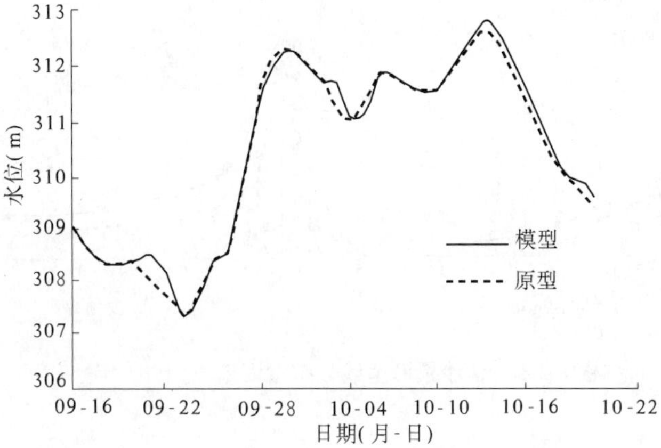

图 6-2-2 史家滩站水位过程验证结果(1962 年)

2)出库含沙量

验证试验出库含沙量过程与原型对比结果见图 6-2-3。从图中可以看出,除个别时段略有差别外,出库含沙量变化趋势与原型基本一致。

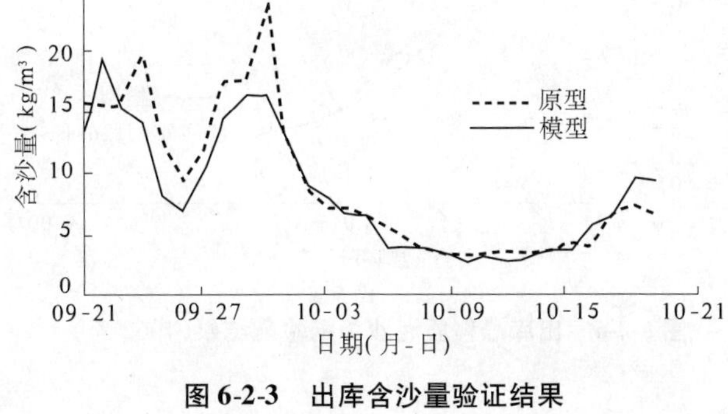

图 6-2-3 出库含沙量验证结果

原型资料显示,9 月下旬坝区段形成异重流排沙。图 6-2-4 及图 6-2-5 点绘了某些断面和时段原型及模型流速及含沙量沿垂线分布图,可以看出,两者符合较好。表明本模型可做到流速分布及含沙量分布相似,同时也说明试验对异重流运动进行的模拟也是合理的。

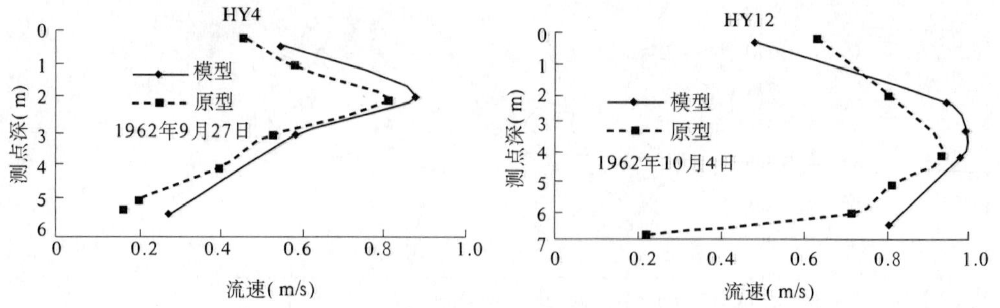

图 6-2-4　流速沿垂线分布验证结果(1962 年)

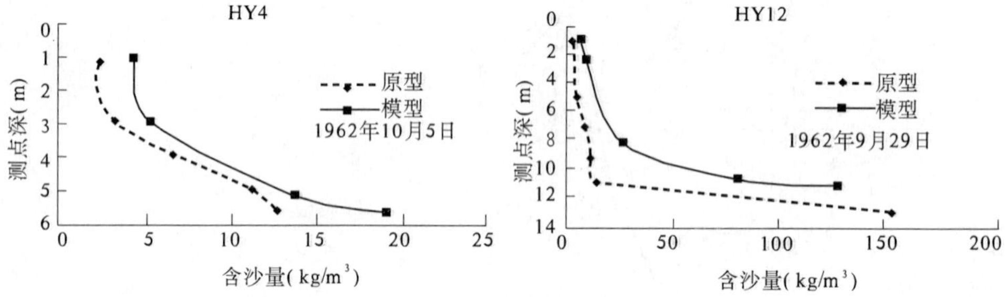

图 6-2-5　含沙量沿垂线分布验证结果(1962 年)

3)出库悬移质泥沙级配

取代表时段的出库悬移质泥沙进行颗分,其结果与原型对比见图 6-2-6。可以看出,两者符合较好。

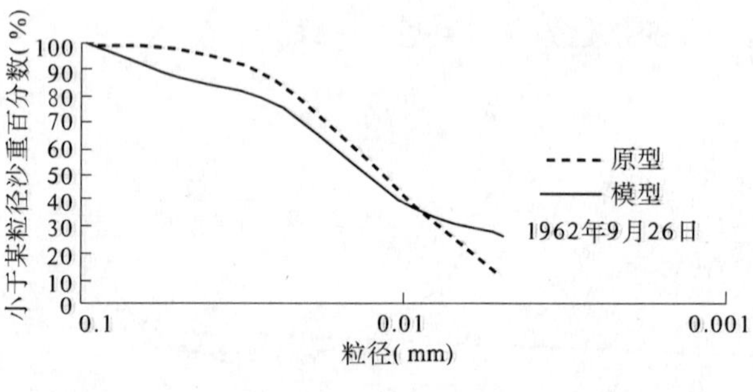

图 6-2-6　出库悬移质泥沙级配验证结果(1962 年)

4)冲淤量及分布

在验证时段内,原型进口沙量为 1.08 亿 t,库区淤积 0.527 亿 m^3。模型淤积量为 0.569亿 m^3,与原型相近。由断面测验资料看出,各库段淤积量与原型符合较好,见表 6-2-3,表明沿程淤积分布也颇为相似。

表 6-2-3　各库段冲淤量验证结果　(单位:亿 m^3)

库段	HY1—HY2	HY2—HY4	HY4—HY8	HY8—HY12	HY12—HY15	HY15—HY17	HY1—HY17
原型	0.000 2	0.024	0.058	0.105	0.226	0.114	0.527
模型	0.000 8	0.043	0.057	0.106	0.237	0.125	0.569

将时段末原型与模型断面资料对比,HY4—HY17 断面无论是淤积分布还是淤积量,均符合较好,只是坝前段模型比原型淤积量略多。

2. 冲刷时段验证试验成果

1)水位

图 6-2-7 为 HY12 断面水位过程线验证结果,可以看出模型与原型符合较好。

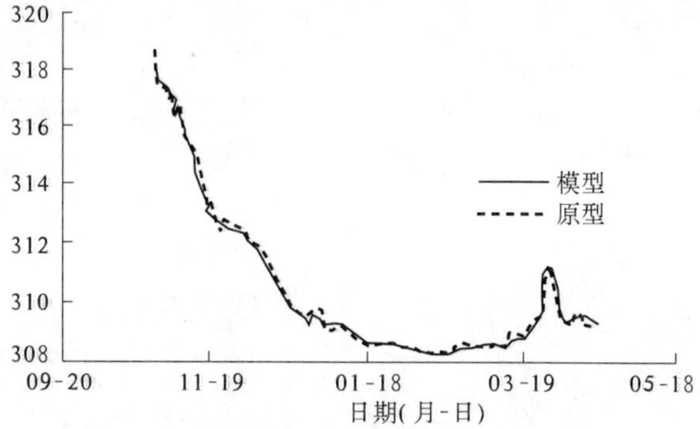

图 6-2-7　茅津站水位验证结果(1964~1965 年)

2)出库含沙量

图 6-2-8 为出库含沙量验证结果,可以看出,原型与模型两者变化趋势一致,且定量上也基本接近,在精度上能满足验证要求。

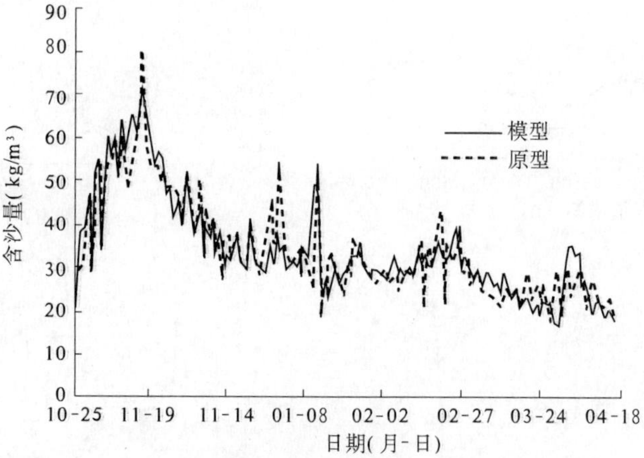

图 6-2-8　出库含沙量验证结果(1964~1965 年)

3)冲淤量及分布

验证时段内,原型进口沙量为 6.21 亿 t,冲刷 0.74 亿 m^3,模型冲刷 0.64 亿 m^3,两者相差不大。模型及原型各库段冲淤量也很接近,见表 6-2-4。图 6-2-9 为原型与模型时段末横断面套绘图。可以看出,两者不仅冲淤量相差不大,而且断面形态也基本一致。表明模型可满足冲刷相似。

表 6-2-4　　各库段冲淤量验证结果　　(单位:亿 m^3)

库段	HY1—HY4	HY4—HY8	HY8—HY11	HY11—HY14	HY14—HY15	HY15—HY17	HY1—HY17
原型	-0.071	-0.144	-0.112	-0.098	-0.161	-0.154	-0.740
模型	-0.075	-0.118	-0.129	-0.082	-0.131	-0.105	-0.640

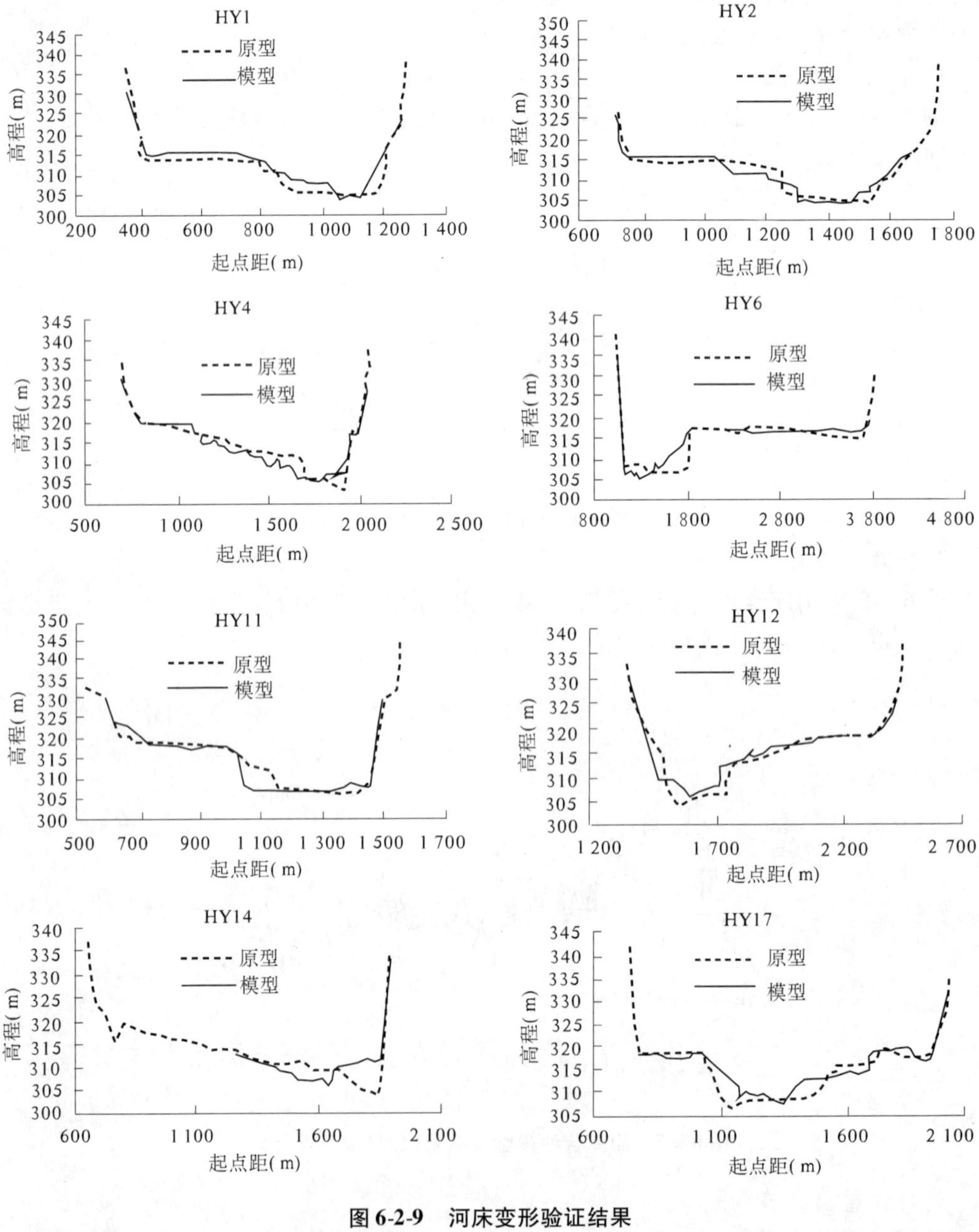

图 6-2-9　河床变形验证结果

4)河势变化

验证时段初期,水库蓄水位较高,HY17 以下基本处于回水范围。汛期滞洪淤积后,个别断面几乎无滩槽之分,或为浅碟状。在水位下降过程中,逐渐显现出河槽。随着流量的变化及历时的增加,在个别河段主槽位置也发生了位移,特别是在弯道附近。图 6-2-10 为主流线套绘图,图中显示,HY15 断面主槽不断左移,位于 HY15 与 HY14 断面之间的弯道顶冲点随之左移,受地形条件影响致使入流与出流夹角逐渐减小至小于 90°,进而不断改变进入下游的水流方向,使主槽在 HY14 断面处逐渐右移。下游 HY4 断面亦出现右岸冲蚀、左岸淤积,主槽右移的现象。在坝前,水流顶冲泄水洞对岸山嘴,遂折 90°与大坝正交出流,在右岸保留高滩。从整个河势看,最终相对稳定的平面形态基本上与目前三门峡库区相同。

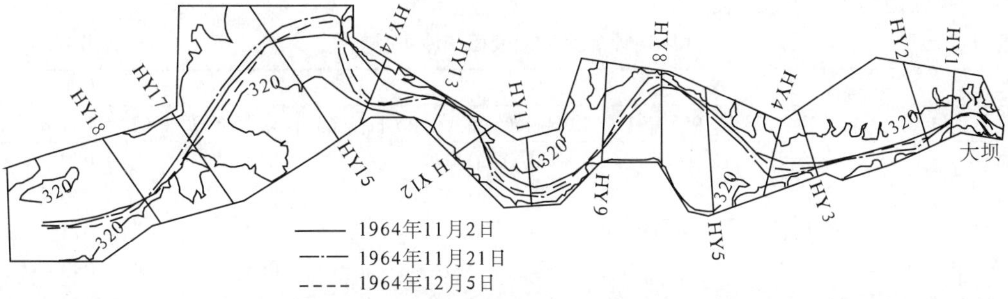

图 6-2-10　三门峡库区验证试验主流线套绘图

5)流速及含沙量垂线分布

图 6-2-11 及图 6-2-12 为 HY12 代表时段流速及含沙量沿垂线分布验证结果,可以看出两者均符合较好。基本满足了流速分布及含沙量分布的相似性。

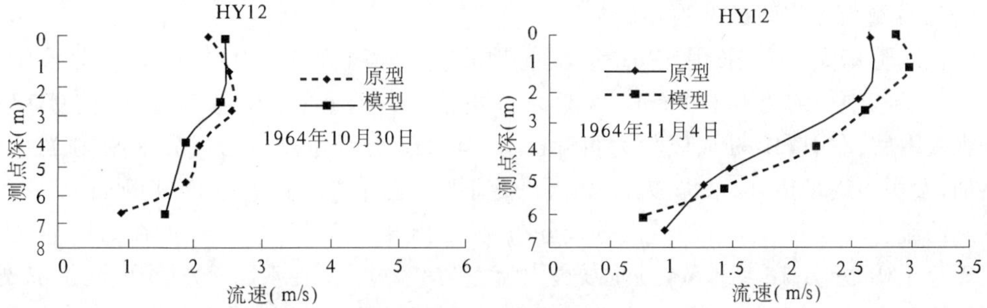

图 6-2-11　流速沿垂线分布验证结果(1964 ~ 1965 年)

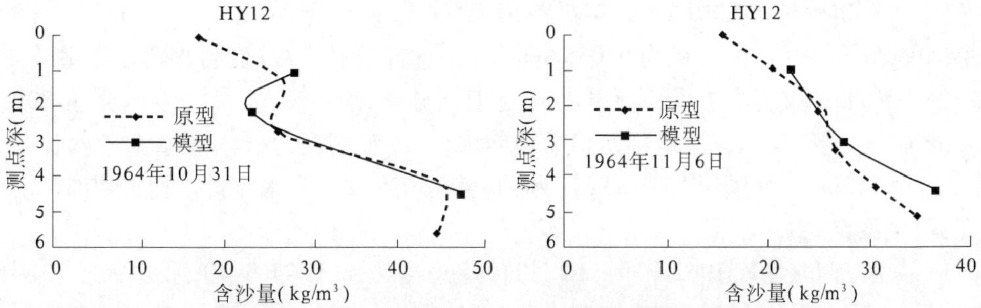

图 6-2-12　含沙量沿垂线分布验证结果(1964 ~ 1965 年)

6)床沙级配

表6-2-5为模型冲刷时段库区沿程表层床沙中值粒径变化过程,从中可以看出,从冲刷初始至1965年3月15日,库区床沙中径逐渐变粗,从1965年3月15日至1965年4月16日,床沙中径有变细的趋势。实测资料表明,从初始至1965年3月15日,库区发生冲刷,从1965年3月15日至1965年4月16日,库区略有淤积。因此,本次试验床沙变化符合冲刷时粗化、淤积时细化的河床演变一般规律。

从1964年12月23日及1965年1月20日观测结果看,从HY18断面至坝前淤积物沿程渐粗,似反映出床沙粒径受溯源冲刷的影响。从时段末床沙中径与实测资料对比来看,床沙粒径与原型也颇为接近。

表6-2-5 **冲刷时段库区沿程表面床沙中径变化** (单位:mm)

位置	模型					原型
	初 始	1964年12月23日	1965年1月20日	1965年3月15日	1965年4月16日	1965年4月16日
HY18		0.045	0.048	0.075	0.073	0.079
HY15	0.025	0.042	0.055	0.072	0.065	0.079
HY12		0.060	0.070	0.082	0.080	0.073
HY8	0.020	0.062	0.065	0.070	0.068	0.080
HY4		0.060	0.063	0.080	0.078	0.066
HY2	0.020	0.060	0.073	0.079	0.079	0.078

上述验证结果表明,模型水位、出库含沙量过程、河势变化、流速及含沙量沿垂线分布、床沙级配及变化过程、库区冲刷量及形态均与原型相似。

(三)异重流概化验证试验

概化试验初始地形采用1962年汛前地形,流量约为3 200m³/s,水流含沙量为45kg/m³,悬沙中径约为0.015mm。初期水库蓄清水,坝前蓄水位基本上稳定在312m。当浑水入库后,在HY12断面以上为明流状态,至HY8处浑水潜入形成异重流,随放水历时增加,淤积面逐步抬升、水深减小,潜入位置下移,最后基本稳定在HY4断面以下。从观测到的流速垂线分布及含沙量沿垂线分布,显示出异重流的存在。例如在HY2断面表层流速小于0.5m/s,在水下6m处垂线最大流速为1.2m/s。在水面至水面以下约5m处,含沙量均不大,一般不大于5kg/m³,而水下约6.5m处含沙量猛增至60~80kg/m³。

(四)高含沙水流概化验证试验

概化试验初始地形采用1977年汛前地形,进口流量为3 000~4 000m³/s,含沙量300~400kg/m³,悬沙级配中径为0.035mm。首先进行敞泄排沙试验,坝前水位基本上控制在305~307m,从模型中可以看出水流处于充分紊动状态,水库排沙比介于80%~100%;之后,通过减少出库流量不断抬高坝前水位,以观测高含沙水流壅水排沙状况,最高蓄水位至312m,蓄水量(大坝—HY18断面)接近0.8亿m³,水库排沙比近40%。

(五)主要结论

(1)采用三门峡水库1962年9~10月自然滞洪淤积及1964年10月~1965年4月降水冲刷两个时段,给出的验证结果表明,模型设计得出的比尺值可满足库区沿程水位、出库含沙量及级配、河床冲淤量及其分布、河势变化等方面与原型相似,可同时满足淤积及冲刷相似。

(2)通过对异重流进行的概化试验,较好地观测了异重流的潜入、运行及流速和含沙量沿垂线分布,观测资料分析表明异重流的潜入条件符合一般规律。在此基础上对1962年验证时段中异重流的观测资料与原型实测资料对比分析,也是相符合的,进一步说明模型满足异重流运动相似条件,模型可正确地模拟异重流的运动。

(3)高含沙水流概化试验结果表明,模型中高含沙水流流态、各种排沙条件下的输沙特性等方面均与原型观测结果基本一致。

(4)综合来看,三门峡库区模型较好地复演了原型水流泥沙运动规律及其水库冲淤变化过程,表明模型设计是合理的,其比尺值用于小浪底水库模型,可保证试验结果的可靠性。

二、小浪底至苏泗庄河道模型验证试验

(一)验证试验条件

验证试验是在已建成的"小浪底至花园口河段模型($\lambda_L=600,\lambda_H=60$)"和"京广铁路桥至夹河滩河段模型($\lambda_L=800,\lambda_H=60$)"上同时进行的。模型的验证时段选取1963年8月17日~11月10日,共计101天。黄河干流小浪底及支流伊洛河、沁河的水沙过程见图6-2-13,以此作为"小浪底至花园口河段模型"的水沙过程;"京广铁路桥至夹河滩河段模型"进口水沙条件采用黄河花园口站实测水沙过程(见图6-2-14)。

(二)验证试验结果

1. 水流阻力相似验证

1)小浪底至花园口河段模型

图6-2-15为大、中、小水时的验证结果,初始流量 $Q=2\ 260\text{m}^3/\text{s}$ 时,模型水位与原型符合较好,最大误差为0.23m;洪峰期大流量时 $Q=3\ 360\text{m}^3/\text{s}$,除孤柏嘴附近水位偏差0.31~0.33m外,其他断面水位均与原型符合较好。综合来看,水面线验证结果较好,只是局部水位较原型略低。

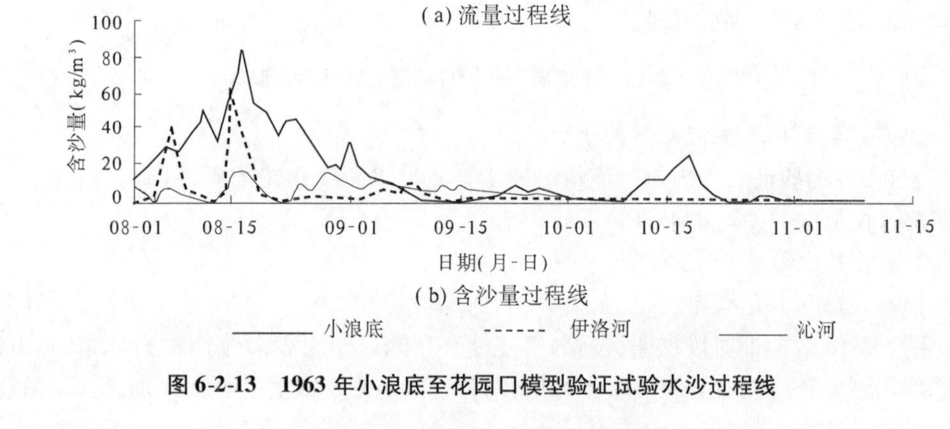

图6-2-13　1963年小浪底至花园口模型验证试验水沙过程线

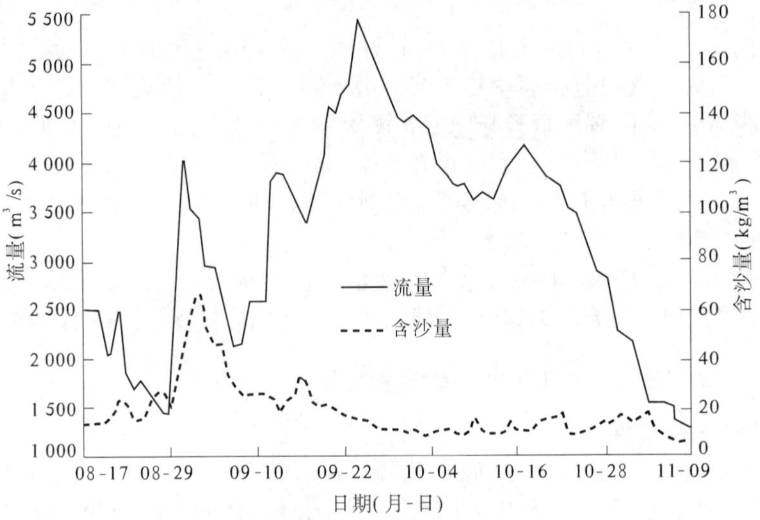

图 6-2-14 京广铁路桥至夹河滩模型花园口站水沙过程

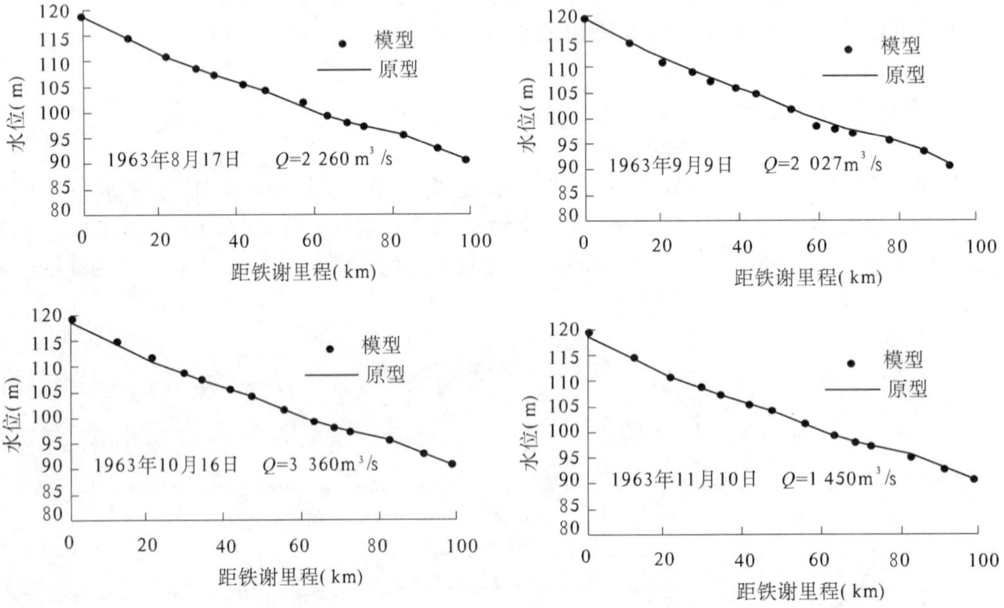

图 6-2-15 小浪底至花园口模型验证试验水面线

2）京广铁路桥至夹河滩河段模型

表 6-2-6 为验证时段内典型流量级模型与原型水面线比较结果，可以看出，模型与原型实测水位值的偏差均小于 30cm。

2. 流速及含沙量分布验证

1）小浪底至花园口河段

图 6-2-16 为验证时段铁谢、裴峪、官庄峪和花园口断面表面流速横向分布图，由图上的原型实测资料与模型测验值对比可见，两者基本上是一致的。断面平均含沙量沿程变

表 6-2-6　　京广铁路桥至夹河滩河段模型水位验证结果

原型日期（年-月-日）	测站	原型水位（m）	模型水位（m）	差值（m）
1963-08-25	花园口	91.38	91.64	-0.26
	辛寨	84.47	84.66	-0.19
	黑岗口	79.93	80.03	-0.10
	柳园口	78.37	78.45	-0.08
	夹河滩	72.28	72.27	+0.01
1963-09-01	花园口	92.26	92.21	+0.05
	辛寨	84.97	85.20	-0.23
	黑岗口	80.35	80.62	-0.27
	柳园口	78.99	79.16	-0.17
	夹河滩	72.66	72.67	-0.01
1963-09-24	花园口	92.68	92.40	+0.28
	辛寨	85.48	85.53	-0.05
	黑岗口	80.26	80.51	-0.25
	柳园口	78.98	78.79	+0.19
	夹河滩	72.91	73.08	-0.17
1963-10-25	花园口	91.55	91.51	+0.04
	辛寨	84.80	84.82	-0.02
	黑岗口	80.01	80.21	-0.20
	柳园口	78.66	78.82	-0.16
	夹河滩	72.77	72.67	+0.10
1963-11-05	花园口	91.12	91.06	+0.06
	辛寨	84.17	84.09	+0.08
	黑岗口	79.34	79.39	-0.05
	柳园口	77.83	77.85	-0.02
	夹河滩	72.32	72.32	0.00

化验证结果也较为接近。

2）京广铁路桥至夹河滩河段

模型实测的含沙量及流速沿河宽和沿垂线分布与原型水文站测验资料相比基本相似。

3. 河段冲淤量验证

表 6-2-7 为小浪底至花园口河段沿程累计冲淤量验证结果，可以看出，原型累计冲刷 0.850 亿 m^3，模型冲刷 0.921 亿 m^3，二者相差较小。

由于京广铁路桥至夹河滩河段验证时段内辛寨以下原型 8 月份以后缺少地形资料，因此冲淤量只计算花园口至辛寨断面，冲淤量验证结果见表 6-2-8。

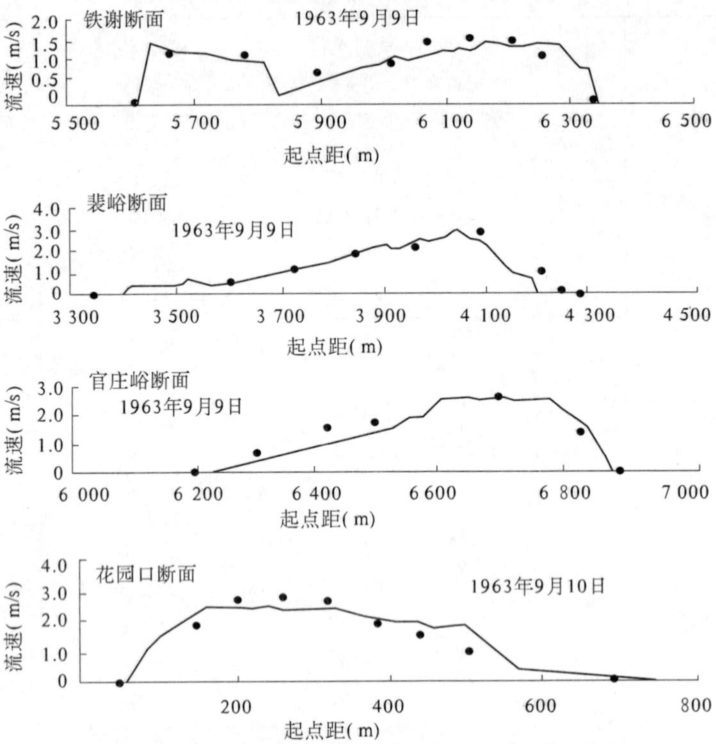

图 6-2-16 小浪底至花园口模型流速横向分布验证结果

表 6-2-7 小浪底至花园口河段模型冲淤量验证结果(1963 年 8 月 17 日～11 月 10 日)

河段	距离(km)	冲淤量(亿 m^3)	
		原型	模型
铁谢—于沟	25.65	-0.186	-0.199
于沟—孤柏嘴	31.55	-0.290	-0.316
孤柏嘴—官庄峪	11.55	-0.038	-0.042
官庄峪—花园口	30.03	-0.336	-0.364
铁谢—花园口	98.78	-0.850	-0.921

表 6-2-8 花园口至辛寨河段冲淤量验证结果

原型(亿 m^3)	模型(亿 m^3)				备注
	断面法	误差(%)	输沙率法	误差(%)	
-0.406 2	-0.380 0	6.45	-0.393 0	3.25	原型数据为断面法计算结果

4. 河势验证

小浪底至花园口河段验证试验模型实测的河势图与原型主流线与水边线对比，二者基本一致。

京广铁路桥至夹河滩河段验证试验模型观测的河势图与原型主流线及水边线对比，二者也基本一致。

此外，原型河势从开始的宽浅、散乱状态逐步转化为较为规顺的单一河型，在模型上也较好地复演出这一变化，说明在河型这方面也是相似的。

5. 泥沙级配验证

表6-2-9和表6-2-10分别为小浪底至花园口河段和京广铁路桥至夹河滩河段模型验证时段悬移质泥沙及床沙中径验证结果，可以看出，模型的泥沙级配变化与原型也是相似的。特别是模型中还较好地模拟出原型河床粗化过程及泥沙粗度沿程递减规律。

表6-2-9　小浪底至花园口河段模型验证时段悬移质泥沙及床沙中径对照

断面	日期（年-月-日）	悬沙中径 d_{50}（mm）		床沙中径 D_{50}（mm）	
		原型	模型	原型	模型
裴峪	1963-08-17	0.008	0.009 1	0.190	0.216
	1963-09-09	0.019	0.020 3	0.265	0.318
	1963-11-10	0.034	0.036 5	0.340	0.362
官庄峪	1963-08-17	0.008	0.009 3	0.173	0.189
	1963-09-09	0.017	0.015 1	0.198	0.191
	1963-11-10	0.039	0.036 4	0.204	0.196
花园口	1963-08-17	0.010	0.011 2	0.123	0.133
	1963-09-10	0.014	0.016 2	0.137	0.143
	1963-11-13	0.038	0.036 0	0.153	0.161

表6-2-10　京广铁路桥至夹河滩河段模型验证时段悬移质泥沙中径对照

断面	时间（年-月-月）	模型（mm）	原型（mm）
花园口	1963-09-10	0.015 1	0.014 0
九堡	1963-08-18	0.010 1	0.009 0
	1963-09-10	0.016 7	0.015 0
	1963-11-11	0.021 1	0.019 0
夹河滩	1963-08-19	0.010 7	0.009
	1963-09-08	0.010 3	0.008
	1963-11-10	0.023 2	0.024

6. 结论

验证试验结果表明，按黄河动床模型相似律所设计的模型及选取的模型沙，不仅满足了水流重力相似、阻力相似、起动相似、悬移相似、输沙及河床变形相似等条件，而且在含沙量分布、流速分布、床沙悬沙级配等方面与原型也基本相似。尤其是所确定的含沙量比尺使所得的河床变形时间比尺与水流运动时间比尺基本一致，避免了两个时间比尺相差甚远所带来的时间变态问题。

第三节　应用研究

一、小浪底水库模型

（一）模型概况

小浪底水库模型范围为大坝以上约62km的库段。该库段包括了库区近90%的干流原始库容、近100%的支流原始库容及85%以上的有效库容。库区有十余条较大支流集中分布在模型范围内,其中畛水为最大的一条支流,原始库容达17.5亿 m^3,为此专门修建了长50m、宽18m的试验厅容纳该支流,其余支流视场地条件或全部或部分模拟。库区布设观测断面及各支流位置见表6-3-1,模型平面图见图6-3-1。小浪底模型高程模拟范围选择165m至水库正常蓄水位275m。模型长约230m,高约2.5m。

表6-3-1　小浪底库区观测断面及各支流位置

断面或支流	距坝里程(km)	断面或支流	距坝里程(km)	断面或支流	距坝里程(km)
HH1	1.32	HH13	20.39	HH24	39.49
桐树岭**	1.51	石井河*	21.70	HH26	42.96
HH2	2.37	HH15	24.43	HH28	46.20
大峪河*	4.20	HH16	26.01	HH29	48.00
HH4	4.55	HH17	27.19	HH30	50.19
HH5	6.54	东洋河*	29.10	HH32	53.44
HH6	7.74	HH18	29.35	沇西河*	54.60
HH8	10.32	大交	4.20	HH34	57.00
HH10	13.99	HH20	33.48	HH35	58.51
HH11	16.39	HH21	34.80	HH36	60.13
畛水*	17.10	HH23	37.55	河堤**	63.82
HH12	18.75	西阳河*	39.40	三门峡#	123.41

注:*为支流;**为水位站;#为水文站;其余为断面号。

(二)小浪底运用初期库区模型试验

1.试验条件及方案

小浪底水库拟采用调控流量方式进行调节。通过对小浪底水库运用初期所拟订的不同调水调沙方案进行试验比选,为制定小浪底初期运用方案提供依据。

通过比选对小浪底水库运用初期1~5年提出了两种调节方式进行物理模型试验。方案1起始运行水位210m,为满足山东河道冲刷效果较好,选定调控流量上限为3 700 m^3/s,与此相应所需调控库容为13亿 m^3。方案2起始运行水位220m,水库运用第1~2年调控流量上限为2 600 m^3/s,第3~5年为2 900 m^3/s,相应的调控库容为5亿 m^3。两方案在运用初期的1~5年内,水库基本上处于拦沙期,只是方案2第5年8月底在前期淤积的基础上进行了降水冲刷概化试验。模型进口的水沙条件是在已知入库水沙条件及水库调节方式的前提下,通过数学模型调节计算得到的。两方案模型试验入口水沙量统计见表6-3-2。

小浪底水库来沙主要集中在主汛期(7~9月),因此水库调水调沙、排沙及河床变形也主要发生在主汛期。10月~翌年6月的来沙量主要集中在10月,以及三门峡水库汛前泄水期的6月,两者之间的11月~翌年5月由于三门峡水库的拦沙作用几乎没有泥沙进入小浪底水库。由于小浪底水库10月提前蓄水,非汛期的来沙几乎全部淤积在小浪底库区。鉴于此,在试验中仅对每年7~9月进行逐日试验,10月及6月在满足加沙量要求的前提下进行概化试验。

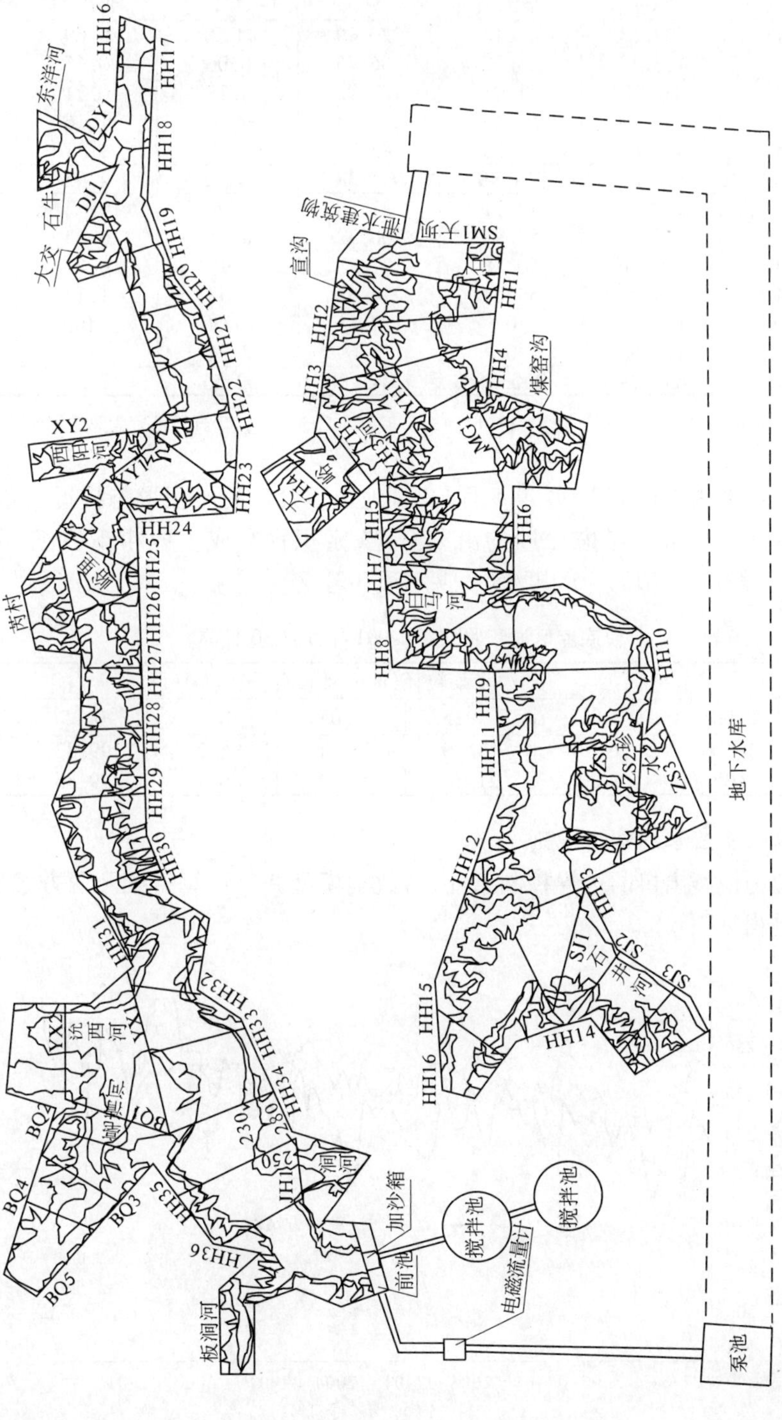

图 6-3-1 小浪底库区模型平面布置图

表 6-3-2　　小浪底库区模型试验入口水沙量统计

方案	年序	$W_入$(亿 m³)			$W_{s入}$(亿 t)		
		汛期	非汛期	年	汛期	非汛期	年
1	1	173.53	47.16	220.69	11.27	0.69	11.96
	2	153.17	53.58	206.75	8.00	0.65	8.65
	3	86.87	41.05	127.92	4.18	0.71	4.89
	4	199.29	57.45	256.74	9.40	1.16	10.56
	5	111.03	72.25	183.28	4.17	1.31	5.48
	1～5	723.89	271.49	995.38	37.02	4.52	41.54
2	1	174.17	47.71	221.88	10.67	0.72	11.39
	2	153.38	52.94	206.32	8.01	0.63	8.64
	3	86.95	40.78	127.73	4.19	0.67	4.86
	4	199.29	59.08	258.37	9.43	1.19	10.62
	5(1)	112.81	0	112.81	16.39	0	16.39
	5(2)	118.69	0	118.69	3.86	0	3.86
	1～5(2)	854.29	200.51	1 045.80	52.55	3.21	55.76

注：表中非汛期仅包括 10 月和 6 月的水沙量；5(1)为第 5 年 7 月 1 日～8 月 27 日，5(2)为第 5 年 8 月 28 日～9 月 30 日。

试验初始地形为设计的 2000 年 6 月 30 日地形。设计的淤积形态接近三角洲，坝前淤积面高程为 166.25m。考虑泥沙的沿程分选，淤积物组成上段粗下段细，可概化为 HH24 断面以上及以下两段。淤积物级配见表 6-3-3。

表 6-3-3　　小浪底库区淤积物级配(2001 年 6 月 30 日前)

库段	小于某粒径(mm)沙重百分数(%)						
	0.005	0.01	0.025	0.05	0.1	0.25	0.5
HH24 以下	19.00	26.50	48.90	78.66	96.25	99.87	100
HH24 以上	2.06	5.00	21.58	51.58	86.90	99.86	100

2. 坝前水位及泄水洞调度原则

坝前水位为模型出口的边界控制条件，由数学模型调节计算得到。两方案历年主汛期坝前水位过程见图 6-3-2。

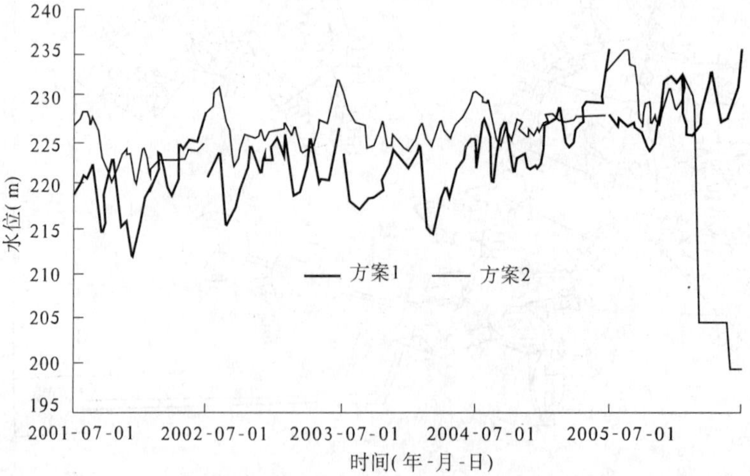

图 6-3-2　历年汛期坝前水位过程线

各泄水洞泄量根据发电、排沙及泄洪的要求实施调度。此外，发电流量还应根据机组投产进度和检修计划安排的开启台数确定。根据小浪底水库泄水洞的调度原则，进行分流计算，以此指导模型中各泄水洞的启闭。

3. 试验成果分析

1）水沙运动规律及排沙特性

小浪底水库运用初期为蓄水拦沙运用。库区排沙形式基本上为异重流排沙。

在水库运行过程中，库区蓄水较清，挟沙水流入库后潜入清水下面沿库底向前运行形成异重流。异重流的潜入点一般位于淤积三角洲顶点下游的前坡段，随着三角洲顶点向坝前推近，潜入位置不断下移，且随库水位的升降及入库水沙量的大小有所变化。从表6-3-4列出的部分时段异重流潜入位置可以看出潜入点的变化过程。

表6-3-4　小浪底库区模型试验异重流潜入位置

年序	时间（月-日）	断面号	距坝里程(km)
1	07-15	36	62.11
	08-17	26	44.43
	08-22	25	42.51
	08-24	24	40.87
	08-30	23	38.90
2	08-29	15	25.66
	09-05	14	23.22
	09-19	13	21.41
3	08-29	11	17.33
	09-03	11	17.33
4	08-28	7	9.83
	09-04	6	8.36
5	07-01	4	4.90
	08-16	2	2.54

图6-3-3、图6-3-4分别为方案1及方案2历年某时段库区沿程主流区流速沿垂线分布图。可以看出，在同一时间，库区自上而下由明流转为异重流。随着水库运用时间的推移，水库上部的明流段逐渐向下游伸展。图6-3-5、图6-3-6为与流速沿垂线分布图时间及位置相应的含沙量沿垂线分布图。试验过程中，还观测了潜入点断面平均流速、水深及含沙量等资料，基于观测资料分析了异重流潜入点的水力条件，点绘了 $U_0 \sim \sqrt{\eta_g g h_0}$ 关系图（图6-3-7），可以看出，模型试验中异重流潜入条件符合实测资料及水槽试验得出的异重流潜入的一般规律。

图6-3-8(a)为小浪底水库运用后第2年7月27日～8月8日一场洪水过程水库排沙情况。入库为一场较高含沙量洪水过程，最大日平均含沙量为208kg/m^3，与此对应，出库也出现了一小沙峰，最大日平均含沙量为90.4kg/m^3。8月4～7日接踵而来的一场小洪水，虽然流量较前者为大，但由于水流含沙量不高，排沙效果较前者低，由此可反映多来多排的输沙规律。

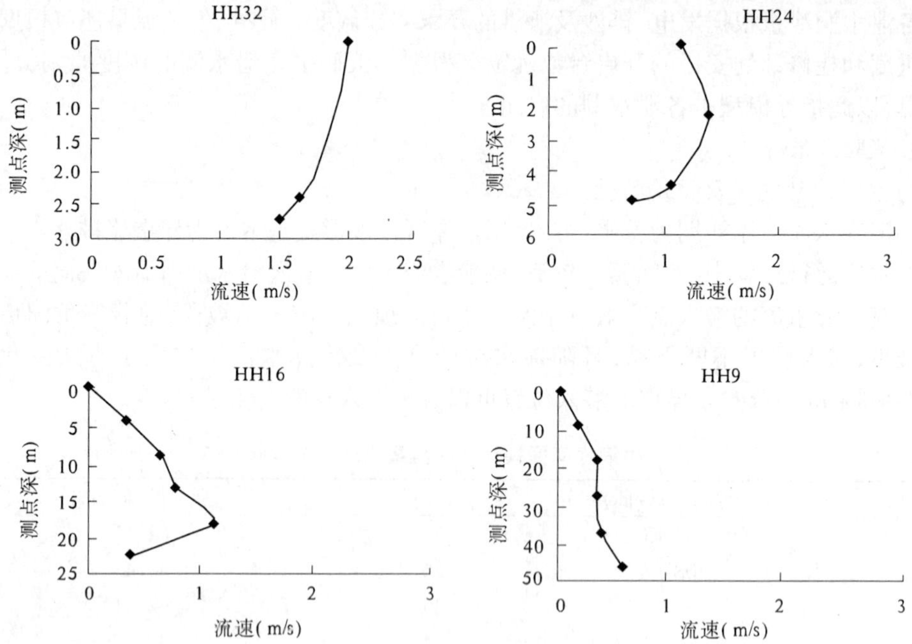

(a)2001 年 9 月 5 日

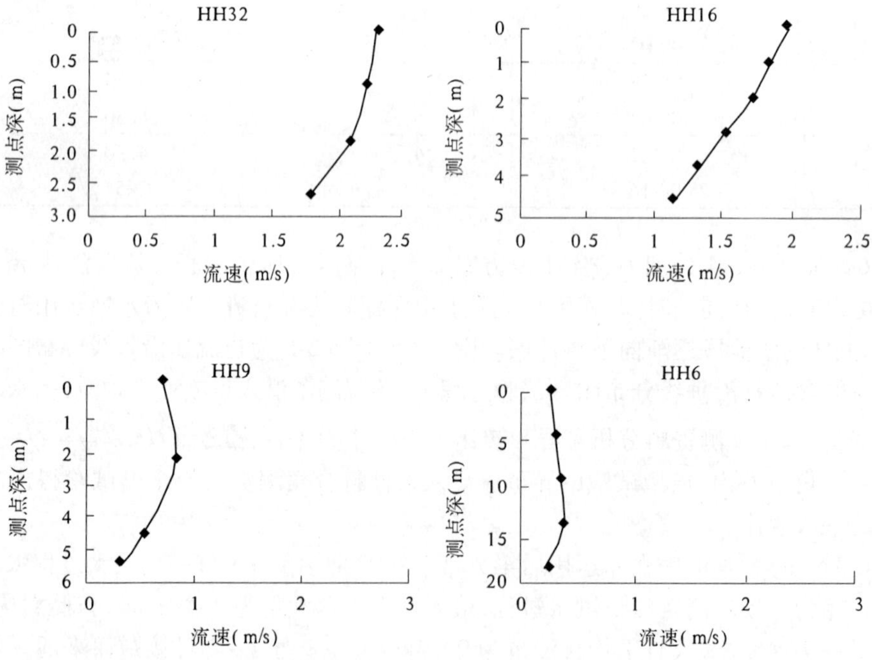

(b)2005 年 8 月 9 日

图 6-3-3 小浪底库区模型试验流速沿垂线分布(方案 1)

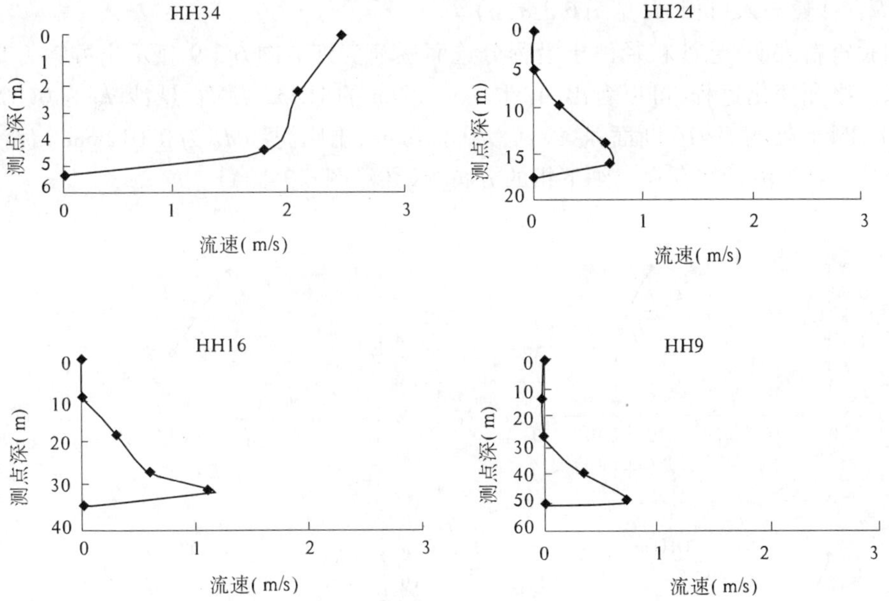

(a)2001 年 7 月 23 日

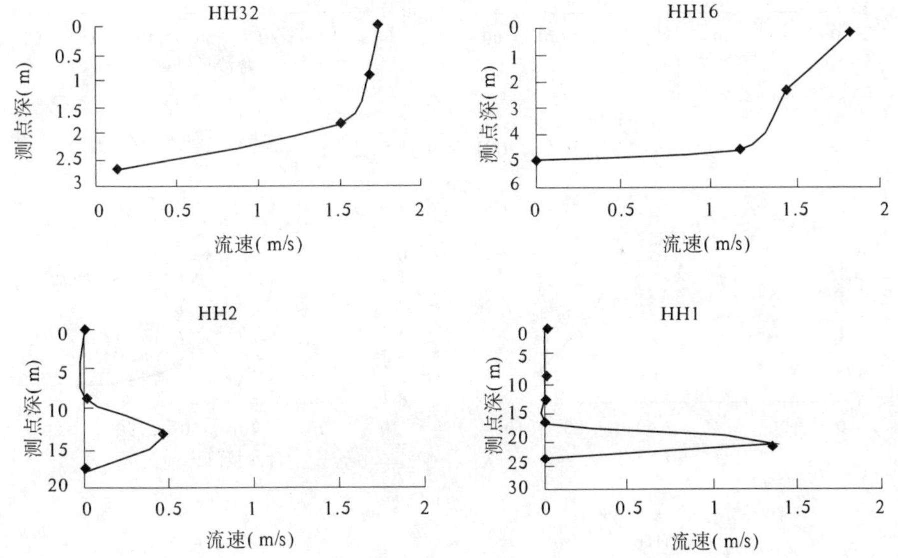

(b)2005 年 7 月 9 日

图 6-3-4　小浪底库区模型试验流速沿垂线分布(方案 2)

方案 2 第 5 年来水来沙均较大,7 月 1 日 ~8 月 27 日期间来水量为 112.8 亿 m^3,来沙量达 16.39 亿 t,虽然排沙比较大,但仍有大量泥沙在库区淤积,使三角洲迅速推进至坝前。7 月上旬洪水过后,三角洲顶点接近坝前,坝区形成浑水水库。在泄水建筑物前可观察到浑水上翻的现象,进而改异重流排沙为低壅水排沙。至 8 月上旬,坝前水位为 228m 左右时,壅水范围仅至距坝 2.5km 的 HH2 断面,几乎全库区均为明流排沙,沿程淤滩刷槽,出库含沙量与入口相当,见图 6-3-8(b)。

测验资料表明,悬沙粒径由于沿程分选而逐渐变细。图 6-3-9 显示出方案 1 某时段沿程悬沙级配变化过程,可以看出,在距坝55.22km的 HH32 断面,悬沙 d_{50} 为 0.022mm;距坝 27.25km 处的 HH16 断面,悬沙 d_{50} 为0.020mm;出库泥沙 d_{50} 为 0.012mm。泥沙的分选亦反映出悬沙沿垂线存在上细下粗的分布规律(见图 6-3-10)。

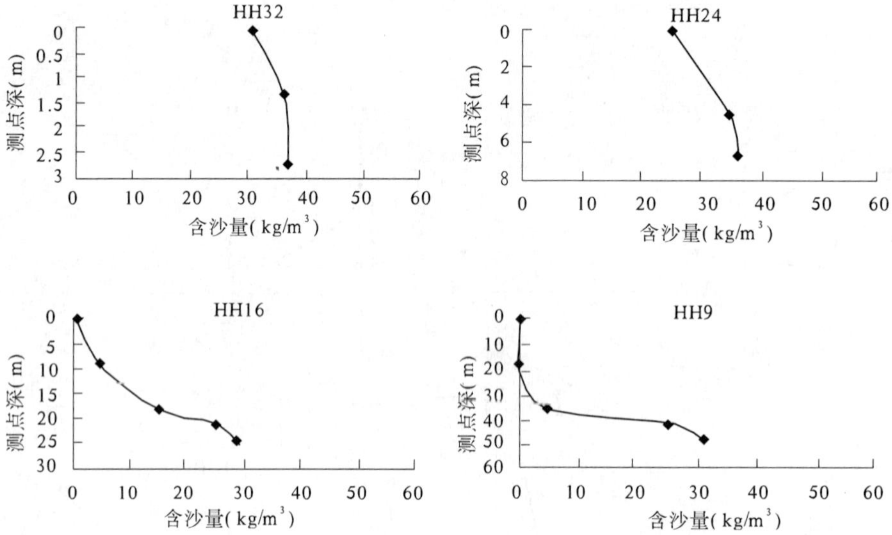

(a)2001 年 9 月 5 日

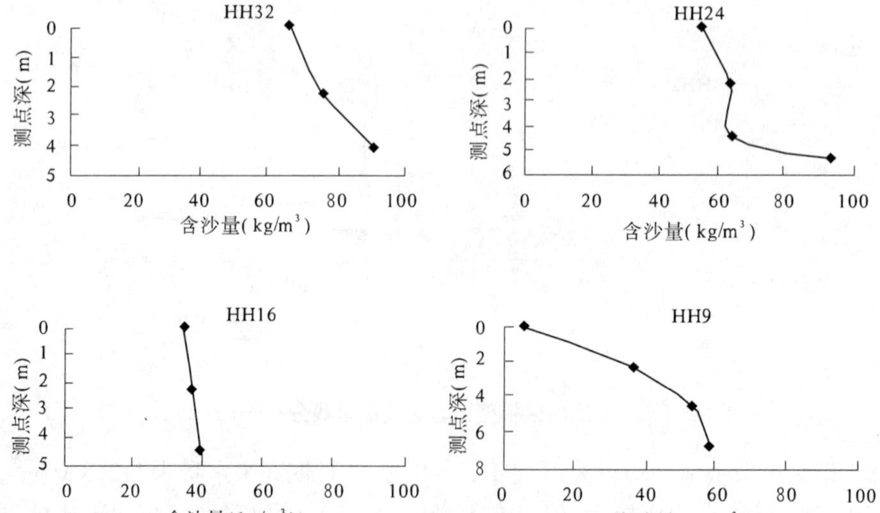

(b)2005 年 8 月 9 日

图 6-3-5 小浪底库区模型试验含沙量沿垂线分布(方案 1)

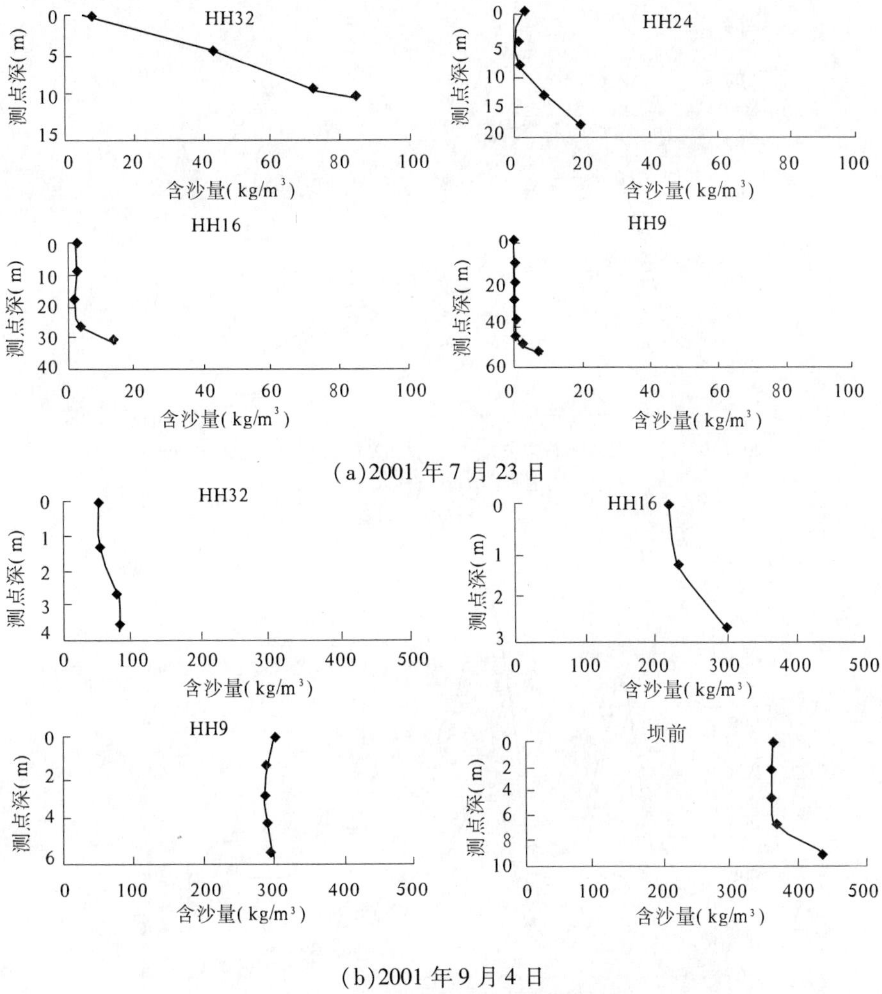

图 6-3-6　小浪底库区模型试验含沙量沿垂线分布(方案 2)

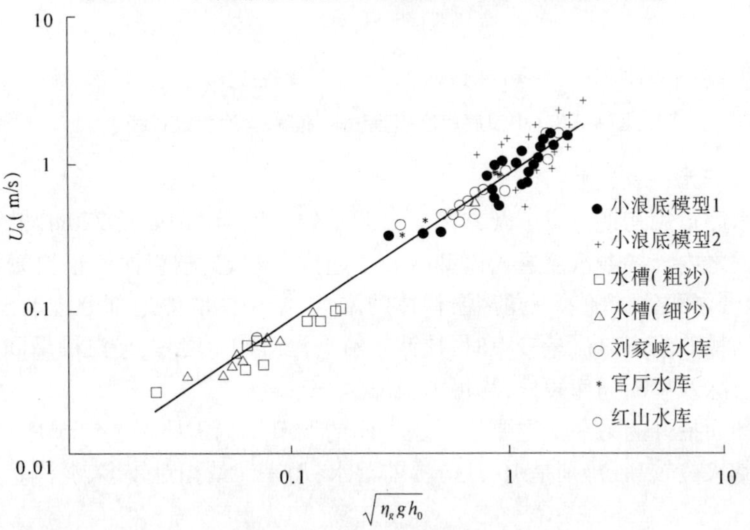

图 6-3-7　异重流潜入点水力条件

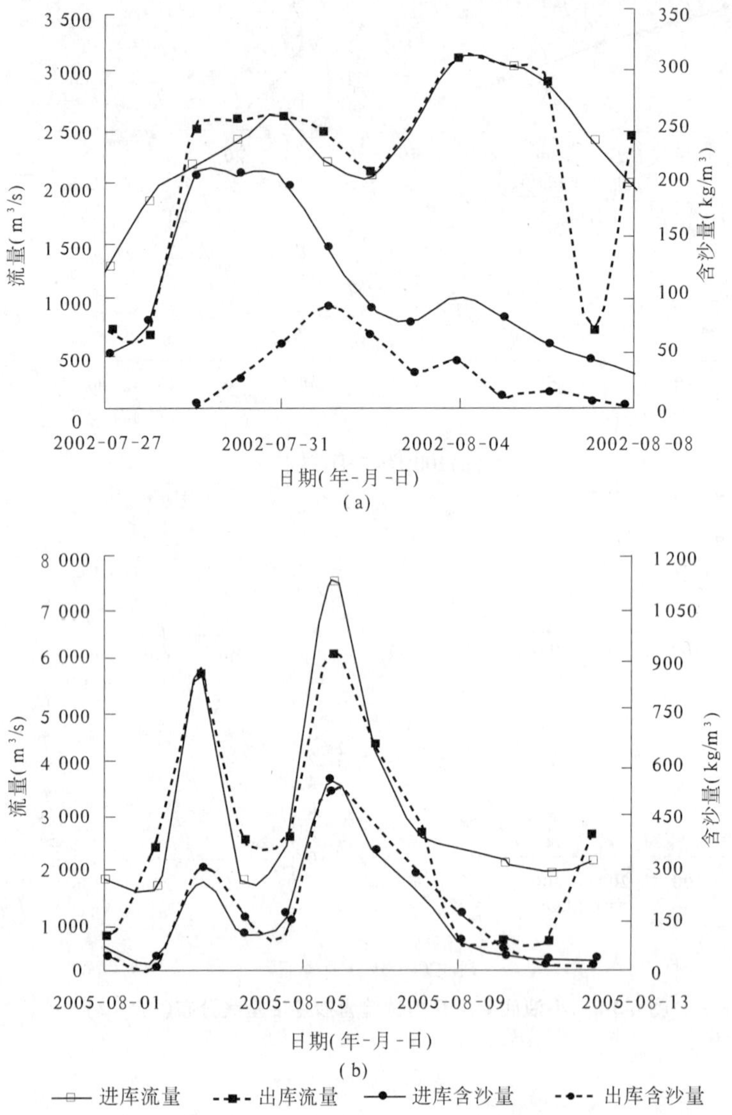

图 6-3-8 小浪底库区模型试验流量、含沙量过程线

2)库区淤积形态及过程

小浪底水库运用初期方案 1 及方案 2 起调水位分别为 210m 及 220m,模型试验段均处在回水范围之内。挟沙水流进入模型后处于超饱和状态,较粗泥沙很快淤积在模型入口,形成三角洲淤积体。随着三角洲淤积体的增大,淤积体的滩地部分逐渐出露水面,而主流区形成河槽。当入口流量较大时,挟沙水流会漫滩产生淤积,使滩槽呈同步抬升的趋势。本试验段除八里胡同库段外,均可形成滩地。

三角洲洲面抬升的另一个主要原因是水库的调节期(10 月 ~ 翌年 6 月)的淤积。这一时期由于蓄水位较高,特别是 10 月份提前蓄水,而来沙量相对较多,泥沙基本上淤积在模型上段。

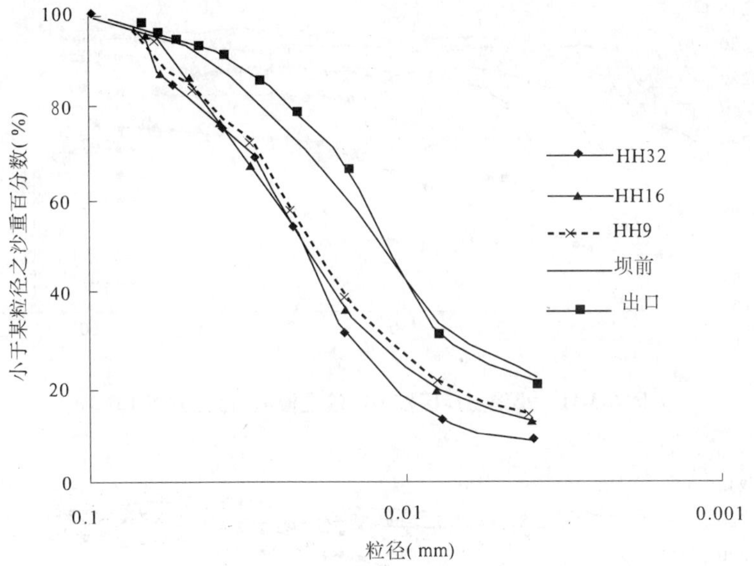

图 6-3-9　悬移质泥沙级配沿程变化

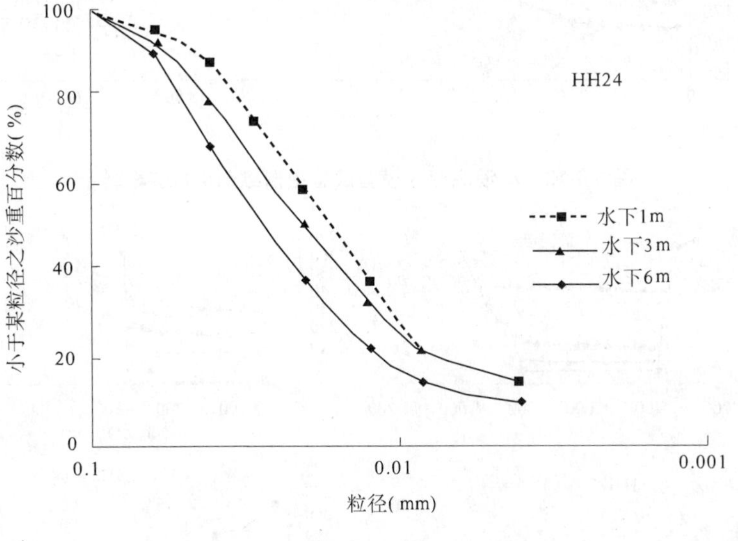

图 6-3-10　悬移质泥沙级配沿垂线变化

位于三角洲顶点以下的前坡段,水深陡增,流速骤减,水流挟沙力急剧下降,水流处于超饱和状态,大量泥沙在此落淤,使三角洲不断向下游推进。图 6-3-11、图 6-3-12 为方案 1 及方案 2 库区历年汛后主槽纵剖面图,可以看出三角洲的淤积过程。

在三角洲前坡段及坝前淤积段,河床基本上为平淤。图 6-3-13、图 6-3-14 为方案 1 及方案 2 历年汛后河床横断面套绘图,可以看出河槽变化过程。

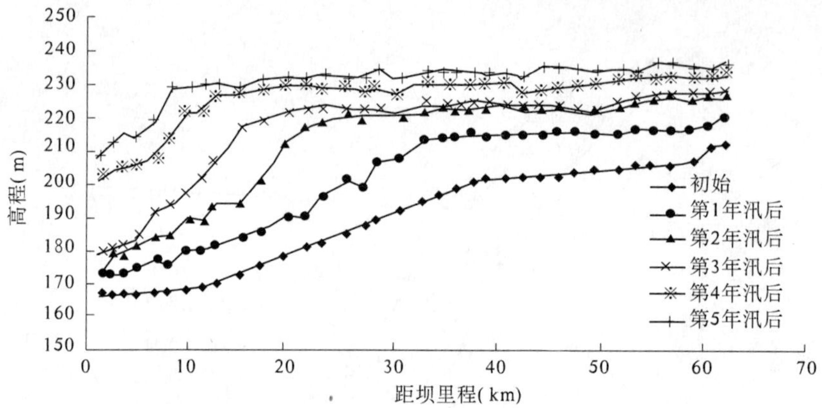

图 6-3-11 小浪底库区模型试验主槽纵剖面(方案 1)

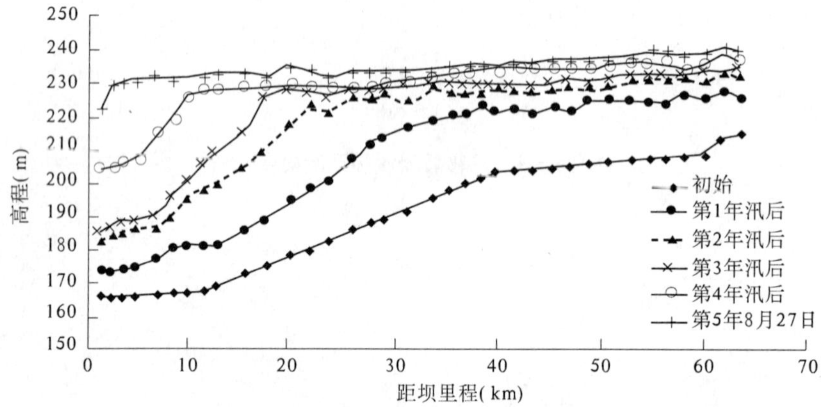

图 6-3-12 小浪底库区模型试验主槽纵剖面(方案 2)

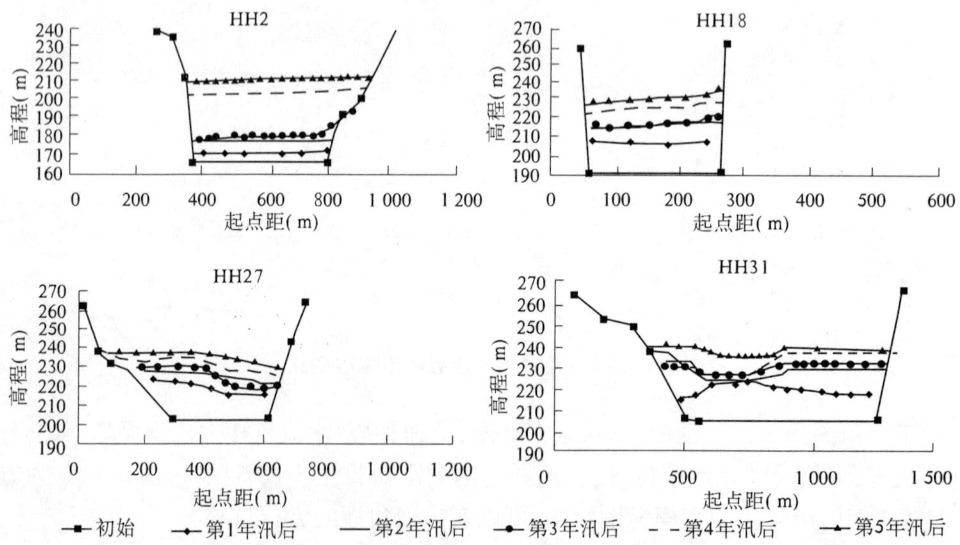

图 6-3-13 小浪底库区模型试验汛后横断面套绘(方案 1)

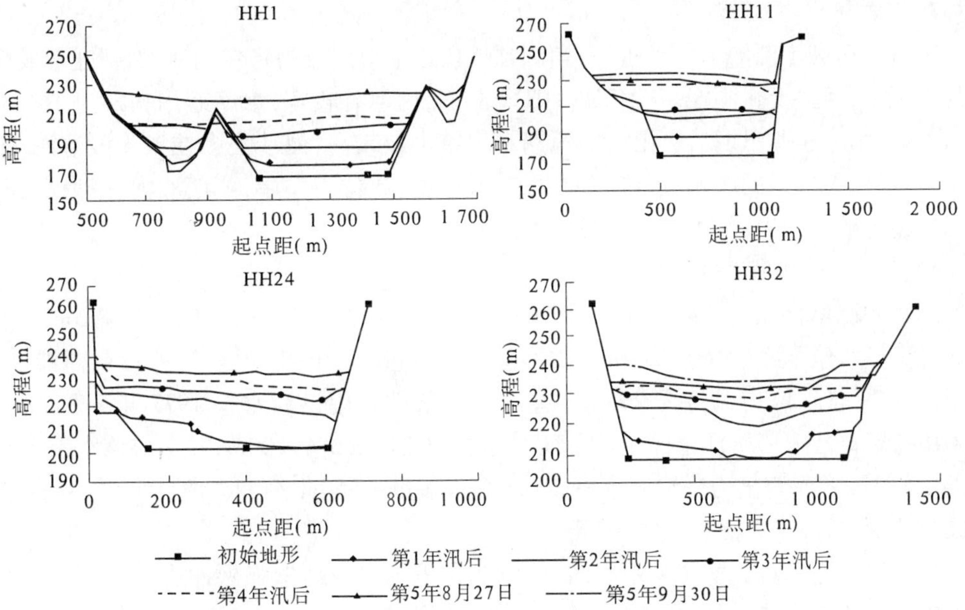

图 6-3-14　小浪底库区模型试验汛后横断面套绘图(方案 2)

支流主要为异重流淤积。若支流位于干流异重流潜入点下游,则干流异重流会沿河底倒灌支流,在支流表面可看到水流表层水向沟口缓慢移动。若支流位于三角洲顶坡段,则可看到暴露于水面以上的拦门沙。拦门沙顶部与干流淤积面衔接,向内形成倒坡。拦沙坎高程随干流淤积面的抬高而逐步抬升。

根据统计分析结果,方案 1 及方案 2 历年干支流淤积量见表 6-3-5。若取淤积物干容重为 1.15t/m^3,则方案 1 前 5 年平均排沙比约为 18%,方案 2 第 1 年至第 5 年 8 月 27 日平均排沙比约为 30%。

表 6-3-5　小浪底库区模型试验淤积量测验成果　(单位:亿 m^3)

方案	年序	汛期			非汛期			全年		
		干流	支流	干+支	干流	支流	干+支	干流	支流	干+支
1	1	7.16	1.33	8.49	0.61	0	0.61	7.77	1.33	9.10
	2	4.48	1.30	5.78	0.57	0.04	0.61	5.05	1.34	6.39
	3	2.15	1.06	3.21	0.61	0	0.61	2.76	1.06	3.82
	4	4.61	1.41	6.02	0.84	0.20	1.04	5.45	1.61	7.06
	5	1.72	0.22	1.94	0.94	0.19	1.13	2.66	0.41	3.07
	1~5	20.12	5.32	25.44	3.57	0.43	4.00	23.69	5.75	29.44
2	1	7.30	1.43	8.73	0.47	0.14	0.61	7.77	1.57	9.34
	2	4.70	1.57	6.27	0.45	0.07	0.52	5.15	1.64	6.79
	3	2.65	0.86	3.51	0.45	0.16	0.61	3.10	1.02	4.12
	4	3.95	1.44	5.39	0.93	0.11	1.04	4.88	1.55	6.43
	5(1)	4.16	1.47	5.63						
	5(2)	-13.98	-1.58	-15.56						
	1~5(1)	22.76	6.77	29.53	2.30	0.48	2.78	25.06	7.25	32.31

注:5(1)为第 5 年 7 月 1 日~8 月 27 日,5(2)为 8 月 28 日~9 月 30 日。

3）河势变化

随着三角洲不断向下游推进，三角洲顶坡段逐渐形成较为稳定的滩槽，但在形成与发展的过程中，河势变化不定。HH36～HH32 断面，因河谷较宽，水库运用初期河势极不稳定，特别是第 1 年非汛期后。由于非汛期水库蓄水位较高，泥沙大多在该库段落淤，汛初水位下降后，无明显的滩槽，水流流向不定，或居中，或位于左岸，或两股河，或散乱，而一旦形成稳定的滩槽后，基本上不再发生大的变化。

4）降水冲刷概化试验

降水冲刷概化试验从第 5 年 8 月 28 日起在坝前水位 230m 的基础上日降 5m，5 天后即 9 月 1 日水位下降 25m 至 205m。之后除入库流量大于该水位泄量，水库敞泄滞洪外，直至 9 月 20 日水位均保持在 205m。进口水沙条件采用设计水平 1977 年 8 月 28～31 日＋1981年 9 月 1～20 日过程。9 月 21 日水位再下降 5m 至 200m，并保持该水位至 9 月 30 日，该时段入库流量为小浪底水库 200m 高程泄量 4 550m^3/s，入口沙量为 1981 年相应时段含沙量过程。

当水位降至 220m，坝前至距坝约 10km 的范围内出现河槽强烈冲刷，滩面滑塌、流动的现象。水位进一步下降至 205m，除坝前段冲刷进一步发展外，并向上游发展。距坝 10km 以上至 45km 的范围内，沿横断面不同的部位冲刷表现形式各不相同。在河槽内主要表现为溯源冲刷，局部形成跌水，并不断向上游发展。随着主槽下切，两岸处于饱和状态的淤积物失去稳定，在重力及渗透水压力的共同作用下向主槽内滑塌。冲刷发展至 45km 以上，其表现形式仍为主槽溯源冲刷，滩地滑塌，只是由于河槽淤积物较粗，有黏性的细颗粒含量少，而使冲刷发展相对较快。支流沟口淤积物随着干流淤积面的降低出现滑塌，进而引起支流内蓄水下泄，水沙俱下，加速了支流淤积物下排。降水冲刷后河床纵、横剖面形态发生了很大变化。支流淤积物冲刷后，拦门沙坎已不存在，河口段纵剖面改淤积时段倒坡为顺坡。

5）成果讨论

（1）初始运用水位 210m 与 220m 相比，排细沙效果前者优于后者。小浪底库区模型试验结果显示，水库运用初期淤积形态为三角洲，库区以异重流方式输沙。异重流潜入点位于水深突然加大的三角洲顶点以下的前坡段，较粗泥沙很快落淤，水流挟带较细泥沙以异重流形式向坝前运行。由于异重流处于超饱和输沙状态，泥沙会沿程淤积，加之沿程清水的析出及支沟的分流作用，异重流能量沿程衰减。显然异重流运行距离越长，能量损失越大，排沙效果越差，大量较细泥沙也会沿程淤积在库内。从定性上讲，若初期起调水位较低，则异重流潜入位置偏下，异重流运行距离较短，排细沙效果较好。从模型试验结果看来，HH37 断面方案 1 及方案 2 第 1 年汛期来沙量分别为 11.27 亿 t及 10.67 亿 t，库区淤积量分别为 9.76 亿 t 及 10.04 亿 t，水库排沙比分别为 13.4% 及 6%，而且出库泥沙组成基本一致。模型试验结果与上述分析是一致的。数学模型计算结果亦表明，库区淤积物中 $D<0.025$mm 的细沙含量方案 1 小于方案 2。若方案 1 调蓄库容减为 5 亿 m^3（与方案 2 同），运用水位会再低一些，排沙效果会更好些。因此，仅就要求水库达到既可拦粗又能排细的效果而言，起始水位 210m 优于 220m，从定量上讲差别有限。

(2)水库运用初期支流库容拦沙量有限。小浪底库区支流原始库容占总库容的1/4，人们希望充分利用支流库容拦截泥沙，发挥对黄河下游的拦沙减淤效益。

小浪底库区支流平时流量很小甚至断流，只是在汛期会发生几场洪水且历时短暂，洪水期有砂卵石推移质顺流而下。据计算分析，库区支流年平均推移质输沙总量约为30万t，悬移质输沙量约为471万t，与干流来沙量相比可略而不计。因此，支流库容的拦沙量取决于干流进入支流的沙量。

试验结果表明，支流的淤积主要由干流倒灌淤积。在支流口门的拦门沙坎高程亦取决于口门处干流淤积面高程。处在三角洲坝前淤积段的支流沟口处，淤积面并不高，干流往往以异重流形式运行，在支流沟口仍以异重流的形式倒灌支流。当干流三角洲顶点迅速推近并跃过支流沟口时，沟口淤积面高程骤然大幅度抬升，因此支沟拦门沙的主体是干流淤积物。支流沟口的拦门沙坎，又相当于干流的滩地，一般情况下水流不漫滩。因此，拦门沙坎的迅速形成，起着阻挡干流浑水倒灌支流的作用，只是在干流涨水时水流漫过拦门沙坎，侧向分流入支流，相对而言，干流倒灌的机遇不多且倒灌流量有限，加之进入支流的往往是表层水流，这是支流淤积量少，拦门沙坎与支流内淤积面高差大的原因所在。

在库区若干条支流中特别值得提起的是畛水。畛水是小浪底库区最大的一条支流，原始库容达17.5亿m^3，占支流总原始库容的比值近40%。畛水口门处狭窄，仅600m左右，内部宽可达2 000～3 000m，由于原始河床比降小，小浪底水库最高蓄水位275m时回水长度约为20km。畛水的平面形态对于干流倒灌淤积十分不利。

(3)在特定条件下降水冲刷可恢复部分库容。方案2在前期淤积的基础上，于第5年8月底开始实施降水冲刷概化试验。试验结果表明，有利的来水来沙条件及边界条件可使库区产生剧烈冲刷。模型试验中观察到的冲刷现象与野外十分相似，不同库段冲刷表现定性合理。但毕竟原型沙与模型沙物理化学特性存在一定的差异，加之两者沉积时间不同，定量结果仍需进一步探讨。即使如此，通过试验观测足以说明，若库区淤积物沉积时间不长，遇到有利的大水年份，大幅度地降低坝前水位可使库区产生大量冲刷，恢复部分库容。显然该结论对制定水库运用方式具有重大意义。

6)试验结论

(1)小浪底水库试验结果表明，水库运用初期基本上为异重流排沙，潜入点一般位于三角洲顶点下游的前坡段，且随入库流量的大小或库水位的升降有所变动。异重流潜入条件符合实测资料及水槽试验得出的异重流潜入的一般规律。若异重流潜入后有足够的能量，则可运行至坝前并排泄出库。

(2)小浪底水库干流淤积形态为三角洲，随着水库运用时间的延长，三角洲不断向下游推进。在三角洲洲面形成位置相对稳定的河槽，河槽宽一般400～500m。板涧河河口以下库段除八里胡同以外均可形成滩地。库区支流主要为干流倒灌淤积，在支流沟口形成拦门沙。拦门沙顶部高程与干流滩面衔接，向内形成倒坡。随干流水位下降或抬升，支流沟口拦门沙可被冲出小槽或因干流浑水倒灌而淤积。

(3)水库运用初期，在HH36～HH32断面，由于河谷较宽，加之非汛期淤积的影响，河势不稳定。一旦形成稳定的滩槽后，基本上不发生大的变化。HH32断面以下，受两岸山体的制约，河势较为稳定。发生较大流量的洪水后，断面形态变化表现为淤滩刷槽。

(4)库区冲刷概化试验的结果表明，对于初期淤积物而言，若入库流量较大且持续时间长，加之坝前水位骤降，在河槽内会出现较为强烈的冲刷下切，滩地随之滑塌的现象。这与野外观测现象一致。表明在水库运用过程中，若有较大流量入库且持续时间较长，大幅度下降水库运用水位，可达到恢复部分库容的目的。但需要说明的是，由于原型沙与模型沙的物理化学特性的完全模拟是极其困难的，加之两者沉积时间不同，定量结果尚需进一步研究。

(三)2000 年水库运用方案库区模型

1. 试验条件

1)水沙条件

试验采用 1995 年典型水沙过程。经多方案比选推荐方案为：水库起始运用水位 205m，调控库容 8 亿 m^3，调控上限流量 2 600m^3/s。据统计，模型进口断面 7～9 月总水量为 112 亿 m^3，总沙量为 8.22 亿 t，其中细沙($d<0.025$mm)、中沙($d=0.025\sim0.05$mm)及粗沙($d>0.05$mm)分别为 5.17 亿 t、1.83 亿 t 及 1.22 亿 t。该时段最大日平均含沙量为 420kg/m^3，相应流量 2 308m^3/s；最大日平均流量为 4 324m^3/s，相应含沙量为 110kg/m^3。7～9 月份，原型水温一般为 20～27℃，可取 25℃，试验时模型水温一般为 6～8℃，λ_v 可取 0.64，由此可得到 $\lambda_d=0.76$。由 λ_d 值及原型悬沙级配可确定模型进口悬沙级配。

2)边界条件

初始地形为 2000 年 6 月 30 日地形。该地形是在小浪底库区原始地形基础上，估算出 2000 年 6 月 30 日以前库区的总淤积量，再按一定的设计形态进行铺沙而成。

坝前水位为模型出口边界的控制条件，由数学模型调节计算得到，主汛期坝前水位过程线见图 6-3-15。各泄水洞泄量根据发电、排沙及泄洪的要求实施调度。2000 年 7～9 月电站装机 2 台，发电流量基本为 500m^3/s。按小浪底水库泄水洞的调度原则进行分流计算，以此指导模型中各泄水洞的启闭。

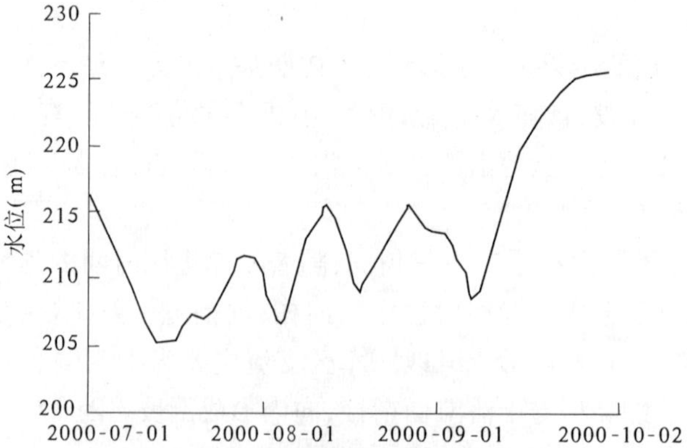

图 6-3-15　坝前水位过程线

2. 水沙运动规律及排沙特性

水库起始运用水位205m,205m以下蓄水量约16.1亿m^3,加之非汛期预留的用于7月上旬灌溉补水的10亿m^3蓄水,6月30日库区蓄水位接近217m,回水末端超过模型进口。7月上旬,入库流量及含沙量均较小,挟沙水流入库后,泥沙大多淤积在模型进口。随着模型进口段不断淤积抬升及坝前水位的逐渐下降,进口段自上而下逐渐呈明流状态。在板涧河河口上游,浑水潜入清水下面沿库底向下游运行,形成异重流。之后,库区基本上为异重流排沙。

异重流潜入位置取决于该处水流的泥沙条件。图6-3-16点绘了异重流潜入点随时间的变化过程。从总的变化趋势看,潜入点随库区淤积量的增加而下移。从变化过程看,潜入点位置与库水位的升降关系较为密切。

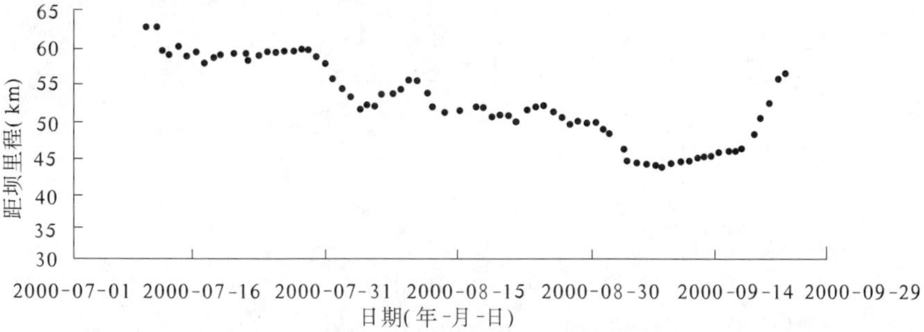

图6-3-16　异重流潜入点位置变化

浑水潜入后向下游运行的过程中总是处于超饱和状态,因此在异重流泥沙淤积的同时含沙量随之降低,且随着沿程清水的析出及向支流的倒灌而使异重流的流量逐渐减小,其运动能量亦相应减小。所以,当入库流量较小时异重流潜入后往往随着能量的减小而消失在库区。根据淤积地形资料分析,虽然部分异重流浑水倒灌支流以及沿程损失,但大多情况下,异重流或多或少可运行至坝前。水库运用初期由于坝前初始库底高程不足150m,而排沙洞底坎高程为175m,两者高差大于20m,即使挟沙水流到达坝前,但排沙比非常小,特别是7月份几乎没有泥沙出库。至7月底,坝前淤积面高程约为165m,异重流到坝前后,仍不能有效地排出库外。

图6-3-17及图6-3-18分别为7月底及9月初两次较大流量库区沿程代表断面流速及含沙量沿垂线分布图,由此可以反映库区水沙运动的规律。

3. 淤积形态及组成

1)干流淤积形态

图6-3-19为干流横断面套绘图。距坝约50km以上库段在脱离回水影响的时段可塑造出滩槽高差不甚显著的河槽,水流在河槽中运行。在距坝55~57km的库段因河势变化,河槽沿横断面出现了较大的位移,存在明显的滩槽高差。河槽亦会随入流量的大小而扩大或缩小。9月份蓄水位逐渐抬升,泥沙大多淤积在河槽中,至9月底大部分库段已无明显的滩槽之分,个别库段仅显示出浅碟状的河槽。在模型下段为异重流淤积,河床基本上为水平抬升。

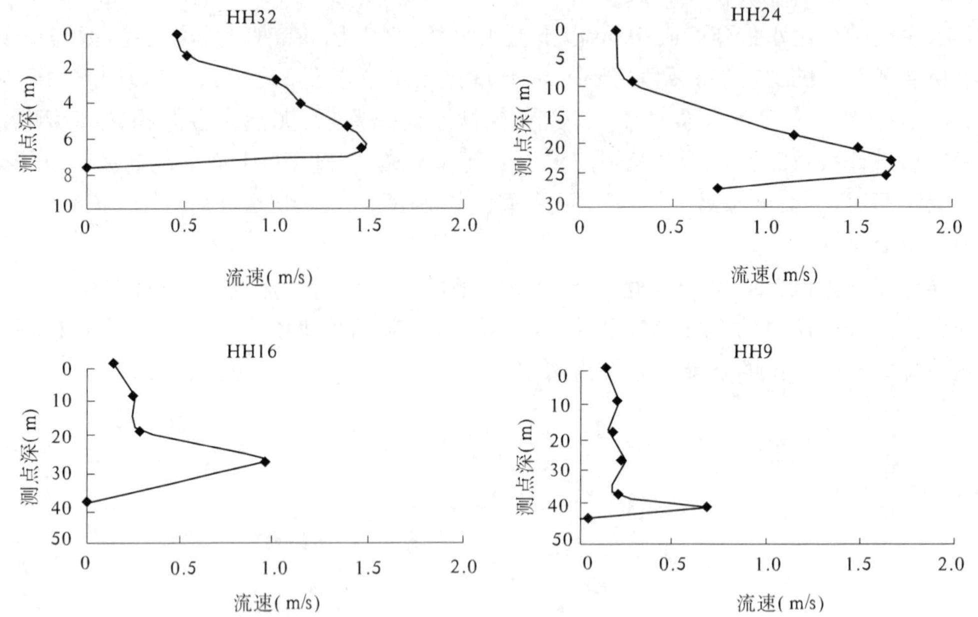

(a)2000 年 7 月 30 日

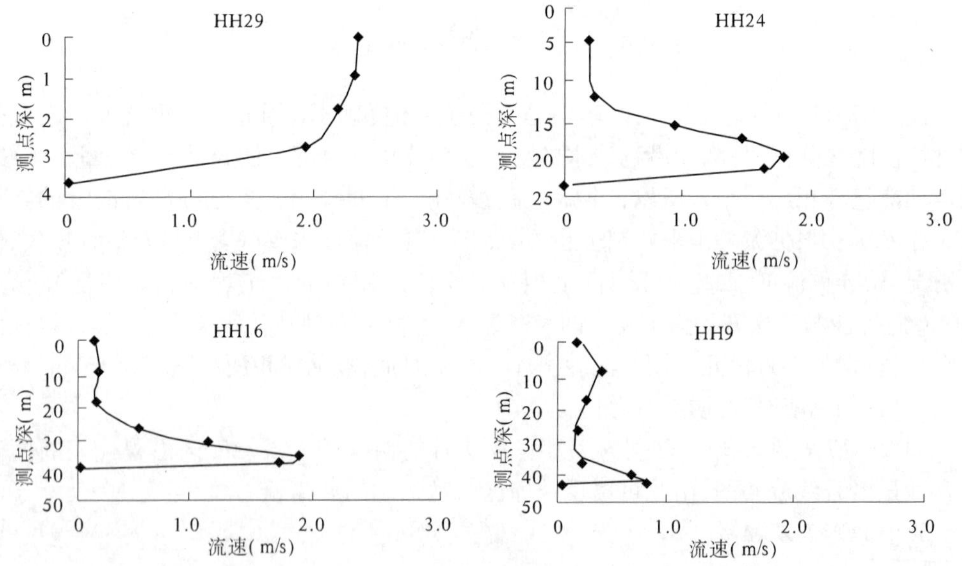

(b)2000 年 9 月 2 日

图 6-3-17　小浪底库区模型试验流速沿垂线分布

2）支流淤积形态

从图 6-3-20 中可以看出，沟口淤积高程与干流衔接，沟口的淤积厚度取决于干支流交汇处干流的淤积高程。位于三角洲洲面的沇西河河口向内略有倒坡，高差约 3m，而其他支流纵剖面并无明显的倒坡。

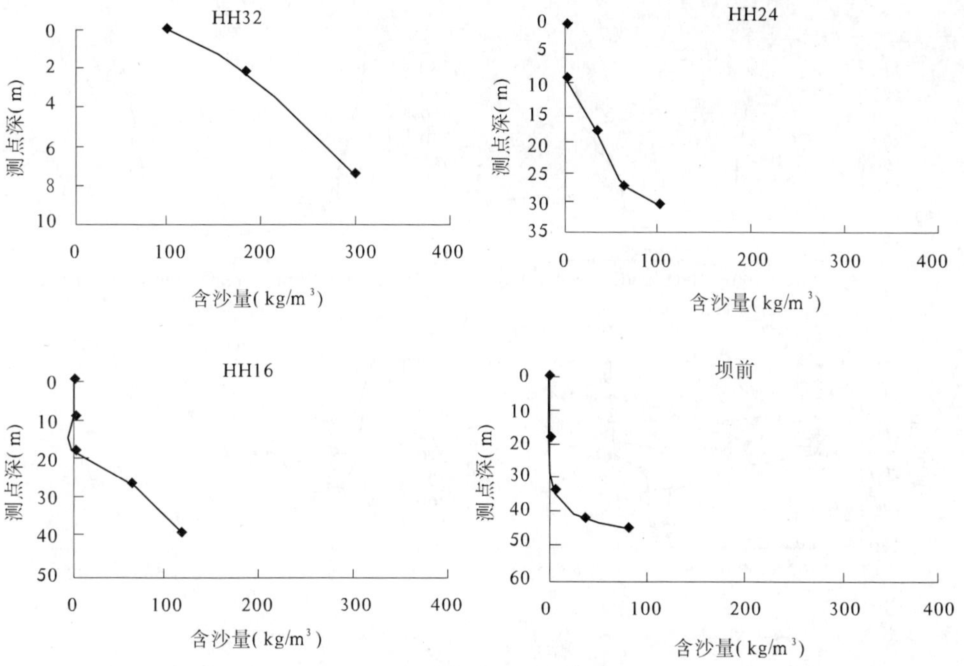

(a)2000 年 7 月 30 日

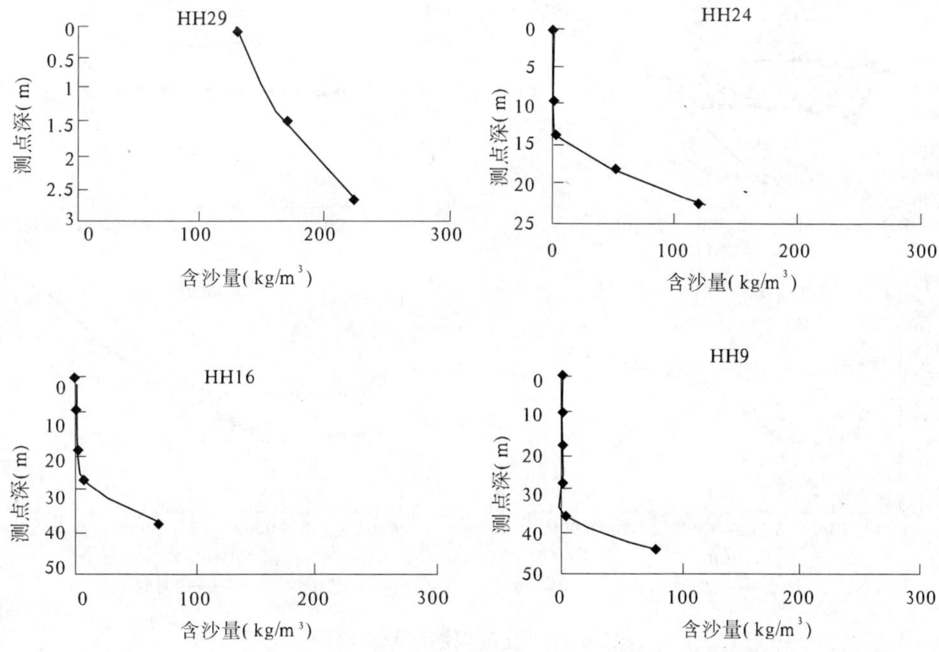

(b)2000 年 9 月 2 日

图 6-3-18　小浪底库区模型试验含沙量沿垂线分布

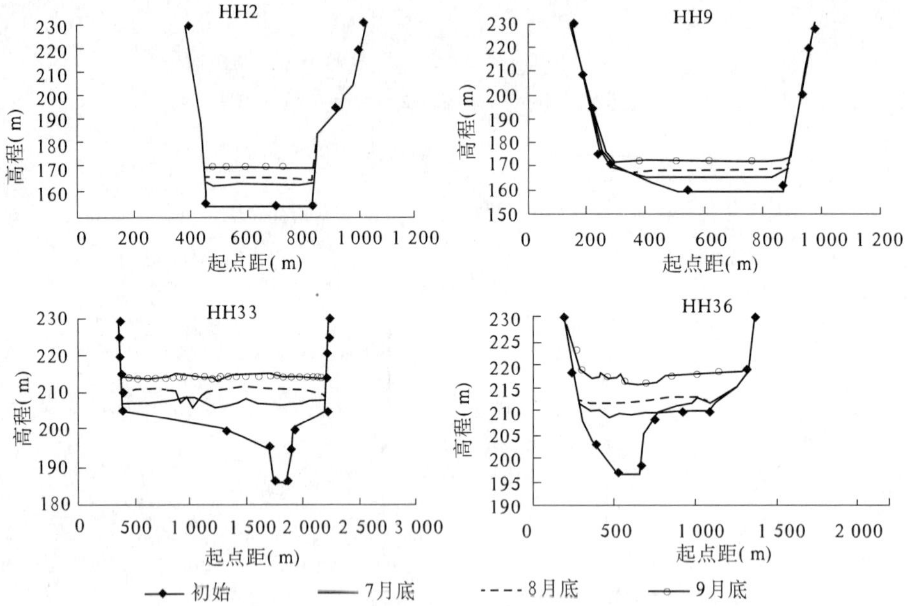

图 6-3-19　小浪底库区横断面套绘图

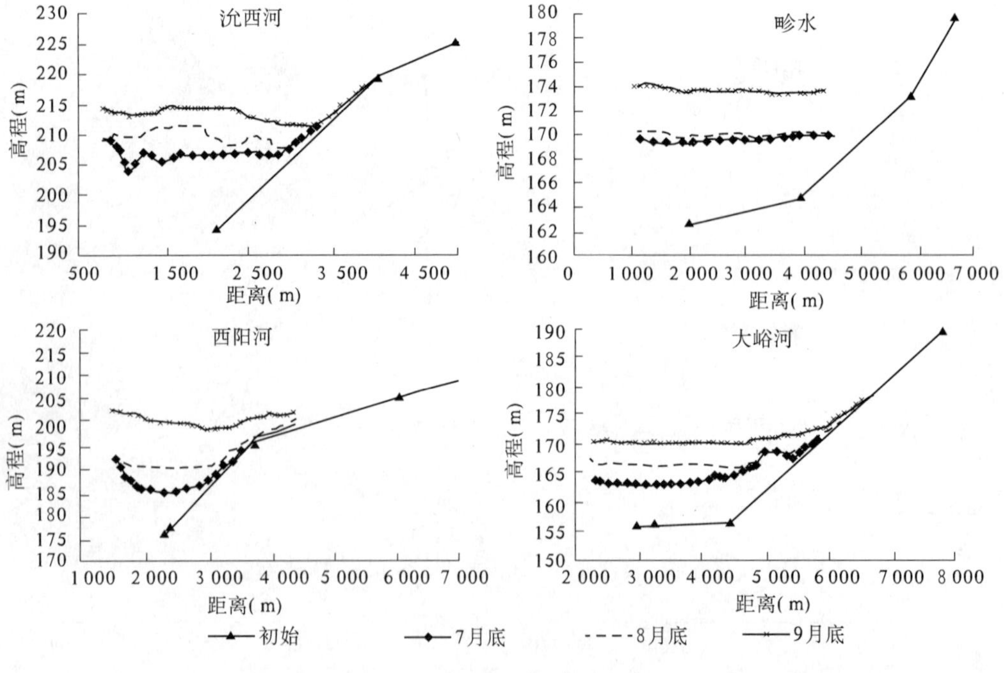

图 6-3-20　支流泥沙淤积纵剖面

基于断面法及输沙率法的统计分析结果，可得出汛期排沙比为 10% 左右，绝大部分泥沙淤积在库区，其中干流淤积约 5.7 亿 m^3，支流淤积约 0.7 亿 m^3。

3）淤积物组成

库区淤积物组成取决于入库悬沙级配及水库运用方式。9 月底库区表层淤积物级配资料显示沿程泥沙中径存在较大的差别（见图 6-3-21）。HH34 断面（距坝 58.91km）以上，泥沙中径一般为 0.03mm 左右；HH34 ~ HH24 断面（距坝 40.87km），自上而下泥沙中径有减小的趋势，一般为 0.026 ~ 0.021mm；八里胡同库段泥沙中径一般为 0.018mm；距坝 30km 以下库段沿程分选现象不明显，泥沙中径均在 0.015mm 以下，坝前段略偏细，泥沙中径约为 0.012mm。支流淤积物组成一般与交汇处的干流相当。

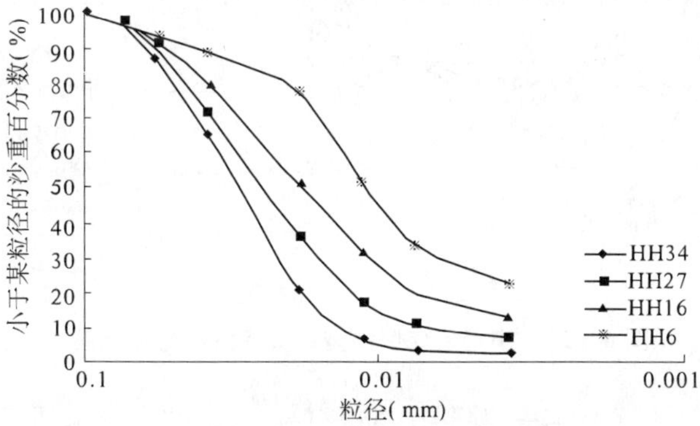

图 6-3-21　库区淤积物级配曲线

4. 河势变化

由于大部分时间入库流量不大，主流一般沿板涧河下游的山体较为顺直地穿过 HH36 ~ HH34 断面。HH34 ~ HH31 断面，主槽位移较为频繁，见河势套绘图 6-3-22。8 月上中旬主流贴 HH34 ~ HH33 断面左岸山体穿过沇西河河口，经 HH32 断面左岸流向下游。随着该流路被逐渐淤积抬升，部分水体分流至右岸下泄，至 8 月下旬出现左右两股水流状况。随后，右股水流逐步居主导地位，9 月初的洪水加剧了右股汊道的发展，最终形成了位于右岸的单一河槽。

二、下游河道模型

（一）小浪底水库运用初期下游河道演变趋势试验研究

为预测小浪底水库运用对减少下游河道泥沙灾害的效益，模型进行了有、无小浪底水库两种方案的试验。

1. 试验条件

1）水沙条件

（1）有小浪底水库（方案 1）。该组试验采用调控上限流量 3 700m^3/s 方案。选取的 2000 年水沙条件是由 1981 年实际水沙系列经过小浪底水库部分调节后产生的；设计的 2001 ~ 2005 年水沙系列是 1978 ~ 1982 年水沙系列经小浪底水库调节后形成的。伊洛河、沁河入汇水沙过程按1978 ~ 1982 年实测过程在模型上施放。2000 ~ 2005 年小浪底、黑石关、小董三站合计总水量 2 239 亿 m^3、总沙量 10.4 亿 t。

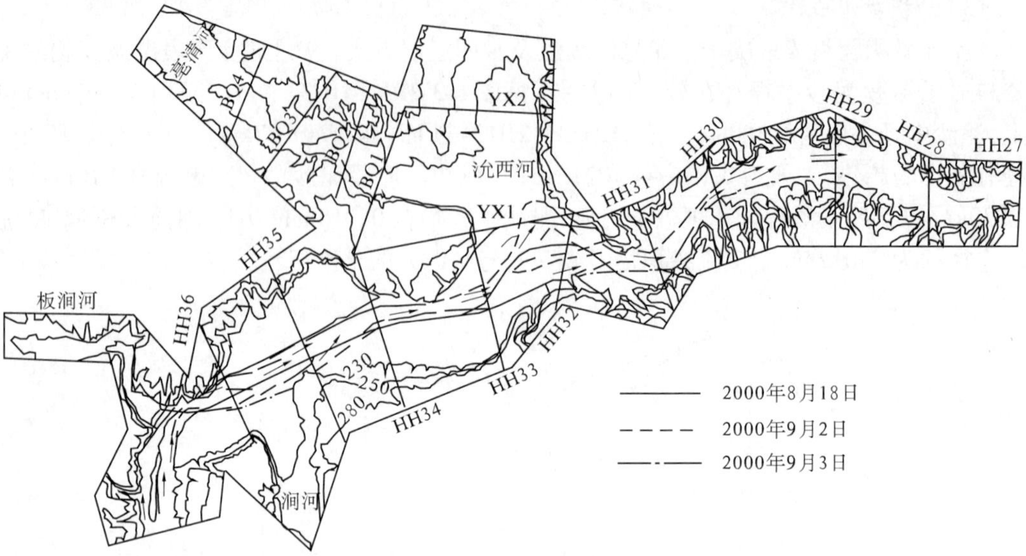

图 6-3-22 小浪底库区模型进口河段河势套绘图

(2)无小浪底水库(方案2)。2000 年水沙过程采用 1981 年系列,2001 ~2005 年水沙过程采用 1978 ~1982 年系列,具体过程依据原型实测资料由龙羊峡、刘家峡、三门峡三水库调节计算后产生。2000 ~2005 年小浪底、黑石关、小董三站合计总水量 2 265 亿 m^3、总沙量 56.6 亿 t。

2)边界条件

模型初始地形根据 1998 年汛前实测大断面和河势资料进行塑制。

考虑到本河段洪水运行规律极其复杂,洪水漫滩后使出口处的确切流量及时间难以预估,模型尾部苏泗庄断面的水位,在试验过程中随时按禅房至高村水面线实测值同比降外延加以调整。

2. 试验结果

1)方案1

(1)河势变化。温孟滩河段位于沙质河床的最上端,首当其冲,河道工程相对配套,河床以下切为主,主流顶冲部位较稳定,没有出现工程脱河现象。但无疑将出现根石冲失等险情。

伊洛河河口至孤柏嘴河段,滩地广阔,无控导工程,初始流路为神堤将主流挑向对岸,主流北摆坐弯折向南岸。伴随着塌滩坐弯凹岸不断蚀退,形成顶部向东的鹅头弯。由于神堤工程送溜段过短,水流裁弯取直,滑过神堤下首直接傍沙鱼沟工程下行,进入了英峪至孤柏嘴之间的大山弯,凹岸流速较大,所以该河段应采取工程措施以防止山弯坍塌后退。受官庄峪山嘴的挑流作用,其下游东安滩地坍塌较为严重,主流北移 400 ~600m,主流在弯顶的蚀退使其形成“横河”,顶冲右岸山体。总的来看,自然山弯在冲刷过程中可能出现坍塌是该河段面临的主要问题。

邙山提灌站至马渡河段,主流摆动范围较小,基本在控导工程控制范围内。来童寨至赵口河段,因武庄工程较短,而来童寨送溜大都靠武庄下首,随着冲刷的发展,主流在赵口闸附近靠溜,逐渐下挫到赵口险工。九堡至大张庄河段,水流自然形成的初始流路冲刷后为顺直河道。大张庄以下,在黑岗口上延工程、大宫相继出险,主流超出了工程控导范围。王庵工程靠河后,古城着溜点不断下移,试验结束时主流仅靠古城最后一道坝,主流迅速在其下首滩地坐弯,塌滩较为严重。曹岗至东坝头河段,河势比较规顺。

东坝头以下,工程布局相对配套,主流基本在工程控导范围之内,尤其辛店集工程因走向横拦大河,导流能力强,河势较为稳定。但大留寺工程河势逐年下挫,试验结束时,大留寺工程只靠边溜,主流在大留寺下首坐弯,遂转向形成顶冲王高寨工程的“横河”。像大留寺工程河势变化一样,老君堂工程最终出现脱河现象。高村靠河位置相对变化较小,其下游直至苏泗庄,河势也基本在险工及护滩控导工程控制范围之内。

(2)水位。小浪底水库运用初期,下泄水流的含沙量较低,整个河段普遍遭受不同程度的下切。小浪底水库运用5年后,不同时期各典型站 $Q=3\ 700\mathrm{m}^3/\mathrm{s}$ 流量下水位变化见表6-3-6,水位下降幅度基本呈现出沿程和随时间有所递减的规律。河槽冲刷下切后,过洪能力增大,柳园口以上河段平滩流量可达 $6\ 000\mathrm{m}^3/\mathrm{s}$,以下河段平滩流量也在 $4\ 500\mathrm{m}^3/\mathrm{s}$ 左右。

表6-3-6　不同时期各典型站 $Q=3\ 700\mathrm{m}^3/\mathrm{s}$ 流量下水位变化(方案1)　(单位:m)

位置	时间(年-月)						
	2000-07	2001-07	2002-07	2003-07	2004-07	2005-07	2005-08
铁谢	118.00	117.78	117.61	117.49	117.44	117.32	117.32
裴峪	110.90	110.29	109.86	109.51	109.38	109.02	109.00
官庄峪	100.80	100.24	99.83	99.54	99.43	99.09	99.00
花园口	94.62	94.19	93.87	93.63	93.54	93.27	93.20
黑岗口	82.84	82.46	82.14	81.93	81.82	81.55	81.50
夹河滩	75.90	75.53	75.21	74.99	74.89	74.64	74.59
周营	68.99	68.69	68.44	68.23	68.14	67.91	67.89
高村	63.61	63.30	63.03	62.81	62.69	62.44	62.40
苏泗庄	59.20	58.95	58.73	58.56	58.47	58.26	58.22

(3)河床变化及塌滩状况。冲刷前后横断面比较,不同时期河道横剖面有较大变化,其中有些断面反映出主槽位置在横向出现很大位移。

三门峡水库拦沙运用期,铁谢至高村河段滩地大量塌蚀,累计塌滩面积达 $280\mathrm{km}^2$。与三门峡水库运用初期下游河床边界条件相比,目前大部分河段的河道整治工程已不断完善,整个游荡性河段的主流摆动范围均明显变小。方案1试验结束后塌滩面积统计结果见表6-3-7,试验河段累计塌滩面积为 $40.96\mathrm{km}^2$,较三门峡水库拦沙期下游塌滩面积大为减少。

表 6-3-7 6 年塌滩面积统计结果(方案 1) (单位:km^2)

塌滩河段	面积	塌滩河段	面积	备注
伊洛河河口—英峪	8.05	古城—府君寺	2.80	
官庄峪—秦厂	6.49	油房寨—王高寨	9.68	主流下挫
赵口—黑石	5.87	周营—于林	2.46	
大张庄—大宫	2.60	青庄—刘庄	3.01	

(4)河床稳定性变化。试验初期、中期、末期各河段纵比降不同程度变缓。冲刷后河床粗化,同时悬沙粒径也有所变粗。

采用张红武等提出的河流综合稳定性指标,即

$$Z_w = \frac{\left(\frac{\gamma_s - \gamma}{\gamma} D_{50} H\right)^{1/3}}{iB^{2/3}} \tag{6-3-1}$$

并给出其判别指标:Z_w 值随河型不同呈规律性变化,$Z_w < 5$ 为游荡型河流;$Z_w > 15$ 为弯曲型河流;分汊型介于其中。分析河床稳定性变化,作为比较,我们将 $Q = 3\ 000 m^3/s$ 时本河段清水冲刷前后相应的 B、H、D_{50}、i 等代入式(6-3-1),计算冲刷后 Z_w 值为冲刷前的 1.4 ~ 1.8倍,河床稳定性增加,游荡性削弱,但 Z_w 仍小于 5,河型属游荡型。

2)方案 2

(1)河势。现状地形条件下,河道平滩流量在 3 000m^3/s 左右。因此,中常洪水即出现大漫滩现象,漫滩使主槽内水量减小,降低了对主槽的冲刷作用。温孟滩河段受整治工程约束,河势变化较小,水流漫滩后使滩地进一步淤高,2004 年小浪底洪峰流量为 6 480m^3/s时,逯村、开仪、化工、大玉兰下首围堤堤根处有较大的漫滩流速,直接威胁围堤安全。

大河出神堤工程后,过洪断面骤然放宽,漫滩水流迅速向北部滩区涌去,造成蟒河堤前偎水,且生产堤局部破口、漫溢。沙鱼沟前河势演变与方案 1 很接近,最终也形成沙鱼沟工程靠河的流路,此外,官庄峪至秦厂河段的河势变化与方案 1 也颇为类同,这也说明水流在河床演变中起很大作用。

河势变化较大的河段主要是来童寨以下,由于河势下挫,武庄工程脱河,主流直接从来童寨走中河滑到九堡险工,该河段河宽槽浅,尤其是流量较大的情况下,漫滩洪水容易向渠根、北岸堤根和南岸高滩沿汇聚,黄河下游"大水出好河"的现象在此表现不突出,滩地分流量和流速都较大,控导工程漫顶,防洪形势仍较为严峻。试验同时也反映出与方案 1 相同的问题,即黑岗口上延工程和大宫工程都面临着抄后路的威胁。王庵工程前的畸形河湾在向下游发展的过程中,继续刷滩坐弯,形成"横河"顶冲古城上首老滩沿,使滩沿不断后退,这种畸形河势随着古城着溜点的不断下移,直到 2005 年才调整得比较规顺。夹河滩工程在 2000 ~ 2003 年河势不断上提,上首淘刷十分严重。东坝头下游东明滩区,当流量在 3 000m^3/s 左右时即从东坝头险工下首漫向四明堂附近堤根,淹没受灾严重。

大留寺至堡城河势演变与方案 1 也基本类似,亦即河势下挫,老君堂脱河。

2005 年洪峰期,在 $Q_{小}=2\ 308m^3/s$、$Q_{伊}=3\ 114m^3/s$、$Q_{沁}=3\ 640m^3/s$ 条件下,整个河段漫水范围大,控导工程大部分漫顶,虽然模型上很难模拟漫顶后的垮坝现象,但从工程漫顶流速和流态来看,东大坝下延、来童寨下延、武庄、九堡下延、大宫、王庵、欧坦等工程漫顶流速最大可达 2.5m/s 左右,显然工程要遭受不同程度的破坏。

(2)水位。不同时期各典型站 $Q=3\ 000m^3/s$ 流量下水位变化见表 6-3-8。2005 年 10 月相对于 2000 年 7 月,花园口以上河段水位升高 0.20 ~ 0.44m,花园口至夹河滩河段水位增幅变化较小,而夹河滩至高村水位增幅又有所回升。结合天然资料初步分析后认为,上述变化与试验采用的水沙过程有关。

表 6-3-8　　不同时期各典型站 $Q=3\ 000m^3/s$ 流量下水位变化(方案 2)　　(单位:m)

位置	时间(年-月)						
	2000-07	2001-07	2002-07	2003-07	2004-07	2005-07	2005-08
铁谢	117.46	117.57	117.83	117.64	117.85	117.93	117.90
裴峪	110.39	110.32	110.64	110.34	110.83	110.69	110.59
官庄峪	100.46	100.60	100.75	100.80	100.82	100.93	100.82
花园口	94.22	94.19	94.11	94.02	94.17	94.10	94.04
黑岗口	82.52	82.60	82.60	82.56	82.67	82.65	82.55
夹河滩	75.53	75.70	75.76	75.76	75.83	75.84	75.72
周营	68.54	68.80	68.92	68.96	69.00	69.05	68.90
高村	63.03	63.21	63.46	63.61	63.84	63.98	63.70
苏泗庄	59.01	58.97	58.87	59.17	59.39	59.36	59.13

(3)塌滩状况及河床冲淤变化。方案 2 试验结束后塌滩面积统计结果见表 6-3-9。累计塌滩面积达 41.73km^2。2000 ~ 2005 年试验结束后铁谢至苏泗庄河段累计淤积量为 5.685亿 m^3。不同时段典型断面套绘结果,不仅河床有所抬升,河槽沿横向也有较大位移。

表 6-3-9　　6 年塌滩面积统计结果(方案 2)　　(单位:km^2)

塌滩河段	塌滩面积	塌滩河段	塌滩面积	备注
伊洛河河口—英峪	9.90	王庵—古城	1.20	主流下挫
官庄峪—秦厂	6.60	贯台—夹河滩	0.68	
赵口—黑石	7.48	油房寨—王高寨	10.50	
大张庄—大宫	2.17	周营—于林	3.20	

3)有、无小浪底水库方案比较

采用两种水沙条件开展的方案试验结束后,最显著的差别就是下游河段防洪形势的变化。由图 6-3-23 ~ 图 6-3-30 给出的方案 1 2005 年 8 月 2 日($Q_{小}=600m^3/s$,$Q_{伊}=3\ 360m^3/s$,$Q_{沁}=2\ 760m^3/s$)和方案 2 2004 年 9 月 8 日($Q_{小}=6\ 480m^3/s$,$Q_{伊}=719m^3/s$,$Q_{沁}=32m^3/s$)河势比较图可以看出,由于控导工程发挥作用,主流线相差不多。但在花园口以下河段,方案 1 河宽及漫滩范围明显比方案 2 小,充分说明小浪底水库运用后对下游河道防洪产生的积极作用。

与初始水位比较后不难看出，方案 1 水位有所降低，方案 2 水位一般为升高，显而易见，小浪底水库的修建减轻了下游的防洪压力。表 6-3-10 为两种方案冲淤量比较。两方案相比较可知，河段冲淤量相差约 14 亿 m^3，小浪底水库的减淤作用是显著的。

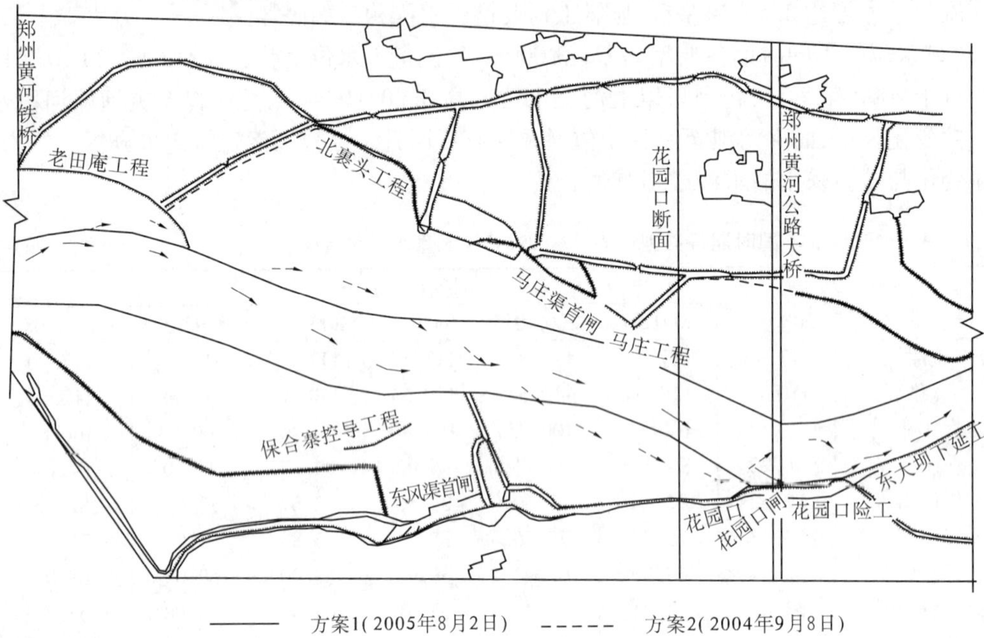

图 6-3-23 老田庵至花园口河段不同方案河势比较

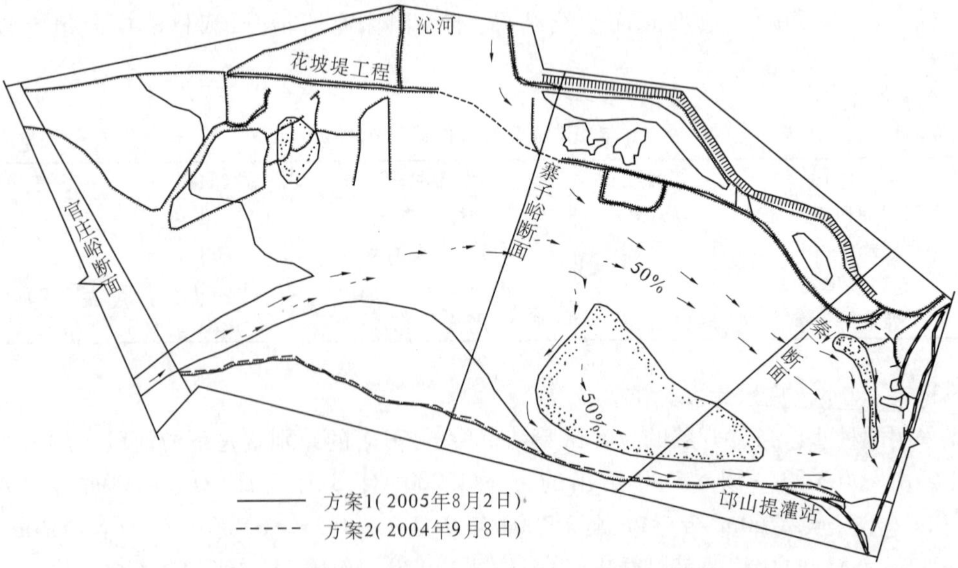

图 6-3-24 官庄峪至秦厂河段不同方案河势比较

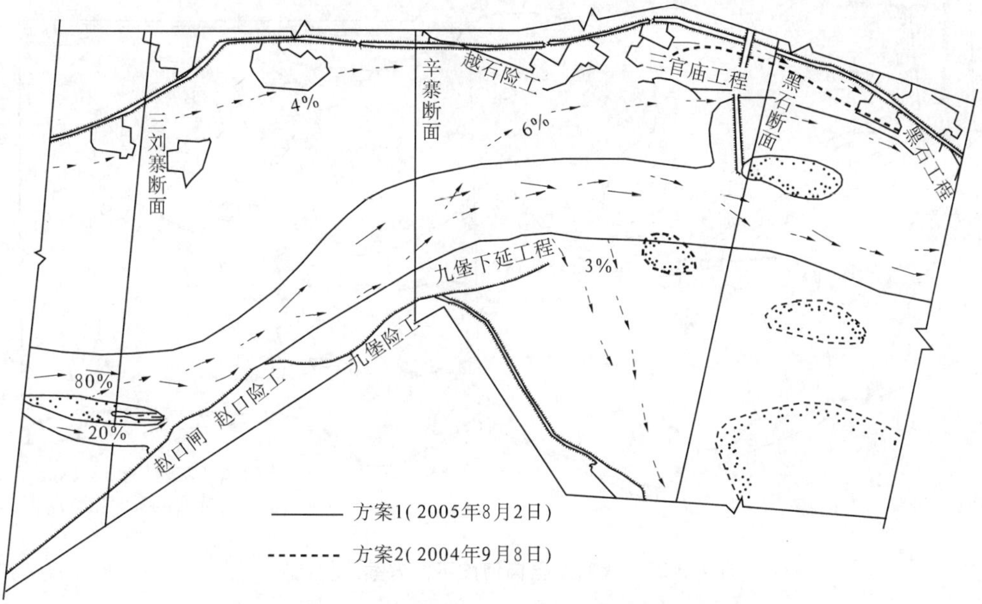

图 6-3-25　赵口至黑石河段不同方案河势比较

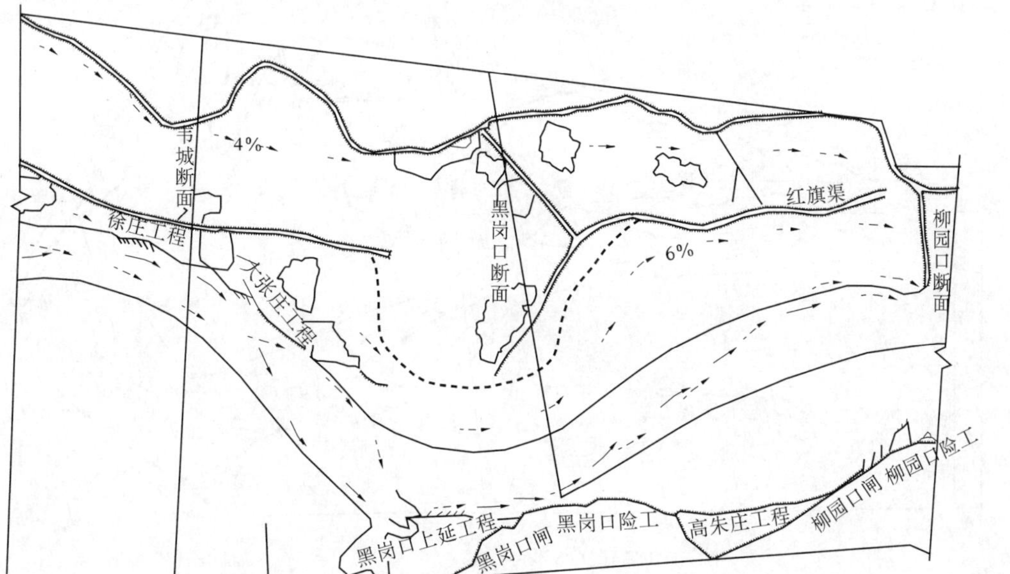

图 6-3-26　徐庄至柳园口河段不同方案河势比较

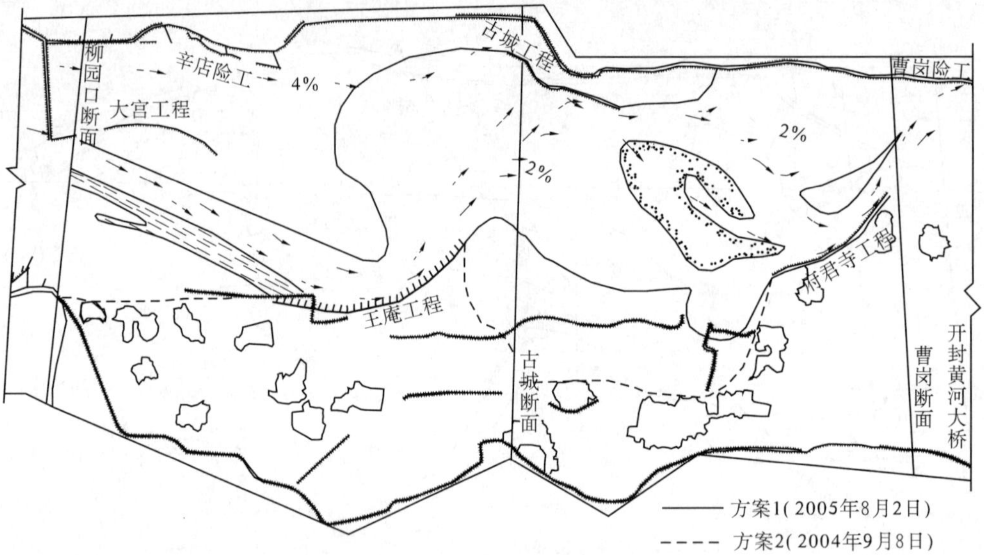

图 6-3-27 大宫至曹岗河段不同方案河势比较

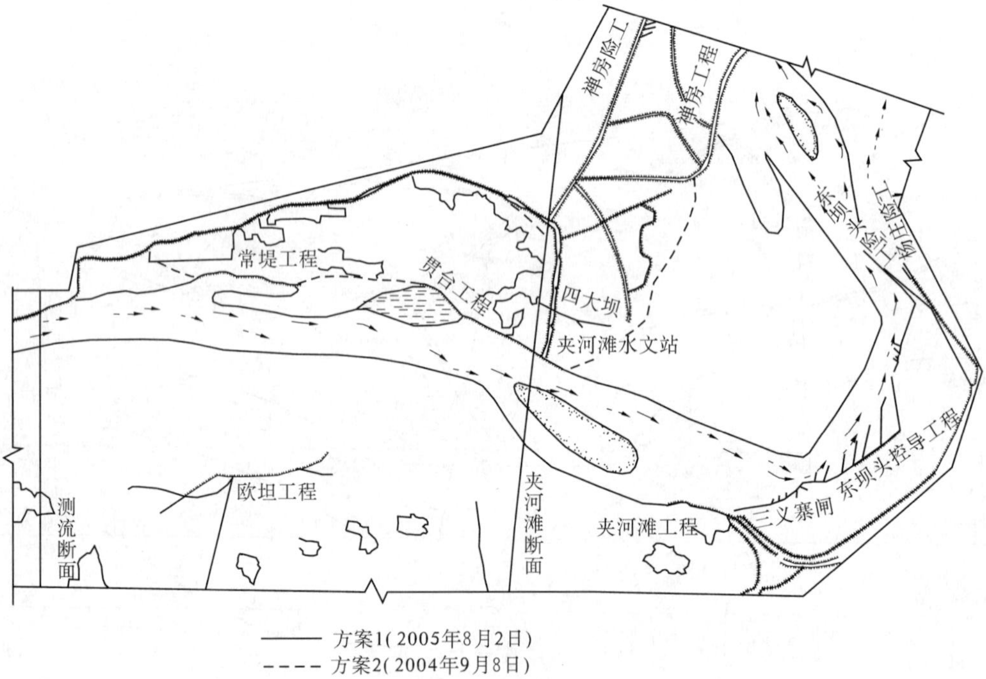

图 6-3-28 曹岗至禅房河段不同方案河势比较

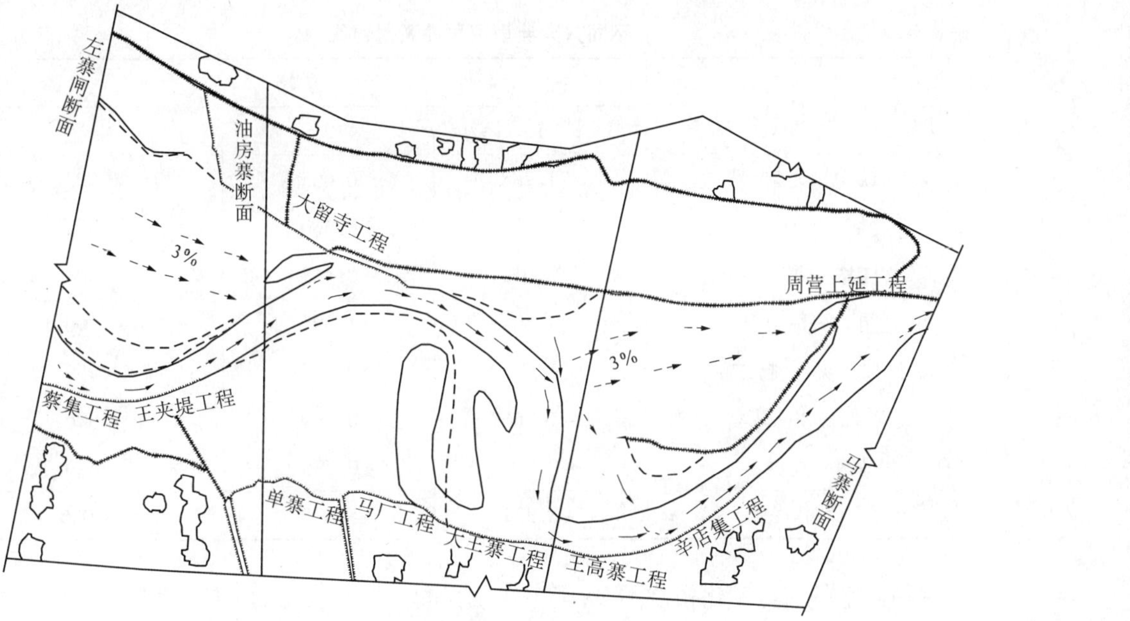

图 6-3-29　王夹堤至周营河段不同方案河势比较

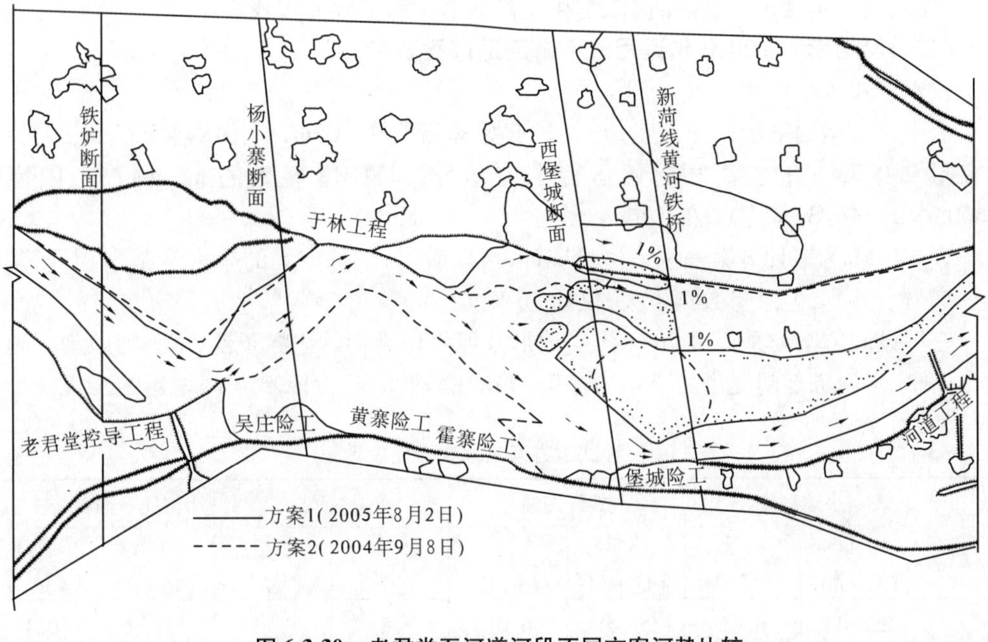

图 6-3-30　老君堂至河道河段不同方案河势比较

表 6-3-10　不同方案典型河段冲淤量对比　（单位：亿 m^3）

河段	方案		
	1	2	相差
铁谢—裴峪	-1.288	0.605	1.893
裴峪—官庄峪	-1.432	0.560	1.992
官庄峪—花园口	-0.919	0.465	1.384
花园口—黑岗口	-1.601	1.695	3.296
黑岗口—夹河滩(二)	-1.011	0.945	1.956
夹河滩(二)—马寨	-1.166	0.640	1.806
马寨—高村	-0.904	0.775	1.679
累计	-8.321	5.685	14.006

两种方案的河势变化相差不多，其中在工程配套情况较差的河段，河势演变规律也较为相近，如沙鱼沟工程前的裁弯取直、官庄峪下游的弯顶塌滩、大王寨和王高寨工程前的大幅摆动以及老君堂工程脱河等。再从两种方案的塌滩量统计结果也可看出，由于河势变化所造成的塌滩等并非完全是小浪底水库运用所致。只是从发展情况讲，方案 1 含沙量小，滩地坍塌后，若再还淤将成低滩；而方案 2 含沙量高，滩地此坍彼淤，滩地总面积变化相对较小。亦即小浪底水库拦沙期总可能给滩区人民的生活和生产带来一定的负面影响，因而从这一角度讲，也应加快修建和完善河道整治工程的步伐。

（二）小浪底水库 2000 年运用时下游河道试验研究

1. 水沙及边界条件

水库调节运用采用三种方案：方案 1，起始运行水位 205m，调控库容 5 亿 m^3，调控上限流量 2 000m^3/s；方案 2，起始运行水位 205m，调控库容 8 亿 m^3，调控上限流量 2 600m^3/s；方案 3，水库自然滞洪。

表 6-3-11 为三种方案来水来沙量统计，可以看出，三种方案的来水量基本相等，来沙量三者虽有差别，但总量数额不大，仅 0.56 亿 t。

三种试验方案均采用 1998 年汛前地形及河势作为初始边界条件，试验河段内河道工程以 1998 年河务部门提供的资料为基础，并增设 1998 年至 1999 年底增建的工程。

表 6-3-11　三种试验方案来水来沙量统计

方案	小浪底站		黑石关站		小董站		小浪底+黑石关+小董	
	水量（亿 m^3）	沙量（亿 t）	水量（亿 m^3）	沙量（亿 t）	水量（亿 m^3）	沙量（亿 t）	水量（亿 m^3）	沙量（亿 t）
1	255.44	0.45	5.45	0.01	3.87	0.01	264.76	0.47
2	254.16	0.20	5.45	0.01	3.87	0.01	263.48	0.22
3	259.43	0.54	5.45	0.01	3.87	0.01	268.75	0.56

2. 试验结果

1) 水位变化

三种试验方案在相同流量下试验前后水位降低幅度具有同一规律，即上段大于下段，水位降幅自上而下呈递减趋势。

方案 1 与方案 2 同流量下试验前后水位降幅相差不多，水位降幅自大向小排列为：方案 2、方案 1、方案 3。

2) 河床冲淤变化

表 6-3-12 是三种方案试验各河段断面法冲淤量计算结果。三种方案试验河段内河床普遍发生冲刷，冲刷强度上段大于下段，这与上述水位的变化是一致的。方案 1、方案 2 和方案 3 铁谢至高村河段累计冲刷量分别为 1.215 亿、1.302 亿 m^3 和 1.120 亿 m^3，其中以铁谢至花园口河段冲刷最多，占 60% 左右。

表 6-3-12　　三种不同运用方案断面法冲淤量计算结果　　（单位：亿 m^3）

方案	河段			
	铁谢—花园口	花园口—夹河滩	夹河滩—高村	铁谢—高村
1	-0.711	-0.363	-0.141	-1.215
2	-0.744	-0.362	-0.196	-1.302
3	-0.684	-0.348	-0.088	-1.120

3) 河床粗化状况

三种方案试验初始和结束泥沙粗化状况见表 6-3-13。可以看出，主槽冲刷，床沙粒径变粗，河床粗化，悬沙粒径也有所变粗。同时不同时期悬沙粒径沿程也明显变粗。

表 6-3-13　　三种方案试验初始和结束泥沙粗化状况

类别	方案	时期	断面				
			裴峪	官庄峪	花园口	夹河滩	高村
床沙中径(mm)	1	初始	0.151	0.126	0.117	0.095	0.073
		结束	0.182	0.161	0.154	0.125	0.083
	2	初始	0.145	0.137	0.121	0.095	0.081
		结束	0.203	0.184	0.166	0.147	0.085
	3	初始	0.158	0.121	0.102	0.095	0.075
		结束	0.172	0.153	0.141	0.115	0.075
悬沙中径(mm)	1	初始	0.015	0.020	0.022	0.024	0.026
		结束	0.019	0.024	0.024	0.027	0.029
	2	初始	0.016	0.019	0.025	0.021	0.028
		结束	0.020	0.024	0.029	0.029	0.030
	3	初始	0.014	0.018	0.020	0.023	0.025
		结束	0.018	0.022	0.024	0.026	0.028

4) 断面形态变化

根据试验结束后的实测地形资料，统计出不同河段主槽断面形态变化，见表 6-3-14。三种方案河槽平均展宽和下切幅度相差不大，铁谢至花园口河段、花园口至东坝头河段、东坝头至高村河段河槽平均展宽约为 110、270、150m。

表 6-3-14　　三种方案不同河段主槽断面形态变化

河段	时期	B(m)	H(m)	A(m^2)
铁谢—花园口	初始	1 003	2.35	2 360
	方案 1 结束	1 107	2.75	3 045
	方案 2 结束	1 113	2.76	3 075
	方案 3 结束	1 120	2.70	3 020
花园口—东坝头	初始	1 260	1.38	1 745
	方案 1 结束	1 543	1.37	2 110
	方案 2 结束	1 526	1.38	2 110
	方案 3 结束	1 534	1.37	2 095
东坝头—高村	初始	550	1.93	1 060
	方案 1 结束	702	1.79	1 255
	方案 2 结束	717	1.85	1 330
	方案 3 结束	696	1.70	1 185

5）河势变化

根据上述三种方案试验过程中的河势变化及录像资料分析，出现不利河势及塌滩地段有如下三类：

（1）整治工程不配套。如伊洛河河口沙鱼沟工程附近长期形成“Ω”形河湾，沁河河口附近的河湾，因无工程约束，清水冲刷过程中会造成湾顶处滩岸塌失现象。

（2）初始流路呈畸形河湾。如三官庙工程至徐庄工程之间、王庵工程前的“S”形河湾，弯道变形过程中河势散乱，难免塌滩。

（3）工程控导力度不够。这种情况下会造成工程上首或下首塌滩坐弯，产生较大险情，像大宫工程上首、大留寺工程下首等河段。

第七章　泥沙数学模型研究与应用

本次研究的泥沙数学模型主要包括水动力学模型、水文水动力学模型两大类。计算河段为龙门、华县、河津、洑头四站至利津，参与研究的各家模型计算内容见表7-0-1。

表7-0-1　　数学模型计算内容

单位	水动力学模型			水文水动力学模型	
	龙潼段	潼关—小浪底	铁谢—利津	潼关—小浪底	铁谢—利津
黄委会设计院		√	√	√	√
黄委会水科院		√	√		
中国水科院		√			
清华大学		√	√		
西安理工大学	√	√			

黄委会水科院先后有两个水动力学模型参与水库和河道计算，其中水库模型简称为“黄科院模型-S1”和“黄科院模型-S2”；下游河道模型简称为“黄科院模型-R1”和“黄科院模型-R2”。

黄委会设计院水库模型和河道水动力学模型则简称为“黄设院模型-S1”和“黄设院模型-R1”。

第一节　基本原理及有关问题处理

一、水动力学模型

（一）基本方程

水动力学模型是以水流、泥沙运动力学和河床演变学基本规律为基础建立的，基本方程为根据质量守恒定律和动量守恒定律推导出的水流连续方程、水流运动方程、泥沙连续方程及河床变形方程。

水流连续方程：

$$\frac{\mathrm{d}Q}{\mathrm{d}x}+q_1=0 \tag{7-1-1}$$

水流运动方程：

$$(\alpha_e+\xi)\frac{\mathrm{d}}{\mathrm{d}x}\left(\frac{Q^2}{A}\right)+gA\left(\frac{\mathrm{d}z}{\mathrm{d}x}+J_\mathrm{f}\right)+u_1q_1=0 \tag{7-1-2}$$

泥沙连续方程：

$$\frac{\partial}{\partial x}(QS)+\gamma'\frac{\partial A_\mathrm{b}}{\partial t}+q_\mathrm{s}=0 \tag{7-1-3}$$

河床变形方程：

$$\gamma'\frac{\partial A_b}{\partial t}=K_s\alpha B\omega(S-\beta S_*) \tag{7-1-4}$$

式中 x、t——流程和时间；

z——水位；

Q——流量；

A——过水面积；

A_b——冲淤面积；

g——重力加速度；

J_f——能坡；

S——含沙量；

S_*——水流挟沙力；

ω——泥沙沉速；

α——恢复饱和系数；

γ'——淤积物干容重；

α_e——动能修正系数；

ξ——局部水头损失系数；

β——不饱和系数；

K_s——附加系数；

q_l、q_s——单位流程上的侧向出(入)流量、输沙率(出为正,入为负)；

u_l——侧向出(入)流流速在主流方向上的分量。

对于水流运动方程的处理,西安理工大学考虑了动能修正系数的变化和局部水头损失的影响。其余各家模型直接取动能修正系数 $\alpha_e=1$,局部水头损失系数 $\xi=0$。

清华大学、黄科院模型-S2 和黄科院模型-R2 考虑到冲淤情况下含沙量垂线分布与平衡状态下不同,引入不饱和系数,其余各家模型取不饱和系数 $\beta=1$。

黄科院模型-S2 和黄科院模型-R2 在引入不饱和系数的同时,引入附加系数 K_s 用以反映紊流脉动在水平方向的扩散作用及泥沙存在产生的附加影响。

(二)补充方程和主要问题的处理

1. 流量变化处理

洪水演进至坝前,由于水库调蓄(如水库初期蓄水运用时期)或因泄流规模的限制,不能及时出库,就容易出现进、出库流量差别较大的情形,随之带来一个流量沿程分配的问题。中国水科院模型、清华大学模型、西安理工大学模型、黄委会水科院模型将流量沿程均匀分配。黄设院模型-S1 采用以下处理方法。

水库水平回水区以上：

$$Q_i=Q_{入库} \tag{7-1-5}$$

水库水平回水区：

$$Q_i=Q_{出库}+(Q_{入库}-Q_{出库})/A_{水平}\sum A_i \tag{7-1-6}$$

式中 $Q_{出库}$、$Q_{入库}$——出、入库流量；

$A_{水平}$——水库平面面积；

$\sum A_i$ ——第 i 库段以下平面面积。

2. 断面概化与修正

中国水科院模型根据实测断面的变化情况,用河宽—高程—面积关系线计算水力要素。淤积面积在断面上的分配分三种情况:宽断面变形分布取沿湿周等厚淤积;窄断面只考虑平冲平淤;断面逐步扩大时的变形,初期保持相对形态不变,当冲刷发展到相当程度,以至于河宽大于稳定河宽时,考虑沿湿周等厚淤积。

清华大学模型将水库断面分成一滩一槽,滩地概化为平底,淤积后横向均匀分布,主槽均简化为梯形断面,冲淤后修正只变槽底高程而保持上、下槽宽不变。下游断面概化为两滩一槽,滩地为矩形,主槽为梯形,断面冲淤变化修正中,采用固定四个参变数(底高、顶宽、底宽和边坡)中之两个参变数而改变另外两个参变数模式,修正模式选用主要取决于床底、岸壁剪切力的分布及二者剪力的对比。

西安理工大学模型、黄委会水科院模型和黄委会设计院模型根据各个断面横向河底高程变化情况或下游滩槽情况,将其划分为若干子断面,子断面的宽度保持不变,而河底高程在子断面内被概化为线性变化。计算过程中只记录节点高程,水库模型节点高程的修改方法以平行淤升、相邻两子断面冲淤面积加权分配模式为主,兼以沿水深分配模式;河道模型根据相邻两个子断面冲淤厚度和水深综合加权计算。

3. 动床阻力及糙率计算

中国水科院、黄设院模型-S1 和黄科院模型-R1 由实测资料率定各河段、各流量级初始糙率 n_0。计算过程中 $n = n_0 - \alpha A/A_0$,其中,n_0 为初始糙率,A 为断面累计冲淤面积,$\alpha = 0.003 \sim 0.006$,$A_0 = 1\ 000 \sim 3\ 000$。

清华大学模型根据无量纲床面剪切力 θ_*($=\gamma HJ/[(\gamma_s - \gamma)D_{50}]$)与无量纲沙粒剪切力 θ'_*($=\gamma H'J/[(\gamma_s - \gamma)D_{50}]$)的变化规律,分低能态、过渡态和高能态不同能态区计算能坡 J,式中 H' 为沙粒水力半径。

西安理工大学模型根据实测资料率定初始糙率,计算过程中糙率 $n = n_0 - c\Delta V/\Delta t$,其中,$\Delta V$ 为 Δt 时间内的冲淤量,c 为经验参数。黄设院模型-R1 则采用 $n^{t+\Delta t} = n^t - m\Delta A_d/\Delta t$ 计算糙率,其中,$n^{t+\Delta t}$ 为 $t+\Delta t$ 时刻断面的糙率,n^t 为 t 时刻断面的糙率,ΔA_d 为 Δt 时段内断面冲淤面积,m 为经验系数,$m = 0.06 \sim 0.2$。

黄科院模型-S1 分河段、分流量级确定主槽糙率,滩地糙率取常值 0.025。计算过程中考虑冲淤变化对糙率的可能影响。黄科院模型-S2 在脱离回水区及回水变动区采用公式 $n = \dfrac{c_n \delta_*}{\sqrt{g} h^{5/6}} \left\{ 0.49 \left(\dfrac{\delta_*}{h} \right)^{0.77} + \dfrac{3\pi}{8} \left(1 - \dfrac{\delta_*}{h} \right) \left[\sin \left(\dfrac{\delta_*}{h} \right)^{0.2} \right]^5 \right\}^{-1}$ 计算糙率,其余河段由实测资料率定其糙率,式中摩阻厚度 $\delta_* = D_{50} 10^{10(1-\sqrt{\sin(\pi Fr)})}$,$c_n$ 为涡团参数;黄科院模型-R2 直接采用上式进行主槽糙率计算,滩地摩阻厚度主要由实测资料率定。

4. 挟沙力及其级配计算

中国水科院模型非均匀沙挟沙力由公式 $S_* = K_0[v^3/(gh\overline{\omega}_m)]^{0.92}$,$\overline{\omega}_m^{0.92} = \sum_{l=1}^{n} p_l \cdot \omega_l^{0.92}$ 计算求得,挟沙力级配等于悬移质级配。泥沙沉速考虑含沙浓度的影响。

清华大学模型根据床沙、推移质与悬移质交换机理，以跃移力学结合随机分析得出推移质单宽输沙率 q_b；假定推移层内单位高度的输沙率相等，悬移质底部含沙量 S_a 与推移质顶部浓度衔接相等，由悬移质含沙量与流速分布规律得到悬移质单宽输沙率 q_s。由各粒径组的输沙率可得非均匀混合沙的挟沙力和挟沙力级配。泥沙沉速考虑含沙浓度的影响，即 $\omega = \omega_0 \cdot (1 - S_v)^7$。

西安理工大学模型采用床沙质和冲泻质统一挟沙力公式 $S_* = c\left(\frac{\gamma_m}{\gamma_s - \gamma_m} \frac{v^3}{gh\overline{\omega}_m}\right)^m$，$\gamma_s$、$\gamma_m$ 分别为泥沙及浑水的容重，$\overline{\omega}_m$ 为非均匀悬沙的代表沉速，$\overline{\omega}_m = \sum_{l=1}^{n} p_l \omega_{ml}$，$\omega_{ml} = \omega_{0l}(1 - S_v)^{4.91}$，层流区沉速采用 Stocks 公式，介流区沉速采用沙玉清公式。浑水动力黏滞性系数由费祥俊公式计算。挟沙力级配 $p_{*l} = \theta p_l + (1 - \theta)p'_{*l}$，$p'_{*l} = p_{bl}c\left(\frac{v^3}{gh\omega_l}\right)^m \Big/ \sum_{l=1}^{n}\left[p_{bl}c\left(\frac{v^3}{gh\omega_l}\right)^m\right]$，式中 p_l 为悬移质级配，θ 为权重系数，p_{bl} 为床沙级配。

黄科院模型 -S1 和黄科院模型 -R1 亦采用床沙质和冲泻质统一挟沙力公式。黄科院模型 -S1 淤积时挟沙力级配 $S_{*l} = D_{*l} \cdot S_*$，冲刷时 $S_{*l} = S_l + R_{*l}(S_* - S)$，其中 $R_{*l} = \beta_l \cdot p_{bl} \Big/ \sum_{l=1}^{n}(\beta_l \cdot p_{bl})$，$D_{*l} = \beta_l \cdot p_l \Big/ \sum_{l=1}^{n}(\beta_l \cdot p_l)$，$\beta_l = \omega_l^{-\alpha} \Big/ \sum_{l=1}^{n}\omega_l^{-\alpha}$，$\alpha = 0 \sim 1$ 为可调参数。黄科院模型 -R1 挟沙力级配 $P_{*k} = wP_k + (1 - w)P'_{*k}$，其中 $P'_{*k} = p_{bk}\left(\frac{\omega}{\omega_k}\right)^m \Big/ \sum_{k=1}^{n}\left[p_{bk}\left(\frac{\omega}{\omega_k}\right)^m\right]$。

黄科院模型 -S2 和黄科院模型 -R2 采用张红武挟沙力公式，前者淤积状态挟沙力级配等于悬沙级配。后者按全沙计算，不涉及挟沙力级配。

黄设院模型 -S1 床沙质挟沙力计算采用张红武挟沙力公式，挟沙力级配 $p_{*l} = (P_{ul}h_u S_{*l}^{(1)} + S_l) \Big/ \sum_{l=k_d}^{n}(P_{ul}h_u S_{*l}^{(1)} + S_l)$，其中 k_d 为床沙质最小粒径组编号，h_u 为交换层厚度，其中冲泻质“挟沙力”$S_{*k} = \min(S_{*k_d}\omega_{k_d}/\omega_k, P_{uk}h_u\gamma' \Big/ (\omega_k \Delta t) + S_k)$，其中 p_{uk} 为参与交换的床沙级配，沉速计算采用规范推荐公式。黄设院模型 -R1 采用床沙质和冲泻质统一挟沙力公式，计算挟沙力级配 $p_{*l} = (P_{ul}h_u S_{*l}^{(1)} + S_l) \Big/ \sum_{l=k_d}^{n}(P_{ul}h_u S_{*l}^{(1)} + S_l)$，采用张瑞瑾公式计算泥沙的自由沉降速度，泥沙在浑水中的沉降速度按 $\omega = \omega_0(1 - S_v)^7$ 修正。

5. 床沙级配的调整变化

中国水科院模型和黄设院模型-S1 采用分层储存模式，除最上一层外，每层均采用相等的厚度 ΔH（一般为 1m），但当淤积后层数超过分配的储存单元后，则将多余的层数归并到最下层（保持次序不变）。冲刷时则依次取出。

清华大学模型床沙交换主要通过沙波运动来完成。床沙活动层厚度 dH_b 取决于沙波高程及计算时段长短。设冲淤厚度为 dz，床沙活动交换层底面在冲淤面以下 dH_b，则计算时段末活动交换层底面以上的床沙级配为：

$$\left.\begin{aligned} p_{\mathrm{b},l} &= \frac{(\mathrm{d}H_{\mathrm{b}}-\mathrm{d}z)p_{\mathrm{b},l}^{(0)}+\mathrm{d}z\cdot p_{\mathrm{bs},l}^{(0)}}{\mathrm{d}H_{\mathrm{b}}} & \mathrm{d}H_{\mathrm{b}}>\mathrm{d}z \\ p_{\mathrm{b},l} &= p_{\mathrm{bs},l}^{(0)} & \mathrm{d}H_{\mathrm{b}}\leqslant \mathrm{d}z \end{aligned}\right\}$$

其中,$p_{\mathrm{b},l}^{(0)}$为活动层底以下初始床沙级配,$p_{\mathrm{bs},l}^{(0)}$为冲淤物级配。只有在强淤积情况下,新的床沙级配才等于淤积物级配而不受床沙交换的影响。

西安理工大学模型采用分层储存床沙模式,任一时段内,假定泥沙只与最上一层床沙发生关系。依据该时段内各粒径组泥沙的冲淤量以及表层床沙级配,即可计算出时段末表层床沙级配。床沙分若干层,第一层为可动层,厚度 ΔH_1 一般取 2m,计算过程中保持不变;第二层厚度控制在(1~2)ΔH_1 范围内,这样,床沙的分层数随冲淤发展不断地增加或减小。根据沙量平衡原理计算冲淤后的床沙级配。

黄科院模型-S1 采用分层储存淤积物级配模式,取床沙与水沙的交换层厚度为每层厚度,稳定河宽为床沙变化宽度,这样,各层的面积均相同,用 A_{mv} 表示。当第一层发生淤积或冲刷后,将和下一层床沙发生补给关系,形成该层新的级配。以下各层因上下位置变化也作相应调整,据泥沙连续条件推得各层床沙级配计算公式。黄科院模型-S2 冲淤变化后床沙级配 $p_{\mathrm{b}}=[\Delta Z+(E_{\mathrm{m}}-\Delta Z)p_{0\mathrm{b}}]/E_{\mathrm{m}}$,其中 $p_{0\mathrm{b}}$、p_{b} 分别为时段初、末的床沙级配,ΔZ 为冲淤厚度,E_{m} 为床沙可动层厚度,当单向淤积时 $E_{\mathrm{m}}=\Delta Z_i$,当处于单向冲刷时,$E_{\mathrm{m}}$ 的限制条件是保证床面有足够的泥沙补偿。黄科院模型-R1 设活动层厚度为 H_α,则在一个时段内河床冲刷和淤积厚度均不会超过 H_α,但随着河床冲淤变化,活动层的位置或高程也相应发生变化,活动层顶面高程与冲淤变化的河床高程一致。床沙级配 $p_{\mathrm{b},k}=[\mathrm{d}z_k+p_{\mathrm{b}0,k}(H_\alpha-\mathrm{d}z)]/H_\alpha$,其中 dz 为泥沙冲淤总厚度,$\mathrm{d}z_k$ 为分组泥沙冲淤厚度。黄科院模型-R2 从跃动模式分析床沙起动时的受力入手,得出床沙级配的变化公式。

黄设院模型-R1 将各子断面分为表、中、底三层,由沙量守恒原理推得床沙级配变化方程,规定在一个计算时段内,泥沙的冲淤变化只在表层内进行,中层和底层暂时不受影响,时段末,根据床面的冲刷或淤积向下或向上移动表层和中层,保持这两层的厚度不变,令底层厚度随冲淤厚度的变化而变化。

6. 不平衡输沙计算

中国水科院模型从韩其为不平衡输沙方程出发,假定悬移质含沙量级配与挟沙力级配相同,联解悬移质级配和不平衡输沙方程即可得含沙量。恢复饱和系数由实测资料率定。

清华大学模型考虑到非均匀天然河流随着冲淤,表层床沙暂时粗化或细化,遏制了河床冲淤速率,使不平衡输沙距离远大于均匀沙情况。从扩散方程沿水深积分表达式 $\mathrm{d}S/\mathrm{d}X=\omega(S_{*a}-S_a)/q$ 出发,其中 ω 以悬移层底部 $y=a$ 处的沉速 ω_a 代替。再者,考虑到冲淤情况下含沙量垂线分布与平衡状态下不同,引入不饱和系数 $\beta=(S_0/S_*)^{0.7}$,从而得到不平衡输沙方程。

西安理工大学模型利用韩其为不平衡输沙方程,由实测资料率定明流和异重流恢复饱和系数。

黄科院模型-S1 用 Preissmann 差分格式,直接离散泥沙连续和悬移质扩散方程,联解推求出口断面含沙量。恢复饱和系数经实测资料率定。黄科院模型-S2 同样直接离散泥沙连续和悬移质扩散方程，由此推求出口断面含沙量。

黄设院模型-S1 直接离散泥沙连续和悬移质扩散方程，联解得出口断面含沙量。泥沙连续方程用于全断面，河床变形方程用于子断面，同时引入含沙量横向分布公式。恢复饱和系数 α 为粒径 d 的函数，平衡状态下各粒径组恢复饱和系数 $\alpha_l^* = \alpha^* / d_l^{0.8}$，冲淤变化过程中 α_l 计算公式如下：

$$\alpha_l = \begin{cases} 0.5\alpha_l^* & S_l \geqslant 1.5S_{*l} \\ \left(1 - \dfrac{S_l - S_{*l}}{S_{*l}}\right)\alpha_l^* & S_{*l} \leqslant S_l < 1.5S_{*l} \\ \left(1 - 2\dfrac{S_l - S_{*l}}{S_{*l}}\right)\alpha_l^* & 0.5S_{*l} \leqslant S_l < S_{*l} \\ 2\alpha_l^* & S_l < 0.5S_{*l} \end{cases}$$

其中，S_{*l}、S_l 表示分组沙挟沙力和含沙量。

黄科院模型-R1、黄科院模型-R2、黄设院模型-R1 均采用联解泥沙连续方程和河床变形方程求解，并且认为泥沙连续方程是全断面的，河床变形方程是子断面的，两者之间引入含沙量横向分布公式来封闭。

7. 滩槽或子断面水沙交换

中国水科院模型、西安理工大学模型、黄科院模型-S1 均按全断面、分粒径组进行水沙计算。

清华大学模型将滩槽按不同单元分开进行水力学及泥沙计算，滩槽水沙交换简化为河段末集中发生，主槽入滩地的含沙量近似按主槽挟沙力垂线分布滩面以上部分计算。

黄科院模型-R1、黄科院模型-R2、黄设院模型分粒径、分子断面计算，各子断面的水力要素由水力学计算，含沙量的横向分布由公式 $S_{k,i,j}/S_{k,i} = (S_{*k,i,j}/S_{*k,i})^{\beta} \cdot Q_i \cdot S_{*k,i}^{\beta} / \sum_j Q_{ij} \cdot S_{*k,i,j}^{\beta}$ 确定，其中，i 为断面编号，j 为子断面编号，k 为粒径组编号，$S_{k,i}$ 为全断面含沙量，$S_{k,i,j}$ 为子断面含沙量，β 为指数，由实测资料求得。

黄设院模型和黄科院模型-S2 水流泥沙均分粒径组、分子断面计算，含沙量的横向分布采用经验公式进行计算。

8. 水库异重流运动模拟

异重流输沙常处于超饱和状态，即异重流输沙往往是处于淤积状态的不平衡输沙。若直接考虑异重流挟带的泥沙与紊动扩散之间的数量关系，则挟沙机理与明流在本质上是相同的。因此，异重流模拟与明流的主要区别是异重流潜入条件的确定和水力要素的计算。

从潜入条件上讲，中国水科院模型、黄科院模型-S1、黄科院模型-S2 和黄设院模型-S1 均采用 $h = \max(h_0, h_n)$、$h_0 = \sqrt[3]{Q^2/(0.6 \cdot \eta_g \cdot g \cdot B^2)}$、$h_n = \sqrt[3]{f \cdot Q^2/(8J_0 \cdot \eta_g \cdot g \cdot B^2)}$ 计算，以上各式中，Q、B、J_0、η_g、f 分别为异重流流量、宽度、河底比降、重力修正系数和阻力系数。其中黄科院模型-S2 考虑浑水容重沿水深分布不均匀而引入修正系数 $K_1 = 2\int_0^{h_e}(\int_e^{h_e} \gamma_m \mathrm{d}z)\mathrm{d}z/\gamma_m h_e^2$，则修正异重流均匀运动水深表达式为 $h_n' = (K_e/K_1)^{1/3} h_n$，其中下标

e 代表异重流。清华大学模型和西安理工大学模型均以佛汝德数 $Fr=0.78$ 确定异重流潜入位置，只是清华大学模型加入了来流含沙量大于 $0.5\mathrm{kg/m^3}$ 这个经验判断。

对水力要素的计算，中国水科院模型和黄设院模型-S1 以非均匀流运动方程来计算浑水水面，潜入后第一个断面水深 $h_1'=\frac{1}{2}\left(\sqrt{1+8Fr_0^2}-1\right)h_0$，潜入后其余断面水深均按非均匀异重流运动方程计算；其余各家模型以均匀流水深为异重流水深，以此求异重流水力要素，其中黄科院模型-S2 由其修正异重流均匀运动水深方程试算确定其水力要素。

9. 支流倒灌淤积模拟

中国水科院模型潜入断面水深 $h_1''=k_1h_0''$，干流为异重流时 $k_1=1$，干流为浑水明流时 $k_1=0.818$，h_0''为口门断面平均水深。淤积倒灌长度 $L=h_1''(1+0.5Fr_1''^2)\Big/\left(J_0+\frac{\lambda_0}{8}Fr_1''^2\right)$，$Fr_1''$为潜入断面的异重流佛氏数。输沙率沿程变化 $Q''S''=Q_0''S_0''\mathrm{e}^{(\ln\mu)\left(1+\frac{\alpha\bar{\omega}}{v_0}\right)\frac{X}{L}}$；淤积量沿程变化$W_s''=\frac{\alpha\bar{\omega}}{v_0}Q_0S_0\left(1-\mathrm{e}^{-\left(1+\frac{\alpha\bar{\omega}}{v_0}\right)\beta X}\right)\Big/\left(1+\frac{\alpha\bar{\omega}}{v_0}\right)$，下标 0 表示口门，下同。$\mu=Q_l/Q_0$，$\alpha$ 为恢复饱和系数，$\bar{\omega}$为沉速，$v_0=\beta Q_0/B_0$，B_0 为支流沟口宽度。

清华大学模型干流倒灌进入支流沟口的异重流流速 $v=0.4\sqrt{\Delta\gamma gH/\gamma_0}$，流量 $Q=vBH$，沙量 $W_s=QSt$，H 为沟口水深。作者认为，沟口拦门沙高程主要取决于干流淤积高程，当沟口淤积高程低于某一高程时，支流平行淤升；当沟口淤积高程高于某一高程时，按上式进行沙量计算，计算过程中设定支流淤积纵比降基本不变。

西安理工大学模型潜入断面水深 $h_1''=k_1h_0''$，干流为异重流时 $k_1=1$，干流为浑水明流时 $k_1=0.602$。异重流淤积倒灌长度 $L=h_0''(1+2Fr_0''^2)\Big/\left[J_0+\left(\frac{\lambda_0}{4}+\frac{\lambda_j}{5.2}\right)Fr_0''^2\right]$，$\lambda_0$、$\lambda_j$ 为床面阻力系数和清浑水交界面阻力系数，含沙量沿程变化 $S''=S_0''\left(\frac{L-X}{L}\right)^{\frac{\alpha\bar{\omega}L}{q_0''}}$，$q_0''$为倒灌异重流的单宽流量，其余符号含义同前。

黄科院模型-S1 不直接进行支流水沙计算，只按由实测资料推求的平均倒坡比降进行铺沙，支流沟口高程与库区干流滩面相平，支流铺沙量在干流来水来沙中扣除。黄科院模型-S2 基于对物理模型试验成果的分析，概化出支流位于干流异重流潜入点下游、干支流均为异重流和支流位于三角洲顶坡段、干支流均为明流两种倒灌淤积情况，同时考虑干支流的夹角 θ 及干流主流方位的影响，推出分流比计算方法，由此计算出支流分流量，同时假定支流水流含沙量与干流相同，则可计算出进入支流的沙量。

黄设院模型-S1 采用谢鉴衡分组沙垂线含沙量分布公式计算进入支沟的含沙量及组成。干流异重流倒灌淤积支流计算方法与中国水科院模型相同。

二、水文水动力学模型研究

水文水动力学模型根据影响水沙运动的主要因素，利用大量实测资料建立各种关系式。本次研究中，水库模型在以往模型研究的基础上，进一步完善了水库敞泄排沙、壅水排沙、分组泥沙输沙、泥沙沉速计算方法；下游河道则进一步完善了流量演进、河道输沙能力、主槽糙率调整模式及主槽、嫩滩和二滩复式断面形态的河道形态调整模式等问题的计算模拟。

（一）水库水文水动力学模型

水库输沙流态主要包括壅水排沙和敞泄排沙两种形式，其输沙模式与出库流量 Q_c 和蓄水体体积 V 有关，主要用指标 $Z=\frac{\gamma_m}{\gamma_s-\gamma_m}\frac{Q_c}{V}\frac{1}{\omega_s}$判别。

1. 壅水排沙计算方法

水库壅水排沙时，用水库排沙比反映水库输沙特性。排沙比关系为 $p=a\lg Z+b$，式中 p 为排沙比，当出库流量小于入库流量时为含沙量之比，当出库流量大于入库流量时为输沙率之比，a、b 分别为系数和常数，由实测资料确定。

2. 敞泄排沙计算方法

敞泄排沙期水流输沙率 $Q_{sc}=1.15a\cdot kS^{m_1}(Q_c i)^{m_2}/\omega_s^{0.45}$，其中 a 为敞泄排沙系数，m_1、m_2 为指数，k 为反映淤积物抗冲性的敞泄排沙系数，由实测资料分析确定。

敞泄排沙计算方法研究主要对水面比降计算、敞泄排沙系数确定、淤积物历时（淤积物的抗冲性）的影响，以及计算方法对高含沙洪水的适应性等问题作了进一步的完善。

1）水面比降的推求

库区水面比降取决于库区水面线的变化，水文水动力学模型不能给出库区水面线，但可通过经验分析计算回水长度及回水末端水位，从而计算水面比降。

根据库区天然纵剖面河底线进行概化，库区纵剖面河底线高程和距坝里程存在下列关系：$L'=0.875\,446H-108.367$ 或 $H=1.142\,27L'+123.785$。

根据三门峡水库等已建水库实测资料和小浪底水库水面线计算成果，水库回水长度（或淤积长度）是水平回水长度的 1.2 倍左右。坝前水位（或坝前淤积面高程）为 H 时的水平回水长度为 L'，则回水长度或淤积长度 $L=1.2L'$。

小浪底库区尾部段 90～120km 范围内，平均河谷宽度 350m，经分析三门峡水文站实测资料，水深 $h=0.118Q^{0.44}$，则回水末端水位 $H_M=1.142\,27L+123.785+0.118Q^{0.44}$，由此可推得水面比降 $J=(H_M-H)/L$。

2）敞泄排沙系数

敞泄排沙系数受河槽前期累计淤积量和水库运用水位、水深的影响。常用 $a=1-m\mathrm{d}h$ 计算，式中 $\mathrm{d}h=H_i-H_{i-1}-1.2(h_i-h_{i-1})$，其中 H_i 为本时段水位，H_{i-1} 为上一时段水位，h_i 为本时段水深，h_{i-1} 为上一时段水深。水库运用不同时期，根据水库前期淤积情况，m 值有所不同。

3）敞泄排沙能力与淤积物特性的关系

淤积物特性指的是淤积物的级配、干容重及黏结力等，预报难度很大，本次根据三门峡水库 1964 年汛后与 1970～1973 年敞泄排沙的实测资料，分析排沙能力与淤积物特性之间的关系。三门峡水库在 1970～1973 年增大泄流规模后的敞泄冲刷过程中，初期淤积物的可动性强，随着冲刷历时延长，抗冲性增强，局部河段冲刷受阻，输沙能力降低 20% 左右。从 1964 年 10 月 27 日后的敞泄冲刷效果看，刚淤积下来的异重流淤积物由于未经较长时间固结，很易冲刷。

根据三门峡水库1964年汛后与1970～1973年敞泄排沙的实测资料，分析敞泄排沙能力与淤积物固结历时T之间的关系为$k=3.58-3.0531\lg T$，k为敞泄排沙能力。

3. 泥沙群体沉速计算方法

建立敞泄排沙、壅水排沙公式所采用的沉速资料是粒径计法资料，20世纪80年代以来，黄河泥沙的颗粒分析方法改为光电法，有必要考虑颗粒分析方法的改变对公式的影响。

通过对粒径计法中数粒径与光电法中数粒径之间的关系、粒径计法沉速公式、光电法沉速公式及其相互关系的分析，由此确定公式中粒径计法混合沙的清水沉速：$\omega=kd_{50光电法}^{m}$（7～8月、6月和9～10月、11月～翌年5月k值分别为12.645、11.743、13.24，m值分别为0.944、0.963、1.01），则浑水沉速$\omega_s=\omega(1-0.5S_v\sqrt{d_{50光电法}})^3$。

4. 冲淤分布计算方法

根据已有水库资料分析，库区冲淤分布采用$\Delta V_{sX}=\sum\Delta V_s(H_X-Z_{min})^m/(H_{max}+dZ-Z_{min})^m$计算，式中$m=0.485n^{1.16}$，$n$与库容形态有关，由库容形态方程$\Delta\nabla_X/\Delta\nabla_{max}=(H_X-H_{min})^n/(H_{max}-H_{min})^n$决定，$\Delta V_{sX}$为分布在相应于坝前水位水平面以下的淤积量，$\sum\Delta V_s$为水库总淤积量，$H_X$为坝前水位，$H_{max}$为包括本时段在内已出现的最高坝前水位，$Z_{min}$为坝前冲淤分布最低高程，$dZ$为相应于最高水位的淤积末端高程与最高水位的高差，$H_{min}$为容积是零的高程，$\Delta\nabla_X$为相应于坝前水位$H_X$以下的容积，$\Delta\nabla_{max}$为相应于最高水位$H_{max}$以下的容积。

（二）下游河道水文水动力学模型

1. 非恒定流的流量演进

1）本次研究方法

根据黄河的特点，当进入黄河下游流量小于1 000m³/s时，水流属于平水，基本上在小河槽内流动，各站流量的演进过程也比较简单，一般情况下，仅需考虑各个河段引水。当进入黄河下游的流量大于1 000m³/s时，水流在槽内及边滩上流动，甚至引起河势摆动，各站流量的演进过程则显得异常复杂，是本次研究的重点。

根据黄河下游1960年9月～1996年6月间发生的所有场次洪水，尤其是流量介于1 000～10 000m³/s的中常洪水，研究洪水的涨落规律和流量演进方法。研究方法为：根据黄河下游场次洪水的"基流—洪峰—基流"的涨落过程，分析洪水之间划分的规律；洪水划分后，对每场洪水进行演进，洪水的演进可以分为三个步骤，即洪峰演进、基流演进和洪峰—基流间演进。根据上站流量、含沙量、峰型、漫滩程度及槽蓄等因素建立三个步骤的演进公式，进而完成整个一场洪水的演进过程。

2）洪水划分

将一个长时段洪水过程划分成具有"基流—洪峰—基流"的几个分过程，可根据一定的规律来确定洪水的涨水点基流、洪峰和落水点基流。对于涨水点基流的确定，有两种情况，一种是流量由小于1 000m³/s涨到大于1 000m³/s，另外一种是上一场洪水的落水点基流；对于落水点基流的确定，也有两种情况，一种是流量由大于1 000m³/s落到小于1 000m³/s，另外一种是洪水降落到一定程度且后续水流有一定上涨趋势。经过综合考虑场次洪水的涨落幅度、历时长短、洪水特性等因素，对1960年9月～1996年6月的汛期三黑小流量过程进行场次洪水的划分，共计397场，3 295天，平均每场8.3天。其中，三黑小最大日平均含沙量大于300kg/m³的高含沙洪水20场，一般含沙量洪水377场。

洪水划分后，对每场洪水可进行流量演进，根据场次洪水的涨落过程，洪水的演进可以分为三个步骤，即洪峰演进、基流演进和洪峰—基流间演进。

（1）洪峰演进。洪峰演进的影响因素主要有上站流量、峰型、含沙量、漫滩程度等。根据黄河下游大量的洪水演进资料建立洪峰演进公式如下：

$$Q_{峰}=k_1Q_{上峰}+k_2Q_{上2}+k_3Q_{上峰}^2+k_4(S/Q)_{三黑小}Q_{上峰}^2+k_0+k_5(Q_{上峰}/Q_{平滩}-1)+k_6Q_{黑小} \tag{7-1-7}$$

式中 $Q_{峰}$、$Q_{上峰}$——本站、上站最大日平均洪峰流量；

$Q_{上2}$——上站洪峰前两天流量均值；

$(S/Q)_{三黑小}$——三黑小涨水过程中平均来沙系数；

$Q_{平滩}$——河段平滩流量；

$(Q_{上峰}/Q_{平滩}-1)$——洪水漫滩程度；

$Q_{黑小}$——黑石关和小董两站流量之和；

k_i——洪峰流量演进系数，$i=1,\cdots,6$，主要由实测资料率定。

洪峰流量大小与上站洪峰流量、上站洪峰之前两天流量均值、黑石关和小董两站流量之和（计算花园口洪峰流量时）是增函数关系，与$(S/Q)_{三黑小}Q_{上峰}^2$、$(Q_{上峰}/Q_{平滩}-1)$是减函数关系，表明上站洪峰流量越大或上站洪峰之前两天流量均值越大（即洪峰较胖），则本站洪峰流量越大，而高含沙洪水的含沙量越大或漫滩洪水的漫滩程度越大，则本站洪峰流量越小。

（2）基流演进。一般来说，本站基流是由上站基流直接演进而来的，同时，本站与上站的峰形变化也影响本站基流的大小，即峰形变胖增大基流、变瘦减小基流。因此，影响基流大小的因素有上站基流、本站与上站的峰形变化（可用$Q_{峰}/Q_{上峰}$表示），建立基流演进公式$Q_{基流}=Q_{上基流}^{k_1}(Q_{峰}/Q_{上峰})^{k_2}$，其中，$Q_{基流}$为本站的洪水基流流量，$Q_{上基流}$为上站的洪水基流流量，$Q_{峰}$、$Q_{上峰}$分别为本站、上站洪峰流量，系数$k_1$、$k_2$由实测资料率定。

可以看出，一般来说，$Q_{峰}/Q_{上峰}$小于1，而系数k_2小于0，系数k_1大于1，表明下站基流一般要大于上站基流，同时，基流流量随着$Q_{峰}/Q_{上峰}$的减小（峰形变胖）而增大。

（3）洪峰—基流间流量演进。洪峰—基流间的流量介于洪峰和基流之间，如果不考虑河道槽蓄因素的影响，洪峰—基流间的流量过程形状应与上站的相同，洪峰—基流间的流量演进可表达为：

$$Q_{i+1}=Q_i+(Q_{上i+1}-Q_{上i})(Q_{峰}-Q_{基流})/(Q_{上峰}-Q_{上基流}) \tag{7-1-8}$$

式中 Q_{i+1}——本站的第$i+1$天流量；

Q_i——本站的第i天流量；

$Q_{上i+1}$——上站的第$i+1$天流量；

$Q_{上i}$——上站的第i天流量；

$Q_{基流}$——本站的洪水基流流量；

$Q_{上基流}$——上站的洪水基流流量；

$Q_{峰}$——本站的洪峰流量；

$Q_{上峰}$——上站的洪峰流量。

考虑到河道槽蓄因素的影响，洪峰—基流间的流量过程形状应在上站的基础上加以调整。据黄河下游流量演进的资料分析，在涨水过程中，有部分水流被河道滞蓄，因此涨水速度会减慢，而在落水过程中，滞蓄的部分水流回归主槽，考虑河道槽蓄作用，得到修正公式：

$$Q'_{i+1} = Q_{i+1}\left(\frac{Q_{上i+1}}{Q_{上i}}\right)^{\alpha} \tag{7-1-9}$$

式中　Q'_{i+1}——修正后的本站第 $i+1$ 天流量；

$Q_{上i+1}$、$Q_{上i}$——上站第 $i+1$ 天、第 i 天流量。

2. 河道输沙能力及糙率调整模式

影响黄河下游河道输沙的因素是多方面的，关于流量 Q 和上站来水含沙量 $S_{上}$ 对输沙能力 Q_s 的影响以往进行的研究较多，取得的认识也比较一致，可表示为：

$$Q_s = kQ^{\alpha}S_{上}^{\beta}$$

本次在以往研究成果的基础上重点研究河槽形态、河道纵比降、水流流速及悬沙级配对输沙能力的影响。

（1）河槽形态对输沙能力的影响。黄河下游常用的输沙公式 $Q_s = kQ^{\alpha}S_{上}^{\beta}$ 中，上站来水含沙量 $S_{上}$ 的指数 β 与河槽形态有关，可表示为 $\beta = -0.256\lg(\sqrt{B}/h) + 1.18$，即在其他条件不变的前提下，窄深河槽的输沙能力大于宽浅河槽。

在影响河道输沙的众多因素之中，流速是最关键、最直接的因素。设某一断面通过流量 Q 时相应的水面宽、水深和流速分别为 B、h、v。若宽深比 $M = B/h$，则 $v = Q/(Mh^2)$。

根据花园口、高村、艾山、利津四个水文站实测资料统计分析，h 与 Q 和 M 成正比，与比降 J 成反比，可表示为 $h = 0.8938(Q/M)^{0.4179}J^{-0.2245}$，即 $v = 1.2837(Q/M)^{0.1642}J^{0.449}$。

对于某一河段而言，J 短时期不可能作出大的调整，可认为 $J = \text{const}$（当然，不同河段之间 J 自上而下递减）。因此，当给定某一流量（例如 $Q = Q_{上}$）时，$v \propto M^{-0.1642}$，这就是河槽形态影响输沙能力的原因所在。

（2）比降 J 对输沙能力的影响。钱宁等利用修正的 Einstein 床沙质函数对花园口河段进行了计算，结果表明，若将该河段比降变化范围放大到 1.5‱～2.50‱，小流量时挟沙能力可相差 60%，大流量时可相差 30%。由于仅研究了局部河段的比降调整，因此得出结论“对于冲淤河流短时期调整来说，比降的作用一般可以不计”。下游河道纵剖面为一下凹曲线，上端铁谢附近比降为 2.8‱左右，利津附近则仅 1.00‱。因此，就长河段而言，比降的影响不容忽视。

公式 $Q_s = kQ^{\alpha}S_{上}^{\beta}$ 中 α 与比降 J 有关，可表示为 $\alpha = 0.356\lg J + 1.13$，即在其他条件相同时，输沙能力随 J 增大而增加。采用花园口天然沙所做的三组试验河床冲淤调整过程中比降 J 的变化过程见表 7-1-1。

表 7-1-1　　模型试验不同含沙量的水流比降 J 的变化过程

含沙量	历时(min)									平衡比降
(kg/m^3)	0	10	12	20	30	40	60	65	90	(‰)
165	1.71		3.48					3.65	3.03	3.0
256	5.46	4.1			4.17	4.31	3.96			4.0
430	1.88			3.95		4.60				4.6

从表 7-1-1 可以看出，在河床冲淤调整过程中，河床的调整不仅表现在横向形态上，沿纵向比降的调整同样不容忽视，当含沙量由 $165kg/m^3$ 增至 $430kg/m^3$ 时，平衡比降由 3.0‱增至 4.6‱，增加 50% 以上，反映了比降对河道输沙能力的影响作用。

（3）悬沙组成对输沙能力的影响。在式 $Q_s = kQ^{\alpha}S_{上}^{\beta}$ 中，与指数 β 直接相关的是悬沙组成，在一定 Q、$S_{上}$、$\sqrt{B}/h$（或B/h）、J 条件下，悬沙组成细，β 应增大；反之，则 β 降低，因此可表示为 $\beta = f(P_i)$。通常情况下，考虑悬沙级配的方法是引入沉速 ω。黄河下游的悬沙粒径大多小于 0.1mm，按滞流区的 Stockes 沉速公式，$\omega_i \propto d_i^2$，则 $\omega \propto \sum P_i d_i^2$，$d_i$ 和 P_i 分别为第 i 组沙的平均粒径（单位为 mm）和占全沙的沙重比例，本次研究采用 $\sum P_i d_i^2$ 表示悬沙组成指标。

（4）黄河下游水流输沙能力公式的建立。根据前述分析，建立了黄河下游的水流输沙能力与水流流量、含沙量、河槽形态、纵比降、流速及悬沙级配等因素的经验关系式：

$$Q_s = kQ^{\alpha}S_{上}^{\beta}(\sqrt{B}/h)^{m_1}J^{m_2}v^{m_3}(\sum P_i d_i^2)^{m_4} \tag{7-1-10}$$

根据黄河下游 397 组洪水资料进行回归分析，$k = 9.1 \times 10^{-5}$，$\alpha = 1.2$，$\beta = 0.82$，$m_1 = -0.31$，$m_2 = 0.35$，$m_3 = 0.55$，$m_4 = -0.27$。式(7-1-10) 表明，黄河下游的水流输沙能力与比降 J、流速 v 成增函数关系，而与$\sqrt{B}/h$、$P_i d_i^2$ 成减函数关系。同时反映了不同水沙过程中的水流输沙能力随着下游河槽形态、水流流速及悬沙级配等因素的变化规律。如在较长期的清水冲刷过程中，下游河道不断冲深与展宽，随之而来的是河槽形态逐渐宽浅、河床糙率逐渐增大、流速减小和悬沙组成逐渐变粗，导致水流输沙能力下降、冲刷强度削弱；反之，在较长期的高含沙洪水过程中，下游河道不断淤滩刷槽，随之而来的是河槽形态逐渐窄深、河床糙率逐渐减小、流速增大，导致水流输沙能力增大，出现下游河道泥沙“多来多排”的现象，与实际比较相符合。

对非汛期而言，影响黄河下游河道输沙的主要因素有水量、上站来水含沙量、悬沙组成和前期河道淤积量等，建立月输沙量关系式为 $W_s = kW^{\alpha}S_{上}^{\beta}\sum(P_i d_i^2)^{m_3}e^{(m_2\Delta W_s)}$，式中 ΔW_s 为前期河段淤积量。

3. 主槽糙率调整模式

下游各站输沙能力与河段流速密切相关，而河段流速 v 与河段的坡降 J、糙率 n、断面形态及水深 h 有关，当水流为均匀流时，可用曼宁公式计算。

就滩地而言，其糙率可取为常数。但主槽糙率的调整要受到河道冲淤变化、流量涨落、含沙量变化和主槽形态变化等的影响，可以用下式表示：

$$n_C = n_{C0}\exp\left(\alpha_1 \frac{\Delta A_C}{\Delta t}\right)\left(\frac{S_C}{S_{C0}}\right)^{\alpha_2}\left(\frac{B_C}{B_{C0}}\right)^{\alpha_3} \tag{7-1-11}$$

式中　n_{C0}、S_{C0}、B_{C0}——上一时刻的主槽糙率、含沙量和宽度；

Δt——本时刻距上一时刻的时段长度；

ΔA_C——Δt 时段中泥沙淤积的断面面积。

式(7-1-11)中：当 $S_{C0}<50\text{kg/m}^3$ 时，$S_{C0}=50\text{kg/m}^3$；当 $S_C<S_{C0}$时，$\alpha_2=0$；当 $B_C>B_{C0}$ 时，$\alpha_3=0$。式中参数主要由花园口、高村、艾山和利津四个水文站 11 年实测洪水资料回归分析推出，相关系数 $R=0.96$。

4. 河道形态调整模式

根据黄河下游的实际情况，将黄河下游的断面形态概化为主槽、嫩滩和二滩三部分，三部分的调整模式为：

(1)主槽可展宽、缩窄、冲深和淤高，但主槽展宽和淤高受嫩滩限制。

(2)一般情况下，嫩滩和二滩只淤不冲，但塌滩时嫩滩和二滩高程可降低。

(3)嫩滩宽度与主槽宽度之和为常数，二滩宽度不变。

河道形态调整计算的主要技术问题有三个，即主槽宽度计算、滩槽泥沙淤积分配和塌滩计算。计算主槽宽度时，根据河道的"记忆"特性和水沙的运动特性，主槽宽度与前期主槽宽度、流量、含沙量、漫滩程度、流量涨落程度等因素有关，可利用实测资料建立计算公式；计算塌滩时，建立塌滩与流量、含沙量、整治工程有效长度、主槽宽度占平衡河宽比值等因素的函数关系。

1)主槽宽度计算

根据河道的"记忆"特性和水沙的运动特性，主槽宽度主要与前期主槽宽度、流量、含沙量、漫滩程度、流量涨落程度等因素有关，利用实测资料可建立如下计算公式：

$$B_C=kB_{C0}^{m_1}\left(\frac{Q_C}{Q_{C0}}\right)^{m_2}Q_C^{m_3}\left(\frac{1-S_{VC}}{1-S_{VC00}}\right)^{m_4}e^{\left(m_5\frac{Q_C}{Q_{C0}}\right)}\left(\frac{S_C}{Q_C}\right)^{m_6}\tag{7-1-12}$$

式中　k——系数，取 $k=2.8$；

$m_i(i=1,\cdots,6)$——指数，分别取 0.77、0.42、0.06、2.5、0.02 和 -0.035，当连续清水时 $m_6=-0.035/(1+0.1W)$，当连续高含沙时 $m_6=-0.035/(1+0.5W_s)$；

B_C、Q_C、S_C、S_{VC}——本时刻的主槽宽度、流量、含沙量和体积含沙量；

B_{C0}、Q_{C0}——上一时刻的主槽宽度和流量；

S_{VC00}——上三个时刻主槽体积含沙量的平均值；

W——前期低含沙水流($S<10\text{kg/m}^3$、$Q_C>1\ 000\text{m}^3/\text{s}$)累计来水量；

W_s——前期高含沙水流($S>120\text{kg/m}^3$、$Q_C>1\ 000\text{m}^3/\text{s}$)累计来沙量。

2)滩槽泥沙淤积分配

滩槽泥沙分配原则是：分别根据全断面、嫩滩部分和二滩部分的输沙能力计算全断面、嫩滩部分和二滩部分的冲淤量；将全断面减去嫩滩部分和二滩部分得到主槽部分的输沙能力及冲淤量；根据主槽、嫩滩和二滩三部分的冲淤量在主槽、嫩滩和二滩上铺沙。滩槽泥沙淤积分配的计算方法如下：

(1)嫩滩和二滩含沙量计算。按公式 $S_{t1}=0.9S$ 和 $S_{t2}=0.8S$ 计算嫩滩和二滩含沙量，其中，S、S_{t1} 和 S_{t2} 分别为全断面、嫩滩部分和二滩部分的含沙量(kg/m^3)。

(2)嫩滩和二滩输沙计算。按式 $S_{*t1}=0.09\frac{v_{t1}^3}{gH_{t1}\omega}$ 和 $S_{*t2}=0.09\frac{v_{t2}^3}{gH_{t2}\omega}$(式中 S_{*t1} 和 S_{*t2} 分别为嫩滩和二滩的可能挟沙力,v_{*t1} 和 v_{*t2} 分别为嫩滩和二滩的水流平均速度,H_{t1} 和 H_{t2} 分别为嫩滩和二滩的水深)计算嫩滩和二滩可能挟沙力;嫩滩和二滩淤积厚度分别采用公式 $\Delta H_{t10}=1.2[H_{t1}(S_{t1}-S_{*t1})/2\ 650]^{0.8}(S_{t1}/100)^{0.3}$ 和 $\Delta H_{t20}=0.6[H_{t2}(S_{t2}-S_{*t2})/2\ 650]^{0.8}(S_{t2}/100)^{0.3}$(当 $\Delta H_{t10}<0$ 时,取 $\Delta H_{t10}=0$;当 $\Delta H_{t20}<0$ 时,取 $\Delta H_{t20}=0$;ΔH_{t10} 和 ΔH_{t20} 分别为嫩滩和二滩的淤积厚度;H_{t1} 和 H_{t2} 分别为嫩滩和二滩的水深)计算。

(3)主槽部分输沙计算。主槽部分淤积量 $\Delta W_{sC}=\Delta W_s-1.4\times10^{-5}L(\Delta H_{t10}B_{t1}+\Delta H_{t20}B_{t2})$(式中 ΔW_{sC} 和 ΔW_s 分别为主槽和全断面的淤积量,L 为河段长度,B_{t1} 和 B_{t2} 分别为嫩滩和二滩的宽度);主槽部分淤积厚度 $\Delta H_C=\Delta W_s/(1.4\times10^{-5}LB_C)$。

3)塌滩计算

根据黄河下游实测资料分析,当流量小于二滩平滩流量 Q_{pt2},并且 $Q_{pt2}>2\ 500\text{m}^3/\text{s}$,$Q>1\ 500\text{m}^3/\text{s}$ 时,下游游荡性河道的局部有可能发生塌滩现象。

(1)嫩滩塌滩计算。当嫩滩深度(嫩滩与二滩的高差)H_{t10} 小于 0.5m 时,高程可以持续塌降,直到 H_{t10} 等于 0.1m。嫩滩塌降高度 $\Delta TH_{t1}=-0.016\times0.000\ 864QS^{-0.2}$。

(2)二滩塌滩计算。当嫩滩深度 H_{t10} 大于 0.5m 时,二滩塌降高度 $\Delta TH_{t2}=TP_0\cdot\frac{B_C-B_{C平衡}}{B_{C平衡}}\cdot\frac{L_{河势}-L_{整治}}{L_{整治}}\cdot\Delta W_{sC}/(1.4\times10^{-5}B_{t2}L)$,式中,$TP_0$ 为常数,B_C 和 $B_{C平衡}$ 分别为主槽宽度和平衡主槽宽度,且 $B_{C平衡}=kQ_C^{\alpha}$,$L_{河势}$ 和 $L_{整治}$ 分别为当时河势长度和工程有效整治长度,当 $\Delta W_{sC}>0$ 或 $B_C<B_{C平衡}$ 时,$\Delta TH_{t2}=0$。

第二节 模型验证(Ⅰ)

一、四潼段泥沙冲淤数学模型验证

验证时段为 1974 年 7 月 ~1995 年 10 月,非汛期每旬为一个计算时段,汛期以日为一个计算时段,入库水沙为龙门、华县、河津、洑头流量和输沙率及汛期日级配和非汛期月级配,以潼关站实测水位作为出口边界控制条件,起始地形为验算时段初的实测地形。

由图 7-2-1(a)可以看出,小北干流河段计算与实测值符合较好。北洛河、渭河下游冲淤量个别时段计算与实测值有所差异,但其冲淤量相对较小,对潼关断面的沙量影响不大,计算潼关水沙过程(包括悬沙级配)与实测过程基本是吻合的。

二、潼关以下三门峡库区模型验证

(一)验证条件

1. 时段与河段划分

验证时段为 1960 年 9 月 ~1990 年 10 月,验证河段为潼关至三门峡大坝 113.5km 河段,其间又划分为潼关至坫垮、坫垮至太安、太安至北村、北村至会兴、会兴至史家滩五个大的河段。

2. 入库水沙及边界条件确定

入库水沙为潼关站实测逐日平均流量和输沙率以及汛期日级配和非汛期月级配，非汛期逐日级配采用其月平均级配。1980 年以前粒径计法成果均采用黄委会统一级配修正方法进行了修正。以三门峡站逐日平均流量和史家滩站逐日平均水位作为出口边界控制条件。

起始地形为各验算时段初的实测地形，即在各验算时段初分别以 1960 年 9 月、1965 年 10 月和 1974 年 6 月的实测地形为初始地形。

考虑了区间水沙的加入，30 年区间累计来水量 184.4 亿 m^3，平均每年为 6.15 亿 m^3；累计来沙量为 3.67 亿 t，平均每年为 0.122 亿 t。

3. 验证标准

模型验证全沙淤积量以断面法冲淤量为标准，库区塌岸量不参加计算。具体地讲，就是以模型计算的冲淤量加上塌岸量作为计算的断面法淤积量，与实测断面法淤积量对比。库区塌岸量采用三门峡水文总站程龙渊的研究成果，1960 ~ 1990 年三门峡库区总塌岸量为 8.06 亿 m^3，其中 1960 ~ 1964 年累计塌岸量 5.20 亿 m^3。

（二）验证结果分析

1. 全库区冲淤变化过程

1960 年 9 月 ~ 1965 年 10 月实测淤积量为 31.24 亿 m^3，计算淤积量为 29.93 亿 ~ 31.30亿 m^3；1965 年 10 月 ~ 1974 年 6 月实测淤积量为 3.48 亿 m^3，计算淤积量为 2.83 亿 ~ 4.6 亿 m^3；1974 年 6 月 ~ 1990 年 10 月实测淤积量为 0.31 亿 m^3，计算淤积量为 0.31 亿 ~ 2.87亿 m^3。从整个过程（见图 7-2-1）来看，计算值与实测值基本是符合的。

2. 主要河段冲淤变化过程

各家模型提供的验证河段不完全一致，为统一比较，仅给出太安至大坝和潼关—太安两个河段的计算与实测淤积量过程（见图 7-2-1（c）、7-2-1（d））。可以看出，1961 年 6 ~ 10 月太安至大坝河段个别模型计算值较实测偏小较多，其余各个时期计算值与实测值基本是符合的。

初步分析认为，1961 年汛期三门峡水库运用水位在 317.3 ~ 332.4m，水库主要以异重流排沙为主，坝前淤积面高程在 295m 左右，排沙洞最低高程 305m，异重流到达坝前，依靠自身的动能不足以排出，而大量淤积下沉或形成浑水水库。若不考虑异重流爬高的影响，排沙比就要大一些，相应淤积量就小，计算值与实测值差别就大一些。

3. 典型年份出库含沙量过程分析

黄设院模型对 1962 年主汛期、1964 年 10 月 ~ 1965 年 4 月和 1977 年主汛期（高含沙洪水过程）三个典型时期出库含沙量过程作了进一步分析。①1962 年 7 月 1 日 ~ 9 月 30 日，三门峡水库高水位蓄水运用，以异重流排沙为主，从图 7-2-2（a）中可以看出，计算出库含沙量过程与实测出库含沙量过程基本符合；②三门峡水库于 1964 年 10 月 25 日降低水位，自下而上产生强烈的溯源冲刷，同时伴随着自上而下的沿程冲刷，从图 7-2-2（b）中可以看出，最初 5 ~ 6 天和最后 30 天内计算冲刷出库含沙量较大，其余时期接近或略小于实测出库含沙量，基本反映了水库溯源冲刷过程；③1977 年 7 月 7 ~ 10 日和 8 月 5 ~ 9 日，潼关产生了两次高含沙洪水，7 月 7 ~ 10 日实测出库最大和次大含沙量分别为 485kg/m^3 和

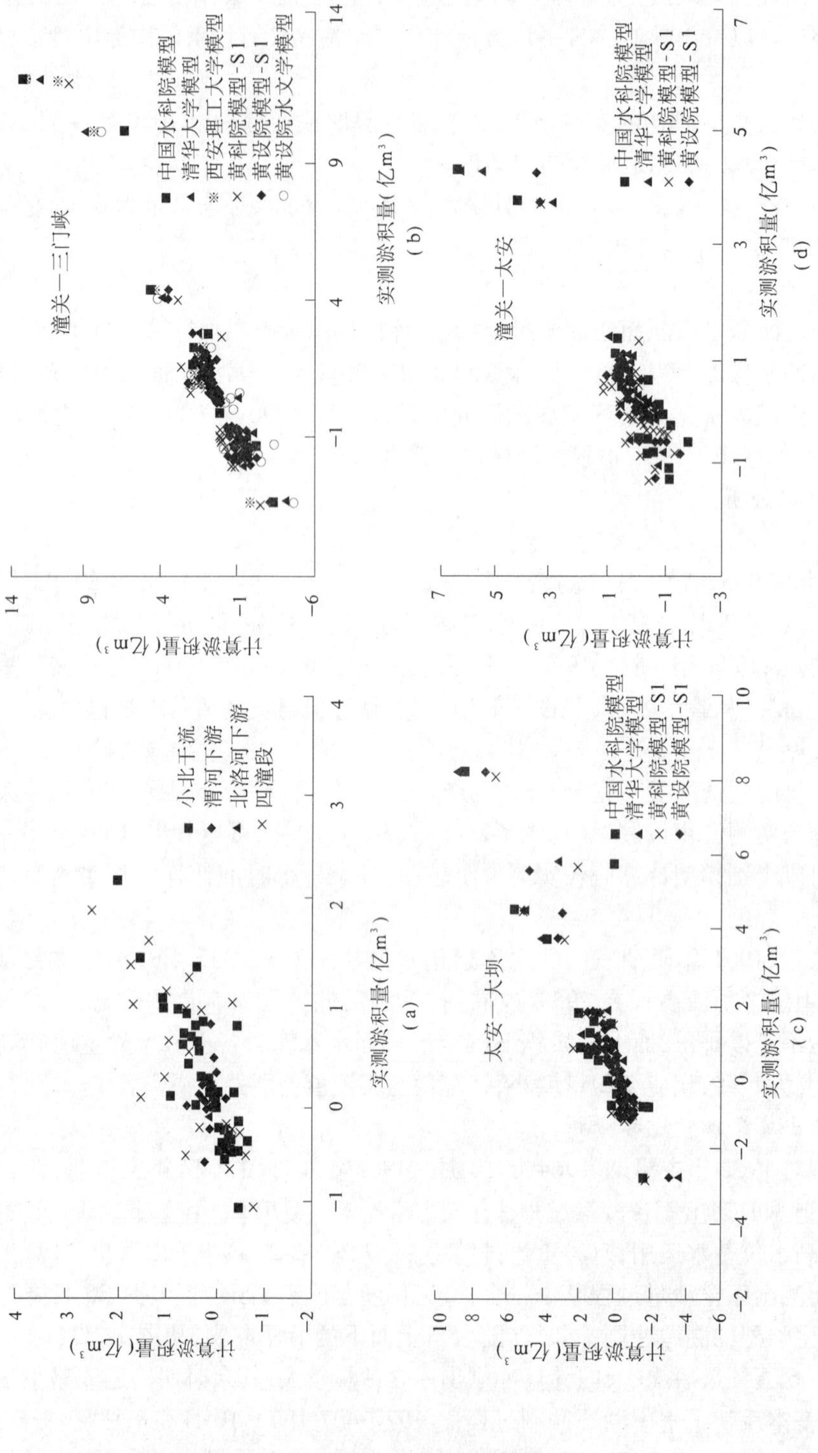

图 7-2-1　计算与实测淤积量对比

434kg/m³，计算值分别为 509kg/m³ 和 474kg/m³，8 月 5 ~ 9 日实测出库最大和次大含沙量分别为 556kg/m³ 和 510kg/m³，计算值分别为 669kg/m³ 和 558kg/m³，计算值与实测值符合较好，见图 7-2-2。

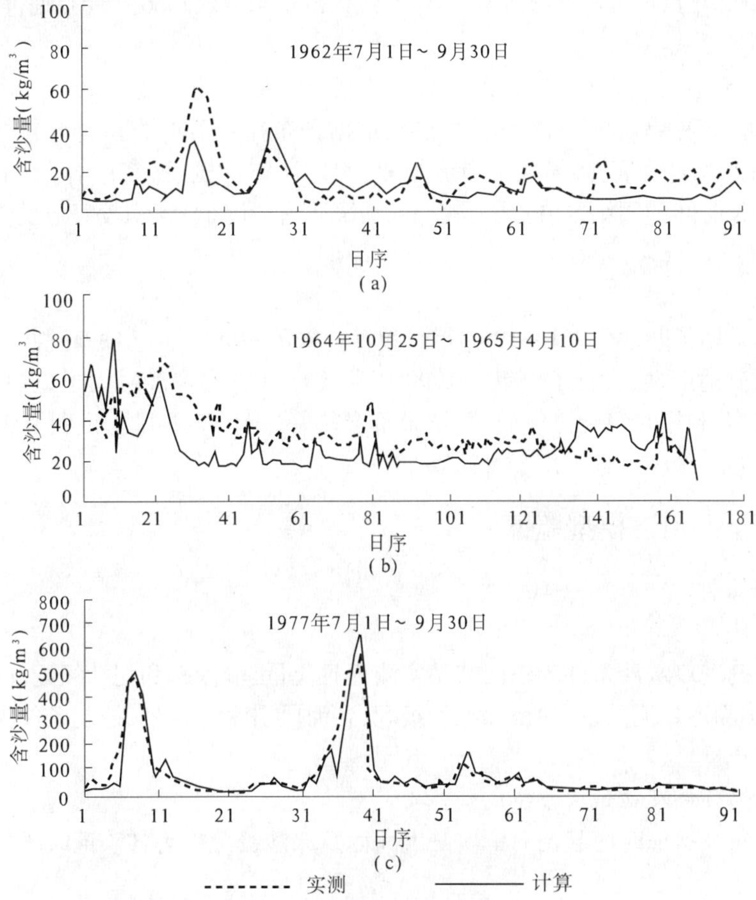

图 7-2-2　出库含沙量过程对比

4. 出库泥沙级配验证

黄设院水文水动力学模型同时给出了 1960 ~ 1990 年三门峡水库出库泥沙级配验证情况（见表 7-2-1），与实测的出库泥沙级配相比，计算出库级配基本符合。

表 7-2-1　　1960 年 9 月 ~ 1990 年 6 月三门峡出库泥沙级配验证

时期	计算百分数(%)			实测百分数(%)		
	细沙	中沙	粗沙	细沙	中沙	粗沙
1960 ~ 1969 年	52.41	25.47	22.12	63.19	20.37	16.44
1970 ~ 1973 年	50.25	26.58	23.17	50.39	26.32	23.29
1974 ~ 1990 年	54.08	27.63	18.29	50.57	27.42	22.01
1960 ~ 1990 年	52.83	26.70	20.47	53.69	25.47	20.84

5. 各种输沙公式验证

1) 壅水排沙公式

图 7-2-3(a)、(b)为三门峡水库 1962 年(蓄水运用)、1966 年(滞洪运用)壅水排沙期输沙率验证图,1962 年点据带虽然比较宽,但中心线仍位于 45°线,1966 年的点据符合较好。

2) 敞泄排沙公式

1964 ~ 1965 年为三门峡水库第一次敞泄排沙,水库排沙能力较大,验证情况见图 7-2-3(c),可以看出计算值和实测值组成的点据分布在 45°线附近,符合较好。1969 ~ 1973 年三门峡水库打开底孔,增大了泄流规模,水库泄空冲刷、恢复库容,由于冲刷的淤积物经过了较长时间的固结,冲刷能力较一般情况下有所降低,模型较好地反映了这一点(见图 7-2-3(d))。

3) 分组泥沙输沙关系

验算资料采用了断沙(1961 ~ 1987 年)、单沙(1960 ~ 1990 年)和月资料(1960 ~ 1995 年),为了分析其适应性,进行了 1960 ~ 1990 年潼关站日平均含沙量大于 200kg/m^3 高含沙洪水的验算,并利用月级配进行验证,结果符合较好(见图 7-2-4)。说明分组沙泥沙排沙关系适用于高含沙洪水且可用于月计算。

三、黄河下游河道模型验证

(一)验证条件

1. 水沙条件

模型验证的进口水沙条件为三门峡站实测逐日流量、输沙率和泥沙级配,区间支流伊洛河、沁河的实测逐日流量、输沙率和泥沙级配,各河段引水量,出口控制条件为利津站实测逐日水位和流量。

2. 起始地形条件及初始床沙组成

分别采用每个验证时段起始时的实测大断面及床沙级配作为各验证时段的起始地形和初始床沙组成。

1960 年 9 月 ~1964 年 10 月,黄设院模型-R1、黄科院模型-R1、清华大学模型主要验证了铁谢—官庄峪河段,黄科院模型-R2 主要验证了铁谢至高村河段,黄设院水文水动力学模型和神经网络模型则主要验证了铁谢至利津河段。黄设院模型、黄科院模型-R1、清华大学同时进行了铁谢至利津河段 1964 年 10 月 ~1996 年 6 月模拟验证。

(二)验证成果分析

1. 不同时期下游冲淤验证

1960 年 9 月 ~1964 年 10 月,由于三门峡蓄水运用,下游河道发生冲刷,其中铁谢—官庄峪河段冲刷 5.04 亿 ~7.19 亿 t,计算冲刷量 5.02 亿 ~6.69 亿 t;全下游的实测冲刷量为 27.80 亿 t,计算冲刷量为 26.64 亿 t,艾山—利津河段的实测冲刷量为 2.54 亿 t,计算冲刷量为 2.02 亿 ~2.05 亿 t,计算值与实测值比较符合(见图 7-2-5(a))。

1964 年 10 月 ~1996 年 6 月,三门峡水库经历了滞洪排沙期,而进入“蓄清排浑”正常运用期,铁谢—利津河段累计淤积 58.67 亿 ~62 亿 t,计算淤积量为 59.28 亿 ~61.83 亿 t,两者差别不大。从图 7-2-5(b)可以看出计算与实测淤积过程也比较相近。

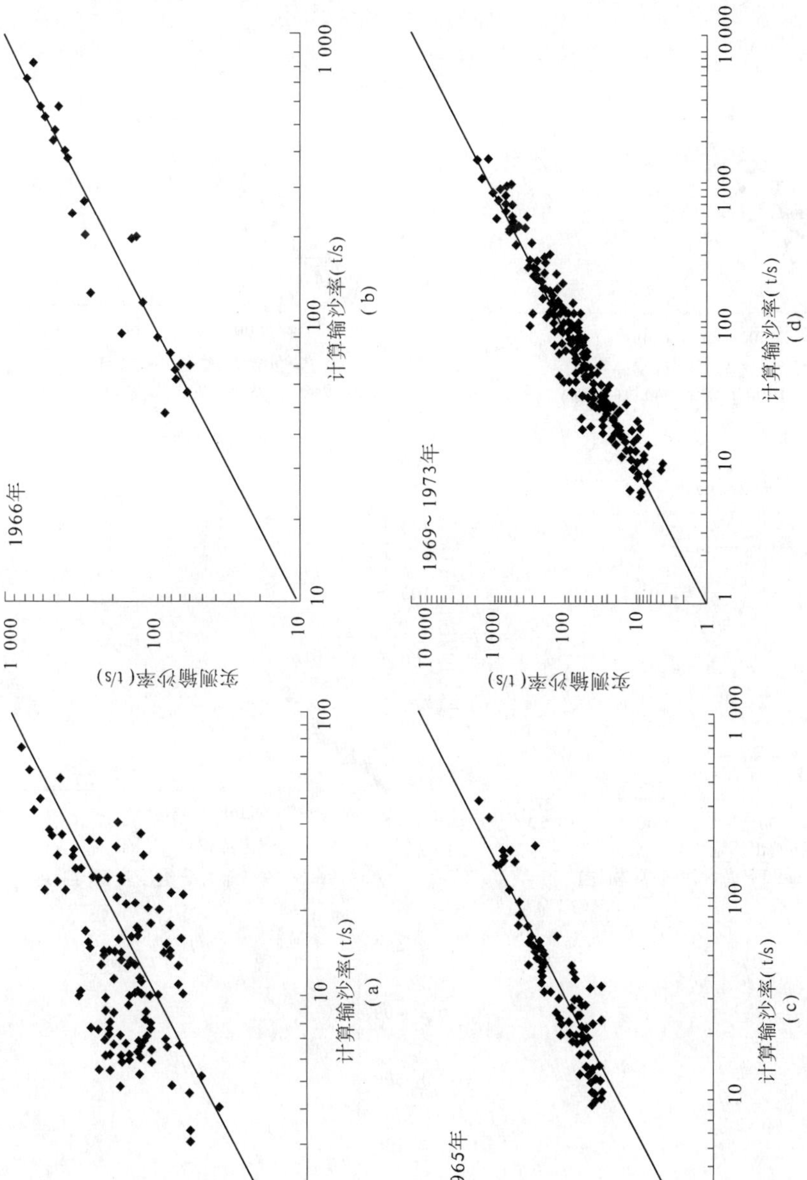

图 7-2-3　壅水排沙与敞泄排沙公式验证

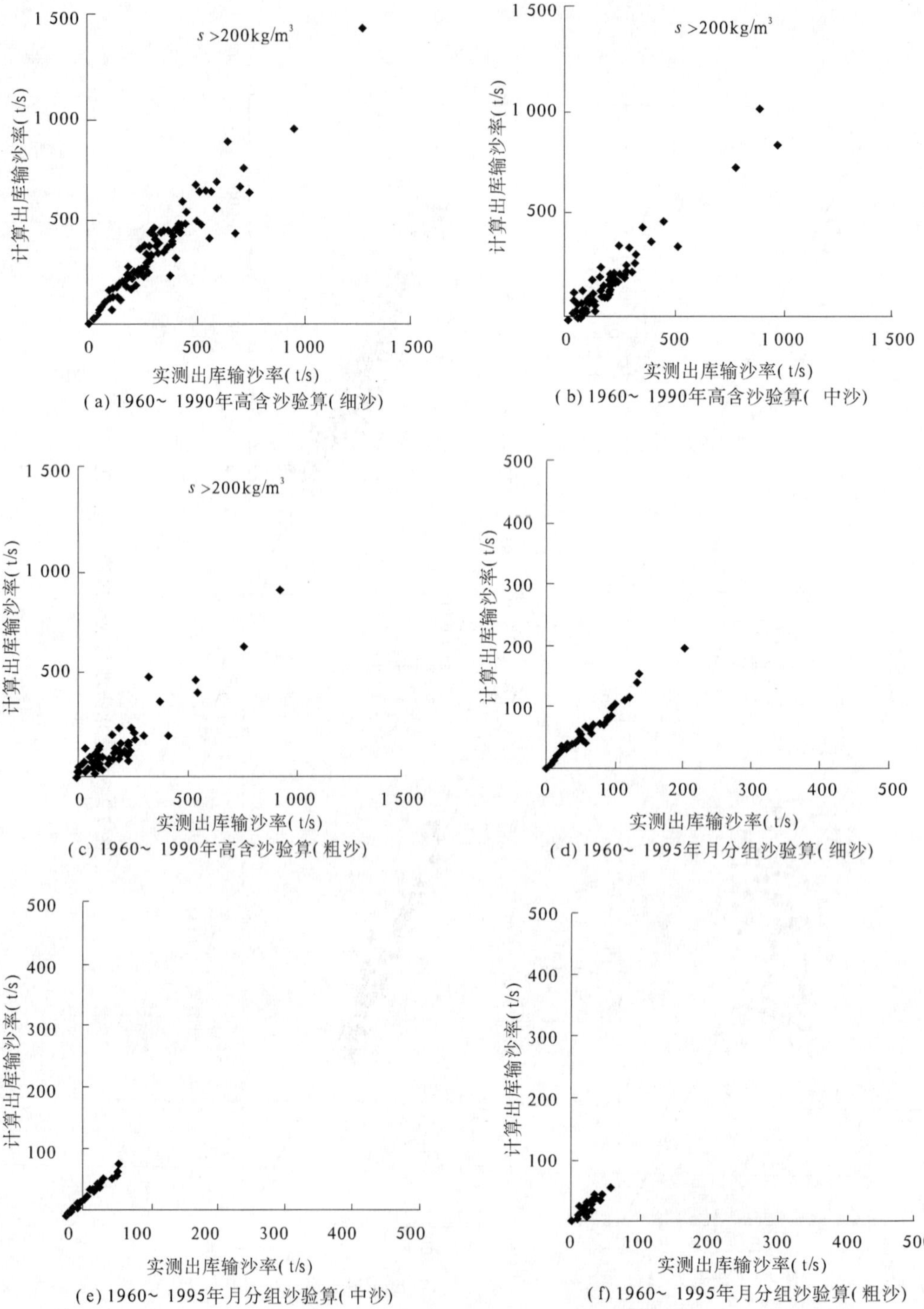

(a) 1960~ 1990年高含沙验算(细沙)

(b) 1960~ 1990年高含沙验算(中沙)

(c) 1960~ 1990年高含沙验算(粗沙)

(d) 1960~ 1995年月分组沙验算(细沙)

(e) 1960~ 1995年月分组沙验算(中沙)

(f) 1960~ 1995年月分组沙验算(粗沙)

图 7-2-4　分组沙输沙率验证对比

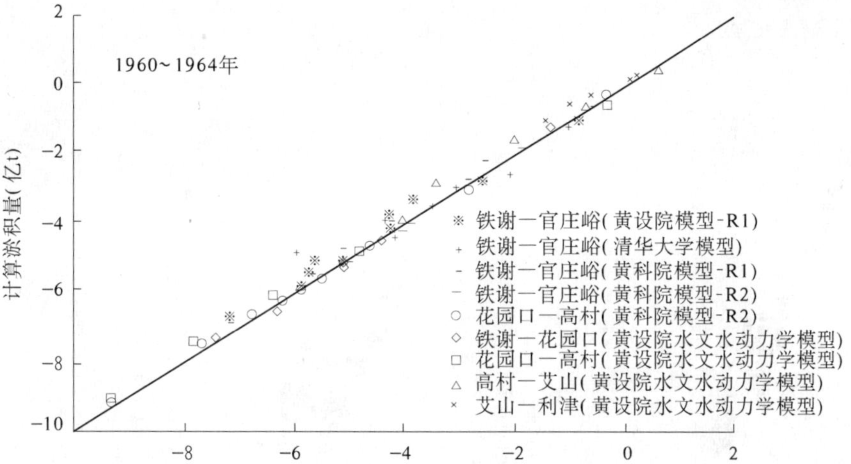

(a)

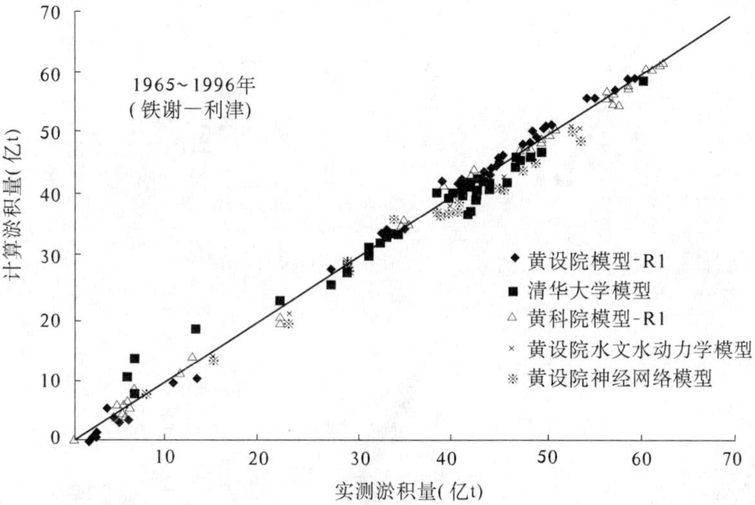

(b)

图7-2-5　计算与实测累计淤积量对比

2. 各河段冲淤验证

1964年10月~1996年6月,铁谢至花园口、花园口至高村、高村至艾山和艾山至利津河段实测淤积量分别为5.61亿~6.55亿t、27.44亿~29.45亿t、14.60亿~16.91亿t、10.03亿~10.07亿t,计算淤积量分别为6.23亿~7.85亿t、28.20亿~29.79亿t、13.70亿~16.23亿t、9.51亿~9.59亿t。从图7-2-6可以看出,铁谢至花园口河段计算与实测淤积过程有所差别,花园口至高村、高村至艾山和艾山至利津河段则符合较好。

3. 同流量水位验证

黄设院模型-R1、清华大学模型、黄科院模型-R1给出了黄河下游主要水文站花园口、高村和艾山断面不同时期3 000m^3/s流量水位的验证情况(见图7-2-7),可以看出,各站计算水位与实测水位基本是符合的。

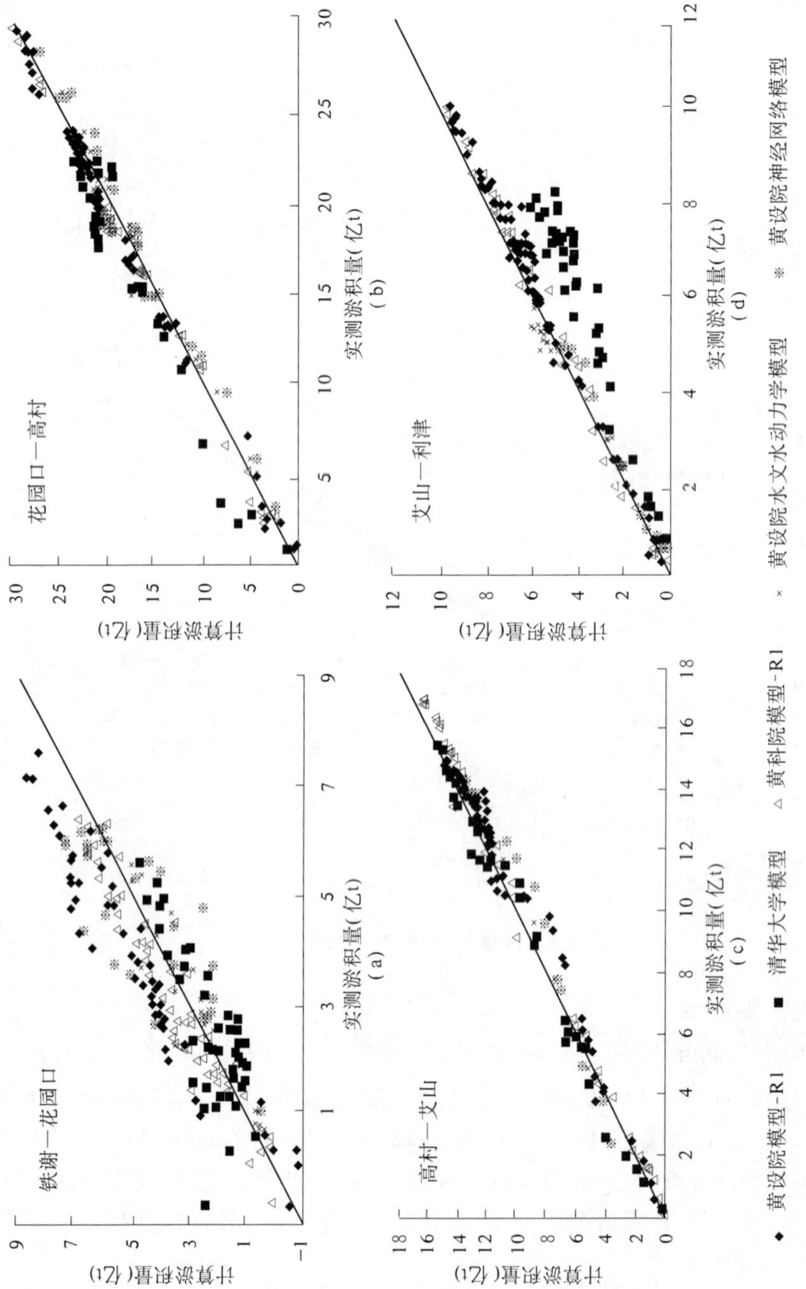

图 7-2-6 计算与实测累计淤积量对比

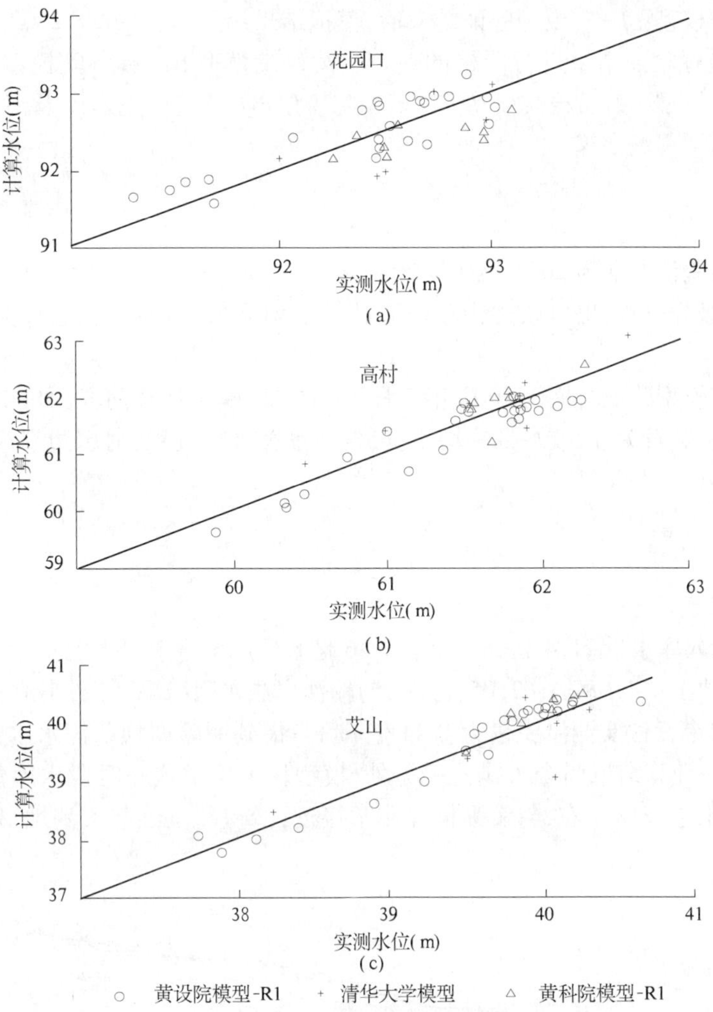

图 7-2-7　主要断面同流量水位对比($Q = 3\ 000 m^3/s$)

1960 年 9 月三门峡水库蓄水拦沙运用以来,下游河道经历了清水冲刷和回淤过程,期间还经历了 1973、1977 年大沙年份,河道冲淤变化幅度大。从各家模型的验证结果看,验证计算结果与实测结果在冲淤变化的性质上是一致的,两者在冲淤总量、沿程分布及冲淤过程等方面也能够较好地符合。对一些特殊年份,如 1960 ~ 1964 年下游河道的冲刷,1977、1992 年下游河道的严重淤积,模型都能较好地进行跟踪,表明模型对水沙条件具有一定的适应能力。

第三节　模型验证(Ⅱ)

2002 年 7 月 24 日在小浪底水库首次调水调沙试验放水结束后,黄委会组织黄委会设计院、黄委会水科院、黄委会防汛总指挥部办公室等单位,开展了“黄河首次调水调沙试验验证数学模型”工作,模型验证结束后,模拟结果统一封存,并于 2002 年 10 月 12 日由专家评议组对验证结果进行严格的评审。黄科院模型-S1、黄科院模型-S2、黄科院模型-R1、黄科院模型-R2、黄设院模型-S1、黄设院模型-R1 及黄设院水库及河道水文水动力学模型均参与了现场演算。

一、验证条件

水库模型验证时期为 2002 年 6 月 20 日 ~7 月 16 日,进口条件为三门峡站日平均流量、含沙量及级配过程,出口条件为小浪底站日平均流量,初始河床边界为 2002 年 6 月 20 日地形。

下游河道模型验证时期为 2002 年 7 月 3 ~ 16 日,模型计算河段为白鹤至利津,进口条件为小浪底、黑石关、武陟站日平均流量、含沙量及级配过程,河床边界为 2002 年 6 月地形。

二、验证结果

(一)水库模型

验证时段入库水量 21.4 亿 m^3、沙量 2.86 亿 t,出库水量 36.87 亿 m^3。模型计算结果显示,库区累计淤积 1.98 亿 ~2.05 亿 m^3,与输沙率法实测结果一致;小浪底库区 6 月 17 日 ~7 月 18 日断面法实测淤积量为 1.44 亿 m^3,考虑到测验期坝前浑水水库水体仍不断沉沙淤积,这一计算结果尚令人满意。另外,模型均模拟了这一时段水库数次发生异重流,水库排沙比达 13% 左右,与实际情况非常接近;淤积部位经与实测地形相比,也基本相似(见图 7-3-1)。

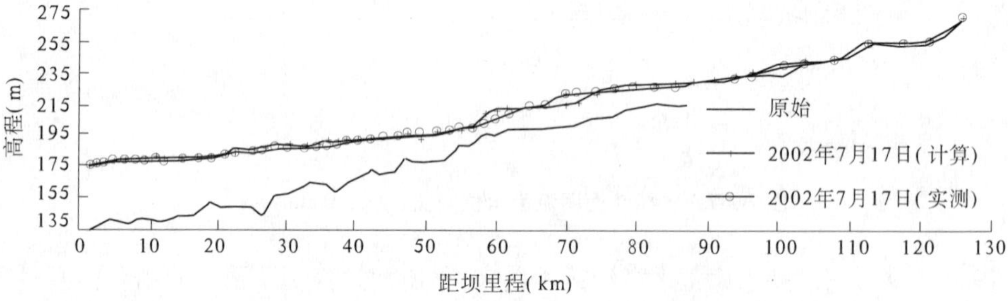

图 7-3-1 小浪底水库干流淤积纵剖面(深泓点)

由于目前计算中没有考虑小浪底水库不同高程泄水建筑物开启方式对水库排沙的影响,逐日过程模拟与实测结果相比还有一定的偏差。今后,可以考虑坝区段立面二维泥沙数学模型与库区一维泥沙水动力学模型嵌套,以全面反映不同孔洞开启对出库含沙量的影响。

(二)下游河道模型

验证时段小浪底、黑石关、武陟三站来水量 36.1 亿 m^3,来沙量 0.38 亿 t。

下游河道模型计算累计冲刷量为 0.184 亿 ~0.278 亿 t,与实测冲刷量 0.362 亿 t 基本一致,多数河段冲淤量计算结果与实测值定性相同、定量接近,但小浪底至花园口河段冲刷量有个别模型计算值稍有偏大。

从小浪底水库实施调度情况来看,加强非恒定流模型开发研究,以充分反映每次调水调沙放水过程的流量演变和河道冲淤变化是极其必要的。另外,河道模型出口边界还应下延至海平面,用以充分反映河口流路蚀退或延长对其上游河道冲淤变化的影响。

第八章　综合利用调度方式研究

第一节　小浪底水库初期防洪运用方式研究

一、小浪底水库初期防洪运用阶段划分

根据小浪底水库设计阶段研究成果，结合小浪底水库运用方式研究成果及小浪底水库不同运用期库容变化特点，通过分析比较小浪底水库控制中常洪水的能力、控制中常洪水对水库使用寿命和长期有效库容的影响，在满足防洪运用方式具有一定时效性的条件下，选择小浪底水库设计运用10年、淤积量达50亿m^3、坝前淤积高程达228～230m之前，作为初期防洪运用的第一阶段。从水库淤积量达到50亿m^3至形成高滩深槽的正常运用期，有效库容变幅在51亿～73亿m^3。特别是进入高滩深槽形成阶段，库水位变化较大，库区淤积形态有较大调整，将该阶段作为初期防洪运用的第二阶段。

小浪底水库初期防洪运用的第二阶段，由于库水位变化较大，应根据当年的库容情况和预报的来水来沙条件，制定相应的防洪运用方式。该阶段的防洪运用原则是抬高汛限水位，增大下游中常洪水的控制流量，使得小浪底水库的汛限水位由第一阶段汛限水位逐步过渡到254m，中常洪水的控制流量由第一阶段较小流量逐步过渡到8 000m^3/s，中常洪水调蓄库容逐步减小至7.9亿m^3。以下仅研究初期第一阶段的防洪运用方式。

二、黄河下游中常洪水控制流量分析

小浪底水库初步设计中，确定的小浪底水库正常运用期中常洪水控制流量为8 000m^3/s。在初期防洪运用的第一阶段，由于河道过洪能力较小，且小浪底水库库容较大，中常洪水控制流量可以小于8 000m^3/s。下面从小浪底水库的控制能力、小陆故花(指小浪底、陆浑、故县、花园口，下同)间无控制区来水、下游造床流量、库区及下游冲淤情况等方面分析研究中常洪水的控制流量。

(一)小浪底水库的控制能力分析

1. 小浪底水库中常洪水控制库容分析

小浪底水库初步设计阶段，拟定小浪底水库正常运用期黄河下游中常洪水控制流量为8 000m^3/s。减小中常洪水的控制流量，必将增加小浪底水库中常洪水的调蓄库容。应在不影响水库大洪水防御任务、不影响小浪底水库大坝安全的前提下，确定合理的中常洪水控制流量。初步拟定黄河下游中常洪水控制流量为3 000、4 000、5 000、6 000、7 000、8 000m^3/s六个方案。

根据小浪底水库初步设计报告，为了保证终期40.5亿m^3的防洪库容，中常洪水的控制运用水位应在254m以下，否则中常洪水造成的淤积将影响254m以上40.5亿m^3的防洪库容，影响大洪水的防洪安全。据此，推算水库对中常洪水的控制能力。

黄河下游中常洪水不同控制流量方案需要水库工程拦蓄洪量及下游洪水情况见表 8-1-1。表中三门峡水库的蓄洪量是由“上大洪水”敞泄滞洪造成的,可以不计入中常洪水的控制库容。计算结果表明,控制不同的中常洪水流量,所需水库的调蓄库容不同。控制黄河下游中常洪水流量(花园口流量)3 000m^3/s,需要小浪底水库蓄洪库容最大为 75.65亿 m^3;控制黄河下游中常洪水流量(花园口流量)4 000m^3/s,需要小浪底水库蓄洪库容最大为 42.93 亿 m^3;控制 5 000m^3/s 流量,需要小浪底水库蓄水库容最大为 19.56 亿 m^3;控制 6 000m^3/s 流量,需要小浪底水库蓄水库容最大为 13.89 亿 m^3;控制 8 000m^3/s 流量,需要小浪底水库蓄水库容最大为 7.9 亿 m^3。

表 8-1-1　　黄河下游中常洪水不同控制流量方案计算成果比较(5 年一遇洪水)

(单位:蓄洪量,亿 m^3;洪峰流量,m^3/s)

洪水类型	中常洪水控制流量	水库蓄洪情况		下游洪水情况		无控制区相应洪峰流量
		三门峡蓄洪量	小浪底蓄洪量	花园口洪峰流量	孙口洪峰流量	
“上大洪水”	3 000	1.72	75.65	4 740	3 630	3 740
	4 000	1.72	42.93	4 740	4 000	3 740
	5 000	1.72	19.02	5 000	5 000	3 740
	6 000	1.72	9.34	6 000	6 000	3 740
	7 000	1.72	5.30	7 000	7 000	3 740
	8 000	1.72	3.28	8 000	8 000	3 740
“下大洪水”	3 000	0.54	37.69	7 530	5 920	5 000
	4 000	0.54	28.55	7 530	6 050	5 000
	5 000	0.54	19.56	7 530	6 190	5 000
	6 000	0.54	13.89	7 530	6 280	5 000
	7 000	0.54	8.85	7 530	7 250	5 000
	8 000	0.54	7.90	8 000	8 000	5 000

从不同淤积水平 254m 水位以下的防洪库容(见表 8-1-2)来看,目前 225 ~ 254m 的防洪库容约为 42 亿 m^3,基本可以满足控制花园口中常洪水流量 4 000m^3/s 的要求,但 225m 以下库容扣除调水调沙及兴利库容外,淤沙库容的淤积年限较短,防御洪水方案的时效性较差。控制花园口中常洪水流量 5 000m^3/s,需要的蓄洪库容为 20 亿 m^3;小浪底水库设计淤积 10 年,240 ~ 254m 的库容还有 20.5 亿 m^3。因此,小浪底水库 254m 以下的防洪库容可以满足控制花园口中常洪水流量 5 000 ~ 8 000m^3/s 的要求,且淤沙库容的淤积年限至少可以达到 10 年,方案的时效性较好。

综上所述,从水库控制中常洪水的能力来看,目前可以控制花园口 4 000m^3/s 流量,但由于现状汛限水位 225m 以下库容的淤积年限较短,方案的时效性较差。中常洪水控制花园口 5 000m^3/s 及其以上流量,水库既具有控制能力,也可以满足相当长时间的淤沙需求,方案的时效性较好。

表 8-1-2　　小浪底水库不同淤积水平 254m 水位以下库容情况

水位(m)	库容(亿 m^3)				
	原始	2002 年汛后	2003 年汛后	淤积量达 30 亿 m^3	淤积量达 50 亿 m^3
245 ~ 254	16.92	16.25	15.60	15.30	14.00
240 ~ 254	23.92	24.25	23.17	23.90	20.50
235 ~ 254	31.02	31.56	30.11	31.40	24.40
230 ~ 254	38.12	38.18	36.35	38.00	27.46
225 ~ 254	43.72	44.15	41.81	42.60	27.60

2. 小浪底水库防御大洪水的能力分析

控制不同的中常洪水流量,需要不同的中常洪水控制库容。由于水库的防洪库容有限,中常洪水蓄洪库容的增加,势必减小大洪水的防洪库容。下面针对控制花园口中常洪水流量 4 000、5 000m^3/s 方案,分析水库防御大洪水的能力。

表 8-1-3 为不同中常洪水控制流量水库设计、校核洪水时防洪能力复核情况。计算采用的水库运用方式为:三门峡水库按"先敞后控";小浪底水库首先控制花园口中常洪水,中常洪水控制库容蓄满后,按控制花园口不大于 10 000m^3/s 运用,当蓄洪水位达 265m 时,控制库水位按入库流量泄洪,下游东平湖开始分洪运用;当预报花园口超万洪量达到 20 亿 m^3 时,小浪底继续按控制花园口 10 000m^3/s 运用。从计算结果可以看出,控制花园口中常洪水流量 4 000m^3/s,由于中常洪水蓄洪库容较大,水库防御大洪水的能力不足。千年一遇洪水,由于东平湖滞洪区分洪运用时机提前(240 ~ 265m 库容 43.7 亿 m^3),分洪量过大;万年一遇洪水,致使水库蓄洪水位超过校核洪水位。因此,从水库的防洪安全考虑,花园口中常洪水控制流量最小应为 5 000m^3/s。

表 8-1-3　　不同中常洪水控制流量水库防洪能力复核成果("上大洪水")

洪水重现期(年)	中常洪水控制流量(m^3/s)	水库蓄洪情况				下游洪水情况			
		三门峡		小浪底		花园口		孙口	
		最大蓄量(亿 m^3)	最高水位(m)	最大蓄量(亿 m^3)	最高水位(m)	最大洪峰流量(m^3/s)	最大超万洪量(亿 m^3)	最大洪峰流量(m^3/s)	最大超万洪量(亿 m^3)
1 000	4 000	31.85	330.58	56.21	270.20	17 300	19.53	15 200	16.87
	5 000	31.85	330.58	43.98	265.12	16 000	9.94	13 100	8.49
10 000	4 000	50.2	334.07	76.36	277.95	18 900	19.77	15 400	17.75
	5 000	50.2	334.07	52.77	268.78	19 600	19.77	16 700	17.78

注:三门峡"先敞后控";小浪底汛限水位 240m,小浪底蓄水位达 265m 后,维持库水位,按入库流量泄洪或敞泄运用,下游东平湖分洪。

(二)小花间、小陆故花间无控制区 5 年一遇来水分析

小花间的 5 年一遇洪水流量为 6 350m^3/s,小陆故花间 5 年一遇洪水流量为 4 170m^3/s,花园口 5 年一遇洪水小陆故花间无控制区相应的最大洪峰流量为 5 000m^3/s。目前花园口洪水的预见期为 8 小时,小于水库至花园口的洪水传播时间,水库不能完全控

制洪水。随着数字黄河工程的建设,小花间水情自动测报系统逐步完善,花园口洪水的预见期将可以达到30小时及其以上,水库的控制能力将进一步增强,小浪底与陆浑、故县两水库联合调节,可以控制花园口5年一遇洪水流量为5 000~8 000m^3/s。

(三)黄河下游造床流量分析

造床流量是指其造床作用与多年流量过程的综合造床作用相当而对塑造河床形态起着控制作用的某一个流量。黄委会水科院研究的造床流量计算公式如下:

$$Q_{造}=7.7Q_{汛}^{0.85}+90\ Q_{汛}^{1/3} \tag{8-1-1}$$

式中　$Q_{造}$——造床流量,m^3/s;

$Q_{汛}$——多年汛期平均流量,m^3/s。

据此公式,小浪底水库初步设计阶段确定的小浪底库区设计造床流量为4 220m^3/s。

1986年以来,黄河下游来水持续偏枯,1986~1997年汛期7、8、9、10月花园口站的平均流量为1 280m^3/s,计算的造床流量为4 350m^3/s。如果加入伊洛河汛期来水较丰的1982、1983、1984年,1982~1997年汛期7、8、9、10月花园口站的平均流量为1 684m^3/s,计算的造床流量为5 330m^3/s。

因此,考虑伊洛河、沁河的来水,黄河下游造床流量应为5 000m^3/s左右,与小浪底库区的造床流量也是相匹配的。

(四)中常洪水控制流量减小对水库拦沙年限和下游河道减淤效果的影响分析

初期防洪运用的第一阶段,中常洪水控制流量比设计阶段拟定的8 000m^3/s有所减小,势必会增加水库的淤积,减少水库的拦沙减淤运用年限,影响下游河道的减淤效果。本次分析了中常洪水控制流量为3 000、4 000、5 000、6 000、7 000、8 000m^3/s六个方案,不同方案通过对洪水水沙过程的改变而影响小浪底水库拦沙年限和下游河道冲淤效果。分析结论受入库水沙条件的影响很大,为进行比较,选择小浪底水库设计阶段的2000年设计水平1950~1975年系列和小浪底水库初期运用方式研究采用的实测1978~1982+1987~1996+1971~1980年水沙系列两种不同水沙条件,采用初步设计水库拦沙和调水调沙运用原则进行水库和下游河道泥沙冲淤计算,以分析比较小浪底水库初期防洪运用第一阶段中常洪水不同控制方案对水库拦沙年限和下游河道减淤效果的影响。

1.水沙条件

2000年设计水平1950~1975年25年系列多年平均小浪底入库水量、沙量分别为315亿m^3、13.35亿t,汛期水量、沙量分别占全年的55.4%、95.6%。

1978~1982+1987~1996+1971~1980年25年系列多年平均入库水量、沙量分别为316.9亿m^3、9.68亿t,汛期水量、沙量分别占全年的51%、96.3%。

2.不同中常洪水控制流量对小浪底水库初期淤积年限的影响

当水库淤积量小于50亿m^3时,分别进行3 000、4 000、5 000、6 000、7 000、8 000m^3/s控制,不同方案水库调节和泥沙冲淤计算结果表明,1950~1975年系列3 000m^3/s控制方案水库连续拦沙淤积期(水库淤积量达78.6亿m^3,下同)时间最短,为11年59天;8 000m^3/s控制方案水库连续拦沙淤积期最长,为14年3天,二者相差2年309天。5 000m^3/s方案水库连续拦沙淤积期为13年243天,与8 000m^3/s控制方案相差125天,见表8-1-4。

表 8-1-4　　不同方案小浪底水库的连续拦沙淤积期统计

系列	控制流量(m^3/s)					
	3 000	4 000	5 000	6 000	7 000	8 000
1950～1975 年	11 年 59 天	11 年 153 天	13 年 243 天	13 年 274 天	13 年 335 天	14 年 3 天
1978～1982＋1987～1996＋1971～1980 年	15 年 35 天	16 年 6 天	17 年 23 天	17 年 63 天	17 年 67 天	17 年 67 天

对于 1978～1982＋1987～1996＋1971～1980 年系列，由于来沙量较小，水库的主要拦沙年限增加。不同方案水库连续拦沙淤积期年限的差别更小，3 000m^3/s 控制方案水库连续拦沙淤积期为 15 年 35 天；8 000m^3/s 控制方案水库连续拦沙淤积期最长，为 17 年 67 天，二者相差 2 年 32 天。5 000m^3/s 方案水库连续拦沙淤积期与 8 000m^3/s 控制方案相差 44 天，见表 8-1-4。

3. 不同中常洪水控制流量对下游河道减淤效果的影响

不同方案水库连续拦沙淤积期下游河道减淤效果计算结果列于表 8-1-5、表 8-1-6。由表 8-1-5 可以看出，随着中常洪水控制程度的减弱（即控制流量的增大），水库的拦沙减淤效益越来越好，拦沙减淤比越来越小。

表 8-1-5　　不同方案水库连续拦沙淤积期下游河道减淤效果计算成果（1950～1975 年系列）

项目	控制流量(m^3/s)					
	3 000	4 000	5 000	6 000	7 000	8 000
水库淤积量(亿 m^3)	78.61	78.61	78.67	78.60	78.61	78.70
下游河道减淤量(亿 t)	58.15	59.05	62.54	62.64	66.10	66.31
拦沙减淤比	1.76	1.69	1.64	1.64	1.55	1.55

表 8-1-6　　不同方案水库连续拦沙淤积期下游河道减淤效果计算成果
（1978～1982＋1987～1996＋1971～1980 年系列）

项目	控制流量(m^3/s)					
	3 000	4 000	5 000	6 000	7 000	8 000
水库淤积量(亿 m^3)	78.63	78.61	78.72	78.80	78.63	78.81
下游河道减淤量(亿 t)	73.31	75.44	77.49	77.78	77.81	77.87
拦沙减淤比	1.39	1.35	1.32	1.32	1.32	1.32

对于 1950～1975 年系列，控制流量 3 000m^3/s 与 8 000m^3/s 相比，水库少减淤 8.16 亿 t，水库拦沙减淤比由 1.76 减小到 1.55。与控制流量 8 000m^3/s 相比，控制 5 000m^3/s 流量时，水库对下游河道的减淤量减少了 3.77 亿 t。控制流量小于 5 000m^3/s 时，下游河道减淤量减少得比较明显。

对于 1978～1982＋1987～1996＋1971～1980 年系列，控制流量 3 000m^3/s 与 8 000m^3/s 相比，水库少减淤 4.56 亿 t，水库拦沙减淤比由 1.39 减小到 1.32。控制 5 000m^3/s 流量与控制 8 000m^3/s 流量方案相比，水库对下游河道的减淤效果基本一样。控制流量小于 5 000m^3/s 时，下游河道减淤效果较差。

综上所述，从对水库拦沙年限影响方面看，两种水沙系列计算结果表明，与控制 8 000m^3/s相比，中常洪水控制流量5 000m^3/s 及其以上对水库拦沙年限影响不大，控制流量在 5 000m^3/s 以下时，影响较明显。

从对下游河道减淤效果影响方面看，与控制 8 000m^3/s 相比，减小中常洪水控制流量对下游河道减淤效果有一定影响。控制中常洪水流量为 5 000m^3/s 及其以上对下游河道减淤效果影响不大。但中常洪水控制流量减小至 5 000m^3/s 以下时，对下游河道减淤效果影响较大。

因此，从对水库淤积年限及下游减淤效果的影响来看，中常洪水控制流量以不小于 5 000m^3/s为宜。

（五）中常洪水控制流量选择

将上述各影响因素进行综合比较，见表 8-1-7。

表 8-1-7　花园口中常洪水控制流量分析

序号	考虑因素	流量（m^3/s）	中常洪水控制流量（m^3/s）
1	水库控制能力	≥5 000	≥5 000
2	5 年一遇洪水无控制区来水	4 170～5 000	≥5 000
3	下游造床流量	5 000	≥5 000
4	水库淤积及下游减淤	5 000～8 000	≥5 000
5	小浪底初步设计		8 000
中常洪水控制流量的采用值			5 000～8 000

由表 8-1-7 可知，从水库控制中常洪水的能力来看，小浪底水库初期防洪运用第一阶段控制中常洪水流量应不小于5 000m^3/s；从洪水地区组成看，中常洪水可控制的流量在 5 000m^3/s以上；从黄河下游造床流量看，中常洪水控制流量应为 5 000m^3/s 左右；从减小中常洪水流量对水库拦沙年限及下游减淤效果的影响看，中常洪水控制流量应不小于 5 000m^3/s；小浪底水库初步设计确定的正常运用期中常洪水控制流量为 8 000m^3/s。

综合考虑水库的控制能力、洪水来源及组成、黄河下游造床流量、中常洪水控制对水库拦沙年限及下游减淤效果的影响等因素，中常洪水控制流量应为 5 000～8 000m^3/s。

三、小浪底水库初期防洪运用第一阶段汛期限制水位分析

（一）小浪底水库初期防洪运用第一阶段最高汛期限制水位

由上述中常洪水控制流量分析可知，为了不影响小浪底水库的终期库容，中常洪水的控制运用必须在 254m 水位以下进行。考虑水库淤积年限、淤积量及淤积分布等因素，采用淤积量达 50 亿 m^3 淤积水平的库容曲线。中常洪水控制流量最小为 5 000m^3/s，需要水库的蓄洪库容最大为 20 亿 m^3，相应的汛限水位为 240m；中常洪水控制流量为6 000m^3/s，需要水库的蓄洪库容为 13.89 亿 m^3，相应的汛限水位为 245m。即初期防洪运用的第一阶段，控制中常洪水流量 5 000m^3/s ，最高汛限水位为 240m；控制中常洪水流量

6 000m^3/s，最高汛限水位为245m。

（二）小浪底水库初期防洪运用第一阶段汛期限制水位分析

根据小浪底水利枢纽初步设计报告，为了实现设计的库区锥体淤积形态，达到小浪底水库拦沙72.5亿m^3、减淤78.7亿t的目标，小浪底水库的运用水位必须是逐步抬高的。初步设计报告中对逐步抬高汛期水位拦沙与汛期高水位蓄水拦沙方案进行了对比研究。研究认为，小浪底水库逐步抬高汛期水位拦沙和调水调沙运用，库区为锥体淤积，由下而上、由低到高逐步淤积，淤积比降小，支流库容损失少（设计损失3亿m^3），可以充分发挥水库的拦沙减淤作用，达到小浪底水库拦沙72.5亿m^3、减淤78.7亿t的目标。如果水库汛期高水位蓄水拦沙，库区为三角洲和带状淤积，在淤积向坝前推进过程中，洲面淤高，淤积上延，河床比降增大，在淤积末端一定的条件下，汛期运用水位要降至240～246m，干流拦沙库容要减少15亿～25亿m^3，支流河口拦门沙坎高，支流淤积面低，大量损失支流拦沙库容，是小浪底水库运用中应予避免的。因此，小浪底水库初期防洪运用第一阶段的汛限水位也应是逐步抬高的。

1. 蓄水拦沙阶段汛限水位分析

小浪底水利枢纽初步设计报告拟定的初期蓄水拦沙阶段，是205m水位以下库容淤满阶段，锥体的淤积量为21亿～22亿m^3，淤积末端高程为218.5m，218.5m以下原始库容28.2亿m^3，扣除淤积库容22亿m^3，剩余库容6.2亿m^3，即蓄水拦沙阶段末的库容不能满足调水调沙需要。按照蓄水拦沙阶段末库容8亿～13亿m^3，能够满足调水调沙需求考虑，推算蓄水拦沙阶段末的汛限水位应为220～225m。

表8-1-8为小浪底水库原始库容干支流分布情况，由表可知，220～225m高程，支流库容6亿～7.6亿m^3，约占干支流总库容的20%，支流库容所占比例不大，控制汛限水位220～225m，支流库容损失不大。

表8-1-8　　小浪底水库原始库容干支流分布情况

高程（m，黄海）	库容（亿m^3）			支流库容的比例（%）
	干流	支流	合计	
130	0	0	0	0
190	7.60	1.40	9.00	15.56
205	14.30	2.80	17.10	16.37
210	17.00	3.60	20.60	17.48
220	23.60	6.00	29.60	20.27
225	27.60	7.60	35.20	21.59
230	31.60	9.20	40.80	22.55
245	46.20	15.80	62.00	25.48
254	56.50	21.70	78.20	27.75
260	64.00	26.50	90.50	29.28
265	70.80	30.70	101.50	30.25
270	75.50	38.50	114.00	33.77
275	85.70	40.80	126.50	32.25
280	94.20	46.40	140.60	33.00

2. 逐步抬高阶段汛限水位分析

众所周知，对多沙河流，洪水期同样的入流和出流条件，水库的前期蓄水量不一样，会造成水库排沙能力的不同。初步设计报告认为，蓄水拦沙阶段，由于水库蓄水体较大，水库只能蓄水拦沙和调水调沙运用，可以通过异重流排沙，排沙比较小，只有 10% ~20%。进入逐步抬高阶段，水库控制低壅水排沙（壅水体积 3 亿 m^3），排沙比可以达到 50% ~70%。

小浪底初步设计报告中，逐步抬高汛期水位运用阶段，年平均汛期升高水位约 4m，汛期控制低壅水蓄水容积3 亿 m^3 左右。即逐步抬高运用水位阶段，汛限水位也随着相应抬高，始终保持汛限水位以下 3 亿 m^3 左右的库容。

最新研究提出，3 亿 m^3 左右的库容不能够满足水库调水调沙的要求，又提出了调控库容 8 亿、13 亿 m^3 的方案。洪水到来之前水库不同的蓄水量，对水库的淤积影响如何？下面针对实测典型洪水进行了计算分析。选择了 1977 年 8 月、1992 年 8 月、1993 年 8 月、1996 年 8 月等场次洪水，各场次洪水的洪峰、洪量及沙量特征值见表 8-1-9。按照同样的入库和出库条件，变化汛限水位以下库容，各场次洪水不同控制流量及前期蓄水量情况下水库淤积情况见表 8-1-10。为了便于分析，点绘了库区淤积量与水库前期蓄水量的关系，见图 8-1-1 ~图 8-1-4。

表 8-1-9　实测典型中常洪水的洪峰、洪量及沙量特征值

<table>
<tr><th>站名或区间</th><th colspan="2">项目</th><th>1977 年</th><th>1992 年</th><th>1993 年</th><th>1996 年</th></tr>
<tr><td rowspan="11">三门峡
（小浪底入库）</td><td colspan="2">洪水时段（月-日）</td><td>08-01 ~ 08-14</td><td>08-09 ~ 09-03</td><td>08-01 ~ 08-14</td><td>07-31 ~ 08-15</td></tr>
<tr><td colspan="2">洪峰流量（m^3/s）</td><td>8 900</td><td>4 620</td><td>4 020</td><td>5 100</td></tr>
<tr><td colspan="2">洪量（亿 m^3）</td><td>34.51</td><td>51.11</td><td>26.43</td><td>32.55</td></tr>
<tr><td colspan="2">沙量（亿 t）</td><td>9.23</td><td>7.45</td><td>1.93</td><td>5.57</td></tr>
<tr><td colspan="2">平均含沙量（kg/m^3）</td><td>267.46</td><td>145.76</td><td>73.02</td><td>171.12</td></tr>
<tr><td rowspan="3">流量持续历时（h）</td><td>>3 000m^3/s</td><td>90</td><td>112</td><td>44</td><td>96</td></tr>
<tr><td>>4 000m^3/s</td><td>60</td><td>20</td><td>0</td><td>64</td></tr>
<tr><td>>5 000m^3/s</td><td>56</td><td>0</td><td>0</td><td>20</td></tr>
<tr><td rowspan="3">含沙量持续历时（天）</td><td>>100kg/m^3</td><td>7</td><td>10</td><td>3</td><td>10</td></tr>
<tr><td>>200kg/m^3</td><td>5</td><td>5</td><td>0</td><td>6</td></tr>
<tr><td>>300kg/m^3</td><td>3</td><td>3</td><td>0</td><td>1</td></tr>
<tr><td>小浪底</td><td colspan="2">洪峰流量（m^3/s）</td><td>10 100</td><td>4 550</td><td>3 520</td><td>5 090</td></tr>
<tr><td>小花间</td><td colspan="2">洪峰流量（m^3/s）</td><td>2 350</td><td>2 170</td><td>1 040</td><td>3 830</td></tr>
<tr><td>花园口</td><td colspan="2">洪峰流量（m^3/s）</td><td>10 800</td><td>6 430</td><td>4 300</td><td>7 860</td></tr>
</table>

表 8-1-10　　**各典型洪水库区淤积量计算成果**

前期蓄水量（亿 m^3）	控制花园口流量（m^3/s）	1977 年		1992 年		1993 年		1996 年	
		水库排沙比（%）	库区淤积量（亿 t）	水库排沙比（%）	库区淤积量（亿 t）	水库排沙比（%）	库区淤积量（亿 t）	水库排沙比（%）	库区淤积量（亿 t）
2.64	5 000	50	4.83	64	2.58	42	1.04	58	2.78
	6 000	65	3.38					62	2.51
	7 000	74	2.46						
	8 000	75	2.38						
	敞泄	77	2.25	64	2.58	42	1.04	64	2.40
4.41	5 000	37	6.03	43	4.12	26	1.31	38	4.06
	6 000	50	4.78					41	3.90
	7 000	56	4.26						
	8 000	57	4.16						
	敞泄	58	4.04	43	4.12	26	1.31	43	3.78
6.56	5 000	28	6.91	28	5.22	22	1.39	27	4.83
	6 000	36	6.18					28	4.77
	7 000	40	5.76						
	8 000	41	5.66						
	敞泄	42	5.57	28	5.22	22	1.39	29	4.70
9.19	5 000	23	7.37	22	5.61	21	1.41	22	5.14
	6 000	26	7.09					23	5.09
	7 000	29	6.83						
	8 000	30	6.74						
	敞泄	31	6.66	22	5.61	21	1.41	23	5.08
12.21	5 000	22	7.53	21	5.69	20	1.43	21	5.22
	6 000	22	7.46					21	5.20
	7 000	23	7.36						
	8 000	24	7.30						
	敞泄	25	7.24	21	5.69	20	1.43	21	5.19
15.73	5 000	21	7.61	20	5.77	19	1.44	20	5.28
	6 000	21	7.55					20	5.26
	7 000	22	7.52						
	8 000	22	7.52						
	敞泄	22	7.51	20	5.77	19	1.44	20	5.25
19.86	5 000	20	7.69	19	5.83	18	1.46	19	5.34
	6 000	20	7.63					19	5.32
	7 000	21	7.61						
	8 000	21	7.60						
	敞泄	21	7.60	19	5.83	18	1.46	19	5.31
24.69	5 000	19	7.76	18	5.89	18	1.47	18	5.39
	6 000	20	7.71					19	5.37
	7 000	20	7.68						
	8 000	20	7.68						
	敞泄	20	7.68	18	5.89	18	1.47	19	5.36

从图 8-1-1 所示 1977 年典型洪水库区淤积情况看,控制流量 5 000m^3/s 时,前期蓄水量由 2.64 亿 m^3 增加到 9.19 亿 m^3,水库排沙比由 50%减小到 23%,库区淤积量由 4.83 亿 t 增加到 7.37 亿 t,水库排沙比减小得较多,淤积量增加得也较多;前期蓄水量由 9.19 亿 m^3 增加到 24.69 亿 m^3 时,水库排沙比由 23%减小到 19%,库区淤积量由 7.37 亿 t 增加到 7.76 亿 t,水库排沙比有所减小,库区淤积量有所增大,但变化不大。即对 1977 年典型,前期蓄水量对库区淤积影响较大的敏感区域为 0 ~10 亿 m^3,且控制流量越小,库区淤积越多,在敏感区域内控制流量由 6 000m^3/s 减小至 5 000m^3/s,库区淤积量增大较多;控制流量由 6 000m^3/s 增大至 8 000m^3/s 或敞泄时,库区淤积量变化不大。

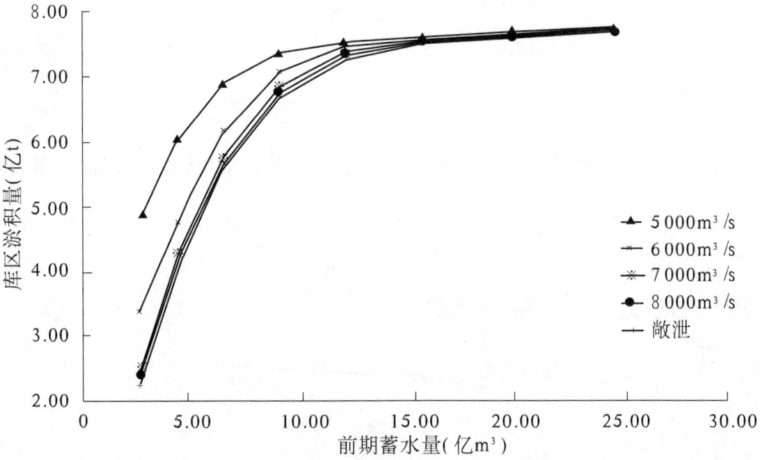

图 8-1-1　1977 年典型洪水不同控制流量下库区淤积量与水库前期蓄水量关系

图 8-1-2 及图 8-1-3 的 1992、1993 年典型,由于入库洪峰流量小于 5 000m^3/s,所有控制流量 5 000m^3/s 与敞泄滞洪运用库区淤积一样。该两典型年前期蓄水量对库区淤积影响较大的敏感区域为 0 ~7 亿 m^3。

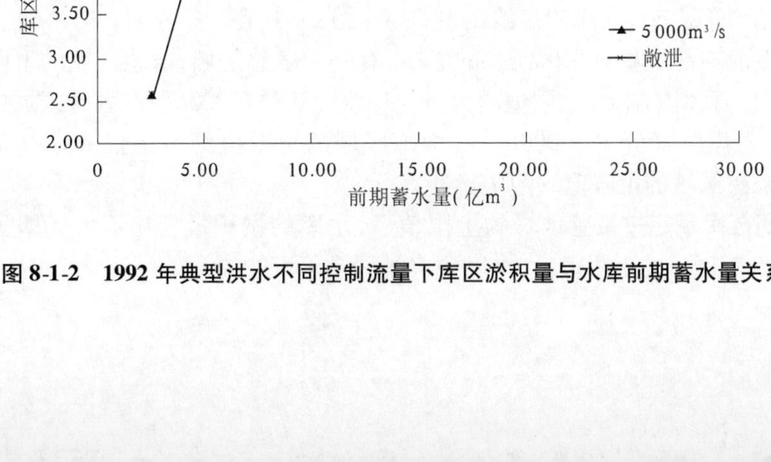

图 8-1-2　1992 年典型洪水不同控制流量下库区淤积量与水库前期蓄水量关系

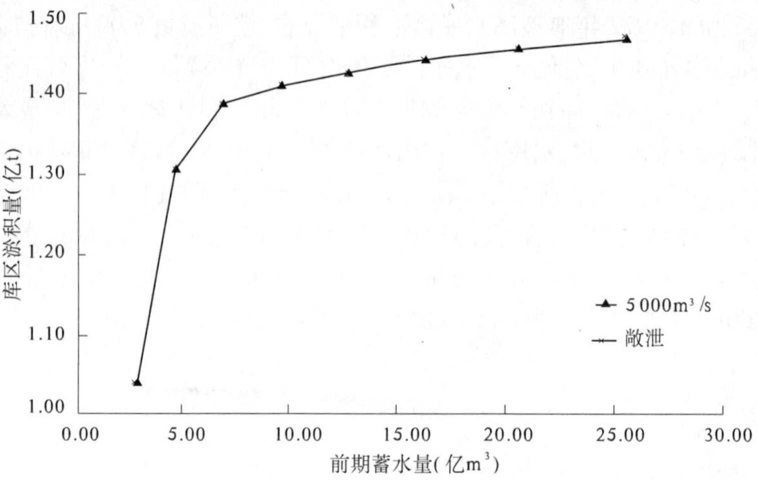

图 8-1-3 1993 年典型洪水不同控制流量下库区淤积量与水库前期蓄水量关系

图 8-1-4 为 1996 年典型洪水前期蓄水量对库区淤积影响的计算结果,可以看出,相同的前期蓄水量,5 000m^3/s 至敞泄不同的控制流量,库区淤积量变化不大。前期蓄水量对库区淤积影响较大的敏感区域为 0 ~9 亿 m^3。

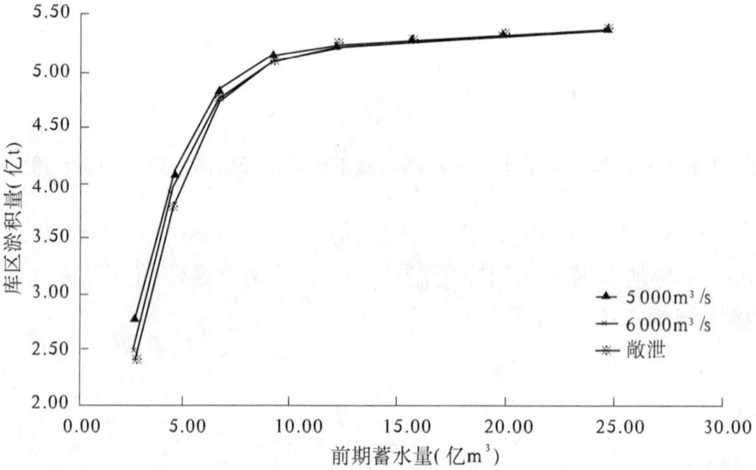

图 8-1-4 1996 年典型洪水不同控制流量下库区淤积量与水库前期蓄水量关系

综合以上各典型年计算结果分析,可以得出如下结论:

(1)水库的前期蓄水量越多,排沙比越小,水库淤积越严重。水库的前期蓄水量由 2 亿 m^3增大至 10 亿 m^3,水库的排沙比由 50% 以上减小至 20% 左右。

(2)水库前期蓄水量对库区淤积的影响,有一个敏感区域,敏感区域的上限值随洪水大小而不同,入库洪水越大,上限值越大。入库洪峰流量 9 000m^3/s,敏感区域的上限值约为 10 亿 m^3;入库洪峰流量 5 000m^3/s,敏感区域的上限值约为 9 亿 m^3;入库洪峰流量 4 000m^3/s,敏感区域的上限值约为 7 亿 m^3。

(3)前期蓄水量超过敏感区域的上限值后,水库的淤积量变化不大。即水库的前期蓄水量超过敏感区域的上限值后,水库要多排沙是不可能的。

因此,逐步抬高阶段的汛限水位,应考虑水库淤积、下游减淤及调水调沙和兴利需求等多种因素综合确定。

四、干支流水库和分滞洪区控制运用条件及控制运用时机分析

(一)小浪底水库防洪运用的原则

在淤积量达到50亿m^3之前,小浪底水库有较大的库容,可以适当减轻三门峡水库及分滞洪区的防洪负担。但小浪底水库担负着防洪(凌)、减淤、供水、灌溉和发电等任务,是一个综合利用的大型水利工程,拟定的小浪底防洪运用方式不能为了减轻其他防洪工程的负担而大大增加其自身的防洪负担,如增加水库的淤积、缩短水库的使用寿命、减少水库正常运用期的防洪库容等。也就是说,黄河下游防洪工程体系中每一个工程都担负着自己的任务,小浪底运用初期不能为了分担其他工程的任务而导致最终不能完成自身的使命。

本着这一指导思想,小浪底水库初期运用第一阶段防洪运用方式的制定原则为:在保证小浪底水库设计长期有效库容的前提下,注意与正常运用期防洪运用方式的衔接。

(二)小浪底、三门峡两水库及东平湖滞洪区控制运用时机分析

1. 小浪底水库控制运用时机

在黄河下游防洪运用中,首先启用小浪底水库控制洪水。小浪底水库的控制运用时机由黄河下游(花园口)的洪水情况决定,小浪底水库首先控制中常洪水,中常洪水的控制流量为5 000m^3/s,中常洪水的蓄洪库容最大为20亿m^3。如小花间的来水流量大于中常洪水控制流量,或水库的中常洪水蓄洪库容已经蓄满,为减少东平湖分滞洪区的运用几率,小浪底水库按控制花园口流量10 000m^3/s运用,其间水库的最小泄量为1 000m^3/s。

2. 三门峡水库控制运用时机分析

1)“上大洪水”三门峡水库控制运用时机分析

在小浪底水库初步设计报告中,对“上大洪水”三门峡水库的防洪运用方式是“先敞后控”。即三门峡水库首先按敞泄滞洪运用,当库水位达到滞洪最高水位后,视下游洪水情况进行泄流。如预报花园口洪水流量仍大于10 000m^3/s,维持库水位,按入库流量泄洪;如预报花园口的洪水流量小于10 000m^3/s,按控制花园口流量10 000m^3/s进行泄水,直至泄空已蓄洪量。

本次研究又比较了按小浪底蓄洪情况控制运用的方案。表8-1-11中,方案1,三门峡水库的运用方式为“先敞后控”;方案2,三门峡水库首先按敞泄运用,当小浪底水库的蓄水位达到270m后,根据泄流能力按敞泄或入库流量泄洪。即入库流量大于泄流能力,按敞泄滞洪运用;入库流量小于等于泄流能力,按入库流量泄洪。两个方案千年一遇、万年一遇洪水的调洪计算结果见表8-1-11。

从表8-1-11看出:

(1)小浪底水库的最高蓄水位方案2明显高于方案1。这是因为方案2是在小浪底蓄水位达到270m之前,三门峡水库一直按敞泄运用,三门峡水库达最高水位后,又按敞泄滞洪,三门峡水库放出的这部分洪水由小浪底水库拦蓄,造成三门峡、小浪底两水库防洪库容的重复利用,因此小浪底水库蓄水位明显偏高。

表 8-1-11　　“上大洪水”三门峡水库控制运用时机分析调洪计算成果比较

（单位：蓄量，亿 m^3；水位，m；洪峰流量，m^3/s；洪量，亿 m^3）

方案	洪水重现期（年）	水库蓄洪情况				下游洪水情况			
		三门峡		小浪底		花园口		孙口	
		最大蓄量	最高水位	最大蓄量	最高水位	最大洪峰流量	最大超万洪量	最大洪峰流量	最大超万洪量
1	1 000	31.85	330.58	52.22	268.55	10 000	0	10 000	0
	10 000	50.2	334.07	70.13	275.55	10 000	0	10 000	0
2	1 000	31.85	330.58	64.1	273.23	10 000	0	10 000	0
	10 000	50.2	334.07	76.09	277.84	10 000	0	10 000	0

注：方案 1，三门峡水库“先敞后控”，小浪底水库控制黄河下游按花园口分级流量控制；方案 2，小浪底水库蓄水位达到 270m 时后，三门峡水库控制库水位，按入库流量泄洪。

（2）两个方案三门峡水库的最高蓄水位相同。两个方案三门峡水库的最高蓄洪水位均为滞洪最高水位。

（3）万年一遇洪水，两个方案小浪底水库的最高蓄水位均超过了 275m，说明三门峡、小浪底两水库联合运用并不能完全拦蓄上游洪水，需要使用东平湖滞洪区分洪。由于小浪底水库的最高蓄水位方案 2 较方案 1 高，东平湖滞洪区的分洪量方案 2 将大于方案 1。即由于两水库防洪库容的重复利用，将会增加东平湖滞洪区的分洪负担。

另外，从三门峡水库高水位运用历时及库区淤积情况（见表 8-1-12）看，三门峡水库 330m 以上高水位运用历时，千年一遇洪水方案 2 较方案 1 减少 9 天，万年一遇洪水方案 2 较方案 1 减少 3 天 8 小时。三门峡水库淤积情况，千年一遇洪水方案 2 较方案 1 少淤积 2.49亿 m^3，万年一遇洪水方案 2 较方案 1 少淤积 2.96 亿 m^3。但小浪底水库的淤积情况与三门峡水库正好相反，方案 2 较方案 1 淤积量大。两水库总的淤积量相差不大。

表 8-1-12　“上大洪水”不同三门峡水库控制运用方案水库高水位运用历时及库区淤积情况对比

方案	洪水重现期（年）	三门峡 330m 以上高水位运用历时	水库淤积量（淤积量亿 t）		
			三门峡	小浪底	三门峡 + 小浪底
1	1 000	11 天 8 小时	11.09	34.73	45.82
	10 000	23 天 20 小时	31.10	28.07	59.17
2	1 000	2 天 8 小时	8.60	37.28	45.88
	10 000	20 天 12 小时	28.14	30.67	58.81

从以上分析看出，方案 2 虽然能减少三门峡水库高水位持续时间及库区淤积，但却造成一部分洪水既淹没三门峡库区，又淹没小浪底库区，使两水库的防洪库容重复利用，将三门峡水库的淤积量转嫁给小浪底水库，且增加东平湖滞洪区的分洪负担。因此，为避免防洪库容的重复利用，有效发挥水库的蓄洪作用，本次仍推荐采用“先敞后控”运用方式作为三门峡水库对“上大洪水”的运用方式。

2）“下大洪水”三门峡水库控制运用时机分析

在小浪底水库初步设计报告中，确定三门峡水库对“下大洪水”百年一遇投入控制运用，即当小浪底水库的蓄洪量达到 26 亿 m^3（相当于小浪底水库蓄水位 269.29m），三门峡水库开始按照小浪底水库的出库流量控制泄流。本次根据小浪底水库的运用情况确定三门峡水库的控制运用时机，即当小浪底水库达到某一蓄水位时，三门峡水库开始进行控制运用，并按小浪底水库的出库流量泄流，拟定了当小浪底水库蓄水位达260、263、265、270、271m五个方案，进行三门峡水库投入控制运用时机对比，计算结果见表8-1-13。

表8-1-13　“下大洪水”不同三门峡水库控制运用方案计算成果比较(1958年典型)

(单位：蓄量，亿 m^3；水位，m；洪峰流量，m^3/s；洪量，亿 m^3)

洪水重现期(年)	三门峡水库控制运用方案(小浪底水库蓄水位)	三门峡水库控制相应洪水重现期(年)	水库蓄洪情况					下游洪水情况			
			三门峡		小浪底		三小两水库总蓄量	花园口		孙口	
			最大蓄量	最高水位	最大蓄量	最高水位		最大洪峰流量	最大超万洪量	最大洪峰流量	最大超万洪量
1 000	260	100	16.11	325.91	42.27	264.37	58.38	19 800	10.04	13 200	6.28
	263	近200	9.64	322.90	48.75	267.10	58.38	19 800	10.04	13 200	6.28
	265	近300	6.04	320.55	52.34	268.60	58.38	19 800	10.04	13 200	6.28
	270	近1 000	2.49	316.31	57.44	270.67	59.93	19 800	10.04	13 200	6.28
	271	1 000	2.49	316.31	57.46	270.68	59.95	19 800	10.04	13 200	6.28
	小浪底初设	100	15.58		34.25		49.83	18 900	9.49	13 800	7.36
10 000	260	100	30.72	330.49	48.20	266.87	78.92	24 700	23.92	18 100	18.82
	263	近200	25.54	328.99	53.37	269.03	78.91	24 700	23.92	18 100	18.82
	265	近300	21.45	327.71	57.46	270.68	78.91	24 700	23.92	18 100	18.82
	270	近1 000	13.41	324.75	65.50	273.77	78.91	24 700	23.92	18 100	18.82
	271	1 000	11.09	323.68	67.83	274.66	78.92	24 700	23.92	18 100	18.82
	小浪底初设	100	29.15		40.35		69.5	24 200	25.36	19 700	23.19

注：当小浪底水库水位达到260m(或263、265、270、271m)时，三门峡水库控制运用，并按小浪底水库的出库流量泄流。小浪底水库先按控制花园口5 000m^3/s运用，蓄量达20亿 m^3 或小花间流量超过5 000m^3/s时，小浪底按控制花园口10 000m^3/s运用。

从表8-1-13可以看出：

(1)三门峡水库参与控制运用对黄河下游洪水没有削减作用，主要因为黄河下游洪水大小是由小浪底水库控制的。

(2)三门峡水库控制运用，可以减轻小浪底水库的蓄洪负担。三门峡水库投入控制运用越早，小浪底水库的蓄洪水位越低。千年一遇洪水，263m方案与270m方案相比，小浪底蓄水位由267.10m抬高至270.67m。

(3)三门峡水库投入控制运用时机不同，三门峡水库的最高水位及最大蓄洪量不同，投入运用时机越早，三门峡蓄洪负担越重。千年一遇洪水，263m方案与270m方案相比，三门峡蓄洪量由9.64亿 m^3 减小至2.49亿 m^3。

(4)三门峡水库投入控制运用时机不同，三门峡水库与小浪底水库的总蓄洪量变化不大。说明三门峡水库投入控制运用时机不同，只是需要控制的洪量在三门峡水库与小浪底水库之间的分摊问题。

(5)260m方案三门峡水库的控制运用几率为百年一遇，与小浪底水库正常运用期三门峡水库的控制运用几率相同。263、265m和270、271m方案三门峡控制运用的几率分别为近200年一遇、近300年一遇、近千年一遇和千年一遇。小浪底水库初期防洪运用第一阶段库容较大，可以适当减小三门峡水库的控制运用几率。但近千年一遇的控制运用时机过晚。

(6)万年一遇洪水,263、265m 和 270m 方案三门峡、小浪底两水库的蓄洪比例分别为 1:2.1、1:2.7 和 1:4.9,270m 方案小浪底承担的蓄洪量过多。

综上分析,在小浪底水库初期防洪运用第一阶段,由于小浪底水库库容较大,可以适当减轻三门峡水库的防洪负担,考虑到与正常运用期防洪运用方式的衔接,建议选择 263m 方案。即:对"下大洪水",小浪底蓄洪水位达 263m 且有上涨趋势时,三门峡水库投入控制运用,并按小浪底水库的出库流量泄流,其控制运用几率为约 200 年一遇。

3. 东平湖滞洪区分洪运用时机分析

对于"下大洪水",由于无控制区的洪水上游水库无法控制,经计算,为保证黄河下游防洪安全,30 年一遇洪水就需要启用东平湖滞洪区,即东平湖滞洪区的分洪运用几率为 30 年一遇。

"上大洪水"主要来自三门峡以上,洪水含沙量大,若水库对其尽力拦蓄势必造成库区严重淤积。因此,在小浪底水库初步设计报告中拟定,小浪底水库正常运用期发生百年一遇"上大洪水"使用东平湖滞洪区分洪。从前面三门峡水库对"上大洪水"的防洪运用方式分析可知,三门峡水库按"先敞后控"运用,小浪底水库不能够完全拦蓄"上大洪水",万年一遇蓄水位超过 275m,需要东平湖滞洪区分洪。本次比较了小浪底水库蓄水位达 260、263、265m 和 267m,且有上涨趋势时,东平湖滞洪区投入分洪运用四个方案。各方案调洪计算结果见表 8-1-14。各方案水库淤积情况见表 8-1-15。

表 8-1-14　"上大洪水"东平湖滞洪区分洪控制运用方案计算结果

(单位:蓄量,亿 m^3;水位,m;洪峰流量,m^3/s;洪量,亿 m^3)

洪水重现期(年)	东平湖控制运用方案(小浪底蓄水位)	东平湖分洪相应洪水重现期(年)	水库蓄洪情况				下游洪水情况			
			三门峡		小浪底		花园口		孙口	
			最大蓄量	最高水位	最大蓄量	最高水位	最大洪峰流量	最大超万洪量	最大洪峰流量	最大超万洪量
1 000	260	100	31.85	330.58	35.42	261.33	17 400	18.79	15 500	17.17
	263	200	31.85	330.58	39.78	263.26	16 100	14.44	13 800	12.95
	265	300	31.85	330.58	43.98	265.12	16 000	9.94	13 100	8.49
	267	500	31.85	330.58	48.69	267.08	14 100	6.1	11 800	4.57
	小浪底初设	100	33.35		20.95		16 990	16.39	15 280	15.41
10 000	260	100	50.2	334.07	53.20	268.96	19 700	19.54	17 000	17.26
	263	200	50.2	334.07	53.25	268.98	20 000	19.48	17 400	17.48
	265	300	50.2	334.07	53.31	269.0	19 600	19.23	16 700	17.36
	267	500	50.2	334.07	52.74	268.77	19 300	19.24	14 700	17.66
	小浪底初设	100	53		31		20 540	20.64		19.12

注:小浪底初设成果是指小浪底初设报告成果;东平湖控制运用方案,是指小浪底水库蓄水位达到 260m(或 263、265、267m)后,小浪底水库维持库水位,根据泄流能力按照敞泄或入库流量泄洪,下游东平湖滞洪区配合分洪。

表 8-1-14 结果显示:

(1)千年一遇洪水,东平湖滞洪区投入分洪运用的时机越晚,小浪底水库的最高蓄水位越高,下游洪水越小。

(2)万年一遇洪水,东平湖滞洪区四个运用时机方案,小浪底水库的蓄水位和黄河下游洪水的超万洪量相差很小。这主要是因为,当花园口的超万洪量达到 20 亿 m^3 后,即东平湖滞洪区蓄满后,小浪底水库恢复按控制花园口流量 10 000m^3/s 运用,小浪底水库水位继续上涨。

(3)260m 方案东平湖的分洪运用几率为百年一遇,与小浪底水库正常运用期东平湖的分洪运用几率相同。初期防洪运用第一阶段,可以适当减小东平湖的分洪运用几率,因此不宜采用 260m 方案。

(4)263、265、267m 方案东平湖滞洪区的分洪运用几率分别为 200 年一遇、300 年一遇和 500 年一遇。

表 8-1-15 是东平湖滞洪区不同分洪运用时机三门峡、小浪底两水库库区淤积情况计算结果。由表可知,东平湖滞洪区不同分洪运用时机,三门峡库区淤积量都一样。原因是不同分洪运用时机方案,三门峡水库均采用"先敞后控"运用方式。千年一遇洪水,三门峡库区淤积 11.09 亿 t;万年一遇洪水,三门峡库区淤积 31.10 亿 t。

表 8-1-15　东平湖滞洪区不同分洪运用时机三门峡、小浪底两水库库区淤积情况比较

频率	东平湖运用时机方案(小浪底蓄水位)(m)	三门峡库区淤积量(亿 t)	小浪底库区淤积量(亿 t)
0.1%	260	11.09	33.28
	263	11.09	33.98
	265	11.09	34.42
	267	11.09	34.63
0.01%	260	31.10	27.55
	263	31.10	27.70
	265	31.10	27.77
	267	31.10	27.85

表 8-1-15 显示,不同分洪运用时机方案,东平湖滞洪区分洪越早,小浪底库区淤积越少,但各方案之间库区淤积量差别不大。千年一遇洪水在小浪底水库蓄水位达 260m 时,东平湖投入分洪运用,库区淤积 33.28 亿 t;在小浪底水库蓄水位达 267m 时,东平湖投入分洪运用,库区淤积 34.63 亿 t,比前者多淤积 1.35 亿 t,淤积量增加 4%。

综合上述分析,考虑到与小浪底水库正常运用期东平湖的分洪运用方式的衔接,建议选择 263m 方案,即东平湖滞洪区的分洪运用几率为约 200 年一遇。

(三)陆浑、故县两水库关门运用时机分析

在小浪底水库初步设计报告中,认为陆浑、故县两水库防洪库容较小,削减黄河洪水的作用相对较小,仍采用两水库原设计的防洪运用方式。即一般洪水控制泄流不超过 1 000m^3/s;预报花园口洪水流量达到 12 000m^3/s,且有上涨趋势时,关闭全部泄洪设施;当水库蓄水位达到设计蓄洪限制水位时,根据入库流量大小确定泄洪方式,以确保大坝防洪安全。当花园口洪水流量退落到 10 000m^3/s 以下时,陆浑、故县两水库相继按控制花园口流量 10 000m^3/s 泄空已蓄洪量。

小浪底水库投入运用前后，花园口 12 000m³/s 流量出现的时间对比见表 8-1-16。由表可知，小浪底水库运用后，花园口≥12 000m³/s 流量的出现时间较建库前有所推迟。1954 年典型推迟 0~4h，1958 年典型推迟 16~20h，1982 年典型推迟 8~36h，三个典型年平均推迟约 12h。因此，小浪底水库建成后，陆浑、故县两水库如果仍按预报花园口 12 000m³/s流量关闭泄洪设施，关门运用几率将会减小，关门时机对削减花园口洪峰流量及 10 000m³/s 以上洪量的效果如何，需要重新进行研究。

表 8-1-16 "下大洪水"小浪底建库前后花园口 12 000m³/s 流量出现的时间及小花间相应流量统计

典型年	洪水重现期（年）	建库前花园口≥12 000m³/s流量出现时间（日·时）	建库后花园口洪水流量出现时间（日·时）		建库前花园口 12 000m³/s 流量出现时的相应流量（m³/s）		
			≥12 000m³/s	≥10 000m³/s	小花间	黑石关＋小董在花园口断面	龙门镇＋白马寺＋五龙口＋山路平
1954	100	4.14	4.18	4.14	7 560	3 240	3 152
	1 000	4.10	4.14	4.10	6 747	1 597	2 344
	10 000	4.10	4.10	4.10	8 596	1 963	3 015
1958	100	17.04	17.24	17.16	2 861	2 861	2 345
	1 000	16.24	17.16	17.16	3 045	3 045	3 928
	10 000	16.24	17.16	17.04	3 228	3 228	3 807
1982	100	1.20	2.04	1.20	6 274	4 651	10 428
	1 000	1.16	1.24	1.20	5 259	4 123	5 408
	10 000	31.08	1.20	1.16	6 747	6 218	8 076

由于陆浑、故县两水库只能拦蓄小花间的洪水，因此本次研究按预报小花间流量关门的方案。比较了预报小花间流量达 5 000、7 000、9 000、11 000m³/s 陆浑、故县两水库关门方案，各方案黄河下游沿程洪峰流量及超万洪量见表 8-1-17，表中①、②、③、④分别代表预报小花间流量 5 000、7 000、9 000、11 000m³/s 的关门时机方案。

从表 8-1-17 看出，对百年一遇洪水，陆浑、故县两水库按预报小花间流量达5 000m³/s进行关门运用，对削减花园口至孙口河段的洪峰流量及超万洪量时机较好。但对千年一遇及万年一遇的特大洪水，陆浑、故县两水库在预报小花间流量达 9 000m³/s 及其以上时进行关门运用时机较好。各方案间黄河下游洪峰流量及超万洪量差值见表 8-1-18，关门方案选择见表 8-1-19。

陆浑、故县两水库主要是防御黄河下游的大洪水，削减黄河下游的洪峰流量及超万洪量，从表 8-1-19 的选择结果看，三个典型年的千年一遇及万年一遇洪水 6 场设计洪水中，有 5 场设计洪水预报小花间流量 9 000m³/s 关门比较合适。因此，本次推荐预报小花间洪水流量达 9 000m³/s 时陆浑、故县两水库开始关门运用方案。

小浪底水库调蓄后，小花间流量 9 000m³/s 相应的花园口流量是多少？本次统计了预报小花间大于等于以上各级流量时花园口的相应流量，见表 8-1-20。从表 8-1-20 可以看出，小花间流量≥9 000m³/s 相应的花园口流量≥12 000m³/s，即：预报小花间流量≥9 000m³/s基本相当于预报花园口流量≥12 000m³/s。因此，陆浑、故县两水库按原设计的预报花园口流量达 12 000m³/s 时关门运用时机最好。

表 8-1-17　"下大洪水"小浪底建库后陆浑、故县两水库不同关门运用时机黄河下游洪水情况(按小花间流量关门方案)

典型年	洪水重现期(年)	关门方案	下游超万洪量(亿 m^3)		下游沿程洪峰流量(m^3/s)		
			花园口	孙口	花园口	高村	孙口
1954	100	①	6.01	1.99	14 000	12 700	11 400
		②	6.00	1.92	14 300	12 900	11 500
		③	6.15	2.03	14 500	13 000	11 600
		④	6.40	2.16	14 800	13 200	11 700
	1 000	①	14.17	11.01	19 300	17 800	16 000
		②	14.14	10.98	19 400	17 800	16 000
		③	14.14	10.98	19 400	17 800	16 000
		④	14.14	10.98	19 400	17 800	16 000
	10 000	①	21.72	18.28	25 100	21 900	19 500
		②	21.72	18.28	25 100	21 900	19 500
		③	21.74	18.28	25 100	21 900	19 500
		④	21.74	18.28	25 100	21 900	19 500
1958	100	①	3.54	0.72	14 000	11 200	10 500
		②	3.68	0.80	14 300	11 400	10 500
		③	3.68	1.05	14 400	11 800	10 700
		④	3.73	1.14	14 400	11 900	10 700
	1 000	①	9.99	7.06	19 200	15 200	13 600
		②	9.98	7.06	20 000	15 500	13 700
		③	9.98	7.06	20 100	15 700	13 700
		④	9.99	7.07	20 100	15 800	13 800
	10 000	①	23.52	20.59	24 000	20 100	18 600
		②	23.52	20.60	24 800	20 200	18 600
		③	23.52	20.60	24 800	20 200	18 600
		④	23.52	20.60	24 900	20 300	18 600
1982	100	①	7.37	3.80	15 500	14 300	12 900
		②	7.50	3.92	15 500	14 400	13 000
		③	7.61	4.04	15 700	14 500	13 100
		④	7.75	4.18	15 900	14 600	13 100
	1 000	①	16.84	14.17	22 700	20 400	18 200
		②	16.83	13.68	22 600	20 400	18 200
		③	16.83	13.68	22 600	20 400	18 200
		④	16.96	13.82	22 700	20 500	18 300
	10 000	①	25.76	22.59	27 400	24 600	22 000
		②	25.74	22.58	27 400	24 600	22 000
		③	25.83	23.24	27 400	24 800	22 200
		④	25.83	23.24	27 400	24 800	22 200

表 8-1-18 “下大洪水”小浪底建库后陆浑、故县两水库不同关门运用方案黄河下游洪水情况差值(按小花间流量关门方案)

典型年	洪水重现期(年)	关门方案	下游超万洪量(亿 m^3)		下游沿程洪峰流量(m^3/s)		
			花园口	孙口	花园口	高村	孙口
1954	100	②-①	-0.01	-0.07	300	200	100
		③-②	0.15	0.11	200	100	100
		④-③	0.25	0.13	300	200	100
	1 000	②-①	-0.03	-0.03	100	0	0
		③-②	0	0	0	0	0
		④-③	0	0	0	0	0
	10 000	②-①	0	0	0	0	0
		③-②	0.02	0	0	0	0
		④-③	0	0	0	0	0
1958	100	②-①	0.14	0.08	300	200	0
		③-②	0	0.25	100	400	200
		④-③	0.05	0.09	0	100	0
	1 000	②-①	-0.01	0	800	300	100
		③-②	0	0	100	200	0
		④-③	0.01	0.01	0	100	100
	10 000	②-①	0	0.01	800	100	0
		③-②	0	0	0	0	0
		④-③	0	0	100	100	0
1982	100	②-①	0.13	0.12	0	100	100
		③-②	0.11	0.12	200	100	100
		④-③	0.14	0.14	200	100	0
	1 000	②-①	-0.01	-0.49	-100	0	0
		③-②	0	0	0	0	0
		④-③	0.13	0.14	100	100	100
	10 000	②-①	-0.02	-0.01	0	0	0
		③-②	0.09	0.66	0	200	200
		④-③	0	0	0	0	0

注:表中①、②、③、④含义同表 8-1-17。

表 8-1-19　“下大洪水”小浪底建库后陆浑、故县两水库不同关门运用时机选择(按小花间流量关门方案)

典型年	洪水重现期(年)	关门方案	关门方案选择(m^3/s)
1954	100	①	
		②	√7 000
		③	
		④	
	1 000	①	
		②	
		③	
		④	√11 000
	10 000	①	
		②	
		③	
		④	√11 000
1958	100	①	√5 000
		②	
		③	
		④	
	1 000	①	
		②	
		③	√9 000
		④	
	10 000	①	
		②	
		③	
		④	√11 000
1982	100	①	√5 000
		②	
		③	
		④	
	1 000	①	
		②	
		③	√9 000
		④	
	10 000	①	
		②	√7 000
		③	
		④	

注:表中①、②、③、④含义同表 8-1-17。

表 8-1-20 “下大洪水”小浪底建库后预报小花间洪水大于某流量时花园口相应流量统计（按小花间流量关门方案）

典型年	洪水重现期（年）	预报小花间流量		花园口相应流量（m^3/s）
		流量（m^3/s）	出现时间（日·时）	
1954	100	≥5 000	4.14	11 500
		≥7 000	4.14	11 500
		≥9 000	4.18	12 500
		≥11 000	4.22	13 700
	1 000	≥5 000	4.10	11 700
		≥7 000	4.14	14 600
		≥9 000	4.14	14 600
		≥11 000	4.14	14 600
	10 000	≥5 000	4.10	13 600
		≥7 000	4.10	13 600
		≥9 000	4.14	16 100
		≥11 000	4.14	16 100
1958	100	≥5 000	17.16	10 700
		≥7 000	17.16	10 700
		≥9 000	17.24	12 300
		≥11 000	18.04	14 400
	1 000	≥5 000	17.16	12 300
		≥7 000	17.16	12 300
		≥9 000	17.20	12 100
		≥11 000	17.24	16 700
	10 000	≥5 000	17.08	9 770
		≥7 000	17.16	13 900
		≥9 000	17.16	13 900
		≥11 000	17.20	13 900
1982	100	≥5 000	1.24	10 000
		≥7 000	1.24	10 400
		≥9 000	2.04	12 600
		≥11 000	2.08	14 300
	1 000	≥5 000	1.16	9 130
		≥7 000	1.20	11 600
		≥9 000	1.20	11 600
		≥11 000	1.24	13 000
	10 000	≥5 000	31.04	9 670
		≥7 000	31.12	9 720
		≥9 000	1.20	13 300
		≥11 000	1.20	13 300

五、小浪底水库初期防洪运用第一阶段防洪运用方式选择

通过上述对中常洪水控制流量、小浪底水库汛限水位、三门峡水库及小浪底水库控制运用时机、东平湖滞洪区分洪运用时机、陆浑及故县两水库关门运用时机等研究，可以得出小浪底水库初期防洪运用第一阶段干支流水库的联合防洪运用方式如下。

（一）小浪底水库控制运用条件

在初期防洪运用的第一阶段，可充分发挥小浪底水库的库容优势，灵活调节中常洪水，中常洪水的控制流量以 5 000 ~ 8 000m^3/s 为宜。鉴于目前黄河下游河道主槽过洪能力较小，"二级悬河"形势严峻，为了防洪保护区及黄河下游滩区人民的防洪安全，应尽快恢复黄河下游河道主槽的过洪能力。

在初期防洪运用的第一阶段，汛限水位不宜过高，中常洪水控制流量 5 000m^3/s，汛限水位最高为 240m。

（二）水库联合防洪运用方式

1. 小浪底水库

预报花园口流量小于中常洪水控制流量，按入库流量泄洪；否则，小浪底水库首先按控制中常洪水运用，在不人为增加天然洪峰流量的前提下，控制花园口中常洪水流量为 5 000 ~ 8 000m^3/s，中常洪水的最大蓄洪库容为 20 亿 m^3。如水库的中常洪水蓄洪库容已经蓄满，或小花间的来水流量大于中常洪水控制流量，小浪底水库按控制花园口不大于 10 000m^3/s 运用，水库的最小泄量为 1 000m^3/s。具体如下：

对三门峡以上来水为主的"上大洪水"，由于小花间来水较小，小浪底水库按照控制花园口流量5 000 ~ 8 000m^3/s 运用；当水库蓄洪量达到 20 亿 m^3 后，按控制花园口流量不大于 10 000m^3/s 运用；当库水位达到 263m（相应蓄洪量 39.2 亿 m^3）后，维持库水位，若入库流量小于水库的泄流能力，按入库流量泄洪，否则按敞泄滞洪运用，此时下游东平湖配合分洪；若预报花园口的超万洪量将达 20 亿 m^3，小浪底恢复按控制花园口 10 000m^3/s 运用。

对三花间来水为主的"下大洪水"，小花间来水较大，小浪底水库按照控制花园口流量 5 000 ~ 8 000m^3/s 运用过程中，蓄洪量虽未达到 20 亿 m^3，小花间来水流量已达到 5 000 ~ 8 000m^3/s，且有增大趋势，小浪底水库下泄最小流量 1 000m^3/s；当水库蓄洪量达到20 亿 m^3 后，开始按照控制花园口流量 10 000m^3/s 运用；如果小花间来水流量 ≥ 9 000m^3/s，小浪底水库下泄最小流量 1 000m^3/s。

2. 三门峡水库

"上大洪水"三门峡水库按照"先敞后控"方式运用，即水库首先按敞泄滞洪方式运用，当库水位达到最高水位后，控制最高库水位，按入库流量泄洪；当预报花园口洪水流量小于 10 000m^3/s 时，按控制花园口流量 10 000m^3/s 进行泄洪，直至泄空已蓄洪量。

"下大洪水"三门峡水库首先按敞泄滞洪方式运用，当小浪底水库蓄洪水位达到 263m 时，三门峡水库按照小浪底水库泄量控制泄流；若预报花园口的洪水流量小于 10 000m^3/s，按控制花园口流量 10 000m^3/s 进行泄洪，直至泄空已蓄洪量。

3. 陆浑、故县两水库防洪运用方式

陆浑、故县两水库仍采用原设计的防洪运用方式。陆浑水库汛限水位 317m，蓄洪限

制水位323m。故县水库汛限水位527.3m，蓄洪限制水位548m。具体防洪运用方式如下。

故县水库：当入库流量小于1 000m^3/s时，按敞泄滞洪运用；否则，控制下泄流量1 000m^3/s。当五站（指小浪底、龙门镇、白马寺、五龙口、山路平，下同）预报花园口洪水流量达12 000m^3/s且有上涨趋势时，关闭泄洪孔；当蓄水位达蓄洪限制水位时，开闸泄洪，其泄洪方式取决于入库流量大小，当入库流量小于蓄洪限制水位相应的泄洪能力时，控制库水位，按入库流量泄洪，否则按敞泄滞洪运用。直到库水位回降至蓄洪限制水位。此后，如果预报花园口洪水流量大于10 000m^3/s，控制蓄洪限制水位，按入库流量泄洪；当预报花园口洪水流量小于10 000m^3/s时，按控制花园口流量10 000m^3/s泄洪退水。其退水次序在陆浑水库之后。

陆浑水库：当入库流量小于1 000m^3/s时，按敞泄滞洪运用；否则，控制下泄流量1 000m^3/s。当五站预报花园口洪水流量达12 000m^3/s且有上涨趋势时，关闭泄洪孔；当蓄水位达蓄洪限制水位时，开闸泄洪，其泄洪方式取决于入库流量大小，当入库流量小于蓄洪限制水位相应的泄洪能力时，控制库水位，按入库流量泄洪，否则按敞泄滞洪运用。直到库水位回降至蓄洪限制水位。此后，如果预报花园口洪水流量大于10 000m^3/s，控制蓄洪限制水位，按入库流量泄洪；当预报花园口洪水流量小于10 000m^3/s时，按控制花园口流量10 000m^3/s泄洪退水。

第二节　水库防凌运用方式

一、黄河下游凌汛特点概述

（一）特定的地理位置使下游凌情变化复杂

黄河下游河道是一条自西南流向东北的地上河，全长700多km，地理位置位于北纬34°50′至38°00′，纬度相差3℃多，纬度的差异造成了上、下游河段气温的差异，冬季平均气温相差3℃以上。因此，上段河段封冻晚、开河早，下段河段封河早、开河晚。山东河段封河时间一般比河南河段早10天左右，开河时间一般比河南河段晚20天左右。在流凌封河期，因冰凌阻水，泄流不畅，河道槽蓄水量增加；开河期，当上段河道开河冰水及前期槽蓄水量下来时，下段河道尚未解冻，还处于固封状态，极易产生冰凌堆积、堵塞河道，进而产生冰塞、冰坝，使局部河道水位陡涨，甚至决溢成灾。

由于特定的地理位置，加上下游河道上段宽浅主流多变、下段河窄多弯道排冰不畅，极易卡冰堵塞。另外，气温、流量变幅大，使得黄河下游的冰情变化十分复杂，历史上凌汛灾害严重。据记载，自1883年至1936年的54年中，黄河下游共有21年发生凌汛决口。新中国成立后，在1950～1996年47年中有40年下游河道冬季发生封河现象，见表8-2-1，封冻几率约85%。河道封冻长度有长有短，历年封冻情况也不相同，一般是一年内出现一次封冻、一次解冻；少数年份两封两开；个别年份还有三封三开的情况。下游河道封河时间一般在12月下旬，开河时间在2月底前后，封冻期最长的可达86天（1967～1968年），多年平均封冻期50天。最早封冻日12月7日（1996年），最晚封冻日2月16日

(1978 年);封河长度最长 703km(1969 年),封河最短长度 25.1km(1988 年),多年平均封河长度约 300km;全河冰量最大 1.42 亿 m^3(1966 年),最小冰量 0.011 亿 m^3(1988 年);解冻最早 1 月 4 日(1988 年),最晚 3 月 18 日(1969 年)。

在 1950～1996 年 47 年中有 11 年出现过较严重的凌灾(1950、1952、1954、1955、1956、1967、1968、1969、1978、1981、1982 年),约占封冻年份的 27%。其中 1950～1972 年间有 8 年出现过较严重的凌灾,平均 2～3 年一次;自 1973 年起三门峡水库对下游凌汛期进行全面调节,至 1996 年,共发生较大凌灾 3 年,平均 8 年发生一次,显著缓解了下游的凌汛威胁。

表 8-2-1　　黄河下游河段历年凌汛情况

年度	封河日		利津流量(m^3/s)		花园口流量(m^3/s)		封河长度(km)	全河冰量(亿 m^3)	开河日		封冻天数
	月份	日	当日	3 日平均流量	当日	3 日平均流量			月份	日	
1950～1951	1	7	460	508	555	545	550	0.53	2	11	36
1951～1952	未封										
1952～1953	1	17	311	455	560	547	220	0.104	2	26	41
1953～1954	1	25	862	680	584	583	80	0.072	2	12	19
1954～1955	12	15	610	693	750	838	623	1	2	17	65
1955～1956	1	7	440	420	538	525	500	0.578	3	4	58
1956～1957	12	14	250	310	502	530	399	0.734	3	4	81
1957～1958	1	15	107	234	250	252	366	0.258	2	22	39
1958～1959	1	5	348	403	630	616	402	0.321	2	26	53
1959～1960	12	20	253	238	463	419	554	0.238	2	17	60
1960～1961	12	17	119	150	0	0	373	0.207	2	22	67
1961～1962	未封										
1962～1963	1	14	615	572	657	710	320	0.336	3	2	48
1963～1964	12	25	754	814	855	1 015	324	0.289	3	5	72
1964～1965	未封										
1965～1966	12	17	369	392	398	427	275	0.31	2	16	62
1966～1967	12	24	375	434	4.7	6	616	1.42	3	4	71
1967～1968	12	14	462	701	690	709	323	0.637	3	8	86
1968～1969	1	2	301	378	695	727	703	1.03	3	18	76
1969～1970	12	16	365	406	446	437	436	0.9	2	18	65
1970～1971	1	28	497	477	563	575	190	0.22	3	16	48
1971～1972	12	21	224	217	393	383	252	0.231	1	19	30
1972～1973	12	12	235	230	301	294	137	0.09	1	24	44
1973～1974	12	25	341	421	474	417	462	0.5	3	2	77
1974～1975	未封										
1975～1976	1	29	673	676	845	823	40		2	12	15
1976～1977	12	27	640	634	777	769	404	0.71	3	8	72
1977～1978	2	16	217	221	239	246	52.2	0.02	2	21	6
1978～1979	1	15	747	721	834	833	490	0.4	2	19	36

续表 8-2-1

年度	封河日		利津流量(m^3/s)		花园口流量(m^3/s)		封河长度(km)	全河冰量(亿 m^3)	开河日		封冻天数
	月份	日	当日	3日平均流量	当日	3日平均流量			月份	日	
1979~1980	1	30	247	323	611	534	304	0.271	2	26	28
1980~1981	12	29	456	459	482	490	350	0.4	3	3	65
1981~1982	1	18	395	400	696	657	138	0.15	2	20	34
1982~1983	1	10	477	438	445	409	110	0.11	2	17	39
1983~1984	1	4	500	496	518	482	330.3	0.409	3	9	64
1984~1985	12	25	752	967	913	898	295.5	0.36	3	11	77
1985~1986	12	13	640	829	909	933	200	0.299	2	20	69
1986~1987	12	26	359	353	490	476	196	0.167	2	10	47
1987~1988	1	23	439	515	522	534	101.5	0.046	2	26	35
1988~1989	12	16	224	206	742	760	25.1	0.011	1	4	20
1989~1990	1	24	413	416	610	589	308	0.218	2	13	21
1990~1991	未封										
1991~1992	12	24	17	20	518	516	203	0.1	2	16	54
1992~1993	1	18	536	540	554	609	180	0.12	2	8	21
1993~1994	未封										
1994~1995	未封										
1995~1996	12	25	132	91	278	327	168	0.123	2	15	52
1996~1997	12	7	210	201	614	702	233	0.093 8	2	15	44
平均			409.3	441	548	554	306	0.36			50

近10年(1986~1996年)以来,由于黄河下游气温偏高,以及黄河来水较枯和下游引水量迅速增加等原因,下游凌汛出现了不封年份增多,封河日期偏晚、开河早、冰封期短,小流量封河年份多,封冻长度短、冰量少、凌情灾害较轻等新情况。1986~1996年10年间,有3年未封河(1950~1985年36年间仅有4年未封河),7年封河年份中封冻期和封冻长度较多年均值偏短29%和51%,冰量偏少78%。7年封河年份中利津封河当日平均流量仅为315m^3/s,较1974~1985年偏少212m^3/s。其中1991、1995、1988年利津封河当日平均流量仅分别为23、140、190m^3/s。尽管近10年来黄河下游凌汛灾害较轻,但由于黄河下游主槽淤积严重,滩槽高差减小,漫滩机遇增多,小流量封河时冰下过流能力较小,遇到较强的冷空气过程,很容易造成冰塞,因此下游河段的凌汛威胁依然严重。

(二)气温、来水流量、引水量是影响下游凌情的重要因素

气温是导致冰情演变的主要热力因素,是影响冰情变化的决定因素,由于黄河下游河道是由西南流向东北,纬度逐渐增高,所以上段河道降温迟、回暖早、负气温持续时间短;而下段河道降温早、回暖晚、负气温持续时间长。与气温变化相对应的凌情变化规律是,上段河道封冻晚、解冻早、封河历时短、冰盖薄;而下段河道封冻早、解冻晚、封冻历时长、冰盖厚。从河南郑州、山东北镇二站的气温变化可以看出,北镇与郑州的同期气温相比,12、1、2月份依次低2.8、3.3、3.3℃。某些年份上下两个河段的气温差值更大,如1957年1月中旬,北镇旬平均气温为-10.3℃,而郑州同期旬平均气温为-2.9℃,北镇比郑州低

7.4℃。该年1月18日日平均气温郑州已上升到0.8℃，而北镇仍为－14.4℃，两地相差15.2℃。此外，对郑州、北镇两站的多年平均气温稳定转负日期统计显示，郑州为12月25日，北镇为12月12日；多年日平均气温转正日期，郑州为1月24日，北镇为2月23日。经计算，郑州负气温持续时间为31天，北镇为73天，北镇比郑州长42天。

由于上下河段气温和低温持续时间的差异，利津比花园口河段封河日期早12天，开河日期却晚8天。花园口河段多年平均封河日期为1月23日，开河日期为2月8日，冰盖厚5～15cm；利津河段1月11日封河，2月16日开河，冰盖厚30～50cm，局部厚达100cm。因此，当上游河段因气温升高或因流量增大而开河，上游来水、融冰水加槽蓄水挟带大量冰块向下游流动时，往往因下游河段尚未解冻，从而水鼓冰开或形成冰坝阻止冰水下泄而造成灾害。

来水流量对冰情的影响具有热力和水力两个方面作用。花园口是黄河下游干流上第一个控制站，根据历年水文资料统计，冬季三门峡以上来水量占花园口站水量的88.4%，伊、洛、沁河来水量仅占花园口站水量的11.6%。因此，黄河下游冬季的来水主要受三门峡以上来水量的控制。

一般河流冬季流量逐渐减少，呈退水趋势，但黄河下游却不是这样，它因受黄河上游内蒙古河段流凌封冻的影响，来水流量是一个由大到小再由小到大的变化过程。内蒙古河段常年于11月中旬流凌，12月上旬前后封冻，这一阶段有一部分水量转化为冰，还有一部分水量受河段封冻阻水的影响，转化为槽蓄水量，一般有15天左右的小流量阶段，以后随着冰盖下冰花阻水作用的减小，流量逐渐增大。因此，黄河下游在无三门峡水库调节的情况下，来水流量也呈相应的变化过程，而且小流量过程往往与低气温相遇，形成小流量封河。在同样河道条件下，小流量封河早、冰盖低、冰盖下过流能力小，因此在后期来流量增大时，常迫使封冻河段水鼓冰开的“武开河”发生。再者，黄河中游的龙门至潼关河段也常有卡冰阻水的情况发生，从而使黄河下游流量在由大到小又由小到大的总趋势下，常有流量忽大忽小的情况发生，易导致封冻河段的“武开河”。

冬季引水对下游凌情的影响很大，有利也有弊，开河期大量引水对减小凌汛洪水有利，如1976～1977年度凌汛期下游总冰量达7 104万m^3，开河期，河南、山东日平均引水量达420m^3/s，是形成“文开河”的主要原因之一。但引水、停水不当也会成灾。如1982年1月中旬，济南、北镇平均气温较常年偏低1℃左右，由于前期黄河下游通过河南省人民胜利渠和山东省位山、潘庄引黄涵闸向河北、天津等地送水，日平均引水流量200m^3/s左右，致使泺口以下河道流量减小到350m^3/s左右。1月18日宫家至麻湾叉凌封河，21日封河上延到惠民清河镇。此时向河北、天津送水停止，泺口流量回升至700m^3/s，清河镇叉凌阻水造成惠民归仁至五甲扬、高青孟门至张王庄滩区进水，两岸42km临黄大堤偎水，堤根水深1.0m左右，归仁、王集、茶棚张堤段发生渗水。因此，冬季引水、停水时要预先考虑对凌情的影响，以防患于未然。

综上所述，黄河下游河道由西南流向东北，气温上暖下寒，从而使封冻由下而上，解冻由上而下，加之河槽蓄水量的上大下小和排洪能力的下小上大，是形成冰塞、冰坝洪水产生黄河凌汛的根本原因；下游河道的上宽下窄，来流量的忽大忽小和下游冬季引水，增加了“凌洪”变化的复杂性；“悬河”则进一步加重了黄河下游凌汛威胁。

二、三门峡水库防凌运用经验

(一)1973 年以前防凌运用方式

三门峡水库自 1960 年运用以来，凌汛期进行蓄水运用，对减轻下游凌汛威胁发挥了重要的作用。三门峡水库防凌蓄水量最大达 18 亿 m^3，相应蓄水位 327.72m(1968 ~ 1969 年)；最小为 2.41 亿 m^3，相应蓄水位 315.03m(1975 ~ 1976 年)。水库最高蓄水位为 327.91m，相应蓄水量 17.8 亿 m^3(1967 ~ 1968 年)。

三门峡水库的防凌运用大体可分为两个阶段，即开河期控制运用阶段和凌期全面调节阶段。1973 年以前三门峡水库的防凌运用方式，主要是在预报下游开河前几天，水库关闸控制泄流量，直至断流以减少下游河道内的槽蓄增量，排泄河道内前期槽蓄水量，削减凌峰流量。这种运用方式，若开河预报准确，水库闸门关闭适宜，可以减轻凌汛威胁。但由于受气象预报、冰情预报水平所限，水库关闸时机不易掌握，往往在开河后，又突然遭遇寒潮侵袭，因三门峡水库关门不泄水，结果小流量下再次封河。此时若三门峡水库继续关门蓄水，往往库容已有限，只得强迫泄水，更易卡冰阻水，造成“武开河”的局面。1968 ~ 1969 年度，凌期冷暖交替变幅大，泺口站 3 次强降温与其相间的气温回升的极端温差 25 ~ 31℃，且多是降温伴雪花，冷空气连续时间长，造成下游河道 3 次封河、3 次开河。三门峡水库控制运用 53 天，其中关门 10 天，水库蓄水 18 亿 m^3。由于天气、气候条件复杂，水库控制运用时机不好掌握，第三次封河时，造成小流量封河，而且凌期内河道流量时大时小，形成李隤、方家两处冰坝 3 次壅水漫滩的紧张局面。

(二)1973 年以后防凌运用方式

1973 年以后，三门峡水库改变了防凌运用方式，采用凌汛期全面调节的方式，即凌前预蓄一定水量，在下游河道封冻前，下泄较大流量(一般使进入下游河道的流量为 500m^3/s左右)，弥补因内蒙古河段封冻造成的小流量过程，使下游封河后形成较高冰盖，冰下有较大的过流能力；在下游河道稳定封河至开河前，视下游河道槽蓄量和冰情等情况，由大到小逐级控制下泄流量直至开河(一般使进入下游河道的流量为 350 ~ 450m^3/s)，使之不大于冰下过流能力，不增加或少增加槽蓄水量，这种运用方式避免了小流量封河的不利形势，也可部分解决因预报不准造成的运用时机不易掌握的问题。三门峡水库防凌运用蓄水情况见表 8-2-2。

1. 封冻前控制运用

封冻前控制运用的目的是充分发挥水流抵制封河的积极作用，使河道推迟封冻或封冻冰盖下保持较大的过流能力。这种运用方式要求在凌汛前预蓄足够水量，凌汛封冻前期适当调平由于上游内蒙古河段早封河产生的小流量过程。据三门峡水库运用实践，在该时段内，下泄流量可以根据两种不同的方式分别确定。一种是大幅度地提高并调匀封冻前的流量，以达到抵制河道封冻不致产生凌汛的目的；另一种是适当加大并调匀封冻前的流量，以避免小流量封冻或推迟封冻日期，从而达到减轻凌汛威胁的目的。通过多年实践和计算分析，以封冻时不产生冰塞、不造成大的漫滩以及尽量减少水库预蓄水量为原则，将封冻流量控制在不超过 500m^3/s 较为合理。这样调节运用，不仅可以避免 200 ~ 300m^3/s 小流量封河，增大冰下过流能力，而且三门峡水库预蓄水量不大，从 1973 ~ 1990

表 8-2-2　　三门峡水库防凌运用蓄水情况

年度	防凌前蓄水			防凌蓄水		
	天数	最高水位(m)	蓄水量(亿 m^3)	天数	最高水位(m)	蓄水量(亿 m^3)
1961～1962	—	—	—	—	—	—
1962～1963	—	—	—	41	317.15	6.28
1963～1964	—	—	—	44	321.93	11.47
1964～1965	—	—	—	—	—	—
1965～1966	—	—	—	—	—	—
1966～1967	—	—	—	49	325.17	11.48
1967～1968	—	—	—	69	327.9	17.79
1968～1969	—	—	—	71	327.72	17.88
1969～1970	—	—	—	30	323.19	8.7
1970～1971	—	—	—	40	323.41	9.67
1971～1972	—	—	—	—	—	—
1972～1973	—	—	—	53	323.5	10.73
1973～1974	30	311.05	0.41	59	324.8	14.71
1974～1975	55	320.06	6.44	—	—	—
1975～1976	29	317.98	4.51	48	315.03	2.41
1976～1977	38	317.23	3.72	67	325.95	18.26
1977～1978	73	320.09	5.78	41	321.53	7.79
1978～1979	67	321.07	7.46	38	322.98	10.65
1979～1980	47	317.17	3.19	46	321.35	8.09
1980～1981	42	316.11	2.34	65	322.56	9.55
1981～1982	44	315.65	2.27	53	322.91	10.7
1982～1983	—	—	—	55	320.41	6.31
1983～1984	16	313.56	1.29	73	324.57	14.15
1984～1985	56	318.07	3.97	72	324.9	15.06
1985～1986	22	314.48	1.7	74	322.62	10.1
1986～1987	36	316.11	2.41	47	316.49	2.65
1987～1988	30	314.61	1.6	49	320.14	5.68
1988～1989	29	316.02	2.45	62	319.19	4.95
1989～1990	65	315.67	2.31	48	321.25	7.55
1990～1991	45	315.36	2.04	64	318.93	4.49

年的统计资料(见表 8-2-2)来看,三门峡水库凌汛前最高蓄水位为 311.05～321.07m,相应蓄水量为 0.41 亿～7.46 亿 m^3;其中 80% 的年份最高蓄水位在 314.48～321.07m,相应蓄水量在 1.7 亿～7.46 亿 m^3。

2. 封冻后蓄水运用

河道封冻之后,水流边界条件明显改变,湿周加大,水力半径减小,冰盖底面糙率作用以及水内冰堆积占去了一部分过水断面等,均会促使大河水位上升,河槽槽蓄水量大幅增加。据统计,黄河下游封冻期产生的槽蓄水增量,多年平均为 3.2 亿 m^3,最多年份为 12.9 亿 m^3。槽蓄水增量与凌峰大小成正比关系。槽蓄水增量是形成凌峰流量的物质基础。气温突然升高,上游开河流量增大,导致槽蓄水增量急剧释放,从而形成凌峰沿程增加。因此,逐步减小河槽槽蓄水增量,避免河道流量过程波动,是河道封冻后水库调节径流运用的基本原则。

3. 开河期控制运用

黄河下游河道开河期绝大多数年份是上段先开，开河时槽蓄水增量大量释放，同时也伴随着凌峰出现。一般情况下，凌峰的出现加剧了开河的速度，凌峰也会沿程递增、滚动加大，以至于造成冰凌的严重堆积，堵塞河道，抬高水位。此时必须进一步控制泄流减少槽蓄水增量，必要时全部关闭水库闸门，使上端冰凌流动呈缓流状态，冰凌随时间推移自然就地融消，以期形成“文开河”局面。据统计，在下游防凌控泄期三门峡水库的最高蓄水位为315.03~325.95m，相应蓄水量为2.41亿~18.26亿m^3；其中80%的年份最高蓄水位在318.93~325.95m，相应蓄水量在4.49亿~18.26亿m^3。

根据以上分析，并参照黄河下游多年行之有效的防凌经验，利用上游水库，调整冬季河道流速的合理步骤应该是：

(1)在河道封冻以前，适当提高流速，加大水体搬运冰体的能力，避免浮冰流冰块受阻而滞蓄于河道中，争取推迟封冻和不封冻。

(2)一旦发生封河现象后，及时调整河道流速，争取“平封”，防止“立封”和产生冰塞，尽量减少河道里的储冰量。

(3)在不致产生冰塞和开河高水位的前提下，提高冰盖下流速，加大冰下过流能力，减少河槽蓄水量，以削减开河期的凌峰流量，避免大流冰量的发生，达到“文开河”的目的。

三门峡水库的这种防凌运用方式可以达到推迟封河和抬高冰盖、增加冰下过流能力的作用。有些丰水年份(12、1月平均入库流量$Q_{入}>600m^3/s$)可能解除封河；有些中水年份($Q_{入}=500\sim600m^3/s$)可能推迟封河，在气温偏高的年份争取不封河；遇枯水年份($Q_{入}<500m^3/s$)可起到抬高冰盖，增加冰下过流能力或推迟封河日期的作用。

三、小浪底水库防凌运用方式

(一)初步设计阶段防凌运用方式

根据三门峡水库防凌运用的实践经验，初步设计阶段拟定的小浪底水库防凌运用方式为：下游河道封冻前，水库预蓄适当水量，当内蒙古河段封冻引起下游来水流量骤然减少时，小浪底水库进行补偿调节，期间水库均匀泄流500m^3/s左右，维持下游流量平稳，以推迟下游河道封河时间，并避免小流量封河造成冰下过流能力过小的不利情况。待下游河道封冻后，水库控制泄流300m^3/s左右，使下游来水不超过河道的冰下过流能力，尽可能减少凌汛期间河道槽蓄水量，减小开河时的凌峰流量，延缓开河时间。通过水库合理防凌运用，达到下游防凌减灾的要求。

初步设计阶段不考虑上游干流水库为下游防凌补偿调节。按设计来水条件分析，拟定小浪底、三门峡两水库最大防凌蓄水库容为35亿m^3。其中小浪底水库承担20亿m^3，三门峡水库承担15亿m^3。防凌蓄水顺序为：先用小浪底水库控制泄流，三门峡水库一般年份仍可按正常发电运用泄水；遇凌情严重年份，小浪底水库防凌蓄水将大于20亿m^3时，相机运用三门峡水库控泄蓄水。

根据防凌运用的安排，水库在12月底需预留防凌蓄水库容20亿m^3。

(二)近年来有关情况的变化

20世纪80年代以来，黄河下游地区冬季气温较高，封河年份比过去显著减少，开始封河时间也较晚，冰封期较短，封冻河道长度也较短，基本没有出现严重凌情。

1989 年以后，国家防汛抗旱总指挥部明确规定，每年 11 月 1 日～翌年 3 月 31 日为黄河凌汛期。凌汛期由黄河防汛抗旱总指挥部负责调度水量，根据气象、水情、冰情等因素，在首先保证凌汛安全的前提下兼顾发电，调度刘家峡水库的下泄流量。通过各方面的研究协商和凌期水量调度实践，凌期水量调度水平逐步提高。凌期上游河段下泄流量年际变幅减小；刘家峡水库的泄流调度，不仅考虑宁蒙河段的防凌减灾要求，还适当兼顾下游防凌需要。1998 年国务院批准了“黄河可供水量年内分配及干流水量调度方案”和“黄河水量调度管理办法”，由黄河水利委员会统一负责黄河干流非汛期的水量分配和调度。以上情况都为预测黄河凌期水情变化和搞好小浪底水库防凌调度提供了有利条件。

1986 年以来，黄河下游水资源供求矛盾日愈加剧，下游断流情况越来越严重。沿黄地区冬季引黄水量也逐渐增多。1988～1995 年 12 月平均引水约 $250m^3/s$，1 月平均引水约 $80m^3/s$，2 月平均引水约 $290m^3/s$。因此，近年来往往是在小流量情况下封河，只是由于凌期来水很小，凌情也不严重。

此外，近年来由于汛期来水也偏枯，下游河道河槽泥沙淤积加重，滩槽高差减少，冬季河道封冻壅水漫滩机遇增大，小流量封河冰下过流小，如遇不利的气温条件，还可能造成凌汛灾害。搞好小浪底水库的防凌调度运用，配合其他措施，减免下游凌汛灾害，仍然是一项重要任务。

（三）水库防凌调控流量分析

黄河下游凌汛受气温、流量和河势等综合因素的影响，其规律非常复杂。气温是冰情演变的热力因素，尤其是影响冰量的决定因素；流量对冰情的影响具有热力作用和水力作用两个方面，在一般情况下，流量大，流速亦大，因此水力和热力也越大；河道的边界条件（河势）也是影响凌汛的主要因素之一，局部河段的宽窄、纵比降、弯曲率等，也将影响河段的水流形态，从而影响河段槽蓄冰量。在目前尚不能调节、控制气温变化和在一定时期内河道边界条件相对稳定的条件下，利用水库调节径流，充分发挥水力因素在控制冰凌危害方面的作用，是目前防凌调度中的主要措施之一。

封河流量大些可以促使晚封河及形成较高冰盖，有利于增大冰下过流能力。但大流量封河基流大，河道槽蓄水量也多，冰量也多，易发生大的凌灾。因此，封河流量也不是越大越好，应利用水库调节工程控制适当封河流量才有利于防凌。

1. 封河前流量控制

据 1950～1996 年 47 年凌汛资料统计，封河 40 年中未出现较大凌情的有 29 年，这 29 年中利津断面河道首封时 3 日（含首封日及首封前两日，下同）平均流量 $421m^3/s$；花园口相应 3 日平均流量 $531m^3/s$（花园口至利津河段流量演进按 5 日考虑），见表 8-2-3。

封河 40 年中有 11 年有较大凌灾，利津断面河道首封时 3 日平均流量 $494m^3/s$，花园口相应 3 日平均流量 $614m^3/s$，见表 8-2-4。大流量封河易造成封冻时流速大，水力作用大，冰凌插塞严重，水位壅高幅度大，形成冰水蔓延。如 1976、1979 年尝试由三门峡水库调节以大流量封河，1976 年三门峡水库下泄流量 $800m^3/s$，利津流量以 $640m^3/s$ 封河，结果 12 月 27 日在河口段 17km 处插凌立封，冰下过水面积不足河道面积的 50%，西河口至利津河段，封冻初期壅高水位 2m 以上，冰水漫滩，14 个村被水围困，160km 大堤偎水。

1979 年冬三门峡水库下泄流量 $700m^3/s$，利津流量为 $747m^3/s$ 时在西河口插凌封河，冰下过水不畅，有的河段壅高水位在 2.5m 以上，北镇以下河槽蓄水量约 2.5 亿 m^3，两岸全部漫滩，64 个村被水围困。

表 8-2-3　　**黄河下游封河前流量分析**（无凌灾年份）

年度	封河日		利津流量（m^3/s）		花园口流量（m^3/s）	
	月份	日	当日	3 日平均流量	当日	3 日平均流量
1953～1954	1	25	862	680	584	583
1957～1958	1	15	107	234	250	252
1958～1959	1	5	348	403	630	616
1959～1960	12	20	253	238	463	419
1960～1961	12	17	119	150	0	0
1962～1963	1	14	615	572	657	710
1963～1964	12	25	754	814	855	1 015
1965～1966	12	17	369	392	398	427
1966～1967	12	24	375	434	5	6
1970～1971	1	28	497	477	563	575
1971～1972	12	21	224	217	393	383
1972～1973	12	12	235	230	301	294
1973～1974	12	25	341	421	474	417
1975～1976	1	29	673	676	845	823
1976～1977	12	27	640	634	777	769
1977～1978	2	16	217	221	239	246
1979～1980	1	30	247	323	611	534
1980～1981	12	29	456	459	482	490
1983～1984	1	4	500	496	518	482
1984～1985	12	25	752	967	913	898
1985～1986	12	13	640	829	909	933
1986～1987	12	26	359	353	490	476
1987～1988	1	23	439	515	522	534
1988～1989	12	16	224	206	742	760
1989～1990	1	24	413	416	610	589
1991～1992	12	24	17	20	518	516
1992～1993	1	18	536	540	554	609
1995～1996	12	25	132	91	278	327
1996～1997	12	7	210	201	614	702
平均			398	421	524	531

注：花园口至利津流量演进按 5 日考虑。

表 8-2-4　　黄河下游封河前流量分析(有凌灾年份)

年度	封河日		利津流量(m^3/s)		花园口流量(m^3/s)	
	月份	日	当日	3日平均流量	当日	3日平均流量
1950~1951	1	7	460	508	555	545
1952~1953	1	17	311	455	560	547
1954~1955	12	15	610	693	750	838
1955~1956	1	7	440	420	538	525
1956~1957	12	14	250	310	502	530
1967~1968	12	14	462	701	690	709
1968~1969	1	2	301	378	695	727
1969~1970	12	16	365	406	446	437
1978~1979	1	15	747	721	834	833
1981~1982	1	18	395	400	696	657
1982~1983	1	10	477	438	445	409
平均			438	494	610	614

注:花园口至利津流量演进按5日考虑。

上述分析及三门峡试验经验表明,利津断面流量在400m^3/s左右时封河一般不会发生较大凌情,相应花园口5日前流量在500m^3/s左右;发生较大凌灾年份,利津断面封河流量大于400m^3/s,相应花园口5日前流量大于600m^3/s。因此,黄河下游封河流量以利津断面400m^3/s为宜,相应花园口控制500m^3/s流量。

2. 封河期冰下过流能力

封河期的冰下过流能力与下游冰情关系较大,冰下过流能力太小,极易形成破冰立塞,使河道行水不畅,水位壅高,发生凌灾。根据封河40年中无较大凌情的29年资料分析,下游平均封河期48天,封河期利津断面平均流量353m^3/s,花园口断面平均流量433m^3/s,即封河期冰下安全过流能力在350m^3/s以上。见表8-2-5。11年发生较大凌灾年份,封河期平均历时56天,利津断面平均流量500m^3/s,花园口断面平均流量561m^3/s。见表8-2-6。

上述分析表明,利津断面的冰下安全过流能力以350m^3/s左右为宜,相应花园口断面的安全泄量为450m^3/s左右。

(四)下游防凌库容需求分析

按设计水平年和冬季的入库流量,选择下游历年凌汛期最长、凌情最严重、入库流量偏丰的1954~1955年和1968~1969年两个典型。根据该年实际封冻情况控制运用(1954~1955年下游封冻期58天,1968~1969年下游封冻期76天)。在不考虑向津、冀供水的情况下,需要防凌库容1954~1955年典型为13.5亿m^3,1968~1969年典型为29.7亿m^3,为留有余地,拟定下游防凌库容需求为35亿m^3。考虑向津、冀供水的条件下,最大防凌库容为18亿m^3,为留有余地,防凌库容为20亿~25亿m^3。

表 8-2-5　**黄河下游封河期平均流量**(无凌灾年份)

年度	封冻天数	花园口平均流量(m^3/s)	利津平均流量(m^3/s)
1953～1954	19	577	641
1957～1958	39	390	394
1958～1959	53	412	302
1959～1960	60	247	172
1960～1961	67	159	57
1962～1963	48	446	414
1963～1964	72	499	520
1965～1966	62	98	393
1966～1967	71	392	327
1970～1971	48	358	293
1971～1972	30	640	502
1972～1973	44	470	445
1973～1974	77	341	273
1975～1976	15	821	772
1976～1977	72	529	358
1977～1978	6	205	230
1979～1980	28	344	315
1980～1981	65	417	316
1983～1984	64	567	387
1984～1985	77	719	653
1985～1986	69	665	603
1986～1987	47	511	396
1987～1988	35	372	293
1988～1989	20	502	151
1989～1990	21	481	275
1991～1992	54	292	145
1992～1993	21	412	356
1995～1996	52	309	118
1996～1997	44	369	128
平均	48	433	353

表 8-2-6　　**黄河下游封河期平均流量**(有凌灾年份)

年度	封冻天数	花园口平均流量(m^3/s)	利津平均流量(m^3/s)
1950～1951	36	512	539
1952～1953	41	589	533
1954～1955	65	690	418
1955～1956	58	628	672
1956～1957	81	535	472
1967～1968	86	719	590
1968～1969	76	497	448
1969～1970	65	499	442
1978～1979	36	445	435
1981～1982	34	480	398
1982～1983	39	575	551
平均	56	561	500

经计算比较,小浪底与三门峡两库联合承担防凌任务,对梯级电站的发电有利。先由小浪底水库控制运用,每年 12 月底预留防凌库容 20 亿 m^3,当小浪底水库蓄满后,三门峡水库开始控制,三门峡水库防凌库容 15 亿 m^3(若考虑向津、冀供水,三门峡水库基本上不承担防凌任务)。这一联合运用方式可以减少三门峡控制运用机会,以提高三门峡电站冬季的发电出力。

(五)小浪底水库防凌运用方式

小浪底水库长期有效库容为 51 亿 m^3,小浪底水库与三门峡水库联合防凌运用,其中小浪底水库有 20 亿 m^3 库容可以用来防凌蓄水调节。黄河上游水库不考虑黄河下游防凌要求而按其开发任务调度,黄河下游防凌任务由三门峡、小浪底两水库和下游的防凌工程体系承担。

根据三门峡水库多年的防凌运用实践经验,拟定了水库防凌运用方式:凌汛前预蓄适当水量,以补偿黄河内蒙古河段封冻初期出现的小流量过程,在黄河下游封河前,下泄较大流量,避免黄河下游小流量封河,使下游封冻后冰下有较大的过流能力;待黄河下游河道封冻后,水库进入控制运用阶段,根据下游封冻情况和冰下过流能力,逐步减小下泄流量,直到安全开河。具体操作原则如下:

(1)在下游河段封河前 1 旬,开始控制小浪底水库出库流量,凑泄花园口流量达到封河流量,同时控制旬末水位不高于 267.3m,腾出 20 亿 m^3 防凌库容。

(2)下游河道封河后,进一步控制小浪底水库出库流量,考虑区间加水、用水后凑泄花园口流量达到封河期控泄流量。

(3)在下游开河的当旬进一步控制小浪底水库出库流量,凑泄花园口流量不大于开河流量。

(4)封冻河段全部开通以后视来水和下游用水情况逐步加大出库流量,且先泄放三门峡水库。

四、小浪底水库初期运行阶段防凌调度

综合考虑黄河凌期水量变化和实行统一调度,以及上、中游干流水库可能统筹调度等

新情况，小浪底水库的最大防凌库容和调度方式需要进一步深入研究。小浪底水库初期库容很大，三门峡水库防凌运用几率很小，以下就三门峡、小浪底两水库的运用条件和防凌调度经验初步拟定小浪底水库防凌调度指令。

（一）防凌调控流量

根据以上防凌期历史资料分析及三门峡水库防凌运用经验，拟定小浪底水库防凌控制流量：在预报下游河段封河前1旬，开始控制小浪底水库出库流量，凑泄花园口流量$500m^3/s$左右；下游河道封河后，控制花园口流量$350m^3/s$左右，若考虑同期下游用水，则应控制花园口流量$450m^3/s$左右；在预报下游开河及在开河期应进一步控制小浪底水库下泄流量，封冻河段全部开通以后视来水和下游用水情况逐步加大。

（二）三门峡、小浪底两水库防凌任务安排

小浪底水库与三门峡水库联合防凌运用，为不影响潼关高程，减轻三门峡水库防凌负担，拟定两库的运用次序为：小浪底水库首先投入运用，若蓄水20亿m^3后，还不能满足需要，则启用三门峡水库防凌蓄水，直至凌汛结束。

小浪底水库初期运用阶段，从坝体稳定考虑，按大坝蓄水稳定观测要求，水库需在250、260、265、270、275m各级水位稳定蓄水半年以上后分级抬高，经5年以上方允许蓄至正常蓄水位。由于防凌蓄水为短期蓄水运用，在小浪底水库稳定蓄水位低于270m时，稳定蓄水位以上库容较大，防洪可以超过当年允许的最高运用水位，因此小浪底水库运用初期防凌库容富余较多，防凌任务全部由小浪底水库承担，可以满足防凌蓄水的需要；当控制的小浪底水库稳定蓄水位达到270m及以上时，优先由小浪底水库承担防凌任务，三门峡水库相机运用。

（三）防凌运用方案编制

由于黄河下游凌情（特别是来水情况）在一定程度上可以提前预报，因此应逐年编制水库防凌调度运用方案，作为水库实际调度运行的依据。

水库逐年防凌调度方案，应作为非汛期水库水量调度运用方案的重要组成部分，统筹考虑。防凌调度的具体要求如下：

(1)11月30日前，提出当年12月至翌年2月小浪底以上来水、小浪底至花园口区间来水的初步预报，下游河道（以泺口上下河段为主）开始封河时间的初步预报，以及同一时段内下游沿河地区用水、配水计划，并据此编制水库防凌调度预案。

(2)在泺口河段封冻前，水库水量调度按供水配水及发电需求安排。12月及1月要控制泺口附近流量不大于$400m^3/s$。

(3)如果中期凌情预报泺口河段可能在1月10日以前封冻，应密切注意凌情发展，及时调控水库泄流，进一步安排下游供水配水计划，尽可能使封河后泺口河段流量不超过$300m^3/s$。

(4)如泺口河段1月20日尚未封冻，以后的水库水量调度即主要按供水配水及发电需求安排。

第三节　小浪底水电站初期发电运行方式研究

小浪底水利枢纽的开发任务决定了发电运用的从属地位，即电调必须服从水调。从河南电力系统的要求和电网的供电、调峰形势来看，小浪底水电站应充分发挥其大容量的调峰作用，缓解电网的调峰矛盾，这一点也是非常必要的。问题的关键是电站调峰所产生的坝下不稳定流态将对小浪底至花园口河段引（提）水工程正常引水、水质等产生不利影响，这就限制了小浪底水电站在下游反调节工程生效前的调峰运用方式。因此，小浪底水电站初期运用方式研究的重点是：研究小浪底至花园口河段基流要求及电站调峰不稳定流的影响，在此基础上根据电力系统要求和电站发电特点拟定发电运用方式。

一、小浪底水电站的供电范围及任务

小浪底水电站装机容量 6×300MW，电站位于河南省洛阳市孟津县境内的黄河干流上，在洛阳市东北 41km，上距三门峡水电站 130km，下距郑州京广铁路桥 115km，地处华中电网的西北端，在河南电网郑州、洛阳、三门峡负荷中心，是河南省目前唯一大于百万千瓦的大型水电站。

小浪底水库的开发任务是以防洪（防凌）、减淤为主，兼顾供水、灌溉、发电，除害兴利，综合利用。因此，在主汛期水库以防洪、减淤运用为主，非汛期在满足防凌、供水、灌溉要求的条件下，兼顾发电运行。根据 1981 年水电部对《小浪底水库初设要点》的审查意见，确定了小浪底水电站应以担负河南电力系统负荷作为设计基础，即小浪底水电站的供电范围是河南电网。

河南电网的电力发展在“七五”、“八五”期间保持了快速增长的势头，“九五”末期受多种因素影响，电力发展步伐缓慢，甚至曾一度出现负增长，电力供需矛盾趋于缓和，但由于尖峰负荷的快速增长，电网调峰矛盾日益突出。根据河南省电力公司预测，河南电网的电力负荷仍将快速增长，见表 8-3-1。由于近年来降温负荷快速增长，年最大负荷将出现在 7、8 月份。电网日用电高峰冬、夏两季均出现在灯峰时间，夏季为 20 时，冬季为 19 时，日最小负荷出现在凌晨 4 时。由于河南主网能够调用的调峰容量严重不足，为满足今后不断增长的调峰要求，除小浪底电站外，河南电网还急需建设宝泉抽水蓄能、南阳抽水蓄能及天然气电站等调峰电源，因而小浪底水电站的主要发电任务就是调峰。

表 8-3-1　河南电网负荷预测结果

项目	水平年				
	1998	1999	2000	2005	2010
需电量（亿 kW·h）	645	680	719	925	1 200
最大负荷（MW）	10 200	10 570	11 400	16 000	21 000

二、小浪底至花园口河段河道概况及引水工程情况

（一）小浪底至花园口河段概况

小浪底至花园口河段长 128km，受两岸地形限制，形成了峡谷型河段向宽浅河段过渡的扩散过渡段，按其河道特性，将该河段分成 3 段。

第一段小浪底至焦枝铁路留庄桥，该河段长 10km，是黄河最后一个峡谷的尾端，河槽

束范于两岸山体之间,河宽 150 ~ 800m,平均宽 600m,河道平均纵比降 0.70‰。

第二段焦枝铁路桥至铁谢,该河段是峡谷出口向宽浅河段扩散的冲积扇河段,河床宽浅,水流散乱,河道一般宽约 4 000m,平均纵比降 0.66‰。受焦枝铁路桥附近几处山嘴和碛石高滩影响,以连地滩为界,主流分左、右两股,左股继而分成三四股水流,右股主流下行至西滩上段的下嘴附近,又向左折出一汊流,与左股水流汇合,隔离河滩形成上段连地滩与下段的西滩。右股主流续行至王庄新闸附近再次向左分汊与左股主流汇合,左、右两股水流在绕出王庄滩后,在西霞院枢纽南陈坝址附近汇合。南陈至铁谢河道有白坡及铁谢两处心滩发育,铁谢断面上游左岸建有铁谢险工控导水流,水流经多次分汊并汊后,于铁谢附近归股并流。该河段河床表面多为淤沙,深层多为砂卵石。连地滩、西滩、王滩三处高滩滩头部位淤沙层浅而薄,冲淤变化不大,滩腰、滩尾淤沙层厚,洪水期有较大的冲淤变化,局部地区受小浪底施工影响变化较大。

第三段铁谢至花园口,该河段呈典型的游荡性河道的特点,长度约 103km,河槽相对单一,偶有心滩发育,河道宽 4 600 ~ 10 600m ,平均为 7 300m,河道纵比降 0.25‰,弯曲率 1.12。该河段河床由砂卵石过渡到沙质,从平面形态上看,出现了多处河湾,心滩较少,而边滩相对发育,其河床演变表现为单向侧蚀,主流摆动大、抗冲能力弱的一岸,主流坐弯时易出现河岸坍塌的情形,故自该河段始两岸开始修筑河防工程。右岸堤防起自铁谢上游的孟津白鹤镇牛庄,左岸堤防起自花园镇断面附近的孟州中曹坡。右岸共有 7 处工程,其中险工 3 处、控导 4 处,自上而下依次为铁谢险工、花园镇控导、赵庄控导、裴峪控导、沙鱼沟控导、保合寨及花园口险工;左岸有 9 处工程,其中险工 1 处、控导 8 处,控导工程自上而下依次为逯村、开仪、化工、大玉兰、驾部、花坡堤、北裹头、马庄,赵庄险工介于驾部控导和花坡堤控导之间。

(二)小浪底至花园口河段沿黄经济发展及引黄工程情况

小浪底至花园口河段两岸人口密集,国民经济发展迅速。南岸有孟津县、巩义市、郑州市上街区、荥阳市、郑州市;北岸有洛阳市吉利区、孟州市、温县、武陟县和新乡市。沿黄市县在河南省经济发展格局中占有重要地位,部分大中型企业在全国起主导作用。

为满足工农业生产和人民生活用水需要,各县市建设了具有相当规模的引黄工程,这些引黄工程在上述地区城乡生活、工业供水和农业灌溉等方面有举足轻重的作用。小浪底至花园口河段自 20 世纪 50 代以来陆续建成引(提)黄工程 40 余处,目前工程设施基本齐全并办理黄河取水许可证的有 18 处(见表 8-3-2),设计取水能力 512m^3/s,最大取水能力 548m^3/s,取水许可证审批登记的年水量 12.60 亿 m^3。其中农业有效灌溉面积 8.53 万 hm^2,水量约 9.11 亿 m^3;工业水量约 1.13 亿 m^3;供水人口 258.56 万,水量约 2.11 亿 m^3;其他用水量约 0.25 亿 m^3。

上述的 18 处工程中,年取水量大于 1 000 万 m^3 的工程有 8 处,分别是孟津县王庄闸、邙山提灌站、人民胜利渠、共产主义闸、花园口进水闸、老田庵闸、长城孤柏嘴提灌站(郑州铝厂三水源)和白马泉灌区。引水工程主要位于河段的下半段。

本河段现状引(提)黄工程具有 3 个特点。一是多处工程兼有城乡供水任务。如邙山提灌站是郑州市柿园水厂的主要水源工程,其年供水相当于郑州市供水量的 60%;人民胜利渠向新乡市供水,年供水量占新乡市供水量的 50%;郑州铝厂三水源是郑州铝厂

表 8-3-2　　小浪底至花园口河段黄河取水许可证审批的取水口基本情况

序号	取水工程名称	设计取水流量 (m^3/s)	许可证审批登记的年水量(万 m^3)				
			农业	工业	生活	其他	小计
1	孟津县王庄闸	25.00	3 150	8 640		2 400	14 190
2	邙山提灌站	13.10	2 000		10 000		12 000
3	张菜园引黄闸	100.00	56 000	1 500	2 500		60 000
4	共产主义闸	280.00	14 400				14 400
5	花园口闸	20.00	3 938				3 938
6	花园口进水闸	8.00			8 625		8 625
7	老田庵闸	40.00	9 570				9 570
8	柿林提灌站	0.05	120				120
9	宁嘴提灌站	0.027	3.2				3.2
10	赵沟团结电灌站	0.29				25	25
11	沙鱼沟引黄提灌站	1.00	8				8
12	长城孤柏嘴提灌站	4.80		1 200			1 200
13	荥阳市李村提灌站	4.00	360				360
14	孟县水利局提灌站	3.00	220				220
15	全义工程提灌站	1.00	101.3				101.3
16	孟县林场大提灌站	1.00	110				110
17	孟县林场小提灌站	0.50	95				95
18	白马泉闸	10.00	1 000				1 000
合计		511.77	91 075.5	11 340	21 125	2 425	125 965.5

和上街区生活用水的主要水源；孟津县西河清电灌站、柿林扬水站均承担 700 多人的人畜生活用水；王庄闸除灌溉 0.6 万 hm^2 农田外，还担负干渠两岸农村人畜生活用水。二是大部分扬水站抽水流量不大，但扬程较高，在区域范围内的人民生活和工农业发展中占有重要地位。如济源市坡头乡四处扬水站每处引水流量只有 0.3m^3/s 左右，但其扬程达 40 ~ 55m；孟津县宁嘴 1 号提灌站，抽水流量仅 0.3m^3/s，扬程达 175m；柿林提灌站扬程 110 ~ 120m；郑州铝厂三水源扬程达 90m 左右；李村提灌站扬程 45 ~ 50m。三是近几年新建工程占一定比重。如郑州铝厂三水源是 1986 年开始提水，柿林、宁嘴 1 号、坡头、留庄、马住、沙鱼沟等提灌站均为 1991 年以后兴建，目前在建及计划的引(提)黄工程有洛阳市吉利区供水工程、小浪底移民安置区引黄工程和赵庄引黄工程，三处设计引黄能力近40m^3/s。

三、小浪底至花园口河段河道基流要求分析

在小浪底水利枢纽招标设计阶段，对小浪底水电站全部投入运行并充分参加河南电网日调峰运用进行了初步分析，电站日内最大发电流量 1 800m^3/s 左右，最小为 0。坝下平均日内断流 7h 左右，90% 枯水年份为 11h 左右，断流时间一般发生在 0 ~ 8 时和 12 ~ 15

时。可见,小浪底水电站完全按调峰发电运用时,将大幅度改变坝下河道日内流量过程,与保证沿河工农业取水、河段的水质要求存在一定矛盾。因此,在小浪底水利枢纽配套工程——西霞院反调节水库建成以前,小浪底水电站应下泄一定的基荷流量,以保证该河段工程引水及环境用水要求。

(一)已有规划结论

在黄河小浪底水利枢纽初步设计阶段,通过对三门峡水库下泄不稳定流试验资料分析,认为小浪底电站调峰运用时下泄的不稳定流对花园口以下河段的工农业用水没有影响,对小浪底至花园口河段影响无结论性描述。

据黄河流域水资源保护局 1993 年 1 月编制的《黄河流域水质现状调查及预测研究》报告,1990 年三门峡至花园口河段废污水产生量 5.41 亿 t,其中工业废水 3.91 亿 t,生活污水 1.50 亿 t。这些废污水主要来自于小浪底至花园口河段的伊洛河和沁蟒河,两条支流废污水排放量分别 2.99 亿、1.29 亿 t。1988 ~ 1990 年,花园口断面污径比为 7.5%,COD、氨氮、挥发酚含量分别达 4.03、0.63、0.002 7mg/L,属重污染河段。沁蟒河在人民胜利渠上端汇入黄河,污水顺流直接进入引水渠道,按新乡市供水要求,非灌溉季节只需引水 3 ~ 5m^3/s,但为了稀释污水,引水 15 ~ 30m^3/s 仍满足不了居民饮用水标准。根据《黄河小浪底水利枢纽环境影响评价报告书》(国家环保局以(86)环建字第 133 号文批复),为稀释伊洛河和沁河污水,保证下游工农业用水的水质,要求小浪底水库最小下泄 205m^3/s。

(二)现有工程引水要求的河道基流分析

小浪底至花园口河段属于宽浅游荡性河段,受河势的制约,引(提)水工程均须在一定的大河流量条件下方可正常引水。根据对本河段引(提)水工程渠首查勘和实际运行资料分析,绝大多数工程要求的河道基流量在 200 ~ 300m^3/s,个别工程由于靠流条件较差,所需基流更大。

1. 王庄闸

王庄闸距小浪底坝址 12.5km,于 1958 年建成,设计闸底高程 125.2m,闸前水深2.6m 左右,设计引水流量 25m^3/s,由于受侧向引水影响,引水不畅,实际引水能力 15m^3/s,根据渠首闸前水位—流量关系初步分析,当大河流量 200m^3/s 时,渠首闸过水流量10m^3/s左右,因此王庄闸正常引水要求基流量约在 200m^3/s 以上。

2. 邙山提灌站

邙山提灌站距小浪底坝址 114km,于 1972 年建成,是郑州市柿园水厂的供水水源。20 世纪 80 年代以来黄河主流南靠,站址取水条件较好,但黄河枯水时引水困难。1994 年 5 月 24 ~ 31 日黄河流量为 138 ~ 287m^3/s 时,泵站日提水量均不足 40 万 m^3,其中 5 月 29 日在断面流量为 138m^3/s 时,泵站无法提水,在该时段前后大河流量为 235 ~ 380m^3/s 时,泵站基本可达到正常的供水能力;1993 年 6 月 4 ~ 9 日,在断面流量为 215 ~ 265m^3/s 时,泵站日提水量 15.5 万 ~ 43.9 万 m^3,而在其前后大河流量为 295 ~ 400m^3/s 时,日提水量可达到 51 万 m^3 左右,达到正常供水能力,见表 8-3-3。因此,邙山提灌站正常引水需要的河道基流量为 200 ~ 300m^3/s。

表 8-3-3　1993、1994 年部分月份邙山提灌站不同黄河流量条件下日提水量

时间（年-月-日）	黄河流量（m^3/s）	引水量（万 m^3）	时间（年-月-日）	黄河流量（m^3/s）	引水量（万 m^3）	时间（年-月-日）	黄河流量（m^3/s）	引水量（万 m^3）
1993-06-02	400	51.91	1994-05-23	370	51.21	1994-06-04	287	55.54
1993-06-03	330	51.14	1994-05-24	287	37.02	1994-06-05	287	55.54
1993-06-04	215	33.78	1994-05-25	160	33.31	1994-06-06	200	57.46
1993-06-05	218	15.52	1994-05-26	190	19.59	1994-06-07	206	43.43
1993-06-06	257	35.52	1994-05-27	200	15.18	1994-06-08	178	43.33
1993-06-07	226	32.40	1994-05-28	156	7.30	1994-06-09	212	48.50
1993-06-08	224	36.86	1994-05-29	138	0	1994-06-10	155	51.09
1993-06-09	265	43.88	1994-05-30	135	17.68	1994-06-11	143	44.09
1993-06-10	295	50.27	1994-05-31	270	31.65	1994-06-12	163	33.00
1993-06-11	320	50.62	1994-06-01	294	51.43	1994-06-13	222	54.00
1993-06-12	400	51.90	1994-06-02	245	57.50	1994-06-14	266	46.9
			1994-06-03	235	57.19	1994-06-15	247	44.09
						1994-06-16	380	50.94

3. 人民胜利渠

人民胜利渠于 1953 年建成，设计闸底板高程 91.75m，设计引水流量 $55m^3/s$，是目前小浪底至花园口河段最大的引黄工程。根据调查资料，人民胜利渠闸前正常运用水位为 94.0～95.0m，过水能力为 60～$70m^3/s$。1993 年 6 月 4～9 日，在断面流量为 210～$260m^3/s$ 时，闸前水位为 92.62～93.67m，过流能力为 22～$35m^3/s$；1994 年 5 月 24～31 日，在断面流量为 130～$282m^3/s$ 时，闸前水位为 92.62～93.13m，过流能力为 22.9～$39.4m^3/s$，而此时正值灌溉高峰，用水十分紧张。综合分析，在保证正常引水条件下，人民胜利渠渠首要求的河道基流量应在 $250m^3/s$ 以上。

从上述几个主要引黄工程的引水条件分析来看，要保证小浪底至花园口区间主要引（提）黄工程正常引水，河道基流量最小应在 $200m^3/s$ 以上。

四、调峰不稳定流模型

（一）模型计算内容

调峰不稳定流模型从水力学数值计算角度出发对小浪底水电站调峰运用形成的坝下不稳定流态进行河道演进计算，研究不稳定流演进特点及对小浪底至花园口河段的影响程度。从满足坝下小浪底至花园口区间引水工程引水和水质要求的河道基流条件出发，确定电站基荷流量规模。

（二）一维不恒定流数学模型设计

1. 一维不恒定流的基本方程

明渠不恒定渐变流的基本问题是确定水力要素如水位、流量等随时间和沿流程的变化规律。其基本方程早在 1871 年由法国科学家圣维南建立，并以圣维南方程组著称。该

方程组包括两个描述明渠不恒定渐变流水流规律的偏微分方程，分别称为连续方程和动量方程。其形式如下：

$$\frac{\partial Z}{\partial t}+\frac{1}{B}\frac{\partial Q}{\partial s}=0 \tag{8-3-1}$$

$$\frac{\partial Q}{\partial t}+\frac{\partial}{\partial s}\left(\frac{Q^2}{A}\right)+gA\frac{\partial Z}{\partial s}+gA\frac{Q|Q|}{K^2}=0 \tag{8-3-2}$$

式中 Z——水位；

Q——流量；

t——时间；

s——距离；

B——水面宽；

A——过水面积；

K——流量模数；

g——重力加速度。

2. 一维不恒定流方程求解方法的选择

圣维南方程组是具有两个独立变量 s(距离)、t(时间)和两个从属变量 Z(水位)、Q(流量)的一阶拟线性双曲型微分方程组。这类方程组目前在数学上尚无精确的解析解法，工程上只好借助于数值方法和简化方法近似计算。随着计算机及编程语言的迅猛发展和日益普及，目前更趋于用数值方法求解圣维南方程。

圣维南方程组的数值解法一般分两步：第一步是方程的离散，即把微分方程连续的定解域离散到一些网格(节点)上，亦即把微分方程转化为一组代数方程；第二步是求解这组代数方程，给出解在节点上的近似值。

根据离散方程的不同，其数值解法分为特征线法、差分法和有限元法等多种。有限元法用于边界复杂、水面宽阔的二元水流，如河口、海湾的潮汐水力计算，而明槽不恒定流大多属一元流动，有限元求解并无多大优点。特征线法是一种基本的并为数学家所喜爱的方法，而且特征线法是为显式有限差分格式寻求边界条件的唯一的一般方法。特征线法应用于天然河道存在很多问题，如考虑浅滩蓄水对连续方程而言，方程变化细微，但在特征方程的建立、求解中却引起巨大变化。另外，如果边界条件表明大部分河段(渠道)的流动变化迅速，则特征线方程本身就是圣维南方程组的一种过于粗糙的近似，从而失去运用价值。工程中常用的方法是直接差分法。

直接差分法是将圣维南方程组的微商直接改为差商，再对由此得到的一组代数方程进行联解。直接差分法又分为显格式、隐格式两种。显格式根据前一时刻($n-1$ 时间层)求解新时刻(n 时间层)的未知量时，前一时刻所有节点的变量值都是已知的，新时刻对应的待求变量可逐点分别求解。隐格式则必须联解一个大型代数方程组，在已知前一时刻变量的基础上，还需引入新时刻紧邻节点的变量(未知量)值作为信息，这样，一个代数方程包括多个未知数，不能直接求解未知变量，往往要借助于迭代方法方能求解。新时刻各节点的未知量是同时求解的。

相比之下，显格式具有计算简单、程序编制方便、计算速度快的特点，但大多的工程实践表明,显格式多用于断面规则的渠道,用于天然河道则很难取得理想的近似解,在林秉南主持译校的《明渠不恒定流》一书中,建议采用隐格式计算天然河道的不稳定流。本次采用隐式计算方法。

3. 隐式差分格式的选择

作为河南电网的骨干调峰工程,受电网系统的电力电量平衡影响,小浪底电站的泄流表现为迅变和间断流动,无论在满足 CFL 条件的显格式中,还是在无条件稳定的隐格式中,均有可能发生不恒定流数值解空间失稳问题。在数学上是拟线性双曲型方程组解答间断的反映,在物理上是由于水域边界条件曲折复杂,水底地形起伏过大存在侧向涡动黏滞效应。

本专题研究,我们初步考虑了 3 种方法:TVD 格式、杨国录 - Cunge 格式和改进的 Preissmann 四点时空偏心格式。考虑到前两种格式较为复杂,数学变换及公式迭代十分烦琐,再者,计算时对初始条件要求较多,在实际上是很难给出的。根据有关研究文献成果,本次模型设计采用改进的 Preissmann 四点时空偏心格式。

4. 差分格式的构造及方程离散

1)差分格式的构造

Pressimann. A 四点时空偏心格式是经典的 Pressimann 四点偏心格式的改进。在应用该格式之前,先介绍经典的 Pressimann 四点偏心格式。

经典偏心格式的特点是围绕矩形网格的 M 点来取因变量的偏导数进行差分逼近的(见图 8-3-1(a))。M 点在时间上偏向未知时层,距已知时层 θ,距未知时层 $1-\theta$,即未知时层的权因子为 θ,已知时层的权因子为 $1-\theta$。M 点处于距离步长正中,前后断面的权因子一样,各为一半。现根据加权平均概念或按线性插值关系,求出四点上的函数值如下:

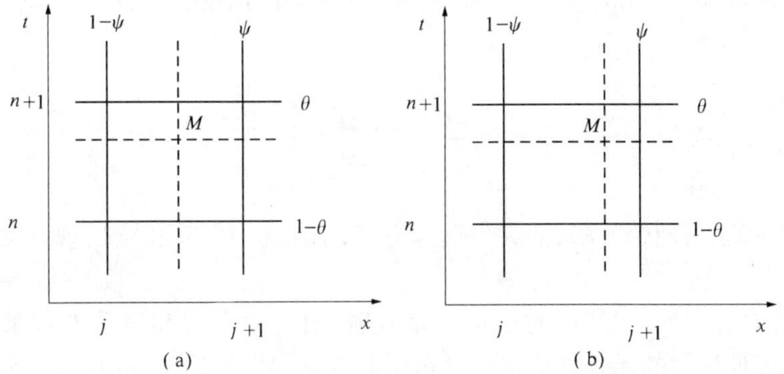

图 8-3-1　四点偏心格式

$$\frac{\partial \varphi}{\partial s}(M) \approx \theta \frac{\varphi_{j+1}^{n+1} - \varphi_j^{n+1}}{\Delta s_{j+1}} + (1-\theta)\frac{\varphi_{j+1}^{n} - \varphi_j^{n}}{\Delta s_{j+1}}$$

$$\frac{\partial \varphi}{\partial t}(M) \approx \frac{(\varphi_j^{n+1} - \varphi_j^{n}) + (\varphi_{j+1}^{n+1} - \varphi_{j+1}^{n})}{2\Delta t}$$

$$\varphi(M) = \frac{\theta}{2}(\varphi_j^{n+1} + \varphi_{j+1}^{n+1}) + \frac{1-\theta}{2}(\varphi_{j+1}^{n} + \varphi_j^{n})$$

令 $f^{n+1}=f^n+\Delta f^n$，则可得到下列差商逼近公式：

$$\frac{\partial\varphi}{\partial s}(M)=\frac{\theta(\Delta\varphi_{j+1}-\Delta\varphi_j)+(\varphi_{j+1}-\varphi_j)}{\Delta s_{j+1}}$$

$$\frac{\partial\varphi}{\partial t}(M)=\frac{\Delta\varphi_j+\Delta\varphi_{j+1}}{2\Delta t}$$

$$\varphi(M)=\frac{\theta(\Delta\varphi_j+\Delta\varphi_{j+1})+(\varphi_j+\varphi_{j+1})}{2}$$

改进的差分格式与上述格式的主要差别产生在空间插值权重因子上，经典格式 M 点处于距离步长正中，前后断面的权因子一样，即空间权重因子是 0.5；改进的格式是引入新的空间权因子参数 ψ（见图 8-3-1(b)）。参照时间权因子的取值，空间权因子 $\psi\geqslant 0.5$。差商逼近公式为：

$$\frac{\partial\varphi}{\partial s}(M)=\frac{\theta(\Delta\varphi_{j+1}-\Delta\varphi_j)+(\varphi_{j+1}-\varphi_j)}{\Delta s_{j+1}}$$

$$\frac{\partial\varphi}{\partial t}(M)=\frac{\psi\Delta\varphi_{j+1}+(1-\psi)\Delta\varphi_j}{\Delta t}$$

$$\varphi(M)=\psi(\theta\Delta\varphi_{j+1}+\varphi_{j+1})-(1-\psi)(\theta\Delta\varphi_j+\varphi_j)$$

对时空偏心格式的稳定性研究表明，当水流是缓流（$Fr<1$）时，两个根为：$\lambda_{1,2}=u\pm\sqrt{gh}$。

由 $\lambda_1>0$ 或 $\lambda_2<0$，有 $C_r=\lambda_1\dfrac{\Delta t}{\Delta s}>0$，$C_r=\lambda_2\dfrac{\Delta t}{\Delta s}<0$。

选取时间步长时，如果对连续方程和运动方程均取 $\theta>0.5$ 和 $\psi>0.5$，因 $C_r>0$ 和 $C_r<0$同时存在，则两个离散方程不可能同时进入无条件稳定状态，后者此时是有条件的，其条件为：

$$C_r=(u-\sqrt{gh})\frac{\Delta t}{\Delta s}>\frac{\psi-\dfrac{1}{2}}{\dfrac{1}{2}-\theta}$$

这样对方程组不同的解法，如参数选择不当，水位流量计算将会出现波动现象直至不稳定。

为了避免这种现象，在使用时空偏心格式时，对连续方程和运动方程采用不同的 ψ 值，这样可以保证计算的无条件稳定。虽可引起少量的水量误差，但对结果影响不大。

2）方程离散

将上述改进后的差商逼近公式代入基本方程，舍弃高阶微分项，得到如下形式的方程组。

连续方程：

$$A_1\Delta Q_j+b_1\Delta Z_j+C_1\Delta Q_{j+1}+D_1\Delta Z_{j+1}=E_1$$

动量方程：

$$A_2\Delta Q_j+b_2\Delta Z_j+C_2\Delta Q_{j+1}+D_2\Delta Z_{j+1}=E_2$$

式中系数在此不作详述。

5. 模型建立

数学模型的建立就是对上述离散方程的求解过程。离散后的方程状如线性方程组，其最简洁的求解方法称为双扫描法，亦叫追赶法。详细的求解过程此处不赘述。

需要说明的是，离散后的方程组对于有 N 个计算断面（$2N$ 个未知数）的模型，仅能建立 $2(N-1)$ 个前述形式的方程，必须引入上、下游边界条件方可求解。

模型编制采用 C ++ 语言。

（三）模型计算条件

1. 计算参数与边界条件

由前述不恒定流的圣维南方程组和普瑞斯曼隐式差分构造格式可知，不稳定流的水位和流量随时间、距离的变化，表述为与断面不同水位或流量的过水面积、水面宽、水力半径、谢才系数、流量模数等水力要素及时空插值权因子 θ、ψ 等参数的函数关系。

上述计算参数中，根据数值计算的稳定性要求和工程实际的计算经验，时层权因子 θ 取值为 0.65；空间权因子 ψ 值在连续方程中取 0.50，在动量方程中取 0.60。

模型的计算条件由布设断面的原始资料（起点距、高程、间距、糙率），上、下游边界条件和初始条件构成。获取各计算断面的大断面资料、间距及相应河段的糙率后，水力要素可由给定的水位，根据各断面的起点距、高程资料计算求得。

1）计算断面的布设情况

小浪底电站位于黄河干流最后一个峡谷出口处，电站下游山势低矮，河谷展宽，接黄淮海大平原。小浪底至花园口（统测断面位置，约在花园口水文站下游 1.8km）长约 128km，大致可分为上游峡谷段和下游宽浅段，上段从小浪底坝下至焦枝铁路留庄桥，长约 10km，比降 0.70‰；下段长约 118km，比降 0.25‰。根据河道地形特性，结合模型的计算要求，本次流量演进中，共划分了 16 个计算断面，断面平均间距 8km。其中上游峡谷段划分了 3 个断面，从上到下依次为 CS4 断面（水厂）、CS5 断面（小浪底水文站）及 CS17 断面（西霞院库区库容计算布设的断面）。下游宽浅型河段划分了 13 个断面，分别是 CS32 断面、铁谢、下古街、花园镇、马峪沟、裴峪、伊洛河河口、孤柏嘴、罗村坡、官庄峪、秦厂、花园口。

2）断面资料

小浪底至花园口河段下段布设有统测断面。其断面起点距、高程资料采用的是河南黄河河务局 1996 年统测断面统 2 测次成果；上段的 CS4 和 CS5 断面资料采用的是郑州水文总站 1996 年 4 月风雨沟至连地的部分测量成果，CS17、CS25 及 CS32 断面采用的是 1998 年 3 月西霞院库区库容校核采用的断面成果。小浪底至花园口各断面水力要素见表 8-3-4。

近几年，河南省水文水资源局根据小浪底水库建设要求，对连地料场所在河段进行了大量的水文测验工作。考虑到本次计算的小浪底出库均为较小流量，水流基本不漫滩，在主槽流动，因此糙率以河段划分，各河段采用了相对固定值。据该河段的有关水文测验资料及分析成果，本次模拟计算时，峡谷上段糙率为 0.025，峡谷下段采用 0.036。南陈以下游荡性河段采用 0.022。

表 8-3-4　　　　小浪底至花园口各断面水力要素

断面名称	断面间距(km)	标准水位(m)	河槽面积(m^2)	河宽(m)	标准水位下滩地面积(m^2)	标准水位下河宽(m)	A(m^2)	B(m)	A/B
铁谢	5.77	123	14 060	3 620	740	750	14 800	4 370	3.387
下古街	8.55	120	16 460	4 040	3 810	3 730	20 270	7 770	2.609
花园镇	12.15	117	9 820	2 950	5 800	4 380	15 620	7 330	2.130
马峪沟	6.3	113.5	9 790	3 490	4 050	2 730	13 840	6 220	2.225
裴峪	11.9	112	15 180	5 470	1 480	620	16 660	6 090	2.736
伊洛河河口	15.3	109	13 140	5 190	1 820	6 680	14 960	11 870	1.260
孤柏嘴	6.15	105	11 570	4 870	3 120	2 000	14 690	6 870	2.138
罗村坡	7.25	104	12 250	5 750	10 300	4 310	22 550	10 060	2.242
官庄峪	13.3	102	13 350	6 890	0	0	13 350	6 890	1.937
秦厂		99	10 570	5 780	950	610	11 520	6 390	1.802

2. 第一边界条件和第二边界条件

发生在不恒定流的河渠两端断面应满足的水力条件称为边界条件。发生在不恒定流的河渠上游首端断面应满足的水力条件称为第一边界条件。本次采用的第一边界条件是小浪底的出库流量过程 $Q=Q(t)$。

发生在不恒定流的河渠下游末端断面应满足的水力条件称为第二边界条件。本次采用的是花园口水文站 1996 年 8 月的水位—流量关系 $F=F(q,z)$，见图 8-3-2。

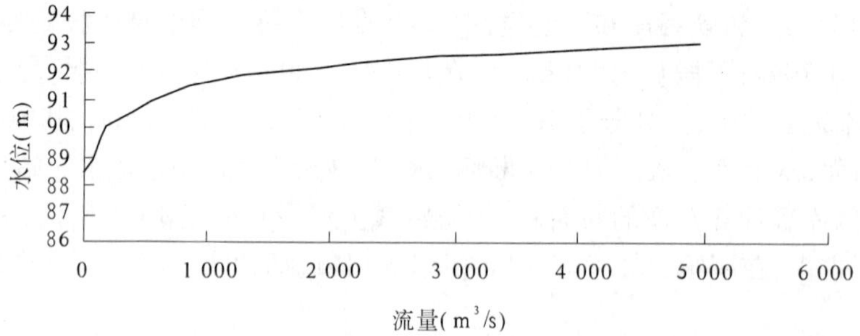

图 8-3-2　花园口 1996 年 8 月水位—流量关系

3. 模型的计算时段

计算时段的选择受制于数值计算稳定性的要求。用差商逼近微商求解圣维南方程组，要求差分格式必须满足数值解的相容性、收敛性和稳定性。相容性表示差分方程应收敛于微分方程，相容性只说明当 Δs、Δt 趋近于零时，截断误差也趋近于零。收敛性是指差分方程的解，当 Δs、Δt 趋近于零时，应收敛于微分方程的解。相容性与收敛性是两个不同的概念，前者是必备条件，后者是最终目标。根据拉克斯(Lax. P. D)等价定理，如果问题是适定的，并且差分格式满足相容性条件，则其收敛性的充分必要条件是该方程的稳定性。因此，相容性和稳定性可以保证收敛性。

稳定性就是差分格式防止误差增长的能力。若计算中的舍入误差和初始误差(包括初始条件和边界条件引入的误差)被控制在一个有限的范围内，而不是无限增长，数值解就可近似于差分方程的真解，这样的差分方程就是稳定的。

工程实际中，通常的概念是显格式的计算时间步长满足 CFL 条件，计算结果收敛；隐格式差分计算在选定适当的权因子后，可无条件稳定，计算时间步长可较大。近年的数值试验和工程计算的有关研究表明，由于影响因素的复杂，在实际运用中显格式的 CFL 条件只能作为参考，为保证计算结果收敛，Δt 宜尽可能小；隐格式适宜计算流动变化较快的水流，但稳定也是有条件的，Δs 与入流强度 dQ/dt 成反比。考虑到小浪底电站参与电网计算的出库流量以 h 为单位，剖分的计算时段愈短，入流强度愈大，要保证计算结果的稳定性，就要求 Δs 愈小。因此，本次计算时段的选择以显格式为基础，根据显格式的 CFL 条件，其相应的时间步长约为 15min。模型的初始条件率定和恒定流率定采用步长为 200s 和 900s，结果表明，900s 和 200s 时间步长的率定结果是一致的。最后采用的计算时段为 900s。

4. 初始条件及率定

初始条件是指不恒定流起始时刻的水流条件，常为不恒定流开始前的恒定流的流量与水位。也可以是不恒定过程。由于小浪底至花园口河段间未设水文测站，资料匮乏，因此本次模型计算采用了恒定流的水位、流量作为初始条件。根据对小浪底电站出库过程的分析，采用 200m³/s 的沿程水面线作为模拟计算的初始条件。

初始条件率定是将 200m³/s 水面线作为初始条件引入不恒定流模型的试算过程。引入不恒定流模型试算的结果表现为各断面流量以阻尼波形式渐趋向一固定值流量，当该流量值亦为 200m³/s 时，率定结束。此时的沿程水面线再引入不恒定流模型计算，稳定后的各断面水位、流量为一不变的直线过程。同样方法，可以率定其他流量。率定后的小浪底至花园口 200、800、1 000m³/s 的沿程水面线见图 8-3-3。

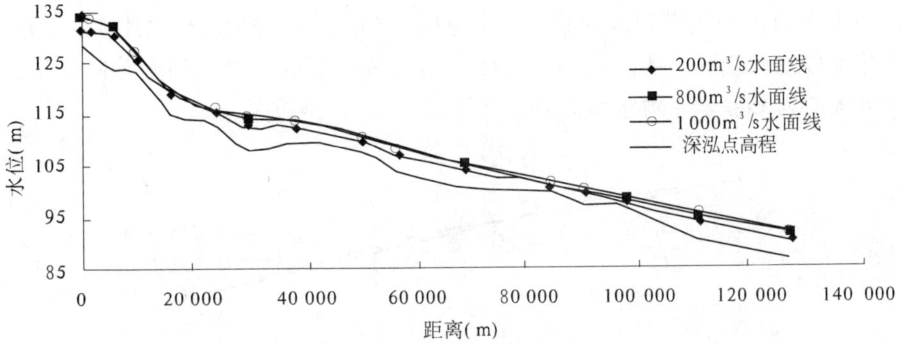

图 8-3-3　小浪底至花园口河段沿程水面线

（四）数学模型验证

模型验证包括不恒定流及恒定流两种流态的计算验证。

1. 恒定流验证

恒定流的验证实际上是初始条件率定的一种延续。

图 8-3-4 表示的是初始条件采用 200m³/s 的水位时，以不恒定流模型计算的 800m³/s 恒定过程的下游断面的流量过程。

图 8-3-5 表示的是初始条件采用 400m³/s 的水位时，以不恒定流模型计算的 1 000m³/s恒定过程的部分断面的流量过程。

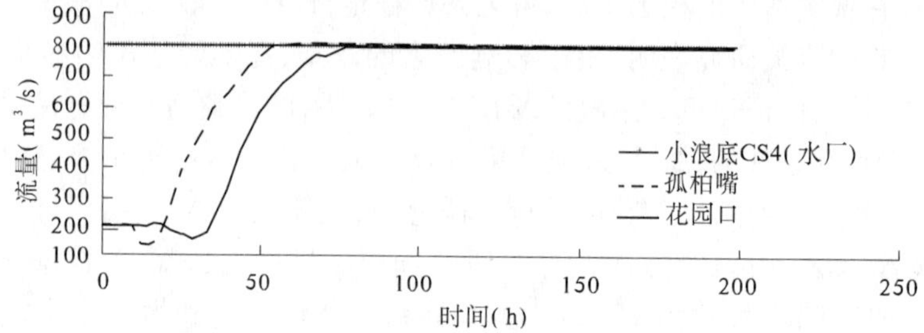

图 8-3-4　小浪底至花园口河段 800m³/s 流量演进过程

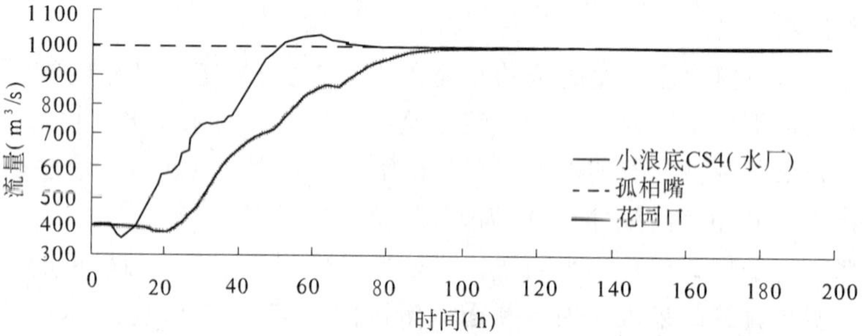

图 8-3-5　小浪底至花园口河段 1 000m³/s 流量演进过程

可以看出，模型较为理想地反映了下游断面流量随时间的延长渐趋于稳定的过程。

1996 年 8 月的一次实测过程验证结果见图 8-3-6。可以看出，本次计算的小浪底水文站至南陈河段水面线同实测的水面线总体上是比较接近的。考虑到南陈断面上游西滩、王滩两处大心滩多股走水对水位影响的实际情况，模拟结果是合理的。

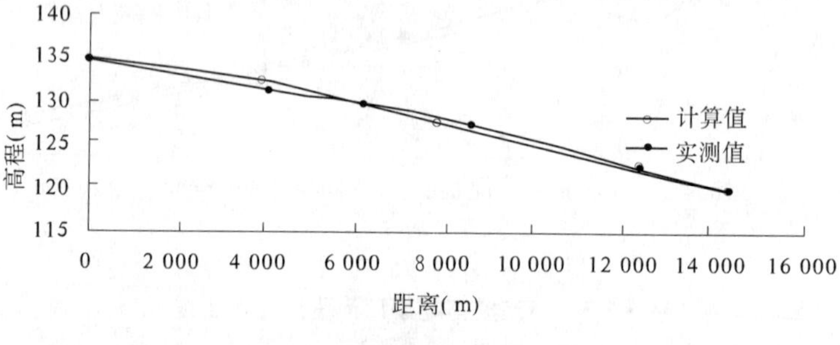

图 8-3-6　小浪底至南陈断面(Q = 2 080m³/s)水面线

2. 不恒定流验证

与恒定流验证相比，不恒定流的验证资料更加匮乏。有记载的不恒定流演进仅有两次。

(1)1968 年 2 月三门峡水库防凌调度。1967 年汛末，黄河上游刘家峡水库发生运用失误，在水库左岸导流洞闸门未完全闭合的情况下，关闭了右岸导流洞闸门，水库水位抬升。由于水库漏水严重，下游宁蒙河段从 1967 年 12 月 8 日至 1968 年 2 月上旬出现凌灾，凌灾持续50余日，部分河段水位超出堤顶，并多处发生串漏、浸毁，沿河地区防汛告急。经水电部决定，于1968年2月4日刘家峡水库打开右岸导流洞闸门泄水。三门峡水库为了减轻下游防凌负担，要控制泄量200m³/s，当时三门峡水库尚未进行全面改建，利用深孔泄水，每个底孔下泄流量为400m³/s左右，三门峡以时开时闭的方式调控下泄流量，有时开一孔，有时开两孔，有时全部关闭，最大下泄流量813m³/s，在坝下形成了不稳定流态。三门峡、小浪底、花园口、夹河滩四站有水文记录，该不稳定流演进资料曾在小浪底水利枢纽初步设计时用以分析小浪底水库建成后对下游流态的影响。

（2）1989年7月三门峡水库日调节试验。1989年7月7～15日，结合三门峡水库水流泥沙运动分析，进行了电站调峰日调节模拟试验。闸门时开时闭，在日内分时段使出库流量两极分化。出库流量小则50m³/s，大则400～2 600m³/s，流量过程见图8-3-7。但试验期间，区间支流伊洛河发生大洪水，黑石关站7月12日洪峰流量1 230m³/s，使得花园口的流量过程难以反映三门峡水库不稳定流的影响。同时，由于支流资料的匮乏，难以分析支流来水对不稳定流的影响，数值模拟非常困难。因此，仅在此对试验情况进行描述，不对该试验资料进一步验证计算。

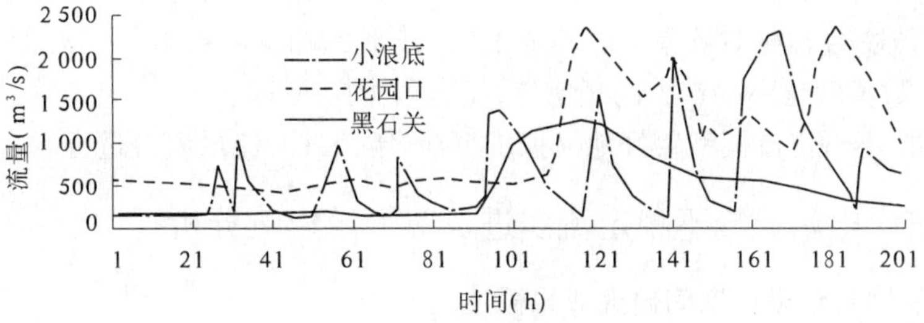

图8-3-7　三门峡水库1989年调峰试验流量过程

（3）不恒定流模型验证。以不恒定流模型计算的三门峡水库1968年2月防凌调度运用验证情况见图8-3-8和图8-3-9，图中的花园口修正流量是花园口实测流量减去区间加水的结果。根据伊洛河、沁河控制站黑石关、小董站的测验资料，2月2～8日流量约60m³/s，2月15～20日流量约70m³/s。

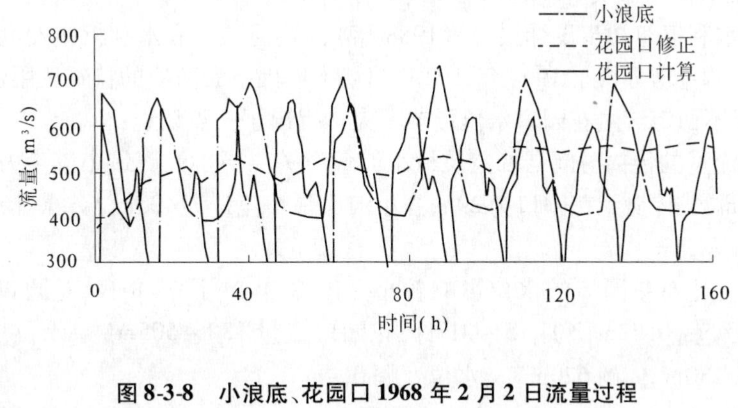

图8-3-8　小浪底、花园口1968年2月2日流量过程

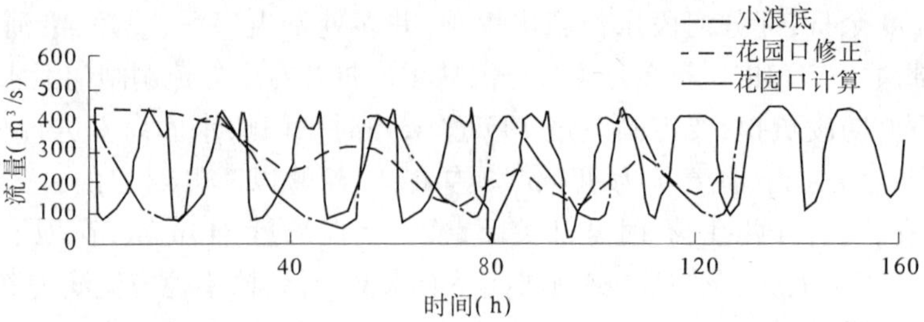

图 8-3-9 小浪底、花园口 1968 年 2 月 15 日流量过程

从图 8-3-8 流量变化看,实测流量有 7 个波,计算的数值解由于受初始条件影响,仅有 6 个波。从几个波的峰谷值看,峰值吻合较好,谷值吻合则相对差一些;前几个波比后几个波拟合得好。如果将流量的数值解与实测值的比以幅态因子计,将流速的数值解与实测值的比以相态因子计,波峰的幅态因子接近 1,波谷的幅态因子在 0.85 ~ 0.95;数值解波速与实测波速吻合相当好,表明数值解不存在大的相错位,相态因子接近 1。

从图 8-3-9 流量变化看,实测流量有 4 个波。从波的峰谷值看,计算与实测也是峰值吻合较好,谷值吻合则相对较差。从整体上讲,波形比图拟合得好。幅态因子在 0.75 ~ 1.15 间变化;数值解也不存在大的相错位,相态因子接近 1。

总体来讲,不恒定流模型较好地模拟了 1968 年 2 月的流量演进过程。

五、小浪底电站调峰不稳定流演进及对下游影响分析

(一)小浪底规划设计期间研究成果概述

1. 1980 年工程规划的有关研究成果

1980 年在小浪底水利枢纽规划中,曾采用马斯京根法对小浪底至花园口河段进行了不稳定流演进计算。当时在小浪底以下共划分了 9 个断面,依次为焦枝铁路桥、白坡、铁谢、花园镇、裴峪、伊洛河河口、官庄峪、秦厂、花园口。计算结果表明,在小浪底电站充分调峰运行时,距坝 50km 处已无断流现象。说明小浪底泄流出峡谷后,进入宽阔的下游河道,流量基本坦化,到花园口断面水位波动不大。

2. 1968 年 2 月三门峡水库特殊运用资料分析研究

《小浪底水利枢纽初步设计报告》(1988 年)、《黄河小浪底水利枢纽发电系统优化设计报告》(1989 年)均分析了 1968 年 2 月三门峡水库因下游防凌的特殊运用资料,认为小浪底电站调峰不稳定流对花园口水位影响不大。提出了三点认识:

(1)洪峰流量的传播时间与峰值及最小流量有关。当小浪底最小流量为 $80m^3/s$ 时,峰值流量 $400m^3/s$ 传播到花园口为 29h;当小浪底最小流量为 $400m^3/s$,峰值流量 $710m^3/s$ 传播到花园口为 21h。

(2)流量变化对花园口的水位影响较小。1968 年 2 月 1 ~ 8 日,花园口流量 540 ~ $620m^3/s$,水位变幅 0.22m;2 月 15 ~ 21 日,花园口流量 180 ~ $505m^3/s$,水位变幅 0.33m。花园口流量从 $180m^3/s$ 到 $620m^3/s$,水位变幅 0.4m。

(3)沿程流量不断坦化。当小浪底流量在 400 ~ $700m^3/s$ 间变化时,花园口最大流量

为 520 ~ 750m^3/s,削减 21% ~ 26%。

(二)小浪底电站充分调峰不稳定流演进分析

小浪底电站充分调峰不稳定流分析以 2002 年为代表,按 3 个典型年(1980 ~ 1981、1987 ~ 1988 年及 1993 ~ 1994 年)电站调峰运用情况研究非汛期 11 月 ~ 翌年 6 月的坝下不稳定流情况,对于汛期则以典型日出库流量 600、800m^3/s 为代表进行分析。

1. 小浪底水电站在河南电网的模拟运行

小浪底水电站建成后将是河南电网的骨干调峰电站,根据河南电网的负荷特性、电源构成及各电站发电出力特性,采用国内比较成熟的电力电量平衡、调峰容量平衡模拟模型(在此不赘述),分析小浪底电站充分参与电网调峰情况下的工作位置和日运行特点,模拟电站的日调峰出库过程。小浪底水库各典型年各月典型日逐小时出库流量过程见表 8-3-5 ~ 表 8-3-7。

表 8-3-5　小浪底水库 2002 年典型日出库流量过程(1980 ~ 1981 典型年)　(单位:m^3/s)

时	月份							
	11	12	1	2	3	4	5	6
1						1 274	431	
2						1 015	285	
3						885	139	
4						756		
5						756		
6						1 396	869	
7	265	132			795	1 533	1 310	771
8	127				684	1 533	1 310	771
9	542	414	27	77	1 017	1 533	1 310	1 270
10	863	832	505	542	1 453	1 533	1 310	1 270
11	818	696	266	310	1 240	1 533	1 310	1 270
12	403	273			906	1 533	1 310	1 270
13					573	1 533	1 310	1 270
14	403	273			906	1 533	1 310	1 270
15	542	414	27	77	1 017	1 533	1 310	1 270
16	680	555	146	194	1 129	1 533	1 310	1 270
17	863	832	624	658	1 453	1 533	1 310	1 270
18	1 348	1 365	1 413	1 446	1 453	1 533	1 310	1 270
19	1 348	1 365	1 413	1 446	1 453	1 533	1 310	1 270
20	1 348	1 365	1 413	1 446	1 453	1 533	1 310	1 270
21	1 348	1 365	1 413	1 446	1 453	1 533	1 310	1 270
22	1 102	1 003	863	890	1 453	1 533	1 310	1 270
23					461	1 533	1 310	1 270
24						1 396	1 015	
平均	500	453	338	356	787	1 397	1 042	858

表 8-3-6　　小浪底水库 2002 年典型日出库流量过程(1987～1988 典型年)　　(单位:m^3/s)

时	月份							
	11	12	1	2	3	4	5	6
1					468	1 239		
2					240	964		
3					240	827		
4					123	690		
5					123	690		
6					606	1 262	56	
7	32	153	57		1 277	1 262	1 178	
8					1 277	1 262	1 178	
9	351	476	332	87	1 277	1 262	1 221	947
10	721	953	883	631	1 277	1 262	1 221	1 203
11	669	798	607	359	1 277	1 262	1 221	1 203
12	191	315	194		1 277	1 262	1 221	1 203
13					1 277	1 262	1 221	1 203
14	191	315	194		1 277	1 262	1 221	947
15	351	476	332	87	1 277	1 262	1 221	1 203
16	510	637	470	223	1 277	1 262	1 221	1 203
17	721	953	1 020	767	1 277	1 262	1 221	1 236
18	1 217	1 250	1 290	1 320	1 277	1 262	1 221	1 236
19	1 217	1 250	1 290	1 320	1 277	1 262	1 221	1 203
20	1 217	1 250	1 290	1 320	1 277	1 262	1 221	1 236
21	1 217	1 250	1 290	1 320	1 277	1 262	1 221	1 203
22	996	1 149	1 290	1 039	1 277	1 262	1 221	1 111
23					1 277	1 262	1 221	457
24					745	1 262	216	
平均	400	468	439	353	1 011	1 182	873	700

表 8-3-7　　小浪底水库 2002 年典型日出库流量过程(1993 ~ 1994 典型年)　　(单位:m^3/s)

时	月份							
	11	12	1	2	3	4	5	6
1					611	971		
2					401	720		
3					401	594		
4					294	468		
5					294	468		
6					739	1 090		
7	220			196	1 350	1 340	617	
8	66			64	1 350	1 340	617	
9	529	48	193	458	1 350	1 340	1 257	875
10	887	496	716	984	1 350	1 340	1 257	1 133
11	837	350	454	721	1 350	1 340	1 257	1 133
12	374		62	327	1 350	1 340	1 257	1 133
13					1 350	1 340	1 257	1 133
14	374		62	327	1 350	1 340	1 257	875
15	529	48	193	458	1 350	1 340	1 257	1 133
16	683	199	323	590	1 350	1 340	1 257	1 133
17	887	496	846	1 116	1 350	1 340	1 257	1 229
18	1 250	1 302	1 340	1 352	1 350	1 340	1 257	1 229
19	1 250	1 302	1 340	1 352	1 350	1 340	1 257	1 133
20	1 250	1 302	1 340	1 352	1 350	1 340	1 257	1 229
21	1 250	1 302	1 340	1 352	1 350	1 340	1 257	1 133
22	1 154	679	1 108	1 352	1 350	1 340	1 257	1 039
23					1 350	1 340	1 236	380
24					866	1 090		
平均	481	314	388	500	1 107	1 174	836	663

可以看出,代表系列的非汛期出库平均流量在 300 ~ 1 400m^3/s,其中冬四月 11、12、1、2 月份的平均流量均小于 500m^3/s,3、4、5、6 月水库供水期出库流量都在 650m^3/s 以上。由于电站参与电网的调峰运用,除前两个系列的 3、4 月份外,各系列其他月份电站均有停机现象存在,3 个系列的电站平均日停机时间达 8h 以上,冬四月平均在 11h 以上,此时坝下断流。而日内电站调峰时的最大出流在 1 300 ~ 1 500m^3/s,由此形成了电站调峰的不稳定下泄过程。1993 年 11 月典型日出库流量过程见图 8-3-10。

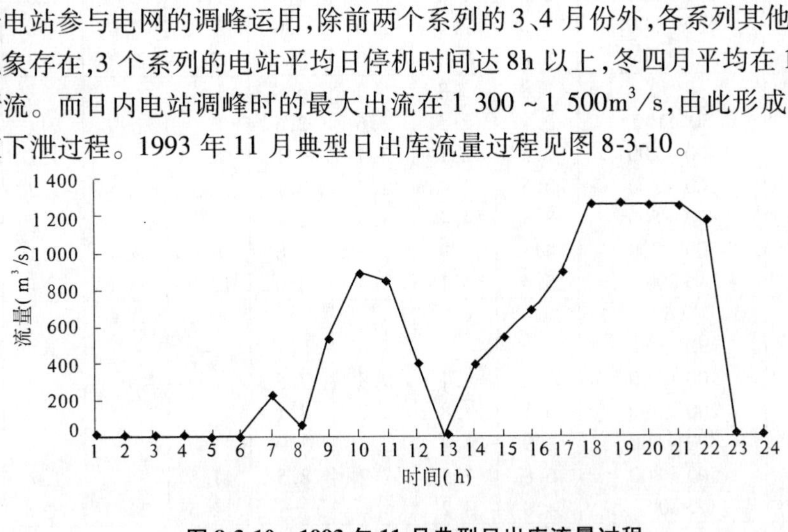

图 8-3-10　1993 年 11 月典型日出库流量过程

汛期两个典型代表日平均出库流量分别为 600m³/s 和 800m³/s。参与电网的调峰运用后，日停机时间分别为 9h 和 7h，电站下泄最大流量分别为 1 179m³/s 和 1 186m³/s。同样表现为电站调峰后不稳定下泄过程。

2. 调峰不稳定流演进计算结果

模型计算时，采用各典型日流量过程的 5、10 次或更多次重复，构成一个较长的流量过程，作为第一边界条件。这样做，是希望不稳定流计算结果能摆脱初始条件的影响，而形成一个相对稳定的流量或水位波形。对小浪底至花园口河段的不稳定流的计算表明，通常采用重复 4～5 次的典型日过程已能完全消除初始条件的影响，各计算断面的波形趋于固定。用该波形反映该月的演进过程是合适的。

值得注意的是，由于数值模型不能模拟小浪底调峰过程中出现的零流量停机过程，在计算中，小浪底电站的零流量均用 20～30m³/s 替代。由于出流迅变引起的波形振荡激烈，振幅较大，为避免出现流量最小值小于零的情况，对数值计算中断面的最小流量控制在 5m³/s。一般情况下由零流量替代和最小流量控制引起的水量不平衡量最大在 3%～5%，流量值为 10～30m³/s，对数值模拟计算结果影响不大。

根据小浪底至花园口河段主要引（提）水工程的位置，表 8-3-8～表 8-3-10 列出了小浪底出库，王庄、白坡（CS32 断面），温孟滩移民安置区（伊洛河河口），李村、郑州铝厂三水源（孤柏嘴）及人民胜利渠、邙山提灌站（花园口）几处工程邻近断面的演进统计情况。图 8-3-11 反映的是 1993 年 11 月的流量演进过程。

表 8-3-8　1980～1981 年系列小浪底至花园口河段流量演进过程统计　（单位：h）

取水口	流量级	月份							
		11	12	1	2	3	4	5	6
小浪底出库	<50	9.0	10.0	15.0	13.0	7.0		2.0	7.0
	50～100				2.0				
	100～200	1.0	1.0	1.0	1.0			1.0	
	200～300	1.0	2.0	1.0				1.0	
	300～500	2.0	2.0		1.0	1.0		1.0	
	500～800	3.0	2.0	2.0	2.0	3.0	2.0		2.0
	>800	8.0	7.0	5.0	5.0	13.0	22.0	19.0	15.0
王庄、白坡	<50	2.8	3.8	6.9	6.8	1.4			1.6
	50～100	2.1	2.3	3.6	2.6	1.1		0.1	0.7
	100～200	2.5	2.1	3.4	4.1	2.0		1.1	1.8
	200～300	2.5	3.4	2.2	2.1	1.3		1.2	1.7
	300～500	3.9	4.4	1.8	2.1	2.7		1.7	1.6
	500～800	4.8	2.9	1.8	1.8	1.5	0.4	2.1	1.9
	>800	5.4	5.1	4.4	4.6	13.9	23.6	17.7	14.7
温孟滩移民安置区	<50								
	50～100								
	100～200		1.1	9.8	7.5				
	200～300	3.5	7.8	2.7	4.1				
	300～500	8.9	4.4	3.7	3.9				
	500～800	6.8	7.5	7.7	8.5	11.5		1.7	8.6
	>800	4.8	3.2			12.5	24.0	22.3	15.4

续表 8-3-8

取水口	流量级	月份							
		11	12	1	2	3	4	5	6
李村、郑州铝厂三水源	<50								
	50~100								
	100~200			6.6	6.1				
	200~300		2.0	2.5	2.7				
	300~500	11.7	10.8	5.6	5.2				
	500~800	12.0	11.2	9.4	10.0	5.7			5.9
	>800	0.3				18.3	24.0	24.0	18.1
人民胜利渠、邙山提灌站	<50								
	50~100								
	100~200								
	200~300			8.4	6.7				
	300~500	9.7	11.9	13.6	12.5				
	500~800	14.3	12.1	2.0	4.8				
	>800					24.0	24.0	24.0	24.0

表 8-3-9　　1987~1988 年系列小浪底至花园口河段流量演进过程统计　　（单位:h）

取水口	流量级	月份							
		11	12	1	2	3	4	5	6
小浪底出库	<50	11.0	10.0	10.0	13.0			5.0	9.0
	50~100			1.0	2.0			1.0	
	100~200	2.0	1.0	2.0		2.0			
	200~300				1.0	2.0		1.0	
	300~500	2.0	4.0	3.0	1.0	1.0			1.0
	500~800	4.0	2.0	1.0	2.0	2.0	2.0		
	>800	5.0	7.0	7.0	5.0	17.0	22.0	17.0	14.0
王庄、白坡	<50	4.4	3.6	4.3	6.2			1.5	3.2
	50~100	2.2	2.1	2.2	2.8	0.1		0.4	1.7
	100~200	2.6	1.9	2.4	4.1	1.3		1.7	1.9
	200~300	4.5	2.7	4.0	2.1	0.8		1.3	1.2
	300~500	3.0	4.6	3.2	2.3	2.6		1.5	1.4
	500~800	2.7	3.9	2.7	1.9	1.8	1.2	1.8	2.0
	>800	4.6	5.3	5.2	4.6	17.4	22.8	15.7	12.5
温孟滩移民安置区	<50								
	50~100								
	100~200	2.0	1.2	1.3	7.8				
	200~300	9.0	3.6	8.5	4.4				
	300~500	4.6	8.3	3.9	3.9				1.6
	500~800	8.4	8.2	7.8	7.9	2.7		6.8	11.7
	>800		2.7	2.5		21.3	24.0	17.2	10.8

续表 8-3-9

取水口	流量级	月份							
		11	12	1	2	3	4	5	6
李村、郑州铝厂三水源	<50								
	50~100								
	100~200	1.4			5.9				
	200~300	5.7	0.7	5.2	2.9				
	300~500	7.6	13.6	6.9	5.6				
	500~800	9.3	9.7	11.9	9.6			5.4	16.0
	>800					24.0	24.0	18.6	8.0
人民胜利渠、邙山提灌站	<50								
	50~100								
	100~200								
	200~300	2.7			6.9				
	300~500	15.6	11.8	12.9	13.4				
	500~800	5.7	12.2	11.1	3.7				19.3
	>800					24.0	24.0	24.0	4.7

表 8-3-10　　1993~1994 年系列小浪底至花园口河段流量演进过程统计　　（单位:h）

取水口	流量级	月份							
		11	12	1	2	3	4	5	6
小浪底出库	<50	9.0	15.0	11.0	12.0	5.0	3.0	9.0	10.0
	50~100	1.0		2.0	1.0				
	100~200		1.0	2.0	1.0				
	200~300	1.0				2.0			
	300~500	2.0	3.0	2.0	4.0	2.0	2.0		
	500~800	3.0	1.0	1.0	2.0	2.0	2.0	2.0	
	>800	8.0	4.0	6.0	4.0	13.0	17.0	13.0	14.0
王庄、白坡	<50	3.2	7.3	4.6	3.1			1.4	2.7
	50~100	2.2	2.8	3.2	2.8			1.2	1.1
	100~200	2.0	3.8	4.1	2.5	0.1		3.0	1.9
	200~300	2.4	2.2	2.2	3.2	0.7		1.0	1.2
	300~500	4.2	2.0	2.3	5.1	6.9	1.3	2.8	1.5
	500~800	4.6	1.9	2.4	5.5	2.7	6.5	2.3	2.3
	>800	5.3	4.0	5.2	1.8	13.6	16.2	12.3	13.3
温孟滩移民安置区	<50								
	50~100								
	100~200	0.7	10.9	3.0	3.2				
	200~300	3.4	3.3	7.1	5.6				
	300~500	8.8	3.3	4.0	9.6				
	500~800	7.9	6.5	6.1	5.6	4.3	0.6	11.4	10.1
	>800	3.2		3.9		19.7	23.4	12.6	13.9

续表 8-3-10

取水口	流量级	月份							
		11	12	1	2	3	4	5	6
李村、郑州铝厂三水源	<50								
	50~100								
	100~200		7.2						
	200~300		2.3	5.8	7.9				
	300~500	13.9	9.3	6.7	13.0				
	500~800	10.1	5.2	11.5	3.1	4.4		6.6	6.8
	>800					19.6	24.0	17.4	17.2
人民胜利渠、邙山提灌站	<50								
	50~100								
	100~200								
	200~300		10.1		2.8				
	300~500	11.4	13.9	13.5	21.2				
	500~800	12.6		10.5					0.1
	>800					24.0	24.0	24.0	23.9

数值模拟结果表明，前述的小浪底典型出库流量过程经沿程坦化后，其下游断面最后均能形成一稳定流量变化波形，图 8-3-11 清楚地表明了这点。

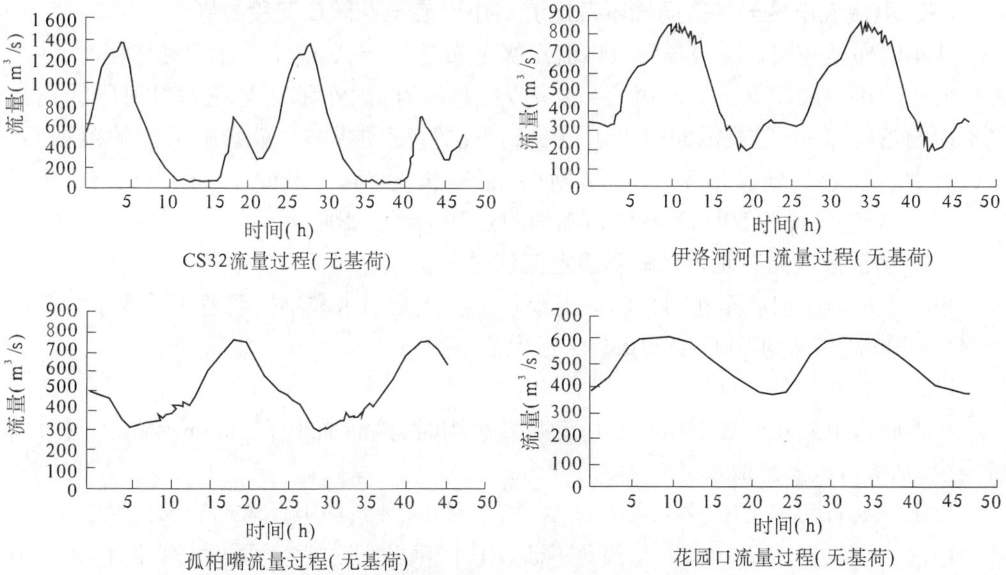

图 8-3-11　1993 年 11 月典型日流量过程线(计算值)

由于小浪底电站下泄流量变化较快，同时变幅较大，其下游的水位流量呈典型的绳套形关系。表现之一为流量峰值与水位峰值不一致；之二为涨水波时同流量水位较高，落水波时同流量水位较低。图 8-3-12 表示的是 1993 年典型 11 月份伊洛河河口（10#断面）、花园口（15#断面）的水位、流量过程，绳套形关系明显。

从沿程断面来看，裴峪、伊洛河河口以上河段水位、流量变幅较大，其水位、流量的绳套形关系较明显，其以下河段变化较小，水位流量的绳套形关系不明显，几近单一的递增

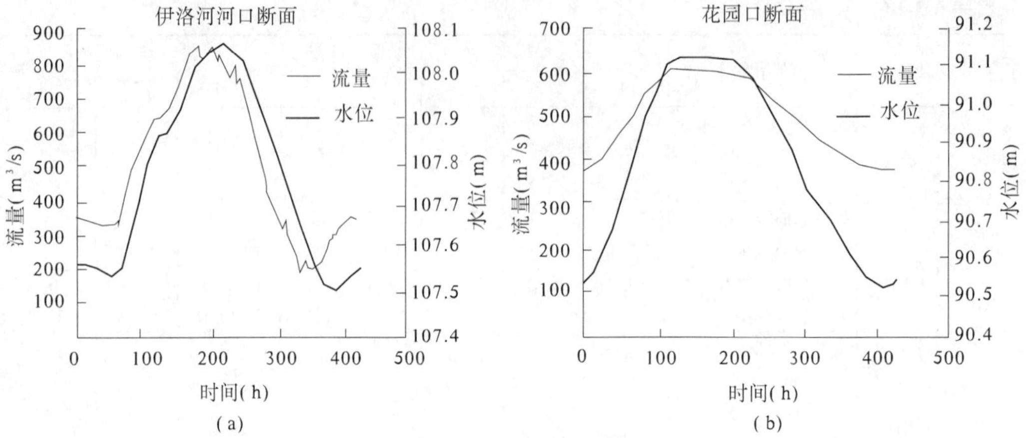

图 8-3-12　断面水位、流量过程线(计算值)

关系。这也说明,小浪底电站的不稳定流对裴峪、伊洛河河口以上河段影响较大,对裴峪、伊洛河河口以下河段影响较小。

从同流量的水位变化来看,各断面 300m³/s 的水位变幅在 0.05 ~0.15m,同流量水位变化尚不足影响引(提)水工程的正常运行。

(三)小浪底电站无基荷调峰不稳定流对小浪底至花园口河段的影响

从小浪底至花园口河段各引水口流量级分布看,小浪底电站充分调峰运用时,冬四月各典型年的小浪底坝下小于 300m³/s 流量为 11 ~17h,对小浪底至花园口河段的正常引提水影响较大,3 ~6 月及汛期引提水也受到不同程度的影响。就影响河段的范围而言,多数典型过程影响到孤柏嘴、罗村坡断面,影响长度 85 ~92km,占河段总长的 66% ~72%,其中断流河段约 50km。花园口断面附近基本不受影响。

(四)小浪底电站有基荷调峰不稳定流演进分析

根据上述对小浪底至花园口河段引提水工程正常引水和维持河道水质要求的基流量为 200 ~300m³/s,初步分析按 210m³/s 考虑。

1. 王庄和白坡引水口

小浪底水电站在泄放 210m³/s 基流调峰运用时,该断面小于 300m³/s 的出现时间有所减少,基本可以满足取水要求。

2. 小浪底移民安置区、郑州铝厂三水源、李村电灌站、邙山提灌站和人民胜利渠

小浪底水电站按 210m³/s 基流调峰运用时,演进到这些断面时,基本不出现小于 300m³/s 的流量,下游引提水不受影响。由此可见,小浪底水电站泄放 210m³/s 基流后调峰运用,除对王庄和白坡引水口的引水略有影响外,对小浪底至花园口河段的其他主要引水口均无影响,基本满足该河段正常引(提)水要求。小浪底至花园口河段由电站充分调峰时的 50km 断流河段变为大于 200 ~300m³/s 的不断流河段,对保持河段水质、维护两岸环境具有重要作用。

(五)小浪底水电站初期运行方式

小浪底水电站初期发电运行的原则为:在满足下游防洪(防凌)、减淤、供水、灌溉要求的情况下,考虑电站的发电条件,在泄放不小于 210m³/s 的基流情况下,充分承担电力

系统的调峰任务。

初期2000年1月~2003年6月发电运行方式如下。

1.2000年1~6月

该时段除2000年6月外,仅有1台机组(6#)运行,在水库水位为210m时,单机过流能力仅有230m^3/s,预想出力仅有150MW,若参与系统调峰,不仅调峰能力有限,且弃水量进一步加大,因此电站应在基荷位置运行。

2.2000年7~9月

该时段电站装机2台,由于水库按下游河道的减淤要求进行拦沙调水运用,来水偏枯时出库流量为600~800m^3/s,来水较丰或水库蓄水较多时出库流量为2 500m^3/s以上。由于两台机组在库水位210~220m时的过流能力仅有500m^3/s,为减少弃水电量,电站在系统基荷位置运行。

3.2000年10月~2001年6月

本时段的2000年10月有2台机组运行;2000年11月~2001年3月有3台机组运行;2001年4~6月有4台机组运行。根据典型年电力电量平衡分析,在考虑210m^3/s基流情况下,该时段内的2000年10月~2001年2月均无发电弃水,系统可根据水库日调度计划安排小浪底电站承担调峰任务。其中2000年10月1台机组在基荷工作,1台机组可发电15~20h,在腰荷工作;2000年11月~2001年2月,1台机组在基荷工作,其余机组可调峰2~17h。

2001年3月均有弃水出现,电站应在基荷位置工作。2001年4~6月,一般来水条件下发电无弃水,来水较少时,除1台机发基荷外,其余3台机可调峰12h左右。来水较丰时则出现弃水,系统应根据水库调度计划,在尽可能减少小浪底电站弃水的情况下安排调峰任务。

4.2001年7~9月

该时段电站装机5台,在库水位为210~220m时的满机过流能力为1 250m^3/s左右,电站预想出力为750~950MW,安排1台机组承担基荷运行后,最大调峰出力为600~760MW。因此,在来水偏枯、出库流量为600~800m^3/s情况下,承担8~13h调峰任务时不出现弃水;若减少调峰时间将出现弃水。遇来水较丰或水库蓄水较多,出库流量为2 500m^3/s以上时,发电产生弃水,遇此水情条件,建议2~3台机组发基荷,其余机组尽可能增加调峰历时。

5.2002年7~9月

该时段电站已完成全部装机,在库水位为210~220m时的满机过流能力为1 800m^3/s左右(考虑1台机担负负载备用),电站总预想出力900~1 140MW,安排1台机组承担基荷运行后,最大调峰容量为750~950MW。在来水偏枯、出库流量为600~800m^3/s情况下,承担7~11h调峰任务时不出现弃水,这种来水条件还可安排1台机组承担负载备用。遇来水较丰或水库蓄水较多,出库流量为2 500m^3/s以上时,发生弃水,遇此水情条件,建议2~3台机组发基荷,其余机组尽可能增加调峰历时。

6.2001年10月~2002年6月及2002年10月~2003年6月

这两个时段电站已经全部投产。根据下游用水对水库的调度要求,根据典型年分析,两个时段内的 10 月～翌年 2 月，出库流量为 350～600m^3/s，建议 1 台机组承担基荷，1 台机组承担负载备用，另外 4 台机组可承担系统的尖峰负荷，调峰 2～8h。3～6 月出库流量多在 700～1 500m^3/s，应根据水库供水计划，在尽可能减少小浪底电站弃水的情况下安排基荷工作容量和调峰任务，在出库流量小于 1 000m^3/s 左右时，仍可安排 1 台机组承担负载备用。

第四节　以防洪减淤为中心的综合运用方式研究

一、水库运用方式多目标关系协调

小浪底水库运用方式可以分为调水调沙运用期（7 月 11 日～9 月 30 日）和蓄水调节期（10 月 1 日～翌年 7 月 10 日）两个时期。

（一）调水调沙运用期

水库的主要任务是防洪调度、调水调沙减淤、满足生态用水和发电运用。基本原则是防洪和调水调沙减淤为第一目标，调水调沙期保证小水期下游河道不断流，以满足生态用水要求，相机发电运用。

防洪减淤调度协调规定如下。

（1）防洪运用中提前泄放调水调沙蓄水体的规定：

在小浪底水库调水调沙运用过程中，若遇"上大洪水"，预报潼关断面出现大于平滩流量，且预见小浪底至花园口干流区间、黑石关、小董的流量小于平滩流量时，小浪底水库按照花园口断面的平滩流量控制，尽量泄放起始运行水位以上的蓄水。如遇高含沙大洪水，为避免水库无效淤积，可以提前放空水库蓄水，冲刷恢复河槽过洪能力，而后利用天然高含沙大洪水在下游河道"淤滩刷槽"，以尽快减小滩地横比降。

对于"下大洪水"，由于预见期较短，同时水库初期防洪库容很大，因此即使预报小浪底至花园口干流区间、黑石关、小董的流量小于平滩流量，但有上涨趋势且可能大于下游平滩流量时，小浪底水库也不考虑提前按下游的平滩流量下泄调水调沙的蓄水量，而仅下泄发电流量。

（2）防洪运用结束时的泄水规定：

当预报花园口断面的洪水流量退落到 10 000m^3/s 以下时，陆浑、故县、三门峡和小浪底四水库依次泄放蓄洪量，若本次洪水花园口断面的洪峰流量为 10 000m^3/s 以上，则按控制花园口流量 10 000m^3/s 泄放水库蓄水；若本次洪水花园口断面的洪峰流量小于 10 000m^3/s，则按下游的平滩流量泄放水库蓄水，直至余留 2 亿 m^3 的可调水量，其后转入调水调沙运用。

（二）蓄水调节期

根据兴利和除害多目标综合利用要求，小浪底水库蓄水调节期主要承担下游防凌、供水、灌溉和发电等任务。上述目标之间关系复杂，且有时相互矛盾，如灌溉和发电，为了达到发电量最大，要求尽可能蓄水，以抬高水位，抬高水头发电，而对于灌溉来讲，需要适时供水，并尽可能使缺水均匀化。考虑到向用户供水的环境效益、社会效益和经济效益，小浪底水库非汛期要以防凌、供水、生态环境用水为第一级目标，灌溉为第二级目标，发电为第三级目标。

蓄水调节期特点是:10 月 ~ 翌年 2 月下游用水较少,水库以蓄水为主,凌汛期承担下游防凌任务;3 ~ 6 月是下游用水高峰期,水库加大泄量供水;6 月末视来水及下游需水情况,余留一定水量为 7 月上旬补水。

10 月 ~ 翌年 2 月蓄水与防凌运用的协调规定:在满足封河前凑泄花园口流量 500 m^3/s左右和封河后控制花园口流量 350 ~ 450m^3/s 的前提下,水库初期可以尽量多蓄水。10 月水库蓄水运用在满足分期洪水防洪库容要求条件下,水库尽量多蓄水和发电运用。

6 月中下旬,可根据中常期预报,同时考虑三门峡水库排沙运用情况,预留部分水量以供 7 月上旬“卡脖子旱”。

就年内而言,若来水来沙特枯,需结合气象水文中长期预报,在不过多增加水库淤积且淤积部位相对有利、保证黄河下游河道不断流和生态用水要求的情况下,水库蓄水拦沙运用以尽可能满足后期下游工农业用水要求。

二、水库运用方式多目标综合评价

小浪底水库是以防洪(含防凌)、减淤为主,兼顾供水、灌溉、发电,除害兴利的综合利用工程,是控制黄河干流进入下游河道水、沙的关键工程,其运用方式对黄河下游防洪减淤及治理和开发的关系重大,对其运用方式进行多目标综合评价,具有重要的理论和实际意义。

根据小浪底水库运用方式的特点和要求,研究了建立综合评价指标体系的原则,以及指标的分析处理方法,并建立了小浪底水库运用方式多目标综合评价的指标体系。在对国内外同类研究成果进行分析的基础上,研究了模糊、灰色、多目标综合评价技术,并对其特点进行了分析。将水库运用方式综合评价的特点和人工神经网络有机结合,研究提出了人工神经网络综合评价技术,解决了常规多目标综合评价技术中不可避免的确定指标权重和主观任意性影响的难题。用人工神经网络综合评价技术,对小浪底水库近期运用方式进行了多目标综合评价,推荐了小浪底水库相对最佳运用方案。

(一)多目标综合评价指标体系

针对选用的水沙系列,进行了小浪底水库对洪水过程的调节控制及下游河道冲淤数量和部位、下游河势和不同断面形态变化、防洪作用,以及供水、灌溉、发电的效果分析。分析结果表明,运用方案在防洪、减淤及兴利方面的效果并非完全一致,不存在某个方案的所有指标都优于其他方案,使得直接确定相对最佳的运用方案产生困难。因此,需研究多目标综合评价技术,并利用其对小浪底水库各种运用方式进行多目标综合评价,在此基础上,推荐小浪底水库相对最佳的运用方案。

1. 建立综合评价指标体系的原则

(1)完全性原则:指标体系应能全面反映水库运用方式各方面的效果和影响。强调定量指标与定性指标相结合,以定量指标为主;强调直接效果与间接效果相结合,以直接效果为主。

(2)非相容性原则:指标体系中应排除指标间的相容性,即完全相同或一个同另一个间只差一个常系数的指标只选取一个。但排除相容性并不等于排除相关性。有些指标间虽不完全相容,但也不完全独立,具有一定的相关性,指标体系中容许相关性的指标同时存在。

(3)简捷性原则:在满足完全性原则的前提下,尽量减少指标的个数。

(4)客观性原则:指标的选取持实事求是态度,以避免主观意志的影响。

(5)可得性原则:指标体系中的指标特征值通过分析可直接或间接获得。

2. 指标的分析处理

结合小浪底水库运用方式涉及的各个方面和影响因素,列出了体现各方面效果的指标,经分析比较,所列的指标中,有些指标相互重叠或不好区分。如灌溉效益和灌溉供水量,就近期运用方式的研究范围和分析结果而言,很难严格区分。因此,根据水库运用方式综合评价的实际需要和资料情况对所列指标进行了分析处理。

(1)删除影响甚微的指标。在所列指标中,有些指标对水库运用方案评价决策的作用很小,删去并不会造成很大影响,经过分析后,确认如此,便将这些指标从指标体系中剔除。如对稀有生物、文物古迹影响等指标,小浪底水库运用方式本身对其影响很小,故在指标体系中删除了这类指标。

(2)同类指标合并。在所列指标中,存在着都反映运用方式某一方面特性的一些指标,如综合利用程度指标与供水量、发电量等指标均是反映运用方式的综合利用效果的,按简捷性原则,将综合利用程度指标合并到相应的灌溉、供水、发电等指标中。

(3)指标相关性分析。指标的相关性分析主要是弄清指标间的相互关系,对于具有相关性的指标,分别搞清它们各自反映工程的特性,以使整个指标体系既比较全面客观,又不重复和累赘。如下游河道纵向淤积分布指标,在设全下游减淤量指标后,不必同时列出艾山至利津河段减淤量和艾山以上河段减淤量。

3. 运用方式多目标综合评价指标体系

根据上述原则和指标分析处理方法,按水库设计规定的功能要求设立二级子目标,二级子目标下设具体目标,建立的多目标综合评价指标体系如图 8-4-1 所示。

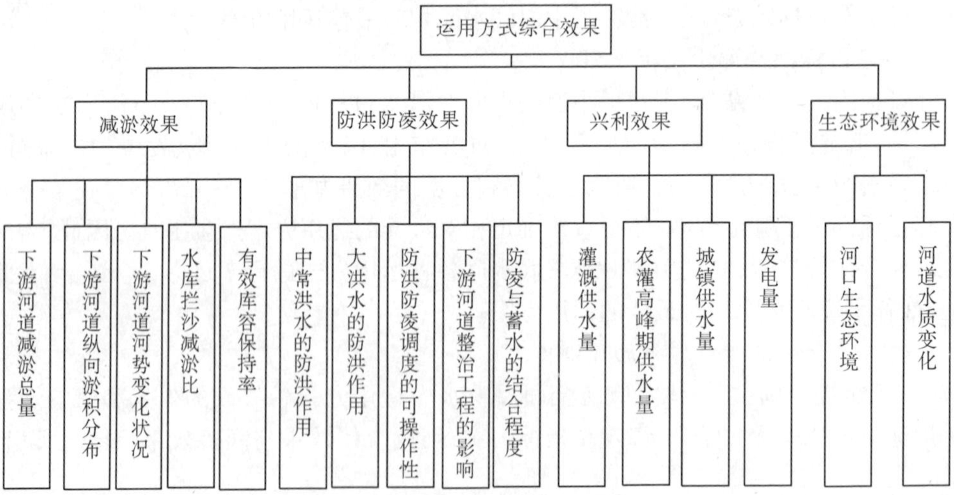

图 8-4-1 小浪底水库运用方式多目标综合评价指标体系

图 8-4-1 的最上层表示小浪底水库的综合利用效果,第二层表示综合利用效果由减

淤效果、防洪防凌效果、兴利效果和生态环境效果来体现，第三层表示体现各方面效果的指标。

对方案进行评价时，需选用具体的指标来一一体现，现说明如下。

1)减淤准则(效果)下设5个具体指标

下游河道减淤总量：反映水库运用方式对下游河道减淤的总体效果，用运用方案全下游减淤总量量化。

下游河道纵向淤积分布：反映下游河道不同河段的减淤状况，用艾山至利津河段的减淤量占全下游减淤总量的比值或直接用艾山至利津河段减淤量量化。

下游河道河势变化状况：下游河道河势状况是极其复杂的，根据目前的研究状况，很难采用某个指标来量化表示，方案评价时，根据不同运用方案，采用定性分级描述。

水库拦沙减淤比：采用全下游减淤比的实际值。

有效库容保持率：用有效库容和原始库容比率量化。

2)防洪防凌准则(效果)下设5个具体指标

中常洪水的防洪作用：反映运用方式对中常洪水的防洪效果，用下游洪水漫滩几率量化。

大洪水的防洪作用：反映运用方式对大洪水的防洪效果，用运用方案的防洪库容量化。

防洪防凌调度的可操作性：综合分析后进行定性分级。

下游河道整治工程的影响：用来反映运用方案对下游河道的堤防、控导等工程的影响。综合分析后进行定性分级描述。

防凌与蓄水的结合程度：用防凌库容蓄水量与防凌库容之比量化。

3)兴利准则(效果)下设4个具体指标

灌溉供水量：用来反映运用方案在农业灌溉方面的效果，用灌溉供水总量或典型年灌溉供水量量化。

农灌高峰时期供水量：用来反映农业用水高峰时期的供水状况，用典型年农灌高峰期(3~6月)供水量量化。

城镇供水量：用来反映运用方案对下游生活及城镇工业的供水状况，用供水总量或典型年供水量量化。

发电量：用来反映运用方案的发电效果，用总发电量或多年平均发电量量化。

4)生态环境准则(效果)下设2个具体指标

河口生态环境：用来反映运用方案对河口生态环境的影响，用不小于某个流量的持续时间量化。

河道水质变化：用来反映运用方案对下游河道的水质的影响，用花园口最小月平均流量间接表示。

(二)人工神经网络综合评价技术

人工神经网络(Artificial Neural Network)理论是20世纪80年代后期在世界范围内迅速发展起来的一个前沿研究领域。从系统观点看，人工神经网络是大量神经元通过极其丰富和完善的连接而构成的自适应非线性动力系统，具有很强的鲁棒性和容错性，善于联想、概括、模拟和推理，具有很强的自学习、自组织和自适应能力，善于从大量统计资料中分析提取客观统计规律，可用来处理一些环境信息十分复杂、知识背景不清楚和推理规则不明确的问题。

1. 人工神经网络综合优选模型的建立

1）构造人工神经网络的拓扑结构

方案多目标综合评价的实质是将各指标的特征值综合，在此基础上，得到方案的综合（总体）价值或效果，并据此对方案进行排序。将此特点与人工神经网络结构相联系，方案综合评价问题可概括为多输入、单输出的多层人工神经网络结构。已证明，三层网络可以实现任一非线性映射功能。据此，采用 BP（Back Propagation）网络构造综合评价的人工神经网络拓扑结构如图 8-4-2 所示。

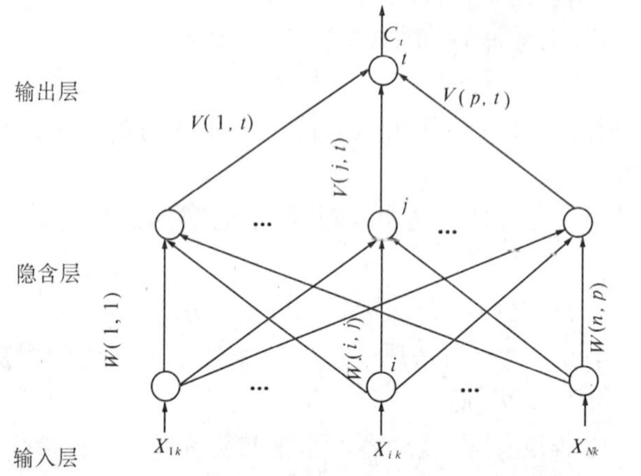

图 8-4-2　方案综合评价人工神经网络拓扑结构

图 8-4-2 中，输入层神经元个数与指标个数 N 相同，输出层仅一个神经元，表示方案综合效果（价值）的一种相对度量。隐含层神经元的个数尚无统一的确定方法。因任何一个指标对方案总目标的影响方式、途径及效果是错综复杂的，所以隐含层神经元个数视具体情况确定，设为 P 个。

2）训练样本值的确定

人工神经网络解决实际问题，是通过对训练样本的学习、组织输入层与隐含层及隐含层与输出层之间的连接关系来实现的。但是，方案综合评价问题并没有现成的训练样本可供学习，所以方案人工神经网络综合评价技术的关键是学习样本的构造。

方案综合评价问题的实质是从有限方案集中选出相对最优方案，关心的是方案排序。利用这一特点，借助理想点的思路，可以想到，各指标各方案的最好值组成的方案是相对最理想方案，各指标最坏值组成的方案是相对最劣方案。考虑到方案综合评价是相对优选的特点，理想方案对总体目标的实现程度最高，设为 0.95，最劣方案对总体目标的实现程度最低，设为 0.05，介于理想方案与最劣方案之间的中间方案对总体目标的实现程度为 0.5。即网络的训练样本由表 8-4-1 确定。

表 8-4-1　　网络训练样本值

方案	网络输入	输出
理想方案	$\{x_i^+\}(i=1,2,\cdots,N)$	0.95
中间方案	$\{x_i^0\}(i=1,2,\cdots,N)$	0.5
最劣方案	$\{x_i^-\}(i=1,2,\cdots,N)$	0.05

表 8-4-1 中：

$$x_i^+ = \begin{cases} \max_k\{x_{ik}\}, i\in I_1 \\ \min_k\{x_{ik}\}, i\in I_2 \end{cases},\quad x_i^- = \begin{cases} \min_k\{x_{ik}\}, i\in I_1 \\ \max_k\{x_{ik}\}, i\in I_2 \end{cases},\ x_i^0 = (x_i^+ + x_i^-)/2$$

式中　x_i^+、x_i^-、x_i^0——理想方案、最劣方案和中间方案第 i 指标值；

I_1、I_2——效益型和成本型指标集；

x_{ik}——k 方案第 i 指标值($k=1,2,\cdots,M$)。

2. 网络学习步骤

针对图 8-4-2 所示的网络，采用误差逆传播算法，设计网络学习步骤和方法。设 W_{ij} 和 V_{jt} 分别表示输入层到隐含层、隐含层到输出层的连接权值；$Q1_j$ 和 $V1_t$ 分别表示隐含层、输出层神经元的阈值。

(1)网络初始化。给各连接权值$\{W_{ij}\}$和$\{V_{jt}\}$及阈值$\{Q1_j\}\{V1_t\}$赋予$(-1,+1)$间的随机值。

(2)随机选取训练样本对 k 提供给网络。

(3)计算隐含层第 j 神经元输入 s_j、b_j($j=1,2,\cdots,P$)。

$$s_j = \sum_{i=1}^{N} W_{ij}x_{ik} - Q1_j,\ b_j = f(s_j)$$

其中，$f(x)$ 为网络响应函数，取为 Sigmoid 函数，即 $f(x)=(1+e^{-x})^{-1}$。

(4)计算输出层第 t 神经元的输入 L_t 与计算输出 C_t($t=1,2,\cdots,Q$)。

$$L_t = \sum_{j=1}^{P} V_{jt}b_j - V1_t,\ C_t = f(L_t)$$

(5)计算输出层各神经元的一般化误差$\{d_t\}$。

$$d_t = (Y_t - C_t)C_t(1-C_t)$$

式中，Y_t 为第 t 神经元的希望输出。

(6)计算隐含层第 j 神经元的一般化误差$\{E_j\}$($j=1,2,\cdots,P$)。

$$E_j = (\sum_{t=1}^{Q} d_tV_{jt})b_j(1-b_j)$$

(7)调整连接权值和阈值。

$$\Delta V_{jt} = \alpha d_t b_j,\ \Delta W_{ij} = \beta E_i x_{ik},\ \Delta Q1_j = -\beta E_j,\ \Delta V1_j = -\alpha d_t$$

其中，$\alpha=(0,1)$，$\beta(0,1)$。

(8)随机选取下一个训练样本对，返回(3)，直至所有样本对训练完毕。

(9)计算全局误差 E。

$$E = \sum_{k=1}^{M}\sum_{t=1}^{Q}(y_t^k - C_t^k)^2/2$$

式中 M——学习样本对数；

y_t^k——第 k 对学习样本的希望输出；

C_t^k——第 k 对学习样本的计算输出。

(10)从训练样本模式中随机选取一对模式，返回(3)，直至全局误差小于预先给定的精度时，说明网络收敛，学习训练结束。

3. 结果计算及方案综合优选

1)结果计算

用网络收敛时的 W_{ij}、V_{jt}和阈值 $Q1_j$、$V1_t$ 及下式计算综合优选结果。

$$L_{jk}=f\Big(\sum_{i=1}^{n}W_{ij}x_{ik}-Q1_j\Big),\ PV_k=f\Big(\sum_{j=1}^{P}V_{jt}L_{jk}-V1_t\Big)$$

其中：$k=1,2,\cdots,M$；L_{jk}为第 k 方案相应的隐含层第 j 神经元之输出；f 为 Sigmoid 函数；W_{ij}为网络学习收敛时，确定的输入层至隐含层的连接权值；x_{ik}为第 k 方案第 i 个评价指标的样本值；PV_k 为第 k 方案的综合优选值；V_{jt}为隐含层 j 神经元与输出层的连接权值。

2)方案综合优选

按各方案的综合优选值 PV_k 对方案进行综合优选，即 $PV^*=\max\limits_{k}\{PV_k\}$ 对应的方案为最优方案。同时，可按 PV_k 值从大到小排出方案的相对优劣顺序。

(三)小浪底水库运用方式多目标综合评价

1. 运用方案拟订

根据小浪底水库的开发目标和运用条件及防洪减淤运用分析和模型试验结果，拟订小浪底水库运用初期(3 年)运用方案组成如表 8-4-2 所示。

表 8-4-2　小浪底水库运用方案组成

调控指标	方案Ⅰ	方案Ⅱ	方案Ⅲ	方案Ⅳ
起始运行水位(m)	210	210	210	205
调控上限流量(m^3/s)	2 600	2 600	3 700	2 600
调控库容(亿 m^3)	5	8	13	8

2. 运用方案综合评价指标选定及指标特征值

图 8-4-1 所示的综合评价指标体系中，有些指标的各方案的效果是相同的，如防洪防凌调度的可操作性，经分析各方案均具有可操作性，且操作的难易程度不好区分；有些指标是近期运用结果难以反映的，如有效库容保持率，用近期 3 年的水库运用方式分析结果难以反映后期有效库容的状况。因此，需结合待评方案的持点，考虑指标的可得性和可靠性，对方案综合评价指标体系进行进一步分析，在此基础上确定用于运用方案综合评价的指标体系如图 8-4-3 所示。

根据图 8-4-3 所示各指标，采用选定的具体量化指标，经防洪减淤运用分析、调水调沙及非汛期调节计算，得各方案 1991 ~ 1993 年和 1978 ~ 1980 年系列的指标特征值如表 8-4-3、表 8-4-4 所示。表中，河口生态环境用不小于 50m^3/s 的入海流量控制。经对比分析，该指标各方案均能满足要求，故表中未列出。运用方案对下游河势及河道整治工程的影响主要决定于各方案的调控流量。考虑到 20 世纪 80 年代以来下游河道修建了大量的河道整治工程，这些工程长期未经中等以上洪水考验，根石较浅，遇 3 000 ~ 5 000m^3/s 流量时，大溜集中处流速往往达到2.5 ~ 3.0m/s以上，工程根石常常冲失，造成险情。表中

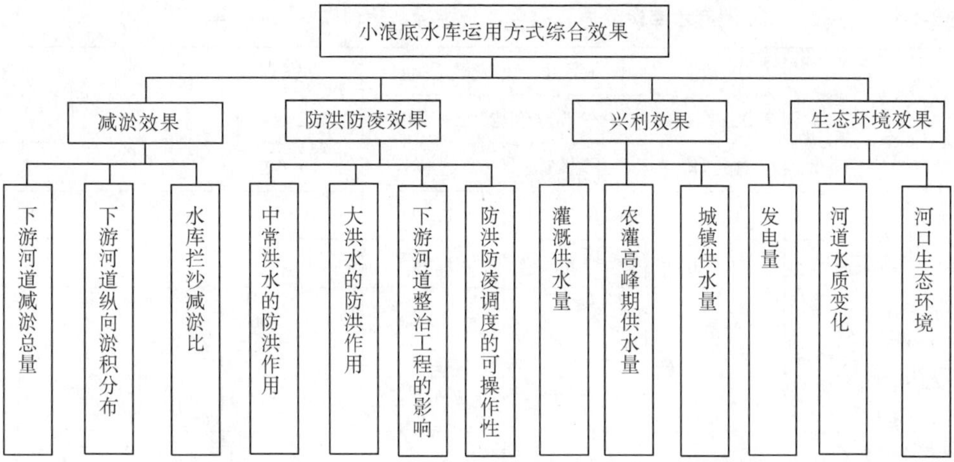

图 8-4-3　小浪底水库运用方式多目标综合评价采用指标体系

对下游河势及河道整治工程的影响指标数值，由有关专家经比较分析后经验给出。其含义是：如调控流量为 2 600m³/s 的方案对下游河势及河道整治工程的影响程度为 2，则调控流量 3 700m³/s 的方案的影响程度为 4。

表 8-4-3　　小浪底水库运用方式综合评价指标数值(1991～1993 年)

指标		方案Ⅰ	方案Ⅱ	方案Ⅲ	方案Ⅳ	说明
		210/2 600/5	210/2 600/8	210/3 700/13	205/2 600/8	
下游河道分河段减淤量(亿 t)	全下游	12.27	12.5	12.59	12.34	
	艾利河段	0.49	0.49	0.73	0.45	
水库拦沙减淤比		1.51	1.48	1.48	1.49	
下游洪水的漫滩几率		5 年一遇	5 年一遇	5 年一遇	5 年一遇	
防洪库容(亿 m³)		74.6	71.7	66.5	76.4	
灌溉供水量(亿 m³)		93.87	93.87	93.87	93.87	75% 来水，1980～1981 典型年，10 月 1 日～7 月 10 日，城镇供水包括工业、生活及济卫；农灌高峰指 3～6 月份
城镇供水量(亿 m³)		15.06	15.06	15.06	15.06	
农灌高峰期供水量(亿 m³)		62.87	62.87	62.87	62.87	
总发电量(亿 kW·h)		133.8	134.1	135.6	128.4	按前 3 年装机进度及水库运用条件
花园口最小月平均流量(m³/s)		350	350	350	350	发生在 1、2 月份，按防凌控制流量
对下游河势及河道整治工程的影响		2	2	4	2	

表 8-4-4　　　　　小浪底水库运用方式综合评价指标数值(1978 ~ 1980 年)

指标		方案 Ⅰ	方案 Ⅱ	方案 Ⅲ	方案 Ⅳ	说明
		210/2 600/5	210/2 600/8	210/3 700/13	205/2 600/8	
下游河道分河段减淤量(亿 t)	全下游	15.18	15.45	15.96	15.42	
	艾利河段	0.86	0.97	1.12	0.95	
水库拦沙减淤比		1.56	1.54	1.54	1.54	
下游洪水的漫滩几率		5 年一遇	5 年一遇	5 年一遇	5 年一遇	
防洪库容(亿 m^3)		74.6	71.7	66.5	76.4	除调控库容以外,均可用于防洪
灌溉供水量(亿 m^3)		93.87	93.87	93.87	93.87	75% 来水,1980 ~ 1981 典型年,10 月 1 日 ~ 7 月 10 日,城镇供水包括工业、生活及济卫;农灌高峰指 3 ~ 6 月份
城镇供水量(亿 m^3)		15.06	15.06	15.06	15.06	
农灌高峰期供水量(亿 m^3)		62.87	62.87	62.87	62.87	
总发电量(亿 kW · h)		154.2	151.5	156.6	147.9	按前 3 年装机进度及水库运用条件
花园口最小月平均流量(m^3/s)		350	350	350	350	发生在 1、2 月份,按防凌控制流量
对下游河势及河道整治工程的影响		2	2	4	2	

由表 8-4-3 、表 8-4-4 可以看出,各方案下游洪水的漫滩几率、灌溉供水量、城镇供水量、农灌高峰期供水量、花园口最小月平均流量指标均相同,从指标数值上看,这些指标不造成运用方案的差异,对方案排序不产生影响,在方案排序中可不考虑这些指标。

设各方案有差异指标下游河道减淤总量、艾利河段减淤量、水库拦沙减淤比、防洪库容、对下游河势及河道整治工程的影响、总发电量分别用 u_1、u_2、u_3、u_4、u_5、u_6 表示。

3. 运用方案综合评价及结果

1) 网络构造

根据选用指标,采用的小浪底水库运用方式综合评价人工神经网络结构为 $N=6$、$P=30$、$Q=1$。各层之间采用全连接。

2) 训练样本生成

将不同系列方案的指标值标准化,生成训练样本如表 8-4-5 所示。

3) 网络学习

取 $\alpha=\beta=0.6$,全局误差 $\varepsilon<0.000\,001$,按前述设计的网络学习算法,开发了相应的计算软件。经用软件计算,对 78 系列和 91 系列,分别经 74 412 和 74 648 次学习后,网络收敛时的输出结果如表 8-4-6 所示。

表 8-4-5　　BP 网络训练样本

指标	78 系列			91 系列		
	理想方案	中间方案	最劣方案	理想方案	中间方案	最劣方案
u_1	1.000	0.976	0.951	1.000	0.987	0.975
u_2	1.000	0.884	0.768	1.000	0.808	0.616
u_3	0.013	0.006	0.000	0.020	0.010	0.000
u_4	1.000	0.935	0.870	1.000	0.935	0.870
u_5	0.500	0.250	0.000	0.500	0.250	0.000
u_6	1.000	0.972	0.944	1.000	0.973	0.947
方案价值	0.950	0.500	0.050	0.950	0.500	0.050

表 8-4-6　　BP 网络学习结果

指标	78 系列			91 系列		
	理想方案	中间方案	最劣方案	理想方案	中间方案	最劣方案
期望输出	0.950	0.500	0.050	0.950	0.500	0.050
网络输出	0.949 2	0.500 2	0.049 4	0.949 2	0.500 2	0.049 4

4)运用方案评价及排序

用各运用方案的实际指标值和网络学习结果,以及前面设计的算法,经程序计算得到各方案的价值及排序结果,如表 8-4-7 所示。

表 8-4-7　　方案综合评价结果及排序

指标	78 系列				91 系列			
	方案Ⅰ	方案Ⅱ	方案Ⅲ	方案Ⅳ	方案Ⅰ	方案Ⅱ	方案Ⅲ	方案Ⅳ
方案价值	0.898	0.925	0.105	0.916	0.771	0.779	0.295	0.697
方案排序	3	1	4	2	2	1	4	3

由表 8-4-7 可知,对 78 系列而言,方案Ⅱ(210/2 600/8)为相对最优方案,方案排序为Ⅱ、Ⅳ、Ⅰ、Ⅲ;对 91 系列而言,方案Ⅱ仍为相对最优方案,方案排序为Ⅱ、Ⅰ、Ⅳ、Ⅲ。据此推荐方案Ⅱ,即起始运行水位 210m、调控上限流量 2 600m^3/s、调控库容 8 亿 m^3 为小浪底水库近期(3 年)的运用方案。

5)结果分析

由上述综合评价结果可以看出,推荐的方案Ⅱ是相对于 78 系列和 91 系列及拟订的 4 个方案的相对最佳方案,且对于不同系列方案排序发生了变化。这说明小浪底水库运用方式与选用的水沙系列和方案构成关系较大。由此可见,对小浪底水库运用方案要根据水沙条件、方案组成的变化,进行跟踪评价。

第九章 小浪底水库运用实践及认识

小浪底水库是控制进入下游水沙的关键工程,是下游防洪工程体系的主体,是供水调节和汛期调水调沙的控制工程。小浪底水库运用涉及问题较多,必须经过充分的研究和实践,才能取得比较正确的认识。小浪底水库运用以来,库区和下游河道的演变特性为我们提供了一些启示,也为认识初期库区和下游河道演变提供了依据。尤其是黄河三次调水调沙试验,是检验小浪底水库调水调沙效果的一次科学实践,直接为黄河下游防洪减淤和小浪底水库运行方式提供重要依据和参数。因此,认真分析这几年的实践,提高认识,意义重大。

小浪底水库于1997年10月截流,1999年10月25日下闸蓄水,6年来水库以防洪(防凌)为主,兼顾供水、灌溉、发电,除害兴利,按综合利用的开发目标进行调度。2002、2003、2004年进行了调水调沙试验,2005年后实施生产运行,各方面取得了显著的效益,尤其是黄河下游河道严重淤积状态得到明显改善。以下就水库防洪、防凌、减淤、防断流与供水灌溉、发电的运用情况和三次调水调沙试验两大方面进行总结分析。

第一节 小浪底水库历年运用情况

一、小浪底水库防洪运用实践

根据小浪底水库初期防洪运用方式研究成果,制定了小浪底水库调度规程,该规程已经水利部和国家防汛抗旱总指挥部批复。

小浪底水库蓄水运用后,只有2003年的秋汛洪水比较大。2003年8月26日~10月19日,受"华西秋雨"影响,渭河下游出现了1981年以来的最大洪水,渭河临潼站6次洪峰过程的最大洪峰流量为5 100m^3/s,持续时间长达50余天,洪量达60亿m^3以上。渭河的6次洪水过程在黄河潼关站形成4次洪峰,最大洪峰流量4 350m^3/s(2003年10月3日4时)。由于洪水来源区不同,4次洪水的最大含沙量先高后低,渭河第1次洪峰主要来自泾河上游多沙区,含沙量大,潼关站最大含沙量240kg/m^3;后面3次洪水主要来自渭河咸阳以上及南山支流,含沙量较小,第2、3次洪水潼关站最大含沙量分别为37.0、32.0kg/m^3,第4次洪水的含沙量小于25kg/m^3。

2003年秋汛,小浪底水库按照控制花园口流量2 600m^3/s进行调水调沙运用,最高蓄水位达265.56m(10月15日),没有进行防洪运用。

二、水库防凌运用情况

小浪底水库投入运用以来在黄河下游河道防凌运用中起到了不可替代的作用。2001年凌汛期,黄河下游气温较常年偏低,防凌形势严峻,在即将封河的关键时期,小浪底水库泄放较大流量,持续以500m^3/s的流量向下游补水,使封河形势得到缓解,在下游出现20

世纪50年代以来第4个低温年份情况下，未出现封冻现象，开创了严寒之年黄河下游不封河的先例。2002年凌汛期，在来水极枯、封河流量较小条件下，由于封冻期合理控泄，下游河道107km封河河段开河平稳。2003年济南、北镇站1月上旬平均气温为1970年以来同期最低值，黄河下游出现两次封河、开河，最大封冻长度达330.6km的严重凌情，封冻期小浪底水库控泄流量仅为120~170m^3/s，实现了全线“文开河”。

2002~2003年度小浪底水库防凌运用具体调度情况：2002年12月~2003年2月，小浪底水库实际泄水12.33亿m^3，各月平均流量分别为175、144、157m^3/s；利津站水量2.78亿m^3，各月平均流量分别为44、31.5、31.2m^3/s。为保证引黄济津的引水流量，同时预估到河口地区可能封河，自12月8日起，小浪底水库下泄流量保持在170m^3/s左右；12月27日起按150m^3/s左右下泄；1月23日停止向天津送水；1月24日~2月7日小浪底水库按120m^3/s控制下泄；2月8日起考虑到下游引黄灌溉，小浪底水库下泄流量在150m^3/s左右。3月1日库水位达到229.28m，相应蓄量32.3亿m^3，为春季下游用水和确保不断流奠定了基础。

2003~2004年度小浪底水库防凌运用具体调度情况：凌汛前小浪底水库蓄水81.8亿m^3；为保证引黄济津的引水流量，12月份小浪底水库日均下泄流量保持在800m^3/s左右；1月6日停止向天津送水；1月7日~2月29日小浪底水库按450m^3/s控制下泄。2003年12月~2004年2月凌汛期间，小浪底水库实际泄水47.39亿m^3，各月平均流量分别为805、501、495m^3/s；利津站水量43.55亿m^3，各月平均流量分别为775、594、275m^3/s。3月1日库水位260.21m，相应蓄量78.8亿m^3，为春季下游用水和调水调沙运用储备了充足的水源。

2004~2005年度小浪底水库防凌运用具体调度情况：2004年12月~2005年2月下游凌汛期间，小浪底水库实际泄水21.06亿m^3，各月平均流量分别为312、251、247m^3/s。由于小花间来水相对较多，2004年12月~2005年2月期间，花园口站水量达到了28.14亿m^3，各月平均流量分别为420、354、306m^3/s，满足了引黄济津的要求；利津站水量为19.0亿m^3，各月平均流量分别为214、282、236m^3/s。3月1日库水位255.1m，相应蓄量67.1亿m^3，为春季下游用水和调水调沙运用储备了充足的水源。

2005~2006年度小浪底水库防凌运用具体调度情况：2005年12月~2006年2月下游凌汛期间，小浪底水库实际泄水31.7亿m^3，各月平均流量分别为452、299、477m^3/s。根据预报，12月20日以后黄河下游气温普遍下降，为保证下游安全封河，控制小浪底水库24日平均流量在350m^3/s左右，25日平均流量在300m^3/s左右。2006年1月5日14时，河南省巩义市第二电厂发生柴油泄漏事故，泄漏量约10t，泄漏柴油经伊洛河注入黄河，污染物沿黄河河道向下游演进。为减缓对下游水体的污染，黄河防汛抗旱总指挥部办公室下达指令，于当日关闭了陆浑、故县两水库所有泄流设施，同时加大了小浪底水库的下泄流量，按日均600m^3/s控泄。由于黄河下游河口于1月6日出现封河，小浪底水库自7日10时下泄日均流量减小到400m^3/s。7日19时30分河南省政府宣布解除黄河污染预警，为保障黄河下游防凌安全，8日14时起，小浪底水库再次减小下泄流量，日均流量按300m^3/s控泄。11日大流量演进至山东滨州河段，由于出现冰塞，河道内水位快速上涨，随将小浪底日均下泄流量调整到250m^3/s。考虑到下游封河即将开通、气温变化、下游用水需要,2 月 14 日 12 时起,小浪底水库按日均流量 500m^3/s 控泄,17 日加大到 600m^3/s。经区间补水、引黄、河道损失后,2005 年 12 月 ~2006 年 2 月,利津站各月平均流量分别为 506、304、177m^3/s,总水量为 26.0 亿 m^3,较多年均值偏少 31%。3 月 1 日库水位 261.59m,相应蓄量 80.9 亿 m^3,为春季下游用水和调水调沙运用储备了充足的水源。

三、水库减淤运用情况

(一)入、出库水沙情况

1. 入库水沙情况

2000 ~2005 年小浪底水库入库瞬时最大含沙量为 916kg/m^3(发生于 2003 年 8 月 1 日),小浪底出库瞬时最大含沙量为 343kg/m^3(发生于 2004 年 8 月 24 日),见表 9-1-1。

表 9-1-1　　小浪底运用以来历年入、出库瞬时最大含沙量　　(单位:kg/m^3)

年份	三门峡		小浪底	
	最大含沙量	日期(月-日)	最大含沙量	日期(月-日)
2000	381	07-10	15.7	07-13
2001	639	07-05	198	08-23
2002	662	08-18	282	09-07
2003	916	08-01	149	09-08
2004	565	08-22	343	08-24
2005	608	07-23	139	07-05

2000 ~2005 年,小浪底水库入库汛期(7 ~10 月,下同)水量为 50.43 亿 ~146.86 亿 m^3,年水量为 120.30 亿 ~260.05 亿 m^3;汛期沙量为 2.724 亿 ~7.755 亿 t,年沙量为 3.168亿 ~7.755 亿 t,见表 9-1-2。由表 9-1-2 看出:除 2003 年和 2005 年外,各年年和汛期水量仅是 1986 年以来多年平均值的 52.28% ~73.78% 和 47.61% ~63.43%;年和汛期沙量仅是 1986 年以来多年平均值的 48.20% ~59.67% 和 43.84% ~56.24%,属严重枯水枯沙年。而 2003 年水沙基本接近 1974 年以来多年平均水沙量,大于 1986 年以来多年平均水沙量。2000 ~ 2005 年 6 年平均,年水量 183.06 亿 m^3,汛期水量占年水量的 44.6%;年沙量 4.232 亿 t,汛期沙量占年沙量的 93.3%。

2. 出库水沙情况

2000 ~2005 年,小浪底水库出库水沙量见表 9-1-3,汛期出库水量为 38.42 亿 ~88.01 亿 m^3,年水量为 149.79 亿 ~269.50 亿 m^3;汛期出库沙量为 0.043 亿 ~1.421 亿 t,年沙量为 0.043 亿 ~1.436 亿 t;汛期平均含沙量为 1.12 ~20.43kg/m^3,年平均含沙量为 0.27 ~ 6.88kg/m^3。2000 ~2005 年 6 年平均:年水量 201.68 亿 m^3,汛期水量占年水量的32.4%;年沙量 0.683 亿 t,汛期沙量占年沙量的 96.7%;汛期含沙量为 10.11kg/m^3,年含沙量为 3.39kg/m^3。水库汛期、年的排沙比分别为 1.4% ~52.2% 和 1.4% ~45.2%。6 年平均汛期、年排沙比分别为 16.7% 和 16.1%,见表 9-1-4。

(二)水库调节运用情况

1. 水库运用及库水位变化情况

小浪底水库 2000 ~2005 年日平均库水位变化过程见图 9-1-1,每年水库水位大致经历了蓄水、弃水,再蓄水的循环过程。蓄水阶段为每年汛末水位开始缓慢上升,至第二年 4、5 月份以前,为即将到来的用水高峰蓄积水资源。到了 4、5 月份,为保证黄河下游工农

表 9-1-2　　**历年小浪底水库入库水沙量**

水文年	水量(亿 m^3)					沙量(亿 t)					含沙量(kg/m^3)		
	7～10 月		11 月～翌年 6 月	7 月～翌年 6 月		7～10 月		11 月～翌年 6 月	7 月～翌年 6 月		7～10 月	11 月～翌年 6 月	7 月～翌年 6 月
	水量	占 1986 年以来平均值的百分数(%)		水量	占 1986 年以来平均值的百分数(%)	沙量	占 1986 年以来平均值的百分数(%)		沙量	占 1986 年以来平均值的百分数(%)			
2000	67.18	63.43	80.93	148.11	64.37	3.168	50.99	0.000	3.168	48.20	47.15	0.00	21.39
2001	53.84	50.83	108.08	161.92	70.37	2.941	47.34	0.981	3.922	59.67	54.63	9.08	24.22
2002	50.43	47.61	69.87	120.30	52.28	3.494	56.24	0.005	3.499	53.23	69.29	0.07	29.09
2003	146.86	138.65	113.19	260.05	113.02	7.755	124.82	0.000	7.755	117.98	52.81	0.00	29.82
2004	66.66	62.93	103.10	169.76	73.78	2.724	43.84	0.456	3.180	48.38	40.86	4.42	18.73
2005	104.73	98.88	133.49	238.22	103.53	3.618	58.23	0.249	3.867	58.83	34.55	1.87	16.23
6 年平均	81.62	77.05	101.44	183.06	79.56	3.950	63.58	0.282	4.232	64.38	48.40	2.78	23.12
多年平均(1974 年 7 月～2006 年 6 月)	153.67	145.08	139.38	293.05	127.36	7.931	127.65	0.331	8.262	125.70	51.61	2.37	28.19
多年平均(1986 年 7 月～2006 年 6 月)	105.92	100.00	124.17	230.09	100.00	6.213	100.00	0.360	6.573	100.00	58.66	2.90	28.57

表 9-1-3 历年小浪底水库出库水沙量

水文年	水量(亿 m^3)			沙量(亿 t)			含沙量(kg/m^3)		
	7~10月	11月~翌年6月	7月~翌年6月	7~10月	11月~翌年6月	7月~翌年6月	7~10月	11月~翌年6月	7月~翌年6月
2000	38.42	123.50	161.92	0.043	0	0.043	1.12	0.00	0.27
2001	42.03	107.76	149.79	0.230	0.013	0.243	5.47	0.12	1.62
2002	86.87	72.48	159.35	0.727	0.04	0.767	8.37	0.55	4.81
2003	88.01	181.49	269.50	1.107	0	1.107	12.58	0.00	4.11
2004	69.57	139.11	208.68	1.421	0.015	1.436	20.43	0.11	6.88
2005	67.05	193.82	260.87	0.434	0.069	0.503	6.47	0.36	1.93
6年平均	65.32	136.32	201.68	0.660	0.023	0.683	10.11	0.17	3.39

表 9-1-4 历年小浪底水库排沙比(%)

时段	2000年	2001年	2002年	2003年	2004年	2005年	6年平均
汛期	1.4	7.8	20.8	14.3	52.2	12.0	16.7
水文年	1.4	6.2	21.9	14.3	45.2	13.0	16.1

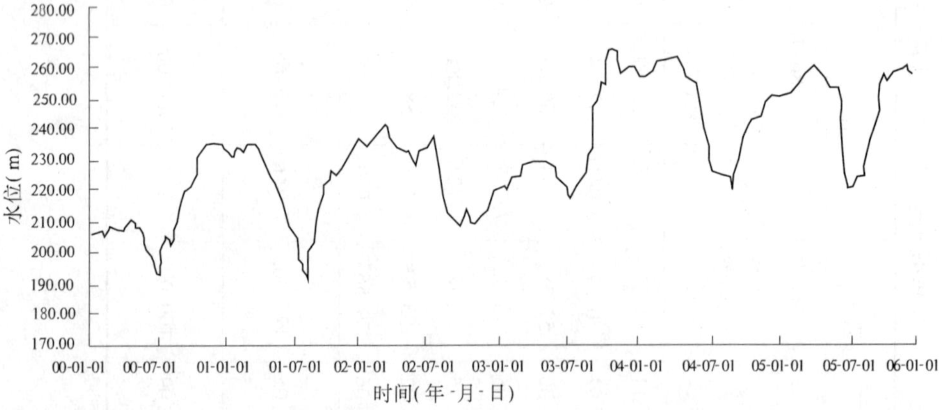

图 9-1-1 小浪底水库 2000~2005 年日平均库水位变化过程

业生产、城市生活及生态用水的需求,水库补水下泄,水位开始降低,直至7月初,水库水位降至最低。汛期由于水沙条件变化较大,水库运用情况较复杂,水位有升有降。9月份进入后汛期,水库开始蓄水,以便尽量多地储备有限的水资源。2003年发生了罕见的秋汛,瞬时最高水位达265.56m。

历年小浪底水库不同时期平均、最低、最高运用水位见表9-1-5。2000年7月~2005年12月,7~9月平均水位为206.6~232.21m,最高水位发生在2003年9月24日,水位为254.74m,最低水位发生在2001年7月26日,水位为191.44m;10月~翌年6月平均水位为221.98~258.18m,最高水位发生在2003年10月15日,水位为265.56m,最低水位发生在2001年6月30日,水位为204.33m。

2. 入、出库各级流量出现天数及水沙量

按日平均流量统计,小浪底水库2000~2005年入、出库各级流量出现天数及水沙量见表9-1-6。

表 9-1-5　　　　小浪底水库历年特征水位　　　　（单位：m）

项目		2000 年 7 月～2001 年 6 月		2001 年 7 月～2002 年 6 月		2002 年 7 月～2003 年 6 月		2003 年 7 月～2004 年 6 月		2004 年 7 月～2005 年 6 月		2005 年 7 月～2005 年 12 月	
		7～9 月	10 月～翌年 6 月	7～9 月	10 月～翌年 6 月	7～9 月	10 月～翌年 6 月	7～9 月	10 月～翌年 6 月	7～9 月	10 月～翌年 6 月	7～9 月	10～12 月
最高	水位	224.45	234.74	223.97	240.81	236.56	230.71	254.74	265.56	236.60	259.51	246.87	259.02
	时间	9 月 30 日	11 月 24 日	9 月 29 日	3 月 1 日	7 月 2 日	4 月 8 日	9 月 24 日	10 月 15 日	7 月 1 日	4 月 9 日	9 月 30 日	12 月 8 日
最低	水位	193.33	204.33	191.44	223.91	208.24	208.81	217.92	235.65	218.63	224.92	219.45	246.87
	时间	7 月 6 日	6 月 30 日	7 月 26 日	10 月 1 日	9 月 15 日	10 月 20 日	7 月 13 日	6 月 30 日	8 月 30 日	6 月 30 日	7 月 21 日	10 月 1 日
平均水位		209.82	227.98	206.60	232.93	216.48	221.98	232.21	258.18	226.77	250.00	229.31	256.84

由表 9-1-6 可以看出，经过小浪底水库调节，每年 7 月 11 日 ~9 月 30 日（主汛期，下同），除 2002 年外，流量小于 800m^3/s 的天数都是增多的，800 ~2 600m^3/s 的天数都是减少的；流量大于 2 600m^3/s 的天数仅有 2003 年是减少的。2000 ~2005 年，经过小浪底水库调节，6 年年平均各级流量入、出库天数基本一致，但主汛期流量小于 800m^3/s 的天数由 57 天增加为 72 天，800 ~2 600m^3/s 天数由 23 天减少为 10 天。调节结果，基本实现了主汛期出库流量两极分化，这对下游河道，尤其对艾山以下河道的减淤有利。

表 9-1-6　　入、出库各级流量出现天数及水沙量

年份	时段	流量级（m^3/s）	入库各级流量出现天数及水沙量				出库各级流量出现天数及水沙量			
			出现天数	出现几率（%）	水量（亿 m^3）	沙量（亿 t）	出现天数	出现几率（%）	水量（亿 m^3）	沙量（亿 t）
2000	1~12 月	$Q<800$	296	80.9	103.73	0.970	317	86.6	112.57	0.043
		$800 \leq Q<2\,000$	68	18.6	56.05	1.905	49	13.4	39.14	0.000
		$2\,000 \leq Q<2\,600$	2	0.5	3.91	0.538	0	0.0	0.00	0.000
		$Q \geq 2\,600$	0	0.0	0.00	0.000	0	0.0	0.00	0.000
		合计	366	100	163.69	3.413	366	100	151.71	0.043
	7 月 11 日 ~ 9 月 30 日	$Q<800$	64	78.0	23.20	0.625	82	100.0	20.69	0.043
		$800 \leq Q<2\,000$	18	22.0	16.02	0.828	0	0.0	0.00	0.000
		$2\,000 \leq Q<2\,600$	0	0.0	0.00	0.000	0	0.0	0.00	0.000
		$Q \geq 2\,600$	0	0.0	0.00	0.000	0	0.0	0.00	0.000
		合计	82	100	39.22	1.453	82	100	20.69	0.043
2001	1~12 月	$Q<800$	337	92.4	111.84	0.710	305	83.6	105.55	0.181
		$800 \leq Q<2\,000$	26	7.1	22.26	0.819	60	16.4	49.77	0.049
		$2\,000 \leq Q<2\,600$	2	0.5	3.76	1.412	0	0.0	0.00	0.000
		$Q \geq 2\,600$	0	0.0	0.00	0.000	0	0.0	0.00	0.000
		合计	365	100	137.86	2.941	365	100	155.32	0.230
	7 月 11 日 ~ 9 月 30 日	$Q<800$	62	75.6	17.73	0.548	78	95.1	17.75	0.171
		$800 \leq Q<2\,000$	18	22.0	15.71	0.706	4	4.9	3.06	0.000
		$2\,000 \leq Q<2\,600$	2	2.4	3.76	1.412	0	0.0	0.00	0.000
		$Q \geq 2\,600$	0	0.0	0.00	0.000	0	0.0	0.00	0.000
		合计	82	100	37.20	2.666	82	100	20.81	0.171
2002	1~12 月	$Q<800$	334	91.5	123.10	1.226	295	80.8	116.07	0.386
		$800 \leq Q<2\,000$	28	7.7	22.81	1.854	59	16.2	50.07	0.022
		$2\,000 \leq Q<2\,600$	2	0.5	3.92	1.316	1	0.3	1.90	0.030
		$Q \geq 2\,600$	1	0.3	2.32	0.079	10	2.7	23.41	0.315
		合计	365	100	152.15	4.475	365	100	191.45	0.753
	7 月 11 日 ~ 9 月 30 日	$Q<800$	73	89.0	22.51	0.905	62	75.6	30.26	0.356
		$800 \leq Q<2\,000$	9	11.0	6.68	0.557	16	19.5	12.86	0.020
		$2\,000 \leq Q<2\,600$	0	0.0	0.00	0.000	0	0.0	0.00	0.000
		$Q \geq 2\,600$	0	0.0	0.00	0.000	4	4.9	9.52	0.035
		合计	82	100	29.19	1.462	82	100	52.64	0.411

续表 9-1-6

年份	时段	流量级 (m^3/s)	入库各级流量出现天数及水沙量				出库各级流量出现天数及水沙量			
			出现天数	出现几率 (%)	水量 (亿 m^3)	沙量 (亿 t)	出现天数	出现几率 (%)	水量 (亿 m^3)	沙量 (亿 t)
2003	1~12 月	$Q<800$	260	71.2	78.25	1.046	289	79.2	98.31	0.205
		$800\leqslant Q<2\ 000$	69	18.9	71.96	0.912	46	12.6	55.04	0.703
		$2\ 000\leqslant Q<2\ 600$	13	3.6	25.09	2.305	30	8.2	54.94	0.226
		$Q\geqslant 2\ 600$	23	6.3	60.89	3.497	0	0.0	0.00	0.000
		合计	365	100	236.19	7.760	365	100	208.29	1.134
	7 月 11 日~9 月 30 日	$Q<800$	39	47.5	13.85	1.019	64	78.0	15.72	0.167
		$800\leqslant Q<2\ 000$	22	26.8	28.03	0.903	8	9.8	11.06	0.502
		$2\ 000\leqslant Q<2\ 600$	8	9.8	15.77	2.035	10	12.2	18.07	0.222
		$Q\geqslant 2\ 600$	13	15.9	32.45	1.772	0	0.0	0.00	0.000
		合计	82	100	90.10	5.729	82	100	44.85	0.891
2004	1~12 月	$Q<800$	315	86.0	121.95	0.595	316	86.4	129.26	0.010
		$800\leqslant Q<2\ 000$	49	13.4	42.48	1.250	26	7.1	25.29	0.478
		$2\ 000\leqslant Q<2\ 600$	1	0.3	1.79	0.740	14	3.8	28.56	0.891
		$Q\geqslant 2\ 600$	1	0.3	2.48	0.139	10	2.7	22.95	0.043
		合计	366	100	168.70	2.724	366	100	206.06	1.422
	7 月 11 日~9 月 30 日	$Q<800$	58	70.8	23.34	0.483	71	86.6	26.33	0.010
		$800\leqslant Q<2\ 000$	23	28.0	20.79	1.036	4	4.9	5.10	0.478
		$2\ 000\leqslant Q<2\ 600$	1	1.2	1.79	0.740	5	6.1	9.32	0.891
		$Q\geqslant 2\ 600$	0	0.0	0.00	0.000	2	2.4	4.63	0.001
		合计	82	100	45.92	2.259	82	100	45.38	1.380
2005	1~12 月	$Q<800$	262	71.8	93.61	0.384	290	79.4	115.64	0.024
		$800\leqslant Q<2\ 000$	89	24.4	84.39	1.794	54	14.8	54.89	0.097
		$2\ 000\leqslant Q<2\ 600$	8	2.2	15.40	1.177	8	2.2	15.85	0.324
		$Q\geqslant 2\ 600$	6	1.6	17.97	0.719	13	3.6	34.91	0.004
		合计	365	100	211.37	4.074	365	100	221.29	0.449
	7 月 11 日~9 月 30 日	$Q<800$	46	56.1	15.81	0.193	75	91.5	21.36	0.024
		$800\leqslant Q<2\ 000$	31	37.8	31.71	0.642	7	8.5	6.79	0.043
		$2\ 000\leqslant Q<2\ 600$	5	6.1	9.57	1.024	0	0.0	0.00	0.000
		$Q\geqslant 2\ 600$	0	0.0	0.00	0.000	0	0.0	0.00	0.000
		合计	82	100	57.09	1.859	82	100	28.15	0.067
2000~2005	1~12 月多年平均	$Q<800$	301	82.3	105.42	0.822	302	82.7	112.90	0.142
		$800\leqslant Q<2\ 000$	55	15.0	49.99	1.422	49	13.4	45.70	0.225
		$2\ 000\leqslant Q<2\ 600$	5	1.3	8.98	1.248	9	2.4	16.87	0.245
		$Q\geqslant 2\ 600$	5	1.4	13.94	0.739	6	1.5	13.54	0.060
		合计	366	100	178.33	4.231	366	100	189.01	0.672
	7 月 11 日~9 月 30 日多年平均	$Q<800$	57	69.5	19.41	0.629	72	87.9	22.02	0.128
		$800\leqslant Q<2\ 000$	20	24.6	19.82	0.779	7	7.9	6.48	0.174
		$2\ 000\leqslant Q<2\ 600$	3	3.3	5.15	0.869	3	3.0	4.57	0.185
		$Q\geqslant 2\ 600$	2	2.6	5.41	0.295	1	1.2	2.36	0.006
		合计	82	100	49.79	2.572	82	100	35.43	0.493

（三）库区泥沙淤积情况

1. 库容及库区淤积量

小浪底水库高程275m相应原始库容为127.53亿m^3（1997年9月8日），2006年4月库容为109.31亿m^3。1997年截流至1999年下闸蓄水，库区淤积0.39亿m^3；至2006年4月淤积18.22亿m^3，其中干流淤积15.90亿m^3，支流淤积2.32亿m^3，干流淤积量占总淤积量的87.27%。2003年水库运用水位较高，致使2002年10月15日～2003年11月8日水库淤积4.89亿m^3，占总淤积量的26.84%，见表9-1-7，淤积末端超过了110km。

表9-1-7　小浪底水库历年库容及淤积量

施测时间	库容（亿m^3）			累计淤积量（亿m^3）		
	干流	支流	总计	干流	支流	总计
1997年9月8日	74.90	52.63	127.53			
1999年9月21日			127.15			0.39
2000年10月28日	70.95	52.47	123.42	3.95	0.16	4.11
2001年12月8日	68.39	52.02	120.41	6.51	0.61	7.12
2002年10月15日	66.45	51.86	118.31	8.45	0.77	9.22
2003年11月8日	61.83	51.59	113.42	13.07	1.04	14.11
2004年10月18日	61.53	50.71	112.24	13.37	1.92	15.29
2005年11月4日	58.93	50.40	109.33	15.97	2.23	18.20
2006年4月18日	59.00	50.31	109.31	15.90	2.32	18.22

2. 库区淤积部位变化

1997年9月～2006年4月水库淤积18.22亿m^3，其中175m以下淤积4.42亿m^3，高程175m以下、175～205m、205～225m、225～245m、245～255m及255m以上淤积量分别占总淤积量的24.26%、38.14%、27.77%、9.39%、0.99%、-0.55%。由表9-1-8可知，水库淤积主要在高程225m以下，占总淤积量的90.18%。

表9-1-8　历年各高程间淤积量　（单位：亿m^3）

时段（年-月-日）	高程（m）						
	175以下	175～205	205～225	225～245	245～255	255～265	265～275
1997-09-08～1999-09-27	0.45	-0.01	-0.02	0	0.01	-0.01	-0.03
1999-09-27～2000-10-28	1.94	0.84	0.92	0.05	0	-0.01	0
2000-10-28～2001-12-08	2.03	1.41	-0.25	-0.22	0.01	0.02	0.01
2001-12-08～2002-10-15	0	1.63	0.46	0.01	0	0.01	0
2002-10-15～2003-11-08	-0.07	0.68	1.83	1.68	0.7	0.1	-0.03
2003-11-08～2004-10-18	-0.01	1.53	1.38	-0.93	-0.67	-0.13	0
2004-10-18～2005-04-28	0.06	-0.15	-0.28	-0.07	-0.01	-0.05	0
2005-04-28～2005-11-04	0.02	1.07	1.03	1.17	0.11	0.01	0
2005-11-04～2006-04-18	0	-0.04	0	0.02	0.03	0.01	0
1997-09-08～2006-04-18	4.42	6.95	5.06	1.71	0.18	-0.05	-0.05

库区干流冲淤量沿程变化见图 9-1-2，表明淤积主要在 70km 以下的宽河段内。2000 年 10 月～2006 年 4 月，黄河干流 40 断面以下（距坝 69.4km）累计淤积量为 10.84 亿 m^3，占同期黄河干流累计淤积量 11.95 亿 m^3 的 90.7%，占同期全库区累计淤积量 14.11 亿 m^3 的 76.8%，见表 9-1-9。

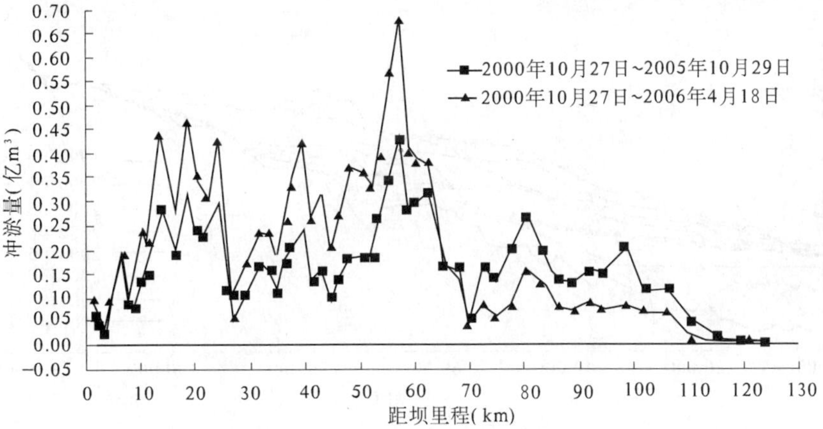

图 9-1-2　库区干流冲淤量沿程变化

表 9-1-9　　2000 年 10 月～2006 年 4 月小浪底库区淤积量统计

实测时间（年-月-日）	275m 水位对应库容（亿 m^3）		
	总库容	干流	支流
2000-10-27	123.42	70.95	52.47
2006-04-18	109.31	59.00	50.31
淤积量（亿 m^3）	14.11	11.95	2.16

3. 库区淤积形态

1）干流淤积形态

小浪底水库蓄水位较高，由于水流对泥沙的分选作用，粗沙首先在水库回水末端附近落淤，较细泥沙潜入蓄水体形成异重流向坝前运行。因此，干流淤积形态为水库回水末端附近的三角洲淤积和三角洲以下的异重流和浑水水库的淤积体。

小浪底水库各个时期库区淤积纵剖面形态见图 9-1-3，三角洲淤积顶点距坝里程和高程见表 9-1-10。由图、表可知，水库的淤积形态与水库来沙期的运用水位和来沙量关系密切。2000 年 8～10 月，日平均库水位为 220.3m，最高库水位 234.38m，为 2003 年 5 月以前汛期水位最高值，因此三角洲淤积部位比较靠上，三角洲顶点距坝 69.39km，顶点高程为 225.2m；2001 年～2003 年 5 月，水库汛期运用水位相对降低，三角洲淤积的泥沙发生冲刷，三角洲淤积顶点向下移动，坡顶高程也逐渐降低，到 2003 年 5 月，三角洲顶点位置下移至距坝 44.53km 处，顶点高程降低为 204.64m；2003 年 7～10 月，小浪底水库入库泥沙 7.755 亿 t，为 2000 年以来最大值，运用水位也为最高，平均库水位为 239.73m，10 月 15 日最高水位达 265.56m，三角洲顶点上延至距坝 72.06km，顶点高程达 244.4m，泥沙主要淤积在距坝50~110km范围内。2004年以来与2003年相比,水库运用水位相对较低、来沙量相对较少,所以三角洲顶点的位置下移、高程降低。2006年4月三角洲顶点的位置距坝48km,顶点高程为224.68m。

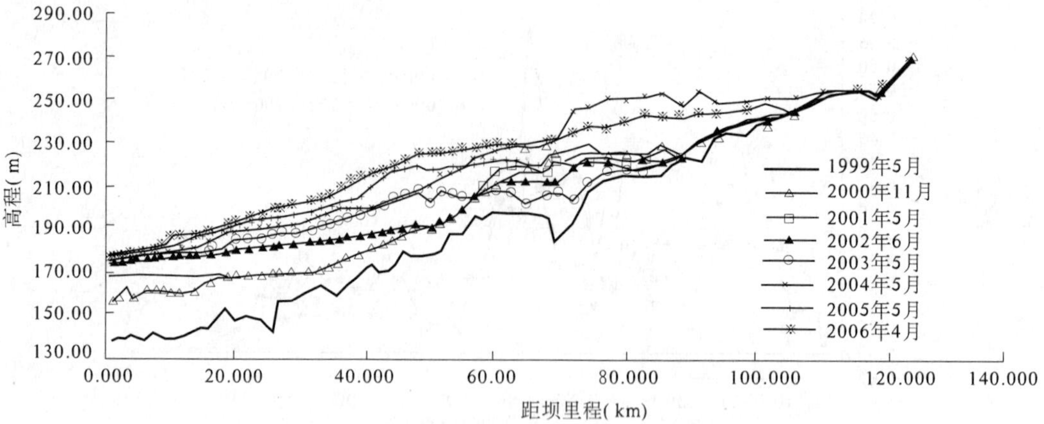

图9-1-3 小浪底水库各个时期库区淤积纵剖面形态

表9-1-10 小浪底水库库区淤积三角洲顶点距坝里程及高程

施测时间(年-月)	距坝里程(km)	高程(m)	施测时间(年-月)	距坝里程(km)	高程(m)
2000-11	69.39	225.2	2004-05	72.06	244.86
2001-05	60.13	216.6	2004-07	48.00	221.17
2001-12	58.51	208.9	2004-10	44.53	217.71
2002-06	60.13	210.6	2005-04	44.53	217.39
2002-10	48	207.3	2005-11	48.00	223.56
2003-05	44.53	204.64	2006-04	48.00	224.68
2003-10	72.06	244.4			

2)支流淤积形态

图9-1-4为小浪底库区最大支流畛水的淤积纵剖面图。畛水距坝17.67km,由图可知,畛水已初步呈现倒锥体淤积形态。支流口淤积高程取决于沟口处干流的淤积面高程,沟口高程比倒锥体底部高程高出3~4m。这是由于干流异重流水沙倒灌支流,在支流沟口,水流挟沙力锐减,泥沙开始落淤,表现出在口门处泥沙淤积较厚,口门以内沿程减少的倒锥体淤积形态。

图9-1-5为小浪底库区距坝57.98km支流亳清河的淤积纵剖面图。

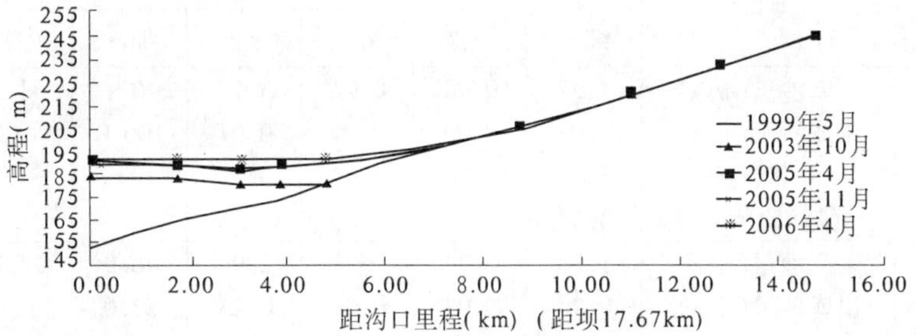

图9-1-4　畛水淤积纵剖面

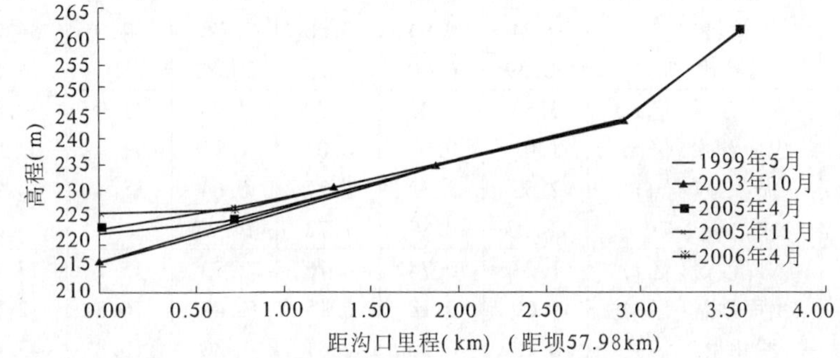

图9-1-5　亳清河淤积纵剖面

4. 不同粒径组泥沙排沙情况

小浪底水库历年汛期入、出库分组沙统计见表9-1-11。由表可知,2000~2005年水库拦粗排细作用明显。6年汛期合计:①入库泥沙中,细、中、粗沙占全沙的比例分别为45.0%、28.4%、26.6%;出库泥沙中,细沙占全沙的比例提高为84.4%,中、粗沙占全沙的比例分别降低为9.3%和6.3%;②水库拦蓄了一定比例的细沙,汛期库区淤积物中细、中、粗沙所占的比例分别为37.0%、32.2%、30.8%;③汛期细、中、粗沙及全沙排沙比分别为31.40%、5.46%、3.90%、16.71%。

5. 河床淤积物中值粒径沿程变化情况

历次河床淤积物沿程变化遵循规律基本一致,即自坝前向上游由细变粗。距坝40km范围内淤积物中值粒径变化不大,为0.003~0.015mm,见图9-1-6。

(四)下游河道泥沙淤积情况

1. 进入下游河道的水沙量

小浪底水库运用以来进入下游河道的水沙量见表9-1-12,多年平均汛期、非汛期、年水量分别为81.07亿、130.20亿、211.27亿m^3;沙量分别为0.735亿、0.013亿、0.748亿t;含沙量分别为9.06、0.10、3.54kg/m^3。

表 9-1-11　　小浪底水库历年汛期入、出库分组沙统计

时段 (年-月～年-月)	项目	泥沙分组				各组沙占全沙百分数(%)		
		细沙	中沙	粗沙	全沙	细沙	中沙	粗沙
2000-07～ 2000-10	入库沙量(亿t)	1.27	0.98	0.92	3.17	40.1	31.0	28.9
	出库沙量(亿t)	0.04	0.00	0.00	0.04	100.0	0.0	0.0
	淤积量(亿t)	1.23	0.98	0.92	3.13	39.3	31.3	29.4
	排沙比(%)	3.31	0.10	0.00	1.36			
2001-07～ 2001-10	入库沙量(亿t)	1.38	0.73	0.83	2.94	46.9	24.9	28.2
	出库沙量(亿t)	0.20	0.02	0.01	0.23	87.0	8.7	4.3
	淤积量(亿t)	1.18	0.71	0.82	2.71	43.5	26.2	30.3
	排沙比(%)	14.43	2.87	1.20	7.82			
2002-07～ 2002-10	入库沙量(亿t)	1.58	1.00	0.91	3.49	45.2	28.7	26.1
	出库沙量(亿t)	0.64	0.06	0.03	0.73	87.7	8.2	4.1
	淤积量(亿t)	0.94	0.94	0.88	2.76	34.0	34.0	32.0
	排沙比(%)	40.29	6.00	3.29	20.81			
2003-07～ 2003-10	入库沙量(亿t)	3.56	2.39	1.80	7.75	45.9	30.8	23.3
	出库沙量(亿t)	1.01	0.07	0.03	1.11	91.0	6.3	2.7
	淤积量(亿t)	2.55	2.32	1.77	6.64	38.4	34.9	26.7
	排沙比(%)	28.33	2.80	1.72	14.27			
2004-07～ 2004-10	入库沙量(亿t)	1.23	0.74	0.76	2.73	45.1	27.1	27.8
	出库沙量(亿t)	1.09	0.18	0.15	1.42	76.8	12.7	10.5
	淤积量(亿t)	0.13	0.56	0.61	1.30	10.0	43.1	46.9
	排沙比(%)	89.03	23.86	19.86	52.06			
2005-07～ 2005-10	入库沙量(亿t)	1.64	0.88	1.10	3.62	45.3	24.3	30.4
	出库沙量(亿t)	0.37	0.04	0.02	0.43	86.0	9.3	4.7
	淤积量(亿t)	1.27	0.83	1.08	3.18	39.9	26.1	34.0
	排沙比(%)	22.47	4.72	2.26	12.00			
历年汛期合计	入库沙量(亿t)	10.65	6.72	6.32	23.69	45.0	28.4	26.6
	出库沙量(亿t)	3.35	0.37	0.25	3.97	84.4	9.3	6.3
	淤积量(亿t)	7.31	6.35	6.08	19.74	37.0	32.2	30.8
	排沙比(%)	31.40	5.46	3.90	16.71			

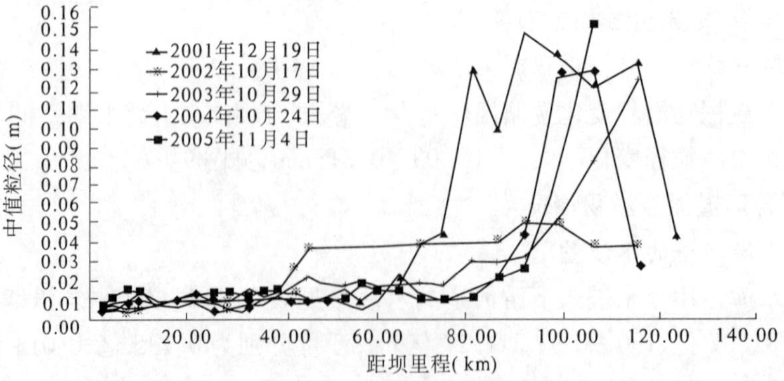

图 9-1-6　小浪底库区淤积物中值粒径沿程变化

表 9-1-12　　小浪底水库运用以来进入下游河道水沙量(小黑武)

时段(年-月～年-月)		水量(亿 m^3)	沙量(亿 t)	含沙量(kg/m^3)
1999-11～2000-06		105.90	0.000	0.00
2000-07～2000-10		49.90	0.050	1.00
2000-11～2001-06		132.00	0.000	0.00
2001-07～2001-10		46.50	0.240	5.15
2001-11～2002-06		112.90	0.013	0.12
2002-07～2002-10		91.00	0.727	7.99
2002-11～2003-06		77.22	0.044	0.57
2003-07～2003-10		134.85	1.231	9.13
2003-11～2004-06		203.13	0.001	0.01
2004-07～2004-10		83.10	1.425	17.15
2004-11～2005-06		150.03	0.017	0.11
平均	汛期	81.07	0.735	9.06
	非汛期	130.20	0.013	0.10
	全年	211.27	0.748	3.54

2000～2005 年 7～10 月平均,小黑武(小浪底＋黑石关＋武陟)、花园口、艾山站各级流量出现天数及水沙量见表 9-1-13。花园口站 7～10 月流量＜2 000、2 000～3 000m^3/s 和＞3 000m^3/s 的出现天数分别占总天数的 88.21%、11.54%、0.25%;其水量分别占总水量的 62.52%、36.91%、0.57%;其沙量分别占总沙量的 34.93%、54.38%、10.69%。

表 9-1-13　　2000～2005 年 7～10 月平均下游各流量级出现天数及水沙量

站名	流量级(m^3/s)	2000～2005 年		
		天数	水量(亿 m^3)	沙量(亿 t)
小黑武	＜1 000	103.3	44.82	0.120
	1 000～2 000	5.7	7.35	0.050
	2 000～3 000	14.0	29.84	0.510
	＞3 000	—	—	—
花园口	＜1 000	101.5	43.96	0.194
	1 000～2 000	7.0	8.53	0.113
	2 000～3 000	14.2	30.99	0.478
	＞3 000	0.3	0.48	0.094
艾山	＜1 000	95.1	32.97	0.183
	1 000～2 000	12.5	15.70	0.147
	2 000～3 000	15.2	33.50	0.810
	＞3 000	0.2	0.44	0.037

2. 下游河道冲淤情况

小浪底水库下闸蓄水运用以来(1999 年 10 月～2005 年 10 月),黄河下游白鹤至河口河段累计冲刷量为 11.952 亿 t,冲刷主要集中在高村以上和艾山至利津河段,冲刷量分别占总冲刷量的 71.06% 和 16.01%。不同时段各河段冲淤量见表 9-1-14。

表 9-1-14　　**小浪底水库运用以来下游河道冲淤量**　　（单位：亿 t）

河段	时段（年-月～年-月）													
	1999-10～2000-05	2000-05～2000-10	2000-10～2001-05	2001-05～2001-10	2001-10～2002-05	2002-05～2002-10	2002-10～2003-05	2003-05～2003-10	2003-10～2004-04	2004-04～2004-07	2004-07～2004-10	2004-10～2005-04	2005-04～2005-10	1999-10～2005-10
花园口以上	-0.973	-0.008	-0.439	-0.204	-0.201	-0.197	0.021	-1.365	-0.166	-0.198	-0.010	-0.109	-0.220	-4.069
花园口—夹河滩	-0.406	-0.273	-0.396	-0.049	-0.381	-0.112	-0.260	-0.214	-0.484	0.038	-0.149	-0.033	-0.338	-3.057
夹河滩—高村	0.081	-0.008	-0.164	-0.007	-0.036	-0.025	-0.074	-0.337	-0.185	-0.166	-0.042	-0.160	-0.244	-1.367
高村—孙口	0.115	0.049	-0.045	0.130	-0.011	-0.248	0.078	-0.337	0.029	-0.195	0.096	-0.098	-0.172	-0.609
孙口—艾山	-0.024	0.034	-0.020	0.000	0.016	-0.038	0.001	-0.146	-0.019	-0.029	-0.026	0.001	-0.159	-0.409
艾山—利津	0.280	-0.094	0.146	-0.137	-0.018	-0.311	-0.110	-0.869	0.113	-0.385	-0.073	0.047	-0.503	-1.914
白鹤—利津	-0.927	-0.301	-0.918	-0.267	-0.631	-0.931	-0.344	-3.267	-0.713	-0.936	-0.203	-0.353	-1.638	-11.429
全下游	-0.846	-0.314	-0.848	-0.277	-0.675	-1.099	-0.374	-3.561	-0.651	-1.049	-0.128	-0.309	-1.821	-11.952

3. 下游河道断面形态调整变化

小浪底水库运用5年后，高村以上河段的断面形态调整基本以展宽和下切并举，高村以下河段以下切为主。花园口以上河床下切幅度最大，平均达1.51m，花园口至夹河滩河段展宽比较大，平均达403m，孙口至艾山河段河床下切幅度小，仅0.6m。河床下切幅度沿程表现为两头大，中间小，与河道冲淤量和水位变化一致。用河相系数$\sqrt{B}/H$的变化反映河槽横断面情况，2004年汛后与建库前相比，各河段沿程均有所减小，说明横断面趋于窄深，其中孙口以上河段减小幅度较大，见表9-1-15。

表9-1-15　　1999年10月~2004年10月黄河下游各河段断面特征变化统计

河段	距离（km）	断面（个）	1999年10月河宽 B（m）	2004年10月河宽 B（m）	河宽变化（m）	冲淤厚度（m）	1999年10月 $\sqrt{B}/H$	2004年10月 $\sqrt{B}/H$
白鹤—花园口	108.87	19	1 040	1 370	330	-1.51	17.9	12.0
花园口—夹河滩	100.80	22	1 072	1 475	403	-0.79	24.5	19.8
夹河滩—高村	77.07	13	725	876	151	-1.24	15.6	10.8
高村—孙口	118.20	9	518	529	11	-0.85	12.1	8.1
孙口—艾山	63.87	17	505	498	-7	-0.60	8.8	7.1
艾山—泺口	101.84	14	446	438	-8	-0.71	6.0	4.9
泺口—利津	167.80	23	405	405	0	-0.79	6.5	5.1

4. 下游河道主槽过流能力变化

同流量水位的变化是对一定时期河道冲淤变化的客观反映。统计了下游主要水文站同流量水位变化情况，见表9-1-16，表明五年下游各站流量2 000m^3/s的水位降低0.13~1.49m；流量1 000m^3/s的水位降低0.25~1.51m。花园口水位下降幅度最大；孙口下降幅度最小。流量2 000m^3/s和1 000m^3/s的水位降低值，花园口为1.49m和1.51m，孙口为0.13m和0.25m。

表9-1-16　　黄河下游主要水文站同流量水位变化

水文站	2 000m^3/s			1 000m^3/s		
	1999水位 H_{99}（m）	2004水位 H_{04}（m）	$H_{04}-H_{99}$（m）	1999水位 H_{99}（m）	2004水位 H_{04}（m）	$H_{04}-H_{99}$（m）
花园口	93.49	92.00	-1.49	93.05	91.54	-1.51
夹河滩	76.77	76.10	-0.67	76.28	75.65	-0.63
高村	63.04	62.13	-0.91	62.44	61.60	-0.84
孙口	48.07	47.94	-0.13	47.47	47.22	-0.25
艾山	40.86	40.28	-0.58	39.91	39.50	-0.41
泺口	30.24	29.60	-0.64	29.21	28.51	-0.70
利津	13.25	12.58	-0.67	12.55	11.90	-0.65

5. 下游河道主槽平滩流量变化

平滩流量是反映河道排洪能力的重要指标，平滩流量越小，主槽过流能力及对河势的约束能力越低，防洪难度越大。小浪底水库运用以来，下游各河段主槽平滩流量均有不同程度的增加,铁谢至花园口河段主槽平滩流量增加最多,约 2 000m^3/s;艾山至利津河段增加约 800m^3/s,见表 9-1-17。

表 9-1-17　　小浪底水库运用以来下游河道平滩流量变化

河段	1999 年汛后	2003 年汛后	2004 年汛后	2005 年汛后
铁谢—花园口	3 000	4 500	5 000	5 000
花园口—高村	2 700	3 100	3 500 ~ 4 000	4 000
高村—艾山	2 400	2 600	3 200	3 500
艾山—利津	2 500	2 800	3 300	3 700

6. 下游河道主槽床沙中值粒径变化

小浪底水库运用以来,下游河道经历了相对清水冲刷,各河段河床均发生了粗化。历年汛前主槽表层床沙中值粒径变化见表 9-1-18。

表 9-1-18　　黄河下游历年汛前主槽表层床沙中值粒径变化　　（单位:mm）

时间	河段				
	花园口以上	花园口—高村	高村—艾山	艾山—利津	利津以下
1999 年汛前	0.136	0.063	0.053	0.040	0.042
2000 年汛前	0.139	0.081	0.057	0.043	0.048
2001 年汛前	0.181	0.104	0.050	0.043	0.037
2002 年汛前	0.220	0.129	0.071	0.048	0.054
2003 年汛前	0.256	0.122	0.082	0.065	0.059
2004 年汛前	0.217	0.097	0.077	0.085	0.075
2005 年汛前	0.174	0.088	0.064	0.077	0.078

四、水库防断流与供水灌溉运用情况

小浪底枢纽投入运行以来,为黄河下游工农业生产、生活和生态用水提供了可靠而又难得的水源。2003 年秋汛前,小浪底水库运用历经了三年半的特枯时段,其中 2002 年 7 月 ~2003 年 6 月入库水量仅 120.3 亿 m^3。经小浪底水库适时调蓄,4 年来仅自 3 月上中旬到 6 月下旬乃至 7 月下旬的累计补水量为 84.5 亿 m^3,年平均补水 21.1 亿 m^3(供水关键期补水量基本达到了招标设计分析的年平均 21.6 亿 m^3 指标),其中 2000、2001、2002、2003 年分别为 11.1 亿、40.2 亿、19.3 亿、13.9 亿 m^3,由于小浪底水库在枯水期增供水量,黄河下游河道没有出现断流,结束了黄河连续 10 年断流的历史,小浪底水利枢纽已经成为确保黄河下游不断流的重要工程保障。

保障了河道外生活、生产用水和灌溉关键期用水。2000、2001、2002、2003 年和 2004 年,黄河三门峡以下农业取水量分别为 92.09 亿、85.4 亿、107.57 亿、65.88 亿 m^3 和 61.22亿 m^3,实际耗水量分别为 89.33 亿、82.44 亿、105.32 亿、64.60 亿 m^3 和 59.92 亿 m^3;黄河三门峡以下工业、城镇、农村人畜等取水量分别为 13.84 亿、14.64 亿、16.94 亿、26.18亿 m^3 和 18.59 亿 m^3,实际耗水量分别为 13.06 亿、13.94 亿、16.35 亿、24.68 亿 m^3 和 17.32 亿 m^3。

2000～2004 年 4 次向天津应急调水，累计从位山闸引水 32.95 亿 m^3，天津九宣闸收水 15.88 亿 m^3，历次引黄济津水量统计见表 9-1-19。

表 9-1-19　　小浪底水库运用以来引黄济津水量统计

调水年度	调水历时(天)	调水量(亿 m^3)	天津收水量(亿 m^3)
2000～2001	112	8.66	4.01
2002～2003	85	6.03	2.47
2003～2004	117	9.25	5.10
2004～2005	108	9.01	4.30
合计	422	32.95	15.88

五、水库发电运用情况

小浪底电站在以火电占绝对比重的河南电网中的调峰作用巨大，由于小浪底机组参与调峰，大大提高了河南电网供电质量，降低了煤炭及石油的消耗量，减少了因煤炭燃烧对环境造成的污染。2001 年底，小浪底电厂 6 台机组 AGC 系统投运成功，使得河南电网通过计算机遥控小浪底机组和小浪底电站经济运行两大目标得以实现，也使河南电网的调峰、调频性能和豫、鄂两省联络线的运行条件进一步改善，事故备用能力增强。

小浪底电厂自首台机组于 2000 年 1 月 9 日并网发电以来，发电量呈逐年提高的态势，至 2005 年 11 月累计发电量约 183.5 亿 kW·h，其中 2004 年年度发电量超过 50 亿 kW·h，突破了小浪底水库运用前 10 年设计的平均发电量 45.99 亿 kW·h。

六、主要结论与认识

(1)小浪底水库运用 6 年来，入库水沙系列属于枯水枯沙系列，6 年平均，年水量 183.06 亿 m^3，汛期水量占年水量的 44.6%；年沙量 4.232 亿 t，汛期沙量占年沙量的 93.3%。6 年平均年、汛期水量是 1986 年 7 月～2006 年 6 月多年平均年、汛期水量的 79.56% 和 77.06%；年、汛期沙量是 1986 年 7 月～2006 年 6 月多年平均年、汛期沙量的 64.38% 和 63.58%。

(2)小浪底水库出库 6 年平均：年水量 201.68 亿 m^3，汛期水量占年水量的 32.4%；年沙量 0.683 亿 t，汛期沙量占年沙量的 96.6%；汛期含沙量为 10.11kg/m^3，年含沙量为 3.39kg/m^3；水库汛期、年的排沙比分别为 16.7% 和 16.1%。

(3)2000～2005 年的 7～9 月、10 月～翌年 6 月，最高水位都发生在 2003 年，2003 年 9 月 24 日水位为 254.74m，2003 年 10 月 15 日水位为 265.56m；最低水位都发生在 2001 年，2001 年 7 月 26 日水位为 191.44m，2001 年 6 月 30 日水位为 204.33m；7～9 月平均水位为 206.6～232.21m，10 月～翌年 6 月平均水位为 221.98～258.18m。

(4)2000～2005 年，经过小浪底水库调节，6 年年平均各级流量入、出库天数基本一致，但主汛期流量小于 800m^3/s 的天数由 57 天增加为 72 天，800～2 600m^3/s 天数由 23 天减少为 10 天。调节结果，基本实现了主汛期出库流量两极分化，这对下游河道，尤其对艾山以下河道的减淤有利。

(5)小浪底水库 1997 年截流至 2006 年 4 月库区淤积 18.22 亿 m^3，其中干流淤积

15.90亿 m^3,支流淤积2.32 亿 m^3,干流淤积量占总淤积量的87.27%。水库淤积主要在高程225m 以下,淤积量16.43 亿 m^3,占总淤积量的90.18%。干流淤积主要在距坝70km以下的宽河段内,2000 年10 月~2006 年4 月,黄河干流40 断面以下(距坝69.4km)累计淤积量为10.84 亿 m^3,占同期黄河干流累计淤积量11.95 亿 m^3 的90.7%。距坝70km以上的窄河段淤积量较少,且随着库水位的下降和入库大流量的冲刷,淤积物可以冲刷下移。2006 年4 月距坝1.32km 的1 断面河底平均高程约为177.5m。

(6)小浪底水库运用以来为蓄水和调水调沙运用,蓄水位较高,蓄水体较大,由于水流对泥沙的分选作用,粗沙首先在水库回水末端附近落淤,较细泥沙潜入蓄水体形成异重流向坝前运行。因此,干流淤积形态为水库回水末端附近的三角洲淤积和三角洲以下的异重流和浑水水库的淤积体。

支流主要为干流异重流倒灌淤积,随干流淤积面的抬高,支流沟口淤积面同步发展,支流口淤积高程取决于沟口处干流的淤积面高程,支流泥沙主要淤积在沟口附近,沟口向上沿程减少,随着淤积的发展,支流的纵剖面形态不断发生变化,畛水已初步呈现倒锥体淤积形态。

(7)2000~2005 年水库拦粗排细作用明显。6 年汛期合计:入库泥沙中,细、中、粗沙占全沙的比例分别为45.0%、28.4%、26.6%;出库泥沙中,细沙占全沙的比例提高为84.4%,中、粗沙占全沙的比例分别降低为9.3%和6.3%。汛期细、中、粗沙及全沙排沙比分别为31.40%、5.46%、3.90%、16.71%。

(8)小浪底水库下闸蓄水运用以来(1999 年10 月~2005 年10 月),多年平均进入下游河道(小浪底+黑石关+武陟)的水量汛期、非汛期、年分别为81.07 亿、130.20 亿、211.27 亿 m^3;沙量分别为0.735 亿、0.013 亿、0.748 亿 t;含沙量分别为9.06、0.10、3.54kg/m^3。

(9)小浪底水库下闸蓄水运用以来(1999 年10 月~2005 年10 月),黄河下游白鹤至河口河段累计冲刷量为11.952 亿t,冲刷主要集中在高村以上和艾山至利津河段,冲刷量分别占总冲刷量的71.06%和16.01%。

(10)小浪底水库运用至2004 年10 月,高村以上河段的断面形态调整基本以展宽和下切并举,高村以下河段以下切为主。花园口以上河床下切幅度最大,平均达1.51m,花园口至夹河滩河段展宽比较大,平均达403m,孙口至艾山河段河床下切幅度小,仅0.6m。

(11)小浪底水库运用以来,下游各河段主槽平滩流量均有不同程度的增加,铁谢至花园口河段主槽平滩流量增加最多,约2 000m^3/s。铁谢至花园口、花园口至高村、高村至艾山、艾山至利津河段1999 年汛后主槽平滩流量分别约为3 000、2 700、2 400、2 500m^3/s。2005 年汛后主槽平滩流量分别约为5 000、4 000、3 500、3 700m^3/s。

下游河道主槽过流能力增加,至2004 年,各站流量2 000m^3/s 的水位降低0.13~1.49m;流量1 000m^3/s 的水位降低0.25~1.51m。花园口水位下降幅度最大;孙口下降幅度最小。流量2 000m^3/s 和1 000m^3/s 的水位降低值,花园口为1.49m 和1.51m,孙口为0.13m 和0.25m。

(12)小浪底水库运用以来,下游河道经历了相对清水冲刷,各河段河床均发生了粗化。2005 年汛前主槽表层床沙中值粒径花园口以上河道为0.174mm,利津以下河道为

0.078mm。

(13)小浪底水库投入运用以来发挥了巨大的综合效益。在黄河下游河道防洪、防凌、减淤运用中起到了不可替代的作用。为黄河下游工农业生产、生活和生态用水提供了可靠而又难得的水源。经小浪底水库适时调蓄,2000～2003 年仅自 3 月上中旬到 6 月下旬乃至 7 月下旬,年平均补水 21.1 亿 m^3(供水关键期补水量基本达到了招标设计分析的年平均 21.6 亿 m^3 指标)。黄河下游河道没有出现断流,结束了黄河连续 10 年断流的历史,小浪底水利枢纽已经成为确保黄河下游不断流的重要工程保障,保障了河道外生活、生产用水和灌溉关键期用水。

2000～2004 年 4 次向天津应急调水,累计从位山闸引水 32.95 亿 m^3,天津九宣闸收水 15.88 亿 m^3。

小浪底电厂自首台机组于 2000 年 1 月 9 日并网发电以来,发电量呈逐年提高的态势,至 2005 年 11 月,累计发电量约 183.5 亿 kW·h,其中 2004 年年度发电量超过 50 亿 kW·h,突破了小浪底水库运用前 10 年设计的平均发电量 45.99 亿 kW·h。

第二节　黄河三次调水调沙试验

一、调水调沙试验的指导思想与目标

黄河治理开发中面临的许多重大问题的症结在于水少沙多、水沙不协调。为维持黄河健康生命,实现黄河长治久安,促进流域经济社会可持续发展,必须采取有效途径,协调黄河的水沙关系。相应的解决措施是增水、减沙与调水调沙,以塑造与黄河相适应的协调的水沙关系。

调水调沙是根据黄河来水来沙特点,在充分利用河道输沙能力的前提下,利用干、支流水库的可调节库容,对来水来沙进行合理的调节控制,适时蓄存或泄放水沙,变不协调的水沙过程为协调,达到减轻下游河道淤积甚至冲刷下游河道的目的。

长期的分析研究表明,黄河下游河道具有“泥沙多来、多排、多淤”的输沙特点。在一定的河道边界条件下,其输沙能力与来水流量的高次方(大于 1 次方)成正比,与来水含沙量也存在明显的正比关系。黄河虽然水沙严重不协调,但只要能找到一种合理的水沙搭配,水流就可能将所挟带的泥沙输送入海,同时又不在下游河道造成明显淤积,还可节省输沙用水量。通过对黄河下游输沙规律的研究,逐步奠定了调水调沙的理论基础。调水调沙最终要通过水库的调度运用来实现,相对于黄河来水而言,黄河中游的万家寨、三门峡等水库调节库容很小,无法单独承担调水调沙的任务。小浪底水利枢纽工程的建成运用,使得开展大规模的调水调沙成为可能。

尽管对小浪底水库的调水调沙已进行了深入研究并有大量的技术储备,但面对复杂多变的水沙条件和全新的水库群水沙联合调度、下游河道边界条件,面对黄河长治久安与区域经济社会发展的矛盾,仍有许多问题需要通过科学试验特别是原型试验加以检验。另外,从实践中发现、认识、总结、升华的规律,也须在实践中得到检验。总之,调水调沙作为一种全新的涉及黄河中下游诸多方面的协调下游水沙关系的关键措施,在投入生产运用前通过试验加以验证总结和完善是十分必要和重要的。

试验总指导思想:通过水库联合调度、泥沙扰动和引水控制等手段,把不同来源区、不同量级、不同泥沙颗粒级配的不平衡的水沙关系塑造成协调的水沙过程,有利于下游河道减淤甚至全线冲刷,开展全程原型观测和分析研究,检验调水调沙调控指标的合理性,进一步优化水库调控指标,探索调水调沙生产运用模式,以利长期开展以防洪减淤为中心的调水调沙运用。为今后调水调沙生产运用奠定科学基础,为黄河下游防洪减淤和小浪底水库运行方式提供重要参数和依据。继而深化对黄河水沙规律的认识,探索黄河治理开发的有效途径。

试验总目标:检验、探索小浪底水库拦沙初期阶段运用方式、调水调沙调控指标;实现下游河道全线冲刷,尽快恢复下游河道主槽的过流能力;探索调整小浪底库区淤积形态、下游河道局部河段河槽形态;探索黄河干支流水库群水沙联合调度的运行方式并优化调控指标,以利长期开展以防洪减淤为中心的调水调沙运用;探索黄河水库、河道水沙运动规律。

在总的指导思想和目标下,由于每次试验的水库蓄水、来水来沙、河道边界、水资源供需、社会约束条件不同,相应每次试验的目标各有侧重。

首次试验:寻求试验条件下黄河下游泥沙不淤积的临界流量和临界时间;使黄河下游河床在试验过程中不淤积或尽可能发生冲刷;检验河道整治成果,验证数学模型和实体模型,深化对黄河水沙规律的认识等。

第二次试验:使下游河道发生冲刷或至少不发生大的淤积,尽可能多地排出小浪底水库的泥沙;进行小浪底水库运用方式探索,解决闸前防淤堵问题,确保枢纽运行安全;探讨、实践浑水水库排沙规律以及在泥沙较细、含沙量较高情况下黄河下游河道的输沙能力。

第三次试验:实现黄河下游主河槽全线冲刷,进一步恢复下游河道主槽的过流能力;调整黄河下游两处卡口段的河槽形态,增大过洪能力;调整小浪底库区的淤积部位和形态;进一步探索研究黄河水库、河道水沙运动规律。

二、调水调沙试验模式

黄河径流主要来自4个地区,即黄河上游兰州以上地区,黄河中游河龙间、龙三间和三花间。在中游干支流,建有5座大型水库,即万家寨水库、三门峡水库、小浪底水库、故县水库和陆浑水库。调水调沙就是对径流过程和五座水库的蓄水进行调度,塑造有利于黄河下游输沙和河道冲刷的水沙过程。调水调沙试验模式则是在不同来源区的水沙及水库蓄水条件下,根据不同的试验目标,采用的不同水库联合调度方式。在试验中,还采取了人工辅助措施。调水调沙试验模式是在长期进行科学研究、实体模型、数学模型模拟基础之上形成的。2002~2004年的三次调水调沙试验中,根据不同来源区水沙条件、水库蓄水情况和工程调度原则,采用了不同的模式。

(一)基于小浪底水库单库调节为主的原型试验

首次调水调沙试验的时间是2002年7月4日9时~15日9时。试验的前期条件是,2002年5、6月份,黄河上中游来水较前几年同期偏丰。在基本保证黄河下游生产、生活和生态用水的前提下,严格控制小浪底水库下泄流量,为调水调沙试验预留了一定的水量。至7月4日9时,小浪底水库水位已达236.42m,水库蓄水量43.5亿m^3,其中225m

以上蓄水 14.3 亿 m^3,基本具备了调水调沙试验的水量条件。根据气象水文预报,在预见期内,黄河中游地区没有明显的降雨过程,中游干流不会出现较大的洪水过程,因已进入汛期,水库蓄水必须降至汛限水位以下。

基于以上条件,黄河首次调水调沙试验采用了以小浪底水库蓄水为主,单库调度运行的试验模式。在试验中当发生中小洪水过程,且含沙量较高时,加强水库水沙观测,适时进行小浪底水库异重流排沙试验。

此种模式有较为普遍的应用意义,即当小浪底水库蓄水基本能够满足调水调沙水量要求,或者以小浪底水库蓄水为主,加上河道来水量能够满足调水调沙水量要求时,即进行调水调沙。当来水含沙量较高,在小浪底水库形成异重流并生成浑水水库时,则以输沙为主,如果含沙量较低,则以冲刷下游河道为主。

(二)基于空间尺度水沙对接的原型试验

第二次调水调沙试验的时间是 2003 年 9 月 6 日 9 时 ~ 18 日 18 时 20 分。试验的前期条件是:2003 年前汛期,黄河流域降雨较少,没有出现流域性的洪水。7 月 30 日,黄河北干流黄甫川等支流出现暴雨,在府谷水文站洪峰流量为 13 000m^3/s,洪水演进到潼关水文站,因在小北干流的衰减,洪峰流量仅为 2 150m^3/s,但由于此次洪水含沙量高,洪水在小浪底水库形成异重流,并在坝前产生浑水水库。8 月 25 日开始,黄河的支流渭河和伊洛河出现长历时的降雨过程,并相续出现洪水。9 月 2 日,小花区间洪水过程已经形成,渭河第一次洪水已进入小浪底水库形成异重流,并有充足的水量,而且气象水文预报还有降雨过程和洪水过程。为此,决定进行第二次调水调沙试验。为了做好这次试验,先减小了小浪底水库的下泄流量,以小花间的洪水为主先行在黄河下游探路,以确定下游河槽的过流能力。小花间洪水在花园口的洪峰流量达到 2 780m^3/s,顺利通过下游。确定此次调水调沙的模式为,小浪底、故县、陆浑三库联合调度,小浪底水库排泄坝前淤积泥沙和浑水,形成高含沙水流,在花园口与经过故县、陆浑两水库调控的小花间低含沙量洪水对接,以清驭浑,实现空间尺度的调水调沙。

此次试验是一次多库联合调度的调水调沙,洪水属于“上下共同来水”,且各区域来水的含沙量不同,小浪底以上洪水含沙量较高,而小花区间洪水基本为清水,通过多水库的联合调度,清浑水对接,其调度理念为今后利用同时来自不同区间和不同含沙量径流进行调水调沙提供了技术模式,也为异重流和浑水水库的调度提供了新的方式。

(三)基于干流水库群水沙联合调度的原型试验

第三次调水调沙试验的时间是 2004 年 6 月 19 日 9 时 ~ 7 月 13 日 8 时。2004 年汛前,万家寨、三门峡、小浪底三水库的水位都在汛限水位以上。万家寨水库水位为 977m,小浪底水库因上年来水较丰,水位高达 254m,汛限水位以上蓄水量共计 46.68 亿 m^3,但小浪底水库蓄水位较高,在回水末端形成了淤积三角洲,占用了部分长期有效库容。同时,黄河下游在经过了两次调水调沙以后,主槽的过流能力有了一定的提高,大部分河段达到 3 000m^3/s 左右,但在山东的徐码头和雷口两个河段,过流能力仅为 2 300m^3/s 左右,成为卡口。为了有效利用汛限水位以上蓄水,继续提高下游的过流能力,特别是卡口河段的过流能力,冲刷小浪底水库上段不利部位的淤积泥沙,决定进行第三次调水调沙试验。此次试验模式是在卡口河段和小浪底水库上段实施人工扰沙,以充分利用水流的富余挟沙能力;通过万家寨、三门峡两水库的调度,达到水流的长距离接力,在小浪底水库上段形成冲刷水流，冲刷经过人工扰动的淤积三角洲，并塑造异重流，将泥沙送至坝前并排泄出库。

第三次调水调沙试验的重点是三库的联合调度、异重流的塑造和人工扰沙。通过试验证明，在充分认识自然规律的基础上，能够有效地借用自然的力量，辅以人工干预，塑造适当的水沙过程，实现小浪底水库的淤积形态调整，调度利用小浪底水库长期有效库容，做到用而不占；实现人工异重流塑造，提高泥沙输送和水库排沙能力。

三、调水调沙试验成果

（一）下游河道主槽冲刷效果

1. 首次调水调沙试验下游河道主槽冲刷效果

1）进入下游河道的水沙条件

2002 年 7 月 4～15 日首次试验期间，小浪底水文站的水量 26.06 亿 m^3，输沙量 0.319 亿 t，平均含沙量 12.2kg/m^3；沁河和伊洛河同期来水 0.55 亿 m^3；利津水文站水量 23.35 亿 m^3，沙量 0.505 亿 t；下游最后一个观测站丁字路口站通过的水量为 22.94 亿 m^3，沙量为 0.532 亿 t。

2）下游河道冲刷效果

a. 冲淤量及沿程分布

调水调沙试验期间下游河道总冲刷量为 0.362 亿 t。其中，白鹤至花园口河段冲刷量为 0.131 亿 t，占下游河道总冲刷量的 36.2%；花园口至夹河滩河段冲刷量 0.071 亿 t；夹河滩至高村和高村至孙口河段由于洪水漫滩，分别淤积 0.011 亿 t 和 0.071 亿 t；孙口至艾山、艾山至泺口、泺口至利津河段分别冲刷 0.017 亿、0.090 亿 t 和 0.107 亿 t。艾山至利津河段冲刷效果显著，冲刷量为 0.197 亿 t，占全下游总冲刷量的 54.4%。利津至河口冲刷 0.028 亿 t。实现了全河段主槽冲刷的试验目标。

b. 冲淤量横向分布

黄河下游河道横断面分为河槽和滩地，河槽又分为主槽和嫩滩，本次调水调沙试验期间各部分冲淤情况见表 9-2-1。

表 9-2-1　首次调水调沙试验下游各河段滩槽冲淤量　（单位：亿 t）

河段	全断面	二滩	嫩滩	主槽	河槽
白鹤—花园口	-0.131	0.005	0.091	-0.227	-0.136
花园口—夹河滩	-0.071	0.000	0.069	-0.140	-0.071
夹河滩—高村	0.011	0.039	0.197	-0.225	-0.028
高村—孙口	0.071	0.154	0.092	-0.175	-0.083
孙口—艾山	-0.017	0.002	0.010	-0.029	-0.019
艾山—泺口	-0.090	0.000	0.006	-0.096	-0.090
泺口—利津	-0.107	0.000	0.003	-0.110	-0.107
利津—河口	-0.028	0.000	0.033	-0.061	-0.028
白鹤—高村	-0.191	0.044	0.357	-0.592	-0.235
高村—河口	-0.171	0.156	0.144	-0.471	-0.327
白鹤—河口	-0.362	0.200	0.501	-1.063	-0.562

首次调水调沙试验下游河道主槽冲刷效果明显,嫩滩则发生了不同程度的淤积。各河段主槽、嫩滩及河槽的冲淤厚度见表9-2-2。

表9-2-2 首次调水调沙试验下游各河段滩槽冲淤厚度 (单位:m)

河段	主槽		嫩滩		河槽	
	冲淤厚度	宽度	冲淤厚度	宽度	冲淤厚度	宽度
白鹤—花园口	-0.18	800	0.11	706	-0.08	1 506
花园口—夹河滩	-0.16	739	0.06	1 296	-0.04	2 035
夹河滩—高村	-0.24	806	0.18	1 358	-0.02	2 164
高村—孙口	-0.26	414	0.17	453	-0.08	867
孙口—艾山	-0.07	454	0.05	318	-0.04	772
艾山—泺口	-0.16	421	0.03	167	-0.15	588
泺口—利津	-0.12	384	0.01	181	-0.11	565
利津—河口	-0.12	404	0.08	437	-0.04	841
白鹤—高村	-0.19	783	0.12	1 076	-0.04	1 859
高村—河口	-0.15	409	0.09	297	-0.09	706

夹河滩以上河段主槽冲深上大下小;夹河滩至高村由于洪水漫滩,滩槽水沙发生交换,表现为明显的槽冲滩(嫩滩)淤,滩地一部分清水在逐步归槽的同时,降低了水流含沙量,增加了冲刷能力,使得主槽冲刷厚度达0.24m;高村至孙口河段滩槽水沙交换更加剧烈,大部分漫滩水流在本河段归槽,本河段主槽相对窄深,因而冲刷最为明显,达0.26m;孙口至艾山河段主槽也发生了相应的冲刷;艾山以下冲深上大下小,也符合沿程冲刷的规律。

c. 含沙量沿程恢复情况

试验期间下游各站平均流量和平均含沙量见表9-2-3。

表9-2-3 首次调水调沙试验期间下游各站平均流量和平均含沙量

站名	平均流量(m^3/s)	平均含沙量(kg/m^3)	站名	平均流量(m^3/s)	平均含沙量(kg/m^3)
小浪底	2 741	12.2	孙口	2 056	14.1
小黑武	2 798	12.0	艾山	1 984	17.8
花园口	2 649	13.2	泺口	1 906	19.0
夹河滩	2 605	14.2	利津	1 885	21.6
高村	2 377	12.7	丁字路口	1 852	23.2

沿程含沙量除夹河滩至孙口河段出现波动外,整体表现出沿程增加的趋势。夹河滩至孙口河段含沙量变化与该区间洪水漫滩归槽及滩槽的冲淤纵横向分布完全对应。如前所述,夹河滩至高村河段部分漫滩水流归槽降低了水流的含沙量,使得高村站含沙量略有降低,为12.7kg/m^3;而高村至孙口河段由于大部分洪水在此河段回归主槽,且主槽相对窄深,冲刷相对剧烈,至孙口站含沙量又有所恢复,为14.1kg/m^3。

d. 河道泥沙粒径变化及分组沙冲淤量

(1)悬移质泥沙粒径变化。试验期间,主槽沿程冲刷,泥沙从河床的补给占进入下游河道泥沙的比例逐步增加,使得各水文站悬移质泥沙总体呈现出沿程粗化的趋势。时段

平均泥沙中值粒径 d_{50} 小浪底水文站为 0.006mm，花园口水文站为 0.008mm，高村水文站为 0.015mm，而到丁字路口水文站 d_{50} 达到 0.03mm。

悬移质泥沙粒径沿程发生变化，还可以通过不同水文站粗颗粒泥沙（$d>0.05$mm）在全沙中所占的比例的变化来反映。试验期间各水文站粗颗粒泥沙所占比例见表 9-2-4。

表 9-2-4　首次调水调沙试验期间下游各站粗泥沙占全沙重量百分数

站名	$d>0.05$mm 的泥沙重量（万 t）	$d>0.05$mm 的泥沙所占百分数（%）
小浪底（二）	105.9	3.3
花园口	446.3	11.9
夹河滩	421.2	10.4
高村（四）	603.9	18.3
孙口	526.0	14.9
艾山（二）	1 139.5	26.5
泺口（三）	875.6	19.9
利津（三）	1 050.0	21.0
丁字路口	1 261.4	23.8

从表 9-2-4 也可看出，小浪底水文站输沙总量中，粗颗粒泥沙只占 3.3%，到丁字路口水文站，占 23.8%。在其他各站中，艾山水文站粗颗粒泥沙占总输沙量的比例最大，为 26.5%。其主要原因是，试验期间孙口至艾山河段出现持续冲刷，且冲刷强度较其他河段剧烈，艾山断面平均河底高程最大刷深 1.3m 以上，大量粗颗粒泥沙被冲起来，造成悬移质颗粒发生明显粗化。

（2）河床质泥沙粒径变化。首次调水调沙试验过程中除夹河滩至孙口河段水流漫滩外，其他各河段水流均没有上滩，因此着重分析主槽床沙变化。试验中，主槽沿程冲刷，床沙粗化，其表层床沙中值粒径 D_{50} 的变化情况见图 9-2-1。

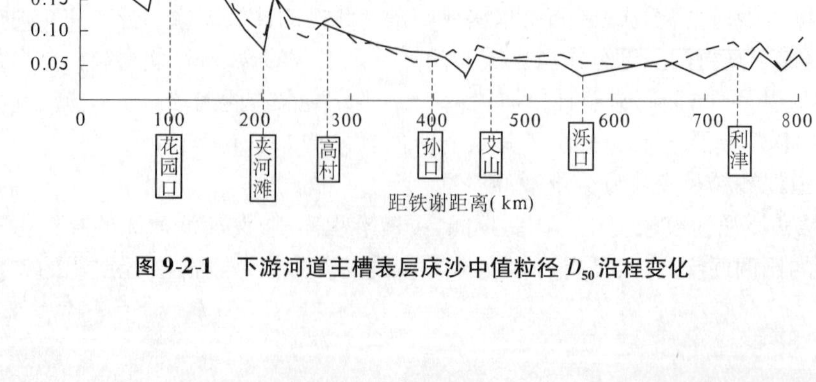

图 9-2-1　下游河道主槽表层床沙中值粒径 D_{50} 沿程变化

其中,艾山以下河段床沙粗化明显,中值粒径 D_{50} 平均增加 0.014mm。主要原因是试验前此段床沙相对较细。

(3)分组沙冲刷量。主槽分组沙冲刷量利用汛前下游各河段河床表层与 1m 深处的泥沙平均级配来计算,滩地淤积部分用试验后表层泥沙级配计算。主槽分组沙冲刷量见表 9-2-5。

表 9-2-5　首次调水调沙试验期间下游主槽分组沙冲刷量　(单位:亿 t)

粒径范围 (mm)	花园口以上	花园口—夹河滩	夹河滩—高村	高村—孙口	孙口—艾山	艾山—利津	利津以下	白鹤—河口
<0.025	-0.003	-0.004	-0.008	-0.011	-0.005	-0.035	-0.011	-0.095
0.025~0.05	-0.005	-0.010	-0.016	-0.021	-0.008	-0.066	-0.017	-0.182
>0.05	-0.219	-0.126	-0.201	-0.143	-0.017	-0.106	-0.033	-0.787
全沙	-0.227	-0.140	-0.225	-0.175	-0.029	-0.206	-0.061	-1.063

就全下游冲刷总量而言,$d<0.025$mm、$d=0.025\sim0.05$mm、$d>0.05$mm 泥沙的冲刷量分别为 0.095 亿、0.182 亿、0.787 亿 t,分别占总冲刷量的 9%、17%、74%。其中花园口以上河段 $d>0.05$mm 泥沙的冲刷量为 0.219 亿 t,占本河段全沙冲刷量的 96.5%。

2. 第二次调水调沙试验下游河道主槽冲刷效果

1)进入下游河道的水沙条件

第二次试验期间,小浪底水文站的水量 18.25 亿 m^3,输沙量 0.740 亿 t,平均含沙量 40.55kg/m^3;沁河和伊洛河同期来水量 7.66 亿 m^3,来沙量 0.011 亿 t。进入下游(小黑武)的水量为 25.91 亿 m^3,沙量为 0.751 亿 t,平均含沙量 29.0kg/m^3。利津水文站水量 27.19 亿 m^3,沙量 1.207 亿 t。

2)下游河道冲刷效果

a. 冲淤量及沿程分布

试验期间下游河道总冲刷量 0.456 亿 t。其中,花园口以上、花园口至夹河滩、夹河滩至高村河段冲刷量分别为 0.105 亿、0.036 亿、0.117 亿 t;高村至孙口河段淤积 0.024 亿 t;孙口至艾山、艾山至泺口、泺口至利津河段分别冲刷 0.187 亿、0.002 亿、0.033 亿 t。高村以上河段和艾山至利津河段冲刷量分别为 0.258 亿 t 和 0.035 亿 t,分别占下游总冲刷量的 57% 和 8%。由于第二次试验没有发生大的漫滩,冲淤均发生在主槽内。

本次试验黄河下游平均冲刷强度 5.8 万 t/km,较 2002 年调水调沙试验(4.4 万 t/km)明显增加。其中孙口至艾山河段冲刷强度最大,为 29.7 万 t/km,夹河滩以上沿程明显减小,艾山以下沿程增加。

下游各水文站断面,主槽平均河底高程变化见表 9-2-6,可以看出除艾山断面河底平均高程升高外,其他各断面在定性上均表现为降低,其中高村和孙口降低 0.3m 左右。

b. 含沙量沿程恢复情况

第二次调水调沙试验期间,平均含沙量沿程变化情况见图 9-2-2。可以看出,随着河道的沿程冲刷,水流平均含沙量总体呈沿程增加趋势,至利津含沙量恢复到 44.39kg/m^3,含沙量增大 15.4kg/m^3。其中高村至孙口河段变化趋势出现被动,与第一次调水调沙期间沿程平均含沙量对比，主槽冲刷逐步向下游的推移已发展到了高村河段。艾山至利津河段一方面由于河槽相对窄深，另一方面由于东平湖加水，该河段含沙量恢复比较快，含沙量恢复了 6.68kg/m³。

表 9-2-6　　第二次调水调沙试验前后各站断面冲淤情况

断面名称	起始时间（月-日 T时:分）	结束时间（月-日 T时:分）	主槽宽度（m）	主槽冲淤厚度（m）	冲淤面积（m²）
小浪底	09-06T10:48	09-22T15:45	329	-0.08	-26.34
花园口	09-07T07:30	09-20T17:27	533	-0.14	-75
夹河滩	09-07T10:20	09-20T17:09	558*	-0.18	-99.1
高村	09-07T16:18	09-21T18:03	475	-0.31	-146
孙口	09-08T08:42	09-22T17:03	580	-0.29	-166
艾山	09-08T09:22	09-22T17:50	410	0.28	116
泺口	09-09T17:31	09-23T08:47	251	-0.24	-59
利津	09-09T09:32	09-23T06:39	344	-0.12	-42

注：* 夹河滩断面试验后主槽展宽。

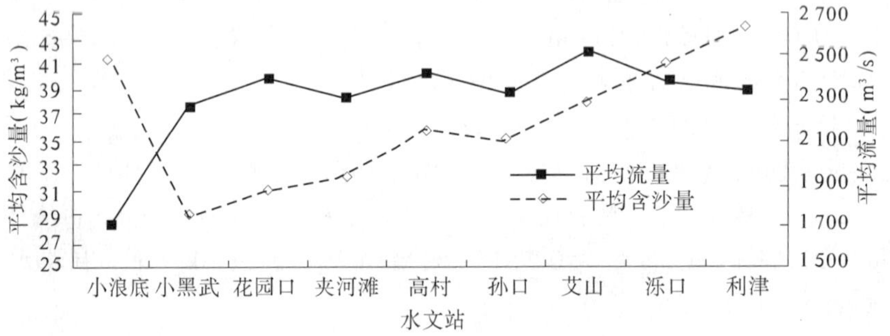

图 9-2-2　第二次调水调沙试验期间平均含沙量沿程变化

c. 泥沙粒径变化

在第二次调水调沙试验期间，与水流含沙量总体变化趋势一致，各水文站的悬移质泥沙总体上也是沿程发生粗化。过程平均泥沙中值粒径 d_{50} 小浪底、花园口均为 0.006mm；夹河滩、高村、孙口分别为 0.007、0.008、0.009mm；艾山增加至 0.014mm，增加十分明显；泺口、利津分别为 0.013、0.019mm。

试验期间从小浪底站到利津站悬沙粒径是逐渐粗化的。以 $d>0.05$mm 的粗颗粒泥沙沙量百分比为例，小浪底站占 2.4%，利津站占 24.4%，沿程增加趋势非常明显。

试验后小浪底以下各站河床质都较试验前有所粗化。悬移质泥沙粒径的变化与河床冲淤变化相对应，一般来说，河床冲刷则床沙粗化，河床淤积则床沙细化。这种情况也从另一个侧面证实在第二次调水调沙试验中，黄河下游河道主槽发生了全程冲刷。

3. 第三次调水调沙试验下游河道主槽冲刷效果

1）进入下游河道的水沙条件

第三次调水调沙试验期间，下游各站水沙量统计见表 9-2-7。第一阶段，小浪底水库清水下泄，小浪底水文站水量23.01亿m^3，伊洛河和沁河同期来水0.25亿m^3，小黑武水量23.25亿m^3，为清水；第二阶段，小浪底水库少量排沙，小浪底水文站水量21.72亿m^3，沙量为0.044亿t，平均含沙量2.01kg/m^3，伊洛河和沁河同期来水0.54亿m^3，小黑武水量22.26亿m^3，沙量为0.044亿t，平均含沙量1.97kg/m^3；中间段（两阶段之间的小流量泄放期），小浪底水文站水量2.07亿m^3，沙量为0，伊洛河和沁河同期来水0.31亿m^3，小黑武水量2.38亿m^3。

表9-2-7　　第三次调水调沙试验下游各站水沙量统计

项目		站名										
		黑石关	武陟	小浪底	小黑武	花园口	夹河滩	高村	孙口	艾山	泺口	利津
第一阶段	水量（亿m^3）	0.16	0.09	23.01	23.25	22.48	22.03	21.66	22.51	22.93	22.67	22.99
	沙量（亿t）	0	0	0	0	0.087	0.137	0.176	0.229	0.278	0.278	0.366
	含沙量（kg/m^3）	0	0	0	0	3.88	6.22	8.14	10.16	12.15	12.26	15.92
第二阶段	水量（亿m^3）	0.39	0.15	21.72	22.26	22.62	22.37	22.51	23.1	22.73	22.72	23.4
	沙量（亿t）	0	0.000 003	0.044	0.044	0.119	0.163	0.17	0.239	0.263	0.266	0.324
	含沙量（kg/m^3）	0	0.02	2.01	1.97	5.27	7.28	7.54	10.36	11.57	11.71	13.85
中间段	水量（亿m^3）	0.23	0.08	2.07	2.38	2.47	2.54	2.66	2.36	2.48	1.57	1.62
	沙量（亿t）	0.000 1	0.000 016	0	0	0.005	0.008	0.008	0.006	0.007	0.005	0.007
	含沙量（kg/m^3）	0.43	0.20	0	0.05	1.76	3.22	2.88	2.59	3.2	3.18	4.94
全过程	水量（亿m^3）	0.78	0.32	46.80	47.89	47.57	46.94	46.83	47.97	48.14	46.96	48.01
	沙量（亿t）	0.000 1	0.000 019	0.044	0.044	0.211	0.308	0.354	0.474	0.548	0.549	0.697
	含沙量（kg/m^3）	0.13	0.06	0.94	0.92	4.43	6.56	7.55	9.89	11.41	11.69	14.52

整个试验期间，小浪底水文站水量46.80亿m^3，沙量0.044亿t，平均含沙量0.94kg/m^3。伊洛河和沁河同期来水1.10亿m^3，小黑武水量47.89亿m^3，沙量0.044亿t，平均含沙量0.92kg/m^3。利津水文站过程历时648h，水量为48.01亿m^3，沙量为0.697亿t，平均含沙量14.52kg/m^3，含沙量沿程恢复13.60kg/m^3。

2）下游河道冲刷效果

a. 冲刷量及沿程分布

根据实测水沙资料，考虑各河段实测引沙量，小浪底至利津河段，第一阶段冲刷0.373

亿 t,第二阶段冲刷 0.283 亿 t,中间段冲刷 0.009 亿 t。整个调水调沙期间小浪底至利津河段共冲刷 0.665 亿 t,并实现了下游全线冲刷。

第三次调水调沙试验,小浪底至利津平均每千米冲刷 8.8 万 t。花园口以上冲刷强度最大,为 13.1 万 t/km;花园口至夹河滩、夹河滩至高村河段冲刷强度分别为 9.96 万、6.1 万 t/km ,呈现沿程减小的特性;高村至孙口及孙口至艾山两河段因实施人工扰动,冲刷强度明显增大,分别为 10.4 万 t/km 和 11.6 万 t/km;艾山至泺口、泺口至利津河段冲刷强度分别为 0.1 万 t/km 和 8.93 万 t/km。

2004 年 4 ~7 月各河段标准水位下主槽平均河底高程变化见表 9-2-8。经过冲刷,下游各河段主槽平均河底高程均表现为不同程度的降低,降低幅度为 0.003 ~0.212m,其中高村至孙口、艾山至泺口和泺口至利津河段主槽平均河底高程降低相对较多,分别降低了 0.117、0.146m 和 0.212m。

表 9-2-8　　2004 年 4 ~7 月下游河道主槽平均河底高程变化

河段	标准水位下主槽平均河底高程变化(m)	河段	标准水位下主槽平均河底高程变化(m)
小铁 1—花园口	-0.020	孙口—艾山	-0.060
花园口—夹河滩	-0.003	艾山—泺口	-0.146
夹河滩—高村	-0.052	泺口—利津	-0.212
高村—孙口	-0.117	利津—河口	-0.105

注:“ - ”表示河底高程降低。

b. 含沙量沿程恢复情况

第三次调水调沙试验期间,下游各站含沙量过程明显分为两个阶段,存在两个沙峰,第一阶段,小浪底水库清水下泄,第二阶段,小浪底水库少量排沙,小浪底水文站平均含沙量 2.01kg/m³,最大含沙量 12.80kg/m³。经过河道冲刷,下游各站含沙量沿程恢复。第一阶段花园口最大含沙量 7.22kg/m³,平均含沙量 3.88kg/m³;高村最大含沙量 12.60 kg/m³,平均含沙量 8.14kg/m³;利津最大含沙量 24.00kg/m³,平均含沙量 15.92kg/m³。利津以上河段平均含沙量恢复值为 15.92kg/m³。第二阶段,花园口最大含沙量 13.10kg/m³,平均含沙量 5.27kg/m³;高村最大含沙量 12.60kg/m³,平均含沙量 7.54 kg/m³;利津最大含沙量 23.10kg/m³,平均含沙量 13.85kg/m³。利津以上河段平均含沙量恢复值为11.84kg/m³。整个试验期间,下游利津以上河段含沙量恢复值为 13.60kg/m³。下游各站含沙量见表 9-2-9。

c. 河道泥沙粒径变化及分组沙冲淤量

(1)悬移质泥沙粒径变化。全过程悬移质平均中值粒径由小浪底站的 0.007mm 增大至花园口站的 0.042mm。花园口至高村河段,悬移质平均中值粒径有所减小,减小到 0.028mm。高村至艾山河段悬移质平均中值粒径是沿程增加的,增加到 0.036mm。艾山至利津河段,悬移质平均中值粒径沿程减小,减小到 0.031mm。整个试验期间,由于沿程冲刷,悬移质粒径粗化是十分明显的,悬移质平均中值粒径由小浪底站的 0.007mm 增加到利津站的 0.031mm。

表 9-2-9　　第三次调水调沙试验期间下游各站含沙量特征值　　（单位：kg/m^3）

站名	第一阶段		第二阶段		中间段	全过程
	最大含沙量	平均含沙量	最大含沙量	平均含沙量	平均含沙量	平均含沙量
黑石关	0.00	0.00	0.00	0.00	0.43	0.13
武陟	0.00	0.00	0.08	0.02	0.20	0.06
小浪底	0.00	0.00	12.80	2.01	0.00	0.94
小黑武		0.00		1.97	0.05	0.92
花园口	7.22	3.88	13.10	5.27	1.76	4.43
夹河滩	9.46	6.22	14.20	7.28	3.22	6.56
高村	12.60	8.14	12.60	7.54	2.88	7.55
孙口	15.80	10.16	17.80	10.36	2.59	9.88
艾山	16.70	12.15	17.50	11.57	3.20	11.41
泺口	15.20	12.26	16.80	11.71	3.18	11.69
利津	24.00	15.92	23.10	13.85	4.94	14.52

整个调水调沙试验期间，下游各站悬移质粗泥沙（$d>0.05$ mm）所占百分数沿程明显增加，由小浪底站的 4.1% 增加到利津站的 31.0%，悬移质泥沙组成粗化，见表 9-2-10。

表 9-2-10　　第三次调水调沙试验期间下游各站悬移质中粗泥沙所占百分数（%）

站名	第一阶段	第二阶段	全过程
小浪底		4.1	4.1
花园口	44.2	40.4	42.9
夹河滩	37.3	33.3	34.4
高村	32.8	24.4	28.5
孙口	35.0	32.1	30.9
艾山	40.4	38.5	37.8
泺口	38.4	34.4	36.0
利津	29.3	28.6	31.0

（2）河床质泥沙粒径变化。根据 2004 年 4 月和 7 月实测床沙级配资料，下游河道主槽床沙中值粒径 D_{50} 沿程变化见表 9-2-11。可以看出，调水调沙试验之后主槽床沙中值粒径 D_{50} 总体变粗。$D>0.05$mm 泥沙体积百分数增加。其中，高村以上各河段床沙粗化明显，中值粒径由 0.058 ~ 0.163mm 增加到 0.108 ~ 0.272mm，$D>0.05$mm 泥沙体积百分数由 55.5% ~ 77.6% 增加到 78.0% ~ 90.8%。

表 9-2-11　　下游河道各河段主槽河床质特征值（激光法）

河段	中值粒径 D_{50}（mm）		$D>0.05$mm 体积百分数（%）	
	2004 年 4 月	2004 年 7 月	2004 年 4 月	2004 年 7 月
花园口以上	0.163	0.272	77.6	90.8
花园口—夹河滩	0.073	0.150	63.0	91.3
夹河滩—高村	0.058	0.108	55.5	78.0
高村—孙口	0.064	0.088	66.7	78.3
孙口—艾山	0.063	0.089	61.8	78.5
艾山—泺口	0.080	0.088	80.8	82.3
泺口—利津	0.059	0.076	58.8	74.2
利津以下	0.051	0.054	51.3	55.3

(3)分组沙冲淤量。第三次调水调沙试验期间下游各河段分组沙冲淤量见表9-2-12。整个试验期间,小浪底至利津河段,$D<0.025$mm、$0.025\text{mm}<D<0.05$mm、$D>0.05$mm泥沙的冲刷量分别为0.275亿、0.185亿、0.205亿t,分别占总冲刷量的41.3%、27.8%、30.9%。

表9-2-12　第三次调水调沙试验期间下游各河段分组沙冲淤量　(单位:亿t)

河段	<0.025mm	0.025~0.05mm	>0.05mm	全沙
小浪底—花园口	-0.051	-0.039	-0.078	-0.169
花园口—夹河滩	-0.047	-0.004	-0.048	-0.100
夹河滩—高村	-0.030	-0.015	-0.002	-0.047
高村—孙口	-0.032	-0.062	-0.029	-0.123
孙口—艾山	0.006	-0.021	-0.060	-0.075
艾山—泺口	-0.022	0.000	0.022	-0.001
泺口—利津	-0.100	-0.044	-0.006	-0.150
小浪底—利津	-0.275	-0.185	-0.205	-0.665

4. 三次调水调沙试验下游河道总冲刷效果

三次调水调沙试验进入下游河道(小浪底、黑石关、武陟)总水量为100.41亿m^3,总沙量为1.114亿t。三次调水调沙试验实现了下游主槽全线冲刷,入海总沙量为2.568亿t,下游河道共冲刷1.483亿t(不包括第三次中间段的0.009亿t)。

(二)下游河道行洪能力变化

1. 断面形态调整

黄河下游是强烈的冲积性河道,纵横断面的调整受来水来沙影响较大。经过三次黄河调水调沙试验,黄河下游各河段纵横断面的调整各有特点。套绘2002年5月和2004年7月黄河下游测验大断面,得出各河段河宽和河底平均高程变化见表9-2-13。白鹤至官庄峪河段,主槽以冲深为主,部分断面有所展宽,平均展宽幅度为144m,该河段平均河底高程平均下降0.58m;官庄峪至花园口河段以展宽为主,特别是京广铁路桥以上河道展宽明显,该河段平均展宽370m,平均河底高程平均下降0.38m;花园口至孙庄河段比较稳定,主要以冲深为主,平均冲深0.64m;孙庄至东坝头河段,河势变化较大,以塌滩展宽为主,主槽平均展宽248m,平均河底高程平均下降0.44m;东坝头以下河势比较稳定,工程控制较好,主槽宽度变化不大,均以冲深为主,其中东坝头至高村、高村至孙口、孙口至艾山、艾山至泺口、泺口至利津分别冲深1.12、1.06、0.62、0.90、1.00m。

表9-2-13　三次调水调沙试验前后黄河下游各河段断面特征变化统计

河段	2002年4月河宽(m)	2004年7月河宽(m)	差值(m)	河底高程升降(m)
白鹤—官庄峪	1 049	1 193	144	-0.58
官庄峪—花园口	1 288	1 658	370	-0.38
花园口—孙庄	906	961	55	-0.64
孙庄—东坝头	1 284	1 532	248	-0.44
东坝头—高村	605	635	30	-1.12
高村—孙口	484	458	-26	-1.06
孙口—艾山	521	500	-21	-0.62
艾山—泺口	494	486	-8	-0.90
泺口—利津	396	397	1	-1.00

2. 三次调水调沙试验平滩流量变化

1)首次调水调沙试验

根据首次试验期间各站水位、流量关系,结合测流断面滩唇高程,得到各水文站断面主槽过流能力的变化见表 9-2-14。

表 9-2-14　　首次调水调沙试验前后各水文站主槽过流能力变化情况

站名	平滩水位(m)	主槽过流能力(m^3/s)			最高水位(m)
		试验前	试验后	增值	
花园口	93.75	3 400	3 700	300	93.67
夹河滩	77.41	2 900	2 900	0	77.59
高村	63.21(前)	1 750			63.76
	63.62(后)		2 800	1 050	
孙口	48.45	2 070	1 890	-180	49.00
艾山	42.30	3 300	3 200	-100	41.76
泺口	31.40	2 800	2 960	160	31.03
利津	14.39	3 500	3 500	0	13.80
丁字路口	5.77	2 150	2 700	550	5.53

高村附近河段平滩流量增大较为明显,一方面是由于主槽的冲刷下切,另一方面与洪水期大范围漫滩,滩唇淤积抬升也有较为密切的关系。洪水过后,本河段滩唇高程升高约 0.4m。

为了更好地反映首次调水调沙试验期间各河段平滩流量的变化,根据河段的平均冲淤情况分析了各河段平滩流量的变化(简称断面法)。同时,将上下水文站断面平滩流量进行算术平均,作为河段平均平滩流量(简称水位法),计算成果见表 9-2-15。可以看出,夹河滩以上河段主槽平滩流量增大 240 ~ 300m^3/s;夹河滩至孙口河段漫滩较为严重,淤滩刷槽、滩槽高差增加明显,平滩流量增幅最大,增大 300 ~ 500m^3/s;利津以下河口段增大约 200m^3/s;孙口至利津河段平滩流量增幅最小,为 80 ~ 90m^3/s。

表 9-2-15　　首次调水调沙试验前后下游各河段主槽过流能力变化情况

河段	主槽宽(m)	滩槽高差增值(m)	主槽过流能力增值(m^3/s)		
			断面法	水位法	建议采用值
小浪底—花园口	800	0.26	374	300	300
花园口—夹河滩	739	0.2	266	150	240
夹河滩—高村	806	0.37	537	525	500
高村—孙口	414	0.38	283	435	300
孙口—艾山	454	0.11	90	-140	90
艾山—泺口	421	0.18	136	30	80
泺口—利津	384	0.13	90	80	90
利津—丁字路口	404	0.2	145	275	200

注:水位法计算平滩流量增值采用河段进、出口水文站的平均值。

2)第二次调水调沙试验

根据第二次调水调沙试验期间水文站水位、流量关系,推算出各水文站断面主槽平滩水位以下过流能力的变化见表 9-2-16。各水文站主槽平滩水位下的过流能力均有不同程度增加，增幅一般在 150 ~ 400m^3/s。

表 9-2-16　　第二次调水调沙试验期间下游主要站主槽过流能力变化

项目	站名						
	花园口	夹河滩	高村	孙口	艾山	泺口	利津
平滩水位(m)	93.88	77.40	63.40	48.45	41.65	31.40	14.24
试验前相应流量(m^3/s)	4 300	2 900	2 600	2 100	2 700	2 900	3 200
试验后相应流量(m^3/s)	4 450	3 300	2 750	2 300	2 850	3 200	3 350
增加流量(m^3/s)	150	400	150	200	150	300	150

3）第三次调水调沙试验

分析同流量（2 000m^3/s）水位变化见表 9-2-17，可以看出同流量水位均有不同程度降低，第一阶段和 6 月份洪水相比有升有降，平均降低 0.03m；第二阶段和 6 月份洪水相比，除夹河滩升高 0.13m 外，其他均有所下降，花园口和泺口下降最多，为 0.31m 和 0.30m，平均降低 0.11m。

表 9-2-17　　第三次调水调沙试验前后水文站同流量（2 000m^3/s）水位变化　　（单位：m）

站名	6 月份①	试验第一阶段②	试验第二阶段③	② - ①	③ - ①
花园口	92.51	92.41	92.20	-0.10	-0.31
夹河滩	76.07	76.07	76.20	0.00	0.13
高村	62.41	62.40	62.31	-0.01	-0.10
孙口	47.88	47.93	47.79	0.05	-0.09
艾山	40.52	40.45	40.45	-0.07	-0.07
泺口	29.90	29.88	29.60	-0.02	-0.30
利津	12.68	12.63	12.63	-0.05	-0.05
平均				-0.03	-0.11

根据各站水位流量关系曲线分析计算，花园口、夹河滩、高村、孙口、艾山、泺口、利津各站平滩流量分别增加 340、340、210、360、120、220、110m^3/s，整个下游平均增加 240m^3/s。

4）三次调水调沙试验

经过三次调水调沙试验，下游河道各河段主槽过流能力明显增加，点绘黄河下游各水文站断面 1999、2002、2003 年和 2004 年调水调沙试验后 8 月份的水位—流量关系变化，表现同水位流量均有所增大，同流量水位明显降低。2002 ~ 2004 年，下游各站同流量水位平均降低 0.95m，其中夹河滩、高村降幅都在 1m 以上，见表 9-2-18。

统计三次调水调沙试验期间各河段平滩流量增加值见表 9-2-19。黄河下游各河段平滩流量增加 460 ~ 1 050m^3/s，平均增加为 672m^3/s，其中夹河滩至高村平滩流量增加最大为 1 050m^3/s，利津至丁字路口平滩流量增加最小，为 4 60m^3/s，高村至孙口平滩流量增加 760m^3/s。

表 9-2-18　　三次调水调沙试验各水文站同流量（2 000m³/s）水位变化　　（单位：m）

站名	1999 年 5 月 ①	2002 年 ②	2003 年 ③	2004 年 ④	②-①	④-①	④-②
花园口	93.67	93.19	92.79	92.34	-0.48	-1.33	-0.85
夹河滩	76.77	76.93	76.88	75.90	0.16	-0.87	-1.03
高村	63.04	63.45	63.06	62.27	0.41	-0.77	-1.18
孙口	48.07	48.54	48.42	47.64	0.47	-0.43	-0.90
艾山	40.65	41.19	41.12	40.40	0.54	-0.25	-0.79
泺口	30.23	30.65	30.57	29.68	0.42	-0.55	-0.97
利津	13.25	13.50	13.48	12.57	0.25	-0.68	-0.93
平均					0.25	-0.70	-0.95

表 9-2-19　　三次调水调沙试验期间各河段平滩流量增加值　　（单位：m³/s）

河段	首次	第二次	第三次	合计
小浪底—花园口	300	150	340	790
花园口—夹河滩	240	275	340	855
夹河滩—高村	500	275	275	1 050
高村—孙口	300	175	285	760
孙口—艾山	90	175	240	505
艾山—泺口	80	225	170	475
泺口—利津	90	225	165	480
利津—丁字路口	200	150	110	460
平均	225	206	241	672

三年来，黄河下游各河段平滩流量随试验及其他洪水过程有了较大程度增加，最小平滩流量由试验前的不足 1 800m³/s 增加至第三次试验后的 3 000m³/s 左右。

（三）水库冲淤情况

1. 库区淤积部位的调整

1）2002 年库区淤积部位调整

2002 年淤积主要发生在距坝 35～60km（HH20～HH36 断面）范围，淤积量为 1.40 亿 m³，占干流淤积总量的 71%。首次试验期间，距坝 80km（HH44 断面）以上冲淤幅度极小，距坝 14km（HH10 断面）以下淤积量仅为 0.28 亿 m³。试验后 HH10 断面以下平均河底高程抬升了 4m 左右，但由于小浪底水库在 2002 年 9 月的排沙运用，下泄沙量 0.36 亿 t，近坝段河底高程下降，年淤积量减少，见图 9-2-3。

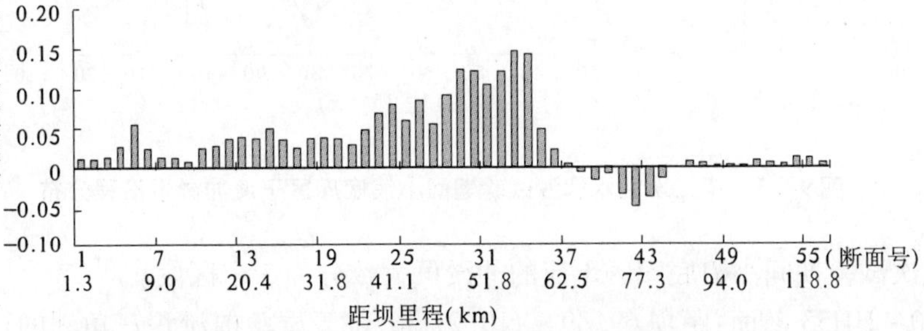

图 9-2-3　2002 年 6～10 月小浪底库区冲淤量沿程分布

2)2003 年库区淤积部位的调整

2003 年汛期受上游洪水的影响,入库水量较往年偏多,同时由于下游河道过流能力的限制,水库下泄流量多维持在 2 500m^3/s 左右,导致水库运用水位较高,库区最高水位到 10 月 15 日达到 265.56m,加上三门峡水库汛期排沙,使小浪底库区 2003 年 5 ~ 10 月淤积量达 4.59 亿 m^3。淤积主要集中在干流距坝 50 ~ 110km(HH30 ~ HH52 断面)范围,该河段淤积量为 4.22 亿 m^3,占干流总淤积量的 96%,最大淤积厚度为 42m(HH42 断面)。干流河底高程的迅速抬高,造成部分支流口门的抬升,形成支流口门的拦门沙现象。2003 年汛期小浪底库区干流冲淤量分布情况见图 9-2-4。

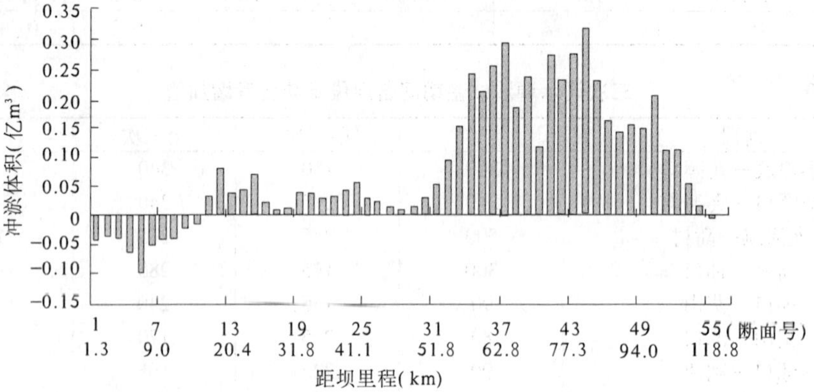

图 9-2-4 2003 年汛期小浪底库区干流冲淤量沿程分布

3)2004 年库区淤积部位的调整

2004 年 6 月 19 日 ~7 月 13 日试验期间,小浪底水库下泄水量为 46.8 亿 m^3,沙量为 440 万 t,平均流量为 2 260m^3/s,平均含沙量为 0.94kg/m^3。小浪底库区干流上段冲刷、下段淤积,其冲淤量的沿程分布情况见图 9-2-5。

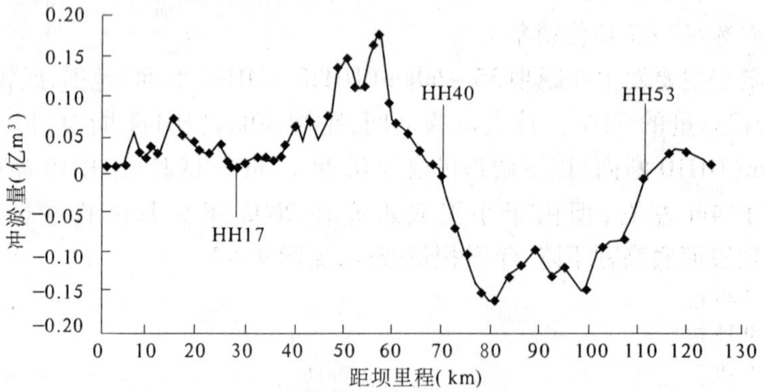

图 9-2-5 第三次调水调沙试验期间小浪底库区干流冲淤量沿程分布

第三次试验期间小浪底库区干流的冲淤可大致分为 3 个区段。

HH40 ~ HH53 断面:距坝 69.39 ~ 110.27km,位于试验前淤积三角洲的顶坡段,为库区上部的狭窄河段,平均河宽 400 ~ 600m,2003 年汛期大量泥沙淤积在此,河底抬升达 40

多 m，部分库段已经侵占了设计有效库容，第三次试验期间，该河段发生了剧烈的冲刷，冲刷量为 1.38 亿 m^3，河底高程平均降低 20m 左右，大大改善了库尾的淤积形态，恢复了被侵占的设计有效库容。

HH17～HH40 断面：距坝 27.19～69.39km，该河段库区水面突然展宽，库区较大的弯道多在此河段。该河段左岸共有大小支流 12 条，支流数量和相应库容都占左岸支流总数的 70% 以上。试验期间该河段共淤积泥沙 1.57 亿 m^3。

HH17 断面以下：HH17 断面位于干流八里胡同出口处，HH17 断面以下库区宽阔，流速缓慢，泥沙颗粒较细，淤积方式以水平抬升为主。试验期间 HH17 断面以下共淤积 0.5 亿 m^3，淤积厚度较小。河底高程均匀抬升 1m 左右。

2. 库区淤积形态的调整

1）干流淤积形态

（1）干流横向淤积形态的调整。首次和第二次调水调沙试验期间，干流断面横向变化以均匀淤积、河底平行抬高的形式为主。第三次调水调沙试验，库区干流淤积断面的变化在不同的库段冲淤形态不同。HH40 断面是冲淤的分界点，HH29 断面是试验结束后淤积三角洲的顶点。淤积三角洲顶点以下河底基本为水平抬高，淤积三角洲以上至 HH40 断面之间基本为均匀抬高，HH40 断面以上基本呈冲刷状态。

（2）干流纵向淤积形态的调整。1999 年小浪底水库蓄水以来，库区干流纵剖面的变化有以下特点：距坝 55km 以下库段，从 1999 年蓄水至 2004 年 7 月，河底高程逐年抬高，属比较明显的淤积河段；距坝 55～110km 库段为变动回水区，河底高程有升有降，甚至是大冲大淤，其冲淤变化与小浪底水库库水位密切相关，若库水位相对较低，则该库段大多发生冲刷，若库水位相对较高，则发生淤积。在 2004 年第三次调水调沙试验中，距坝70～110km 范围河底平均冲刷深度近 20m，三角洲的顶点下移 23km，其高程降低 23.69m，见图 9-2-6；110km 以上库段，水库运用以来冲淤及断面形态均变化不大。

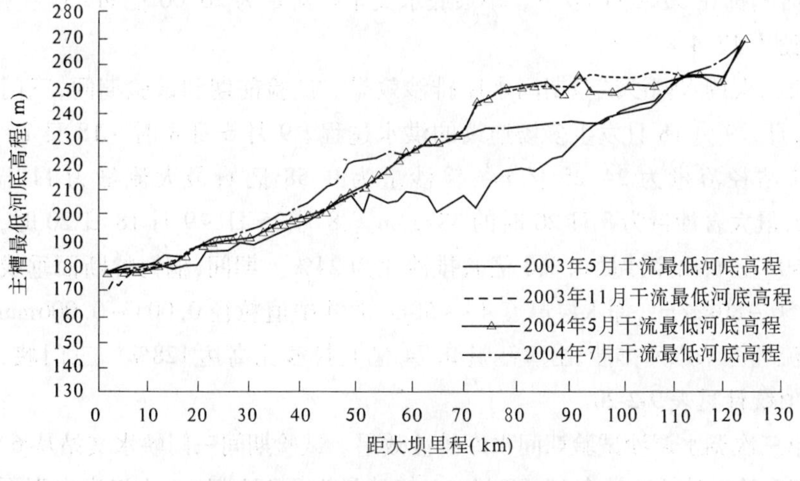

图 9-2-6　小浪底库区干流纵向淤积形态调整

2）支流冲淤形态的调整

支流断面的横向冲淤变化主要以河底的均匀抬升为主，淤积厚度自下而上递减。支流纵向冲淤形态的调整以沇西河为例，第三次调水调沙试验期间，小浪底库区成功地塑造了异重流，异重流的潜入点位于 HH36 ~ HH34 断面，紧靠该支流的上游，异重流运行到支流河口时，部分含沙水流倒灌支流，泥沙大多淤积在河口附近，支流河口高程试验后较试验前明显抬高，形成拦门坎，见图 9-2-7。

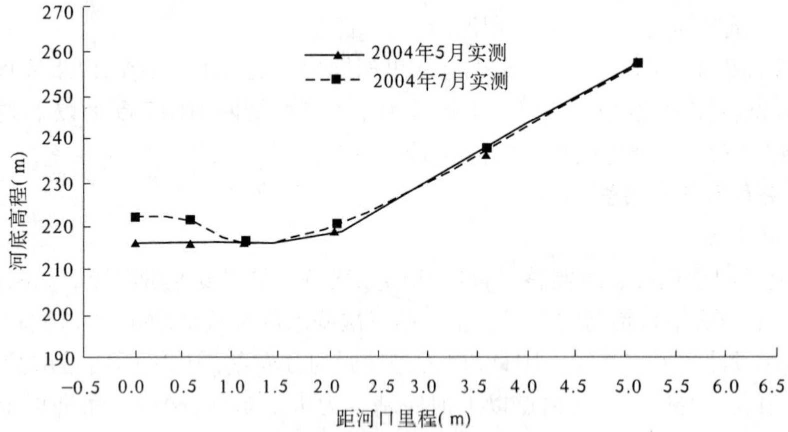

图 9-2-7　沇西河纵剖面对照

3. 水库排沙效果

(1)首次调水调沙试验期间水库排沙效果。试验期间，黄河中游出现洪水，经三门峡水库的调节，7 月 5 日 23 时 ~8 日 20 时，三门峡水文站出现了 3 次沙峰过程，含沙量分别是 7 月 6 日 2 时的 513kg/m^3、14 时的 503kg/m^3 和 8 日 4 时的 385kg/m^3。小浪底站出现两次沙峰，最大含沙量分别为 7 月 7 日 12.3 时的 66.2kg/m^3 和 9 日 4 时的 83.3kg/m^3，其余大部分时间都在 20kg/m^3 以下。小浪底水文站径流量为 26.06 亿 m^3，输沙量为 0.319 亿 t，排沙比为 17.4%。

(2)第二次调水调沙试验期间水库排沙效果。试验前期和试验期间，三门峡水文站于 8 月 25 日 ~9 月 18 日发生多场连续的洪水过程。9 月 6 日 8 时 ~18 日 20 时试验期间，三门峡站径流量为 24.25 亿 m^3，输沙量为 0.58 亿 t；最大流量为 11 日 20 时的 3 650m^3/s，最大含沙量为 8 日 20 时的 48kg/m^3。8 月 25 日 ~9 月 18 日 20 时，小浪底入库沙量3.602 亿 t，出库沙量 0.868 亿 t，排沙比为 24%。期间，桐树岭断面垂线上测点含沙量多在 50 ~80kg/m^3，浑水层厚度 40 ~50m，泥沙中值粒径 0.004 ~0.006mm。水库主要以异重流和浑水水库排沙，出库沙量 0.74 亿 t，排沙比高达 128%。三门峡、小浪底站水沙特征值统计见表 9-2-20。

(3)第三次调水调沙试验期间水库排沙效果。试验期间三门峡水文站从 6 月 19 日 9 时到 7 月 13 日 9 时径流量为 10.88 亿 m^3，输沙量为 0.432 亿 t。小浪底水库下泄水量为 46.8 亿 m^3，沙量为 440 万 t，平均流量约 2 260m^3/s，平均含沙量为 0.94kg/m^3。小浪底水库的排沙比为 10.2%。三门峡、小浪底站水沙特征值统计见表 9-2-21。

表 9-2-20　　9 月 6 日 8 时～18 日 20 时三门峡、小浪底站水沙量特征值统计

站名	时段水量（亿 m^3）	时段沙量（亿 t）	最高水位		最大流量		最大含沙量	
			时间（月-日 T 时）	水位（m）	时间（月-日 T 时）	流量（m^3/s）	时间（月-日 T 时）	含沙量（kg/m^3）
三门峡	24.25	0.58	09-11T20	277.98	09-11T20	3 650	09-08T20	48
小浪底	18.27	0.74	09-16T23	135.72	09-16T9.5	2 340	09-08T6	156

表 9-2-21　　6 月 19 日 9 时～7 月 13 日 9 时三门峡、小浪底站水沙量特征值统计

站名	时段水量（亿 m^3）	时段沙量（亿 t）	最高水位		最大流量		最大含沙量	
			时间（月-日 T 时）	水位（m）	时间（月-日 T 时）	流量（m^3/s）	时间（月-日 T 时）	含沙量（kg/m^3）
三门峡	10.88	0.432	07-7T14.1	279.03	07-07T14.1	5 130	07-07T20.3	446
小浪底	46.8	0.044	06-19T22.5	136.43	06-21T16.5	3 300	07-09T2	12.8

总之，三次调水调沙试验期间小浪底入库总沙量为 5.865 亿 t，出库总沙量为 1.231 亿 t，排沙比为 21%。

四、主要认识

黄河调水调沙治河思想的探索与形成历经了几代治黄工作者的艰辛努力，三次调水调沙试验历时 3 年，取得了丰硕的成果，从多方面深化了对黄河水沙规律的认识，在黄河治理开发的多个方面得到了很多启示，取得的主要成果及认识如下：

（1）首次成功地开展了多沙河流大规模的、系统的、有计划的调水调沙原型试验。三次试验从总体上达到了试验预期的目标。

（2）形成了小浪底水库拦沙初期三种不同类型的调水调沙主要运用模式。

提出了基于小浪底水库单库调节为主、空间尺度水沙对接、干流水库群水沙联合调度的三种小浪底水库运用初期调水调沙主要模式。

小浪底水库单库调节为主的调水调沙模式，即当小浪底水库蓄水基本能够满足调水调沙水量要求，或者以小浪底水库蓄水为主，加上河道来水量能够满足调水调沙水量要求时，即进行调水调沙。当来水含沙量较高，在小浪底水库形成异重流并生成浑水水库时，则以输沙为主，如果含沙量较低，则以冲刷下游河道为主。

空间尺度水沙对接的调水调沙模式，即对下游而言，洪水属于“上下共同来水”，且各区域来水的含沙量不同，小浪底以上洪水含沙量较高，而小花区间洪水基本为清水，通过干、支流水库（小浪底、三门峡、陆浑、故县）的联合调度，清浑水对接，在花园口实现协调的水沙过程，充分发挥水流挟沙力作用，减少水库、下游河道的淤积。其调度理念为今后利用同时来自不同区间和不同含沙量径流进行调水调沙提供了技术模式。

干流水库群水沙联合调度，即在干流无论是否发生洪水，利用水库群水沙联合调度，有效地借用自然的力量，辅以人工干预，尽量塑造需要的水沙过程，实现小浪底水库的淤积形态调整，塑造人工异重流，提高泥沙输送和水库排沙能力。

(3)完善了小浪底水库拦沙初期的临界调控指标体系。

据当前的河床边界条件,贯彻以人为本的治河理念,在尽量控制下游河道中常洪水水流不上滩的前提下,确定目前进一步使下游河道主河槽全线冲刷,扩大其行洪排沙能力的调控指标体系如下:

在低含沙洪水(进入下游河道的洪水平均含沙量小于20kg/m^3)条件下,控制进入下游河道洪水平均流量在2 600m^3/s以上,洪水历时不少于9天,可使下游各河段河槽均发生冲刷,全下游冲刷效率达12kg/m^3以上。

含沙量30kg/m^3左右、出库细泥沙含量在90%左右时,控制进入下游河道的流量2 400m^3/s、洪水历时9天以上,可使下游河槽在总量上实现明显冲刷。

2004年调水调沙之后,下游主槽平滩流量已恢复至3 000m^3/s左右,河槽形态也向有利方向发展。今后调水调沙时,若小浪底水库异重流排出的泥沙以极细泥沙为主,则控制进入下游河道的洪水平均流量可提高到3 000m^3/s左右、洪水历时8天以上、出库含沙量40kg/m^3左右,也可以实现下游主河槽的全线冲刷。

随着主槽过流能力的变化,调控指标体系应进行合理动态调整,最大限度地发挥河槽的行洪排沙能力。

(4)首次成功地塑造出人工异重流,为小浪底水库多排泥沙,延长小浪底水库拦沙库容的使用年限找到一条新的途径。

黄河第三次调水调沙试验,利用万家寨、三门峡两水库蓄水和河道来水,冲刷小浪底水库淤积三角洲形成人工异重流的技术方案,并排沙出库。尤其是黄河水沙情势的变化,中等流量以上的洪水出现几率明显减小,充分利用这种人工异重流的排沙方式排泄前期的淤积物以减轻水库的淤积,对延长水库拦沙库容使用寿命具有重要的意义,对未来黄河水沙调控体系的调度运行产生深远的影响。

(5)黄河下游主槽行洪排沙能力显著提高,河槽形态得到调整。

黄河下游河道最小平滩流量由试验前的不足1 800m^3/s恢复到试验后的3 000m^3/s左右,洪水时滩槽分流比得到初步改善,“二级悬河”形势开始缓解,下游滩区“小水大漫滩”状况初步得到改善。

下游主槽过流能力提高的同时,输沙能力也得到显著提高。分析研究成果表明,黄河下游主槽过流能力在2 000m^3/s时,可输送20kg/m^3以下的含沙量而保持不淤;主槽过流能力在3 000m^3/s时,保持主槽不淤的含沙量则可提高到40kg/m^3左右。在水流不漫滩的情况下,单位水量的输沙量提高一倍左右。下游主槽过流能力提高,扩展了调水调沙流量、含沙量的调控空间,使得小浪底水库调水调沙的灵活性大大提高。

(6)黄河下游主槽实现全线冲刷。

三次试验进入下游的总水量为100.41亿m^3,总沙量为1.114亿t。实现了下游主槽全线冲刷,入海总沙量为2.568亿t,下游河道共冲刷1.483亿t。研究表明,山东窄河段的冲刷主要是较大流量的洪水产生的。黄河三次调水调沙试验,控制的调控指标除满足冲刷所需的流量要求外,还保证了较大流量的持续历时11天以上,使得高村以下的山东河道主槽冲刷量占45%,艾山至利津河段占18%,冲刷效果非常明显,突破了小浪底水库设计的对山东河段的减淤指标,消除了人们普遍担心“冲河南、淤山东”的疑虑。

(7)调整了小浪底库区淤积形态,为实现水库泥沙的多年调节提供了依据。

试验证明,在水库拦沙初期乃至拦沙后期的运用过程中,为了塑造下游河道协调的水沙关系,对入库泥沙进行调控时,即便板涧河河口以上峡谷段发生淤积甚至超出设计平衡淤积纵剖面,“侵占”了部分长期有效库容,在黄河中游发生较大流量级的洪水时或水库蓄水为主人工塑造入库水沙过程,凭借该库段优越的库形条件,使水流冲刷前期淤积物,恢复占用的长期有效库容,相当于一部分长期有效库容可以重复利用,做到“侵而不占”,增强了小浪底水库运用的灵活性和调控水沙的能力,对泥沙的多年调节、长期塑造协调的水沙关系意义重大。

(8)尝试了“数字黄河”、“模型黄河”和“原型黄河”三条黄河联动的治黄新方法。

总之,通过三次调水调沙试验,使“拦、排、放、调、挖”等综合处理泥沙措施之一的“调”从理论走向实践。坚定了库区实施泥沙多年调节的信心,推进了构建完善的黄河水沙调控体系的进程,加快了黄河下游综合治理的步伐,改变了长期以来人们对黄河输沙用水被挤占的漠视态度,增强了“人与河和谐相处”的共识,唤醒了人们对“维持黄河健康生命”的共鸣。

在深入分析总结三次黄河调水调沙经验的基础上,调水调沙将由试验阶段全面转入生产运用,并在生产实践中不断总结经验,逐步发展和完善这一黄河治理崭新技术。这就更加坚定了我们今后继续进行调水调沙运用的决心和信心。

第三节　结　语

黄河下游河道演变问题十分复杂,短期变化与长期发展、水沙变化与河道调整、部分河段变化与整体演变的关系等方面都需要进一步加强研究。小浪底工程还要与治黄建设的进展统筹协调,并妥善决策近期效益与长期效益的关系。小浪底工程的运用是一个动态的发展过程。水库运用方式既要有宏观的长远的分析和展望,更要做好近期的具体调度方案。近期调度方案在实施过程中的利弊影响更需要通过实践的检验。因此,小浪底水库的运用方式不可能一成不变,必须结合工程运行实践,结合治黄建设和科技的发展,继续开展研究,逐步深化认识,及时调整调度运用方案,才能充分发挥小浪底水库的防洪、防凌、减淤、供水、灌溉、发电等综合利用效益。

第十章　水库拦沙后期有关问题研究

第一节　相机降水冲刷运用问题研究

今后一定时期内，黄河仍将是一条多泥沙河流，由于泥沙的不断淤积，小浪底水库势必面临着保持库容的问题，如何使小浪底水库恢复和保持有效库容，合理处理长期保持有效库容和减少黄河下游河道淤积的相互关系，是小浪底水库运用方式研究的又一关键问题。相机降水冲刷是水库恢复库容的常用有效措施。

一、相机降水冲刷的必要性

小浪底水库拦沙期运用，可滩槽淤积同步上升，形成高滩高槽后，再降水冲刷，从而形成高滩深槽。也可当水库淤积量或坝前淤积面达到一定数值后，水库来大水时，相机降水冲刷，高滩深槽同步形成。前者运用存在以下不利因素：

(1)根据官厅、三门峡等已建水库淤积物特性分析，淤积物的干容重随泥沙淤积厚度的增加而变大，即淤积深度越深，其干容重越大，淤积体长时间受力固结，泥沙颗粒与颗粒之间已不是没有联系的松散状态，而是固结成整体，这样抗冲性能大，不容易被水流冲刷。因此，水库长时间先淤后冲刷，不如水库运用到一定时间后，冲淤交替为好。

(2)黄河下游来水量不断减少，今后大水机遇少，若水库淤为高滩高槽后相当长时间不来大水，水库就难以冲刷恢复库容，从而失去调节能力，小浪底水库淤积上延，将给三门峡水库带来一定的不利影响。

(3)小浪底水库用小水排沙，有两种情况发生，若入库为小水大沙，库区不仅不冲刷，反而还会有淤积；若入库为小水小沙，将可能形成强迫排沙，使出库粗沙增多，造成下游河道的严重淤积。据统计，1960 年 6 月 ~1996 年 6 月黄河下游河道粗沙淤积 29.52 亿 t，其中流量小于 1 000m^3/s 的平水期，粗沙淤积 4.58 亿 t，流量在 1 000 ~2 500m^3/s、含沙量大于 20kg/m^3 的洪水期粗沙淤积 17.51 亿 t，二者之和为 22.09 亿 t，占粗沙总淤积量的 74.83%，小水将使下游河道主槽淤积，且主要是粗沙。所以，小浪底水库应避免小水强迫排沙。

因此，为了保持水库有一定的库容，防止库区淤积物的抗冲性和珍惜大洪水的冲刷机遇，水库开始冲刷的时机不宜过晚，开始冲刷的淤积面不宜过高。当水库淤积量和坝前淤积面达到一定数值后，根据预报，入库来大水时，提前泄放水库蓄水，利用大水冲刷，在干流形成河槽，同时支流沟口局部高程也随库水位的降低和干流河槽的形成而降低；入库水、沙条件不利时，水库再次蓄水，滩地可继续淤高，支流可继续倒灌淤积，抬高沟内淤积面高程，这样反复进行淤积冲刷过程，将使高滩深槽同步形成。其结果不仅保持水库有一定的库容，而且适时排沙，避免了连续清水下泄冲刷下游河道，避免了河道大冲大淤，使下游河道的挟沙能力得到恢复和提高，减轻滩地坍塌和工程险情，有利于河势的稳定。

二、相机降水冲刷时机

这里所指的水库相机降水冲刷时机是指水库可以泄空冲刷的起始时间，用水库淤积量达到一定数值或相应坝前达到某个淤积面高程来表示。也就是说，当水库淤积量达到这个数值以后，排沙期来连续大水即可降低库水位泄空冲刷排沙。

在来水来沙条件相同的情况下，降低库水位冲刷排沙时机因水库运用水位不同而异，水库运用水位较高时，若冲刷时机过早，因水库淤积量少、水库蓄水量大，泄空水库蓄水所需天数多，要求的水文预报周期长，在目前水文预报水平情况下，来大水不能提前泄空水库蓄水，也就不能利用大水达到冲刷的目的，所以，水库运用水位较高时，降低库水位冲刷排沙时机不能太早，否则达不到降水冲刷的目的；水库运用水位较低时，降水冲刷时机提前可达到降水冲刷的目的。

根据设计的 1978 ~ 1982 + 1987 ~ 1996 + 1971 ~ 1980 年翻番使用、1985 ~ 1989 + 1971 ~ 1980 + 1978 ~ 1982 + 1987 ~ 1996 年翻番使用及初步设计采用的 1950 ~ 1975 年翻番系列的水沙条件，对降低库水位冲刷排沙时机初步计算分析表明，在来水来沙条件和水库运用水位（水库运用方式）相同的情况下，降低库水位冲刷排沙时机较晚时，库水位越高、越稳定，汛期蓄水坝前水位达 254m 的年份比例越大，非汛期可蓄满的年份比例越大，发电效益越高。但是，水库淤积速度快，为了保持防洪库容，水库强迫排沙（水库淤积量约达 100 亿 t 时，无论什么水沙条件，都要敞泄排沙）出现时间早且持续时间长，对黄河下游河道减淤不利，水库泥沙淤积厚度大，淤积物干容重大，抗冲性强，不容易被水流冲刷，淤积部位靠上，水库恢复库容困难。所以，冲刷时机不宜过晚。当然冲刷时机也不能选择过早，如在起始运行水位淤满以前进行降水冲刷，由于水库蓄水量较大，在目前的预报水平条件下，在来大水前不能泄空水库，大流量入库时仍是壅水状态，达不到冲刷的目的。因此，初步认为，由水库运用水位的不同，当水库淤积量达到 30 亿 ~ 50 亿 m^3（坝前约 10km 处淤积面为 220 ~ 235m）时可进行泄水冲刷。

小浪底水库按照推荐的运用方式运用，在起始运行水位以下库容淤满后，主汛期水库的最大蓄水量为 8 亿 m^3，一般情况下，按照 5 000m^3/s 泄水，两天可泄空水库，也就是说，水库提前两天泄水基本可达到降水冲刷的目的，目前水文预报水平可以做到，同时也说明小浪底水库在起始运行水位以下库容淤满后降低库水位冲刷排沙即可达到降水冲刷的目的。

第二节　拦沙后期水库分阶段运用的必要性研究

小浪底水库 1997 年 9 月 ~2005 年 11 月库区共淤积泥沙 18.21 亿 m^3，《小浪底水利枢纽拦沙初期运用调度规程》规定库区淤积量达 21 亿 ~22 亿 m^3 拦沙初期结束，之后，进入拦沙后期。拦沙后期指库区淤积量达 21 亿 ~22 亿 m^3 之后至整个拦沙期结束（库区淤积量达 100 亿 t，且形成高滩深槽，坝前滩面高程达 254m）。拦沙后期可能经历数十年。此期间，黄河治理的种种举措将使小浪底水库入库水沙过程发生较大变化，黄河下游河道边界条件也将有较大变化，水库运用是一个动态变化过程，不可能数十年水库运用方式一成不变，所以拦沙后期水库运用分阶段研究是合理的且是必需的。

小浪底水库拦沙后期运用阶段的划分，应遵循水利枢纽的开发目标，尤其是有利于黄河下游河道防洪减淤的原则。要考虑水库的来水来沙条件，水库的淤积量、淤积形态，尤其是槽库容保持情况，又要考虑下游河道的边界条件及实现下游河道不断流等因素。

拦沙后期与拦沙初期关键不同之处，是拦沙后期具有降低库水位基本泄空水库蓄水，冲刷库区淤积物恢复库容的时机。因此，不同的阶段水库运用不相同。各个阶段具体指标的采用要根据来水来沙条件和水库、下游河床边界条件的改变进行滚动研究确定。

参考文献

[1] 陈效国,吴致尧.小浪底水库运用方式研究的回顾与进展[J].人民黄河,2000(8).

[2] 石春先,安新代,李世滢,等.小浪底水库初期运用方式研究[J].人民黄河,2000(8).

[3] 刘继祥,郜国明,曾芹,等.黄河下游河道冲淤特性研究[J].人民黄河,2000(8).

[4] 安新代,何予川,刘红珍,等.小浪底水库运用初期入库水沙预测[J].人民黄河,2000(8).

[5] 李世滢,余欣,安催花,等.小浪底水库拦沙初期起始运行水位分析论证[J].人民黄河,2000(8).

[6] 刘继祥,安催花,曾芹,等.小浪底水库初期运用调控流量分析论证[J].人民黄河,2000(8).

[7] 安催花,余欣,郜国明,等.小浪底水库拦沙初期调控库容分析论证[J].人民黄河,2000(8).

[8] 涂启华,张俊华,曾芹.小浪底水库减淤运用方式及作用[J].人民黄河,1993(3).

[9] 安催花.小浪底水库调水调沙关键指标的研究[D].北京:北京航空航天大学,2002.

[10] 安新代,余欣,安催花,等.小浪底水库2000年运用情况分析[J].人民黄河,2001(9).

[11] 刘继祥,郜国明,等.2000年黄河下游河道冲淤及河床演变情况分析[J].人民黄河,2001(9).

[12] 安催花,郭选英,余欣,等.多沙河流水库水文水动力学泥沙数学模型及应用[J].人民黄河,2000(8).

[13] 余欣,安催花,郭选英,等.小浪底水库水动力学泥沙数学模型研究及应用[J].人民黄河,2000(8).

[14] 刘继祥,郜国明,曾芹,等.黄河下游河道水文水动力学泥沙数学模型研究[J].人民黄河,2000(8).

[15] 张厚军,刘继祥,郜国明,等.黄河下游河道水动力学泥沙数学模型研究及应用[J].人民黄河,2000(8).

[16] 张俊华,陈书奎,王严平,等.小浪底水库2000年运用方案库区动床模型试验研究[J].人民黄河,2000(8).

[17] 张红武,刘海凌,董年虎,等.小浪底水库运用初期小浪底至苏泗庄河段模型试验研究[J].人民黄河,2000(8).

[18] 赵业安,潘贤娣,申冠卿.80年代黄河水沙基本情况及特点[J].人民黄河,1992(4).

[19] 钱宁.钱宁论文集[C].北京:清华大学出版社,1990.

[20] 谢鉴衡.谢鉴衡论文集[C].武汉:武汉水利电力大学出版社,1995.

[21] 齐璞,李世滢,等.黄河下游水沙变化与下游河道减淤措施[M].郑州:黄河水利出版社,1997.

[22] 三门峡水库运用经验总结项目组.黄河三门峡水利枢纽运用研究文集[C].郑州:河南人民出版社,1994.

[23] 张俊华,等.水库泥沙模型异重流运动相似条件的研究[N].应用基础与工程科学学报,1997(3).

[24] 张红武,江恩惠,白咏梅,等.黄河高含沙洪水模型的相似律[M].郑州:河南科学技术出版社,1994.

[25] 彭梅香,等.近十年气候变化对黄河中上游水沙影响分析[J].人民黄河,1997(7).

[26] 杨庆安,龙毓骞,缪凤举.黄河三门峡水利枢纽运用与研究[M].郑州:河南人民出版社,1995.

[27] 焦恩泽,侯素珍,等.潼关高程演变规律及其成因分析[J].泥沙研究,2001(2).

[28] 叶青超.黄河流域环境演变与水沙运行规律研究[M].济南:山东科学技术出版社,1994.

[29] 姜乃迁,李文学,等.黄河潼关河段清淤研究[J].人民黄河,2000(9).

[30] 姜乃迁,侯素珍,等.来水来沙对潼关高程的影响[J].泥沙研究,2001(2).

[31] 李文家.小浪底水库防洪作用分析[J].人民黄河,1993(3).

[32] 林秀山. 黄河小浪底水利枢纽文集[C]. 郑州:黄河水利出版社,1997.
[33] 钱意颖,等. 黄河泥沙冲淤数学模型[M]. 郑州:黄河水利出版社,1998.
[34] 齐璞,等. 黄河高含沙水流运动规律及应用前景[M]. 北京:科学出版社,1993.
[35] 钱宁,等. 从黄河下游的河床演变规律来看河道治理中的调水调沙问题[J]. 地理学报,1978.
[36] 焦李成. 神经网络系统理论[M]. 西安:西安电子科技大学出版社,1996.
[37] 费祥俊. 黄河下游含沙水流粘度的计算模型[J]. 泥沙研究,1991(2).
[38] 王光谦,方红卫. 异重流运动基本方程[C]//中国水利学会泥沙专业委员会. 第二届全国泥沙基本理论学术讨论会文集. 北京:中国建材工业出版社,1995.
[39] 李义天. 引航道水沙运动数值模拟初探[J]. 泥沙研究,1990(1).
[40] 韩其为,何明民. 泥沙数学模型中冲淤计算的几个问题[J]. 水利学报,1988(5).
[41] 王士强. 黄河泥沙冲淤数学模型研究[J]. 水科学进展,1996(9).
[42] 王士强. 冲积河渠床面阻力试验研究[J]. 水利学报,1990(12).
[43] 韩其为. 非均匀悬移质不平衡输沙的研究[J]. 科学通报,1979(17).
[44] 韩其为,何明民. 恢复饱和系数初步研究[J]. 泥沙研究,1997(9).
[45] 杨国录. 四点时空偏心 Pressimann 格式的应用问题[J]. 泥沙研究,1991(4).
[46] 吴泽宁,索丽生,左其亭. 水利水电工程人工神经网络综合优选模型[J]. 水利水电技术,2001(7).
[47] 邓聚龙. 灰色系统基本方法[M]. 武汉:华中理工大学出版社,1992.
[48] 袁曾任. 人工神经网络及其应用[M]. 北京:清华大学出版社,1999.
[49] 冯尚友. 多目标决策理论方法与研究[M]. 武汉:华中理工大学出版社,1990.
[50] 邓聚龙. 灰色预测与决策[M]. 武汉:华中理工大学出版社,1992.
[51] 张平,刘毅. 三峡水库来水来沙条件分析研究论文集[C]. 武汉:湖北科学技术出版社,1991.
[52] 翁文波. 预测论基础[M]. 北京:石油工业出版社,1984.
[53] 丁晶,邓育仁. 随机水文学[M]. 成都:成都科技大学出版社,1988.
[54] 陈先德. 黄河水文[M]. 郑州:黄河水利出版社,1996.
[55] 赵文林. 黄河泥沙[M]. 郑州:黄河水利出版社,1996.
[56] 武汉水利电力学院河流泥沙工程学教研室. 河流泥沙工程学[M]. 北京:水利出版社,1982.
[57] 陕西省水利科学研究所,清华大学. 水库泥沙[M]. 北京:水利出版社,1979.
[58] 钱宁,张仁,周志德. 河床演变学[M]. 北京:科学出版社. 1989.
[59] 韩其为,何明民. 泥沙数学模型中冲淤计算的几个问题[J]. 水利学报,1988(5).
[60] 涂启华,安催花,曾芹,等. 小浪底水库运用方式研究[J]. 水利规划设计,2000(1).
[61] 安催花,曾芹,林秀芝,等. 小浪底水利枢纽灌溉塔引水条件分析[J]. 人民黄河,1999(6).
[62] 涂启华,安催花,曾芹,等. 小浪底水库开发任务的库容要求分析[J]. 人民黄河,2000(4).
[63] 徐正凡. 水力学. 北京:高等教育出版社,1987.
[64] K · 麦赫默德,V · 叶夫耶维奇. 明渠不恒定流(第一卷)[M]. 林秉南,等译校. 北京:水利电力出版社,1987.
[65] 谢鉴衡. 河流模拟[M]. 武汉:武汉水利电力学院出版社,1988.
[66] 杨国录. 河流数学模型[M]. 武汉:武汉水利电力学院出版社,1992.
[67] 杨丽丰,李世滢,陈吉灵,等. 小浪底水库原始库容采集及库容特点分析[J]. 人民黄河,2000(8).

WE LEAD.
WE LEARN.

UPM Finesse classic

WE LEAD.
WE LEARN.